LA COUR D'APPEL DE L'AOF

Dominique Sarr

LA COUR D'APPEL DE L'AOF

L'Harmattan Sénégal

Composition et mise en pages

Charles BECKER

Illustration de couverture

Afrique occidentale - Sénégal - Dakar, Palais de Justice
(collection générale Fortier, Dakar, 2100)

10 VDN, Sicap Amitié 3, lot. Cité Police / Dakar, Sénégal
http://harmattansenegal.com
senharmattan@gmail.com

ISBN : 978-2-343-18065-6
EAN : 9782343180656

Préface

Bernard Durand

Professeur émérite
Université Montpellier 1

Trente-huit ans après sa soutenance, cette thèse sur la Cour d'appel de l'Afrique occidentale française est enfin disponible sous forme d'ouvrage ! Nous dirons immédiatement que si elle mérite une « préface », ce n'est pas en raison d'une tradition qui veut qu'un ouvrage universitaire mis à disposition d'un public averti mérite un avant-propos soulignant ses mérites ! Sans doute est-ce le cas et là n'est pas la question, Dominique Sarr ayant fait ses premiers pas d'historien du droit et soutenu en 1975, à Montpellier, un mémoire de Diplôme d'études approfondies intitulé « Le fait colonial dans la jurisprudence de la Cour de cassation : 1810 à 1870 », suivi en 1980 de sa thèse sur « La Cour d'appel de I'AOF» ! Mais j'avoue – si la signification du mot « préface » vaut bien « avant-propos » – m'être posé la question de savoir s'il ne fallait pas inventer un mot nouveau, tant cet ouvrage – pour une large part visionnaire – contenait déjà en substance ce qui allait donner naissance aux nombreux travaux consacrés ensuite au « Juge outre-mer » par la Faculté de droit de Montpellier en association avec Dakar, Lille et Aix et même, au départ, cette question sur une éventuelle « stratégie » d'une Cour sachant dépasser son rôle de « juridiction liée » en prenant part à la définition d'une politique législative originale : magistrats, administrateurs, gouverneurs, auxiliaires de justice, y élaboreront une véritable « politique coloniale » dont l'auteur nous dira en conclusion qu'elle « a réussi, en dépit de l'opposition des conceptions et de la pression des intérêts politiques, à instituer, à développer en Afrique de l'Ouest, une organisation judiciaire qui s'inspire des principes essentiels de la législation française », tout en respectant la garantie aux Africains du maintien de leurs institutions coutumières. Mais c'est aussi en développant le statut de la magistrature, l'absence de l'inamovibilité, l'impossibilité de séparer tout à fait pouvoirs judiciaires et administratif que Dominique Sarr offrait à ceux qui le liraient une direction que des dizaines de chercheurs allaient explorer dans le détail sans jamais revenir – en signe de reconnaissance – sur cette Cour d'appel dont il avait fait sa chose et, comme pour retenir son souffle, ne jamais consacrer un seul article – parmi les dizaines parus – à la Cour d'appel de l'AOF. C'était comme si, pendant des années, il fallait ne plus toucher à cette institution et laisser à Dominique Sarr non seulement l'entière propriété de son œuvre, mais surtout ne pas la dénaturer en refusant d'en suggérer un résumé, d'en extraire quelques chapitres ou d'en piller le contenu. Il faut dire que brassant le temps et l'espace d'une colonisation judiciaire sur laquelle il portait un regard lucide, il avait su dépasser la seule description d'une institution dont il analysait mérites et défauts pour en déceler les héritages et évoquer ce que les élites nées de l'indépendance allaient en conserver ou en rejeter.

C'est à ce titre que rédiger cette « préface », après tant d'années, fait ressurgir le souvenir d'échanges portant sur un sujet non encore exploré, encore inscrit dans un monde universitaire africain où l'histoire du droit y faisait encore la part belle aux mêmes programmes en vigueur dans les facultés françaises et désormais inscrit dans cette volonté de programmer une « autre histoire du droit », faisant le lien entre plusieurs civilisations. Dominique Sarr y a pris toute sa part et tenu, par cette thèse, le rôle de « Vendredi » enseignant à « Robinson » (à la façon de Michel Tournier) une partie d'une histoire commune, un « Robinson volontaire » venu de Montpellier en 1970 et qui a découvert en même temps que Dominique Sarr un monde original du droit et de la justice qui méritait d'être approfondi et enseigné.

S'investir dans les archives de la Cour d'appel représentait un défi considérable, déjà rendu difficile – comme le soulignait l'auteur – par l'éparpillement de la documentation, la rareté des travaux consacrés à l'époque au droit colonial, la dispersion des articles dans les revues et recueils et l'inaccessibilité de certaines sources ou leur couverture restreinte pour certaines époques. Mais ce sont justement ces freins qui ont décidé l'auteur à se lancer dans le dépouillement de « tous les registres conservés au greffe de la Cour d'appel » et à conserver jusqu'au bout ce fil qui le condamnait à suivre pas à pas, au rythme des décisions rendues, l'histoire d'une Cour dont il pourrait – plus tard – affiner les contours. Le jury à l'époque – avant même de se réunir – m'avait dit son étonnement devant la masse dépouillée, mais c'étaient bien, entre 1862 et 1960, des milliers d'arrêts qui ont été exhumés, étudiés, sélectionnés et ont permis à l'auteur de développer ses trois parties et d'offrir ce panorama qui retrace l'histoire des décisions rendues et concernant le personnel judiciaire ou dessinant « leur » politique. À la dimension rudimentaire de l'organisation judiciaire des débuts, perçue comme un moyen d'administration à visées stratégiques et à une justice rendue par des officiers de marine va progressivement se substituer, à compter de 1881 et au fil d'une expansion continue, la mise en place – d'organisation en réorganisation – d'une juridiction qui de Saint-Louis ou Gorée, puis de Dakar, réussira l'intégration des colonies de l'Afrique de l'Ouest, une fois décrochées les « colonies du sud », Gabon-Congo et Rivières du Sud et dépendances. L'auteur y résume l'essentiel d'une politique désormais orchestrée par la primauté des questions économiques et sociales, placée entre les mains d'un gouverneur général qui aura bientôt la haute main sur cette Afrique occidentale française créée par le décret du 16 juin 1895. S'impose alors ce que l'auteur appelle « la rationalisation du service judiciaire » et la création par le décret du 10 novembre 1903 d'une Cour d'appel unique à Dakar qui succède à la « Cour du Sénégal et dépendances ». L'installation s'y fera officiellement le 30 août 1906, invitant l'auteur à clore sa première partie par quelques ouvertures sur les défis qui l'attendent : une justice indigène restant sous le contrôle de l'administration, une chambre d'homologation qui en contrôle l'exercice et devient très vite la chambre la plus importante de la Cour d'appel, chargée qu'elle est de distribuer une justice pénale envahissante (pour le seule année 1907, 240 affaires ; soit une moyenne d'une vingtaine par mois, comparées aux 54 affaires civiles et commerciales traitées par une autre chambre !) et surtout, au fil des années, les efforts qu'il faudra accomplir par des réformes successives pour accroître les garanties à donner aux justiciables et corriger les insuffisances d'une justice absente de bien des lieux et trop lente pour satisfaire les justiciables ! Autant d'observations qui ne visent – en un volume réduit – qu'à poser le cadre de ce qui était pour l'auteur au cœur de sa démonstration : situer la magistrature coloniale et le personnel judiciaire, dans un monde colonial qui leur donne peu de moyens et se méfie d'un esprit d'indépendance susceptible d'entraver la domination recherchée ; relever, aussi, le défi posé à une jurisprudence qui prend acte de l'inanité d'une assimilation prétendue et « du rêve d'édification d'une société unifiée ».

Si l'expression choisie – Le personnel judiciaire – traduit mal la richesse des développements, la lecture attentive fait vite comprendre qu'il s'agit pour l'auteur de mettre en évidence l'originalité d'une organisation qui a eu grand mal à se mettre en place et d'offrir au lecteur un florilège de témoignages sur une magistrature dominée par un Procureur général cumulant ses pouvoirs avec ceux de chef du service judiciaire ; outre autorité sur et direction de l'administration de la justice indigène, il disposait du monopole des notations sur les juges, gardait la haute main sur les avocats-défenseurs, sur leur nomination et leur carrière ; en nombre réduit, ils étaient interdits d'accès aux justices indigènes et privés d'organisation corporative. Le Procureur général cherchait à gérer une magistrature marquée par son insuffisance en nombre, son absentéisme, son personnel intérimaire, ses cumuls de fonctions, son inadaptation aux défis de la colonisation, la méfiance du pouvoir à son égard, les conflits qui la traversaient... autant d'ouvertures nourries d'exemples bien choisis et si bien décrits qu'il faut remercier les collègues qui ont participé aux publications sur « *Le juge et l'Outre-mer* » de ne pas les avoir déflorées, donnant ainsi à leur publication aujourd'hui tout leur sens ! Disputes et incidents y apparaissent dans tous leurs détails et donnent au lecteur une exacte image du quotidien de magistrats censés « concourir à la politique coloniale » et attentifs à chercher un difficile équilibre, non seulement pour concilier « leur mission » à l'idée qu'ils se font de la justice et du droit, mais pour parvenir également à gérer une procédure originale, inspirée de la métropole, mais déformée par nécessité. Et si, depuis 38 ans, nombre de travaux ont eu l'occasion de développer – sous forme de thèses ou d'articles... et en abondance – les questions évoquées, les pages de ce travail conservent toute la fraîcheur d'un sentier nouvellement parcouru et à déchiffrer, un travail qui ne saurait après tant d'années être lu différemment que comme un essai réussi !

Il reste cependant que l'analyse faite sur la politique de la Cour prend à bras le corps les réalités d'une colonisation française qui, politiquement accrochée à un discours colonial prônant l'unité de civilisation par la voie d'une assimilation juridique, doit accepter que soit privilégiée la recherche d'une coexistence harmonieuse par la reconnaissance de deux ordres juridiques distincts. Ce sera ce rôle, pris en charge par la jurisprudence, qui appuiera tout à la fois les deux catégories de juridictions (y comprises celles musulmanes), la reconnaissance des coutumes, la distinction entre sujets et citoyens, mais également l'implication de la Cour, par ses arrêts, à œuvrer à l'accessibilité croissante des justiciables à une justice d'inspiration française au détriment des justices indigènes, en même temps qu'elle a d'évidence marqué ses préférences pour tous en faveur du droit de propriété. Mais l'auteur sait multiplier les ouvertures et rendre compte de subtiles inflexions dans d'autres domaines comme celui de 1a réduction de compétences des tribunaux musulmans, celui de l'indigénat, du droit du travail ou celui du mariage, toujours évoqués à l'occasion d'arrêts astucieusement mis en valeur. Tous attestent de l'efficacité dont la Cour a su faire preuve dans l'interprétation d'une législation lacunaire et souvent désordonnée.

Il est triste de se dire que ces milliers d'arrêts rassemblés par l'auteur n'ont pu, faute de temps, nourrir des recherches qui se révélaient prometteuses et donner toute leur mesure à une réflexion en gestation. Ce travail de thèse, nécessairement ciblé, ne pouvait qu'ouvrir quelques fenêtres et Dominique le savait qui, à plusieurs reprises, une fois l'agrégation acquise, m'avait dit ses ambitions. Il n'aura disposé que de quatre ans, de 1983 à 1987, pour en imaginer les contours et s'interroger sur les chemins à prendre. Sa mémoire n'a cessé d'accompagner tous les travaux poursuivis depuis sa disparition et les quatre Universités qui y ont collaboré peuvent dire : Dominique ! Tu es des nôtres !

Notes introductives à une œuvre majeure

Mamadou Badji

Agrégé des Facultés de droit,
Professeur d'histoire des institutions
Doyen de la Faculté des Sciences juridiques et politiques
de l'Université Cheikh Anta Diop de Dakar

Issu d'une thèse préparée, durant ses années de doctorat, sous la direction du Doyen Bernard Durand, et soutenue devant la Faculté de droit de l'université Montpellier 1, cette publication accompagne celle des Mélanges que la communauté universitaire a voulu dédier à la mémoire de Dominique Sarr. Dans la présentation de l'ouvrage, nous avons pris le parti de respecter intégralement le texte initial, et seules quelques corrections de fautes de frappe ont été effectuées, ainsi qu'une harmonisation dans l'emploi des majuscules et minuscules. Il a été nécessaire de proposer une carte de l'AOF pour remplacer la carte manuscrite figurant dans la thèse même et de reprendre la présentation des graphiques annexes, sans avoir pu disposer cependant des chiffres exacts qui ont servi à établir les graphiques manuscrits du document originel.

S'étant très tôt intéressé à l'histoire de la justice et à l'étude des institutions judiciaires, Dominique Sarr porta volontiers son attention sur la Cour d'appel de l'Afrique occidentale française (AOF) dont il restitue ici l'organisation et le fonctionnement, à partir d'une enquête historique des plus éclairantes et rigoureuses. Nous y reviendrons.

Pour l'heure, il n'est pas vain de s'arrêter sur le champ qu'il investit, celui de la justice.

Dans la culture juridique [1] française, la justice s'entend de deux manières. D'une part, elle renvoie à l'application du droit, à la notion morale qui l'enserre et qui est considérée comme un fondement du droit. C'est l'étymologie du mot. Elle s'analyse alors comme l'expression d'une valeur, d'un sentiment. D'autre part, la justice désigne l'ensemble des institutions judiciaires dont la

1. Par culture juridique, il faut entendre l'ensemble des valeurs, des représentations, des discours, des techniques et des institutions relatives au droit appréhendé du point de vue multiple de sa nature, de ses sources, de sa fonction et de sa mise en œuvre. *Cf.* G. Otis *et al.*, *Cultures juridiques et gouvernance dans l'espace francophone*, Paris, AUF/Éditions des archives contemporaines, 2010, p. 4-5.

fonction est de rendre la justice par le respect du droit [2], l'appareil institutionnel (le tribunal) qui évalue la conformité des conduites individuelles et collectives avec la règle, la loi.

La fonction de la justice est de rechercher le « juste ». En ce sens, elle est un symbole, une fiction [3], bref une « approche » de ce que nous tenons pour « bon » et « bien ».

Cette direction appelle une remarque.

La justice n'est pas tant ce qu'en disent les textes que ce qu'en font ses praticiens, en particulier « le juge, une figure d'autorité ». Du juge, rappelle Michel Alliot, « on attend partout qu'il puisse remplir sa fonction de lieur et pour cela qu'il ait une compétence institutionnelle reçue et une compétence personnelle reconnue : elles sont les sources de sa légitimité [4] ». Aussi, quand on approche la figure du juge plutôt que la « justice », obtient-on une réponse univoque, la justice étant associée à cette fonction de lieur.

Cependant, les représentations de cette fonction varient selon que l'on insiste dans la concrétisation du sens du lien, sur ce qu'on relie ou que l'on partage : selon les anthropologues et les sociologues du droit, le lien peut associer le visible et l'invisible dans les sociétés traditionnelles mélanésiennes ou africaines, ou le passé et le futur dans les sociétés indo-européennes. Il peut également concerner l'individu et l'État dans les sociétés imprégnées des conceptions juridiques et des influences romanisantes. Ces différences ne sont pas substantielles et, si une certaine unité dans la figure du juge se dégage, c'est pour mieux mettre en évidence la diversité de ce qui fonde son autorité. Héritière d'une tradition juridico-judiciaire qui plonge ses racines dans le temps, la justice est fondée sur la neutralité attribuée au magistrat ou revendiquée pour ce qui concerne son intervention.

L'image du juge comme tiers neutre et impartial est la garantie d'une bonne justice. Tout conflit d'intérêts doit aboutir à une demande de dessaisissement du juge. Il s'agit d'une représentation centrale, déterminant de la sorte la fonctionnalité de la conception française de la justice.

Cette direction appelle deux remarques :

- La neutralité est intimement liée à la conception même du droit dans la culture juridique française.
- La neutralité trouve son fondement dans une représentation, une vision du monde qui place le juge à l'extérieur du rituel judiciaire, qui le considère comme étranger aux parties, qu'il est réputé neutre, donc garant de l'égalité de tous devant la loi.

---

2. J. Hilaire, *Histoire des institutions publiques et des faits sociaux (XIe - XIXe siècle)*, 7e éd., Paris, Dalloz.
3. Au sens canonique du terme, c'est-à-dire *fictio est figura veritatis*.
4. M. Alliot, Communication au premier congrès mondial d'anthropologie du droit, AFAD, 1996, p. 23.

Mais le juge, dans son registre, est également supérieur aux parties en conflit et cette supériorité doit être constamment rappelée par le rituel de l'institution. Enfin, le juge doit mettre en œuvre les principes de qualification des faits au regard de la loi, s'approprier le champ du conflit et son règlement [5].

Certes, le droit reconnaît qu'il existe des limites humaines à l'intervention du juge, mais ces limitations sont contrebalancées par l'affirmation d'une compétence institutionnelle irrémédiable de la part des autorités judiciaires.

Pour autant, de telles représentations sont superbement ignorées dans les colonies où « l'idéal du juge serviteur de la règle » ainsi que le principe de la séparation des pouvoirs étaient bafoués. Dominique Sarr le montre fort bien.

Mission essentielle de l'État, la justice exige, dans ces lointaines « localités », une attention particulière, destinée à satisfaire aussi bien les populations indigènes que les colons expatriés. Dans le domaine du droit privé, par exemple, l'exigence de justice impose, à rebours du principe de domination, celui du respect des droits en vigueur dans les sociétés dominées.

Cette orientation et les solutions imaginées traversent la pratique de la Troisième République. Toutefois, leur mise en œuvre bute sur les contradictions de ce régime politique, oscillant entre assimilation, collaboration ou association, possession, et s'appuyant sur des mécanismes assurant l'ordre colonial soit par la maîtrise de l'État sur le sol, soit par l'établissement d'une hiérarchie des personnes fondée sur la distinction entre sujets et citoyens ou la reconnaissance d'un régime pénal spécial. Aussi, les pouvoirs publics du temps tentent-ils d'appliquer une politique expérimentale.

Conscients que « tout en accompagnant l'installation des colons, [l'État] doit garantir l'application du droit, suppléer à la rareté des juges, introduire le droit français et satisfaire au respect des coutumes, favoriser l'implantation des grands principes de justice sans pour autant entamer l'autorité coloniale ni dépouiller les gouverneurs de leur autorité nécessaire au maintien de l'ordre, éviter l'indépendance judiciaire ou les charges trop lourdes pour le budget, grand écart qui va placer ceux qui doivent rendre la justice entre le souci de participer à l'ordre colonial et celui de porter l'offre de justice [6] », ils inventent des mécanismes judiciaires pour « contrôler l'Autre ». Encore faut-il séparer, selon les auteurs, les Antilles et la Réunion souvent classées à part, « en raison de leur assimilation beaucoup plus avancée [7] » des autres colonies (excepté

5. Son rôle consiste moins à concilier qu'à appliquer, à une situation particulière, une règle générale préétablie par la loi. Le juge n'est pas libre, il est serviteur de la loi, règle générale et impersonnelle
6. B. Durand, « La justice coloniale sous la Troisième République : entre République et Empire », *in* J.-P. Royer *et al.*, *Histoire de la justice en France*, Paris, PUF, 4e édition revue et mise à jour, 2010, p. 803-868, particulièrement p. 806-807.
7. P. Dareste, *Traité de droit colonial*, Paris, 1931, p. IX.

l'Indochine plus d'une fois traitée séparément) où certains principes sont plutôt mis en avant : la reconnaissance d'un statut personnel aux indigènes de confession musulmane et le maintien des coutumes locales afin de légitimer un processus de réforme judiciaire qui ne craint pas de s'inscrire dans une stratégie de modernisation pour durer.

En vérité, la justice coloniale est celle de principes, lentement mis en œuvre, parfois contradictoires, confrontés aux difficultés qu'imposent les réalités du terrain [8].

L'étude de ses traits caractéristiques révèle une même inspiration, sinon un emprunt : unicité de juge, maintien des tribunaux indigènes, extension des compétences, statut du personnel judiciaire, simplicité des formes, régime de l'indigénat et efficacité des décisions de justice en sont les témoignages les plus marquants [9]. En effet, des justices de paix aux tribunaux de première instance, le système judiciaire colonial repose sur un juge unique qui siège, avec des compétences souvent accrues.

En outre, certaines justices de paix sont confiées à des administrateurs, seul moyen d'assurer un maillage suffisant du territoire colonial. Ainsi, les justices de paix, soit ordinaires comme en métropole, soit à compétence étendue, étaient confiées à des magistrats ou à des fonctionnaires [10] qui rendaient la justice civile et avaient, pour certains, les mêmes attributions que des tribunaux correctionnels en France métropolitaine.

Par ailleurs – et c'est là un deuxième trait de la justice coloniale – l'extension de compétences reconnues aux juges faisant d'eux des magistrats cumulant fonctions civile et pénale a comme conséquence notable que ces tribunaux fonctionnaient sans ministère public (autre moyen d'économie), parfois même en dehors de toute règle. On peut mentionner l'exemple de certaines audiences foraines, qui se tenaient à la demande du Procureur général et dans lesquelles un magistrat obtenait mandat de juger une affaire dans une autre circonscription. Il en va également du statut du personnel judiciaire : ici, les avocats-défenseurs cumulent postulation et plaidoirie et sont soumis au gouverneur qui les nomme et les révoque ; les magistrats n'ont pas un statut identique à celui des juges métropolitains. C'est que le statut de la magistrature sous la Troisième République place les magistrats sous l'autorité du ministre des colonies avec droit de regard du ministre de la justice.

---

8. Dès la fin du XIXe siècle, la constitution de gouvernements généraux consacre la notion de possessions coloniales, et donc l'impossibilité de penser une justice proche de la justice métropolitaine. La justice coloniale est une justice particulière.

9. Sans relever tous les aspects qui mériteraient observations, les points sur lesquels les rapprochements sont possibles sont les suivants : pouvoirs du gouverneur, du Procureur général, du ministère public, statut des greffiers, celui des huissiers, fonctionnement des cours d'assises, etc.

10. Commandants de cercle en AOF, résidents à Madagascar et Indochine, fonctionnaires en AEF.

La question de l'inamovibilité n'y a pas été résolue, en dépit de l'insistance avec laquelle elle a été soumise au législateur. Le principe de l'amovibilité a prévalu, même si son affirmation fut nuancée et corrigée en partie par quelques garanties accordées au magistrat colonial : l'amovibilité avait des avantages certains, permettant aux autorités coloniales de se priver des services de magistrats indisciplinés ou « indélicats » ou de les déplacer aisément pour faire face aux absences et corriger, tant bien que mal, les dysfonctionnements générés par les intérimaires. Par ailleurs, si l'on excepte le sort réservé aux magistrats des Antilles et de la Réunion par une loi du 15 avril 1890, le statut des magistrats coloniaux se caractérise par des règles dérogatoires au régime métropolitain.

Le souci de simplification qui entoure la mise en œuvre de la justice, et se retrouve dans le souci de réaliser des économies en évitant des procès trop longs ou trop coûteux, est une constante du système judiciaire colonial. Ce souci transparaît aussi bien en matière pénale [11] qu'en matière civile.

Enfin, les colonies qui avaient bénéficié, un temps, de la suppression de la contrainte par corps, décidée pour la France métropolitaine par la loi de 1867, obtinrent le rétablissement de cette voie d'exécution contre les débiteurs indigènes. Les chambres de commerce et bien des magistrats y ont vu un des moyens adaptés à la protection des créanciers. Toutefois, la stratégie mise en route par la Troisième République – une « République impériale » par excellence – en matière judiciaire se fonde sur « une expérimentation protéiforme, tantôt obéissant à la sagesse des expériences de terrain et aux contraintes d'adaptation, tantôt s'inspirant des leçons des territoires voisins et des expériences étrangères, tantôt, enfin, portée par la vertu de la table rase et des audaces qu'elle autorise ». Elle trouve un exutoire en AOF où, par touches successives, l'architecture de l'organisation judiciaire initiale fut modifiée pour laisser place à l'installation d'une justice indigène [12], parallèlement à un appareil judiciaire de droit commun, calqué sur le modèle métropolitain [13].

L'étude de tous ces cadres, on s'en doute, est vaste. Aussi, pour éviter les risques d'une analyse descriptive de son objet auxquels le chercheur s'expose en voulant faire une synthèse très étendue, Dominique Sarr choisit-il de fixer son regard sur une prise de vue : le phénomène colonial sous son aspect juridique, qui n'est pas moins intéressant que la colonisation économique ou sociologique. En effet, non seulement le droit est un instrument de stratégie [14] coloniale

11. Ici, on décide d'appliquer aux délits la procédure prévue en France devant le tribunal de police, et d'appliquer aux crimes la procédure en vigueur auprès des tribunaux correctionnels, ne respectant les règles métropolitaines que dans quelques colonies.
12. *Cf.* J. Chabas, « La justice indigène en Afrique Occidentale Française », *Annales Africaines*, 1954, p. 91-151.
13. Le décret du 3 décembre 1921 (*JOAOF*, p. 125) constitue le texte organique des juridictions de droit local en AOF.
14. La stratégie est entendue au sens d'un projet d'ensemble, d'un vaste dessein colonial.

en ce qu'il joue un rôle dans la progression coloniale, à tout le moins la conservation des colonies [15], mais le contact de deux peuples, de deux races, de deux cultures, le lent rapprochement de deux civilisations hétérogènes se marquent aussi dans une législation et, surtout, dans une jurisprudence variée.

Son angle d'attaque est la Cour d'appel de l'AOF. La création de cette juridiction supérieure coloniale, sous la pression d'intérêts locaux, et l'opportunité juridique que lui offre le décret du 10 novembre 1903, donnent à la Cour d'appel du Sénégal un second souffle [16]. En effet, jusqu'en 1903, une dualité de régime et de direction subsistait dans l'administration de la justice au niveau des colonies du Dahomey, de la Côte d'Ivoire, de la Guinée française et du Sénégal. Cette anomalie devait disparaître avec l'institution du gouvernement général, et la substitution de la Cour d'appel de l'AOF à la Cour d'appel du Sénégal et aux anciens tribunaux supérieurs. En vérité, par l'institution d'une Cour d'appel au siège du gouvernement général, il s'agissait d'impulser une cohésion d'ensemble quant au volume des coutumes comme quant à leur qualité, entre les différentes colonies du groupe.

Outre l'unité politique consécutive à la constitution du bloc territorial de l'Afrique occidentale, l'affirmation de « la puissance d'État » au sens de Raymond Carré de Malberg, devait nécessairement être accompagnée d'une centralisation juridique et judiciaire comme le gage d'une double préoccupation de légitimation de l'action coloniale par le droit en même temps que la

---

15. Pour aller plus loin, lire Malvezzi, cité par J. Gilissen et J. Vanderlinden, « L'organisation judiciaire en Afrique noire : essai de synthèse », *in* J. Gilissen (dir.), *L'organisation judiciaire en Afrique noire*, Bruxelles, Éditions de l'Institut de sociologie, Université libre de Bruxelles, 1969, p. 10.
16. Jusqu'alors en effet, la France avait administré les points occupés en y transplantant plus ou moins complètement, et à la hâte souvent, les services financiers, judiciaires et administratifs de la métropole, légèrement modifiés. Dans le service judiciaire, le président de la Cour d'appel était le chef de service ayant sous ses ordres un procureur de la République subordonné du gouverneur général. C'était là un dualisme fâcheux et des conflits inévitables. Le Conseil général du Sénégal a plusieurs fois signalé les inconvénients résultant de cette dualité administrative sans compter les hésitations qui ont marqué l'institution du Procureur général tantôt rétablie, tantôt supprimé. Tout cela dénote une incertaine méfiance vis-à-vis de l'établissement d'une autorité qui pourrait devenir un obstacle au déploiement des objectifs politiques assignés au service de la justice. Sous la pression de la colonie et, il faut le dire, la nouvelle configuration du jeu colonial, la possession se sont stabilisées définitivement avec le protocole de Berlin, le service de la justice est devenu plus régulière, plus conforme aux normes métropolitaines en la matière et avec lui, le rétablissement définitif du parquet général dont le premier soin était de parodier, au point de vue théâtral, le gouverneur général dont il venait de prendre la place. Un Procureur général responsable devant le ministre et le gouverneur général dont il n'est en vérité que le délégué, centralise la haute direction des affaires judiciaires. Il est assisté de ses substituts et d'un secrétariat.

manifestation d'une prise de possession territoriale effective, synonyme d'un transfert tacite de souveraineté des chefs des entités politiques locales au nouvel occupant. Dans ce jeu d'expansion juridique et politique, un droit était mis en pépinière, le temps même de son observation.

L'auteur de ce livre entraîne le lecteur, en le tenant par la main, à la découverture de ce droit, à travers une source essentielle : le droit *créé* par la jurisprudence de la Cour d'appel de l'AOF. Trois parties structurent son travail.

Dans la première partie, il retrace l'histoire de la Cour, en en disséquant les péripéties externes. C'est une institution qui naît, qui croît, qui vit. Elle vit, dans les textes qui la réglementent, comme dans ses activités. Elle connaît de grandes périodes, liées à des questions qui dépassent le problème judiciaire lui-même, puisqu'elles touchent à l'économie, au politique et au social.

Examinant la compétence de cette juridiction coloniale supérieure en matière civile comme en matière pénale, il appelle l'attention du lecteur sur le fait qu'elle s'exerce comme un contrôle des décisions des tribunaux inférieurs dont l'organisation et la composition [17] de même que les formes dans lesquelles les jugements et arrêts sont rendus, relèvent du droit français.

Aussi met-il en avant les deux chambres de la Cour dont les magistrats sont chargés de mettre en œuvre la politique définie par les pouvoirs publics du temps : la chambre spéciale d'homologation et la chambre d'annulation.

Sur le fond, ces deux chambres appliquent les lois du pays [18]. Entre les deux, une importance est accordée à la chambre spéciale d'homologation tenant non seulement à la nature, la variété et au nombre des affaires [19] qu'elle

17. Arrêtés fixant le siège, le ressort et la composition des tribunaux indigènes du Sénégal..., ANS, 6M/022, 1924-1935 ; projet d'arrêtés réorganisant les tribunaux indigènes, ANS, 6M/030; modification de l'arrêté du 14 août 1924 par l'arrêté du 2 juin 1930.

18. Ce principe est posé par le décret de 1903 comme il est réitéré par celui de 1924 en ses articles 41 et 50 qui imposent d'ailleurs la mention des coutumes sur les feuilles d'audience. Voir aussi lettre du PG à GG, n° 241 du 11 mai 1925, au sujet de l'application des coutumes pénales en matière indigène. Justice indigène, affaires annulées ne devant pas revenir devant la chambre spéciale, Dahomey-Guinée, 1925-1926, ANS M133 (112).

19. En 1934 par exemple les juridictions indigènes ont prononcé 31 130 sentences diverses ; en 1937 ce nombre passe à 50 306. C'est là un résultat dont peut se réjouir sans réserve, étant donné la rareté de la criminalité dans la fédération et l'excellent état d'esprit de la population de l'AOF. Rapport sur le fonctionnement de la justice indigène dans le ressort de la chambre d'annulation de l'AOF, ANS, 2G37/32, Dakar le 29 octobre 1938, Pour le PG empêché, l'avocat général. En 1909, 155 arrêts ; 1910, 146 ; 1911, 190, voir Rapport d'ensemble annuel 1912, ANS, po II 4°203. En 1923, 667 arrêts ont été rendus ; en 1924, 743 ; « il est à prévoir que ce nombre diminuera en 1925 » du fait de la nouvelle organisation et de la création dans chaque colonie, des tribunaux coloniaux d'homologation, Rapport d'ensemble (Service judiciaire),

connaît, mais aussi au caractère souverain de ses décisions [20] : d'une part, elle est, par vocation, un organe de contrôle des jugements et, d'autre part, ses sentences sont insusceptibles de recours. Aussi, particulièrement en matière indigène, s'attache-t-elle à se conformer à la loi, étant à préciser qu'en cas de contrariété, la Cour de cassation, qui peut normalement connaître de ses arrêts, serait amenée à annuler ses décisions pour violation de la loi et/ou excès de pouvoir [21].

C'est sous la haute direction du Procureur général que s'élabore, par des réquisitoires aussi élégants que substantiels, la jurisprudence de la chambre d'annulation de la Cour d'appel. Cette collaboration à l'activité législatrice est ainsi perceptible dans sa participation active à l'élaboration du code pénal indigène de l'AOF, paru en 1941 et étendu en 1944 aux colonies et territoires du Togo, du Cameroun et de l'AEF. En tout état de cause, c'est par cette jurisprudence que s'est établi et affermi, sur des bases plus raisonnées et écrites, un droit local qui régit à partir du premier tiers du XXe siècle huit millions d'indigènes.

Dans la deuxième partie, il porte son regard éclairant sur cette Cour vue du dedans, l'accent étant mis sur son personnel, et donc les moyens de son activité.

Ce personnel, en AOF, connaît une extension qui intègre un éventail assez large d'agents de toute sorte et de toute origine : le président de Cour et le Procureur général, bien sûr, mais aussi tous ceux qui sont placés sous l'autorité du Procureur général, c'est-à-dire autant d'avocats généraux qu'il y a de chambres civiles, et l'avocat général pour la chambre des appels correctionnels, les substituts et les conseillers auditeurs attachés au service du parquet [22], les magistrats, c'est-à-dire les membres titulaires du siège et les membres titulaires du parquet, mais aussi tous les autres officiers ministériels et publics. Puis vient la cohorte des auxiliaires de justice, les assesseurs et tous ceux qui, sans être du corps, n'en étaient pas moins appelés à en remplir les fonctions, soit

1924, ANS, 2G24/13. Entre 1927 et 1929, on est passé de 382 à 496, puis à 568 arrêts rendus par la Cour d'appel. PG à GG, Rapport d'ensemble, Justice, 1929, 20 feuillets, ANS, 2G29/8, AOF, Dakar 23 avril 1930.

20. L'importance de cette haute chambre tient au fait qu'« aucune circonstance ne pouvait lui enlever un droit de contrôle d'autant plus nécessaire que sans la formalité d'homologation les jugements des tribunaux indigènes ne pouvaient permettre aucune mesure d'exécution sur les personnes ou sur les biens des condamnés, n'étant pas revêtus du caractère de décision de justice.

21. Cette situation est la conséquence directe et, on ne peut plus naturelle, de l'institution du juge unique alors de mise dans les colonies, du moins pour ce qui est la justice indigène : or, faire rendre la justice par un seul homme dans un pays où les divisions de castes sont encore si vives et si profondes ouvrirait la voie à des abus de toute sorte.

22. P. Bonncene, *Élémens de législation criminelle* [Éd. 1829], Paris, Hachette-Bnf, 2016, p. 51 et s.

par la loi, soit par la force des choses. À ces moyens humains, il convient d'ajouter l'ensemble du matériel affecté au service de la justice. Pour autant, la justice coloniale manque de moyens. En effet, l'accroissement continu de la population européenne, des affaires et des travaux publics, donne aux services civils un développement si considérable et si rapide qu'il est devenu comme une obligation pressante d'augmenter le personnel de la magistrature. Comment y parvenir, quand on est confronté à un corps d'élite qui demande une spécialisation accrue et qui suscite peu de vocation [23] ?

Enfin, dans une troisième partie, Dominique Sarr traite de la Cour d'appel de l'AOF en tant que volonté. La profondeur de ses analyses permet de comprendre qu'elle ne se contente pas de juger, elle a une politique, une manière de réagir aux problèmes qui se posent, dans leur particularité, mais aussi en conformité avec une politique coloniale bien déterminée. C'est que la Cour d'appel n'a pas une vocation exclusive de justice, elle a aussi et surtout une ambition juridique.

En vérité, le but visé par le contrôle de l'application des coutumes est plutôt politique et stratégique. Il s'agit principalement de recenser, par cette méthode, les différentes coutumes indigènes afin d'arriver à un corpus à la fois écrit, intelligible et unifié. Dès lors la chambre d'homologation, si elle est un organe régulateur de la justice indigène, restait par ce fait même et par l'autorité de ses arrêts, une véritable Cour de cassation, en même temps qu'elle servait de *purgatoire* aux coutumes indigènes. L'objectif était de placer la justice indigène sous une législation uniforme avec la promulgation de décrets que la jurisprudence de la chambre d'homologation aura inspirés. Et à cet égard, le Procureur général se rendit utile soit par le conseil, soit par sa plume ou par sa parole suivant les cas et les postures qu'il a occupées au sein de la Cour d'appel.

C'est que cette juridiction supérieure spéciale s'est contentée presque toujours de consacrer la doctrine soutenue près d'elle par le Procureur général qui règne sur la Cour en maître de l'art, et qui est par ailleurs le canal naturel d'expression de la volonté de l'autorité politique près des cours et tribunaux. En consultant les conclusions de ce haut magistrat, il est remarquable de constater que la Cour n'avait pas de peine à adopter une position mêlant « dessein colonial » et considérations pratiques, aussi bien dans son rôle de protection des justiciables indigènes que dans sa fonction de recensement et de codifica-

23. Considérer la question coloniale d'abord d'un point de vue comptable. Il s'y ajoute que la section magistrature de l'école coloniale a été la moins demandée. En 1938 sur les 63 magistrats que compte l'AOF, seuls 40 sont présents. Les raisons ? Des magistrats mutés sans être remplacés, des congés arrachés. C'est pourquoi il a été souvent recours à des fonctionnaires pourvus de diplômes en droit pour assurer le service des intérims. Mais cette situation, présentée au départ comme provisoire, n'en demeure pas moins une pratique constante et acceptée de tous tout au long de la période coloniale.

tion des coutumes indigènes [24]. Dès lors, il est facile d'avancer qu'au-delà de la nécessité de plier les jugements des tribunaux indigènes à l'autorité du droit français, la Cour avait appliqué une politique faite de prudence tendant à répertorier les coutumes suivant le principe du respect des coutumes. L'étude jurisprudentielle qui en a résulté offre un champ utile pour la connaissance des coutumes [25].

Un dernier mot, en guise de reconnaissance. Cet ouvrage n'aurait pu aboutir sans l'aide et les conseils de Charles Becker, aussi bien pour la mise en forme que l'édition du texte. Qu'il reçoive ici nos sincères remerciements et l'expression de notre gratitude pour sa participation à cette publication.

---

24. Il a été prévu spécialement une commission chargée de cette codification des coutumes ; mais ses travaux se diluèrent, pour diverses raisons dont la pénurie de personnel. Ce n'est, plus tard, qu'un véritable code pénal indigène vit le jour, mais en matière civile, peut-être à cause de la délicatesse de cette question, on trainait encore les pieds. Rapport sur le fonctionnement de la justice indigène dans le ressort de la chambre d'annulation de l'AOF, ANS, 2G37/32, Dakar le 29 octobre 1938, Pour le PG empêché, l'avocat général.
25. D. Sarr, « Jurisprudence des tribunaux indigènes du Sénégal : les causes de rupture du lien matrimonial de 1872 à 1946 », p. 143 et s. : « À première vue la distance semble grande, qui sépare le prétoire des préoccupations habituelles d'une population paysanne, et dont le cadre de vie n'a pas encore totalement été bouleversé par l'expansion coloniale. De plus, la coutume s'exprimant le plus souvent sous forme de proverbes, d'aphorisme (apophtegmes) et de brocards, il semble qu'une enquête sur le terrain, offrirait plus d'intérêt. Toutefois, les mécanismes de la procédure judiciaire et les soucis quotidiens des justiciables permettent d'en saisir certains aspects. À ce point de vue, l'étude de la coutume peut être l'étude des tribunaux qui l'appliquent, la façonnent, la créent (a). Qui plus est, l'histoire sociale peut tirer grand profit des litiges portés devant les tribunaux : les passions s'y exacerbent et dévoilent bien des traits, que la société traditionnelle, dans un esprit de conciliation, tient généralement secrets ». ; voir aussi J. Vanderliden, *Coutumier, manuel et jurisprudence du droit zandé*, Bruxelles, Éditions de l'Institut de sociologie, Université libre de Bruxelles, 1969 ; H. Vidal, *La Cour d'appel de Tananarive et les coutumes malgaches, de 1897 à 1960*, Tananarive, *Cahier du Centre d'étude des coutumes*, II, 1966, 184 p. ; J.-M. Pauwels, *Répertoire de droit coutumier congolais, jurisprudence et doctrine, 1954-1967*, Kinshasa, Office national de la Recherche et du Développement, 1970, 445 p.

Introduction

La présence d'une "organisation judiciaire à la française" [1] remonte, dans la colonie du Sénégal et dépendances, au début du XIXe siècle, avec l'institution à Saint-Louis et à Gorée, de juridictions à l'appellation peu surprenante, à savoir : tribunaux de première instance, de simple police, de police correctionnelle, et même une Cour d'appel.

En France, l'appel est une voie de recours, de réformation, par laquelle une partie qui se sent lésée par un jugement, défère le procès et le jugement aux juges du degré supérieur [2]. Que cache, dans les possessions françaises de la Côte occidentale d'Afrique, cette terminologie ? Des réalités bien différentes, à vrai dire. N'en donnons qu'un exemple ! La Cour d'appel de Saint-Louis n'avait-elle pas, en effet, pour mission d'assurer, en dehors de son pouvoir de statuer sur les appels dont elle était saisie, le contrôle de l'application du droit indigène, l'unité et la continuité de la jurisprudence locale ? Elle était, ainsi, à la différence des Cours métropolitaines, investie de certaines attributions de la Cour suprême.

Cette situation particulière s'explique par le fait que la fonction juridictionnelle n'a pas, dans un système colonial, la même signification que dans la conception occidentale. En Europe, le juge est un arbitre dont le rôle consiste à prononcer sur l'existence de droits ou d'obligations, à sanctionner les infractions à certaines règles [3]. Dans un système de domination, où toute l'organisation de la société colonisée est au service des intérêts politiques, économiques et sociaux de l'État colonisateur, il n'en pouvait être de même. La justice participe, ici, de la domination, elle apparaît, plutôt, comme un instrument de transformation du système juridique indigène.

Ce problème de l'organisation judiciaire aux colonies, qui n'a pas intéressé grand monde [4], est fondamental. Il a posé de sérieuses difficultés, notamment

---

1. Roger, Notes sur le Sénégal, 1821. ANSOM, Sénégal et Dépendances II, Dossier 2, Mémoires, 1819/1826.
2. V. Vincent (J.), *Procédure civile*, Précis Dalloz, 16e éd., Paris, 1973, p. 692.
3. V. Ch. Eisenmann, « La Justice dans l'État », in *La Justice,* Travaux du Centre des Sciences politiques de l'Institut d'Études Juridiques de Nice, PUF, 1973, p. 11-56.
4. V. Bourjol (M.), *Théorie générale des coutumes juridiques africaines*, la Nef, 1974 ; Chabas (J.), « Les juridictions et la procédure de droit local en Afrique Noire », *Jurisclasseur de procédure civile*, art. 443 à 473 ; Dareste (P.), *Traité de Droit Colonial*, Paris, 1931 ; Dislère (P.), *Traité de Législation coloniale*, Paris, 1914 ; *Ethnologie Générale* Encyclopédie de la Pléiade, XXIVe vol., Bruges, Gallimard, 1968 ; François (G.) et Mariol (H.), *Législation coloniale*, Paris, Larose,

en Afrique, où le colonisateur s'est trouvé en présence d'une population autochtone vivant dans un état radicalement différent, et selon un système juridique particulier, d'origine coutumière.

Quel sort fallait-il réserver aux institutions indigènes ? Pouvait-on les ignorer, leur en substituer d'autres ? Devait-on les transformer ou les laisser subsister, tout au moins, dans ce qu'elles avaient de compatible avec le nouvel ordre social ?

Aucune de ces deux méthodes n'a pu recevoir une application intégrale. Si l'occupation permet à l'État colonisateur de supprimer les structures politiques traditionnelles en imposant au pays soumis son mode de gouvernement et son système d'administration, elle ne lui donne pas la même emprise sur les institutions sociales des populations conquises, sur leurs mœurs et coutumes. La législation du peuple colonisateur, élaborée en fonction d'un état social et d'un stade de civilisation particuliers, ne peut abroger en bloc, le système juridique autochtone qui correspond, lui aussi, à un état social, et à un stade de civilisation également bien déterminés.

C'est ainsi que le problème colonial va être celui de l'organisation de la coexistence de deux civilisations hétérogènes, de deux systèmes juridiques irréductibles l'un à l'autre. La nette dépendance de la civilisation africaine vis-à-vis de la civilisation française qui caractérise les rapports de deux sociétés, rend impossible l'application à ce conflit colonial des solutions du droit international privé. D'où l'intérêt des solutions apportées par le droit colonial à ce contact des deux lois en présence.

En théorie, trois solutions différentes peuvent être apportées au problème du droit applicable, et partant, à celui de l'organisation judiciaire dans les colonies. L'État colonisateur peut instituer un ordre juridictionnel analogue à celui de la métropole, et y soumettre tous les habitants sans distinction. Il peut laisser subsister l'organisation judiciaire traditionnelle, ou, enfin, organiser une dualité de juridictions, les unes pour les nationaux et les étrangers, les autres pour les autochtones.

En pratique, le choix n'était pas si ouvert. La situation de "colonisateur-éducateur" inhérente à la conception française, les rapports de domination qu'implique le phénomène colonial, ne permettaient pas, à la métropole, de maintenir intégralement le système juridictionnel traditionnel. Analysé [5]

1929 ; Girault, *Principes de colonisation et de législation coloniale*, Paris, 1927-1931 ; Gonidec, *Droit d'Outre-Mer*, Tome l, *De l'Empire Colonial de la France à la Communauté*, Paris, Éd. Montchrestien, 1959 ; Lampué (P.). *Droit d'Outre-Mer et de la Coopération*, Paris, Dalloz, 1969 ; Luchaire (F.) *Droit d'Outre-Mer et de la Coopération* Paris, PUF, 1966.

5. V. G. Balandier, « La situation coloniale : approche théorique », *Cahiers Internationaux de Sociologie*, *XI*, 6e année, 1951, p. 44-79 ; « Sociologie de la colonisation et relations entre sociétés globales », *Cahiers internationaux de Sociologie*, 9e année, 1954, *XVII*, p. 17-31 ; *Sociologie actuelle de l'Afrique Noire…*, Paris, PUF,

comme un “phénomène social total”, la colonisation intervient, en effet, tant aux niveaux économique, politique, idéologique, que culturel. Son objectif premier est la pénétration commerciale, la réalisation de transactions avantageuses. Il s’agit d’écouler les produits de l’industrie européenne et d’obtenir, en contrepartie, des produits du cru. La nécessité de commercer implique toutefois, la mise en valeur, l’emprise politique et idéologique. En effet, selon un enchaînement parfaitement mis en évidence par R. Arnaud [6] : “le commerce ne s’épanouit librement selon les fluctuations de l’offre et de la demande qu’à la condition que toutes les ressources du pays sur lequel il influe soient mises en valeur. Une politique purement commerciale au début devient ainsi fatalement une politique d’expansion économique. Un pays neuf doit progresser luimême, par sa propre richesse, multipliée par l’effort du capital d’autrui. Cette aide ne peut s’accomplir qu’avec l’aide de la population indigène... C’est ainsi qu’une annexion économique est une mainmise sociale d’un peuple supérieur sur un peuple d’une intellectualité différente qui se trouve entraîné peu à peu dans un progrès humain sans cesse plus élargi. La politique commerciale devenue une politique économique est aussi une politique sociale”.

La mission civilisatrice de l’État dominateur, son devoir colonial que développent avec complaisance les documents officiels, consiste à faire progresser le peuple dominé, à le conduire sur la voie du développement économique et social. Dans ce but, il lui impose sa civilisation, son idéal juridique. Il importait, en effet, par l’institution d’une justice régulière, de “pénétrer les races avec lesquelles la providence l’a mis en contact, de la notion du juste, du respect de l’homme, de l’égalité du fort et du faible devant la loi, enfin de tous les principes d’une large et impartiale équité... qui sont en germe chez les indigènes...” [7].

Aussi pénétré de son devoir, le législateur colonial ne pouvait circonscrire son choix qu’entre les deux autres systèmes d’organisation judiciaire. C’est ainsi, qu’à partir de l’ordonnance du 7 janvier 1822 [8], et tout au long du XIXe siècle, il va opter pour l’assimilation judiciaire. La colonie du Sénégal et dépendances se voit doter de deux tribunaux de première instance et d’une juridiction d’appel qui étaient la réplique des juridictions métropolitaines dont elles empruntaient la plupart des règles d’organisation et de fonctionnement.

Cette uniformisation de l’administration de la justice visait à faciliter l’unification de la législation par la promulgation, dans la colonie, des divers codes métropolitains. Il ne pouvait, en effet, être question, de maintenir le Sénégal et dépendances dans un état d’isolement légal, d’accepter le particularisme d’une

---

1971,3^{e} éd. ; *Anthropologie politique*, Paris, PUF 1967 ; *Sens et puissance*, Paris, PUF, 1971.

6. *Précis de politique musulmane*, Alger, Jourdan, 1906, t. 1., p. 127.
7. Carrère, chef du service judiciaire, exposé des motifs d’un projet de réorganisation de la Justice, présenté au Conseil d’administration du Sénégal, le 10 novembre 1862. ANS, série M 5, Organisation de la Justice, 1862-1893, pièce n° l,
8. Bibliothèque nationale, *Bulletin des lois*, n° *532*, VIIe Série, n° 12845, p. 545.

population qu'il importait, au contraire, de chercher à fondre dans la société commune. D'où l'opposition à toute organisation d'un ordre juridictionnel qui lui soit propre, et en particulier, à l'érection d'un tribunal musulman. En effet, cette "institution n'était pas seulement inutile, elle constituait un véritable danger. L'islamisme… c'est, estimait Jacomy qui se faisait le porte-parole du gouvernement et de certains habitants de la colonie, l'obstacle le plus sérieux à la colonisation. Son influence rend les populations noires rebelles à notre civilisation. Le marabout est notre adversaire obstiné. Il faut donc, sous peine de succomber dans l'œuvre entreprise, combattre pied à pied son action, et non l'encourager. Or, la création d'un tribunal musulman n'a été qu'une consécration officielle de l'influence du marabout. C'est le droit de juridiction en matière de statut personnel, de succession et de testaments, remis aux mains du chef de la religion musulmane, c'est-à-dire que c'est le plus puissant moyen d'action livré à notre adversaire naturel, sans contrôle ni contrepoids, au milieu d'une population… qui n'a avec nous que de faibles points de contact" [9].

L'appareil judiciaire ainsi institué n'était, cependant, qu'une transposition plus ou moins exacte, plus ou moins heureuse de l'appareil métropolitain. Des considérations pratiques rendaient, en effet, impossible la reconstitution intégrale de l'organisation judiciaire française. Dans une contrée où la colonisation semblait sortir d'une longue période d'incubation, avec des possessions encore peu développées, et faiblement peuplées, il n'avait pas été possible d'établir une organisation conforme aux règles communes.

L'administration de la justice était donc incomplète, elle fonctionnait irrégulièrement. En effet, ni les tribunaux de commerce, ni les tribunaux du travail, encore moins les juridictions administratives, n'avaient été organisés séparément des juridictions de droit commun. La règle du juge unique s'était substituée à celle de la collégialité en première instance, et le statut des auxiliaires de la justice différait sensiblement de celui de leurs homologues de métropole. Avec un nombre d'affaires réduit, et des justiciables peu nombreux, il n'avait pas été jugé opportun de faire venir des magistrats de carrière. On avait préféré composer avec les fonctionnaires en service dans la colonie qui étaient, pour la plupart [10], étrangers aux formes judiciaires [11].

Cette dérogation aux règles constitutives de la justice était considérée comme provisoire. L'espoir demeurait que les principes ordinaires retrouveraient leur application dès que l'évolution de la colonie le permettrait. En effet,

9. Rapport au Sous-Secrétaire d'État au Ministère de la Marine et des Colonies sur l'organisation judiciaire du Sénégal, daté du 5 avril 1888, par Jacomy, Substitut du Procureur général près la Cour de Paris, ANSOM, Sénégal et Dépendances III, Dossier n° 2.
10. À noter la remarquable exception que constitue le Baron Roger, gouverneur de la colonie, en 1822, ancien avocat au Conseil du Roi, et à la Cour de cassation.
11. V. la lettre n° 4864 A 8 du Garde des Sceaux au Ministre de la Marine et des Colonies, datée de Paris le 13 mars 1837. ANSOM, Sénégal et Dépendances VIII, Dossier n° 7.

partout ailleurs "les colonies avaient toutes commencé par être des expéditions militaires ou quasi militaires, qui avaient dû trouver en elles-mêmes tous les moyens de discipline, de police, et de justice, (avant de) voir ces divers moyens se développer en institutions par des progrès successifs et proportionnels au développement des colonies elles-mêmes" [12]. Conformément à cette loi commune qui veut que le développement de l'institution judiciaire soit en corrélation avec les progrès de la mise en valeur, c'est lorsque le Sénégal "sera un peu familiarisé avec nos mœurs et avec nos formes, quand les habitants seront plus nombreux, les intérêts plus compliqués, (qu') on organisera des tribunaux semblables à ceux de France, parce qu'on y aura quelqu'idée de ce que nous appelons les magistrats et la science de la justice. Mais ne révolutionnons rien brusquement, souffrons qu'il y ait transition, et préparons la" [13].

L'objectif était, en somme, de franciser l'ordre juridictionnel local, au point d'en faire la simple copie, transplantée outre-mer, de l'ordre juridictionnel de la métropole. Cette assimilation judiciaire signifiait, pour les populations dominées, la suppression de "l'appareil judiciaire traditionnel" et sa substitution par des juridictions françaises qui, bien qu'elles soient profondément différentes de celles qui fonctionnaient dans la métropole, appliquaient la même législation.

Cette implantation du droit français s'est réalisée sans difficultés pour une partie de la population, celle qui venait de la métropole. Pour elle, on s'efforçait plutôt d'obtempérer à la prescription du chef du service judiciaire de la colonie [14] selon laquelle : "les justiciables français, quel que soit leur nombre, ont droit à la même sollicitude, aux mêmes garanties, sur tous les territoires français où la distribution de la justice doit être dans toutes ses phases complète et égale pour tous".

L'administration de la justice française à la population africaine présentait, par contre, des difficultés presque insurmontables. Avec l'expansion vers l'intérieur du continent, le colonisateur se soumettait une masse de nouveaux sujets complètement étrangers à l'Europe. Ils vont obliger le législateur colonial à réviser sa méthode, à remettre en cause sa politique d'assimilation judiciaire.

Les tribunaux de droit français, chargés de rendre la justice aux Européens n'étaient plus à même de la rendre aux autochtones. À l'étendue considérable du territoire nouvellement conquis, s'ajoutait la concentration des métropolitains dans les centres urbains, et la dispersion d'une population autochtone très clairsemée. Ériger un ensemble de tribunaux couvrant ces vastes contrées, où

12. Lettre n° C 40 du Garde des Sceaux au Baron Portal, Ministre de la Marine et des Colonies, datée du 9 novembre 1821. ANSOM, Sénégal et Dépendances VIII, Dossier 3ter, Justice, 1819-1856.
13. *Ibid.*
14. Rapport sur la situation de l'administration de la Justice pendant l'année 1882. ANS, série M 5, pièce n° 28.

les communications étaient difficiles, entraînerait des dépenses considérables qui étaient au-delà des forces contributives d'une colonie à peine organisée.

Enfin, devant la différence notable qui existait entre le système juridique du colonisateur et le droit coutumier local, le législateur s'était trouvé quelque peu embarrassé. Il avait fini, renonçant à sa politique assimilatrice, par s'engager à respecter les coutumes indigènes, à les faire appliquer. Il se résignait, et c'est notre troisième système, à créer un ordre de juridictions qui se spécialiseraient dans l'application d'un droit local qui trouvait sa source dans une variété de coutumes non codifiées et se transmettant oralement.

La difficulté de dégager les principes d'un "statut minimum commun" aux originaires de la métropole et de l'Afrique occidentale française aboutissait, en somme, avec le décret du 10 novembre 1903, à l'instauration d'un système juridique assez complexe. En effet, sur la base de la nature des intérêts en présence, le législateur colonial organisait, en marge de la justice française chargée d'administrer le droit aux ressortissants de la nation colonisatrice ou à ceux qui leur étaient assimilés, un ordre juridictionnel spécial, dont la tâche était d'appliquer les coutumes. Conformément à la hiérarchie des groupements en présence, la justice de droit français était dite de droit commun. C'était l'organisation judiciaire principale, bien qu'elle ne contrôlait qu'une fraction infime des justiciables. La justice dite indigène, qui lui était subordonnée, avait un caractère provisoire, c'était une justice d'exception.

La justice de droit local est toujours demeurée dans un état de subordination à l'égard de sa rivale française. Sous le régime du décret organique du 10 novembre 1903, les tribunaux français avaient, en effet, une double compétence. "*Ratione personnae*", leur compétence s'étendait aux Européens et assimilés, tandis que "*ratione loci*", leur ressort territorial comprenait les localités où habitaient des Européens, ou dans lesquelles ils possédaient des intérêts d'une certaine importance. Dans l'étendue de ce ressort, ils jugeaient les sujets qui avaient conservé leur statut personnel, à qui ils appliquaient les lois et coutumes qui les régissaient. Mieux, sur toute l'étendue de l'ouest-africain français, leur accès était ouvert à tous ceux qui le réclamaient, soit qu'ils leur appliquent leurs lois propres, soit qu'ils bénéficient de la législation française. Donner ainsi connaissance des litiges indigènes aux tribunaux français, c'était affirmer l'intention d'étendre peu à peu cette organisation à toute la colonie, dès que les circonstances le permettraient.

Le législateur laissait cependant apparaître son hésitation avec le décret du 16 août 1912 qui marquait, au contraire, un affermissement, une extension de la justice de droit local. Avec ce texte organique, en effet, les deux ordres juridictionnels étaient mis en parallèle, chacun appliquant un droit qui lui était propre : les juridictions françaises disant le droit commun aux nationaux, les tribunaux indigènes administrant le droit coutumier aux sujets.

La jurisprudence allait, toutefois, prenant le relais du législateur, grignoter les particularités du droit local qui, malgré tout, était d'application limitée, et mettre en convergence les deux systèmes. Ainsi, la justice indigène, qui apparaissait comme une sorte de concession provisoire faite aux Africains, allait dans un lent processus d'intégration, s'articuler en se subordonnant à l'ordre juridictionnel de droit commun, avant de se laisser assimiler.

La justice de droit local présente, également, l'aspect d'un système arbitraire, il est placé sous la dépendance et la direction de l'autorité politique. Connaissant le milieu indigène mieux que les juges de profession, l'administration pouvait seule, au regard du législateur colonial, tenir compte des contingences locales, mesurer la répression à l'importance de l'infraction, éviter les dangers des on renouvellement, et faire ainsi de la défense sociale. Il s'agissait, en fait, de la défense des intérêts de l'État colonisateur, pour laquelle nul n'était mieux placé que les représentants de l'exécutif. D'où, parallèlement au refus de consacrer les autochtones dans l'exercice de leur propre système juridique, l'option pour des juridictions mixtes étroitement contrôlées par les représentants de l'État.

La politique d'assimilation est, au total, très forte en matière judiciaire. La législation métropolitaine se voit conserver, malgré le principe de la spécialité de la législation coloniale, le caractère de source d'inspiration. C'est le cas en matière de procédure, malgré l'existence d'un code local. En matière pénale, c'est sous le prétexte d'adoucir les coutumes locales, que le juge fait pénétrer l'esprit des institutions et des mœurs françaises. C'est, enfin, au mépris des usages et des traditions que s'établit, en matière de statut personnel et de droit des biens, une jurisprudence spéciale fondée sur les codes français. Le droit applicable dans le groupe de colonies de l'Afrique occidentale française est, en somme, fondé sur la supériorité de la civilisation métropolitaine qui doit s'imposer à l'Africain. Nous assistons, ainsi, à l'extension du pouvoir normatif de la jurisprudence locale. Face à l'incohérence d'une législation abandonnée à l'arbitraire du système réglementaire, le juge joue, dans notre ressort, un rôle important, décisif même, il se fait législateur.

Qui trouve-t-on alors à l'origine de cette politique jurisprudentielle ? La Cour d'appel de l'Afrique occidentale française, bien sûr, qui a, pour l'instant, inspiré si peu de chercheurs. C'est pourquoi, nous nous proposions d'étudier, à travers sa jurisprudence, le phénomène colonial sous son aspect juridique, qui n'est pas moins intéressant que la colonisation économique ou sociologique. En effet, non seulement le droit joue un rôle essentiel dans la conservation des colonies [15], mais le contact de deux peuples, de deux races, de deux cultures, le lent rapprochement de deux civilisations hétérogènes se marquent aussi dans une législation et, surtout, dans une jurisprudence variée.

Nous aurions voulu aider, par une synthèse étendue, à faire connaître ce que le colonisateur considérait, avec un paternalisme de bon aloi, comme l'aspect juridique de sa mission civilisatrice. Tels étaient a priori les cadres d'une étude très vaste. Cependant au fil de nos recherches, notre ambition s'est

---

15. V. Malvezzi, cité par J. Gilissen et J. Vanderlinden, *L'organisation judiciaire en Afrique Noire*, Bruxelles, 1969, p. 10.

faite plus sage et nous avons dû nous contenter de défricher quelques voies autour de la Cour d'appel de l'AOF. Plusieurs raisons – qui sont autant de difficultés – nous y ont poussé.

La première source de difficultés a résidé dans l'état d'éparpillement de la documentation. Pauvres en ouvrages de synthèse, les travaux consacrés au droit colonial sont encore rares [16], extrêmement dispersés [17] et discrets, lorsqu'ils ne sont pas répétitifs. Hormis le voile de silence qui couvre un régime qui survit dans de trop nombreux esprits et institutions, cette situation peut s'expliquer, en partie, par l'attitude de l'administration de l'Afrique occidentale française. Considérant la justice de droit local avec un exclusivisme outrancier, elle n'a presque jamais accepté que des critiques intempestives viennent troubler l'œuvre entreprise. Devant les sollicitations des arrêtistes, elle répondait, tantôt que les décisions de la justice indigène ne constituaient pas "une documentation vraiment intéressante et digne de figurer dans un recueil technique" [18], et tantôt que ces commentaires auraient un effet désastreux, puisqu'ils proviendraient d'auteurs qui ignoraient tout des coutumes locales, et des conditions qui devaient présider à la distribution de la justice aux colonies [19].

Devant ces insuffisances, nous espérions recouper la bibliographie, et surtout l'approfondir, par l'interrogation des archives. Malheureusement, et c'est notre seconde série de difficultés, il ne nous a pas été permis de procéder à leur dépouillement systématique. Malgré toutes nos démarches et sollicitations, nous n'avons pu consulter, ni à Paris, ni à Dakar, aucune des sources concernant le personnel judiciaire. Quant aux séries regroupant des renseignements sur la justice française ou de droit local, le travail et la main-d'œuvre, les fichiers Correspondance, Affaires politiques, Inspection et Contrôle, elles n'étaient accessibles que pour la seule période antérieure à la Seconde Guerre mondiale, et plus précisément à 1940.

Les sources jurisprudentielles sont en définitive la base de ce travail. Nous avons ainsi dépouillé tous les registres de la Cour d'appel de l'AOF conservés au greffe de la Cour d'appel de Dakar [20]. Soit de 1862 à 1960, une moyenne de

---

16. Nous ne pouvons renvoyer qu'aux ouvrages cités à la note 5.
17. V. les multiples articles et notes de jurisprudences publiés dans les recueils et revues, et notamment : *Recueil général de jurisprudence, de doctrine, et de législation coloniales et maritimes* (Recueil *Penant*) ; *Recueil de législation, de doctrine et de jurisprudence coloniale* (Recueil *Dareste*) ; *Revue juridique et politique de l'Union française* (RJPUF) ; *Revue Sénégalaise de Droit* ; *Annuaire de documentation coloniale* ; *Annales Africaines* ; *Bulletin de l'Institut fondamental d'Afrique Noire* IFAN), etc.
18. Gouverneur général à M. Penaut, *Directeur du Recueil général de jurisprudence, de doctrine et de législation coloniales*, Lettre du 30 août 1911. ANS série M 98, pièce n° 1.
19. V. La lettre du lieutenant-gouverneur du Haut-Sénégal et Niger, en date du 21 juillet 1911. ANS, série M 98, pièce n° 2.
20. Grâce à l'aimable autorisation du Premier président Abdoulaye Mathurin Diop, et à la disponibilité de Monsieur le Greffier en chef Touré. Nous nous faisons

cinquante registres pour chacune des chambres, civile et commerciale, d'annulation indigène ou française, et des Appels correctionnels. Chaque registre contenant environ deux cents arrêts [21] nous avons ainsi dépouillé plus de 40 000 arrêts que nous avons recoupé avec ceux publiés dans les recueils *Dareste* et *Penant*. Nous arrivons à un chiffre de 50 000 arrêts, si nous y ajoutons les trente deux volumes et les deux paquets non reliés des arrêts de la Cour d'appel de Saint-Louis qui, conservés à la rue Oudinot, couvrent les périodes 1822-1905, et 1907-1908.

Nos sources jurisprudentielles si déterminantes pour notre étude ne vont pas au-delà de l'année 1952, date à laquelle un décret du 18 mai [22] est venu créer, dans l'ancien ressort de la Cour de l'Afrique occidentale française, en plus de la Cour de Dakar, qui n'avait plus dans son ressort que les territoires du Sénégal, de la Guinée française, et de la Mauritanie, une Cour d'appel à Abidjan, pour les territoires de la Côte d'Ivoire et de la Haute-Volta, et deux chambres, à Bamako, pour le Soudan français, et Cotonou, pour les territoires du Dahomey et du Niger. Cette décentralisation judiciaire, qui préludait, avec la loi-cadre, au déclin progressif de la Fédération de l'Afrique occidentale française, nous rendait inaccessible de nombreuses décisions jurisprudentielles. C'est pour les mêmes raisons que nous n'avons pas beaucoup fait référence à la colonie du Togo qui, au point de vue de l'organisation judiciaire, a été assimilée au groupe de l'Afrique occidentale française, de 1924 à 1947.

À partir des matériaux ainsi rassemblés, nous avons opté pour un triple angle d'attaque de la Cour d'appel de l'AOF. Dans une première partie qui retrace son histoire, nous étudions la Cour dans ses péripéties externes. C'est une institution qui naît, qui croît, qui vit. Elle vit, dans les textes qui la réglementent, comme dans ses activités. Elle connaît de grandes périodes, liées à des questions qui dépassent le problème judiciaire lui-même, puisqu'elles touchent à l'économie, au politique et au social. Dans une deuxième partie, nous abordons notre juridiction du dedans, en traitant de son personnel, donc des moyens de son activité. Enfin, dans une troisième et dernière partie, nous l'étudions en tant que volonté. Elle ne se contente pas de juger, elle a une politique, une manière de réagir aux problèmes qui se posent, dans leur particularité, mais aussi en conformité avec une politique coloniale bien déterminée.

---

l'agréable devoir de leur exprimer notre vive reconnaissance pour nous avoir permis de mener à bien ce travail.

21. [Pas de note correspondante]
22. V. *JOAOF* 1952, à la date, le décret n° 52615.

Carte de l'Afrique occidentale française en 1936

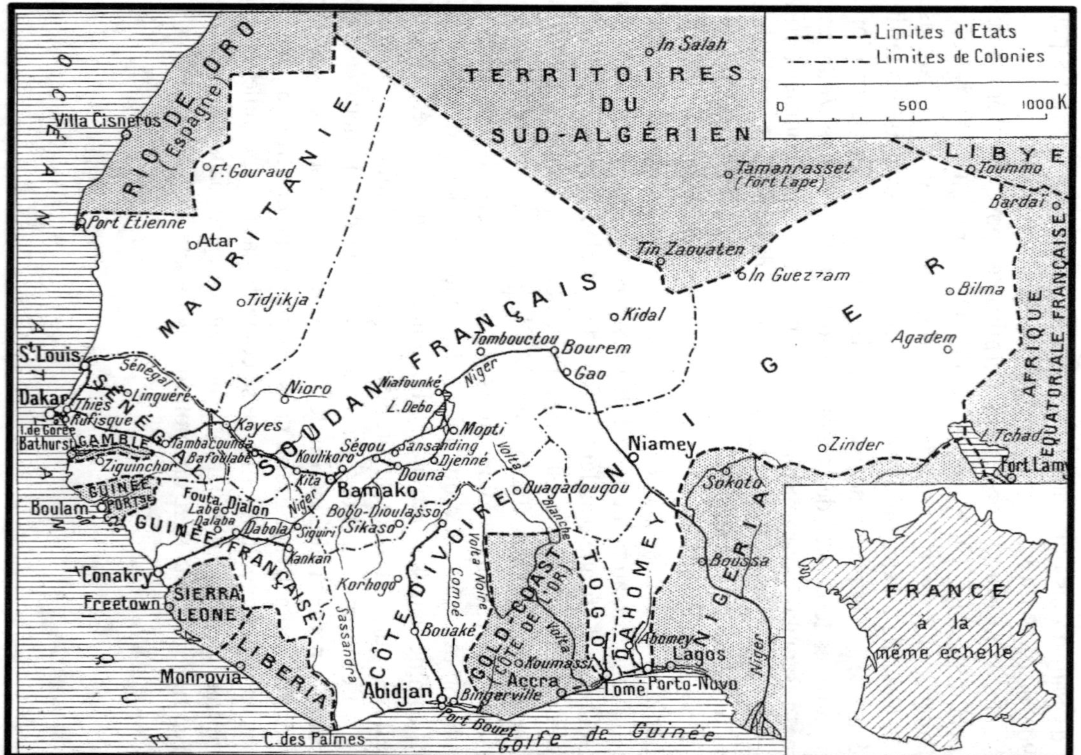

Par Anonyme — Domaine public, <a href="https://commons.wikimedia.org/w/index.php?curid=3851864">Lien</a>

Première partie

La création de la Cour

Jusqu'au milieu du XIXe siècle, la colonie du Sénégal et dépendances n'est constituée que de comptoirs de commerce d'intérêt secondaire [1]. Relativement au prodigieux essor des grandes colonies à cultures que sont les Antilles, Saint-Louis, Gorée et les escales du fleuve n'ont fait que végéter avec la traite négrière, puis celle de la gomme.

Réputés malsains, pratiquement laissés à l'abandon, ces comptoirs n'entraînent pas une migration européenne importante. Seuls quelques agents des compagnies ou de l'administration, des négociants, voire des missionnaires, viennent y faire des séjours.

Leur organisation se ressent de ce rôle effacé que leur réserve la stratégie impériale, de leur rôle d'annexe aux colonies de plantations. C'est ainsi que sur le plan judiciaire, tandis que les Antilles se dotent d'une organisation calquée sur celle de la métropole, le Sénégal voit la mise en place d'une organisation judiciaire on ne peut plus rudimentaire. La justice y est rendue par des officiers de Marine, dans l'unique souci d'assurer la sécurité indispensable à l'exercice du commerce et à son développement.

La prééminence du commerce de traite explique que, depuis l'abolition de l'esclavage, la troque de la gomme arabique constitue un des facteurs essentiels de la politique impériale française dans ces contrées. Et que, Saint-Louis étant à la fois la base militaire et le centre administratif de ce premier domaine africain de la France, les préoccupations sénégalaises soient, pour les autorités coloniales, le centre d'intérêt principal (Titre I).

Lorsque l'expansion française s'étend, à partir du second Empire, vers de nouvelles contrées, la nécessité se fait sentir d'organiser sur de nouvelles bases la distribution de la justice. Le système antérieur, qui pouvait suffire pour des comptoirs de commerce peu fréquentés, n'était plus adapté à une colonie en pleine expansion. L'évolution économique et politique des établissements français de l'Afrique occidentale va avoir de profondes répercussions sur le service de la justice. Son organisation devient plus complexe et se rapproche progressivement de celle de la métropole (Titre II).

---

1. V. P. Cultru, *Les origines de l'Afrique occidentale : Histoire du Sénégal du XVe siècle à 1870*, Paris, Larose, 1910. G. Hardy, « La politique de la France en Afrique occidentale de 1763 à 1870 », *Revue de l'Histoire des Colonies françaises*, n° 3, mai-juin 1928, Paris, Société d'Éditions géographiques, maritimes et coloniales, p. 326-331 *Histoire Sociale de la Colonisation Française*, Paris, Larose, 1953.

Titre premier

Le Conseil d'appel du Sénégal et dépendances de 1822 à la fin du XIXe siècle

L'expansion européenne s'inscrit dans le processus du passage de l'économie médiévale à une économie plus ouverte d'échanges [1]. Dans la transformation structurelle qui s'ensuit, les commerçants-capitalistes se retrouvent aux commandes de la production. Ils feront commencer la colonisation par l'expansion commerciale. Ce sont des commerçants qui entreprennent, organisent, et financent les échanges qui s'établissent entre l'Europe et les pays d'outre-atlantique. Le principal agent de ce mode de colonisation est la compagnie coloniale.

Dès l'origine, ces compagnies deviennent l'instrument de l'ambition des gouvernements. Et dans l'empire français, plus particulièrement, cette exploitation commerciale s'accompagne d'une domination politique officielle. Sur la côte occidentale d'Afrique, les agents de la compagnie cohabitent avec les représentants officiels de la couronne qui, dans une seconde phase, se substitueront à eux dans la direction de la colonie. Ce ne sera pas toutefois pour éliminer l'exploitation commerciale, mais au contraire, pour lui prêter le concours de l'État.

De ce fait, quand il s'agit d'organiser le service de la justice, l'administration de la marine n'a qu'une idée directrice, celle d'assurer l'autorité du colonisateur, son prestige. Elle considère la justice comme un moyen d'administration. Elle la fait fonctionner dans l'esprit le plus routinier, en composant avec les éléments qu'elle trouve sur place.

Ainsi, la distribution de la justice se fait sous l'emprise de l'administration (Chap. 1) et reflète les exigences du système mercantiliste (Chap. II).

---

1. V. Coll. Nouvelle Clio, F. Mauro, *L'expansion européenne, 1600-1870*, Paris, PUF, 1964 ; P. Chaunu., *L'expansion européenne du XIIIe au XVe siècle*, Paris PUF, 1969.

Chapitre premier

Une implantation difficile

Aussi longtemps que la France parsème la Côte occidentale d'Afrique de comptoirs d'échanges, l'organisation judiciaire qu'elle y institue, reste des plus rudimentaires. Le très petit nombre d'Européens et l'absence de toute perspective d'établissement véritable, font qu'elle évite d'acclimater, au Sénégal et dépendances, une organisation similaire à celle des Antilles françaises.

La rareté des procès, le très petit nombre de litiges et donc leur simplicité, permettent la nomination dans les rouages judiciaires de fonctionnaires étrangers aux formes judiciaires. Ce qui ne sera pas sans présenter les difficultés qu'on imagine (Section 1). Ces difficultés entravant l'administration de la justice, les autorités coloniales doivent se résoudre, malgré leur désir d'éviter une augmentation des dépenses en personnel, à instituer une organisation judiciaire régulière (Section 2).

Section I. Le vide institutionnel

Pendant toute la période qui s'étend de l'installation du premier établissement français jusqu'à la reprise de possession de la colonie en 1817, il n'y a pas, au Sénégal et dépendances, de véritable organisation judiciaire. Les commandants particuliers, qui ont en même temps que leurs prérogatives politiques des attributions judiciaires, rendent la justice selon une procédure plus que sommaire. Ils se bornent à appliquer de simples règlements de police, et leurs décisions sont rendues en dernier ressort (Paragraphe 1). En l'absence de magistrats (Paragraphe 2), ils sont assistés de juges choisis parmi les habitants ou leurs subordonnés.

Paragraphe 1. Une justice sans appel

Au début de l'occupation française, les échanges entre la métropole et les établissements de la côte occidentale d'Afrique font l'objet d'un véritable monopole conféré à de puissantes compagnies coloniales [1]. Ces compagnies à charte détiennent une sorte de concession de service public. C'est ainsi que la Compagnie des Indes, puis celle du Sénégal, gouvernent la colonie, distribuent des charges à leurs agents, et s'occupent aussi bien de l'expansion et de l'administration que de l'économie et de l'évangélisation.

---

1. V. Xavier Yacono, *Histoire de la colonisation française*, Paris, PUF, 1969, p. 19 et s.

Sur le plan judiciaire, le soin de trancher les différends qui surviennent entre les autochtones et les négociants qui trafiquent sur ces points d'appui, appartient tout naturellement aux directeurs des compagnies coloniales [2]. Sous couleur de justice, ils tranchent, en fait, selon leur bon vouloir. Ils rendent, en dernier ressort, des sentences dictées par leur intérêt particulier, bien plus que par le souci de sauvegarder les droits des justiciables.

Une justice sommaire, expéditive, sans frais et toujours exemplaire, c'est de cette façon que se manifeste, au Sénégal et dépendances, le premier exercice du pouvoir judiciaire.

Puis, dès que la domination française se consolide, l'État substitue son administration directe à son droit de contrôle sur les compagnies. L'administration de la justice est dévolue au commandant particulier, chargé de maintenir le bon ordre et la tranquillité [3].

Entouré du commandant en second et de l'ordonnateur, il connaît de toutes les contestations commerciales ou de propriété qui surviennent entre les indigènes et les européens. Lorsqu'un crime vient à se commettre, il mène l'instruction préparatoire, avant d'expédier le coupable en métropole pour y être jugé.

Les indigènes qui règlent leurs litiges par arbitrage volontaire devant les anciens du pays [4], relèvent, au criminel, de la compétence de police du maire, ou du commandant particulier [5], en cas de délit, ils s'exposent à un certain nombre de coups de fouet proportionnés à la gravité de l'infraction. Ainsi, le nommé Lafleur, nègre captif appartenant à la succession de la signare Adélaïde Lafferrière, prévenu d'avoir commis plusieurs vols de nuit avec effraction, est condamné, selon "la loi et les règlements d'usage observés pour la répression des crimes et délits commis par les indigènes dans la colonie… à être conduit sur l'une des places publiques de l'île, à y être marqué sur l'épaule gauche d'un fer rouge ayant l'empreinte de la lettre V, à être battu et frappé… de deux cents coups de fouet sur le dos, à savoir : cent coups immédiatement après la marque et les cent autres coups aussitôt qu'il aura été jugé susceptible de les recevoir" [6].

---

2. V. J. Salis, *Essai sur l'évolution de l'organisation judiciaire et de la législation applicable au Gabon-Congo, AEF*, Toulouse, Imprimerie régionale, 1939, p. 10 et s.
3. V. Mémoire du Roi pour servir d'instructions au chevalier de Boufflers, commandant, et à Daigremont, ordonnateur du Sénégal ANSOM, série C 6.
4. V. Rapport de la commission judiciaire attachée au Ministère de la Marine sur l'organisation provisoire du service judiciaire au Sénégal et Dépendances. ANSOM, Sénégal VIII, Dossier 7.
5. Rapport n° 231 du commandant et administrateur pour le Roi, daté de Saint-Louis le 24 octobre 1821, sur la nécessité d'une législation criminelle pour les nègres. ANSOM, Sénégal VIII, Dossier 2, chemise 2a.
6. Arrêt n° 208 du 22 octobre 1821 du Conseil de Justice, Affaire Ministère public contre Lafleur, ANSOM, Dépôt des Papiers publics des Colonies, Greffes du Sénégal, Conseil de Justice.

Enfin, lors de la réoccupation de la colonie, le colonel Schmaltz prend, dans le cadre de la mise à exécution de ses plans de colonisation, un certain nombre de mesures. C'est ainsi que, sur le plan judiciaire, il commence par appeler au Conseil de justice, deux assesseurs, dont l'un est choisi parmi les mulâtres de Saint-Louis. Ensuite, pour procurer aux Goréens les moyens de trancher leurs contestations, sans être obligés de se rendre au chef-lieu de la colonie, il institue dans l'île, par son règlement du 24 mai 1817 [7], un Conseil de justice chargé de juger les contestations commerciales.

Aucune de ces mesures n'émane de l'autorité centrale ou n'est portée à sa connaissance. C'est lors de l'instruction de l'affaire de la succession Labouré que la commission chargée de prendre connaissance des plaintes et réclamations formulées par Mauche, premier Procureur du roi au Sénégal, découvre [8] l'existence du Conseil de justice de Gorée.

En somme, l'organisation judiciaire de la colonie n'a aucun fondement légal, elle n'est pas édictée par le gouvernement métropolitain [9].

Le fonctionnement des Conseils de justice laisse à désirer. Leurs membres, absorbés par leurs fonctions administratives, sont rarement disponibles. Ils ont à peine le temps de prendre connaissance de la législation qu'ils sont appelés à

7. Ce règlement qui reprend mot pour mot les Instructions du Roi au commandant... est ainsi libellé : Nous Julien Schmaltz, Chevalier de l'Ordre Royal et militaire de Saint-Louis, et de l'Ordre Royal de la Légion d'honneur, colonel, commandant pour le Roi et administrateur du Sénégal et Dépendances, avons arrêté ce qui suit : "Article premier : s'il survient des contestations d'intérêts, et qui tiennent à la propriété, ou à la bonne foi dans le commerce, soit entre les naturels du pays seulement, soit entre ceux-ci et les européens, et qu'elles ne puissent être terminées par les arbitres que les habitants de l'île sont autorisés à nommer entr'eux, elles seront portées devant un Conseil chargé de les juger sommairement suivant les lois françaises. Lequel sera composé du commandant de place, du chef de service de l'administration, de l'officier le plus élevé en grade de la garnison ; et aura un praticien pour greffier.
Article deux : Le greffier tiendra la plume le jugement sera rendu à la pluralité des voix, rédigé par écrit avec les motifs qui l'auront déterminé, et il en sera fait dépôt.
Article 3 : S'il se commettait quelque crime capital susceptible de peine afflictive, le commandant le fera constater par des dépositions et informations faites en présence des membres du Conseil qui signeront toutes les pièces. Les coupables seront, en pareil cas envoyés au Sénégal (i.e. à Saint-Louis), d'où on les fera passer en France avec expédition des procédures pour être jugés ainsi et par tels tribunaux que sa Majesté jugera à propos de commettre". ANSOM, Sénégal et Dépendances VIII, chemise 1a.
8. V. Son rapport daté du 3 septembre 1820. ANSOM, Sénégal et dépendances VIII, dossier 3, chemise 3b.
9. V. Lettre du Ministre des Colonies au Garde des Sceaux, Ministre de la Justice, datée de Paris le 5 novembre 1821. ANSOM, Sénégal et Dépendances VIII, Dossier 4 BC 55.

appliquer, et leurs sentences sont, le plus souvent, entachées de nullité [10]. La Cour de cassation refuse d'en connaître, n'attribuant pas à ces organismes la qualité de juridiction [11]. Le Conseil de justice est, en fait, une instance administrative dont la mission principale consiste à maintenir l'ordre et la sécurité nécessaires à l'exploitation commerciale.

Il y a donc un vide juridictionnel qui peut d'autant moins se prolonger que, la colonie prend de l'importance avec la nouvelle politique de colonisation du gouvernement de la Restauration que le gouverneur Roger est chargé de mettre à exécution.

Plus immédiatement, des délits relatifs à la traite négrière donnant lieu à des appels, les autorités locales sont dans l'embarras de savoir à quelle instance judiciaire les porter. Ces appels peuvent-ils être réglés sur place ? Le Conseil de justice ne décide qu'en premier et dernier ressort. Faut-il en investir une Cour royale de France ? Les autorités coloniales préfèrent éviter le déplacement presqu'impossible des témoins, ou le scandale que ne manqueraient pas de provoquer en métropole des affaires auxquelles le département ne veut pas donner de publicité, sans compter la déconsidération qui rejaillirait sur le gouverneur de voir les décisions auxquelles il aurait présidé infirmées par une Cour de la métropole [12].

Pour toutes ces raisons, l'organisation d'institutions judiciaires régulières devenait un impératif.

Paragraphe 2. Une justice sans magistrats

L'organisation judiciaire se dessine avec l'ordonnance royale du 22 novembre 1819 [13]. Ce texte qui intéresse plus particulièrement les Antilles, dont il transforme les Conseils supérieurs, les Sénéchaussées et les Amirautés, en Cours et juridictions royales [14], dispose en son article 6 que : "une organisation judiciaire aussi rapprochée que le permettra la différence. des localités, de l'organisation judiciaire existant dans la métropole, sera établie le plus tôt que faire se pourra, dans celles de nos colonies où cette partie des nouvelles institutions de la France n'aurait pas encore été introduite, et serait susceptible de l'être avec avantage".

Sur la Côte occidentale d'Afrique, l'organisation du Service de la justice est d'autant plus pressante que, l'accroissement de la population indigène, l'importance de la migration européenne, et les nouveaux établissements qui

---

10. Le rapport de l'Inspecteur colonial daté de Saint-Louis le 7 août 1820. ANSOM, Sénégal et Dépendances XIX, Dossier 1, pièce n° 26.
11. V. lettre précitée du 5 novembre 1821.
12. V. lettre n° 10, non datée, du Ministre des Colonies au Garde des Sceaux, Ministre de la Justice, sur les objections relatives au projet d'organisation provisoire du service judiciaire au Sénégal et Dépendances. ANSOM, Sénégal VIll, Dossier 4.
13. *AMC*, 1820, Première partie, Lois et Ordonnances, p. 164-167.
14. Article 1er.

s'y sont formés, ont modifié les habitudes sociales, et varié les besoins, en multipliant les relations d'affaires. Les litiges commencent à devenir plus nombreux et surtout, plus compliqués [15].

Cependant, s'il est aisé d'organiser un premier degré de juridiction à partir de ce qui existe, l'embarras provient de l'institution d'un second degré de juridiction. Peut-on l'établir sur les lieux ? Comment serait-il composé ?

Le ministre de la marine et des colonies est convaincu de la nécessité d'agir contre les règles communes [16]. Il lui semble impossible d'introduire des institutions judiciaires pareilles à celles de la métropole, et partant, des tribunaux des deux degrés composés de magistrats européens, dans une colonie où : "la population des hommes libres est très peu nombreuse, ses mœurs sont encore presque entièrement étrangères à celles de l'Europe, on n'y connaît ni nos lois ni nos institutions. La présence d'un certain nombre de magistrats, venus de France, contrarierait trop brusquement les habitudes locales qu'il faut rapprocher des nôtres par degrés et avec beaucoup de ménagement. Il y a si peu de procès, surtout en appel – on n'en compte que deux par an – que les magistrats seraient sans occupation… Enfin la faible dotation du Sénégal ne permettait pas de solder le nombre de magistrats nécessaires pour former deux degrés de juridiction".

À l'objection de la commission judiciaire [17] attachée au ministère de la marine et des colonies qui signale les graves inconvénients qu'il y aurait à abandonner les fonctions du ministère public près de la juridiction du second degré à un simple employé de la marine, absolument étranger aux formes judiciaires [18], le ministre répond, en réitérant son refus de composer avec des "magistrats tirés d'Europe" [19]. En effet, non seulement il ne se juge au Sénégal et dépendances que des questions commerciales dans lesquelles il n'y a pas lieu à communication, mais, surtout, il ne s'agit pas "d'entraver le gouvernement local par une magistrature indépendante".

Le ministre se montre sensible à l'argumentation d'une administration qui, habituée à tout régenter, redoute que des magistrats désœuvrés "ne fussent portés à s'abandonner… à des manières d'être propres à dégrader leur caractère

15. V. le rapport du Ministre de la Marine et des Colonies au Conseil des Ministres, sur l'organisation provisoire du service judiciaire au Sénégal et Dépendances, daté de septembre 1821. ANSOM, Sénégal et Dépendances VIII, Dossier 7.
16. *Ibid.*
17. Constituée par une Ordonnance royale du 22 décembre 1819, elle était ainsi composée : MM Faure, Conseiller d'État, président, Mourre, Procureur général à la Cour de cassation, Jacquinot de Pampelune, Procureur du Roi près le tribunal de première instance à Paris, Bretin d'Aubigny, conseiller à la Cour Royale de Paris, d'Augier, Contre-Amiral, Amyot, Maître des requêtes, Secrétaire.
18. V. le Rapport C n° 40 daté du 12 septembre 1827, de Desamardelle, ancien membre provisoire de la Commission. ANSOM, Sénégal et Dépendances VIII.
19. Lettre n° 10, non datée, du Ministre de la Marine et des Colonies, sur les objections relatives au projet d'organisation du Service judiciaire au Sénégal et Dépendances. ANSOM, Sénégal et Dépendances VIII, Dossier 7.

public" [20]. On craint qu'une activité judiciaire réduite ne les incline à diriger leur action vers le contrôle de l'autorité locale, vers ce que l'inspecteur colonial appelle "Chicane". Car selon ce haut fonctionnaire, "ce serait une véritable chimère de penser à appliquer ici, quant à présent, la plus grande partie des théories françaises qui engendreraient mille fois plus de chicanes qu'elles n'auraient promis de garanties" [21].

Dans le but de pourvoir aux besoins du moment, en préservant autant que possible l'emprise de l'administration, l'ordonnance royale du 7 janvier 1822 [22] crée deux tribunaux de première instance, et une juridiction d'appel, composés presque exclusivement d'éléments étrangers aux formes judiciaires.

Le tribunal de Gorée se compose du commandant particulier de l'île, d'un employé de la marine, et d'un notable. Celui de Saint-Louis comprend un juge-président, quatre notables, dont deux indigènes, nommés par le commandant et administrateur pour le roi.

Ces tribunaux de première instance connaissent de toutes les affaires civiles, de simple police, et de police correctionnelle. L'appel de leurs jugements est porté devant un Conseil d'appel siégeant à Saint-Louis. Cette juridiction, qui juge des affaires criminelles, a la composition suivante : le commandant et administrateur pour le roi, président, assisté de quatre officiers : l'officier de l'administration de la marine, le commandant de l'infanterie, le directeur du génie, et le directeur de l'artillerie. Deux notables désignés par le commandant viennent s'y ajouter, tandis que le contrôleur remplit les fonctions du ministère public.

Section II. L'arrivée des magistrats

Par crainte que "le démon de la chicane routinière (ne) s'insinue dans un pays où l'on ne connaît pas plus les lois que les mœurs de l'Europe " [23], l'administration locale s'est, longtemps, opposée à l'intervention de la magistrature. Par la suite, devant les inconvénients du cumul, et la crainte que des juges trop éloignés ne rendent des décisions aberrantes, elle finit par accepter de faire nommer des magistrats, d'abord comme chefs de juridictions (paragraphe 1), puis comme seuls détenteurs de la fonction juridictionnelle (paragraphe 2).

Paragraphe 1. À la présidence des juridictions de la colonie

L'implantation des magistrats dans la société sénégalaise a rencontré des réticences tant au niveau local, qu'au niveau des autorités centrales. Il faudra

---

20. V. le Rapport au Conseil des Ministres de septembre 1821, déjà cité.
21. Rapport sur les vices de l'organisation judiciaire du Sénégal et le mode d'y remédier, daté du 25 novembre 1832. ANSOM, Sénégal et Dépendances VIII, Dossier O-a-3.
22. *Bull. des Lois*, n° 532, VIIe Série, n° 12845, p. 545.
23. Roger l'aîné, Notes sur le SénégaL.., déjà citées.

un quart de siècle de réformes pour que, de la présidence du tribunal de Saint-Louis (A), les juges professionnels prennent entièrement en charge le fonctionnement du service judiciaire (B).

A. De la présidence du tribunal de Saint-Louis

Les auteurs de l'ordonnance de 1822 pensaient, en faisant nommer un magistrat à la présidence de la principale juridiction du premier degré de la colonie, "introduire dans l'ancienne organisation un principe régulateur qui fût capable de préparer la population à recevoir, par la suite, et à mesure de la mise en valeur de la colonie, une institution plus régulière, plus conforme au système judiciaire de la métropole" [24].

Cependant, pour ne pas occasionner des dépenses, ils avaient cru pouvoir se passer de ministère public en investissant le président du tribunal de Saint-Louis, des fonctions d'officier de police judiciaire et de juge d'instruction [25]. Ainsi, ce juge qui était le seul gradé de la colonie, réunissait les fonctions, pourtant incompatibles, de juge de paix et de police, de président, de Procureur du roi, et de juge d'instruction. Chargé de l'instruction, du déclenchement de la poursuite, et de la connaissance du délit, il représentait, à lui seul, le tribunal. Il n'était entouré d'aucun assesseur qui était en situation de combattre, dans l'intérêt des parties, ses avis, ses actes ou ses jugements. Les membres du tribunal, nommés pour la plupart sur sa présentation, lui étaient d'autant plus subordonnés dans leurs opinions, qu'ils étaient peu versés dans les matières juridiques [26].

Ce cumul prêtait à de sérieux inconvénients. Procureur du roi, le juge-président était incapable, contrairement au vœu de l'article 129 du code d'instruction criminelle, de former opposition à une ordonnance rendue par la chambre du Conseil, jugeant de la mise en accusation, dont il faisait partie comme juge d'instruction. Il ne pouvait pas, non plus, attaquer par voie d'appel, le jugement qu'il aura rendu comme président. Il était tenu, comme Procureur du roi, et conformément à l'article 202 du code d'instruction criminelle, d'adresser en temps utile, un extrait du jugement au magistrat du ministère public près le tribunal, ou à la Cour qui devait connaître de l'appel. Cette garantie ne pouvait que demeurer lettre morte. Le gouverneur, président du Conseil d'appel n'était jamais averti officiellement des jugements rendus par le tribunal de première instance près duquel le ministère public était d'une inactivité totale [27].

24. Lettre n° C 40 du 9 novembre 1821, déjà citée.
25. V. le rapport daté de Paris le 20 septembre 1829, du Maître des Requêtes Delamardelle, sur la création d'un emploi d'Avocat général. ANSOM, Sénégal et Dépendances VIII, Dossier 4.
26. V. infra, IIe partie, titre I, chap. 2, l'affaire Delaroque.
27. V. lettre n°3 bis, datée de Saint-Louis le 12 juin 1836 de l'Inspecteur colonial au Ministre, Exposition de l'organisation judiciaire du Sénégal d'après l'Ordonnance du 7 janvier 1822. ANSOM, Sénégal et Dépendances VIII.

Devant cette étrange confusion, préjudiciable à la régularité des décisions de justice, il convenait, dans l'intérêt des justiciables, de réagir. Le ministère de la justice le fit, en préconisant une séparation des fonctions du siège de celles du ministère public. Il espérait, ainsi, d'une part, que "l'établissement d'un officier [28] du parquet opérera une séparation nécessaire dans les pouvoirs et offrira un auxiliaire utile à la justice dans les lumières du magistrat qui sera revêtu des fonctions distinctes de celles des juges et toutefois analogues" [29]. Mais, en séparant les fonctions de poursuite et d'instruction, ces dernières étant conservées par le président du tribunal, le ministère se souciait, d'autre part, d'établir une sorte de contrôle dans l'intérêt du prévenu et de la société.

L'avocat général [30], qui représenterait le ministère public près les juridictions du premier et du second degré de Saint-Louis, serait : "investi de la plénitude des pouvoirs conférés par son institution à la partie publique, pour procurer la répression des crimes et délits, défendre les intérêts des personnes privilégiées, surveiller et diriger l'administration de la justice, et assurer l'exécution des lois" [31].

Ces fonctions furent d'abord confiées, par l'ordonnance royale du 20 mai 1830 qui créait l'emploi d'avocat général, chef de l'administration de la justice, à un magistrat. Cette innovation fut, toutefois, remise en cause dès l'année suivante. En effet, à la suite du conflit qui opposa le chef du service de la justice à deux gouverneurs successifs [32], l'ordonnance du 1er novembre 1831 [33] supprima une fonction dont le titulaire avait le tort de s'ériger en censeur d'une autorité "qui osait prétendre à une obéissance passive à sa volonté quelle qu'elle fut"[34] le ministère public était à nouveau dévolu à l'inspecteur colonial.

B. À la présidence de la Cour d'appel

Lorsque l'ordonnance du 7 janvier 1822 réglait l'organisation judiciaire du Sénégal, un ancien avocat aux Conseils du roi et à la Cour de cassation était à

28. Le vocable est symptomatique.
29. Lettre n° 4 679 B 7, datée de Paris le 26 avril 1830, du Garde des Sceaux de France, Ministre Secrétaire d'État au Département de la Justice. ANSOM, Sénégal et Dépendances VIII, Dossier 4.
30. Cette qualification a été adoptée parce qu'elle indiquait une position moins élevée que celle de Procureur généraL V. le Rapport du maître des requêtes Delamardelle, déjà cité.
31. Lettre n° 158 du 9 juillet 1830, du Ministre au Gouverneur du Sénégal, ANSOM, Sénégal et Dépendances VIII, Dossier 4, chemise 4 b.
32. V. infra, 2e partie, Titre I, Chapitre 2, l'affaire Auger.
33. Dont l'article 2 était ainsi libellé : "l'officier ou le commis de Marine le plus élevé en grade après l'ordonnateur, doit siéger au Conseil d'appel en remplacement du Sous-Commissaire chargé de l'inspection, lequel reprend au près du Conseil les fonctions du ministère public qui lui avaient été attribuées par l'Ordonnance organique du 7 janvier 1822.
34. Lettre de l'Avocat général au Ministre datée de Saint-Louis le 30 janvier 1831. ANSOM, Sénégal et Dépendances VIII, Dossier 4, chemise 4 c.

la tête du gouvernement de la colonie. Appelé en sa qualité de commandant à présider le Conseil d'appel, on avait pensé qu'il avait une assez bonne connaissance des lois pour qu'il ne fût pas nécessaire de lui adjoindre un magistrat [35].

Il apparut, cependant, qu'il y avait une incompatibilité complète entre les fonctions de président du Conseil d'appel et celles de gouverneur. En effet, dans la plupart des causes, l'administration était opposée à des particuliers. Or le gouverneur avait non seulement la haute direction et le contrôle des services administratifs, mais le Conseil d'appel était composé soit d'assesseurs nommés par lui, soit de fonctionnaires qui étaient ses subordonnés. Il pouvait donc être soupçonné de partialité.

À cette absence de garanties pour les justiciables s'ajoutait le fait que, le gouverneur avait à sa discrétion l'appareil judiciaire. Contre le vœu des articles 202 et 205 du code d'instruction criminelle, c'était, en effet, le président du Conseil d'appel qui, lorsque les jugements rendus en première instance parvenaient à sa connaissance, jugeait s'il y avait lieu à appel, et ordonnait à l'inspecteur colonial, remplissant les fonctions du ministère public, de l'interjeter. Or, pour user de ce droit, il fallait qu'il trouve nécessairement qu'il y avait un mal jugé. Le jugement était donc annulé par anticipation.

C'est ainsi que dans l'affaire « le roi Amédou contre les traitants de la gomme » [36], le gouverneur se trouvait, par une singularité frappante, appelé à statuer comme juge d'appel dans une affaire qui reposait sur un acte émané de lui. Cet acte, que l'administration qualifiait de "mesure de haute police", avait été jugé "abusif, vexatoire et dommageable" par le tribunal de Saint-Louis. Le gouverneur annula ce jugement, au motif que : non seulement le tribunal était incompétent, mais réprimandant les juges de première instance, il leur reprochait d'avoir utilisé "des expressions passionnées, inconvenantes, outrageuses pour l'administration coloniale, et qui blessent la dignité même de la justice".

Contre le vœu de l'article 408 du code d'instruction criminelle, mais conformément à l'article 9 de l'ordonnance du 7 janvier 1822, c'était, de même, au gouverneur qu'il appartenait de dénoncer à la Cour de cassation les arrêts du Conseil d'appel qui lui semblaient contraires à la loi [37]. Mais comment pouvait-il dénoncer des décisions qu'il avait en très grande partie, contribué à prendre ? N'était-ce pas lui créer un privilège d'autant plus singulier qu'il était le président du Conseil d'appel qui avait prononcé l'arrêt, et que le magistrat dont il était tenu de prendre l'avis était le président du tribunal qui avait connu de l'affaire en première instance ?

---

35. V. le Rapport du maître des requêtes Delamardelle, daté de Paris le 20 septembre 1829, déjà cité.
36. Arrêt du Conseil d'appel du 4 mai 1836. ANSOM, Sénégal et Dépendances VIII, Dossier 5, chemise 5 a. Voir aussi dans la *Gazette du Palais*, du jeudi 7 juillet 1836 n° 3371, p. 790.
37. V. la lettre n° 3 bis de l'Inspecteur colonial, datée du 12 juin 1836…, déjà citée.

Pour obvier à ces inconvénients, et mettre l'organisation judiciaire en harmonie avec les besoins d'une colonie dont le commerce connaissait une certaine extension, le département des colonies fit préparer un projet d'ordonnance qui apporterait des améliorations réelles, tout en regrettant que : "le peu de ressources qu'offre le Sénégal sous le rapport des finances et de la population blanche ne permettent pas d'y établir une organisation judiciaire semblable à celle qui existe dans nos grandes colonies et qui par le nombre des magistrats facilite une meilleure répartition des fonctions et offre par conséquent plus de garantie pour la bonne administration de la justice" [38].

Les améliorations annoncées allaient trouver leur concrétisation dans une ordonnance du 24 mai 1837 [39], qui nommait dans la colonie deux nouveaux magistrats. L'un était chargé, comme second juge au tribunal de Saint-Louis, de remplir les fonctions du ministère public. Le second étant, comme vice-président de la Cour qui se substituait au Conseil d'appel [40], investi des fonctions de chef du service de la justice. Il prenait la place du gouverneur qui, devenu président honoraire de la Cour, était désormais explicitement dispensé de siéger.

Paragraphe 2. L'exclusion des non-professionnels

L'ordonnance de 1837 était une amélioration insuffisante. Les juridictions de la colonie ne présentaient aucun des attributs fondamentaux d'un appareil juridictionnel régulier. Elles étaient composées de fonctionnaires et de notables qui "n'avaient ... jamais ouvert le code avant d'être appelés à l'appliquer" [41]. De juges occasionnels, non indépendants, parce que sensibles à la pression des particuliers ou portés à obéir aux ordres du pouvoir.

Les trois magistrats que comptait la colonie ne pouvaient de ce fait, satisfaire aux conditions de leur mission. Submergés qu'ils étaient dans des juridictions "composées, en grande majorité de membres étrangers, par position, à la connaissance des lois. C'est ainsi qu'au tribunal de première instance de Saint-Louis, l'on ne rencontre sur cinq juges que le président qui soit un magistrat institué, le second juge remplissant exclusivement les fonctions du ministère public. Au tribunal de première instance de Gorée, il n'en existe pas un seul. À la Cour d'appel, sur sept conseillers, deux sont choisis dans la population,

---

38. Lettre n° 4864 a 8 du Garde des Sceaux ; Ministre de la Justice, datée de Paris le 13 mars 1837, qui se réfère à une lettre du Ministre des Colonies du 6 janvier 1836 par laquelle lui était communiqué le projet d'ordonnance contenant une nouvelle organisation judiciaire pour le Sénégal. ANSOM, Sénégal et Dépendances VIII, Dossier 4.
39. *AMC*, 1837. I. 531-532.
40 Article 21.
41 Gouverneur du Sénégal, Extrait du rapport sur la situation de cette colonie pendant l'année 1840, ANSOM, Sénégal et Dépendances VIII, Dossier 7, Chemise 7 a.

quatre dans le service administratif, et le vice-président seul est pourvu de l'institution" [42].

Ces organes juridictionnels ne donnant aucune garantie aux justiciables, leurs solutions n'étaient nullement entourées du respect de la chose jugée. Elles tombaient constamment "sous l'appréciation de justiciables qui, selon leurs griefs, en mesurent le mérite sur la valeur de tel ou tel juge sorti de leurs rangs" [43].

C'est pour remédier à cette situation que les autorités coloniales allaient entreprendre une série de réformes qui visaient à faire passer les organes juridictionnels du système des tribunaux à composition mixte, à celui, plus normal, de tribunaux uniquement composés de magistrats professionnels.

Ainsi, pour permettre à la Cour d'appel d'offrir toutes les garanties que les parties étaient en droit d'attendre d'une juridiction qui juge en dernier ressort, il fut procédé, avec l'ordonnance du 19 novembre 1840 [44], au remplacement du gouverneur et des membres fonctionnaires. Autour du conseiller-président, qui occupait la place laissée vacante par le gouverneur, siégeaient, un conseiller, assisté d'un conseiller-auditeur et de deux notables.

Cette nouvelle composition de la Cour ne satisfaisait pas tout le monde, c'était évident. Le gouverneur de la colonie, soulignait, quant à lui, qu'elle n'était pas en rapport avec le peu d'importance des affaires qui lui étaient déférées. En effet, déplorait-il : "le conseiller et le conseiller-auditeur institués manquent d'occupations suffisantes, et sont dans l'impossibilité d'acquérir cette instruction pratique qu'on ne saurait puiser dans les livres de droit. Il est donc fâcheux que l'arrondissement de Saint-Louis ait des magistrats trop nombreux pour tous les besoins du service, et inoccupés par conséquent, lorsque celui de Gorée en manque totalement" [45].

Conformément à ces observations, le législateur colonial fit procéder, par une ordonnance du 27 mars 1844, à la désignation d'un juge royal à la tête du tribunal de Gorée, en remplacement du commandant particulier de l'arrondissement "dont le zèle, selon le gouverneur, ne répond plus aux besoins que les justiciables ont d'une administration sérieuse de la justice, depuis, surtout, que les codes de la métropole sont en vigueur dans la colonie" [46].

Toutefois, pour raffermir l'indépendance des juridictions de la colonie qui constitue la première condition de la justice, il était nécessaire, après le remplacement de leurs membres fonctionnaires, de procéder à celui des notables.

---

42. Gouverneur du Sénégal, Dépêche n° 76 du 13 février 1841. ANSOM, Sénégal et Dépendances VIII, Dossier 9, Chemise 9 b.
43. Gouverneur du Sénégal, dépêche précitée.
44. *AMC*, 1840, p. 1 173.
45. Le commissaire de la Marine, Gouverneur par intérim au Ministre, lettre n° 306 datée de Saint-Louis le 10 août 1842, a.s. de l'organisation judiciaire à modifier. ANSOM, Sénégal et Dépendances VIII.
46. Lettre n° 306..., précitée.

C'est dans ce sens, que l'ordonnance du 4 décembre 1847 [47] allait les exclure de toutes les juridictions de la colonie. En effet, ce texte les éliminait non seulement de la Cour d'appel et des tribunaux de première instance de Saint-Louis et de Gorée, mais par ses articles 5 et 9, il prévoyait la possibilité de faire uniquement appel à des fonctionnaires pour remplacer les membres de l'ordre judiciaire.

Cette mesure radicale comblait les souhaits de la magistrature. Pour les représentants de ce corps, l'utilité de cette exclusion ne pouvait, en effet, que recevoir la sanction de l'expérience. "Les notables, écrivait le juge de première instance de Gorée au gouverneur, étrangers à la science du droit, commerçants pour la plupart, et justiciables des tribunaux dont ils étaient successivement appelés à faire partie, constituaient une flagrante anomalie avec... le jurisconsulte... forcément désintéressé. Cet assemblage d'éléments disparates, occasionnait des conflits, entraînait des lenteurs inévitables, augmentait les frais, inquiétait à juste titre l'opinion publique. Il importait donc de dégager l'administration de la justice de semblables entraves et de lui assurer l'unité d'action, la liberté d'allure et ce prestige de désintéressement et de lumières, conditions essentielles de sa dignité et de son indépendance" [48].

Enfin, pour répondre au vœu formulé par le Conseil général, et constituer un service judiciaire homogène, le département fit écarter du prétoire même les suppléants étrangers à la magistrature. Ainsi fut élaboré un décret du 11 août 1899 qui enlevait au gouverneur la faculté qu'il avait, lorsque les magistrats faisaient défaut, de désigner parmi les fonctionnaires, ceux qui seraient chargés de compléter les cours et tribunaux. Désormais, le chef du service de la justice devait, prescrivit le ministre : "Lorsque le nombre des conseillers sera insuffisant pour apurer le service de la chambre civile ou correctionnelle, de la chambre des mises en accusation ou de la Cour d'Assises, faire appel aux membres des tribunaux de première instance. Dans les tribunaux de première instance de Saint-Louis et de Dakar le chef du service judiciaire trouvera facilement des éléments lui permettant de pourvoir aux besoins des diverses chambres de la Cour d'appel et même, s'il en est besoin, de composer entièrement la Cour d'Assises en vue d'assurer le jugement des affaires criminelles cassées par la Cour suprême. Il reste bien entendu qu'en cas d'insuffisance absolue du personnel judiciaire dans la colonie, vous pourrez nommer des suppléants chargés *provisoirement* [49] de siéger en remplacement des magistrats empêchés" [50].

---

47. L.A. 1847, p. 116.
48. Chrétien, Docteur en Droit, lettre datée de Gorée le. 23 mars 1849. ANSOM, Sénégal et Dépendances VIII, Dossier O-a-12, pièce n° 20.
49. Souligné dans le texte.
50. Decrois, Ministre des Colonies, Dépêche n° 84 du 23 octobre 1899, au sujet de l'interprétation des dispositions du décret du 11 août 1899. ANS, série M 14, Organisation judiciaire de l'Afrique occidentale française, 1895, 1904, pièce n° 21.

Chapitre deux

Une activité judiciaire dominée par les affaires de traite

La colonisation française a, dès l'Ancien Régime, pris une coloration officielle. Les agents les plus actifs de son expansion, ceux qui assurent la présence du drapeau sont, le soldat, le fonctionnaire civil ou ecclésiastique, tous rétribués par le gouvernement métropolitain. S'ils assurent une présence, c'est pour faire suivre la marchandise. L'occupation coloniale, qui a pour moteur la rivalité entre les marins français et les marins anglais, est, en effet, ordonnée selon les besoins du capital mercantile.

Dans les établissements de la Côte occidentale d'Afrique, qui sont des factoreries fortifiées pour la plupart, il n'est pas jugé opportun d'instituer une organisation judiciaire régulière. La justice a un appareil très peu structuré, c'est un attribut de l'autorité militaire. Cantonnée dans un rôle subalterne de police, elle se préoccupe d'assurer l'ordre et la tranquillité nécessaires au succès de l'exploitation commerciale. L'activité du Conseil d'appel, et des tribunaux de la colonie, est polarisée par les contestations commerciales (Section 1).

Dans une colonie où, "toutes les préoccupations, toutes les spéculations se concentraient sur la gomme" [1] (1), la seule ressource du pays, les commerçants ne peuvent que former une bourgeoisie. Ce sont leurs querelles qui remplissent les prétoires, ce sont leurs habitudes sociales, leurs usages, qui ont force de loi (Section 2).

Section I. Le Conseil juge des matières commerciales

Depuis l'abolition de la traite négrière, le commerce du Sénégal et dépendances se fonde, presqu'exclusivement, sur la troque de la gomme. Devenu périclitant, il subit une crise qui peut s'expliquer, par la multiplicité du nombre de traitants qui se livrent à une concurrence acharnée, et par les difficultés du marché européen où la gomme est concurrencée dans ses emplois industriels par des produits tels que l'amidon.

---

1. Carrère, Président honoraire de la Cour Impériale du Sénégal, Mémoire sur le Sénégal, 1869. ANSOM, Sénégal et Dépendances II, Dossier 4, Mémoires.

Chaque campagne de traite est la cause d'une multitude de procès (Paragraphe 1). Les traitants (Paragraphe 2) étant les principales victimes de la perpétuelle hésitation entre l'ancien mode d'exploitation commerciale et la politique de colonisation agricole.

Paragraphe 1. La prédominance des affaires de traite

La troque de la gomme est un système d'échanges triangulaire. Les marchandises de traite sont avancées par les négociants européens aux traitants indigènes qui les échangent contre la gomme arabique récoltée par les tribus maures. "Les Mulâtres et les Nègres de Saint-Louis sont, note Roger ancien officier au Premier Bataillon d'Afrique [2], dans l'usage de traiter cette production en rivière à des endroits connus sous le nom d'escales [3] où les Maures l'apportent de l'intérieur du pays. Les négociants avancent les marchandises à ces traitants, avec un bénéfice de près de cent pour cent, ceux-ci trouvent ordinairement un profit égal. Lorsqu'ils ont reçu ces avances, ils se rendent aux escales, où pendant six ou sept mois que dure la traite, ils se livrent à toute sorte d'excès et de dépenses, tellement que quelques uns se trouvent dans l'impossibilité de remplir leurs engagements"...

Les contestations étaient multiples (A) dans ce commerce de spéculation, d'où la création, dans les principaux lieux d'échanges, de tribunaux spéciaux de police (B).

A. Une activité judiciaire liée au flux commercial

Tout au long du XIXe siècle, les rapports sur la situation du service de la justice insistent sur l'importance des affaires commerciales dans l'activité des juridictions de la colonie.

Par exemple, pour l'année 1838 [4], sur vingt arrêts rendus par la Cour d'appel, onze le sont en matière civile et commerciale, sept en matière correctionnelle, et deux en matière criminelle, comme chambre du conseil. En première instance, le tribunal de Saint-Louis rend 293 jugements. Dans ce chiffre, on compte 230 jugements civils et commerciaux, 48 jugements correctionnels, et 15 jugements de simple police. Le tribunal de Gorée prononce, pour sa part,

2. Notes sur le Sénégal, recueillies du 17 juillet 1818 au 1er août 1819..., déjà citées.
3. Le mot a recouvré plusieurs significations. Employé à l'origine pour désigner les escales de la navigation sur le fleuve Sénégal, où se pratiquait la troque de la gomme, il a, par la suite, désigné tout point de traite, y compris les gares de chemin de fer, avant de servir de dénomination, dans certaines villes de l'intérieur, au quartier commercial et administratif.
4. V. le Rapport sur l'ensemble du Service judiciaire du Sénégal, adressé à M. le Gouverneur par M. le Conseiller Vice-président de la Cour d'appel, chef de service le 6 janvier 1839. ANSOM, Sénégal et Dépendances VIII, Dossier O-a-6, pièce n° 12.

78 jugements, dont 57 en matière civile et commerciale, et 18 en matière correctionnelle.

Dans l'histoire judiciaire du Sénégal et dépendances, l'année 1841 présente une particularité exceptionnelle. Les juridictions vont, en effet, vaquer près de trois mois, à la suite de l'inondation du chef-lieu de la colonie. Dans Saint-Louis où, "le Sénégal a débordé de toutes parts, l'eau enveloppant les habitations, les deux branches du fleuve se sont bientôt réunies et la surface du sol a été recouverte dans toute son étendue. Les bateaux sillonnent aujourd'hui les rues et les places transformées en canaux et en lacs ; un courant rapide s'est établi ; plusieurs maisons minées dans leurs fondations se sont écroulées ; d'autres menacent ruine. Les magasins sont inondés. Les communications se trouvent forcément interrompues, les affaires commerciales ont cessé d'avoir leur cours ; les boutiques sont fermées, les tribunaux vaquent, la stagnation est complète..." [5].

Durant cette suspension forcée, les justiciables doivent trouver, dans des transactions, la solution à leurs contestations commerciales. Ainsi, sur 38 causes inscrites au rôle de la Cour, onze affaires commerciales sont retirées par suite de transactions. Pour 897 affaires inscrites à son rôle, le tribunal de première instance de Saint-Louis ne rend que 661 jugements, les autres ayant été rayées par suite d'arrangements. Et, sur ce total de 661 jugements, on dénombre 500 jugements commerciaux, et 161 jugements civils, dont 28 ont leur origine dans une action commerciale [6].

En 1882 [7], la Cour d'appel instruit 25 affaires, dont 16 affaires civiles et commerciales, 7 appels correctionnels, et 2 recours en annulation. Le tribunal de première instance de Saint-Louis prononce 113 jugements civils et commerciaux, 132 jugements correctionnels, et 647 jugements de simple police. Le tribunal de première instance de Gorée rend, enfin, 128 jugements civils et commerciaux, contre 77 jugements correctionnels.

La crise de la gomme explique l'importance de ces chiffres. Les traitants Saint-Louisiens qui se livrent une concurrence acharnée sont, avec la chute des cours, dans l'impossibilité de remplir leurs engagements, et de payer aux négociants les guinées qu'ils ont pris à crédit. "Comptant sur les meilleures traites, ils repartent l'année suivante et reviennent plus grevés. Le retour de la traite n'est plus un sujet de joie pour les familles, mais de chagrin et de dou-

5. Gouverneur Montagnies de la Roque, lettre n° 423 datée de Saint-Louis le 16 octobre 1841. ANSOM, Sénégal et Dépendances VIII, Dossier 3 ter, Justice, fonctionnement, 1819-1856, Chemise a.

6. V. Larcher, Compte-rendu de la situation du service judiciaire pour l'année 1841, daté de Saint-Louis le 20 mai 1842, ANSOM, Sénégal et Dépendances VIII, dossier 0-à-7, pièce n° 14.

7. V. le rapport sur la situation de l'administration de la Justice pendant l'année 1882. ANS, série M 5, organisation de la Justice, 1862-1893, pièce 28.

leur : ce sont des ventes de maisons ou de terrains par autorité de justice et des prises d'hypothèque sur ce qui leur reste" [8].

Cette crise commerciale, qui va s'amplifiant, se traduit par la progression du nombre de procès. La Cour de Saint-Louis qui rend, en 1838, 9 arrêts en matière civile et commerciale, voit ce chiffre passer à 30 en 1839, 22 en 1840, puis 38 en 1841. Au tribunal de première instance, pour 248 jugements civils et commerciaux, 41 jugements correctionnels sont prononcés en 1838. L'année suivante, pour 525 jugements commerciaux, il y a 62 jugements correctionnels. En 1840, 908 jugements civils et commerciaux sont rendus, sur lesquels 679 sont commerciaux, contre 78 jugements correctionnels. En matière civile et commerciale, le tribunal de première instance de Saint-Louis rend, en somme, en 1840, 383 jugements de plus qu'en 1839, et 662 jugements de plus qu'en 1838 [9].

Saint-Louis est donc la place la plus touchée par cette crise commerciale. Et l'activité de ses juridictions s'en ressent, liée qu'elle est au rythme saisonnier de la traite. Du mois de février au mois de juillet, pendant que tout le commerce se concentre sur les escales du fleuve, les juridictions fonctionnent au ralenti. Ce n'est qu'à la fin de la traite que la ville retrouve une partie notable de sa population, et que la Cour et le tribunal de première instance reprennent leur activité normale. C'est alors que "le rôle d'audience se charge de 60 à 80 affaires par semaine. Une quantité aussi considérable de procès exige des décisions trop promptes… Le tribunal de première instance étant trop occupé pour consacrer assez de temps à l'examen des affaires commerciales" [10].

B. Des tribunaux institués dans l'intérêt du commerce

Prenant conscience de cette importance des affaires commerciales, les négociants demandent que leur corporation soit mieux représentée dans l'appareil judiciaire. Ils revendiquent la création d'un tribunal de commerce, et la nomination d'un plus grand nombre d'assesseurs notables au Conseil d'appel, où sont jugées, en dernier ressort, plus d'affaires commerciales que de causes civiles ou pénales [11].

L'administration s'oppose à ces démarches, objectant qu'une juridiction consulaire aurait non seulement l'inconvénient de faire élever de fréquents conflits sur la compétence, mais que "le tribunal n'aurait plus grand chose à

8. Abbé Boilat, *Esquisses Sénégalaises*, Paris, Bertrand, 1853, p. 211.
9. V. la dépêche n° 76 du 13 février 1841 du Gouverneur du Sénégal. ANSOM, Sénégal et Dépendances VIII, Dossier 9, Chemise 9 b.
10. Capitaine de Vaisseau Montagnies de la Roque, Gouverneur du Sénégal. lettre n° 364 datée de Saint-Louis le 18 août 1840. ANSOM, Sénégal et Dépendances VIII, dossier 3 ter, Chemise a.
11. V. le rapport n° 24, daté de Saint-Louis le 25 novembre 1832, de l'Inspecteur colonial A. G. de Grandpont…, déjà cité.

faire ici, si on lui ôtait les matières commerciales" [12]. En fait, autant les autorités locales souhaitent faire appel à la coopération des notables, en s'emparant "au profit de l'administration de la justice des hommes joignant à l'expérience des affaires, une position de quelque élévation" [13], autant elles se refusent de se dessaisir de leurs attributions judiciaires. La justice, attribut du commandement, ne peut être laissée à une catégorie sociale.

Les revendications du commerce vont par contre être satisfaites par la création d'institutions spéciales. C'est ainsi que dans les centres commerciaux détachés des chefs-lieux, où les communications sont rares et peu rapides, et les contestations fréquentes entre les commerçants français et locaux, le gouverneur demande au chef de l'administration de la justice de lui étudier un système d'organisation judiciaire qui permettrait de régler les litiges commerciaux sur place. La nécessité s'imposait, en effet, "de porter une sérieuse attention sur les garanties à offrir à ceux qui viennent avec confiance sur notre territoire, il faut bien qu'en y apportant leurs produits, ils soient certains qu'ils y trouveront la protection de nos lois" [14].

Le 20 janvier 1862, un arrêté du gouverneur institue des Conseils de conciliation dans les cercles de Bakel, de Dagana, de Podor, et de Sédhiou. Composés de traitants ou de représentants de commerce" [15], ces conseils ont pour mission, sous la présidence du commandant de cercle, de régler à l'amiable les contestations entre les traitants français et indigènes. Institués dans l'intérêt du commerce, ils donnent aux litiges une solution prompte et peu onéreuse. En effet, après un exposé de chacune des parties, ces conseils rendent leur arbitrage à la majorité.

À côté de ces Conseils de conciliation, l'administration va juger nécessaire de créer des tribunaux spéciaux de police. Dans un centre commercial comme Bakel, situé aux confins du Sénégal et du Soudan, où les communications sont rares et difficiles pendant la baisse des eaux du fleuve, et qui voit sa population s'accroître, en période de traite, des commerçants de Saint-Louis et d'indigènes de l'intérieur, l'institution d'un tribunal spécial ayant, à la fois, les

12. *Ibid.*
13. Gouverneur Faidherbe à Ministre, lettre n° 25 du 18 janvier 1856, ANSOM, Sénégal et Dépendances VIII, Dossier 3 bis.
14. Carrère, chef du service judiciaire, conseil d'administration du 10 janvier 1862. ANS, série M 5, Dossier 0-à-23, pièce n° l.
15. Les conseils de conciliation étaient ainsi composés, lors de leur installation :
- à Bakel : Mamadi Fagnan et Samba Diama, traitants, membres titulaires, Silithior dit Joli-Cœur et Aly Mbaye, traitants, membres suppléants.
- à Podor, Gillet François et Garnier Makha, traitants, membres titulaires, Bacre Waly et Amar Guèye, traitants, membres suppléants.
- à Dagana : Moctar Sôo et Pèdre Alassane, traitants, membres titulaires, Borlotte et Abdoulaye Seck, traitants, suppléants.
- à Sédhiou, enfin : Alfred Dupuy et Charles Legros, représentants de commerce, titulaires ; Sorano et N..., représentants de commerce, suppléants. ANSOM, Sénégal et Dépendances VIII, Dossier 14 bis.

attributions des tribunaux correctionnels et de police, était indispensable. C'est l'objet d'un décret impérial du 1er avril 1863.

Composé du commandant de cercle, président, de deux notables nommés pour un an par le gouverneur, de l'officier d'administration en résidence au fort, qui remplit les fonctions du ministère public, et d'un greffier choisi par le chef de poste, ce tribunal présente l'avantage de n'entraîner aucune dépense. Tous ses membres étant pris sur place, il évite au budget des frais qui sont nécessités par le transport à Saint-Louis de prévenus en état d'arrestation, et le déplacement des témoins. Enfin, dernière considération et pas des moindres, il permet de donner, dans l'intérêt du commerce, une prompte solution aux affaires.

Le 8 juillet 1865, sur la demande des traitants de la Casamance, un décret conforme à celui du 1er avril 1863, crée à Sédhiou, un tribunal spécial ayant les attributions du tribunal de simple police et de police correctionnelle de Bakel [16].

Ainsi, sans instituer de véritables tribunaux consulaires, l'administration donne au commerce l'opportunité de régler, sous son autorité, ses conflits. C'est lorsque le Conseil de conciliation ne parvient pas à départager les parties, que le commandant de cercle se charge, en même temps qu'il réprime les infractions, de trancher les contestations avec rapidité, sans trop de frais ni de complications.

C'est donc pour favoriser le commerce, et faire face à des situations qui exigent une célérité dans la répression, que les auteurs du décret organique du 15 mai 1889 [17] maintiennent ces tribunaux spéciaux, composés de militaires et de commerçants. Cependant, le caractère instable de ces deux catégories sociales va entraver le fonctionnement de l'institution. En effet, pour que le tribunal de police soit mis en action, il est indispensable de trouver en résidence dans la localité, "un officier ou un fonctionnaire qui puisse remplir les fonctions du ministère public" [18]. Et à Bakel, depuis que l'effectif du fort ne comporte plus de commissaire des colonies " il est impossible de constituer le tribunal de cet arrondissement. "À défaut de cet officier, les fonctions du ministère public avaient été confiées au médecin du poste, par analogie avec ce qui a été prévu pour Sédhiou. Mais tantôt un médecin était attaché à Bakel, tantôt il n'y en avait pas" [19]. La paralysie est telle, qu'en sept années de fonctionnement, le tribunal ne siège qu'une seule fois.

Par contre, à Sédhiou, où le mouvement commercial reste relativement important, le tribunal connaît un fonctionnement plus régulier. Sa composition ne soulève aucune difficulté dans un poste où on dénombre onze commerçants

---

16. V. la lettre n° 89, du Procureur général, datée de Saint-Louis le 22 mai 1896. ANS, série M 5, Dossier 2, Personnel judiciaire, 1895-1904, pièce n° 82.
17. *JORF*, Lois et décrets, 19 mai 1889, p. 2317 et s.
18. Dépêche ministérielle n° 178 du 22 juin 1864.
19. Lettre n° 89 du Procureur général, datée du 22 mai 1896, déjà citée.

établis à leur compte, et quatre représentants des maisons Griffon, Maurel, Malfilâtre et Bocandé. Alors que l'administration y entretient un service de poste une inscription maritime, un service des douanes, et un service de comptabilité [20].

En dépit de ce problème, la volonté arrêtée des autorités locales est d'étendre le bénéfice de cette juridiction spéciale à tous les cercles de la colonie. Dès 1863, un arrêté du 20 juillet dispose, à cet effet, en son article unique, qu'il y aura un conseil de conciliation dans chaque chef-lieu de cercle.

En novembre 1885, il est créé des conseils de conciliation dans chacun des cercles du Rio Nunez, du Rio Pongo, de Dubréka, et de la Mellacorée, à la suite des plaintes répétées adressées au gouverneur du Sénégal et dépendances "par les commandants des Rivières du Sud... sur les agissements de certains traitants qui portent préjudice au commerce et nuisent aux bonnes relations de l'administration avec les chefs indigènes" [21].

La constitution de ces juridictions spéciales est, en fait, un moyen pour l'administration de la colonie de renforcer les pouvoirs de ses représentants locaux. L'autorité des officiers préposés au commandement des diverses provinces, qui sont tous juges d'instruction, est accrue par l'adjonction des fonctions de président du conseil de conciliation ou du tribunal spécial de police. Dans leurs postes ils concentrent ainsi tous les pouvoirs, ils sont le support exclusif de la domination.

Les chefs du service de la justice qui s'impatientent de voir s'instituer une organisation judiciaire régulière, vont, toutefois, s'opposer à ces tendances autoritaires. Le Procureur général reprochera à ces juges militaires, sur qui il n'a aucune prise, de n'avoir que des "connaissances juridiques forcément limitées", et de ne pouvoir "malgré toute leur bonne volonté faire passer ces fonctions avant leurs obligations militaires et s'y consacrer comme il conviendrait" [22].

En se plaçant à un autre point de vue, le président de la Cour d'appel va reprocher aux actes réglementaires qui ont institué ces juridictions d'être contraires à la constitution et au régime législatif des colonies. En effet, estime ce haut magistrat : "il résulte de l'ensemble des actes relatifs à la constitution des colonies françaises, et notamment de la loi du 28 avril 1833 et du décret du 3 mai 1854, qu'il ne peut être statué sur l'organisation judiciaire des colonies que par un décret du chef de l'État. C'est évidemment statuer sur l'organisation judiciaire du Sénégal que de créer dans les cercles des conseils de conciliation. Or, je ne sache pas qu'aucun acte législatif ait jamais été rendu

---

20. V. Christian Roche, *Conquête et résistance des peuples de Casamance, 1850-1920*, Dakar, NEA, 1976, p. 119.
21. Lieutenant-gouverneur par intérim Ballot à Gouverneur du Sénégal et Dépendances, lettre n° 72 datée du 3 novembre 1885.
22. Procureur général au Gouverneur général, lettre n° 155 datée de Saint-Louis le 7 juillet 1897. ANS, série M 13, Correspondance du Procureur général au Gouverneur général, 1895-1902, pièce n° 73.

par le chef de l'État pour créer ces conseils, ou pour donner au gouverneur du Sénégal le droit d'établir cette institution" [23].

Face à cette opposition résolue, le gouvernement local doit renoncer à son projet, et supprimer les tribunaux de conciliation déjà institués, Ce n'est qu'en 1903, qu'un acte du pouvoir métropolitain vient donner satisfaction à l'administration, soucieuse de développer son intervention dans les affaires indigènes, en concentrant entre ses mains les plus larges pouvoirs. C'est l'objet du décret organique du 10 novembre 1903 qui institue une justice indigène placée sous la dépendance étroite des commandants de cercle, et autres chefs de subdivision administrative.

Paragraphe 2. La prééminence des commerçants

Les arrêts de la Cour d'appel de Saint-Louis nous permettent, dans leur sécheresse, de saisir en partie, l'histoire sociale de la colonie, l'histoire de la société franco-sénégalaise du XIXe siècle. À travers les contestations liées à l'activité commerciale, les procès relatifs aux problèmes de personnes, nous mesurons l'impact de la transplantation d'une collectivité européenne dans une société indigène, hétérogène par elle-même.

Aux catégories sociales qui, tels les commerçants, sont étroitement liées au système d'exploitation mercantiliste, s'opposent leurs dépendants. Mais face aux exigences des fournisseurs métropolitains les négociants (A), expatriés temporaires qui ont le monopole des transactions avec la métropole, livrent une concurrence acharnée aux traitants indigènes (B), classe moyenne en voie de liquidation, dont dépendent une cohorte de captifs et d'engagés à temps (C).

A. Les négociants européens

Dès l'origine, divers facteurs défavorables qui tiennent à des considérations climatiques, ou de politique coloniale, font que le Sénégal n'est pas une colonie de peuplement où les européens peuvent s'installer en grand nombre. C'est le pays de "monstres et de prodiges", réputé insalubre. "Il y a cent ans à peine, écrit Anne Raffenel, l'idée d'aller aux îles était une idée de mort. Aujourd'hui, on est moins effrayé, parce que les relations sont devenues plus fréquentes entre la métropole et ses colonies... Le mystère des régions tropicales est dévoilé. Les Antilles, la Réunion, la Guyane sont aujourd'hui réhabilitées. Le Sénégal ne l'est pas. Il est demeuré tel qu'il était autrefois : c'est toujours une terre maudite" [24].

---

23. Huchard, président de la Cour d'appel du Sénégal, chef du service judiciaire à Gouverneur du Sénégal, lettre n° 35 du 26 novembre 1885. ANS, série M 5, pièce n° 30.

24. Anne Raffenel, commandant particulier de Sainte Marie de Madagascar, *Nouveau Voyage dans le pays des Nègres. Suivi d'études sur la Colonie du Sénégal et de*

Si le Sénégal reste inhospitalier c'est à cause, notamment, de son climat particulièrement aride. "Le vent d'Est, déplore François Valantin, qui brûle et dessèche tout, porte à Saint-Louis des nuages de sable qui pénètrent dans nos appartements. Ajoutez à ce fléau, cette sécheresse extrême depuis novembre jusqu'en juillet, pendant laquelle l'eau douce nous manque, parce que celle de la rivière devient salée à cette époque. Nous sommes alors obligés de l'envoyer chercher par des embarcations à une demi lieue de là, sur la pointe de Barbarie, soit pour boire, nous la passons alors au filtre, soit pour arroser des légumes si rares qu'on a de la peine à en trouver. Si l'on excepte les dattes que les Maures nous vendent, le Sénégal ne fournit pas un seul bon fruit. Les oranges et les bananes nous viennent des îles du Cap Nord, ou de la Gambie" [25].

Mais le peuplement européen se ressent davantage des impératifs de la politique impériale française. En effet, aussi longtemps que l'Empire colonial repose sur des assises américaines, le Sénégal n'est qu'une dépendance des colonies à plantation. "L'intérêt qui, note Anne Raffenel, sous l'Ancien Régime s'attachait à cette possession ne pouvait être qu'un intérêt secondaire, primé nécessairement par celui que réclamaient les grandes colonies à cultures, au temps de sa plus haute prospérité, il n'avait été considéré que comme un point commercial" [26]. Et l'essentiel de l'immigration métropolitaine se porte donc vers les îles.

Dans cette colonie de commerce, qui ne dispose que d'un très faible encadrement européen, les métropolitains transplantés n'ont jamais été plus que quelques centaines de personnes. Sur une population évaluée en 1836 [27] à 16 691 âmes, non compris les agents civils et les militaires, le Conseil privé dénombrait : 151 européens, 1 357 habitants, 331 noirs libres, 4 104 mahométans libres, 899 engagés à temps y compris les soldats noirs et 9 849 captifs.

Cette population d'expatriés comprend, notamment, des agents de l'administration, des soldats, des missionnaires et des commerçants, de loin, les plus nombreux. Représentants les maisons métropolitaines spécialisées dans le commerce colonial, ces négociants monopolisent les échanges avec l'Europe. Expatriés temporaires, ils ne font que des séjours. Leur optique, leurs mobiles, ne peuvent être ceux de personnes qui s'implantent sans esprit de retour dans la mère patrie. Utilisant l'Afrique pour leur avenir en métropole,

documents historiques, géographiques et scientifiques, Tome Second, Paris, Librairie centrale de Napoléon Chaix et Cie, 1856, p. 2 et 3.

25. Anne Raffenel, *Nouveau Voyage… op. cit.* p. 3.
26. François Valantin, habitant de Saint-Louis, Mémoire sur l'état de la colonie du Sénégal, jusqu'au 10 septembre 1819, présenté à S.E. le Ministre de la Marine. ANSOM, Sénégal et Dépendances II, Doosier 2, Mémoires, publications, expositions 1819-1826.
27. Conseil privé, Séance du 7 mai 1836, a.s, d'un projet d'Ordonnance sur l'application du code civil au Sénégal. ANSOM, Sénégal et Dépendances VIII, Dossier 5, chemise 5 b.

la plupart "n'y viennent qu'avec le désir de s'y créer, le plus promptement possible, une fortune dont ils doivent jouir en France" [28].

Aussi conçoivent-ils, à raison de l'éloignement de leurs proches, des craintes pour leur patrimoine. La fortune amassée ira-t-elle, en cas de décès, à leurs parents, aux personnes qu'ils désirent avantager ?

L'institution de la curatelle tend à calmer ces appréhensions. En effet, pour assurer la conservation des biens vacants, et leur transmission intégrale aux ayants-droits, il a été, dès l'origine, établi un régime particulier, profondément distinct de celui institué dans la métropole.

Ainsi sous l'Ancien Régime, l'Édit du roi du 24 novembre 1781, concernant les successions vacantes dans les colonies françaises, établit un droit spécial pour l'administration des successions. Restreignant les droits des légataires, mêmes universels, il étend les attributions des exécuteurs testamentaires, dans le but de sauvegarder les intérêts des successibles qui habitent hors de la colonie, et de les protéger plus efficacement que ne le ferait l'application du droit commun des articles 811 à 814 du code civil [29]. En plus de l'absence des héritiers, il vise à garantir les intérêts des créanciers métropolitains. La plupart des négociants se fournissant en France, il était nécessaire d'empêcher que les créanciers de la colonie ne profitent de l'avantage que leur donne leur présence sur les lieux pour se faire payer avant les créanciers de la métropole et à leur préjudice [30].

L'Édit de 1781 régit les successions réputées vacantes, que la vacance résulte du décès du propriétaire, ou de son absence [31]. Toutefois, l'application de certaines de ses dispositions a soulevé des difficultés au Sénégal, en raison de leur opposition avec la législation locale. Ainsi, la composition des juridictions de la colonie par des juges étrangers à la magistrature, est la source d'une multitude de "procès, et à leur suite, des frais qui ont eu souvent pour résultat de diminuer sensiblement l'actif des successions" [32].

Le 27 janvier 1855, un décret est venu, par la suite établir un nouveau mode d'administration des successions et biens vacants. Ce texte, qui ne concerne que les colonies des Antilles et de la Réunion, sera étendu au Sénégal par un décret du 22 novembre 1361.

---

28. Carrère, chef du service judiciaire du Sénégal, Notice sur le Sénégal, p. 4, déjà citée.
29. Arrêt du 2 février 1900, Affaire Époux Ducos contre Colonie du Sénégal, *Penant*, 1908, Jurisprudence, p. 3.
30. Arrêt n° 18 du 30 mai 1842, Affaire Maurel et Prom contre Succession Pesnel. ANSOM, Greffes du Sénégal, Conseil d'Appel, Registre n° IV.
31. Arrêt du 19 février 1892, Veuve Charras contre Curateur aux successions vacantes, déjà cité.
32. Lettre n° 436, du Gouverneur au Ministre, datée de Saint-Louis le 13 décembre 1843, Envoi d'un projet d'Ordonnance Royale sur la curatelle aux biens vacants. ANSOM, Sénégal VIII, Dossier 6 bis, Chemise d.

Cet acte institue une curatelle d'office confiée au receveur de l'enregistrement. Il place ce mandataire légal sous la surveillance d'un conseil de curatelle composé de deux magistrats et d'un fonctionnaire. Le curateur est, en outre, soumis à un cautionnement, il est responsable de sa gestion [33]. Celle-ci ne se termine que par la liquidation complètement achevée de l'actif de la succession et par sa remise aux ayants-droits, c'est-à-dire aux héritiers ou au domaine.

B. Les traitants indigènes

Les habitants indigènes de la colonie se répartissent, en mulâtres, ou "gens du pays", et en nègres réputés "régnicoles". Libres, ils vivent d'un labeur rémunéré. Ils sont artisans, orfèvres, tisserands, mais surtout traitants.

L'administration constituant l'armature de la domination, sa structure politique, les autorités locales sont défavorables à la participation des autochtones à son fonctionnement. Les habitants n'ont pas accès aux emplois publics qui sont réservés aux métropolitains, qui sont l'affaire des Blancs, d'où leur sentiment d'être laissés pour compte. "Quelle est, écrit François Valantin, en 1819, la place, jusqu'à ce jour, qui a été occupée par un habitant indigène de Saint-Louis ? Quel emploi lui a-t-on donné ? L'a-t-on fait travailler dans les bureaux du commissariat, dans ceux du contrôleur, dans celui du magasin général ? Je conçois qu'à la reprise de possession du Sénégal, les habitants ne pouvaient prétendre à un emploi dans l'administration, le nombre des employés ayant été mis au complet en France. Mais ils avaient lieu d'espérer que le retour de Schmaltz leur serait avantageux ; qu'ils participeraient à des faveurs, à des places. Mais l'arrivée de trente ou quarante employés venant renforcer l'administration de l'année précédente signifiait assez qu'on n'avait pas besoin d'eux". Cette exclusion leur semble d'autant plus arbitraire qu'elle est à l'opposé de ce qui se fait dans les autres colonies françaises, qu'elle va à l'encontre de l'intérêt des Sénégalais, et qu'elle n'a aucun fondement défendable. En effet, poursuit François Valantin : "Pour quelles causes les indigènes ne sont-ils pas appelés comme les Européens à occuper des places ? Est-ce comme l'on a déjà dit, parce qu'ils, s'adonnent au vin et aux femmes ? Je ne crois pas que ce défaut là soit exclusivement celui des Sénégalais... Est-ce par cause d'ignorance, qu'on les éloigne de tout emploi ? Eh ! que faut-il tant pour être commis d'administration au Sénégal ? La connaissance de la langue française, une belle main... les jeunes Pellegrin, les fils Lamotte et deux ou trois autres dont les noms ne me reviennent pas, ne possèdent-ils pas les qualités requises ? ... Ces jeunes gens exclus de toute place croupiront dans un aban-

33. Dans son arrêt du 2 février 1900, déjà cité, la Cour considère le Curateur comme le mandataire légal de la Colonie qu'il représente et qu'il engage. Or, selon l'esprit de l'institution, il semple plutôt que le Curateur, bien que fonctionnaire, ne soit que le représentant des parties intéressées dont il exerce et poursuit les droits. V. dans ce sens, la note sous *Dar*. 1900- 2-89.

don total d'eux-mêmes. Ils ne verront dans les Européens que des maîtres à la hauteur desquels ils n'oseront s'élever… Ils voient que leur pays ne leur appartient plus, que les Européens en sont les maîtres, que bientôt ils ne formeront plus la majorité, que ces derniers vont devenir plus nombreux qu'eux, qu'ils embrassent eux seuls tout le commerce, et que le gouvernement comme saturne infanticide, dévore ses enfants" [34].

La seule activité qui reste aux habitants, c'est le commerce. Aussi, tous font la troque de la gomme, source de fortunes rapidement amassées, autant que de ruines nombreuses. "Autrefois, écrit l'Abbé Boilat, la traite était comme une source intarissable où les habitants puisaient, sans beaucoup de peine, des fortunes colossales ; les négociants européens se contentaient de leur vendre, à Saint-Louis, les guinées, et autres denrées dont ils avaient besoin, et, en retour, les traitants leur vendaient les gommes. Aussi toutes les familles étaient elles à l'aise : l'or brillait au cou, aux oreilles, et aux bras de leur femme, de leurs filles, et de leurs nombreuses servantes ; la joie et le bonheur régnaient partout. Depuis quelques années… les gommes sont plus rares et se vendent à bas prix en France. De là, la ruine de la majeure partie des habitants qui font de vains efforts pour se relever" [35].

Une seule catégorie d'habitants échappe à ce marasme, ce sont les Signares. "Les femmes protégées par leurs "maris" européens avaient, observe Knight-Baylac, un rôle économique et un rang social élevé : elles se faisaient appeler "Signares", nom d'origine portugaise qui ne fut donné primitivement qu'à celles possédant une habitation, car il comportait une nuance de dignité. Mais plus tard, toutes les mulâtresses furent appelées ainsi, les propriétaires se distinguant par le nom de dame ou d'habitante". Ces dames de bonne maison, distinguées et riches, tissaient des pagnes qu'elles faisaient vendre aux escales, et possédaient des immeubles qu'elles louaient à l'administration ou aux commerçants. "Elles avaient aussi, poursuit Knight-Baylac, de nombreux esclaves que leur donnaient les européens qui les entretenaient. Enfin, elles menaient une vie souvent scandaleuse par le luxe relatif, dont elles faisaient étalage. Elles avaient ration double, ou triple, ou pour mieux dire, à souhait, de pain, de froment, de bois de chauffage, enfin toutes les choses nécessaires à la vie" [36].

Fortes de ces puissants appuis, elles savent faire respecter leurs droits, comme elles le prouvent dans la cause qui les oppose aux détaillants patentés de Saint-Louis [37]. En 1834, par suite de l'état de guerre contre les Trarzas, alliés au Walo, il est nécessaire de réglementer la traite. Une association s'organise

34. Mémoire sur l'état de la colonie, déjà cité, p. 14 et 15.
35. Abbé Boilat, *op. cit.*, p. 211 et s.
36. Knight-Baylac (M.H.), « La vie à Gorée de 1677 à 1789 », *Rev. fr. d'Histoire d'Outre Mer*, *LVII*, n° 209, 4e trimestre 1970, p. 401.
37. Arrêt n° 95 du 22 avril 1835. ANSOM, Greffes du Sénégal, Cour d'appel, Registre n° 11.

sous l'auspice du gouvernement, et obtient le privilège de faire toute la traite des gommes à l'escale des Bracknas. Sont seuls habilités à en faire partie, les négociants et les habitants qui ont déjà fait la traite. Toutefois, l'article 5 des statuts de l'association dispose qu'un dixième des bénéfices doit être reversé aux détaillants, écrivains et laptots. Ce dixième produit 70 000 kilogrammes de gommes. Par un arrêté en Conseil privé du 11 octobre 1834, le gouverneur Pujol en autorise la vente publique aux enchères. La vente effectuée donne 50 265 francs 78 centimes. C'est alors que les Signares de Saint-Louis, au nombre de 281, délèguent quatre d'entre elles, les dames Marie Escal, Marie Labouré, Angélique Jouane, et Anna Gérard, pour se pourvoir, auprès du gouverneur, en interprétation de l'article 5 des statuts de l'association, et pour demander à être admises, comme détaillantes, au partage du dixième réservé. Le Conseil privé se déclare incompétent, et délaisse les réclamantes à se pourvoir en justice.

Avant de saisir le tribunal de Saint-Louis, les Signares s'adressent à la commission de répartition du dixième des bénéfices, dont le président est François Valantin. La commission se déclare incompétente, tout en concédant que les Signares doivent être comprises dans la répartition. Le 5 décembre, elles assignent le président de la commission pour voir ordonner qu'elles seront comprises dans la répartition, comme détaillantes de rivière. Le tribunal de première instance les déboute, au motif que l'arrêté local du 19 novembre 1828 ne reconnaît comme détaillants que les individus tenant boutique de marchandises au détail, les bouchers, les maître-ouvriers, les chefs d'ateliers, et tout artisan établi à son compte. Le 22 avril 1835, la Cour du Sénégal réforme ce jugement, en ordonnant au président de la commission de répartition d'inclure les Signares. Étant "de notoriété publique, décide l'arrêt, que les signares ont constamment fait le commerce des pagnes et autres articles de détail aux escales".

C. Leurs dépendants

La grande horde des non-libres comprend : les captifs, dont la dépendance est de type domestique (1) et les engagés à temps soumis à un régime plus sévère (2).

1. Les captifs

Les lois constitutives de l'esclavage visent, pour la plupart, à organiser la grande propriété coloniale. Dans les colonies à cultures, l'Édit de 1685 et les ordonnances postérieures refusent au maître le droit de disposer, comme bon lui semble, de sa propriété, qu'elle soit immobilière, ou constituée d'esclaves. Il doit laisser toujours subsister les moyens d'une grande exploitation agricole et manufacturière, C'est pour ne pas démembrer la propriété, que vont être interdites l'expropriation forcée et la vente séparée du domaine rural et des esclaves attachées à son exploitation [38].

Aucune de ces lois n'est promulguée sur la côte occidentale d'Afrique. Il n'y a aucun motif d'accorder, aux colonies d'exploitation commerciale, la protection exorbitante que l'on a donnée aux colonies à plantations. La captivité n'est, au Sénégal et dépendances, tolérée que par analogie. Son organisation y est, en l'absence de dispositions écrites, fondée sur l'usage. Et la coutume va tendre à transformer les liens serviles en liens de dépendance beaucoup moins contraignants [39].

Les captifs sont, pour la plupart, intégrés à la famille de leur maître. À moins de commettre quelque crime, ils ne peuvent en être séparés, pour être vendus. S'occupant de menus travaux, ils relèvent de la division sexuelle du travail. "Les femmes pilent le mil, font la cuisine, lavent le linge, certaines autres sont les suivantes de la maîtresse de maison, et à ce titre, sont habillées presque aussi luxueusement, ce sont les "rapareilles ", du portugais "jeune fille" [40]. Les jeunes garçons font le voyage de Galam en qualité de mousses. Les adultes sont loués comme ouvriers ou laptots par leur maître. Certains sont admis à faire du commerce. Mais ne possédant rien par eux-mêmes et pour eux-mêmes, leurs bénéfices enrichissent leur maître [41]. Il peut arriver, cependant, que le maître accepte que l'esclave travaille pour son propre compte. Dans cette éventualité, il ne peut être tenu responsable des dettes contractées par le dit captif [42].

Les affranchissements, nombreux, se font pour toutes sortes de raisons. On affranchit soit par testament, soit au baptême du captif, l'état de captivité et celui de baptisé étant parfois incompatibles, voire même pour une raison indéterminée, ou un dévouement resté inconnu. Les affranchis restent chez leurs anciens maîtres, s'installent à leur compte, ou, le plus souvent, continuent leurs occupations antérieures. Mais puisque le maître n'est plus tenu de supporter leur entretien, il doit les rémunérer. L'affranchi n'est plus dans l'obligation de donner son travail au maître, ses obligations deviennent des services.

Cette domination du maître à travers une relation de pouvoir différente, rend malaisée toute distinction entre affranchis et captifs. Et faute de certificat

---

38. V. la plaidoirie de Martre Legros, dans l'Affaire Fara Tout contre Marianne et Pierre Dubois. Arrêt n° 20 du 11 mars 1848. ANSOM, Greffes du SÉnégal, Cour d'appel, Registre n° VII.
39. Arrêt n° 21 du 4 avril 1845, Affaire Dame Uranie Guillemain contre Ministère public. ANSOM, Dépôt des Papiers publics des Colonies, Greffes du Sénégal, Cour d'appel, Registre n° V.
40. Knight-Baylac, *op. cit.*, p. 413.
41. Conseil d'appel de Saint-Louis, Arrêt n° 193 du 10 septembre 1821, Affaire Georges Lezongar, négociant, contre Lamane, maçon, nègre captif.
42. Arrêt n° 9 du 7 mai 1830, Affaire Baudouin contre Succession Potin. ANSOM, Cour du Sénégal, Registre n° IV.

d'affranchissement, les tribunaux sont réduits à rechercher une réunion de circonstances précises et concordantes.

Tel est le genre de difficulté que la Cour doit résoudre dans l'affaire Vénus Mbarik et Guillaume Audibert contre Taliba Fall [43]. En l'espèce, Taliba Fall qui veut contracter mariage avec Khary Sar, captive de Vénus Mbarik, propriétaire à Saint-Louis, et de Guillaume Audibert, propriétaire et traitant, fait, suivant les usages locaux, porter sa demande par les nommés Khary Allah, et Magaye, habitants. La demande étant agréée, il est convenu qu'il sera donné, à Taliba Fall, une épouse affranchie. "Je vous donne une femme libre, assure Vénus Mbarik, et j'exige une dot de femme libre". Taliba Fall, après avoir accompli toutes les formalités prescrites pour la libération de Khary Sar, verse une dot de femme libre, qui, selon l'usage, est le triple de celui d'une esclave. Contre toute attente, Audibert veut, néanmoins, garder en captivité Khary Sar et ses enfants. Khary Sar a-t-elle été réellement affranchie ?

Pour établir son droit à la liberté, la Cour se livre à une recherche de preuves. Le premier élément qu'elle retient, est celui de l'inscription de l'aîné de ses enfants à l'école coranique, indice de liberté selon les coutumes locales. Seconde indication, la Cour retient le fait du paiement d'une dot de femme libre, bien que "souvent des dots de femmes libres aient été exigées pour des captives, cette coutume assez fréquente aujourd'hui (étant) rare lors des faits du procès". L'évolution de la coutume, notée par la Cour, provient de la cupidité des propriétaires. C'est cette avidité, alliée à un primat d'honneur, qui explique les propos de Vénus Mbarik : "j'exige une dot de femme libre, afin qu'un "jour vous ne puissiez pas lui reprocher d'avoir été captive".

Cette condition adoucie peut faire place à un régime nettement plus rigoureux. L'esclave se voit appliquer la législation spéciale propre à son état, il subit un traitement sévère, et même des violences corporelles. S'il n'existe dans la colonie aucun acte propre à constater que l'ordonnance du roi de 1685 sur la police des îles de l'Amérique pour régler la situation juridique des esclaves noirs y a été promulgué, certains maîtres arguent que la disposition de ce "Code noir" qui confère au propriétaire le droit de châtiment sur son esclave y a été appliquée depuis un temps immémorial [44].

Ce comportement sévère s'explique parfois par le nombre élevé de délits commis par la population captive. En effet, dans une colonie où les vols et les tentatives de vol sont les infractions les plus communes, il est établi que : "la plupart des prévenus sont des captifs vivant dans l'oisiveté, peu surveillés par leurs maîtres" [45].

43. Arrêt du 23 octobre 1843. ANSOM, Greffes du Sénégal, Cour d'appel, Registre n° IV.
44. Arrêt n° 35 du 20 septembre 1844, Affaire Sas. ANSOM, Greffes du Sénégal, Cour d'appel, Registre n° V.
45. Gouverneur du Sénégal, Dépêche n° 76 du 17 février 1841, déjà citée.

C'est ainsi que Samba Marie, captif de Mille, négociant à Saint-Louis, est traduit devant le Conseil d'appel, pour tentative de vol avec escalade et effraction, dans la nuit du 31 décembre au 1er janvier 1826, chez la Signare Hélène Antoine. Il est condamné à la peine de cinq ans de réclusion [46].

Est de même traduit devant le Conseil de justice [47], le captif Lafleur appartenant à la succession de la Signare Adélaïde, prévenu de plusieurs vols nocturnes. Au magasin de Lafond, marchand à Saint-Louis, il commet, dans la nuit du 29 au 30 juin 1821, le vol de trois caisses de vin muscat, d'une caisse de vin rouge, et de soixante quinze kilogrammes de fil à voile. Quelque temps après, c'est au domicile de la signare Suzanne Matier qu'il se rend, pour y soustraire, dans la nuit du 28 au 19 septembre, un pagne, un collier de verroterie, un collier de combabais, un sac de cinquante livres de tabac du pays, et deux sacs de mil. Cette tâche accomplie, il termine sa soirée dans le magasin de Labarère et Bertefoot, négociants associés, d'où il emporte soixante douze pièces de guinées.

Ce sont, enfin, Yoro Sow, esclave de Moussa Boulor, et Osman, captif de Mour Gaye qui se voient infliger un an d'emprisonnement pour vols, S'ils ne sont ainsi condamnés qu'au minimum de la peine encourue, c'est qu'ils ont obéi aux instigations de Mamadi Foula Massa, qui se disait être en mesure d'assurer leur impunité grâce à ses talismans [48].

La superstition de ces deux délinquants est largement partagée, et les juridictions de la colonie n'hésitent pas à prendre en considération les croyances de la population. Une habitante de Gorée, Yacaty Dimba est ainsi traduite devant le Conseil de justice du Sénégal [49], pour avoir tenté, à l'aide de manœuvres superstitieuses, de se faire délivrer une partie de la succession de la signare Louison Lambert. Elle s'était rendue sur la presqu'île, à "l'Arbre du canarie", pour y remettre les noms des membres de la famille Saint-Jean, ses adversaires, afin d'attirer sur eux toutes les malédictions. Renvoyée des fins de la poursuite par le Conseil de justice de Gorée, elle est condamnée, le 21 octobre 1821, par le Conseil de justice du Sénégal et dépendances, "à rester pendant sa vie sous la surveillance de la police de la colonie, à l'effet de demeurer responsable de tout événement qui pourrait arriver à la famille Saint-Jean par suite des manœuvres superstitieuses dans lesquelles il serait prouvé qu'elle aurait participé". Après son installation, le Conseil d'appel ramènera cette mesure à une année de surveillance de haute police [50].

---

46. Arrêt n° 48 du 1er mars 1826. ANSOM, Greffes du Sénégal, Cour d'appel, registre n° 1.
47. Arrêt n° 208 du 22 octobre 1821, Affaire Lafleur, déjà cité.
48. Arrêt n° 25 du 8 juillet 1831, Affaire Yoro Sow, Osman, et Mamadi Foula Massa. ANSOM, Greffes du Sénégal, Cour d'appel, Registre n° 11.
49. Arrêt n° 207 du 21 octobre 1821, Procureur du Roi contre Yacaty Dimba. ANSOM, Greffes du Sénégal, Conseil de Justice.
50. Arrêt n° 4 du 16 avril 1822. ANSOM, Greffes du Sénégal, Cour d'appel, Registre n° 1.

Bien que la plupart des vols dont se rend coupable la population servile se commettent de nuit, avec escalade et effraction, le parquet les correctionnalise. “Cette mesure étant justifiée par l'état d'infériorité morale et sociale d'une population chez laquelle le sentiment de ses devoirs n'était pas encore bien profond” [51].

2. Les engagés à temps

Pendant toute la traite négrière, l'Afrique n'est qu'une pourvoyeuse en main-d'œuvre des colonies à plantations. Ce n'est qu'avec la révolution industrielle, et l'abolition de la traite, que les données de la politique coloniale changent. À la colonisation purement commerciale, fondée sur l'étroite spécialisation des îles, fait place une autre politique d'exploitation. Le Sénégal dont la mise en valeur était encore nulle, va pouvoir bénéficier de la conjoncture nouvelle. Il cesse d'être une simple factorerie pour, à son tour, devenir une colonie qui fournit à la métropole quelques uns des produits, comme le coton, pour lesquels elle était tributaire de l'extérieur. Par une entreprise méthodique de mise en valeur, il cesse d'être un réservoir de main-d'œuvre, pour devenir une colonie de cultures [52].

La mise en valeur agricole de la vallée du fleuve est conditionnée par la solution des nouveaux besoins de main-d'œuvre. Les autorités locales étaient d'autant plus inquiètes que la culture des denrées coloniales ne pouvait se faire que par des mains libres. La main-d'œuvre volontaire étant inexistante, et le trafic des esclaves étant proscrit, l'administration locale finit par faire appel à une institution nouvelle, celle des engagés à temps.

En quoi consiste cette institution ? N'a-t-elle pas des précédents historiques ? Spécial au Sénégal, le régime des engagés à temps diffère du système d'engagement de colons français pour les Antilles, inauguré deux siècles auparavant. C'est plutôt une mise en servitude temporaire au profit de l'administration ou de personnes privées. En effet, “il s'agit du rachat, par le gouvernement ou les particuliers, d'individus maintenus en esclavage dans les contrées proches de nos possessions de l'Ouest africain ; de leur affranchissement par un acte authentique, à la condition qu'ils travaillent pour l'engagiste pendant un certain laps de temps” [53]. Les avantages de l'affranchissement préalable s'accompagnent, ici, de l'obligation pour les affranchis de rester, pendant une période qui ne doit pas excéder quatorze années, au service de ceux qui les ont rachetés de l'esclavage. Ce régime, espèce de transition entre

---

51. Charles de Reboul, Procureur impérial de Gorée, lettre datée de Gorée le 23 décembre 1856. ANSOM, Sénégal et Dépendances VIII, Dossier 9, pièce n° 24.
52. V. G. Hardy, *Histoire sociale de la colonisation française*, Paris, Larose, 1953, p. 107-109.
53. F. Zuccarelli, « Le régime des engagés à temps au Sénégal, 1817-1848 », *Cahiers d'Études Africaines*, 2, 1962, n° 7, p. 420. Sauf indication contraire, nous lui empruntons l'essentiel de nos développements.

l'esclavage et la liberté, "serait une sorte d'apprentissage à la liberté, familiarisant l'autochtone avec la civilisation européenne, lui donnant le goût des nouvelles cultures industrielles, tout en faisant diminuer le nombre des captifs. On obtient ainsi de la main-d'œuvre tout en restant dans les vues humanitaires des abolitionnistes" [54]. Il s'agit de libérer la population servile des rapports esclavagistes pour les placer dans le cadre des nouveaux rapports de production capitalistes.

L'organisation du régime des engagés à temps, est le fait d'un arrêté du 28 septembre 1823 [55]. Le gouverneur Roger, qui pense se procurer une abondante main-d'œuvre indispensable à son plan de colonisation, en même temps qu'il veut satisfaire les besoins militaires de la colonie, réglemente, par ce texte, l'utilisation des engagés à temps. Il porte d'abord interdiction, en vertu de l'article premier de l'arrêté, d'introduire de nouveaux captifs à Saint-Louis, à Gorée, dans les postes et sur les établissements de culture qui dépendent de la colonie. Tout contrevenant verrait son esclave saisi, et employé comme engagé au service de l'administration. L'arrêté organise, ensuite, et dans le détail, la faculté pour les particuliers d'utiliser les engagés à leur service. Il est ainsi prévu que l'acte d'affranchissement préalable doit être fait par devant l'officier de l'état civil du ressort. Cet acte, concomitant au rachat du captif, doit porter les renseignements permettant d'identifier l'esclave libéré, ainsi que les nom et origine du vendeur et de l'acheteur, le lieu, la date, et le prix du marché. Le Procureur du roi près des tribunaux du Sénégal, déclaré "tuteur né des captifs et engagés à temps de la colonie" [56], doit veiller, notamment à ce que soit tenu le registre matricule des engagés à temps. Ces registres sont tenus au greffe des tribunaux de Saint-Louis et de Gorée.

Très vite, l'interprétation de l'arrêté de 1823 suscite des difficultés. Pour l'administration, qui paraît ne combattre l'esclavage que pour le monopoliser à son profit, l'engagement à temps doit fournir la main-d'œuvre et les soldats dont la colonie a besoin, tout en favorisant la disparition de l'esclavage. Alors qu'il s'agit, pour les habitants qui n'ont pas accepté le principe de l'interdiction de la vente et du colportage des captifs, d'un moyen commode de continuer la traite des Noirs. D'où leur volonté de transformer l'engagement à temps en état de captivité irrévocable, et leur refus d'appliquer la clause de la libération définitive après le temps de travail. Les autorités doivent recourir aux tribunaux pour faire appliquer la réglementation. Trois arrêts de la Cour vont nous donner une illustration de la politique suivie par l'administration pour parvenir à ses fins.

---

54. F. Zuccarelli, *op. cit.*, p. 421.
55. *Bul. Adm. des Actes du Gouvernement*, Sénégal, 1819-1842, p. 67.
56. Arrêt n° 2 du 13 janvier 1845, Affaire Samba Gnouma contre Théraizol. ANSOM, Greffes du Sénégal, Cour d'appel, Registre n° V, 1844-1845.

Dans la première espèce [57], il s'agit de Diémis Mané, charpentier à Saint-Louis, introduit à Gorée, en 1828, par feu François Dupuy qui l'avait ramené de Bissao. Refusant de le faire immatriculer sur le registre de l'état civil des engagés à temps, ainsi que le prescrit l'arrêté du 28 septembre 1823, F. Dupuy le fait inscrire en apprentissage sous le prétexte qu'il lui avait été donné en nantissement pour sûreté de paiement de 1 500 francs. Cette créance n'étant pas payée, D. Mané demeure à son service. À la mort de l'engagiste, Eugénie Mendy, sa femme selon les usages du pays, recueille D. Mané dans la succession. Lors du recensement général de la population servile, en juin 1843, elle le fait inscrire comme esclave. Mais, le 13 juillet 1844, D. Mané porte plainte devant le Procureur du roi, à Gorée, contre sa maîtresse, en revendication de liberté. L'argument qu'il avance est que ses quatorze années de service sont expirées depuis bientôt deux ans.

Par un jugement du 24 octobre, le tribunal correctionnel de Gorée décide la relaxe d'Eugénie Mendy des fins de la plainte, et le maintien de D. Mané dans les liens serviles. Sur l'appel du ministère public, la Cour du Sénégal décide que, D. Mané introduit à Gorée, en 1828, bien que n'ayant pas été affranchi à l'état civil, ainsi que l'arrêté de 1823 en faisait obligation à l'engagiste, n'a pu avoir d'autre condition que celle d'engagé à temps, et comme tel, a terminé la durée de ses services depuis deux ans.

La différence constatée dans la décision des deux juridictions peut s'expliquer. Le tribunal de première instance de Gorée est, de par les notables qui y siègent, plus sensible aux arguments des propriétaires. Tandis que de par sa composition, la Cour est plus portée à appliquer fidèlement les directives de l'administration.

Dans la seconde affaire instruite par la Cour [58], Khouma Kâ, originaire du Galam rapporte avoir été racheté à Bakel, vers 1825, par la compagnie de Galam et du Walo [59]. D'abord transféré dans un établissement de culture, dit la "Sénégalaise", il est, ensuite, introduit à Saint-Louis, et maintenu en esclavage au service de Blaise Dumont, et Barajer, négociants. Vers la fin de 1843, il réclame contre sa condition de captif perpétuel. Il veut, ce faisant, retrouver ses compagnons de captivité, venus, comme lui, de l'intérieur, et libérés après avoir été quatorze années au service de leurs engagistes. Pour la Cour, si aucun document, émanant de la Compagnie de Galam, ou de l'état civil, ne permet de retrouver le nom patronymique ou une trace de l'affranchissement de Khouma Kâ, dit Pierre Fara, il y a preuve, au chef de l'enquête, que le plaignant a été introduit dans la colonie postérieurement à l'arrêté du 28 septembre

57. Arrêt n° 45 du 27 décembre 1844, Affaire Diémis Mané contre Eugénie Mendy, *Ibid.*

58. Affaire Khouma Kâ contre Blaise Dumont, Arrêt n °9 du 28 janvier 1845, *Ibid.*

59. C'est la Compagnie avec laquelle la Colonie passe, en 1830, un marché pour la recherche d'engagés pouvant satisfaire ses besoins en soldats.

1823. À ce titre seul, et sans qu'il soit besoin de s'arrêter à la question d'identité, Khouma Kâ ne peut être qu'un affranchi.

Malgré cette politique résolue, l'action de la Cour se révèle insuffisante. Aussi, dès son arrivée dans la colonie, le gouverneur Bouët-Willaumez, comprenant que le système des engagés à temps, devenu une habitude aussi ancrée que l'esclavage, constitue un moyen déguisé d'introduire des captifs dans la colonie, fait prohiber l'introduction de nouveaux engagés au Sénégal. Par l'arrêté du 18 janvier 1844, l'État se réserve, désormais, le droit de faire recruter chaque année, les engagés nécessaires à ses besoins militaires. Mais, contre toute attente, ce texte rencontre, non seulement l'hostilité prévisible de la population et des juridictions du premier degré, mais encore celle de la Cour.

L'hostilité à l'arrêté de 1844 va se manifester à l'occasion de l'affaire Malisèye [60]. Malisèye est un traitant qui, en 1845, introduit deux captifs à Saint-Louis, dans le but de les faire inscrire sur les registres des engagements à temps. L'officier de l'état civil refuse la demande d'inscription, en se fondant sur les nouvelles dispositions de l'arrêté local du 18 janvier 1844, qui interdisent l'introduction, dans la colonie, de nouveaux engagés à temps. Mieux, le Procureur du roi fait assigner Malisèye devant le tribunal de simple police pour avoir contrevenu à l'article 3 de l'arrêté de 1844.

Le 20 novembre 1845, le tribunal renvoie l'inculpé. Il s'oppose ainsi à l'application de l'arrêté, au motif qu'il prend un caractère législatif qui n'est pas le sien, en voulant apporter une modification essentielle à la législation en vigueur. La Cour ayant entériné ce jugement, en adoptant les motifs du premier juge, il nous paraît indispensable, malgré sa longueur, de le reproduire.

Le tribunal de simple police affirme, tout d'abord, que le pouvoir législatif appartient à l'autorité centrale et non à son délégué local. En effet "aux termes de la loi du 24 avril 1833, la colonie du Sénégal est régie par ordonnances royales. L'ordonnance royale du 7 septembre 1840 concernant le gouvernement du Sénégal a réglé les pouvoirs délégués par le roi au gouverneur. En combinant les articles 50, 51 et 52 de l'ordonnance, on reconnaît :

1) que le gouverneur a le commandement et la haute administration de la colonie ;

2) qu'il promulgue les ordonnances royales ;

3) qu'il rend exécutoires, par l'ordre du roi, les ordonnances en vigueur dans la métropole ;

4) qu'il peut rendre des arrêtés et décisions pour régler les matières d'administration et de police ;

5) Enfin, lorsqu'il juge convenable et utile d'introduire dans la législation coloniale, des dispositions nouvelles, il propose au Conseil d'administration des projets d'ordonnances royales, et les transmet au ministère de la marine qui lui fait connaître les ordres du roi.

---

60. Officier de l'état civil contre Malisèye, arrêt n° 49 du 13 février 1846. ANSOM, Greffes du Sénégal, Cour d'appel, Registre n° VI.

Il résulte de cette énumération que le roi, en déléguant au gouverneur la haute administration de la colonie, s'est réservé expressément le pouvoir législatif et le droit d'introduire des changements dans la législation coloniale, ne laissant à son délégué que la faculté de prendre des décisions sur les matières de police et d'administration".

Cependant, l'arrêté de 1844 est loin de régler des matières d'administration et de police. En effet, poursuit le jugement : "la question de l'esclavage touchant à la constitution même des colonies, à leur organisation, ne pourrait en aucun cas être réduite aux propositions de mesure d'administration et de police. Relativement au Sénégal, le régime de la colonie était établi et réglé par l'arrêté du 28 septembre 1823, qui avait créé un droit nouveau, organisé un système spécial, le régime des engagés à temps. Cet arrêté, le plus important de ceux que renferme le code sénégalais, a deux objectifs : (1) il proscrit pour l'avenir le trafic des esclaves et prohibe l'introduction de nouveaux captifs dans la colonie ; (2) il crée un régime nouveau, spécial à cette colonie, laquelle est elle-même, par sa position, dans des conditions différentes de celles des autres colonies ; il permet de racheter les esclaves des vastes marchés du haut fleuve, mais à charge de les affranchir moyennant un service de quatorze ans. Ce régime des engagés à temps, devenu l'une des bases du système colonial, confirmé par de nombreux arrêts, a enfin reçu une consécration solennelle, lorsqu'il a été admis dans le code civil du Sénégal par l'arrêté de promulgation de ce code du 5 novembre 1830. Vainement on voudrait soutenir que les engagés à temps assimilés, par le code civil de la colonie, aux étrangers nés en France, ne sont que des étrangers qui peuvent par mesure de simple police être expulsés du territoire".

L'arrêté ayant un caractère législatif qui ne peut plus être le sien est illégal. Ainsi, conclut le tribunal : "il faut distinguer les pouvoirs des gouverneurs antérieurement à 1833 et surtout à l'ordonnance du 7 septembre 1840 ; en effet, la loi de 1833 en réservant le pouvoir législatif au roi, a nécessairement diminué les pouvoirs du gouverneur, qu'ainsi avant 1833 et 1840, les gouverneurs ont promulgué quelques codes français par de simples arrêtés, ce qui leur serait aujourd'hui formellement interdit. Si l'arrêté de 1844 laissait subsister les engagés à temps introduits, il ne tendait pas moins à supprimer dans un temps donné, cette classe de la population, en tarissant la source qui l'alimentait, et qu'il est impossible de soutenir qu'un arrêté qui tend à supprimer une classe entière de la colonie n'est qu'une mesure de police ou d'administration".

Malgré la dépêche ministérielle n° 209 du 4 juillet 1845, approuvant l'arrêté incriminé, et l'avis contraire de Larcher, chef du service judiciaire, les juridictions maintiennent leur refus de faire appliquer la nouvelle réglementation.

Somme toute, dès son arrivée dans la colonie, la magistrature manifeste son esprit d'indépendance. Elle ne veut obéir, ni à la pression des particuliers, ni aux ordres du pouvoir. Veiller à l'exécution des lois telle est sa mission.

D'où sa volonté de substituer le règne de la légalité, le gouvernement par les lois et selon les lois à l'abus de pouvoir. Le gouverneur, représentant de l'autorité centrale, et peu habitué à la contradiction, peut difficilement souffrir que des subordonnés prétendent contrôler ses actes. C'est le germe de conflits futurs, et la confirmation de la crainte des autorités métropolitaines de voir les juges revendiquer le pouvoir d'exercer une censure sur les actes du gouvernement local.

Les tribunaux ne s'inclineront qu'avec. la révolution de 1848 qui, par son décret du 27 avril 1848, abolissant l'esclavage dans toutes les colonies françaises, supprime, par son article 2, le système d'engagement à temps établi au Sénégal.

Mais le décret de 1848 est beaucoup plus important. Il stipule, en effet, en son article 6 que : "seront dispensés de toute preuve de naturalisation, les habitants indigènes, du Sénégal et dépendances, et des Établissements de l'Inde, justifiant d'une résidence de plus de cinq ans dans les dites possessions". C'est accorder le droit de citoyenneté aux captifs et aux engagés à temps. Or, cette naturalisation généralisée ne répond pas aux vœux des propriétaires qui préfèrent : "qu'à l'expiration de l'engagement, l'engagé à temps, déclaré étranger et libre, ne puisse jamais jouir des droits civils. L'engagé à temps n'est point élevé pour la civilisation européenne. Arraché violemment de son pays pour entrer en esclavage, il ne peut avoir pris nos mœurs, nos usages. Il n'a pas ce sentiment de nos lois qu'acquiert sans peine, même l'esclave élevé au Sénégal. L'engagé à temps peut vivre parmi nous, si bon lui semble. Mais il n'a point adopté notre Patrie, il est permis, du moins, de douter de sa bonne foi, qu'il reste donc toujours un étranger puisqu'on ne lui doit rien que la liberté" [61]. Avec le décret de 1848, la révolution faisait prévaloir l'assimilation sur les intérêts des propriétaires.

Section II. Le Conseil applique un droit fondé sur des usages

L'administration de la justice du Sénégal et dépendances est, contrairement à celle des autres colonies, incomplète et irrégulière. Le personnel, peu nombreux, est occupé à des fonctions multiples et contradictoires. Les juridictions, composées en majorité de juges étrangers à la magistrature, et absolument incompétents, sont réduites à des expédients. Pour faire accepter leurs solutions juridictionnelles, elles se conforment aux besoins de la société locale, elles mettent en application des règles tirées de la coutume. Le Conseil d'appel consacre tant les unions contractées sous l'empire de l'usage (paragraphe 1), que les usages commerciaux spécifiques à la traite de la gomme (paragraphe

61. Deroisin, intervention devant la Commission chargée de l'examen du projet d'ordonnance préparé par le président Butignot pour l'application du code civil à la colonie du Sénégal, Séance du 4 décembre 1827. ANS, série M 1, code de procédure civile au Sénégal.

2). Ce n'est que, lorsque la période d'organisation s'achève, que la Cour retrouve les moyens d'imposer la prééminence de la loi sur les coutumes.

Paragraphe 1. Les mariages à la mode du pays

À Saint-Louis, comme à Gorée, la célébration du mariage se déroule, suivant un usage généralisé, en trois étapes. Elle commence par une période de fréquentation, qui permet aux deux jeunes gens de faire connaissance. Au bout du terme convenu entre les deux familles, les parents du prétendant envoient une délégation de notables faire solennellement la demande en mariage, et présenter la dot. Son acceptation par les parents de la future, entourés par tous leurs amis et proches, décide le mariage. Il ne reste plus alors qu'à convenir du jour des noces, jour où l'épouse, escortée de sa famille, est conduite chez son époux [62].

À chacune de ces étapes, les familles interviennent. C'est avec leur autorisation que les futurs époux peuvent se fréquenter. Ce sont elles qui échangent les consentements au mariage et donnent à l'union sa légitimité. C'est pourquoi les habitants distinguent ces mariages coutumiers, de ceux qui ne sont pas célébrés selon le cérémonial prescrit. L'opprobre qui s'attache à la seconde forme d'union provient du fait que le consentement de la fille tient lieu de toute formalité. Le même déshonneur, la même réprobation atteint la liaison temporaire d'un Européen avec une habitante, ou la conduite de certains indigènes qui, mariés suivant l'usage ordinaire, entretiennent une concubine.

L'union d'un européen avec une signare a en effet, un caractère de convention tout particulier, elle n'est pas indissoluble. Elle ne dure qu'autant que le conjoint n'est pas obligé de s'éloigner pour toujours. Si l'absence ne doit durer qu'un laps de temps, la femme restée seule attend patiemment le retour de son concubin : elle n'en choisit d'autre qu'en cas d'assurance qu'il ne reviendra plus [63].

Cette situation particulière s'explique par l'instabilité d'une population européenne à qui le célibat pèse. Entretenant des relations avec les indigènes, nombreux sont les employés civils ou militaires qui finissent par se marier "à la mode du pays" [64]. C'est-à-dire, qu'ils choisissent une concubine qui "prenait le nom de son "époux" et les donnait à ses enfants. Le mari lui faisait bâtir une petite maison, et assurait à chaque enfant qu'il en avait, la propriété d'un captif. Quand le mari partait, la femme se remariait" [65].

L'Eglise locale est la première à dénoncer cette pratique. Elle le fait avec d'autant plus de raison que, non seulement en instruisant la jeunesse elle se condamne, en fait, à "fournir des concubines convenables aux potentats de la

---

62. V. Abbé Boilat, *op. cit.*
63. *Ibid.*
64. V. Jean Delcourt, *Histoire religieuse du Sénégal*, Dakar, Éd. Clairafrique, 1976, p. 28 et s.
65. Knight-Baylac, « La vie à Gorée… », *op. cit.*, p. 399.

colonie", mais, "toute prédication sur cette matière attirait aux prêtres des murmures et des persécutions" [66].

Les métropolitains d'origine n'ont pas, toutefois, le monopole de ces unions à terme. En effet, "les habitants de Saint-Louis qui vont s'établir pendant une partie de l'année dans le haut pays, pour les affaires de commerce, ou pour la surveillance des cultures, vivent publiquement avec des femmes qu'ils prennent suivant les formes usitées dans le pays" [67].

La jurisprudence va s'attacher à corroborer la distinction opérée par la coutume. Selon la Cour, en effet, "le mariage pour être légitime devait être entouré de certaines solennités, et d'une publicité qui élevaient la femme à la dignité d'épouse, et lui donnaient le rang et l'état de femme légitime. Si ces conditions n'existaient pas, la cohabitation d'un homme et d'une femme, ne constituait aucun état particulier à cette femme, et laissait l'enfant sans père connu" [68].

Sont donc légitimes, les unions célébrées suivant "les usages notoires, consistants, et. uniformes" [69]. Seules les formalités coutumières peuvent compenser l'absence de registre d'état civil. Aussi, décide le tribunal de première instance : "depuis l'arrivée à Saint-Louis, de la loi du 20 septembre 1792 qui a transféré la tenue de l'état civil des prêtres à des officiers publics particuliers, l'usage s'est établi… de faire consister la validité des mariages dans le consentement des familles respectives des futurs époux, lesquelles s'assemblaient, chacune de son côté, et en cas de consentement, la famille du futur envoyait une députation à la famille de la fille pour la demander en mariage au nom de la famille députante. Ces formalités jointes aux divers avis que les familles faisaient donner à tous les habitants, imprimaient à l'union, une publicité suffisante pour faire que nul, dans la ville, où elle avait eu lieu, ne put ignorer l'état des conjoints" [70].

Les tribunaux font ainsi la distinction entre les deux sortes de mariage que, "le libertinage avait confondus sous ce nom de mariage à la mode du pays". La cohabitation d'un européen et d'une indigène est non seulement une union illégitime, mais les enfants qui en sont issus, ne peuvent prétendre à être traités comme des enfants légitimes, ils ne peuvent pas hériter [71].

---

66. V Abbé Boilat, *Esquisses Sénégalaises*, Extrait publié dans "*L'Écho de Saint-Louis*, n° *81*, mars-avril 1978, p. 5.
67. Deroisin, communication à la Commission chargée de l'examen du projet d'ordonnance pour l'application du code civil, Séance du 11 décembre 1827.
68. Arrêt n° 30 du 21 septembre 1853, déjà cité.
69. Arrêt n° 69 du 6 novembre 1833, Affaire Marie-Louise Dubois contre Elisabeth Pellegrin et les enfants Pierre Valantin. ANSOM, Greffes du Sénégal, Cour d'appel, Registre n° 2.
70. *Ibid.*
71. Arrêt n° 23 du 17 juillet 1837, Affaire Baudin et consorts contre le Curateur aux biens vacants. ANSOM, Greffes du Sénégal, Cour d'appel, Registre n° 11, 1836-1839.

Mais, si le juge de première instance assimile l'union selon les usages du pays, quant aux indigènes, à une union selon les règles du code civil, la Cour d'appel décide, quant à elle, que "ces unions n'établissent de légitimité qu'à l'égard des enfants qui en proviennent, mais n'ont aucun effet à l'égard des conjoints [72]. Dans l'espèce, le tribunal de Saint-Louis se conformant à la coutume, lui donne son plein et entier effet. Par contre, la Cour semble se montrer plus sensible aux injonctions des autorités politiques et ecclésiastiques, qui veulent voir la législation civile ou canonique retrouver sa prééminence sur les usages.

Cette régularisation des mariages à la mode du pays va d'abord être tentée lors de la promulgation du code civil. La commission chargée de l'examen du projet d'ordonnance pour l'application du code civil, proposera d'astreindre les conjoints, ou l'époux survivant, à une déclaration devant l'officier de l'état civil, ou d'admettre l'enfant, dont les parents ont été négligents, à faire la preuve en justice, de l'union suivant les usages du pays qui a existé entre ses auteurs [73]. Mais, abandonnant tout souci d'adaptation de la législation issue du code civil aux usages sénégalais, la commission finit par décider de ne plus appliquer des mesures transitoires. Selon le mot de son président, le sous-commissaire Guillet, si "le passé appartient à la jurisprudence qui le règle suivant le droit acquis, l'avenir est du domaine du législateur" [74]. Encouragées par cette prise de position, les juridictions vont amorcer un revirement de la jurisprudence qui sera décisif.

C'est, d'abord, à propos d'une succession ouverte dans les conditions d'une union contractée sous l'empire de l'usage, que le tribunal de Saint-Louis prend, en 1840, une position qui jette l'alarme. En effet, tout en accordant aux enfants qui sont issus des unions à la mode du pays, les droits énoncés dans l'article 957 du code civil, il refuse, revenant sur sa jurisprudence, tout effet civil à ces mariages [75].

Mais, c'est la Cour d'appel qui, en deux arrêts, va fixer la nouvelle jurisprudence. Dans la première espèce [76], il s'agit du traitant Jean Crespin qui contracte, avec la dame Victoire Hancerme, un mariage à la mode du pays. Le cadeau de noces promis consiste en la remise d'un captif et d'une somme de mille francs. La mésentente survenant, les deux époux se séparent sans que la promesse soit réalisée. Un tribunal arbitral condamne J. Crespin à payer les mille francs. Sur son appel, la Cour décide que l'union dite mariage suivant les usages du pays, non reconnue par la loi, constitue un fait contraire à l'ordre

72. Arrêt du 20 janvier 1836, Affaire Hélène Saint-Jean contre Charles Floissac et Hélène Vidosain. *Ibid.*
73. Conseil privé, Séance du 7 mai 1836. ANSOM, Sénégal et Dépendances VIII. Dossier 5, chemise 5 b.
74. *Ibid.*
75. *Ibid.*
76. Affaire Jean Crespin contre Victoire Hancerme. ANSOM, Greffes du Sénégal, Cour d'appel, Registre n° VI, Arrêt n° 26 du 2 octobre 1846.

public et aux bonnes mœurs. Par voie de conséquence, les cadeaux promis, pour parvenir à l'accomplissement de ce prétendu mariage ne sauraient donner ouverture à une action civile.

La Cour écarte, ainsi, les usages sénégalais qui régissent la constitution de la famille, pour leur substituer les règles du droit métropolitain, déclarées d'ordre public. Le code civil s'impose avec un caractère si nettement impératif, que la volonté des Sénégalais ne peut y déroger, encore moins, s'y soustraire. La Cour de préciser, en effet, dans son second arrêt : "quelques respectables que soient les usages anciens d'un pays, il ne sauraient prévaloir sur une loi dont la promulgation a dû avoir pour effet de faire disparaître ces usages. Le Code Napoléon qui régissait le Sénégal, dès 1817, puisqu'un officier de l'état civil était établi à Gorée, et qui y fut définitivement promulgué en 1830, n'attribue aux enfants la qualité d'héritiers légitimes, que lorsqu'ils sont nés du mariage légitime pour lequel il a prescrit des actes et des formalités obligatoires" [77].

En décidant que les mariages à la mode du pays ne peuvent plus produire à l'égard des enfants qui en sont issus, les effets d'un mariage légitime, la Cour vient en aide aux enseignements des ministres du culte, pour obliger les Sénégalais à se soumettre, et à faire consacrer, par la double autorité de la loi et de la religion, leurs unions.

Paragraphe 2. Les usages commerciaux

La troque de la gomme est un commerce d'une nature particulière. C'est, en effet, une opération où rien ne se détermine en numéraire [78]. Contre la gomme arabique, qui est un produit de cueillette, on échange une gamme étendue de marchandises de traite, à savoir : des armes à feu, des liqueurs, de la verroterie, de la toile, de la quincaillerie, du fer en barre, etc. La marchandise la plus demandée est, toutefois, la toile de guinée. Pièce de tissu de coton bleu, provenant de Pondichéry, elle sert "d'unité monétaire des transactions sur la gomme. Les négociants la livrent aux traitants sous la condition d'en obtenir le remboursement au retour de la traite, mais en gomme, et non en numéraire" [79].

Par ailleurs, loin de tenir boutique, le traitant ne fait du commerce que pendant la traite [80]. La troque de la gomme n'est donc pas le fait de commerçants. C'est une activité à laquelle se livre la population de Saint-Louis, pour qui elle constitue le seul moyen d'existence, mais aussi, "la majeure partie des

77. Arrêt du 19 novembre 1852, Affaire Anna Guèye contre les héritiers Bougouma et les héritiers Yandé Diouf. ANSOM, Greffes du Sénégal, Cour d'appel, Registre n° IX.
78. Arrêt n° 51 du 17 octobre 1861. ANSOM, Greffes du Sénégal, Cour d'appel, Registre n° XIII.
79. Anne Raffenel, *op. cit.*, p. 87.
80. Arrêt n° 95 du 22 avril 1835, déjà cité.

Officiers, employés, sous-officiers, et soldats" [81]. Or, non seulement ces agents de l'administration coloniale négligent leurs obligations de fonctionnaires, mais ils concurrencent les traitants. Aussi, déplorant cette conduite, François Valantin écrira-t-il : "le Sénégal sera toujours un pays malheureux tant qu'il sera gouverné par des hommes dont la fortune est à faire… tant qu'une administration nombreuse viendra diminuer la part de chacun dans le commerce si borné de notre pays" [82].

Cette forme particulière d'échange ne peut que déroger à la réglementation commune, aux lois générales qui régissent le commerce et les commerçants. Le traitant n'est pas astreint à se conformer au code de commerce, aux obligations qui pèsent sur ceux qui achètent pour revendre. La rapidité et la multiplicité des opérations auxquelles il se livre constituent, en effet, un obstacle à la tenue d'écritures. Il est donc dispensé, par la réglementation locale, de tenir des livres de commerce [83].

La Cour refuse, en outre, d'inclure la troque dans le domaine d'application du contrat de vente [84]. Partant, en effet, de la définition du droit romain, suivant laquelle, la vente est un contrat par lequel une personne, le vendeur, s'oblige à livrer la possession paisible et durable d'une chose à une autre personne, l'acheteur, qui s'engage à lui transférer la propriété d'une somme d'argent, le prix, la Cour constate que, les obligations qui pèsent sur l'acheteur et le vendeur de la gomme sont différentes. Contrairement à la vente, qui se réalise au moyen de deux opérations matérielles dont la coexistence avec le consentement sanctionne le contrat en vertu duquel un objet est, tout à la fois, vendu et acheté, la troque laisse au moment où elle s'accomplit, dans une incertitude prévue, le résultat ultérieur en gain ou en perte. Le vendeur ne peut, au préalable, se rendre compte du prix de revient de l'objet aliéné, de tous les frais, et partant, du bénéfice ou de la perte qui résulterait pour lui, de l'aliénation dudit objet. S'il est, à la rigueur, possible au négociant expéditeur de s'apercevoir, au début ou durant l'opération de certains frais, dont les éléments peuvent être soumis au calcul, tels que le prix d'achat, celui de la marchandise rendue à l'escale, par contre, des éléments tels que les frais de navire, de laptots et autres agents, ceux de la nourriture des employés, de charroi de la gomme, du droit concédé au chef Maure, et de celui payé en nature par la gomme à son entrée à Saint-Louis, ne dégageront jamais, avant la fin de l'opération et de ses suites, le prix réel, c'est-à-dire le résultat chiffré en gain ou en perte de la masse des échanges, et surtout de chaque échange en particulier. Pour dégager ce prix, en définitive, il faudra tenir compte de deux éléments

81. Roger l'aîné, Notes sur le Sénégal, précitées.
82. François Valantin, Mémoire…, déjà cité.
83. Arrêt n° 26 du 7 septembre 1855. ANSOM, Greffes du Sénégal, Cour d'appel, Registre n° X, 1854-1855.
84. Arrêt n° 22 du 29 mai 1863. ANSOM, Greffes du Sénégal, Cour d'appel, Registre n° XIV.

qui le constitueront "*in fine*", à savoir : le prix de la gomme, un prix soumis aux fluctuations du marché en Europe, et la dépense dite de consommation.

La troque de la gomme va donc être régie par des prescriptions spéciales, par des usages spécifiques, qui vont être consacrés par la jurisprudence locale.

Ainsi, pour assurer la protection des traitants qui commercent avec des pays non annexés par la France, le gouvernement de Saint-Louis paie, de pratique consacrée, des redevances annuelles aux chefs des tribus Maures, du Fouta ou du Galam [85]. Ces coutumes, payées en nature, constituent une sorte de cautionnement, elles ne sont pas dues en cas d'exaction. Aussi, est-il convenu, le 10 février 1850, dans une convention avec l'Almamy du Fouta, passée à Aleïebé, que pendant quatre années, il cesserait de percevoir toute redevance. Les sommes ainsi libérées devant permettre à l'administration du Sénégal d'indemniser les victimes des pillages de Cascas [86].

Il n'y a pas que le gouvernement local qui s'acquitte de ces coutumes. Pour s'attacher les chefs Maures, les traitants "ont contracté la mauvaise habitude d'admettre tous les jours à leur table un certain nombre de Maures, les princes en particulier, ce qui ne laisse pas d'être dispendieux" [87]. Cet usage de donner à consommer aux détenteurs des gommes occasionne, en effet, des frais considérables, surtout, lorsque, comme c'est souvent le cas, la traite se prolonge. "Le marchand de gommes, écrit Carrère, a avantage à séjourner le plus longtemps possible à l'escale avant de livrer ses produits, car il s'y fait nourrir par un et souvent plusieurs traitants en les alléchant par l'appât d'un marché à conclure avec chacun d'eux en particulier" [88]. Mais le traitant qui prend à crédit ses marchandises, et ne se rend pas toujours compte des frais que comporte son opération est, en fin de traite, dans l'impossibilité de remplir ses engagements.

Il est, comme nous l'avons déjà vu, de pratique consacrée que, les négociants livrent à crédit leurs marchandises. Or, les traitants, dépourvus de ressources, ne présentent que peu de garanties de solvabilité [89]. La plupart ne possédant pour toute fortune que des captifs, il est d'usage d'appliquer la faculté de rachat aux ventes de captifs. Le réméré, par les garanties dont l'entoure au Sénégal l'arrêté promulgatif du code civil, qui exige un jugement pour l'envoi en possession définitive, étant considéré comme un acte de nature à faciliter les rapports d'intérêt des indigènes avec les négociants [90].

---

85. Arrêt n° 25 du 25 novembre 1839. ANSOM, Greffes du Sénégal, Cour d'appel, Registre n° 3.
86. Arrêt n° 30 du 21 septembre 1853, précité.
87. François Valantin, Mémoire..., précité, p. 4
88. Carrère, Note..., déjà citée, p. 11.
89. Arrêt n° 33 du 29 septembre 1871, Affaire Devès et Cie contre Coumba Paté et autres. ANSOM, Greffes du Sénégal, Cour d'appel, Registre n° XVII.
90. Arrêt n° 11 du 4 juin 1841, Affaire Charles Brian contre Louis Alsace. ANSOM, Greffes du Sénégal, Cour d'appel, Registre n° IV.

De même, il est d'usage de donner, au traitant qui n'a pas acheté une quantité de gomme suffisante, la faculté de s'acquitter du surplus de ses obligations en restituant la partie des guinées qu'il n'a pas employées [91]. Cependant, si le tribunal de première instance de Saint-Louis continue à appliquer cet usage que les ordonnances organiques sur la justice au Sénégal n'ont pas abrogé, la Cour refuse de maintenir cette politique, elle décide que les usages ne peuvent pas être mis à la place de la loi [92]. Elle profite de la crise commerciale, et du fait que "les traitants tous obérés sont sur le point de se voir priver de crédit par les négociants gênés eux mêmes et à découvert pour des avances considérables" [93], pour appliquer à la troque, les dispositions du contrat de vente [94].

91. Arrêt n° 18 du 16 août 1822, Affaire Dubois contre Mangeard, Mille et Jay. ANSOM, Greffes du Sénégal, Conseil d'appel, Registre 1.
92. Arrêt n° 117 du 15 octobre 1829, Affaire J. Pellegrin et Ch. André contre Guillabert et Cie. *Ibid.*
93. Carrère, Note..., précitée, p. 5.
94. Arrêt n° 51 du 17 octobre 1861, déjà cité.

Titre deux

De la Cour du Sénégal et dépendances à la Cour d'appel de l'AOF (fin XIXe siècle à 1958)

Tant que la politique coloniale française est conduite par des militaires, elle n'a, de préférence, que des visées stratégiques. C'est pour rivaliser avec les marins anglais que les marins français élaborent la politique des points d'appui pour la marine, déclenchent un processus de conquêtes, et justifient la fondation de comptoirs [1]. Cependant, comme en dehors du Sénégal, le commerce français va, jusqu'en 1870, se développer en dehors de toute protection navale, les établissements français de la Côte occidentale d'Afrique ne feront que végéter.

Après 1880, la politique coloniale obéit davantage à des préoccupations économiques. Les rapports de domination, qu'implique l'expansion capitaliste, succèdent à la conquête sans plan de visée systématique. Il s'agit d'organiser des colonies d'exploitation. Pour tirer le meilleur parti des colonies de l'Afrique de l'Ouest trop peu peuplées pour une énorme superficie, la nouvelle conception coloniale commande leur intégration administrative et financière (chapitre 1). Dans cette phase d'implantation des rapports économiques et sociaux caractéristiques de la colonisation moderne, l'administration coloniale va à partir de 1881, non seulement perdre son caractère militaire, mais se voir impartir une nouvelle mission. Il lui faut devenir l'agent de la réception par les sociétés dominées des règles d'organisation métropolitaine. Or, dans cette action, elle ne peut s'attribuer aucun monopole. Si elle continue à jouer le rôle principal, il lui faut faire place à d'autres corps de l'État. C'est ainsi que dans l'institution judiciaire, où nous avions assisté à un débordement de la justice par les agents administratifs, il va falloir régulariser l'appareil juridictionnel et faire place à la magistrature qui, elle aussi, peut être une interprète de la civilisation métropolitaine (Chapitre 2).

---

1. V. Girardet (R), *L'idée coloniale en France de 1871 à 1962*, Paris, La Table Ronde, 1972.

Chapitre premier

La Cour de Saint-Louis et le déclin de l'hégémonie sénégalaise

Le Sénégal a longtemps englobé, autour des deux métropoles rivales de Saint-Louis et de Gorée, l'ensemble des établissements français de la Côte occidentale d'Afrique : des Rivières du Sud à la Sierra Leone, les comptoirs et postes militaires de la Côte de Guinée depuis Assinie en Côte de l'Or jusqu'au Gabon. Toutefois, la découverte des richesses de ces établissements est le prélude à l'affirmation d'une personnalité propre. Les besoins du développement commercial commandent, en effet, l'affirmation de l'autonomie particulière de chacune de ces colonies (Section 1). Avant que, leur inclusion par le développement de leurs échanges extérieurs, dans le marché métropolitain ne réimpose, dans une troisième étape, leur unification administrative (Section 2).

Section I. De la Cour de Saint-Louis aux Conseils d'appel de Libreville et de Conakry

Durant la période d'implantation française sur la Côte ouest-africaine, Saint-Louis et Gorée servent de bases de départ. Berceau de l'influence française dans cette partie du continent noir, la colonie du Sénégal est une métropole dont les Cours et tribunaux connaissent des procès qui naissent dans tous ces comptoirs et postes militaires français. Le ressort de la Cour de Saint-Louis s'étend sur tous les établissements de la Côte, et les litiges civils et commerciaux qui proviennent de la Côte de l'Or ou du Gabon sont déférés au tribunal de première instance de Gorée (Paragraphe 1).

L'éloignement de ces comptoirs, et les difficultés de communications rendent, cependant, malaisés pour les justiciables, le recours aux juridictions du Sénégal. Aussi, dès que s'annonce, à la fin du XIXe siècle, l'autonomie administrative de ces possessions, une décentralisation judiciaire va-t-elle être envisagée, et mise en œuvre (Paragraphe 2).

Paragraphe 1. La concentration de l'organisation judiciaire

La Cour d'appel de Saint-Louis a toujours englobé, dans son ressort, l'ensemble des établissements français de la Côte ouest-africaine. C'est, cependant, le décret organique du 9 août 1854 [1] qui, pour la première fois, confirme officiellement cette compétence, en même temps qu'il détermine les ressorts des tribunaux du Sénégal. Celui de Saint-Louis comprend l'île de Saint-Louis, les établissements sur le fleuve Sénégal, et s'étend dans le Cayor jusqu'à la station de Ndande inclusivement ; pour le tribunal de Gorée, nous avons l'île de Gorée, les établissements au Sud de cette île, Dakar, Rufisque et le Cayor jusqu'à la station de Ndande exclusivement [2].

Cette concentration de la justice, qui fait plaider au Sénégal toutes les affaires judiciaires de la Côte occidentale d'Afrique, n'ira pas sans inconvénients ! Ainsi, l'accès des organismes juridictionnels n'est pas toujours aisé. Le recours du justiciable Gabonais aux tribunaux du Sénégal est pratiquement impossible. Non seulement le comptoir du Gabon est très éloigné, mais aucun service de communications régulières ne le relie au Sénégal. Beaucoup d'affaires ne peuvent être réglées par suite de la répugnance qu'éprouvent les Gabonais à aller au Sénégal [3].

Le juge Sénégalais n'a pas, non plus, la possibilité de juger de ces affaires dans un délai raisonnable. Le commandant du Gabon se plaint au chef de la division navale de la Côte occidentale d'Afrique, commandant supérieur du comptoir français de la Côte de l'Or et du Gabon, des retards fréquents apportés à l'administration de la justice. Dans son rapport général du 20 janvier 1867 [4], il signale une affaire vieille de deux ans, encore en cours, où sont engagés des intérêts considérables. Le détenu, dirigé sur Gorée et toujours retenu à la disposition de la justice, a ses biens mis sous séquestre qui se détériorent. La plupart des marchandises, d'une valeur considérable, sont perdues. Devant ces dommages irrémédiables, le commandant ne peut que déplorer l'intervention trop tardive de l'autorité compétente.

Devant cet état de choses, le commandant du comptoir ne se borne plus à sa compétence de juge de paix. "Les causes qu'on apporte au tribunal de paix sont toujours plus nombreuses ; juge, greffier, ministère public, tous improvisés, ne peuvent, par leur bonne volonté, suppléer à leur ignorance du droit" [5].

L'administration de la justice se transforme en attribut du commandement. Le commandant du comptoir, inflige les peines qu'il édicte lui même, et

---

1. Dont l'article 5 est ainsi libellé : "La Cour Impériale siège à Saint-Louis. Le ressort de la Cour comprend l'ensemble des établissements français sur la Côte occidentale d'Afrique".
2. V. E. Chambaud, Président de la Cour d'appel, chef du service judiciaire, Rapport n° 56 daté de Saint-Louis le 27 octobre 1888, sur la situation du service judiciaire du Sénégal. ANS, série M 5, Organisation de la Justice, 1862-1893, Dossier 0-à-66.
3. V. J. Salis, *op. cit.*, p. 37.
4. V. J. Salis, *op. cit.*, p. 39. Références, Registre Correspondances, Archives de Libreville.
5. Commandant, rapport du 15 novembre 1867, Registre Correspondances, Archives de Libreville, J. Salis, p. 40.

réprime les infractions à ses ordres. La justice est un organe de maintien de l'ordre, elle est ramenée à un rôle subalterne de police.

Paragraphe 2. L'autonomie des anciennes Dépendances du Sénégal

La décentralisation qui fait perdre au Sénégal sa place de métropole judiciaire n'est que la conséquence de l'autonomie administrative des colonies du Sud, elle est commandée par des données économiques. Après le Gabon-Congo (A), les Rivières du Sud et Dépendances (B) vont se séparer d'une colonie mère qui, jusque là, a étouffé leur mise en valeur.

A. Le détachement du Gabon-Congo

Pour mettre fin à la fâcheuse situation du Service de la justice, il est envisagé de détacher judiciairement du Sénégal, les établissements de la Côte occidentale d'Afrique, et de les doter, avec l'institution d'un Conseil d'appel, d'une organisation autonome qui mette la justice à la portée des justiciables, assurant ainsi une répression rapide des infractions.

La réforme s'ébauche avec le décret du 11 septembre 1869 [6] qui institue, dans les établissements du Gabon et de la Côte de l'Or rassemblés, depuis le décret du 26 février 1859 [7], sous l'autorité du commandant de la division navale des côtes d'Afrique occidentale alors basée à Libreville, trois tribunaux d'arrondissement à Grand-Bassam, à Assinie et Dabou, et deux tribunaux supérieurs d'appel à Grand-Bassam, et à Libreville. Les tribunaux d'arrondissement se composent d'un juge impérial, d'un officier du ministère public, et d'un greffier-notaire. Un lieutenant de juge exerce les fonctions de juge d'instruction et remplace, en cas de nécessité, le juge-président. Les tribunaux supérieurs, qui comprennent un président, deux juges, un procureur impérial et un greffier, connaissent de l'appel interjeté contre les jugements des tribunaux d'arrondissement. Ils se transforment en cours criminelles par l'adjonction de deux assesseurs désignés par tirage au sort sur une liste de fonctionnaires, d'officiers, ou de notables résidant au siège de la juridiction.

Ce décret ne reçoit, toutefois, aucun commencement d'exécution, il n'est même pas promulgué localement. Le gouvernement impérial songe, en effet, à faire évacuer les comptoirs de la Côte de l'Or et du Gabon qui ne connaissent pas le développement commercial escompté. Le commerce ne s'étant pas associé à la politique des points d'appui élaborée par la marine : "la présence du poste qui assure la tranquillité, le choix de ce point comme siège de la division navale de ces parages, le développement donné à notre occupation par l'annexion des rivières voisines, n'ont pas suffi à attirer notre commerce, qui s'y montre toujours languissant" [8]. La métropole se propose de les céder au

6. L.A. 1869, p. 427.
7. *MSD* du 12 avril 1859.
8. Dépêche ministérielle de mars 1870, citée par J. Salis, p. 46.

gouvernement britannique, en échange de la rivière de la Gambie où les commerçants français entretiennent de nombreuses relations d'affaires.

Il faut atteindre le décret du 1er juin 1878 [9] pour voir le Gabon se doter d'un tribunal de première instance. C'est une juridiction composée de non-professionnels, puisque les fonctions de juge sont dévolues au commandant du comptoir, celles de procureur au commissaire de police, et celles de greffier à un agent nommé par le commandant.

En matière civile et commerciale, elle se prononce, en dernier ressort, sur toutes les matières attribuées en métropole aux juges de paix, sur les actions personnelles et mobilières jusqu'à 1 500 francs en principal, et sur les demandes immobilières jusqu'à 60 francs de revenu. Elle connaît, en premier ressort, et à chargé d'appel devant la Cour du Sénégal, de toutes les autres actions.

En matière de simple police et de police correctionnelle le tribunal connaît, en premier et dernier ressort, de toutes les contraventions déférées aux tribunaux de simple police, et des délits, si la peine consiste en une amende, ou s'il y a condamnation à l'emprisonnement lorsque la peine n'excède pas deux mois. Pour les délits qui comportent des peines supérieures, le tribunal n'en connaît qu'en premier ressort.

Si les crimes commis sur le territoire du Gabon continuent d'être déférés à la Cour d'assises du Sénégal, le commandant particulier reste investi des fonctions de magistrat instructeur. Avec la possibilité, toutefois, de pouvoir déférer devant un Conseil de guerre les auteurs des crimes ou délits qui sont de nature à compromettre l'action de l'autorité française. Ainsi, beaucoup plus qu'un juge, le commandant du comptoir, officier de marine, est plutôt un président de tribunal qui, en raison de l'éloignement du Gabon, et par analogie avec un commandant de bâtiment, dispose de pouvoirs quasi-disciplinaires.

La décision présidentielle du 24 février 1881, qui dote le Gabon d'une administration autonome, avec l'érection de l'instance militaire locale en commandement supérieur des établissements du golfe de Guinée, va être à l'origine d'une organisation judiciaire propre à cette colonie. Le commandant supérieur, investi de toutes les attributions, ne tarde pas à réclamer l'envoi d'un magistrat de carrière qui le déchargerait de ses fonctions judiciaires qui occupent la presque totalité de son activité : "Je ne vous cacherai pas, en effet, écrit-il au ministre, que par la force même des choses, j'ai été en réalité jusqu'ici plutôt un chef de la justice qu'un commandant de la colonie, ce qui n'a pas été certainement le but principal de mon envoi au Gabon" [10]. À la suite de cette requête, un juge-président est nommé par le décret du 21 décembre 1881.

La constitution d'une Fédération autonome dotée d'un statut administratif particulier accélère le processus. Le Gabon-Congo cesse, enfin, de dépendre judiciairement du ressort de la Cour de Saint-Louis. Il est doté, par le décret du

9. L.A. 1878, p. 351.
10. Lettre datée de Libreville le 22 avril 1881, ANSOM, Gabon 1, 20.

28 septembre 1897, d'un Conseil d'appel, siégeant à Libreville, qui réunit les attributions précédemment dévolues à la Cour du Sénégal et dépendances.

B. La séparation des Rivières du Sud

Après le détachement du Gabon-Congo, le déclin de l'hégémonie sénégalaise se poursuit : le 12 octobre 1882, est installé à Conakry, un lieutenant-gouverneur des Rivières du Sud. La découverte des potentialités des anciennes dépendances du Sénégal, impose leur plus grande autonomie administrative et financière, aussi le lieutenant-gouverneur des Rivières du Sud voit-il ses pouvoirs se renforcer avec le décret du 1er août 1889 [11]. Il n'envoie plus à Saint-Louis que les copies de ses rapports politiques et des renseignements sur la situation de sa colonie qui englobe les établissements de la Côte de l'Or et du Bénin. Les résidents de ces deux colonies obtiennent bientôt à leur tour une autonomie relative, avec la mise à leur disposition d'un budget spécial, et le droit qui leur est conféré de correspondre directement avec le département. La copie de leur correspondance doit, toutefois, être adressée au lieutenant-gouverneur des Rivières du Sud, ordonnateur de leurs dépenses.

Le 17 décembre 1891 [12], la colonie des Rivières du Sud fait place à la Guinée française et Dépendances. Elle est dirigée par un gouverneur qui a sous son contrôle, un secrétaire général chargé de la Guinée proprement dite, un résident administrant la Côte d'Ivoire, nouvelle appellation de la Côte de l'Or, et un lieutenant-gouverneur des établissements du golfe du Bénin.

La tendance à l'autonomie se confirmant, le législateur colonial prend acte du fait que, "l'autonomie de ces possessions est, en l'état actuel des choses, la condition essentielle de leur développement", et scinde, avec le décret du 10 mars 1593 [13], la Guinée française et dépendances en trois colonies autonomes, conservant chacune sa personnalité. Le Bénin, devenu Dahomey par le décret du 22 janvier 1894, la Côte d'Ivoire et la Guinée française sont, chacun, dotés d'un gouverneur investi des prérogatives de l'ordonnance du 7 septembre 1840. Selon le ministre des colonies, en effet, "la Guinée française par la richesse de son sol et celle de son arrière pays, le Fouta-Djallon, par la brièveté de ses voies d'accès vers le Niger, est destinée à un grand avenir. Mais il serait périlleux de lier son sort à celui du Sénégal. Éloignée du chef-lieu, elle fournirait sans recevoir. Quand bien même elle conserverait son autonomie financière, elle n'en serait pas moins gênée dans son essor, comme l'ont été, pendant quelque temps, nos colonies du Bénin et de la Côte d'Ivoire lorsque, par le fait d'une erreur analogue, elles ont été réunies dans un gouvernement unique de la Guinée et Dépendances" [14].

---

11. L.A. 1891, p. 53
12. Le texte du décret figure aux L.A. 1893, p. 579.
13. L.A. 1894, p. 841.
14. Chautemps, Ministre des Colonies. Cité par Cakpo Vodouhé, *La création de l'AOF, 1895-1905*, Thèse pour le Doctorat du Troisième Cycle d'Histoire, Paris-

Toute cette réorganisation administrative ne peut manquer d'avoir des répercussions sur le plan judiciaire. Dès le 11 mai 1892 [15], la Guinée française et Dépendances est, en effet, dotée d'une organisation judiciaire propre, distincte de celle du Sénégal. Avec un Conseil d'appel institué au chef-lieu, Conakry, sous la présidence du gouverneur, et trois justices de paix à compétence étendue siégeant à Conakry, à Cotonou et à Grand-Bassam, l'autonomie judiciaire de ce groupe d'établissements devient une réalité.

Cette organisation judiciaire, analogue à celle instituée au Sénégal par l'ordonnance de 1822, représente sur le plan de la séparation des pouvoirs le recul le plus sérieux. Le Conseil d'appel de Conakry se compose, lorsqu'il siège comme juridiction du second degré, ou d'annulation, du gouverneur ou de son délégué, président, et de deux assesseurs choisis au commencement de chaque année, par le gouverneur, parmi les fonctionnaires ou les officiers en service dans la colonie. Les fonctions du ministère public sont remplies par le commissaire de police titulaire de cet emploi devant le tribunal de paix à compétence étendue de Conakry.

Lorsqu'il doit procéder, en matière criminelle, au jugement d'une affaire dans laquelle sont impliqués, comme accusés, des Européens ou assimilés, le Conseil d'appel s'adjoint le concours de deux assesseurs supplémentaires désignés par la voie du sort sur une liste de douze fonctionnaires ou notables de nationalité française, dressée chaque année dans la deuxième quinzaine de décembre par le secrétaire général, et approuvée par le gouverneur. Ces assesseurs ont voix délibérative sur la question de la culpabilité seulement. La condamnation est prononcée à la majorité des voix. Les crimes et les délits qui ont un caractère politique, ou sont de nature à compromettre l'action de l'autorité française, sont jugés par le tribunal sans le concours des assesseurs supplémentaires.

Les justices de paix à compétence étendue qui, s'inspirent dans leur organisation, du principe de l'unicité du juge, sont présidées par un juge de paix, assisté d'un greffier-notaire. À la différence des juges de paix à compétence étendue des colonies telles que l'Inde ou la Guyane, ceux de Conakry, de Cotonou, ou de Grand-Bassam ne sont pas nommés par décret. Ils sont désignés par le gouverneur, qui les choisit, en général, parmi les administrateurs coloniaux. Aucune condition de capacité n'est exigée d'eux.

Cette organisation judiciaire, qui dénote à un tel degré la confusion des pouvoirs politique et judiciaire, s'explique dans cette période de mise en place de l'appareil de domination. Le législateur colonial, principalement animé de préoccupations d'ordre administratif, ne s'inquiète pas de savoir si l'administrateur qui remplit des fonctions judiciaires peut avoir la liberté d'action et l'indépendance qui sont indispensables au véritable juge.

Sorbonne, 1973-1974, p. 119-120. Références *JORF*, Débats Sénat 5 avril 1895, p. 380.

15. L.A. 1894, p. 698.

Aux réformes apportées à l'organisation administrative des colonies du Sud par le décret du 10 mars 1893 vont correspondre, sur le plan judiciaire, les décrets du 26 juillet 1894 et du 16 décembre 1896. À la suite de l'autonomie accordée à chacune de ces possessions, ces deux textes vont, en effet, opérer sur le plan de la distribution de la justice, à leur séparation. Ils dotent chacune des colonies du Dahomey, et de la Côte d'Ivoire, d'un Conseil d'appel.

Quelles sont les motivations du législateur colonial ? La nécessité de la séparation des divers établissements de la Côte occidentale d'Afrique ayant été successivement admise par les décrets des 1er août 1889, 17 décembre 1891, 10 mars 1893, il convient devant les résultats satisfaisants du principe d'autonomie, de doter chacune de ces possessions d'une organisation judiciaire spéciale. Leur importance économique croissante ne peut que justifier leur indépendance judiciaire. Le texte organique du 11 mai 1892 ne répond donc plus aux besoins de ces colonies ni aux intérêts de leurs habitants. En effet, selon le rapport de présentation du décret du 26 juillet 1894, le ministre des colonies explique, prenant l'exemple du Dahomey, que : "La distance qui sépare le Dahomey de la Guinée est considérable ; il en résulte des retards prolongés dans la suite donnée aux affaires, dont le règlement a lieu le plus souvent en dehors de la présence des intéressés. Aussi, les justiciables se plaignent avec raison d'un système qui, ne facilitant pas la revendication de leurs droits, lèse leurs intérêts".

Section II. La constitution de l'AOF

Les établissements français de la Côte occidentale d'Afrique connaissent, tout au long du XIXe siècle, une organisation rudimentaire. Mais la conquête du fleuve Sénégal, la poussée vers le Niger par la jonction du Haut-Sénégal au Haut-Niger, à la rencontre des établissements du Sud, parachèvent, pour l'essentiel, la phase d'expansion.

Dans la phase suivante, celle de l'implantation des rapports économiques et sociaux caractéristiques de la colonisation, il va se poser le problème de la répartition des tâches entre les civils et les militaires qui ne perçoivent pas de la même façon les impératifs de l'organisation de la domination. La formation. de l'Afrique occidentale française va porter l'empreinte de cette rivalité entre les négociants du Sénégal, qui affirment la primauté des questions économiques et sociales, et les militaires, qui insistent, eux, sur les exigences de la pacification. Les civils finiront par l'emporter car, avec la mainmise politique, s'estompent les nécessités de l'encadrement militaire.

L'organisation de l'Afrique occidentale française va donc se faire autour de la doctrine que développent les milieux d'affaires. Pour créer l'infrastructure indispensable, une sorte de Fédération économique va se former autour du vieux comptoir sénégalais (paragraphe 1). Mais, le gouvernement général dont la création est, d'abord, proposée pour rappeler à l'ordre les militaires soudanais (paragraphe 2) va, cependant, très vite, acquérir en même temps que la personnalité morale (paragraphe 3), une très forte structuration.

Paragraphe 1. La question soudanaise et l'unification des colonies de l'Afrique de l'Ouest

Au Soudan, la phase de la conquête correspond à la période durant laquelle les gouverneurs du Sénégal s'occupent directement des affaires du pays que l'on appelle, alors, le Haut-Fleuve. Jusqu'en 1890, c'est une simple dépendance du Sénégal confiée à un officier supérieur de marine ou d'artillerie de marine relevant du gouverneur de Saint-Louis. Mais cette dépendance n'est qu'apparente, le gouverneur n'intervient plus directement dans les affaires du Haut-Fleuve, laissées à l'entière initiative des militaires qui ignorent les autorités civiles. Parmi les "grands acteurs de l'épopée soudanaise" [16], Gallieni (1886-1888) et Archinard (1888-1891) œuvrent le plus à la réalisation de l'objectif des officiers, à savoir l'émancipation de la colonie.

Ce but semble atteint avec le décret du 18 août 1890 qui consacre l'autonomie administrative, militaire et financière du Soudan. Cette consécration de sa personnalité n'est, cependant, qu'un demi-succès. Le commandant supérieur du Haut-Fleuve, qui se fait appeler commandant supérieur du Soudan français, à partir du 6 septembre 1890, demeure sous l'autorité du gouverneur de Saint-Louis. Non seulement, il ne peut engager aucune action sans son assentiment, mais il doit le tenir régulièrement informé de tous les faits se rattachant à la situation d'ensemble des régions demeurées sous son commandement.

Aux instances des officiers mécontents de cette subordination, un acte du 27 août 1892 change le titre de commandant supérieur en celui de gouverneur, et érige le Soudan français en colonie autonome. Le général Archinard en est le premier gouverneur de 1892 à 1893. Durant ce commandement, et les deux intérims assurés successivement par les colonels Combes et Bonnier, l'insubordination d'officiers agissant presque toujours à leur guise, et les dépassements de crédit qui en résultent, irritent bon nombre d'esprits. Le département s'évertue à conseiller la limitation des opérations et des demandes de crédit supplémentaires sources de difficultés avec le Parlement. La politique militaire du fait accompli, ajoutée au mécontentement des négociants qui se plaignent des opérations militaires, entraves au développement de leur commerce, finit par provoquer la réclamation de la suppression du régime militaire. C'est ainsi que le décret du 21 novembre 1893 place le Soudan français sous le régime civil, avec Albert Grodet comme gouverneur.

Cette décision opportune ne semble pas néanmoins définitivement admise. Le remplacement du gouverneur Grodet va, en 1895, soulever à nouveau le problème de la nature du régime à instaurer au Soudan français. Deux thèses

---

16. Maurice Delafosse, *Haut-Sénégal-Niger*, Tome II, Paris, Maisonneuve et Larose, nouvelle édition, 1972, p. 409.

s'affrontent. Les milieux coloniaux, favorables aux intérêts sénégalais, demandent l'intégration du Soudan au Sénégal en fondant leur argumentation sur les raisons suivantes : le Soudan, disent-ils, qui a toujours fait partie intégrante du Sénégal, a les mêmes populations ; pourquoi, alors, serait-il soumis à une administration distincte ? L'intégration commerciale est si totale entre les deux colonies, que le Sénégal constitue l'intermédiaire obligé entre la métropole et le Soudan, et que ce sont les traitants Saint-Louisiens qui échangent les marchandises métropolitaines contre les produits du cru. Pour quelle raison, dès lors, soumettre les maisons de commerce du Sénégal à un régime douanier particulier, tandis que leurs agents au Soudan sont soumis à un régime différent ? "Croiriez-vous, demandera Couchard à ses collègues de la Chambre des députés, que pour empêcher la perception de droits de douanes à l'entrée du Soudan, de droits déjà payés une première fois au Sénégal, il fallut que le Conseil général de Saint-Louis votât une subvention de 80 000 francs pour le Soudan ?" [17].

Pour les intérêts coloniaux qui encouragent au développement autonome de ce pays charnière de la zone, cette argumentation ne peut être prise en considération et le ministre des colonies va la trouver insuffisante. Néanmoins, le problème du remplacement de Grodet remettant tout en cause, il sera, cependant, tenu de choisir entre le retour au régime militaire, à l'origine de difficultés innombrables pour le département, ou le maintien d'une direction civile. Or, si le chef du département des colonies ne penche pas pour le régime militaire, la nomination d'un civil n'est pas, non plus, tâche facile. Ne pouvant trancher, il finit par opter pour une solution oui a déjà montré ses faiblesses ; il confie la direction de la colonie à un militaire. Toutefois, pour éviter les errements d'un passé encore récent, il le subordonne au gouverneur du Sénégal dans le dessein de réduire sa marge de manœuvre. Mais, pour ne pas favoriser l'absorption pure et simple du Soudan par le Sénégal, il fait porter au gouverneur de ce territoire le titre de gouverneur général.

Le décret du 16 juin 1895, qui crée l'Afrique occidentale française n'est ainsi que la résultante des remous que soulève la question soudanaise. C'est par la suite que la doctrine officielle le justifiera par le souci d'assurer l'unité d'action, notamment, en matière de politique indigène. Selon les ministres des colonies, en effet, "nos diverses possessions, le Sénégal, le Soudan, la Guinée française, la Côte d'Ivoire et le Dahomey, malgré la communauté de leurs hinterlands, s'ignoraient totalement entre elles. Partout des prétentions particulières, nulle part la moindre vue d'ensemble. Cependant l'unité de direction s'imposait partout, qu'il s'agisse du choix des voies de pénétration, ou de l'action politique à exercer sur la population indigène, ou de l'organisation de nos forces défensives" [18].

---

17. Couchard, député du Sénégal. Cité par C. Vodouhé, *op. cit.*, p. 111. Références, Débats… Chambre des Députés, 4 mars 1895, p. 702.
18. C. Vodouhé, *op. cit.*, p. 70-71

Les colonies du groupe sont, désormais, placées sous la haute direction politique et militaire du gouverneur du Sénégal, qui se voit confier le monopole de la représentation du gouvernement de la République. Responsable de la défense, il est assisté d'un officier général qui remplit les fonctions de commandant en chef des troupes. Si chaque territoire conserve son autonomie administrative, le Dahomey semble échapper à l'action du gouverneur général, son gouverneur n'étant tenu que de lui adresser la copie de ses rapports politiques et militaires.

Ce premier essai, qui se veut prudent et limité, ne vise qu'à résoudre les difficultés conjoncturelles de colonies qui ne peuvent communiquer, les unes avec les autres, que par mer. Loin d'être fortement centralisée, cette organisation tient à la fois d'une Fédération et d'une confédération. L'unité de direction politique et militaire, qui subordonne toute initiative locale à la supervision du gouverneur général, rappelle la Fédération. Le caractère confédéral semble, par contre, prévaloir avec l'autonomie administrative et financière laissée à chaque gouverneur.

Cette construction qui tient à la fois du modèle des Antilles, par l'organisation de chacune des colonies, et de l'Union Indochinoise, ne tarde pas à poser des problèmes, et à provoquer les réactions les plus défavorables. Cette institution est qualifiée non seulement d'inutile, le gouverneur général ne pouvant jouer aucun rôle unificateur, mais également de coûteuse, aussi bien en personnel qu'en moyens financiers. On lui reproche, surtout, d'avoir le tort de "réduire les autres colonies du groupe en une sorte d'arrière-pays du Sénégal, et de favoriser le groupe sénégalais qui voit ainsi ses vœux s'exaucer". "Par la légitime et inévitable influence qu'il exercera, explique-t-on, sur le gouverneur général qui est, en même temps, et surtout, gouverneur du Sénégal, le conseil général réalisera son rêve d'hégémonie ouest-africaine, au grand avantage des Quatre Communes qu'il représente, et pour le plus grand dommage des pays qui seront placés sous sa dépendance effective, quoique indirecte" [19].

Cette réforme, trop étroitement commandée par des circonstances historiques particulières, va devoir être reprise, avec les améliorations constatées dans la région, et liées aux progrès de la pacification.

Paragraphe 2. Le démembrement du Soudan

Devant les progrès des explorations et les résultats des campagnes de pacification, les liaisons entre les différents territoires deviennent plus aisées. Des intérêts communs se font jour sous la forme de problèmes connexes d'ordre fiscal, commercial ou douanier, et la nécessité s'impose de renforcer l'autorité du gouverneur général sur les diverses fractions de l'Afrique occidentale. Il lui faut, donc, se décharger de l'administration directe du Sénégal ; avoir un bud-

19. C. Vodouhé, *op. cit.*, p. 157-158. Références, "*La politique coloniale*", livraison du 15 juin 1895, p. 1.

get, et après l'échec de l'expérience d'un lieutenant-gouverneur militaire à la tête du Soudan, démanteler cette colonie pour désarmer les critiques. Cette dernière question sera, cependant, à cause de ses charges émotionnelles, considérée comme prioritaire. C'est donc la nouvelle situation politique qui va commander la concrétisation de l'étape nouvelle.

En 1895, l'Afrique occidentale française est en voie de constitution. En 1898, son achèvement est presque accompli, les conventions diplomatiques ayant contribué à la délimitation de ses frontières [20]. C'est, d'abord, le 10 août 1889 que la Gambie, enclave anglaise en territoire français, est nettement circonscrite, tandis que s'annoncent, sur la côte, les contours de ce qui va devenir la Guinée française, la Côte d'Ivoire et le Dahomey. Par l'accord du 5 août 1890 se définit, peu après, entre le Niger et le Tchad, une limite provisoire des possessions franco-anglaises. La convention franco-britannique du 21 janvier 1895, fermant l'arrière-pays de Sierra Leone, assure la jonction de la Guinée française avec les trois territoires du Sénégal, du Soudan français et de la Côte d'Ivoire. Enfin, dernière convention importante pour la période qui nous occupe, le traité du 14 juin 1898, réunit, en contournant la colonie anglaise de la Gold-Coast, la Côte d'Ivoire au Dahomey, relie le Dahomey au Niger, et précise la limite qu'a esquissée, du Niger au Tchad, la convention de 1890.

Cette unification géographique est également concrétisée par des communications régulières, que facilite un réseau terrestre de lignes télégraphiques entre le Sénégal et les territoires de la côte.

Aucun obstacle de fait ne s'oppose donc plus à la transformation des possessions françaises de l'Afrique occidentale en un groupe compact, unifié par le même organe de direction. C'est dans cette voie, que le décret du 17 octobre 1899 va, renforçant l'autorité du gouverneur général, lui subordonner toutes les colonies du groupe, y compris la Côte d'Ivoire et le Dahomey, et apporter une solution, qui se veut définitive, à la question soudanaise.

Le Soudan, parce que réputé économiquement handicapé, va être considéré comme un groupement manifestement artificiel qu'il faut démembrer. Chacune des colonies côtières, dont il est le prolongement naturel, se voit constituer un arrière pays avec une fraction de ce Soudan complexe. Le Sénégal se voit rattacher le Haut-Sénégal, la partie sahélienne, et le Haut Niger, avec les cercles de Kayes, Bafoulabé, Kita, Satadougou, Bamako, Ségou, Djenné, Nioro, Goumbou, Sokolo et Bougouni. La zone nord est répartie entre la Guinée française, la Côte d'Ivoire et le Dahomey. La Guinée se voit attribuer les cercles de Dinguiray, Siguiri, Kouroussa, Kankan, Kissidougou et Beyla. La Côte d'Ivoire absorbe les cercles ou résidences de Odjenné, Kong et Bouna. Les cantons de Konala et de Nebba, au Sud du Liptako, le territoire de Say, comprenant les cantons de Djennaré, Diougoré, Folmongani et Boton, sont rattachés au Dahomey. Enfin, les provinces de Tombouctou, à savoir, les cercles ou résidences de Tombouctou, Sumpi, Goundan, Biandiagara, Dori et Ouahi-

20. V. G. François, *L'Afrique occidentale française*, Paris, E. Larose, 1907, p. 5-7.

gouya, et de la Volta, c'est-à-dire, les résidences ou cercles de San, Ouagadougou, Léo, Koury, Sikasso, Bobo-Dioulasso et Djebougou, forment deux territoires militaires placés chacun sous le commandement d'un officier supérieur relevant du gouverneur général.

Après un tel démembrement, le Soudan français ne sera jamais plus reconstitué dans ses limites premières. Ni le territoire de la Sénégambie et du Niger, sous lequel il sera constitué à nouveau en 1902, ni celui du Haut Sénégal et Niger, sa dénomination de 1904, ne vont recouvrer les portions ainsi partagées entre le Sénégal, la Guinée, la Côte d'Ivoire, le Dahomey, et la future Haute Volta.

Le décret de 1899 reste, cependant, encore insuffisant, même s'il marque un progrès important dans la voie de l'intégration administrative. Toujours investi de l'administration directe de la colonie du Sénégal, le gouverneur général ne dispose pas, dans les autres possessions, de moyens d'action propres, de budget général. Donc pour parachever la réunification, des transformations sont encore nécessaires.

Paragraphe 3. Le parachèvement de l'intégration

Le gouverneur général, sorte de chef honoraire du groupe, ne dispose d'aucun pouvoir réel. Pour achever l'intégration, il faut concilier l'autonomie administrative et financière de chacune des possessions, gage d'une production régulièrement avantageuse, avec la nécessaire réunification sous une seule direction de colonies placées dans une situation économique analogue. C'est dans ce sens que vont être pris deux décrets importants : le décret du 1er octobre 1902, qui renforce l'unité de direction (A), et celui du 18 octobre 1904, qui dote le gouvernement général d'un instrument financier propre (B).

A. Le gouvernement général, organe de direction supérieure

Les faiblesses de l'intégration ouest-africaine peuvent être ainsi résumées : le gouverneur général ne dispose d'aucun instrument financier propre, qui soit capable, dans l'ordre administratif, de lui donner une existence indépendante, il reste en dehors de la gestion des autres possessions, et son autorité politique est illusoire. "Chaque gouverneur avait, note un observateur, conservé absolue, son indépendance politique, administrative et financière, et se bornait à adresser, de temps à autre, un rapport à ce chef, considéré comme purement honoraire, et auquel on n'avait pas à obéir, puisqu'il ne donnait point d'ordres" [21]. Il devient donc indispensable de lui donner des moyens d'action

21. Jules Richard, secrétaire général du Dahomey de juillet 1901 à février 1902. Ayant servi en Indochine, il a pu comparer les deux gouvernements généraux, et relever, dans une note rédigée à titre personnel, les insuffisances du gouvernement général de l'Afrique occidentale française. V. C. Vodouhé, p. 209.

plus étendus, au moment où se projette l'exécution de grands travaux d'utilité générale.

Il faut, non seulement le doter de ressources budgétaires propres, mais, pour éviter les dispersions des ressources, instaurer un contrôle des budgets locaux. Il est donc indispensable que le gouverneur général dispose, sous sa dépendance immédiate, d'un personnel expérimenté. Son autorité sera accrue s'il a seul le privilège de correspondre avec le département, et s'il lui est possible d'éviter de devoir assumer l'administration directe d'une des possessions placées sous son autorité. Ces moyens d'action directe doivent, cependant, dans un souci de pleine efficacité, être au service d'une autorité plus étendue. Il faut, en somme, que le gouverneur général tienne le rôle d'un arbitre supérieur dont l'intervention ne peut être contestée ou écartée [22].

Sous l'influence des considérations que voilà, le décret de réorganisation administrative du 1er octobre 1902 institue un embryon de budget général constitué par une section spéciale du budget de la Sénégambie-Niger, nouvelle entité qui regroupe les territoires du Haut-Sénégal et du Moyen Niger, et les pays de protectorat dépendant jusqu'alors du Sénégal. Ce budget est alimenté par les recettes de toute nature perçues dans ces territoires, et par des contributions des autres colonies du groupe, fixées annuellement par le gouverneur général, qui arrête, en conseil de gouvernement leurs budgets. Il dispose ainsi d'un moyen de contrôle d'autant plus efficace que ces décisions sont dorénavant soumises à la seule approbation du président de la République.

Le décret renforce l'autorité du gouverneur général sur l'ensemble du personnel en service dans le groupe. Il lui attribue le pouvoir de nomination à toutes les fonctions civiles, excepté les emplois de lieutenant-gouverneur, de magistrat, de chef des principaux services, réservés à l'autorité métropolitaine. Les gouverneurs des colonies portent, désormais, le titre de "lieutenant-gouverneur", en même temps qu'ils sont privés du droit de correspondre avec le ministre. C'est, on ne peut plus, leur signifier leur subordination au chef de la Fédération.

Le siège du gouvernement général est fixé à Dakar [23], Saint-Louis demeurant la résidence du lieutenant-gouverneur du Sénégal. Dans le sens du renforcement de l'autorité du gouverneur général, c'est sauvegarder sa liberté d'action. Toutefois, il devra encore pourvoir, avec l'assistance du secrétaire général, et d'un délégué à Kayes, à l'administration des territoires de la Sénégambie et du Niger.

B. Doté de la personnalité civile

Avec le décret du 18 octobre 1904, le gouvernement général va, non seulement devenir un organe de haute direction et de contrôle, mais se doter d'un

22. V. la note de présentation du décret du 10 octobre 1902 au président de la République.
23. Avant de s'installer à Dakar, le gouvernement général devait transiter par Gorée, dans l'attente de la mise en état des locaux nécessaires.

instrument financier qui lui soit réellement propre, et qui lui permet de représenter la personnalité civile des colonies du groupe [24].

Le décret organique donne un budget séparé au gouvernement général, qui dispose des ressources constituées par tous les droits perçus sur les marchandises à l'entrée comme à la sortie des diverses possessions. Cette attribution est justifiée par la progression des échanges commerciaux entre les colonies de la Fédération. Par un jeu de compensation, les subventions versées par le budget général aux budgets locaux permettent, ensuite, d'établir une sorte d'équilibre entre ces territoires, en évitant que l'un d'eux ne s'attribue exclusivement les recettes de cette nature perçues sur son territoire. Par la constitution de cet instrument financier, la personnalité civile de l'Afrique occidentale française s'établit sur des assises plus solides et plus larges que précédemment, offrant de nouvelles garanties aux emprunts nécessités par l'exécution des grands travaux d'équipement.

Pour mieux assurer l'autorité du gouverneur général, et son indépendance de direction, il est déchargé de l'administration directe et spéciale de la Sénégambie-Niger. L'emprise sur cette possession s'étant affermie et développée, il est décidé de l'ériger en une véritable colonie, constituée dans la forme commune. De sérieux espoirs économiques militent, en effet, en faveur de cette décision. Les régions dont il s'agit, expose le ministre, sont parmi les plus riches et les plus peuplées de l'Afrique occidentale française ; l'immense vallée du Niger en est l'axe et détermine leur unité. Les intérêts commerciaux y sont déjà considérables, les richesses minières certaines ; quant à leur valeur agricole, elle est indiscutable, et c'est à juste titre qu'est escompté, dès maintenant, l'avenir prochain qui verra la vallée du Niger devenir un des grands centres de production cotonnière du monde" [25].

À ces atouts économiques, dont l'importance va s'accroître avec l'achèvement du chemin de fer Kayes-Niger, vient s'ajouter le fait que ces populations fournissent les plus nombreux éléments des troupes indigènes. Ce n'est donc pas de Dakar qu'il peut être pourvu à la gestion immédiate de tels intérêts. "L'autorité qui a la charge et la responsabilité de cette gestion doit être munie des organes réguliers que prévoit la législation coloniale, et investie du titre correspondant à sa fonction. Le siège de la nouvelle colonie serait fixé à Bamako, cette ville est déjà un centre commercial important ; sa situation géographique impose, pour ainsi dire, ce choix qui était depuis longtemps prévu, qui répond à toutes les exigences de l'hygiène tropicale" [26].

Cette colonie du Haut Sénégal et Niger, ainsi reconstituée, va comprendre, hormis les pays de protectorat de la rive gauche qui retournent au Sénégal, les anciens territoires du Haut Sénégal et du Moyen Niger, auxquels s'ajoute un

24. V. L'exposé introductif du Ministre des Colonies, Gaston Doumergue, expliquant le nouveau plan des réformes entreprises par le décret.
25. Gaston Doumergue, Ministre des Colonies. Cité par G. François, *op. cit.*, p. 32
26. *Ibid.* p. 33.

troisième territoire militaire constitué entre le Niger et le Tchad. En revanche, par la pauvreté de leur sol, et le peu d'importance des intérêts commerciaux européens, les territoires compris entre la région de Tombouctou et celle de Zinder, forment le territoire militaire du Niger, dont le commandant relève du lieutenant-gouverneur du Haut Sénégal et Niger, et n'a qu'un rôle de surveillance des tribus Touareg.

Le texte organique s'occupe, enfin, de la constitution de l'administration de la Mauritanie. L'extension progressive de l'influence française sur les territoires maures de la rive droite du Sénégal nécessite l'établissement d'une administration spécialement adaptée à des populations, dont l'organisation politique et sociale diffère essentiellement de celle des habitants du Sénégal, à un pays qu'on doit pouvoir pénétrer plus par la persuasion et la séduction que par la force. Cette administration, qui se veut rudimentaire, va être placée sous l'autorité d'un commissaire du gouvernement général chargé de la gestion du budget du territoire civil de la Mauritanie, formant une annexe du budget général [27].

Avec ce texte de 1904, la Fédération de l'Afrique occidentale française est véritablement créée. La confédération, assez lâche et précaire, des premiers décrets, est devenue, au fil des transformations, une véritable Fédération. Dans cette organisation, tout est, cependant, soumis à l'omnipotence d'une administration dotée de pouvoirs étendus, et qui se montre, par ses structures autoritaires, fidèle à ses origines militaires. Les nécessités de l'intégration des colonies de l'ouest-africain au marché métropolitain, font que la population autochtone est soumise à une domination radicale, sa participation au processus est nulle.

27. V. G. François, *op. cit.*, p. 34.

Chapitre deux

La Cour de Dakar et la réunification judiciaire

Après la conquête, la mise en place du système colonial va exiger l'organisation des possessions françaises. Aux comptoirs essaimés le long de la côte occidentale d'Afrique vont succéder des colonies qu'on s'efforce de mettre en valeur. C'est la phase de regroupement de territoires dont l'unité géographique et économique facilite la mise en commun des ressources, gage d'une plus grande capacité d'endettement. À travers ces vicissitudes de la politique coloniale, la distribution de la justice, dans la mesure où elle constitue une préoccupation, s'adapte tant bien que mal. Le problème judiciaire n'étant pas alors d'un intérêt primordial, ses textes organiques ne sont que le corollaire de ceux qui réorganisent administrativement ces possessions.

Les décrets d'organisation n'aboutiront, toutefois, qu'à un décalque de l'organisation judiciaire telle qu'elle est issue de l'ordonnance de 1822. C'est, en effet, au moment où le ministère des colonies décide, enfin, de doter le Sénégal d'une organisation judiciaire régulière, en écartant du prétoire tous les suppléants étrangers à la profession, que les colonies du Sud se voient attribuer une organisation qui se caractérise par un recul manifeste de la règle de la séparation des pouvoirs judiciaire et administratif. Cette structuration n'est, en fait, que la conséquence de l'importance économique encore secondaire de ces possessions, et de la faiblesse des intérêts européens qui y sont concentrés. Il serait donc non seulement coûteux, mais injustifié, de copier leur organisation sur celle des colonies plus anciennes (Section I). Cette considération peut, également, signifier que l'accélération de leur mise en valeur favorisera la régularisation de leur service de la justice.

Quand il sera devenu impossible de retarder cette régularisation, la réorganisation se fera non sans difficultés. L'administration ne voit pas, en effet, d'un bon œil, l'homogénéisation de l'appareil judiciaire et, notamment, l'arrivée des magistrats de carrière. Alors que son règne a été sans partage, il lui faut apprendre à compter avec l'intruse, d'où sa défiance. Elle se méfie d'un corps en qui elle croit voir un adversaire de ses attributions. Il faut, de ce fait, attendre les réformes de 1901-1902, mais surtout celle de 1903, pour voir se normaliser une situation par moment pleine de tensions. Ces textes organiques vont tenir compte de l'unification administrative des colonies de l'Afrique de l'Ouest, pour les rassembler dans un ressort judiciaire unique, celui de la Cour d'appel de Dakar (Section 2), dont les juridictions seront profondément marquées par l'importance de leurs fonctions pénales (Section 3).

Section I. La rationalisation du service judiciaire

À partir de la création du gouvernement général de l'Afrique occidentale française, la réorganisation judiciaire devient un impératif. Après la rationalisation administrative, les disparités de l'organisation du service de la justice deviennent anachroniques. Mais, avant de remédier aux vices de l'organisation judiciaire, le ministère des colonies juge préférable d'envoyer, dans les colonies du Sud, un magistrat de haut rang, pour y constater, visuellement, les abus et les imperfections dont on se plaint. C'est la mission du président Liontel (Paragraphe 1), dont les travaux serviront de base à la régularisation du service judiciaire des colonies de la Guinée, de la Côte d'Ivoire, et du Dahomey (Paragraphe 2).

Paragraphe 1. La mission Liontel

Le 22 mai 1900, le ministre des colonies, Albert Decrais, décide d'envoyer un magistrat dans les trois colonies du Sud, pour y étudier de près la question de la réorganisation judiciaire [1]. L'émissaire choisi est Maximilien Liontel. Cet homme de couleur, dont nous n'avons pu retrouver les origines, est président du tribunal supérieur de Papeete, en Océanie, quand le choix du ministre se porte sur lui. À l'occasion de la mission, il est nommé président du Conseil d'appel du Dahomey. C'est-à-dire, au poste de chef du service judiciaire de la colonie par laquelle il commence son enquête, charge qui, jusqu'alors, revenait au gouverneur. Ce transfert qui ne plaît pas à tout le monde, ne place pas, non plus, la mission sous les meilleurs auspices.

Même si, à la fin de la mission il est, le 5 novembre 1901, nommé Procureur général, chef du service judiciaire à la Guyane, il faut dire que sa tâche n'a pas été facile [2]. L'administration locale est non seulement froissée, par le principe même de sa mission, mais, en raison de son origine coloniale et de la couleur de sa peau, il est très mal vu des milieux coloniaux qui lui reprochent sa tendance égalitaire, voire socialiste.

Dès son arrivée au Dahomey, des frictions ne tardent pas à éclater entre lui et l'administration de la colonie. Si le gouverneur intérimaire Pascal lui réserve, d'abord, le meilleur accueil, et tombe d'accord avec lui sur la nécessité de refonder un rouage judiciaire qui, parce que trop rudimentaire, ne répond plus à l'importance des transactions d'une colonie en rapide développement, il n'en est pas de même avec le gouverneur Liotard, dont les relations avec le président du Conseil d'appel ne se résument qu'en une série de conflits.

1. V. Commission de la Justice indigène aux colonies de la Côte occidentale d'Afrique. ANSOM, AOF VIII, Dossier l.
2. V. Cakpo Vodouhé, *op. cit.*, dont l'étude présente l'intérêt de reprendre toutes les coupures de presse se rapportant à la mission.

C'est d'abord, à propos de Toffa, roi de Porto-Novo et protégé de la France. La régularisation de la distribution de la justice dans ce protectorat va poser le problème du maintien de la juridiction du roi Toffa. Le gouverneur Liotard qui contrôle cette juridiction spéciale ne peut, en effet, accepter de se voir dépouillé de cette prérogative. Il invoquera des considérations politiques pour s'opposer à l'établissement d'une justice régulière : "l'organisation d'un service judiciaire au Dahomey est, écrit-il, encore prématuré, et il conviendrait d'attendre, pour l'appliquer, que le roi Toffa, notre protégé, n'existât plus. Nous sommes, à Porto-Novo, en pays de protectorat et nous devons respecter nos engagements pris à l'égard du roi Toffa qui, de son plein gré, de sa propre initiative même, nous a donné avec son pays le moyen de fonder plus tard la colonie du Dahomey" [3].

Après cette première escarmouche qui lui montre la détermination de l'administration locale à s'opposer à la réalisation de l'objectif qui lui est assigné, le président Liontel se persuade de l'urgente nécessité qu'il y a à faire cesser le désordre, et à dénoncer les abus, si nombreux, d'une autorité habituée à substituer l'arbitraire à la légalité.

Il commence par déplorer l'ignorance des lois, "la méconnaissance des principes qui sont la base de notre droit public" [4]. Pour justifier cette assertion il rapporte le fait suivant : "tout récemment, écrit-il, un Européen, inculpé de faux en écriture commerciale, ayant pour but de masquer un détournement qualifié, fut mis sous mandat de dépôt. Au lieu d'incarcérer le prévenu à la maison d'arrêt, ou de louer un bâtiment comme annexe de la prison si on le jugeait nécessaire, on prit le soin de lui faire subir sa détention dans sa propre chambre, dans la factorerie où il était employé, laquelle est éloignée de toute habitation. On ne se cacha pas, d'ailleurs, de déclarer que le prestige de la France serait compromis si on donnait aux Indigènes, le spectacle d'un blanc condamné par une juridiction présidée par un homme de couleur. Aussi, le 30 décembre après avoir, au moyen d'une sorte de souscription, désintéressé le plaignant, le prévenu était-il remis en liberté" [5].

Cette faiblesse de l'administration à l'égard des Européens amène cette comparaison qui écorche la fierté nationale : "je ne puis m'empêcher de comparer, à cette façon de comprendre le prestige de l'Européen, l'attitude de l'empereur allemand faisant sévèrement condamner, quoique noble de naissance, un Allemand coupable d'avoir commis un homicide volontaire sur un indigène africain" [6].

En transmettant la lettre au ministre, le gouverneur Liotard rétorque qu'il n'existe, à Porto-Novo, ni prison, ni maison d'arrêt. Et que, s'il "était impossible

---

3. Liotard à Ministre, Porto-Novo le 13 janvier 1901. ANSOM, AOF VIII, Dossier 1.
4. Président du Conseil d'appel du Dahomey, Lettre datée de Porto-Novo le 11 janvier 1901.
5. *Ibid.*
6. *Ibid.*

de mettre l'inculpé avec les noirs dans le local où ils sont incarcérés en attendant que la prison soit terminée... Il n'y a aucune différence de traitement entre les blancs et les noirs, et ce n'est pas en Allemagne que nous irons chercher le magnifique exemple cité par le président du Conseil d'appel" [7].

Cette réponse peut faire comprendre la réserve du président Liontel en ce qui touche les déclarations officielles au Dahomey. Son refus de s'en rapporter à ces autorités se fonde, notamment, sur la manière dont le gouvernement de la colonie s'y prend pour ne pas attirer l'attention du département sur les dépenses considérables qu'occasionne l'indemnité du Bénin. Cette indemnité qui n'est payée ni aux fonctionnaires de la Guinée, ni à ceux de la Côte d'Ivoire, ou du Congo, où la vie est plus chère qu'au Dahomey, et le climat plus meurtrier, représente en dehors de leur traitement : quinze francs par jour pour le gouverneur, dix francs pour les officiers supérieurs ou assimilés, six francs pour les officiers subalternes ; et un franc pour les autres agents. Ces sommes, trop élevées, ne sont jamais portées au budget de la colonie. C'est ainsi que pour l'année 1901 ; le gouverneur n'a, de l'avis unanime de son conseil d'administration, inscrit comme prévision au projet de budget que la somme de trente mille francs, sachant pertinemment qu'on a dépensé quatre vingt dix mille francs, en 1899, environ cent mille francs en 1900, et qu'on dépensera pour 1901, si l'indemnité est maintenue, de cent cinq à cent dix mille francs au minimum [8]. Poursuivant sa campagne de dénonciation, Liontel en arrive aux empiètements de pouvoir du gouvernement local. C'est, d'abord, à propos d'une affaire d'héritage que le gouverneur Liotard, après lui avoir appris que, suivant la coutume locale, ce ne sont pas les enfants qui héritent de leurs parents, mais les neveux, trouve cependant plus conforme à l'équité d'intervenir pour fixer la part des descendants et des neveux [9].

Ayant ainsi outrepassé son rôle, en substituant son bon plaisir aux lois qui doivent régner dans les tribunaux, le gouverneur n'hésite plus dans la voie de l'abus. Il se mêle non seulement d'édicter aux juges les décisions à rendre, mais il va jusqu'à se substituer à eux, ainsi qu'il le fait dans une cause qui oppose un indigène à une maison de commerce. Dans l'espèce, il s'agit d'un employé qui est créancier d'une maison française de commerce d'environ 30 000 francs provenant de ses gages qu'il y a laissés en dépôt sans intérêt pendant trente ou quarante ans. À sa mort, ses héritiers réclament le dépôt qui n'est pas contesté. Après être restés plusieurs mois sans se faire rembourser, ils proclament leur intention de saisir la justice. Cependant, au lieu de laisser l'instance se dérouler, le gouverneur préfère fixer, de lui même, un délai de six mois à la maison de commerce, avant que les intéressés ne puissent agir [10].

---

7. Liotard à Ministre, lettre du 13 janvier 1901, déjà citée.
8. V. Sa lettre datée de Porto-Novo, le 15 janvier 1901.
9. V. le rapport confidentiel daté du 21 septembre 1900 du Président Liontel au gouverneur.
10. *Ibid.*

Pour le président du Conseil d'appel, qui a une autre conception de la justice, de pareils abus "ne constituent pas seulement la confusion des pouvoirs et est la volonté du prince substituée à la loi française comme à la coutume indigène" [11]. De tels agissements lui paraissent d'autant moins admissibles, qu'il a constaté avec effarement, que la collusion entre l'appareil administratif et le commerce colonial est un fait avéré en Afrique occidentale française. "Il n'est pas douteux, écrit-il, que des administrateurs ou des chefs de poste, je l'ai constaté mainte fois au Dahomey, comme en Guinée, et à la Côte d'Ivoire, sous prétexte de protéger le commerce européen ont, par menaces ou même en mettant en prison des indigènes, obligé ceux-ci, ou leurs parents, à rembourser le prix des marchandises livrées à crédit" [12].

Contrairement aux Africains sur qui pèse, ainsi, le despotisme de l'administration coloniale, les milieux d'affaires savent obtenir, des autorités locales la soumission à leurs intérêts. Et cela, parce que comme l'explique le gouverneur Deschamps : "il n'existe pas de contre poids autochtone à l'influence administrative. Les indigènes sont dépourvus de représentants en France. Par contre, l'influence des colons et des gens d'affaires, surtout celle des grosses sociétés, se fait sentir fréquemment à Paris, et fait "sauter" les gouverneurs quand ils ne se montrent pas "compréhensifs" [13]. D'où ce précepte que leur enseigne le gouverneur Annet : "marchez toujours avec le commerce, que les fonctionnaires soient ou non contents de vous, peu importe : c'est l'appui du commerce qui constitue votre force en même temps que votre soutien éventuel auprès du gouvernement" [14].

Liontel, qui se fait une obligation de porter à l'attention du ministre toutes ces pratiques arbitraires, est assez lucide pour mesurer le ressentiment que cette attitude ne va pas manquer de provoquer dans des milieux peu habitués à la contradiction. "Il n'a pu, écrit-il, m'échapper que j'ai soulevé des haines implacables chez les auteurs ou les bénéficiaires des abus que j'ai cru, de mon devoir, de signaler. Adversaires de toute organisation judiciaire qui, au règne de l'arbitraire, substituerait le règne de la loi, ils sont bien obligés de colorer d'un prétexte quelconque leur résistance à l'établissement d'une justice régulière. S'il fallait les en croire, le ministre des colonies aurait commis une faute lourde en appelant, dans ce pays, un homme de race noire à la présidence du Conseil d'appel. Son maintien au Dahomey est de nature à y exciter le trouble, à porter atteinte au prestige de la race blanche. Voilà ce que couramment expriment en ma présence des fonctionnaires du gouvernement de la République" [15].

11. *Ibid.*
12. Liontel à Ministre, Conakry le 19 avril 1901.
13. H. Deschamps, *Méthodes et doctrines coloniales de la France*, Paris, A. Colin, 1953, p. 174.
14. A. Annet, *Je suis Gouverneur d'Outre-Mer*, Paris, éd. du Conquistador, 1957, p. 101.
15. Liontel à Ministre, Porto-Novo le 11 janvier 1901, déjà citée.

Malgré le démenti habituel du gouverneur, pour qui le conflit qui s'est élevé entre le président du Conseil d'appel et la haute administration de la colonie, et plus tard avec la majorité des Européens de Porto-Novo, n'est dû qu'à son caractère spécial, et non à son origine coloniale [16], les allégations du président Liontel vont être confirmées par une campagne de presse orchestrée par les colons dans la *Dépêche coloniale*.

Dans la livraison de ce journal, du 12 juin 1901, sous la plume d'un commerçant français du nom de Philippot, installé au Dahomey, un "honorable négociant" reproche à Liontel de se faire passer pour le champion des autochtones, et prévient que son maintien dans la colonie provoquerait une révolte générale contre l'autorité française, et contre les colons. "Je crois utile, explique-t-il, de vous prévenir qu'il se produit, depuis quelque temps, dans la colonie mais surtout à Porto-Novo, une certaine agitation d'où pourrait sortir, sinon une grève, tout au moins des demandes d'augmentation de salaires pour les indigènes, que nous employons, et ceux qui travaillent au chemin de fer. L'arrivée d'un haut magistrat a produit, déjà, de funestes résultats. Il affiche hautement sa protection pour le noir, plus spécialement, dans ses actes de justice… Des gens habiles, amateurs de désordre, travaillent les masses, leur conseillent de ne plus s'engager au chemin de fer pour le salaire habituel ; ils ajoutent que les blancs ne peuvent se passer d'eux, qu'il sera fait droit à leur demande d'augmentation… Si ce magistrat reste encore quelque temps ici, les salaires doubleront dans un an. Je vous préviens d'une situation, qui déjà a atteint le commerce, qui demain atteindra l'industrie" [17].

Le 19 juin 1901, le même journal publie une correspondance du commerçant Albert Ramot. Voulant lutter contre le transfert du chef-lieu de la colonie à Cotonou, ce correspondant souligne la position stratégique de Porto-Novo, pour la répression des troubles fomentés par Liontel. En effet, selon lui, "depuis que nous sommes établis au Dahomey, le pouvoir de Toffa n'est plus que nominal, et c'est le gouverneur qui, en réalité, règne et gouverne. Jusqu'à ces derniers temps, les ordres du chef de la colonie n'avaient jamais été discutés. Mais il n'en est plus ainsi depuis le passage à Porto-Novo du magistrat noir, si maladroitement envoyé en mission au Dahomey par le ministre des colonies. Ce magistrat extraordinaire a répété, partout, que les noirs étaient les égaux des blancs, qu'ils avaient bien le droit des citoyens français, et qu'il était absurde, à eux, d'obéir à leurs chefs" [18].

Après de tels propos, les sujets du roi Toffa ne peuvent qu'être convaincus que, s'ils sont délivrés du joug des souverains d'Abomey, ils le doivent à leurs

16. V. Sa lettre du 13 janvier 1901, déjà citée.
17. C. Vodouhé, *op. cit.*, p. 262. Références, la "*Dépêche coloniale*" du 12 juin 1901, p. 1 : La main-d'œuvre au Dahomey. La lettre que cet article de Philippot communiquait datait de Porto-Novo le 30 août 1900.
18. C. Vodouhé, *op. cit.*, p. 263. Référence, la *Dépêche coloniale* du 19 juin 1901, p. 1 : "Au Dahomey", article d'Albert Ramot.

vertus, et non au colonisateur. Aussi, discutent-ils des actes de l'autorité, et s'abstiennent-ils même de saluer le gouverneur à son passage. Quant à Toffa, gravement insulté, il ne doit son maintien au trône qu'à la protection des miliciens. En somme, Porto-Novo doit demeurer “la capitale pour permettre aux autorités de réprimer rapidement les troubles que feront naître les idées malsaines qu'ont fait germer dans les cerveaux incomplets des nègres, les théories de ce magistrat socialiste” [19].

Dans une littérature de la même veine, Ramot en arrive, dans le numéro suivant, au motif essentiel de ces diatribes : les colons ne peuvent admettre la remise en cause de leurs privilèges de dominateurs, ils craignent que la hiérarchie établie ne soit renversée par les garanties que le gouvernement métropolitain ne peut manquer d'accorder à la population dahoméenne. Tel peut être le résultat de la mission Liontel, telle est la conscience qu'en prend Ramot. Aussi, écrit-il : “on vous a déjà signalé les résultats déplorables de la mission faite, ici, par un juge nègre. Par ses intrigues, ses propos imprudents, ce magistrat a rompu la bonne entente qui existait entre les Européens et la population des travailleurs noirs... La question noire n'existait pas au Dahomey, elle est posée maintenant grâce aux efforts du magistrat noir” [20].

Malgré cette ambiance véritablement hostile, pour ne pas dire raciste, Liontel n'hésite pas à reconnaître qu'il doit la découverte de certains actes arbitraires à des fonctionnaires européens. Les autochtones, effrayés par les menaces proférées par le gouvernement local à l'endroit de tous ceux qui visiteraient le président du Conseil d'appel en mission, préférant garder un mutisme prudent [21].

Finalement, dans le but de se concilier l'opinion des autorités locales, il présente, au département, un projet d'organisation judiciaire qui ne mentionne point la justice indigène. Les mauvais traitements envers la population, les exécutions sommaires ordonnées par les administrateurs l'ont persuadé que la réorganisation de cette justice soulèverait des difficultés autrement plus considérables. Aussi se préoccupe-t-il de réduire au strict minimum les garanties à accorder aux justiciables. Il se contente de demander la création d'un emploi de procureur de la République, chef du service judiciaire, qui aura sous son contrôle les administrateurs remplissant les fonctions de juge de paix ou d'officiers de police judiciaire. Ce magistrat de carrière collaborera, en tant que membre du Conseil d'administration de la colonie, au fonctionnement de la justice indigène, si défectueuse que puissent être son organisation et la composition de ses juridictions [22].

19. C. Vodouhé, *op. cit.* p. 264, Référence., la *Dépêche coloniale* du 25 juin 1901 “Au Dahomey”, d'Albert Ramot. L'article était daté de Porto-Novo, du 30 mai 1901.
20. C. Vodouhé, *op. cit.*, p. 264-265, *Ibid.*
21. V. Lettre précitée du président du Conseil d'appel, datée du 15 janvier 1901
22. V. Sa lettre du 15 janvier 1901.

Se rendant compte du manque de hardiesse de ce projet, il avoue au ministre : “Vous éprouverez, sans doute, Monsieur le ministre, ainsi que les membres de la commission chargée de la justice indigène, quelque déception en constatant combien est incomplet mon projet d'organisation judiciaire… Je ne suis certes pas fier de mon œuvre... J'ai dû faire bien des concessions. Quelques unes m'ont beaucoup coûté, et cela se conçoit puisque, si tout ce que je demande est accordé, le Dahomey se trouvera moins avancé que ne l'était, il y a vingt deux ans, la colonie de Lagos, où depuis quelque temps déjà fonctionne le jury pour le jugement des crimes commis par tous les habitants” [23].

Après cette halte du Dahomey, parsemée d'embûches mais si instructive, Liontel achève sa mission par un court séjour dans les colonies de la Côte d'Ivoire et de la Guinée française. Dès l'abord, il constate que l'ambiance n'est plus la même : “on ignore, écrit-il, à la Côte d'Ivoire le procédé barbare consistant à enchaîner par le cou et les pieds des couples de détenus, prévenus, ou condamnés, qu'on envoie ainsi travailler dans les rues ou même chez des particuliers. Tandis que, malgré mes supplications, les autorités du Dahomey continuent cette pratique odieuse, indispensable selon elles à la prospérité de la colonie” [24].

Comment expliquer cet autoritarisme si disproportionné entre deux colonies voisines, entre deux administrations qui : “là, par exemple, gouverneur et juge de paix niant, en dépit de l'évidence, l'existence de faits certains d'esclavage, viennent en aide aux propriétaires et font incarcérer subrepticement les malheureux qui s'adressent à eux pour réclamer leur liberté ; ici, au contraire, le magistrat donne immédiatement satisfaction à ceux qui font appel à son autorité !” [25].

La sujétion administrative étant la même dans toutes les colonies de l'Afrique occidentale française, Liontel attribue les heureux résultats de la Côte d'Ivoire à l'action de deux hommes : Binger et Villamur. Le mérite principal revient au premier gouverneur de la colonie. “Esprit libéral, caractère pacifique, esclave de la loi qu'il n'a pas eu de peine à faire observer aux autres puisqu'il la respectait le premier, Binger, encore adoré des indigènes, a donné à l'administration de la Côte d'Ivoire une impulsion qu'ont naturellement suivie ses successeurs” [26]. Le style de ce dithyrambe est d'autant plus compréhensible que le gouverneur Binger est, depuis, passé de l'infanterie de marine à la direction des affaires africaines au ministère des colonies.

Le ton redevient plus noble avec Villamur, “Juge de paix à Grand-Bassam, administrateur adjoint des colonies, esprit cultivé et distingué, ancien avocat à la Cour d'appel de Paris, nourri dans le respect de la légalité, il a réussi à tirer à peu près tout le parti possible de l'organisation judiciaire rudimentaire et

23. C'est l'auteur qui souligne. *Ibid.*
24. Liontel à Ministre, lettre datée de Grand-Bassam, le 31 janvier 1901.
25. *Ibid.*
26. *Ibid.*

défectueuse, encore en vigueur dans nos colonies de la Côte occidentale d'Afrique [27].

En Guinée, où l'accueil est aussi favorable, l'émissaire est frappé par le développement extraordinaire, et même trop hâtif, de la ville de Conakry. Il ne manque pas, cependant, de noter que l'extension du commerce de la colonie nécessité l'institution d'une justice régulière. En effet, écrit-il, "le nombre exagéré des maisons de commerce établies en l'espace de trois ans, ont singulièrement multiplié les transactions et rendu insuffisant le rôle de pacificateur paternel que remplit si bien le juge de paix actuel, Monsieur le chef de bureau Robin. Les affaires ont leur exigence. Et la nécessité de tribunaux réguliers avec des magistrats de carrière s'impose d'autant plus que je prévois à bref délai et fatalement comme conséquence de la crise agricole actuelle, un certain nombre de liquidations judiciaires et peut être des faillites" [28].

C'est nanti de toutes ces données que Liontel va proposer au ministre une réorganisation du service de la justice dans les trois colonies du Sud. L'idéal serait, selon lui, d'instituer dans chacune de ces colonies un Conseil d'appel composé de magistrats de carrière. Mais, compte tenu des dépenses qu'entraînerait une telle solution, le nombre des affaires susceptibles d'être portées en appel ne le justifierait pas. Aussi penche-t-il pour la combinaison qui consiste à rattacher la Côte d'Ivoire, la colonie à l'extension commerciale la moins importante, au Dahomey ou à la Guinée, en la faisant contribuer aux dépenses du tribunal d'appel de l'une ou l'autre de ces deux colonies. Le rattachement au Dahomey semble plus acceptable. Toutefois, il en sera décidé autrement sur l'insistance du commerce de la Côte d'Ivoire, qui fait observer qu'il n'existe pas de relations commerciales entre le Dahomey et la Côte d'Ivoire alors qu'il en est autrement entre celle-ci et la Guinée qui non seulement lui fournit même le bétail, mais plusieurs sociétés commerciales importantes ont des établissements dans ces deux colonies [29].

Telles sont, en définitive, les circonstances qui favorisent la fixation, à Conakry, du siège du Conseil d'appel, et expliquent les contours de la réforme de 1901-1902.

Paragraphe 2. Le rétablissement du Conseil d'appel des colonies du Sud

À partir des travaux du président Liontel, la commission de la justice indigène dans les colonies de la Côte occidentale d'Afrique, fait adopter deux décrets complémentaires pris, respectivement, les 6 août 1901 [30] et le 15 avril

27. Lettre précitée du 31 janvier 1901.
28. Liontel à Ministre, Conakry le 19 avril 1901.
29. Liontel à Ministre, Lettre précitée du 31 janvier 1901.
30. *JORF*, Lois et décrets, 10 août 1901, p. 5059-5061

1902 [31]. Ces textes interviennent pour donner aux colonies de la Guinée française, de la Côte d'Ivoire, et du Dahomey, une organisation judiciaire centralisée autour de Conakry, et qui tend à se rapprocher du système en vigueur au Sénégal.

Le principal souci du président Liontel sera, en effet, de faire admettre la nécessité de procéder, comme le législateur de 1899, à la séparation des pouvoirs administratif et judiciaire. À tout le moins, de réserver l'essentiel des fonctions judiciaires aux magistrats de carrière, sous la direction d'un des leurs, nommé chef de service, en restreignant le domaine d'intervention de l'administration.

Or, comme partout ailleurs, l'administration des colonies du Sud a hérité de son origine militaire, un autoritarisme qui se transforme en "omnicompétence" [32]. Dans toutes les branches de l'activité humaine, elle concentre entre ses mains une autorité qu'elle garde jalousement. Ayant pareillement monopolisé la distribution de la justice, elle ne peut accepter de se laisser déborder par la magistrature. D'où des réticences qui se transforment en opposition au sein de la commission de la justice indigène. Pour parvenir à ses fins, le département doit convaincre la minorité formée par le gouverneur général Ballay, assurant l'intérim en Afrique occidentale française, le directeur des affaires africaines Binger, voire le Myre de Villers, député de la Cochinchine. C'est pour les rallier à la réforme que le ministre des colonies va consentir, par le texte de 1902, à apporter les retouches nécessaires à celui de 1901. Il va s'agir, pour lui, de donner aux colonies du Sud des juridictions composées de magistrats de carrière, tout en préservant certaines attributions à l'administration.

C'est ainsi qu'au premier degré, il est substitué aux justices de paix à compétence étendue dont le gouverneur nomme les titulaires parmi les fonctionnaires, trois tribunaux de première instance siégeant respectivement à Bingerville, à Conakry et à Porto-Novo. Ces tribunaux se composent d'un juge-président, d'un procureur de la République, assisté d'un substitut à Conakry, d'un juge suppléant et d'un greffier.

En dehors du ressort territorial de ces juridictions, le gouverneur conserve le pouvoir d'investir les administrateurs des fonctions de juge de paix à compétence étendue. Cette disposition, on s'en doute, ne vise qu'à ménager la susceptibilité de l'administration locale. En lui attribuant les fonctions de juge de paix, avec une compétence en matière répressive analogue à celle des tribunaux de simple police métropolitains, le législateur veut la gagner à la réforme. Aussi, face aux énergiques protestations de ses représentants à la commission, le département va-t-il, dans le décret de 1902, accroître sensiblement ses prérogatives. Les administrateurs se font attribuer la fonction de juge de paix à compétence étendue, avec la même compétence que la juridiction de première

31. *JORF*, Lois et décrets, 19 avril 1902, p. 2835-2836.
32. Suret-Canale, *Afrique Noire occidentale et Centrale. L'ère coloniale (1900-1945)*, Paris, Éditions Sociales, 1964, p. 95.

instance. Toutefois, les chefs de colonies ne pourront, dorénavant, les nommer que sur la proposition du procureur de la République de Conakry, chef du service judiciaire du ressort.

En ce qui concerne le deuxième degré, un tribunal supérieur d'appel est institué à Conakry. Désormais composé de magistrats, il comprend un président assisté de trois juges. Le procureur de la République près le tribunal de première instance de Conakry, ou son substitut, y représente le ministère public. Le tribunal connaît de l'appel des jugements rendus en première ressort par les tribunaux de première instance et les justices de paix à compétence étendue, et des demandes d'annulation formées contre les décisions rendues en premier et dernier ressort par ces mêmes juridictions. Ses arrêts sont susceptibles de pourvoi en cassation, à l'exclusion de ceux rendus en recours d'annulation.

Section II. La réorganisation judiciaire de l'AOF

La nouvelle organisation judiciaire du groupe est préparée par une commission composée des plus hautes autorités judiciaires de la Cour d'appel du Sénégal et du Conseil d'appel de Conakry, ainsi que des représentants de l'administration supérieure de l'Afrique occidentale française. Sous la présidence de Merlin, secrétaire général du gouvernement général, elle comprend : Cnapelynck, Procureur général du Sénégal, Couggoul, son homologue pour les colonies du Sud, Brunaud, président de la Cour d'appel de Saint-Louis, et les administrateurs des colonies Peuvergne, Poulet, et Adam.

Un des principaux points dont la commission de réorganisation va débattre est celui de savoir si l'unification du service de la justice en Afrique occidentale française, complément nécessaire à son unification politique, militaire et administrative, doit se réaliser à partir de l'organisation judiciaire élaborée en 1899 pour le Sénégal. Faut-il instituer partout des juridictions pareilles à celles de la métropole ou, au contraire, réserver aux Africains des juridictions spéciales ?

Le souhait des magistrats, soutenu par le Conseil général du Sénégal, est d'instituer en Afrique occidentale une justice régulière, en retirant à ceux qui administrent le pouvoir de prononcer des peines autres que disciplinaires. À ces propositions, l'administration rétorque qu'il n'est opportun, ni de toucher aux attributions des administrateurs, ni de porter atteinte au prestige et à l'autorité des représentants de la France, l'indigène ne respectant que ceux qui concentrent tous les pouvoirs en leurs mains. L'introduction prématurée de l'organisation judiciaire de la métropole aurait des conséquences néfastes pour la domination française que conforterait, au contraire, la dualité des juridictions assurant aux indigènes une autonomie judiciaire.

Dans son rapport à la commission permanente du Conseil de gouvernement, la commission de réorganisation va proposer un texte de compromis qui vise d'une part, à assurer à tous les Européens, tant en matière civile qu'en matière pénale, le bénéfice de la juridiction et des lois françaises (paragraphe 1), et d'autre part, à créer, en dehors des centres commerciaux, une organisation judiciaire spéciale pour les indigènes (Paragraphe 2).

Paragraphe 1. La Cour de Dakar et l'extension de l'organisation judiciaire du Sénégal aux colonies du groupe

L'unification judiciaire de l'Afrique occidentale française est réalisée par le décret du 10 novembre 1903 [33]. En même temps que la création d'une Cour d'appel unique à Dakar, ce texte organique étend, aux trois colonies de l'ancien ressort du Conseil d'appel de Conakry, c'est-à-dire la Guinée, la Côte d'Ivoire et le Dahomey, ainsi qu'à la Sénégambie-Niger, les dispositions du décret du 11 août 1899 qui institue, pour le Sénégal, un service judiciaire homogène, avec des juridictions uniquement composées de magistrats de carrière.

Dans les chefs-lieux de chacune des colonies du groupe, il institue des tribunaux de première instance composés, d'un juge-président, d'un lieutenant de juge, d'un procureur de la République, d'un greffier, et de commis-greffiers. Ces tribunaux siègent tant à Dakar, Saint-Louis, qu'à Conakry, Bingerville [34] et Cotonou. Chacun des trois derniers tribunaux se voit ainsi adjoindre un lieutenant-juge pour que la distribution de la justice soit assurée, en toute hypothèse, par des magistrats de carrière. C'est dans le même sens, que la justice de paix à compétence étendue de Kayes va, également, être confiée à un magistrat de carrière.

Mais, comme il ne peut être constitué partout, même avec un personnel réduit, des tribunaux composés de professionnels, le décret de 1903 va prévoir de les suppléer par des justices de paix à compétence étendue instituées dans tous les territoires non compris dans les ressorts des tribunaux de première instance et de la justice de paix de Kayes. Les fonctions de juge de paix y sont remplies par l'administrateur du cercle, tandis qu'un fonctionnaire, civil ou militaire, désigné par le gouverneur général, représente le ministère public. Ces juridictions spéciales sont un palliatif nécessaire dans l'expectative qu'une mise en valeur suffisante puisse donner à la justice une configuration plus régulière. Ce souci d'économie fera, cependant, qu'en Afrique occidentale française, le nombre de justices de paix à compétence étendue sera toujours plus considérable que celui des tribunaux de première instance [35].

---

33. *Bull. Officiel du Ministère des Colonies*, 1903, p. 943-963.
34. Le tribunal de Bingerville sera transféré à Grand-Bassam, par un décret du 27 octobre 1908.
35. Avec le décret du 18 mai 1952 le nombre des tribunaux de première instance de l'Afrique occidentale française est de 13, pour 75 justices de paix à compétence étendue. Cependant, faute de crédits, le décret du 5 janvier 1954 va les ramener à 64 justices de paix à compétence étendue, pour 14 tribunaux de première instance.

Le décret organique va, par ailleurs, instituer à Dakar, siège du gouvernement général, une Cour d'appel pour toute l'Afrique occidentale française [36]. Cette juridiction succède à la Cour du Sénégal et dépendances. Dans l'attente de la réfection des locaux nécessaires à son installation à Dakar, elle va continuer à siéger à Saint-Louis [37]. Et pendant ce séjour provisoire, elle va jouir de l'entière compétence et de toutes les attributions qui résultent du texte organique [38].

Ce n'est que le 18 juin 1906 [39] que le Procureur général, par intérim, Paris le Clerc, fait savoir au gouverneur général que la Cour pourra se transporter à Dakar, à partir du 15 juillet suivant. La Cour ne s'installera, cependant, dans ses locaux nouvellement aménagés, que le 30 août 1906. Et, lors de l'audience solennelle au cours de laquelle la Cour enregistre l'arrêté général du 23 juin 1906 [40] qui transfère de Saint-Louis, la vieille cité sénégalaise, à Dakar, la jeune capitale de l'Afrique occidentale française, son siège, le président Brunaud définira ainsi la mission qui lui est impartie : "en instituant une seule Cour d'appel pour toutes les colonies relevant du gouvernement général, le décret a cherché à réaliser une plus complète unité de jurisprudence dans les décisions des tribunaux appelés à connaître des affaires de même nature, intéressant des justiciables de même origine" [41].

Pour la réalisation de cette œuvre, le législateur va doter la Cour d'un nombre de postes relativement élevé, à savoir neuf pour le siège et trois pour le parquet. La Cour se composera, ainsi, d'une part, d'un président, d'un vice-président, et de sept conseillers [42], et de l'autre, d'un Procureur général, assisté d'un avocat général et d'un substitut [43].

Cette composition tient moins aux nécessités réelles de l'administration de la justice qu'à des circonstances historiques particulières. L'avant-projet de réorganisation n'avait prévu, en effet, qu'un Président et six conseillers, indépendamment du personnel du greffe et du parquet. C'est à Paris que cette composition va être modifiée, le ministre des colonies, Gaston Doumergue, tenant à ce que tous les magistrats du tribunal supérieur de Conakry, supprimé par l'acte de réorganisation, puissent trouver place à la Cour d'appel de l'Afrique occidentale : c'est ainsi qu'un emploi de vice-président est créé pour

---

36. Article 3.
37. Article 93.
38. Cass. Crim., Affaire Mamadou Samba. *Pen.* 1904, p. 333. V. aussi, *Civ.* rej. 23 février 1910, *rec.* 1910. 3.93.
39. Procureur général par intérim à Gouverneur général, Saint-Louis le 18 juin 1906, a.s. du transfert à Dakar de la Cour d'appel de l'AOF. ANS, série M 17, pièce n° 21.
40. *Ibid.*, pièce n° 19.
41. Compte-rendu de l'installation de la Cour d'appel à Dakar. *JOAOF*. 1906, p. 478-480.
42. V. l'article 4 du texte organique.
43. Article 5 du décret.

Cougoul, et un emploi de conseiller pour Barzilay, respectivement, chef du service judiciaire, et Président du tribunal supérieur de Conakry [44].

Ces dispositions étant temporaires, il est entendu que lorsque les circonstances le permettront, le personnel de la Cour sera ramené à l'effectif primitivement reconnu suffisant par la commission de réorganisation. C'est ainsi que, deux ans plus tard, un décret du 14 juin 1905 [45], vient réduire l'effectif de la Cour de deux unités, en supprimant l'emploi de vice-président, et un emploi de conseiller. Ces suppressions ne devant avoir lieu que par extinction, en fait, une seule extinction se produira par le décès, le 18 juin 1908, du conseiller Barzilay.

Le titulaire de l'emploi de vice-président qui succède à Cougoul, au commencement de 1905, est A. Gilbert-Desvallons, magistrat d'un certain âge, très attaché à une colonie où il a servi à plusieurs reprises, où il s'est marié, et où il a des attaches nombreuses, il ne tient pas à quitter le Sénégal. Il voudrait y terminer sa carrière autrement que par voie d'extinction et sans le souci d'un déplacement inopiné. D'où l'intérêt personnel qu'il va porter au rétablissement de l'emploi de vice-président, chargé de la présidence de la chambre spéciale d'homologation. Il serait, ainsi, heureux de compléter l'œuvre de justice indigène, à laquelle il s'est appliqué depuis son arrivée dans la colonie, le président de la chambre spéciale étant, selon lui, appelé à s'attacher à une œuvre qui nécessite une étude suivie. La chambre d'homologation a, en effet, pour mission essentielle d'établir par sa jurisprudence un code de l'indigénat, dérivant des traditions et des coutumes locales. Or, en supprimant la vice-présidence, et en plaçant à la tête de la chambre un conseiller à désigner par le président de la Cour, le décret du 14 juin 1905 soumet cette juridiction au roulement, et expose sa jurisprudence à d'inévitables contradictions [46].

Pour se rallier l'appui du gouvernement général, le président Gilbert-Desvallons va invoquer en outre des arguments de hiérarchie administrative, et la nécessité de placer à la tête d'une juridiction, où sont appelés à siéger des administrateurs d'un certain grade, un magistrat d'un rang plus élevé que celui de conseiller. Ce raisonnement va provoquer l'ire du Procureur général, qui le qualifiera de spécieux. En effet, selon le chef du service judiciaire, la hiérarchie qu'on veut établir entre les conseillers de la chambre d'homologation et les administrateurs qui peuvent y siéger, lui apparaît aussi arbitraire

44. V. La lettre du Procureur général au Gouverneur général de l'AOF, datée de Dakar le 28 août 1908, a.s. du projet de rétablissement du siège de Vice-Président de la Cour d'appel de l'AOF. ANS, série M 17, Cour d'appel, 1904. 1916, pièce n° 36.

45. V. Le rapport du Gouverneur général par intérim de l'AOF au Ministre des Colonies, daté de Gorée le 14 avril 1905, sur le projet de décret tendant à modifier la composition de la Cour d'appel de l'AOF, pièce n° 10.

46. Le Vice-président de la Cour d'appel, A. Gilbert-Desvallons, à Gouverneur général de l'AOF Paris, Dakar, le 27 septembre 1907, pièce n° 32.

qu'inopportune alors que, concourant ensemble à une œuvre commune, les uns et les autres sont au même titre des magistrats [47].

Le Procureur général Cnapelynck finira par convaincre les autorités de l'inutilité de la mesure, tout en demandant qu'il ne soit pas porté atteinte à la situation personnelle du président Gilbert-Desvallons, l'emploi qu'il occupe, ne devant être supprimé que par extinction.

Telle est l'organisation de la justice française issue du décret du 10 novembre 1903. Elle institue une justice calquée sur le modèle métropolitain avec des juridictions composées de magistrats de carrière. Dans l'œuvre qu'elle accomplit dans les colonies du groupe, l'administration locale aura, désormais, pour collaborateur vigilant un service judiciaire homogène qui va s'efforcer, d'assurer le respect des droits d'un peuple dépendant, d'élever les indigènes peu à peu, sans contrainte trop énergique à une autre conception de vie, tout en secondant les efforts des Européens. Car, la justice, gardienne des lois et aussi de l'équité, veut et doit pouvoir inspirer une entière confiance aux autochtones et donner aux Européens les garanties qui leur étaient assurées dans leurs pays d'origine [48].

Paragraphe 2. La justice indigène reste sous le contrôle de l'administration

L'organisation de la justice indigène va poser, à la commission de réorganisation, un problème plus difficile. Il s'agit de savoir, en effet, comment grouper en un texte unique les règlements qui régissent diversement les colonies du groupe, et parfois, les territoires d'une même colonie.

Dans les colonies du Sud, depuis le décret organique du 11 mai 1892, qui règle les services de la justice dans la Guinée française et Dépendances, les juridictions indigènes de type traditionnel, composées de notables et contrôlées par l'administration, sont maintenues [49]. Elles jugent tant des affaires civiles que de la poursuite des contraventions et des délits commis par les autochtones.

Au Sénégal, où aucun acte de l'autorité métropolitaine ne régissait la justice répressive spéciale aux Africains, une organisation judiciaire de fait, très rudimentaire, et variant selon les localités, va être instituée par l'administration locale.

Dans les pays de protectorat, le gouverneur général Chaudié essaie, par ses deux circulaires du 12 avril et du 31 décembre 1898, de généraliser les tribunaux musulmans en leur donnant une compétence beaucoup plus large qu'à

47. V. Lettre du 28 août 1908, déjà citée.
48. V. Président Brunaud, discours à l'audience solennelle du 30 août 1906 déjà cité.
49. Rédigés en termes identiques, les décrets du 11 mai 1892, du 26 juillet 1894, et du 16 décembre 1896 disposent, dans leur article 27, que : "sont maintenues les juridictions indigènes actuellement existantes".

Saint-Louis et dans les pays d'administration directe. Chaque province va être pourvue d'un *cadi* ordinaire, et chaque cercle, d'un *cadi* supérieur ou d'appel. Le premier connaît des affaires civiles, des délits et des crimes contre la propriété ; le second statue, en dernier ressort, sur l'appel des jugements des *cadis* de province, et se saisit directement des délits et des crimes contre les personnes. Les jugements de ces juridictions peuvent être soumis, pour révision, au Conseil d'appel musulman institué par le décret de 1857 sous la présidence du gouverneur.

Ces tribunaux de *cadi* ne seront, en fait, institués que dans les centres importants, où l'administration peut les soumettre à un étroit contrôle [50]. Ainsi, le commandant de cercle, doté d'un droit de véto suspensif, peut suspendre l'exécution des sentences qui ne lui paraissent pas conformes aux règles de l'équité, ou qui ne sont pas inspirées des principes d'humanité et de civilisation [51]. En fin de compte, c'est donc l'administrateur qui prononce toujours.

Dans les centres secondaires, les délits et les crimes contre les personnes ne relèvent plus de la compétence des *cadis*, mais d'un Conseil de notables. Ces juges traditionnels étaient moins enclins à s'opposer au résident européen qui, intervenant à titre consultatif, était plutôt là pour imposer le point de vue de l'administrateur du cercle, à qui il était tenu de rendre compte [52].

Cette organisation particulière de la justice dans les pays de Protectorat du Sénégal ne pourra pas être reconduite par la commission de réorganisation. En effet, la division administrative en territoires d'administration directe et pays de protectorat ne correspond plus à la vie économique et politique du Sénégal. Les commerçants, cantonnés autrefois dans les villes et les escales du chemin de fer de Dakar à Saint-Louis, se sont répandus dans l'intérieur. La création du Thiès-Kayes a encore accéléré ce mouvement. Les Européens sont désormais en contact permanent avec les indigènes, avec qui ils commercent directement. Sous la poussée de ces courants économiques, des centres se sont déplacés, d'autres se sont créés de toutes pièces : sur la Petite Côte, Nianing classé en territoire d'administration directe est délaissé au profit de Mbour qui est resté en Protectorat ; les escales du Baol récemment régénérées par le chemin de fer sont restées en pays protégé. Le fossé qui, en 1884, a départagé les pays de Protectorat des territoires d'administration directe, ne subsiste donc que par des textes qui ne correspondent plus à la réalité [53].

---

50. Nous avons, ainsi, pour le cercle de Podor, au Sénégal, un *cadi* supérieur au chef-lieu de cercle, et des *cadis* ordinaires, à Saldé, Galoya, pour la province des Irlabes-Ebiabes, à Boumba, pour le Lao, et Demette (Toro). V. Monographie du cercle de Podor, Podor le 31 mars 1904. ANS, série 1 G 294.
51. V. le rapport du Gouverneur Cor, daté du 7 mai 1914, sur la réorganisation administrative du Sénégal. ANS, série 18 G 7, Projet de réorganisation administrative des Colonies de l'AOF. 1919, pièce n° 84.
52. V. Étude sur la région du Sénégal comprise entre le Djoloff et le Saloum, Thiès, 1903-1904. ANS, série 1 G 296.
53. V. Gouverneur Cor, rapport précité du 7 mai 1914.

Pour régulariser une situation demeurée jusque là à l'état anarchique, la commission de réorganisation va dissoudre toutes ces juridictions spéciales aux autochtones dans une organisation plus large, celle de la justice indigène des colonies de l'Afrique occidentale française. Le législateur de 1903 va aménager les juridictions indigènes en ne s'inspirant plus du principe d'une justice coutumière fondée sur la chefferie. Les chefs traditionnels, comme les autorités religieuses, ne sont plus reconnus, à ce seul titre, comme détenteurs du pouvoir juridictionnel. Le soin de rendre la justice aux autochtones est confié aux administrateurs placés à la tête des circonscriptions territoriales qui cumulent ainsi les pouvoirs exécutif et judiciaire.

Sur ces bases, vont être instituées des juridictions spéciales, dotées d'une structure unique. La distribution de la justice aux indigènes non justiciables des tribunaux français se fera, désormais, par des tribunaux de village, des tribunaux de province, des tribunaux de cercle, et une chambre spéciale d'homologation.

Le chef de village fait office de tribunal de conciliation en matière civile, et de juge de simple police en matière pénale. Le tribunal de province [54], composé du chef de province ou de canton et de deux notables, dont fait toujours partie le *cadi* en matière musulmane, est, en matière civile, le tribunal ordinaire. En matière répressive, les délits sont de sa compétence. Tous les jugements de ce tribunal sont sujets à appel devant le tribunal de cercle.

Une référence à l'organisation antérieure de la justice indigène permet de comprendre que le tribunal de cercle constitue la principale innovation du décret du 10 novembre 1903. C'est, en effet, par ce degré de juridiction que le législateur colonial va substituer à la surveillance intermittente, exercée antérieurement par les agents administratifs sur la distribution de la justice indigène,

54. Ce mot de "province" ne doit pas être pris, ici, au sens d'une circonscription administrative, mais plutôt dans celui de ressort judiciaire. En effet, écrit le gouverneur général : "il faut entendre par province, l'étendue territoriale qu'il convient de soumettre à la juridiction d'un même tribunal du premier degré portant le nom de tribunal de province. Ce ressort peut, comme dans la plupart des cercles du Sénégal, correspondre en fait à une unité administrative déjà existante sous le nom de province, mais cette concordance n'est nullement obligatoire", Gouverneur général à Lieutenant-gouverneur du Dahomey, Gorée le 5 janvier 1905. ANS, série M 144, Jurisprudence chambre d'homologation, 1904-1910.
Malgré ces instructions du chef de la Fédération, lors de la mise en pratique du décret organique du 10 novembre 1903, et de la constitution des tribunaux indigènes, bon nombre de chefs de circonscriptions territoriales ne se sont pas toujours rendus compte de ce qu'il fallait entendre par province, un ressort judiciaire indigène. Ils ont cru devoir créer une juridiction pour chacune des provinces administratives que comportait leur cercle. De là, quelquefois, un nombre considérable de tribunaux dont il fut matériellement impossible d'assurer le fonctionnement normal. V. l'extrait du rapport sur la situation politique de la Guinée française pendant le quatrième trimestre 1907. ANS, série M 26, Fonctionnement des tribunaux indigènes, Guinée, 1907-1911, pièce n° 1.

un véritable contrôle judiciaire, régulier et continu. L'administrateur, commandant le cercle, a une compétence très étendue. Il contrôle d'une façon générale toutes les juridictions, aussi bien les tribunaux de village que les tribunaux de province. Avec le concours de ses deux assesseurs autochtones, qui n'ont que voix consultative [55], il est, en sa qualité de président du tribunal de cercle, juge d'appel des décisions des tribunaux de province. Il connaît des crimes qui sont commis dans l'étendue de sa circonscription [56].

Les décisions du tribunal de cercle, prononcées en matière criminelle, sont soumises au contrôle de la chambre spéciale de la Cour d'appel, composée de trois conseillers, de deux fonctionnaires et de deux assesseurs indigènes, et auprès de laquelle, le Procureur général ou l'un des membres de son parquet, remplit les fonctions du ministère public.

Toutefois, cette chambre spéciale ne peut, en principe, que donner ou refuser son homologation. Dans ce cas, elle n'évoque pas l'affaire mais la renvoie devant le tribunal de cercle en indiquant les motifs de son refus. Ce n'est que dans le cas exceptionnel où la chambre refuserait, une nouvelle fois, son homologation, qu'elle évoquerait l'affaire et statuerait au fond. Ainsi, la compétence pénale indigène de la chambre d'homologation est restreinte aux affaires graves et importantes, aux affaires criminelles. Son intervention dans les autres affaires pénales est remplacée par la garantie du double degré de juridiction, et de l'examen, en cas d'appel, par une autorité européenne, l'administrateur de cercle [57].

Section III. Un ordre juridictionnel de domination

Les colonies du groupe de l'Afrique occidentale française sont unifiées par une centralisation développée au maximum. Les autochtones, dont l'influence politique restera longtemps nulle, sont soumis à la sujétion d'une administration autoritaire. Une administration qui, par la nature politique de son commandement, a plutôt un caractère gouvernemental [58]. Investie de responsabilité politique, elle détient des attributions exorbitantes. Ayant longtemps monopolisé la représentation de l'État, elle est habituée à tout régenter. Et elle continue à s'ingérer dans les affaires d'une justice (Paragraphe 1) qui, par son caractère répressif dominant (Paragraphe 2), assure la reproduction du système de rapports de domination.

55. V. l'article 60 du décret.
56. V. Gouverneur général Roume, Instructions aux administrateurs sur l'application du décret du 10 novembre 1903, Gorée le 25 avril 1905. ANS, série M 79, pièce n° 7.
57. V. Gouverneur général, Instructions… du 25 avril 1905, précitées.
58. V. Angsthelm (A.), *Le Service public africain, la Contribution des services publics à l'évolution et à la modernisation de l'Afrique occidentale d'expression française*, Thèse, Grenoble, 1965.

Paragraphe 1. La prédominance de l'administration

Dans le système judiciaire établi en 1903, la justice indigène, reléguée à un rang subalterne, réduite à un rôle accessoire, semble être une concession provisoire faite au particularisme local. Et le fait de donner aux tribunaux français, dans leur ressort territorial, la connaissance des affaires indigènes, confirme l'intention d'étendre leur compétence, dans la mesure des possibilités budgétaires. Mais loin de reculer pour laisser progressivement la place au régime de droit commun, la justice indigène va s'affirmer, et manifester son originalité propre. Intimement liée à la politique indigène, elle sera l'une des colonnes de la politique coloniale française, un des plus sérieux moyens d'action de l'administration locale, qui en fera son domaine judiciaire réservé.

Par le contrôle de cette justice d'exception, les autorités vont, en effet, mener une politique indigène spécifique, qui vise d'abord à favoriser la mise en valeur des territoires conquis. Coloniser c'est, dans leur optique, ouvrir les pays africains au progrès économique occidental. Or, dans cette action, elles se heurtent à la société indigène qui, dans son homogénéité, représente un obstacle. Sa désagrégation est donc indispensable. Mais, consciente des écueils à éviter, l'administration sait que si elle impose à la société indigène des institutions trop nouvelles, inintelligibles et impraticables, elle y résistera, ou elle dépérira. La promotion économique et sociale visée à travers la politique indigène ne peut être imposée brutalement. Il est donc nécessaire de prendre, pour point de départ, les mœurs, l'état social des populations conquises, et développer par degrés toute cette organisation. Les autorités locales vont se conformer à ce programme afin d'éviter un double écueil : "celui de l'idéologie d'une assimilation hâtive et superficielle, et celui de l'empirisme d'une exploitation brutale et à courte vue [59]. L'erreur de la politique d'assimilation consiste, en effet, dans cette illusion que l'on peut transformer la société traditionnelle par la seule vertu des lois. C'est, au contraire, dans le milieu social qu'il faut chercher les causes déterminantes de l'évolution de la société indigène. Le principal facteur de transformation de l'autochtone sera, pour l'administration de l'Afrique occidentale française, le développement des échanges. "Le commerce, est-il noté, est le grand agent révolutionnaire ; l'agriculture même doit se plier à ses exigences. Lorsque le Noir cultivait uniquement son champ de mil, ses préoccupations n'allaient pas plus loin que l'horizon de son village ; il se suffisait à lui-même et pouvait ignorer le monde à jamais. Mais du jour où il a cultivé l'arachide et le coton, il est allé sur le marché, vendre sa récolte, et acheter les produits de notre industrie ; il est allé sur le marché où il n'y a plus qu'un échangiste en face d'un échangiste : la race, la religion, tout ce qui distingue les hommes est momentanément oublié... Enserré dans les réseaux

59. Avant-projet d'instruction générale sur l'application du décret du 16 août 1912, préparé par le chef du service des affaires civiles par intérim. ANS, série M 86, pièce n° 4, non daté.

complexes de l'universelle solidarité, la valeur du produit de son travail sera sous la dépendance tantôt de l'état des récoltes de l'Inde ou en Égypte, tantôt des spéculations des financiers. Cette révolution économique modifie la structure de l'ancienne société fixée dans les cadres de la famille patriarcale ; elle est une profonde révolution sociale"[60].

Pour ne pas risquer de compromettre le succès final de cette œuvre, l'administration va s'évertuer à se constituer un domaine judiciaire réservé aussi vaste que possible, en s'efforçant de cantonner les magistrats dans les villes.

Le législateur colonial a, en effet, limité la compétence des tribunaux de droit écrit aux ressorts territoriaux de ces tribunaux qui ne doivent comprendre, en principe, que les localités où habitent des Européens, et où existent des intérêts européens d'une certaine importance. Le gouverneur général, à qui le texte organique délègue le pouvoir de déterminer, dans les territoires non compris dans les ressorts des tribunaux de première instance, le siège et le ressort des justices de paix à compétence étendue, présidées par les commandants de cercle[61], va user de ce pouvoir de délimitation pour étendre, au détriment des tribunaux de droit commun, la compétence territoriale des justices de paix.

Ainsi, en Côte d'Ivoire, l'arrêté général du 6 juillet 1904, qui crée deux justices de paix dans les cercles de Kong et de Grand-Lahou, ne donne comme ressort au tribunal de première instance que les deux villes de Bingerville et de Grand-Bassam. La première comprend quarante fonctionnaires, et la seconde, une population européenne de vingt négociants. Le village indigène de Santé, qui fait partie intégrante de Bingerville, n'est pas inclus dans le ressort de ce tribunal de droit commun dont les trois magistrats, les seuls de la colonie, sont inoccupés pendant que des affaires importantes sont soumises à des fonctionnaires incapables de les traiter[62].

Souvent embarrassés, en raison de leur défaut d'aptitude, ces juges de paix n'aiment pas se compromettre, surtout lorsqu'ils doivent prononcer contre des justiciables européens. L'administrateur de Grand-Lahou préfère, ainsi, s'abstenir de toute poursuite contre un sujet anglais, résidant dans son cercle, qui se serait rendu coupable, à l'encontre d'un chef indigène, de détention arbitraire et d'extorsion d'objets de valeur. Voici un criminel, dont les méfaits sont avérés, qui va échapper au châtiment, parce que le juge de paix, qui ne connaît pas l'étendue de ses attributions, a une autorité diminuée, vis-à-vis de

60. *Ibid.*
61. Article 18 du décret de 1903.
62. V. La note n° 430 du Procureur de la République Blagny, datée de Bingerville le 11 octobre 1904, pièce n° 25.

justiciables qui savent, de notoriété publique, qu'il est pourvu d'un conseil judiciaire [63].

Confier les justices de paix aux administrateurs peut non seulement produire des résultats absolument déplorables, mais ces fonctions vont se révéler incompatibles avec celles du commandement territorial. "De deux choses l'une, constate le lieutenant-gouverneur de la Guinée, ou l'administrateur se consacre à ses attributions judiciaires, et alors, il est immobilisé dans sa résidence, ou il donne la préférence à son métier d'administrateur, et circule, comme il est d'ailleurs désirable, dans la circonscription dont il est chargé, et alors, les affaires ressortissant du tribunal sont laissées à l'abandon. Et c'est ainsi qu'un administrateur de la Haute Guinée, juge de paix à compétence étendue, ignorait le nom des villages et la longueur des routes de son cercle au-delà d'un rayon de quatre kilomètres de sa résidence. Avec des agglomérations comme Kankan, Kouroussa, Mamou et Kindia, où les "Européens deviennent de plus en plus nombreux, et où se traitent des litiges commerciaux qui dépassent, parfois, 100 000 francs, avec la nécessité de surveiller, et de tenir en main, une population aussi turbulente, et aussi peu loyale en affaires que les Syriens, que l'on a eu, suivant moi, le grand tort d'assimiler à des Européens qu'ils ne sont pas, le seul remède serait dans l'institution de magistrats de carrière. Ils trouveraient dans ces postes des occupations très suffisantes pour justifier la création de leurs emplois, ils présenteraient plus de garanties professionnelles, et permettraient, enfin, de rendre à leur véritable rôle les administrateurs détachés au service de la justice" [64].

Il ne sera jamais possible, matériellement, de réaliser cette réforme de l'appareil judiciaire. L'indigence des moyens dont disposera la justice explique, notamment, l'absence totale de juridictions de droit commun dans des régions importantes de la Fédération, même après l'intégration des deux ordres de juridiction, et le nombre beaucoup plus considérable des justices de paix. Au 1er juillet 1951 [65] il y aura, ainsi, onze tribunaux de première instance, pour une trentaine de justices de paix à compétence étendue.

---

63. V. la lettre n° 450 du Procureur de la République Blagny, en date du 16 octobre 1904, pièce n° 28.
64. Lieutenant-gouverneur Camille Guy, rapport daté de Conakry, le 28 janvier 1911, a.s. de la situation de la Justice en Guinée française. ANS, série M 24, Justice européenne, Personnel, 1904-1919.
65. V. *L'Annuaire de Magistrature*, année 1951, qui donne la liste suivante, des tribunaux de première instance : Dakar, Grand-Bassam, Saint-Louis, Conakry, Bamako, Cotonou, Lomé, Kaolack, Bobo-Dioulasso, Niamey, Ziguinchor ; et des Justices de paix à compétence étendue : Kayes, Diourbel, Kolda, Tambacounda, Thiès, Gao, Mopti, Ouagadougou, Ségou, Sikasso, Tombouctou, Kankan, Labé, Mamou, Bouaké, Daloa, Dimbokro, Sassandra, Koudougou, Abomey, Porto-Novo, Maradi, Zinder, Abengourou, Kaédi – c'est le seul tribunal de droit français en territoire mauritanien – Macenta, Parakou.

Paragraphe 2. La primauté de la justice pénale

Les rapports de domination, qu'implique l'exploitation coloniale, s'expliquent, par l'irréductibilité des deux sociétés en présence, par le rôle d'instrument créateur de richesses auquel est condamnée la population conquise [66]. La domination radicale qu'elle subit, ne se maintient que par la force. Elle a pour moyen l'ordre et la sécurité, elle implique une certaine idée de la justice. L'appareil judiciaire doit, en effet, faire face à la viciation progressive de l'indigène, qui est un aboutissement de l'entreprise coloniale [67], mais, aussi, assurer, par son mécanisme répressif, la reproduction du système de rapport de domination. Les juridictions auront, donc, indépendamment des problèmes de fond concernant le droit coutumier, et notamment le droit de la famille et le droit foncier sur lesquels nous reviendrons en troisième partie, pour tâche primordiale, la distribution de la justice pénale.

Dès l'institution régulière, en 1903, des juridictions indigènes, la chambre spéciale d'homologation devient, en effet, la section la plus importante de la Cour d'appel de l'Afrique occidentale française. Elle inaugure ses audiences le 14 février 1905, et après vingt cinq mois d'exercice, elle accuse les résultats suivants : 337 affaires jugées comprenant : 593 inculpés, 91 condamnations à la peine de mort, 18 condamnations aux travaux forcés, et 455 condamnations à l'emprisonnement, dont six à la prison perpétuelle, le reste atteignant un maximum de vingt cinq ans [68].

La chambre d'homologation, pour qui la distribution de la justice pénale est la tâche presque exclusive, va connaître, pour la seule année 1907, de 240 affaires, soit, en moyenne, une vingtaine par mois. Elle est loin devant les autres formations de la Cour qui jugent, pour la même période, 54 affaires civiles ou commerciales, soit 4,5 par mois, 41 affaires correctionnelles, soit 3,5 par mois, tandis que la chambre d'accusation rend 34 arrêts, soit 2,9 par mois, et que les Cours d'assises de la Fédération jugent, au total, 27 affaires [69].

Une trentaine d'années plus tard, c'est-à-dire au moment de la préparation du code pénal indigène, la chambre d'homologation connaît les résultats suivants : 118 affaires répressives contre 11 affaires civiles jugées en 1936 ; 125 décisions pénales contre 11 décisions civiles rendues en 1937 ; enfin, pour les années 1938 et 1939, nous avons, respectivement, 116 affaires répressives contre 8 affaires civiles, et 86 affaires répressives contre 6 affaires civiles [70].

---

66. V. G. Balandier, *Sociologie actuelle de l'Afrique Noire*, *op. cit.*, p. 3 et s.
67. V. A. Corre, *L'ethnographie criminelle*, Bibliothèque des Sciences contemporaines, Paris, 1894.
68. V. Gilbert-Desvallons, Président de la chambre d'homologation, lettre en date du 23 février 1908. ANS, série M 17, pièce n° 25
69. V. Procureur général, chef du service judiciaire de l'AOF, lettre déjà citée du 28 août 1908.
70. ANS, série M 33, Versement 26.

Plus globalement, nous pouvons, enfin, noter que la Cour d'appel juge, en 1927, 88 affaires civiles et commerciales, 124 appels correctionnels, pour une centaine d'arrêts rendus par la chambre d'homologation. En 1947, après la suppression des juridictions pénales indigènes, les chiffres sont les suivants : 204 affaires civiles et commerciales, contre 642 affaires correctionnelles. À la fin de notre période, c'est-à-dire en 1957, la Cour connaît de 377 affaires civiles et commerciales, contre 1 171 affaires correctionnelles [71].

L'appareil juridictionnel est, cependant, non seulement profondément marqué par l'importance de sa fonction pénale, mais l'influence de ce facteur va commander, dans une large mesure, l'évolution de son organisation.

Dans la période d'autoritarisme de l'administration locale, le législateur va entreprendre de renforcer les prérogatives des représentants de l'État. Jusqu'en 1931, toutes les réformes apportées à l'organisation de la justice indigène tendent à écarter les autochtones de la présidence des tribunaux inférieurs, pour les confiner dans un simple rôle d'assessorat. En 1912 [72], le pouvoir du chef de village en matière de simple police est supprimé, et le tribunal de province, qui est remplacé par un tribunal de subdivision, se voit affecter un secrétaire européen. Supposé assurer la régularité des débats, ce fonctionnaire va en fait les diriger.

Le décret du 22 mars 1924 [73], qui transforme les tribunaux de subdivision et de cercle en tribunaux de premier et du deuxième degré, va légaliser la restriction de fait des attributions du juge coutumier qui résulte de la nomination à ses côtés d'un secrétaire européen. Il confie la présidence du tribunal de premier degré, jugeant en matière répressive, au chef de subdivision, qui est l'adjoint territorial du commandant de cercle.

Mieux, avec le décret du 3 décembre 1931 [74], la présidence du tribunal du premier degré est, en principe, confiée désormais, à un fonctionnaire, et ce, en toutes matières. Le principe initial de la présidence des juridictions inférieures déléguée à des notables autochtones ne joue plus qu'exceptionnellement, et seulement en matière non répressive.

Les commandants de cercle et les chefs de poste contrôlent, en somme, la justice indigène, tout en conservant leurs attributions en matière d'indigénat [75], leurs pouvoirs de caractère spécial qui les arment, en dehors de toute intervention judiciaire, pour réprimer les faits qui, sans constituer une contravention

71. V. Annexe.
72 Avec le décret du 16 août 1912. R. 1913. 1. 25.
73. R. 1924. 1. 206.
74. *JOAF* 1932, p. 126.
75. V. les Instructions du Gouverneur général aux administrateurs de la Sénégambie-Niger sur l'application du décret du 10 novembre 1903. ANS, série M 143, Jurisprudence chambre d'homologation, 1904-1910.

proprement dite, sont un manquement aux obligations imposées aux indigènes dans un intérêt d'ordre public et fiscal [76].

À ces attributions considérables, les administrateurs ajoutent les possibilités que leur offre, en matière de justice indigène, la procédure défectueuse qui ne donne aucun caractère obligatoire à l'instruction préalable. Le commandant de cercle apprécie, souverainement, si l'affaire est en état ou non d'être jugée à la première audience régulière qui suit la délivrance du mandat de dépôt, et c'est lui qui procède, s'il y a lieu, à cette instruction. L'instruction terminée, le commandant renvoie obligatoirement le prévenu devant le tribunal de deuxième degré, c'est-à-dire, devant lui-même. Ainsi, la poursuite, l'instruction et le jugement sont confiés à une seule et même personne qui échappe à tout contrôle, et qui ne rend pas compte de ses actes.

Ce système, qui ne peut qu'engendrer l'arbitraire, va commencer à être corrigé, à partir des réformes qui vont modifier la structure autoritaire de l'administration de la Fédération. Déjà, en 1931, le législateur a manifesté son intention de calquer la procédure indigène sur celle de la justice de droit commun. C'est une première tendance vers l'intégration des deux ordres juridictionnels.

Dans le but de donner des garanties aux justiciables autochtones, le décret du 3 décembre 1931 va, en effet, instituer un système de contrôle approprié, et édicter une nouvelle réglementation criminelle. Il commence par modifier la composition de la juridiction criminelle, en adjoignant au commandant de cercle, président, deux assesseurs européens et deux assesseurs autochtones ayant tous voix délibérative. Il transforme le tribunal colonial d'homologation, institué en 1924, en tribunal colonial d'appel chargé, en matière répressive, de statuer sur les appels interjetés contre les décisions des tribunaux de premier degré. Cette juridiction présidée par le président du tribunal de première instance, tient le rôle de chambre d'accusation et connaît des requêtes en réhabilitation. Enfin, et surtout, le texte organique donne une liste limitative des faits qualifiés crimes, en même temps qu'il rend l'instruction préalable obligatoire en matière criminelle, et prescrit l'établissement et la transmission au chef-lieu d'une notice mensuelle des actes de l'instruction.

Pour achever d'accorder aux justiciables indigènes des garanties comparables à celles dont le code pénal métropolitain fait bénéficier les justiciables français, le législateur colonial va, d'abord, par deux décrets du 11 février 1941 [77], substituer au principe de l'infraction déterminée par la coutume, celui de l'infraction expressément prévue par un texte. À la coutume non écrite et incertaine il substitue un code pénal indigène qui dresse la liste de toutes les

76. Décret du 30 septembre 1887 qui organise la répression par la voie administrative des faits prévus ou non par le code pénal ou par les arrêtés de police.

77. *JOAOF*, 1941, p. 294 et p. 282. Ces textes du Gouvernement de Vichy seront validés par des décrets du Gouvernement Provisoire de la République française du 26 juillet 1944, et du 17 juillet de la même année.

infractions punissables, les définit, et prévoit pour chacune d'elles un minimum et un maximum des pénalités encourues.

Finalement, le décret du 30 avril 1946 [78] procèdera à la suppression de la justice indigène en matière répressive, ainsi qu'à l'abrogation du code pénal spécial à l'Afrique française. Cette réforme, qui entre en vigueur le 10 juillet 1946, intervient au moment où les textes constitutionnels proclament, conformément à la nouvelle politique coloniale, l'égalité de tous devant la loi, et partant, la participation des peuples dominés à la gestion du système colonial.

Par ce texte, le législateur établit l'identité de juridiction à l'égard de toutes les catégories de justiciables et donne compétence exclusive aux juridictions de droit français. Ce faisant, il met ainsi fin à deux des préventions les plus importantes dont est l'objet la justice de droit local. Il s'agit de la confusion des fonctions juridictionnelles et de commandement, et du caractère de juridictions d'exception des tribunaux répressifs indigènes que les Africains évolués considèrent comme l'expression de la discrimination dont ils sont l'objet.

Mais, la distribution de la justice pénale suivant les principes de la séparation des pouvoirs, et de l'égalité de tous devant la loi, ne peut recevoir l'adhésion de l'administration de la Fédération. Elle regrette [79] que la justice répressive métropolitaine s'applique aux territoires de l'Afrique occidentale française, sans être adaptée aux conditions locales. Étrangère, elle se superpose aux mœurs et aux coutumes, en éloignant le juge du justiciable. Les lenteurs et les complexités de sa procédure sont incomprises de la population, qui est rebutée par son coût élevé, par les honoraires des avocats et autres agents d'affaires. Elle se substitue à un système, qui avait l'avantage d'être proche du justiciable, peu coûteux, avec sa procédure rapide et sommaire, et que près d'un demi-siècle de pratique et de jurisprudence avait poli, en corrigeant ses défauts initiaux.

Le système précédent est détruit, au moment même où il entrait dans les mœurs. Sa suppression n'a été ni demandée, ni souhaitée par la masse, aucune récrimination populaire n'étant à la base de sa disparition. Les évolués seuls ont, en effet, adopté avec enthousiasme le formalisme de la justice française pour en jouer contre l'administration.

Les chefs coutumiers ont, de même, instinctivement saisi l'occasion qui s'offrait à eux, pour se lancer dans une "tentative de substitution d'autorité judiciaire" [80]. Ils se mettent à juger au pénal et à infliger des amendes à leur

---

78. *JOAOF* 1946, p. 694.
79. Gouverneur général, Haut-commissaire de la République en AOF à Ministre de la France d'Outre mer, lettre n° 431 INT/AP. 2 du 26 mai 1950. ANS, série M 65, Versement 174, Justice et fétichisme, et difficultés de la justice française au regard des mœurs africaines.
80. Gouverneur du Niger à Gouverneur général, lettre n° 241/APA, datée de Niamey, le 24 novembre 1949. ANS, série M 65 versement 174.

profit personnel. Ce rôle est dans l'esprit des prérogatives qu'ils désirent se voir reconnaître, il leur permet de recouvrir une partie de leur autorité perdue.

Mais, c'est la logique impitoyable du colonisateur qui, en définitive, l'a amené à s'élever contre la confusion des pouvoirs dans les mains d'un seul homme, chef et juge. C'est, cependant, oublier qu'en "Afrique Noire, le juge c'est le chef et il est juge parce qu'il est chef. Que la masse se soit détournée des nouveaux maîtres de la justice pour aller vers ceux qui détiennent encore dans leurs mains l'exécutif et le judiciaire, c'est-à-dire les organismes coutumiers indigènes, quoi de plus normal ?" [81].

En effet, selon le gouverneur de Niger, seul l'administrateur, par son autorité et sa connaissance du pays, pouvait apporter aux faibles qui craignaient la décision des justices coutumières, la sécurité et des garanties. Et de citer une audience du tribunal criminel de Niamey, qui se tint en 1934, où il avait été désigné en qualité de défenseur d'office de l'inculpée : une jeune femme accusée d'infanticide. Au fur et à mesure que les débats, présidés par un vieil administrateur en chef chevronné, se déroulaient, il ne pouvait s'empêcher de s'étonner de la méthode du président : c'était, en vérité, lui le véritable défenseur. C'est à la lumière de l'attitude du commandant de cercle qu'il put saisir le fil qui lui manquait, l'accusée était innocente, et elle fut acquittée.

Le verdict rendu, il s'ouvrit à son supérieur de ses sentiments. Il lui fut répondu que, l'expérience de l'Afrique le lui montrera rapidement, s'il veut bien apprendre le pays, que l'administrateur-juge ne doit pas se borner à recueillir les témoignages qui justifient une condamnation de l'inculpé. Le faux témoignage fleurit, sans le plus souvent flétrir celui qui le commet, dans les crimes et délits intéressant les personnes. Le président ignorait tout, au début de l'audience, de la machination montée contre l'accusée, c'est par principe qu'il avait posé aux témoins certaines questions. Et ce sont ces questions qu'il pose toujours, qui les ont perdus.

Le gouverneur Colombani ajoute que, traduite devant une Cour d'assises, l'accusée aurait été certainement condamnée, car, conclut-il, "seul l'administrateur pouvait et peut encore sentir "certaines choses" [82].

À ces critiques de l'administration supérieure de l'Afrique occidentale française qui, en fait, plaide pour sa propre cause, le chef du service judiciaire va, dans une note du 15 mai 1950 [83], donner des réponses on ne peut plus pertinentes. Selon le Procureur général on ne peut, en effet, parler de désaffection pour la justice française, tant que la réforme judiciaire ne sera pas achevée, tant que le ressort n'aura pas été pourvu du minimum de personnel strictement indispensable.

---

81. Gouverneur de la Haute Volta à Gouverneur général, lettre n° 254/AP, en date de Ouagadougou du 2 novembre 1949.
82. Lettre n° 241/APA du 24 novembre 1949, déjà citée.
83. V. Note n° 1169 AJ/I. ANS, série M 65, moderne, versement 174.

Ce n'est pas de la justice française, par comparaison avec la justice indigène, que les populations autochtones se plaignent mais bien de l'absence totale de juridictions dans des régions importantes et très étendues de la Fédération. Si le justiciable africain récrimine contre le système judiciaire actuel, s'il montre une tendance inquiétante à s'adresser aux organismes coutumiers indigènes, ou à des tribunaux indigènes, ce n'est pas parce qu'il estime inconcevable que le chef soit dépouillé du pouvoir de juger, c'est uniquement parce qu'il n'a pas de choix : trop fréquemment, en Afrique occidentale française, le justiciable cherche, en vain dans un rayon de plusieurs centaines de kilomètres, un parquet qui puisse recevoir sa plainte, et mettre en mouvement l'action publique, un tribunal qui puisse trancher le litige où il est partie. Lorsque le département aura fourni les moyens d'ouvrir une juridiction de première instance à chaque chef-lieu de cercle, et d'adjoindre au Président de cette juridiction un magistrat principalement chargé de tenir des audiences foraines, le justiciable aura le choix entre la justice officielle et celle des organismes coutumiers ou clandestins. C'est alors, mais alors seulement, qu'il pourra être question, s'il y a lieu, de désaffection pour la justice française.

Certes, concède-t-il volontiers, la justice française est loin d'être parfaite, néanmoins, ses imperfections sont dues à la désolante disparité des conceptions qui président à son organisation. À la parcimonie des Assemblées locales qui refusent des crédits sous l'influence d'officiers ministériels gênés par la réduction, du fait de l'entrée en fonctionnement des juridictions nouvelles, du ressort du tribunal auprès duquel ils exercent leur profession, répond la méconnaissance, fatale sans doute, mais souvent formelle, et définitive, des choses d'Outre-Mer, dont sont affligés les magistrats et les fonctionnaires métropolitains. Les magistrats d'Outre-Mer, anxieux d'un nouveau poste, ou rêvant d'une hermine, sont préoccupés, en premier lieu, par l'institution d'emplois judiciaires de grade élevé. Leur sont opposés, les fonctionnaires de l'exécutif encore en proie à la nostalgie de l'époque antérieure au décret du 3 décembre 1931 où, en cas de crime, le commandant de cercle déclenchait l'action publique, faisait l'instruction, et renvoyait l'inculpé devant le tribunal criminel qu'il présidait lui-même, avec l'assistance de deux notables autochtones ayant seulement voix consultative.

Les inconvénients de la justice française ne tiennent ni à sa lenteur, ni à sa complexité. En effet, fait observer le Procureur général, les délais d'appel en justice indigène étaient beaucoup plus longs que ceux du code d'instruction criminelle. Le délai d'appel du procureur de la République était de trois mois contre les jugements des tribunaux du premier degré, il est de quinze jours contre les jugements des tribunaux correctionnels. Le délai qui s'écoulait, avant la réforme de 1946, entre le jugement d'un tribunal de premier degré, et l'arrêt du tribunal colonial d'appel siégeant au chef-lieu du territoire était généralement plus long que celui qui séparait la date d'un jugement correctionnel de celle de l'arrêt rendu.

Même observation en ce qui concerne les lenteurs de la procédure de cassation : le délai de pourvoi en cassation est de trois jours francs ; le délai de pourvoi en annulation du Procureur général était de six mois. La Cour de cassation ne juge qu'en droit. La chambre d'annulation qui jugeait en droit et en fait, était amenée, une fois sur deux, sur les pourvois très fréquemment formés par le parquet général, à ordonner une instruction complémentaire.

Les délais de procédure de la justice de droit commun, sont plus courts que ceux de la justice indigène, ou ceux de la justice métropolitaine. En effet, à la différence du code de procédure français, l'article 207 du code d'instruction criminelle présente deux particularités essentielles : le justiciable ne comparaît pas en appel, et le délai de citation devant la Cour, qui est de trois jours comme en France, n'est pas augmenté, à raison de la distance.

C'est donc dans la mise en état des dossiers, et dans l'imperfection des textes relatifs à l'exercice du ministère d'huissier que peut résider la cause des lenteurs, dans la mesure où il y a encore lenteur. En effet, quand le nouveau statut des greffiers et des secrétaires des greffes et parquets permettra à la justice de disposer d'un personnel auxiliaire accru, il faudra moins de temps à la Cour de Dakar pour statuer sur l'appel d'un jugement de Cotonou qu'à la Cour d'Aix-en-Provence pour statuer sur l'appel d'un jugement de Marseille.

Somme toute, conclut le Procureur général de Montera : “la justice indigène était une justice retenue par le pouvoir exécutif. La justice française est une justice déléguée. Puisque en vertu du principe ‘donner et retenir ne vaut', il ne saurait être question d'abolir ou de réduire dans son application, l'espèce de charte d'émancipation octroyée en 1946, à tort ou à raison, au justiciable africain, par le gouvernement de la République, le mieux, à mon sens, serait de ne plus regarder en arrière. Artisans du nouvel édifice judiciaire... les magistrats de l'Afrique occidentale française ont avant tout besoin d'être aidés. Qu'on nous aide et, sans prétendre à l'affection du justiciable, nous ferons de notre mieux pour qu'il n'y ait point désaffection” [84].

L'identité des organes chargés d'appliquer la législation métropolitaine exige, cependant, pour être assurée, une refonte complète de l'organisation judiciaire de l'Afrique occidentale française. Elle implique une profonde modification du décret du 22 juillet 1939, qui organise la justice de droit commun, de manière à lui permettre de substituer sa compétence pénale à celle de la justice de droit local.

Il sera décidé, en attendant l'institution d'un nouvel appareil judiciaire, de recourir à une organisation transitoire de la justice pénale comportant, pour les nouveaux usagers de la justice française, les mêmes avantages que la justice indigène, à savoir, la gratuité, mais surtout la proximité.

Un projet d'organisation judiciaire provisoire va prévoir la création de justices de paix à compétence correctionnelle restreinte, et de sections de la Cour d'appel de l'Afrique occidentale française qui siégeraient à Bamako et à

84. Note du 15 mai 1950, déjà citée, p. 6.

Grand-Bassam. Afin de pourvoir aux besoins immédiats en personnel des juridictions inférieures, dont le ressort reste celui de la subdivision administrative, il est préconisé de faire provisoirement appel à des non-fonctionnaires, qui présentent des garanties de moralité. Mais, faute de personnel non administratif disponible, le principe de la séparation des pouvoirs ne pourra pas être appliqué. L'essentiel étant que les populations locales aient le sentiment qu'elles sont jugées par les mêmes juridictions que les originaires de la métropole. En somme, la magistrature de carrière se substitue à l'administration, mais les administrateurs et chefs de poste gardent des prérogatives judiciaires.

Le décret du 3 juillet 1946, qui permet le démarrage du nouvel appareil judiciaire, va, cependant, laisser de côté tout ce qui a trait à la création de sections de la Cour d'appel. Il faut attendre l'entrée en vigueur du décret n° 51-412 du 11 avril 1951 [85], pour que soit effectivement instituée, avec juridiction sur la Côte d'Ivoire, la Haute-Volta, le Dahomey et le Togo, une Cour d'appel à Abidjan, distincte de celle de Dakar, qui ne conserve plus dans son ressort que les territoires du Sénégal, de la Mauritanie et de la Guinée française, le Soudan et le Niger étant compris dans le ressort de la chambre créée à Bamako.

Mais le processus ne s'arrête pas là. Dans le but de rapprocher le justiciable de l'appareil judiciaire, et d'accélérer la procédure d'appel, le législateur va, avec le décret du 2 avril 1955 [86], installer à Cotonou, une chambre dont le ressort s'étend, en plus du Dahomey, au Togo [87], et au Niger. La Cour d'appel d'Abidjan n'englobant plus que les territoires de la Côte d'Ivoire et de la Haute-Volta.

Lors de l'accession des Républiques africaines à l'autonomie interne, il existe quatre Cours d'appel, à Dakar, à Abidjan, à Bamako et à Cotonou. En effet, à la suite du décret du 19 décembre 1957 [88], qui réduit les grades de la magistrature coloniale de quatorze à cinq, les chambres de Bamako et de Cotonou vont être, avec le décret du 28 août 1958 [89], transformées en Cours d'appel.

---

85. *JOAOF* 1951, p. 281.
86. *JOAOF* 1955, p. 1351.
87. Qui se verra doté d'un tribunal supérieur d'Appel par le décret n° 58 181 du 28 février 1958. *JOAF* 1958, p. 472.
88. *Rec. Penant*, janvier-février 1958, Législation, p. 19.
89. *JOAOF* 30 août 1958, p. 8084.

Deuxième partie

Le personnel de la Cour

L'organisation judiciaire présente, dans tout l'empire colonial français, les mêmes caractéristiques. Partout, l'agencement des tribunaux de droit français est le même. On retrouve, fonctionnant selon les mêmes principes, les mêmes degrés de juridiction qu'en France. Tel est, au premier abord, l'impression générale. S'imagine-t-on qu'il était loisible de transférer tout d'un coup, tout le système judiciaire métropolitain ? Trop lourd et trop compliqué, il exigeait un personnel dont le recrutement était malaisé, quand la tâche à accomplir n'en justifiait pas la présence. De ce fait, l'assimilation judiciaire n'a pu se réaliser que progressivement.

Dans les colonies de l'Afrique occidentale française, l'organisation judiciaire est en liaison étroite avec les progrès de la mise en valeur. Tant qu'elles restent des possessions de soutien étrangères à toute idée d'expansion ou d'implantation durable, le système judiciaire est des plus rudimentaires. L'administration de la marine accaparait l'essentiel des fonctions juridictionnelles. La hiérarchie était des plus sommaires. Les notables s'associaient, à tous les échelons, à la distribution de la justice, tandis que les rares magistrats, d'origine métropolitaine, se retrouvaient dans des juridictions différentes, isolés, et réduits à l'impuissance. La simplicité des affaires, leur nombre réduit, et l'absence de justiciables européens justifiaient cette situation. Avec l'achèvement de la conquête, il fallut passer à un autre stade d'organisation. La création du gouvernement général exigeait, en effet, la mise en place d'institutions judiciaires plus complexes. À une justice exceptionnelle, dévolue aux officiers de Marine, devait se substituer une justice plus régulière, offrant toutes les garanties aux métropolitains transplantés.

De son origine toute militaire, l'institution judiciaire devait, cependant, garder plusieurs traits. L'emprise des autorités locales va s'exercer sur un personnel très réduit, que son détachement du ministère de la justice, pour le ministère des colonies, plaçait dans une situation particulière (Titre Premier). Le statut des auxiliaires de la justice était encore plus défavorable, plus dépendant. Moins nombreux que dans la métropole, échappant au droit privé, non propriétaires de leurs charges, ils s'alignaient sur le statut des fonctionnaires publics (Titre Deux).

Titre premier

La Cour est dépourvue d'autonomie fonctionnelle

La magistrature coloniale diffère, statutairement, de celle de la métropole, elle ne bénéficie pas de la même indépendance. Amovible, son avancement et ses mutations dépendent d'une commission qui siège au ministère des colonies et où les représentants de l'exécutif sont les plus nombreux. Sa discipline relève du gouverneur général, et du premier organe du ministère public de la colonie. Cette mainmise sur les juges (chapitre Premier) est d'autant plus efficace, que leur effectif est plus réduit. C'est le cas particulier en Afrique occidentale française, où le recrutement sur place, longtemps inexistant, ne peut combler le vide créé par l'insuffisance du personnel venu de la métropole, et qui avait du mal à s'acclimater.

Interprète de la civilisation du colonisateur, animatrice, au même titre que l'administration locale, de l'entreprise d'homogénéisation des deux sociétés en présence, la magistrature reste étrangère à la population autochtone, au moment où les métropolitains d'origine lui contestent son rôle d'interprète impartial de la loi. Elle ne bénéficie ni de l'appui populaire ni de l'appui de l'administration qui se méfie de son esprit d'indépendance, et lui reproche la rigidité de ses principes juridiques (Chapitre Deux).

Chapitre premier

La mainmise sur la magistrature

La magistrature, gardienne et traductrice de la loi, incarne le pouvoir judiciaire. C'est pourquoi, à la base de son organisation, le principe de la séparation des pouvoirs se traduit par une autonomie de carrière et par une indépendance de fonctions. Ces règles valables pour la métropole ont-elles été transplantées outre-mer ? Qu'en est-il des relations entre le pouvoir judiciaire et les autorités administratives ? Le principe de la séparation des pouvoirs peut-il être respecté lorsque, de par les prérogatives du ministère des colonies et des autorités locales, la magistrature coloniale subit une subordination qui se ressent à travers l'organisation de son statut ? (Section 1) La règle de l'inamovibilité peut-elle s'appliquer dans une organisation judiciaire qui comporte l'inconstance d'un personnel qui, pour combler des vides incessants, est appelé indifféremment à occuper des fonctions de juge ou de représentant du ministère public ? (Section II).

Section 1. Une magistrature sous tutelle

La mise en tutelle de la magistrature se traduit, en Afrique occidentale française, par des situations qui n'ont pas d'équivalent dans la magistrature métropolitaine : le système de l'unicité du juge (Paragraphe 1), et la subordination des magistrats au représentant du ministère public (Paragraphe 2).

Paragraphe 1. La restriction du cadre de la magistrature

Assurer aux justiciables français des garanties égales à celles dont ils jouissaient en métropole sans augmenter d'une manière outrancière le personnel, tel est le problème que doit résoudre le législateur colonial dans l'organisation des cours et tribunaux. Face à deux objectifs aussi difficiles à concilier, la législation coloniale a connu de nombreuses hésitations. Deux tendances opposées l'ont emporté tour à tour. Tantôt, devant le petit nombre des affaires, et par souci d'économie, les autorités coloniales diminuent le nombre des magistrats au risque de compromettre le fonctionnement régulier du service et de sacrifier l'intérêt des justiciables, Tantôt, au contraire, elles sont sensibles au droit des justiciables à jouir de toutes les garanties qui existent en métropole, et elles multiplient les juridictions et augmentent le personnel.

En Afrique occidentale française où l'administration locale reprochera toujours à la justice française d'être inadaptée aux conditions locales, la tendance à la restriction du personnel va d'autant plus largement l'emporter que, les représentants de l'exécutif voudront toujours contrôler la justice. Ils ne peuvent accepter de déléguer les attributions qu'ils ont monopolisé à l'origine à une magistrature qui superpose ses principes juridiques à un ensemble de coutumes et de mœurs, qui ne s'installe pas puisqu'elle reste étrangère aux populations autochtones [1].

Cette politique de restriction du cadre de la magistrature aura les conséquences que l'on imagine du point de vue de l'insuffisance numérique du personnel. À la fin du XIXe siècle [2], nous avons pour toue les établissements français de la côte occidentale d'Afrique, un cadre de sept magistrats, y compris les représentants du ministère public, pour faire face aux nécessités du service d'une Cour d'appel, d'une cour d'assises et de deux tribunaux de première instance.

Ce personnel, qui se compose d'un président, d'un conseiller et d'un conseiller-auditeur pour la Cour d'appel, et d'un juge-président et d'un procureur de la République pour chacun des tribunaux de Saint-Louis et de Gorée, est non seulement insuffisant, mais c'est une fiction dans une colonie où le personnel est toujours réduit de près de moitié par suite des maladies, des congés ou des changements de destination. Aussi, n'est-il pas rare de voir une ou même deux juridictions sur trois complètement privées de magistrats et réduites à fonctionner avec un personnel exclusivement recruté dans les services inférieurs ou même dans des services absolument étrangers à l'administration de la justice. C'est ainsi que le tribunal de Gorée, qui se compose d'un juge unique, devait attendre plus de deux ans son titulaire qui avait déjà changé quatre fois dans ce laps de temps sans jamais paraître dans la colonie. Il fallut, pendant plusieurs mois, confier les fonctions de juge-président et de juge d'instruction au greffier qui cumulait déjà celles de greffier, de notaire et de commissaire-priseur. Pendant ce temps, un capitaine d'artillerie remplissait les fonctions de procureur de la République. La Cour d'appel est presque toujours obligée, par suite de la nécessité à peu près constante de déléguer aux juridictions du premier degré la plupart de ses membres, de siéger avec un seul magistrat et deux assesseurs pris parmi les notables désignés comme suppléants. Cette adjonction d'éléments étrangers constituait comme nous l'avons vu,

---

1. V. Lettre n° 241/APA, datée de Niamey le 24 novembre 1949, du Gouverneur du Niger au Gouverneur général, Haut-Commissaire de la République en AOF. ANS, série M 65 versement 174.
2. V. Jacomy, Substitut du Procureur général près la Cour d'appel de Paris, Rapport du 5 avril 1888 sur l'organisation judiciaire du Sénégal. ANSOM, Sénégal et Dépendances II, Dossier 2.

l'une des principales faiblesses de l'organisation judiciaire de la colonie du Sénégal et dépendances.

Le personnel minimum indispensable à son fonctionnement normal fera toujours défaut au service de la justice de l'Afrique occidentale française. Ce manque de moyens, qui a toujours constitué son vrai problème, va atteindre son extrême limite avec la brusque suppression des juridictions pénales indigènes en 1946. En effet, avant le 1er juillet 1946, 1 500 juges, y compris les assesseurs, autochtones des tribunaux de droit local, rendent la justice dans 260 juridictions. Parmi eux, on ne dénombre que 45 magistrats de carrière, pour une population de 16 millions d'habitante. Du 1er mai 1947 au 1er janvier 1950, nous n'avons plus que 150 juges, dont environ la moitié sont des juges de paix à attributions correctionnelles limitées, véritable personnel de fortune. À la date du 26 mai 1950, on était remonté à 173 juges, dont 68 juges de paix à compétence correctionnelle limitée. C'est dire qu'avec les difficultés budgétaires de l'État, le service judiciaire ne se dégageait de sa situation désespérée qu'avec une lenteur extrême [3].

Le principal moyen employé, pour assurer l'économie du personnel de la magistrature consiste, en Afrique occidentale française, dans l'unicité de juge en première instance. Mais, cette organisation ingénieuse n'a pas manquée d'être critiquée comme constituant une diminution de garantie.

Ce système de l'unicité du juge a, en effet, suscité de vives controverses [4]. Pour les partisans de ce mode d'organisation judiciaire, responsabiliser le juge devant l'opinion publique et devant ses chefs, constitue pour lui une excitation salutaire de son activité. C'est la seule organisation capable de donner la juste mesure de la valeur intellectuelle, et de l'autorité du magistrat. Mais le principal avantage de l'unicité du juge est qu'il réduit de façon considérable les dépenses de personnel.

Les détracteurs du système parlent de vice d'organisation. Si, en effet, l'unicité du juge est un système parfait en théorie, il a, en pratique, le grave inconvénient d'exposer le juge à l'animosité des plaideurs, danger auquel sont particulièrement sensibles les magistrats débutants. Et si cette organisation a l'avantage de réduire le personnel, il n'est pas certain, en revanche, que les justiciables préfèrent un seul juge à trois. La garantie est plus sérieuse, l'erreur étant moins à craindre, quand plusieurs magistrats mettent en commun leurs opinions et jugements. Les tribunaux à plusieurs juges sentent, en outre, peser sur eux une responsabilité aussi efficace que celle assumée par le juge unique, et leurs décisions ne peuvent qu'être inspirées par le même désir de rendre des sentences irréprochables.

---

3. V. La note confidentielle n° 1169 AJ/1, datée de Dakar le 15 mai 1950, du Procureur général F. De Montera. ANS, série M 65 Versement 114.
4. V. notamment, Sol, « Quelques aspects du problème judiciaire aux colonies », *Rec.* 1934, 2, numéro 72 à 84, et P. Artaud, « La magistrature coloniale » *Pen.* 1918, doctrine, p. 43-55.

La garantie est d'autant plus diminuée dans le système de l'unicité du juge, que les fonctions de juge de paix à compétence étendue sont confiées à des administrateurs, ces juges non spécialisés, qui doivent se saisir, instruire, puis s'adresser des réquisitions, donc, poursuivre et juger avec la compétence d'un président de tribunal de première instance.

Dans leurs fonctions de juges de paix à compétence étendue les administrateurs sont soumis au contrôle du parquet général [5]. Placés sous les ordres immédiats du chef du service judiciaire, ils sont tenus de déférer à ses ordres, et de se conformer à ses instructions. Ainsi, le Procureur général a, incontestablement, le droit de reprendre directement les administrateurs, de les rappeler à l'observation des prescriptions de la loi, en un mot de blâmer tout manquement aux obligations qui leur sont imposées par leurs attributions judiciaires. Mais ce contrôle peut-il être opérant, lorsque le chef du service judiciaire est obligé, pour n'importe quelle sanction, de recourir à l'autorité du gouverneur général ? [6]

Paragraphe 2. La suprématie du parquet sur le siège

Une des particularités de la hiérarchie judiciaire aux colonies, est l'absence du poste de Premier président. Les Cours d'appel ont, à leur tête, un président qui n'a aucun droit de notation ou de proposition. Cette situation provient de la non-indépendance du siège et du parquet, de la nomination d'un magistrat du parquet à la direction du service de la justice. Ce chef du service judiciaire est, en tant que membre du Conseil privé ou de gouvernement, chef d'administration (A). Mais, chef du parquet général, il se voit attribuer des pouvoirs de surveillance et de discipline, tant à l'égard des magistrats du siège qu'à l'égard des officiers ministériels du ressort (B).

A. Le Procureur général est chef de service

Le chef du parquet général participe, comme chef du service judiciaire, à l'administration des colonies de la Fédération. Il prend les ordres généraux du chef du groupe sur toutes les parties du service qui lui est confié, il dirige et surveille leur exécution, et lui rend compte des actes de son administration. Il est le seul à pouvoir correspondre avec lui sur les matières de ses attributions, à recevoir et à transmettre ses ordres sur tout ce qui est relatif au service qu'il dirige [7].

La collaboration qui doit, ainsi, exister entre le gouvernement général qui a la haute surveillance de l'administration de la justice, et le Procureur général qui est son subordonné, explique que les fonctions de chef du service judiciaire

---

5. Article 13 du décret du 22 septembre 1887.
6. V. La lettre du Procureur général au Gouverneur général, datée de Saint. Louis le 1er juin 1896. ANS, série M 14, pièce n° 83.
7. Articles 80 et 84 de l'ordonnance organique du 7 septembre 1840.

cadrent mieux avec la magistrature debout qu'avec la magistrature assise. D'où l'évolution qui a conduit à confier, en 1889, ces fonctions au chef du parquet général, alors qu'originairement, le président de la Cour du Sénégal et dépendances était, en même temps, chef du service judiciaire.

Sous d'ordonnance royale du 7 janvier 1822, le commandant et administrateur pour le roi était président du Conseil d'appel. Et, lorsque conformément aux dispositions de l'ordonnance du 24 mai 1837, il est remplacé à la présidence de la Cour par le magistrat de carrière qui occupait la vice-présidence, celui-ci va, en même temps, être chargé des fonctions de chef du service judiciaire. Ce cumul va durer jusqu'en 1847, année où une ordonnance du 4 décembre investit le Procureur général à la fois des fonctions du ministère public et de celles de chef de service. Sept années plus tard, c'est le retour à la situation antérieure, avec l'ordonnance impériale du 9 août 1854 qui, en substituant au Procureur général un procureur impérial, rétablit la primauté du président de la Cour impériale qui cumulait en plus de ses fonctions propres, celles de chef du service judiciaire.

Mais cette situation était devenue si paradoxale que, le président de la Cour d'appel va demander, lui-même, le rétablissement du poste de Procureur général, chef du service.

En effet, note le président Carrère [8], si on combine l'article 18 du décret impérial du 9 août 1854 qui confie la direction du service au président de la Cour impériale, avec les dispositions de l'ordonnance du 7 septembre 1840 on s'aperçoit que le chef de l'administration de la justice communique seul avec le gouverneur, pour tout ce qui concerne son service ; que, seul, il reçoit et transmet ses ordres. L'ordonnance organique veut que le chef du service judiciaire se pénètre des vues du chef de la colonie, s'y associe avec dévouement, et dirige son administration de manière à concourir, par tous les moyens dont dispose la justice, à la réalisation des vues gouvernementales. Or, les fonctions de magistrat assis, qu'aux termes du décret impérial du 9 août 1854, exerce le chef du service judiciaire, le mettent dans l'impossibilité de remplir le devoir de son emploi pour ce qui se rattache aux questions générales relevant de l'autorité du gouverneur. En effet, chargé de présider la juridiction supérieure, président né de la Cour d'assises, il doit, obéissant au devoir de sa conscience, ne se prononcer sur les questions litigieuses qu'à l'audience même. S'il le fait avant, il altère sa fonction dans son essence car il se transforme en juge de parti pris. Le justiciable n'en est-il pas informé, la conscience du magistrat lui dira assez haut qu'il manque au principe de son institution. Le président de la Cour impériale, chef de service, est, en somme, impuissant à diriger convenablement l'administration de la justice.

Il est d'autant plus frappé d'inertie, qu'aux termes des articles 15 et 22 du décret organique du 9 août 1854, c'est le procureur impérial près le tribunal de

8. V. son rapport en Conseil d'administration, séance du 20 janvier 1862. ANS, série M 5, Dossier O-a.-23, pièce n° 1.

première instance, magistrat placé au quatrième rang sur cinq, qui tient en main, la partie active du service. C'est lui qui devrait se pénétrer des vues, s'inspirer de l'esprit du gouvernement, et s'associer personnellement aux directives que le gouverneur imprègne aux divers services. Et, cependant, l'ordonnance organique lui interdit toute communication directe avec le représentant de l'Empereur. Telle est, conclut ce haut magistrat, l'impasse qui ne peut plus durer. Les difficultés ne seront levées que si on donne au chef du service judiciaire, la liberté d'action qui lui manque, en rétablissant la fonction de Procureur général.

Le ministère étant resté sourd à cet appel, le substitut du Procureur général près la Cour d'appel de Paris reviendra à la charge, à son retour d'une mission d'étude effectuée au Sénégal, en 1887, en qualifiant le cumul de véritable hérésie juridique. Les deux fonctions de président de Cour et de chef du service judiciaire sont, en effet, incompatibles. Le président de la Cour est, note le substitut Jacomy [9], et doit être uniquement un juge chargé d'appliquer la loi et les règlements. Le chef du service judiciaire est un fonctionnaire administratif presque autant qu'un magistrat. Il participe, comme chef d'administration, au gouvernement de la colonie, et comme membre du Conseil privé, à la préparation de règlements dont il ne peut, ensuite, être appelé, en qualité de juge, à apprécier les conséquences ou même la légalité. Il est inutile d'insister sur les inconvénients d'un pareil cumul de fonctions, qui n'a même pas le correctif résultant de l'inamovibilité. Il suffit d'ajouter que cette situation, déjà grosse de dangers au point de vue de l'intérêt des justiciables, peut être encore fertile en conflits sous un tout autre point de vue. En effet, revenant sur le manque de pouvoir d'agir du président de la Cour, Jacomy souligne que le chef du service judiciaire devrait être naturellement le maître de l'action publique. Or ses fonctions de président de la Cour l'obligent à s'abstenir de toute ingérence dans les actes du ministère public, et de toute appréciation à l'égard de l'impulsion donnée à l'action publique, sous peine de se voir l'objet de constantes récusations quand il monterait sur son siège de juge. il en résulte, ou une menace de conflits perpétuels, ou une indépendance absolue, vis-à-vis du chef du service, des magistrats du parquet dont le chef réel n'est, au Sénégal, qu'un simple procureur de la République.

C'est pour tenir compte de toutes ces remarques sur les inconvénients de ce cumul que le législateur colonial va finir, avec le décret du 15 mai 1889, par attribuer définitivement au chef du parquet de la colonie, sous le titre de Procureur général, les fonctions de chef du service judiciaire.

Le responsable de l'administration de la justice se soumettait plus aisément et au même titre que tous les autres chefs de services généraux, au contrôle du gouverneur général, dépositaire des pouvoirs de la République. Il n'avait aucune prérogative sur ses services territoriaux, sur lesquels, le gou-

9. V. son rapport au Sous-secrétaire d'État au Ministère de la Marine et des Colonies, daté du 5 avril 1888, déjà cité.

verneur général exerce, avec le concours des lieutenants-gouverneurs, un droit de surveillance par le monopole de la correspondance [10].

Mais, la justice, qui est garante des libertés publiques et des droits de l'individu, n'est pas un service administratif comme un autre. D'ou l'interdiction qui est faite aux gouverneurs de s'immiscer dans les affaires qui sont de la compétence des tribunaux, et la dérogation dont bénéficie le Procureur général, qui n'est pas un chef de service ordinaire. En effet, pour éviter toute confusion entre ses attributions judiciaires et ses attributions administratives il lui est permis de correspondre directement avec les agents de son service. Mais, ce régime particulier ne pouvait, dans une Fédération très centralisée, fonctionner sans poser des problèmes.

Des difficultés vont ainsi surgir, dans certaines colonies du groupe au sujet de l'interprétation de la circulaire générale du 24 janvier 1905 relative à la correspondance directe du Procureur général avec les procureurs de la République des colonies, et les magistrats de tous ordres en service en Afrique occidentale française. Le gouverneur général va être obligé, suivant une autre circulaire du 24 juillet 1907 [11], de préciser les conditions dans lesquelles cette correspondance doit être exercée.

Contrairement aux autres chefs des services du gouvernement général, qui n'ont pas la qualité pour correspondre officiellement, soit avec les lieutenants-gouverneurs, soit encore moins avec ceux de leurs agents qui sont en service dans les colonies et réciproquement, le Procureur général peut correspondre directement avec le procureur de la République et les magistrats en service dans les colonies, en ce qui concerne l'administration de la justice aux justiciables. Cette correspondance directe doit être strictement limitée aux affaires de cet ordre. Mais, si elle peut et doit librement s'exercer entre le Procureur général et les magistrats de tout ordre, aussi bien les juges de paix à compé-

---

10. Ce procédé n'est pas sans inconvénients, ainsi que l'atteste la mésaventure arrivée au Président du tribunal de première instance de Conakry qui, le 1er septembre 1906, adresse une commission rogatoire à l'administrateur du Rio-Nunez à Boké. Tardant à recevoir une réponse, il expédie le 25 octobre, une lettre demandant le renvoi de la commission rogatoire après expédition. Le 31 octobre, il demande par télégramme à l'administrateur de Boké si celui-ci avait reçu ses correspondances des 1er septembre et 25 octobre. En retour, il a la surprise de recevoir, le 1er novembre, un télégramme qui dit confirmer un autre du 29 octobre, portant le numéro 367, en réponse à la lettre du 25 octobre. Ce télégramme n'était jamais parvenu au Parquet ni au tribunal. Il s'était tout simplement égaré au Cabinet du Lieutenant-gouverneur. Bien que portant l'adresse : "Cercle de Boké à Gouverneur pour Procureur de la République", il n'avait pas été transmis. Ce n'est que le 7 novembre 1906, que le Procureur de la République en reçoit, et sur sa demande, une copie du chef de cabinet du gouverneur. V. ANS, série M 25, Justice Européenne, Personnel, Chemise 3, pièce n° 132.
11. Gouverneur général à Messieurs les Lieutenants-Gouverneurs, Circulaire 152 C. du 24 juillet 1907. a.s. de la correspondance officielle du Procureur général. ANS, série M 44 pièce 12.

tence étendue que tous les autres officiers de police judiciaire, il importe, toutefois, que les lieutenants-gouverneurs, seuls responsables de l'administration de leur colonie, de la tranquillité politique et de la sécurité publique, soient exactement renseignés sur tout ce qui se passe dans l'étendue de leur gouvernement. Il convient donc de ne pas perdre de vue que le ministère public, seul qualifié pour mettre en œuvre l'action publique, a le devoir strict de tenir l'autorité administrative au courant de tous les faits d'ordre judiciaire qui peuvent présenter un intérêt, soit politique, soit administratif. Il doit exister, dans chaque colonie, une sorte d'interpénétration constante entre l'autorité administrative d'une part. le procureur de la République, les juges de paix et les officiers de police judiciaire d'autre part, ce qui ne peut en aucune façon nuire à l'indépendance de la magistrature non plus qu'à la rapidité des communications entre le Procureur général et ses substituts.

Ce droit de correspondance du Procureur général ne concerne, toutefois, que la justice de droit commun. Toute la correspondance relative à la justice de droit local doit, en revanche, être centralisée par l'autorité administrative, les communications entre les colonies et le gouvernement général ne pouvant s'exercer qu'entre les lieutenants-gouverneurs, d'une part, et le gouverneur général de l'autre. Et, par une application insolite du principe de la séparation des pouvoirs, il est interdit à l'autorité judiciaire locale de s'immiscer en rien dans les questions de justice indigène. Celles-ci doivent être traitées, directement sur place, entre les administrateurs et les lieutenants-gouverneurs. Les pièces périodiques à fournir, les jugements des tribunaux de cercle à soumettre à l'examen de la chambre d'homologation, sont transmis directement par les lieutenants-gouverneurs au gouverneur général qui saisit le Procureur général de ces communications. Il n'appartient qu'au chef de la Fédération de faire part aux lieutenants-gouverneurs des observations qui auront été relevées, et de leur donner les instructions utiles. Le Procureur général, pour toutes les questions ressortissant à la justice indigène, doit obligatoirement, comme tous les autres chefs des services généraux, passer par l'intermédiaire du gouverneur général. Il ne saurait, valablement, pour les affaires de cet ordre, communiquer directement avec les autorités. Il en est de même pour les questions d'organisation judiciaire, de personnel, et celles d'ordre administratif ou financier touchant la justice.

La distribution ainsi opérée par le gouverneur général entre les prérogatives du chef du service judiciaire, relativement à la distribution de la justice française, d'une part, et l'administration de la justice indigène et les questions d'organisation et de personnel, d'autre part, peut non seulement prêter à divergence d'interprétation entre deux corps jaloux de leur autorité, mais elle sera à l'origine d'interminables conflits entre la magistrature et les fonctionnaires d'autorité.

La question de la séparation des pouvoirs était, en effet, fort délicate. Le personnel judiciaire, très à cheval sur ses prérogatives, était porté à interpréter, le plus limitativement possible, les textes qui régissent, dans le fonctionnement de la justice, les pouvoirs des gouverneurs. Il déniait à ces autorités territoriales le droit d'intervenir dans la distribution de la justice. Le Procureur général, chef du seul service judiciaire de la Fédération ne se trouvait placé que sous l'autorité du gouverneur général, seul dépositaire des pouvoirs de la République. Les gouverneurs des colonies, qui se disaient responsables de l'administration de leur territoire, et du maintien de d'ordre public, ne pouvaient, à leur tour, accepter cette mise à l'écart. Ils exigeaient d'être exactement renseignés des choses judiciaires.

C'est ainsi que le lieutenant-gouverneur du Sénégal va inviter le procureur de la République de Dakar à lui adresser les statistiques annuelles concernant son service, deux d'entre elles étant destinées à l'Office colonial, et la troisième au gouvernement général, en vue de l'établissement de la situation d'ensemble pour l'année 1914. Il ajoute que les statistiques doivent être accompagnées du rapport annuel sur le fonctionnement du service [12].

Pour le procureur de la République qui rend compte au chef du parquet général [13], le lieutenant-gouverneur commet une double erreur sur l'étendue de ses attributions. Tout d'abord, le procureur de la République de Saint-Louis, délégué du Procureur général dans la colonie, est seul chargé de centraliser les renseignements relatifs au fonctionnement de la justice dans la colonie du Sénégal, en vue de l'établissement annuel de la situation d'ensemble. Donc, ainsi qu'il est de règle [14], les statistiques et le rapport annuel sont à adresser au Procureur général, chef de l'administration de la justice en Afrique occidentale française, avec ampliation au procureur de la République de Saint-Louis.

Le lieutenant-gouverneur commet une seconde erreur en invoquant l'article 34 de l'ordonnance du 7 septembre 1840 pour exiger que les documents en question lui soient transmis par les parquets de la colonie. En 1840, le Sénégal constituait une colonie indépendante dans laquelle le gouverneur veillait à la libre et prompte distribution de la justice. il communiquait directement avec le ministère auquel il était chargé de transmettre les documents concernant l'administration de la justice, comme ceux relatifs à tous les services de la colonie. Encore, faut-il remarquer que, sous l'empire de cette ordonnance ces documents ne lui étaient pas remis directement par les parquets des divers tribunaux, mais bien par le chef du service judiciaire. Cette situation s'est maintenue pendant la période durant laquelle le gouverneur du Sénégal était, en même temps, gouverneur général de l'Afrique occidentale. Mais, le gouverneur du Sénégal paraît avoir perdu de vue qu'il n'en est plus ainsi actuellement, qu'il n'est plus qu'un lieutenant-gouverneur, au même titre que les chefs des autres colonies du groupe, placé sous la haute autorité d'un gouverneur général, seul dépositaire des pouvoirs de la République. Et que,

12. Lettre n° 800 du 26 avril 1915.
13. V. sa lettre datée de Dakar le 14 mai 1915. ANS, série M 44, pièce n° 60.
14. V. circulaire n° 8 du 30 décembre 1912 du Parquet général adressée aux parquets de Conakry, Bassam et Cotonou.

d'autre part, le décret du 10 novembre 1903 a supprimé la Cour d'appel du Sénégal, et créé une Cour d'appel de l'Afrique occidentale dont le Procureur général est le chef du service judiciaire. C'est le seul qualifié pour donner aux chefs des parquets du ressort des instructions concernant l'établissement et le mode de transmission de tous documents d'ordre judiciaire tels que les statistiques et le rapport annuel sur le fonctionnement de la justice dans les diverses colonies. Qu'enfin, le Procureur général établit, sur les données fournies par ces rapports et statistiques, le rapport d'ensemble annuel sur le fonctionnement de la justice dans le ressort de la Cour d'appel de l'Afrique occidentale, fonctionnement dont il est seul responsable vis-à-vis du gouverneur général. En somme, le lieutenant-gouverneur du Sénégal n'a plus le contrôle de l'administration de la justice dans sa colonie.

Les chefs des colonies de la Fédération n'ont ni le droit d'intervenir dans les affaires judiciaires, ni celui d'adresser des directives aux procureurs de la République qui ne sont pas chefs du service judiciaire des colonies où ils sont en service. Méconnaît donc le principe de la séparation des pouvoirs, l'autorité administrative qui, telle que le gouverneur de la Côte d'Ivoire, adresse au parquet local des observations ou des directives quant à l'exercice de l'action judiciaire.

Ce chef de colonie s'était, contrairement aux dispositions de l'article 11 du décret du 5 mars 1927 [15] immiscé dans les affaires qui sont de la compétence des tribunaux. Il s'était adressé au procureur de la République de Grand-Bassam, pour regretter la carence et la pusillanimité de la justice française. Le tribunal de Grand-Bassam avait, en effet, au cours du mois de juin 1941, fait bénéficier du sursis tous les délinquants qui avaient comparu sous des chefs d'inculpation allant de la vente de marchandises à des prix prohibitifs à l'escroquerie, de violences et voies de fait au bal sans autorisation, et tapage nocturne.

Invoquant une circulaire du Garde des Sceaux sur les abus auxquels donne lieu l'application de la loi du sursis, il avait demandé au procureur de la République de s'inspirer dans ses réquisitions des considérations exposées dans cette circulaire et, "en cas d'application systématique du sursis, de faire régulièrement appel" [16].

Le Procureur général ne pouvait laisser passer, sans protester, cette intervention dans les affaires judiciaires, cette méconnaissance des règles relatives à la séparation des pouvoirs administratifs et judiciaires. Il explique au directeur des affaires politiques et administratives du gouvernement général, que

---

15. Qui reproduit les dispositions de l'article 35 de l'ordonnance du 7 septembre 1840 qui interdit au gouverneur de s'immiscer dans les affaires qui sont de la compétence des tribunaux, ou de s'opposer à aucune procédure civile ou criminelle.
16. V. Ses lettres n° 257 APA/1 du 24 mai 1941, et n° 1809 APA/2 du 6 juin 1941, au procureur de la République de Grand-Bassam. ANS, série M 19 Versement 26, Parquet général, Pouvoirs des gouverneurs en matière judiciaire, Polémique Parquet avec la Côte d'Ivoire.

non seulement la prise de position du gouverneur de la Côte d'Ivoire lui apparaît, pour le moins, dépourvue de sérénité et d'objectivité, mais que des expressions telles que "carence", "pusillanimité", employés par ce chef de colonie, sont de nature à motiver des poursuites pour outrage à la magistrature, et qu'il ne saurait les tolérer [17].

Au Haut-Commissaire de l'Afrique française, à qui il présente sa ferme protestation, le Procureur général Lanes demande de bien vouloir recommander au gouverneur de la Côte d'Ivoire que, du fait de l'organisation de la justice française en Afrique occidentale française, où il n'existe qu'un seul service judiciaire, dont le Procureur général est le chef, les pouvoirs conférés aux gouverneurs de veiller à la libre et prompte distribution de la justice [18], ne concernent que le gouverneur général. C'est par son intermédiaire que l'intervention des chefs de colonie peut s'exercer.

Le parquet général, qui apporte le plus grand soin à l'accomplissement de la mission qui lui est dévolue, de diriger et de contrôler l'exercice de l'action publique, est prêt à examiner attentivement toutes les communications que le gouverneur général estimera devoir lui faire pour l'aider à remplir cette tâche [19].

C'est pourquoi, dans un souci d'apaisement, le gouverneur général [20] va recommander au gouverneur de la Côte d'Ivoire, dans le but d'éviter le retour de tels incidents, de traiter oralement, au cours des conférences hebdomadaires, des affaires de cette nature avec le procureur de la République, et, en cas de besoin, de le saisir afin qu'il règle la question avec le Procureur général.

Ainsi, si les gouverneurs des colonies du groupe tiennent à se subordonner la magistrature locale, c'est, en vertu du même principe qui veut qu'au niveau fédéral, le chef du service judiciaire est soumis au gouverneur général. Ils ne peuvent, en effet, tolérer que, sous la prétexte de la règle de la séparation des pouvoirs, l'action des parquets locaux ne devienne concurrente de la leur, au lieu de lui être subordonnée.

Mais, si le chef du service judiciaire, et son parquet général, peuvent se montrer très rigoureux dans l'interprétation du principe de la séparation des pouvoirs, il n'en peut être de même pour leurs collègues des colonies éloignées du siège de la Cour d'appel, où "les misères et les périls quotidiens de l'isolement dans un milieu médiocre, que rendent souvent hostile les conflits politiques, administratifs, économiques locaux [21] ont un effet délétère. Aussi,

17. V. La note confidentielle n° 296 AP/l du 22 septembre 1941, du Directeur intérimaire des Affaires politiques et administratives, a.s. de son entretien du 18 septembre 1941 avec le Procureur général Lanes.
18. V. l'article 34 de l'Ordonnance de 1840.
19. V. sa lettre n ° 730 AJ, datée de Dakar le 6 juin 1941.
20. Gouverneur général, Haut-Commissaire de l'Afrique française à Gouverneur de la Côte d'Ivoire, n° 321 AP/1, Dakar, 19 juillet 1941.
21. Procureur général, Installation de M. Hertz, Président de la Cour d'appel, document non daté, qui doit remonter à l'année 1944.

face aux divergences de vues entre le parquet général et l'administration supérieure du groupe sur le mode d'application de l'article 80 du décret du 10 novembre 1903 [22], qui fixe les attributions des procureurs de la République des colonies du Sud, en tant que délégués du chef du service judiciaire, certains parquets locaux peuvent-ils être portés, pour éviter de se mettre dans une situation embarrassante vis-à-vis de l'autorité politique, à obéir aux ordres du gouverneur général. Tel est le comportement du procureur de la République de Bingerville, qui sera à l'origine de l'affaire Blagny.

Blagny, procureur de la République de Bingerville avait cessé d'entretenir le parquet général de Saint-Louis de questions administratives. Ce n'était point parce qu'il méconnaissait l'autorité du chef du service judiciaire, mais c'était, dit-il, pour obéir aux ordres formels du gouverneur général. Mieux, s'étant rendu compte que l'avocat général [23] et le chef de la Fédération [24] définissaient dans des termes qui ne concordaient pas les attributions des procureurs des colonies du sud, il avait sollicité, du lieutenant-gouverneur de la Côte d'Ivoire, une fixation définitive de sa ligne de conduite. Il n'hésitait pas à lui avouer que, diverses notes reçues du parquet général, et signées de l'avocat général Paris Le Clerc, étaient de nature à le mettre dans une situation incertaine vis-à-vis du gouvernement local. Il lui était en effet prescrit des actes qui sortent de ses attributions pour empiéter sur celles de l'autorité administrative : renseigner le parquet général sur la nature de certaines détentions de condamnés politique en résidence libre, et la façon dont s'accomplit la contrainte par corps en matière indigène [25]. Ces investigations relatives à des matières qui ressortissent de la justice indigène, des pouvoirs disciplinaires spéciaux à l'indigénat, et de mesures d'ordre politique prises par le gouvernement local, ne manifestaient-elles pas la volonté du parquet général de contrôler l'activité de l'administration ?

C'est ce que ne pouvaient accepter, ni le lieutenant-gouverneur de la Côte d'Ivoire, ni le gouverneur général. Selon, en effet, le gouverneur Clozel, le chef du parquet de Bingerville a non seulement reçu du parquet général des instructions qui ne concordent pas avec celles que le gouverneur général avait données au chef du service judiciaire relativement aux rapports des parquets locaux, d'une part, avec les lieutenants-gouverneurs de leurs colonies respectives, d'autre part, avec le Procureur général, mais l'avocat général Paris Le Clerc lui paraît avoir déployé un zèle singulièrement déplacé en incitant le procureur de la République de Bingerville à des investigations relatives à des matières qui ne ressortissent pas à ses attributions. Il y a là une situation inad-

---

22. Qui dispose que : Les Procureurs de la République de Conakry, de Bingerville et de Cotonou exercent dans les Colonies où ils sont en service les fonctions administratives qui leur sont déléguées par le Procureur général.
23. Lettre n° 213 S du 3 septembre 1904. ANS, série M 25.
24. Lettre du 8 septembre 1904, n° 228, signée du Procureur général.
25. V. La lettre, datée de Bingerville le 17 janvier 1905, de Blagny au Lieutenant-gouverneur de Côte d'Ivoire.

missible qu'il importe de faire cesser au plus tôt, en donnant des ordres à l'avocat général Paris Le Clerc pour qu'il se maintienne, désormais, avec toute la correction désirable, dans la ligne de conduite tracée par les instructions du gouverneur général.

"Il serait à désirer, conclut Clozel, qu'il observe désormais une attitude plus convenable vis-à-vis d'un magistrat qui compte vingt cinq ans de pratique du droit, qui a été, en dernier lieu, juge au tribunal supérieur de Conakry, avec le rang et la parité d'office de conseiller, et qui réunit toutes les qualités requises pour être appelé à un siège de la Cour d'appel" [26].

Le gouverneur général va, quant à lui, rappeler ses instructions en distinguant entre les fonctions judiciaires et les fonctions administratives dont le Procureur général et les procureurs de la République dans les colonies du gouvernement général sont investies. Le chef du parquet général a, en ce qui concerne les premières, toute qualité pour correspondre directement avec ses substituts qui provoquent ses instructions sur cette branche du service et qui lui rendent compte, de la même façon, de leur exécution. Mais il n'en est pas de même en ce qui concerne ses fonctions administratives et les leurs. En sa qualité de chef du service judiciaire de l'Afrique occidentale française, il ne correspond pour toutes les affaires de cette nature, qu'avec le gouverneur général, de même que les procureurs de la République dans chaque colonie du sud, investis par l'article 80 du décret du 10 novembre 1903 des fonctions administratives que leur délègue le Procureur général, ne correspondent qu'avec les lieutenants-gouverneurs de ces colonies qui doivent avoir connaissance des questions administratives les concernant. Ces chefs de territoire transmettent au gouverneur général ces correspondances avec leurs observations, s'il y a lieu, et elles ne doivent parvenir au Procureur général que par son intermédiaire [27].

Le chef du service judiciaire est exaspéré par cette affaire. N'a-t-il pas, en tant que chef de service, entre autres fonctions judiciaires, la police des lieux où se rend la justice, et, surtout, la surveillance des prisons, pour s'assurer de la régularité des détentions subies, et faire cesser celles qui lui paraissent irrégulières ? Ensuite, la plainte de Blagny est non seulement incorrecte dans la forme, mais elle est contraire à toutes les traditions juridiques. Le parquet général étant indivisible, c'est contre lui, en réalité, et non contre l'avocat général que cette plainte est dirigée.

Le procureur de la République de Bingerville s'attaque au parquet général en dénonçant l'incohérence de ses instructions. Au contraire, cette incohérence n'est qu'apparente. Car, en transmettant aux procureurs de la République des colonies du sud, les instructions du gouverneur général, le chef du service

26. J. Clozel, lieutenant-gouverneur de la Côte d'Ivoire, Bingerville le 17 janvier 1905. ANS, série M 25, pièce n° 133.

27. V. sa lettre n° 222. Élu Procureur général, datée de Gorée le 7 mars 1904, pièce n° 143.

judiciaire a pris soin, en les priant de s'y conformer, de formuler des observations, et de faire des réserves destinées à mettre à couvert sa responsabilité personnelle. Il avait prévu, ce faisant, les difficultés qui devaient se présenter dans la pratique quand il s'agissait de distinguer les affaires administratives des affaires judiciaires [28].

La rancœur, que le chef du service judiciaire éprouve à l'endroit du comportement du représentant du ministère public à Bingerville, va être partagée par toute la Cour d'appel qui va se solidariser avec le parquet général. Et les difficultés de commencer à s'abattre sur Blagny.

C'est d'abord, le conseiller Clavius-Marius qui, dans son rapport de tournée d'inspection dans les colonies du sud, dépeint Blagny sous les traits d'un magistrat instruit et travailleur, mais de tempérament à la fois orgueilleux et combatif. Grisé de son titre de délégué du chef du service judiciaire, la manière dont il comprend et exerce ses attributions ne cesse de soulever des conflits. Le caractère autoritaire et passionné de Blagny le rend inapte non seulement à assurer la direction d'un parquet, mais encore à occuper les fonctions de président de tribunal surtout si ce tribunal est composé d'un juge unique. Il a si souvent manqué de calme et de mesure qu'il peut être entraîné à manquer d'impartialité. C'est un magistrat dont la collaboration pourra être utile si on l'associe, en qualité de juge ou de conseiller, aux travaux d'un tribunal ou d'une Cour. Mais il serait dangereux, estime Clavius-Marius, de lui permettre une initiative quelconque et de lui confier la moindre parcelle d'autorité [29].

Le conseiller à la Cour de Saint-Louis en arrive, ensuite, à l'invocation des graves accusations formulées par le procureur de la République de Bingerville contre la Cour d'appel à propos de l'affaire Blancheton. Ce greffier-notaire avait été traduit devant la Cour de Saint-Louis pour avoir reçu des droits de rôle sur le pied de vingt cinq lignes à la page au lieu des vingt-huit lignes prévues par l'arrêté local du 27 août 1894.

Dans son arrêt du 6 décembre 1905, la Cour considère que l'arrêté susvisé n'étant plus appliqué, le greffier avait pu opérer la perception des droits conformément aux tarifs en vigueur au Sénégal.

Cet arrêt rendit proprement furieux le procureur de la République de Côte d'Ivoire. Car il semble qu'en dénonçant Blancheton, Blagny avait en vue moins le souci de mettre un terme aux exactions possibles d'un subordonné que le désir de se venger d'une attitude qu'il estimait outrageante à son égard. Cette affaire était sienne, et le renvoi de Blancheton devenait sa propre condamnation. De là à maudire ceux qu'il considérait comme ses juges, il n'y avait qu'un pas. Ce pas, Blagny n'a pas hésité à le franchir. Dans une lettre du 18 janvier 1906 au lieutenant-gouverneur de la Côte d'Ivoire, il dénonçait ce

---

28. V. La lettre du Procureur général à Peuvergne, en date de Saint-Louis du 18 février 1905, pièce n° 135.
29. Rapport Clavius-Marius, daté de Saint-Louis, le 20 mai 1906. ANS, série M 26, pièce n° 25.

qu'il appelait : "un concert organisé entre le Procureur général et la Cour pour innocenter Blancheton". Le 3 février suivant, il dénonce l'arrêt comme ayant été inspiré par le président de la Cour et par l'avocat général. "Un hasard fâcheux, écrit-il, a voulu que la Cour fût présidée par un magistrat dont j'avais eu à critiquer vivement les arrêts en tant que président de la Cour d'assises de Bingerville [30] et que l'officier du ministère public fût celui-là même avec qui j'avais eu un conflit où le bon droit était entièrement de mon côté. Aussi le président de la Cour et l'avocat général n'auraient pas hésité à couvrir Blancheton de leur haute protection et la Cour, s'associant aux vues de ces deux magistrats, aurait écarté de parti pris la plupart des griefs qui lui étaient soumis". Sommé de s'expliquer, Blagny se rétracte et déclare que les expressions dont il s'était servi avaient dépassé sa pensée et qu'il n'avait jamais eu l'intention de se livrer à des outrages à l'égard de ses chefs et de la Cour d'appel.

Enfin, dernier grief formulé à l'encontre du procureur de la République de Bingerville, ce sont les difficultés qui entravent le fonctionnement de la justice en Côte d'Ivoire, et qui sont dues à la façon dont Blagny a compris et appliqué la délégation que lui avait consenti le parquet général. C'est pour avoir voulu se transformer en Procureur général que Blagny s'est trouvé acculé dans une dangereuse impasse. À maintes reprises, il a tenté d'exercer sur ses collègues une autorité dont il n'était pas investi, et ses allures cassantes, ses procédés tyranniques ont provoqué une exaspération dont il a été le premier à supporter les effets.

Pour répondre à des tracasseries journalières, les autres magistrats du ressort ont, de leur côté, perdu toute mesure. La lutte se trouva tout d'abord circonscrite entre le chef du parquet et le président du tribunal. Elle fut marquée par toute une série de vexations et de récriminations réciproques. Blagny entendait, par exemple, réglementer "à sa guise" l'usage des livres de sa bibliothèque, Villeroy lui répondait en refusant de juger les affaires correctionnelles qui lui étaient soumises. À un moment, et pour éviter tout contact à l'audience, ces deux magistrats se faisaient remplacer à tour de rôle par le juge suppléant, Michellet. Cette lutte intestine n'avait pas seulement pour effet de compromettre gravement le prestige de la magistrature, elle lésait les intérêts des justiciables [31].

Après d'aussi graves accusations, Paris Le Clerc devenu Procureur général par intérim, va porter le coup fatal. "Monsieur Blagny" écrit le chef du parquet général, n'a aucune des aptitudes requises pour la direction d'un parquet ; il dispose de la liberté des gens avec une telle hâte qu'il en est même dangereux ; ses connaissances en droit criminel, et sa manière d'interpréter les textes administratifs ne lui permettent de conserver ni la direction d'un parquet, ni la

30. Il s'agit du Président Brunaud qui, au cours de l'année 1906, avait présidé la session des Assises dans les Colonies du Sud. ANS, série M 26, pièce n° 1.

31. Rapport Clavius-Marius, précité.

délégation du chef du service judiciaire". Et faisant mouche, il ajoute : "il est terrible dans ses haines, tenace dans ses inimitiés, allant pour les assouvir, jusqu'à formuler des accusations graves et souvent inexactes, à l'égard de ses collègues, et contre la Cour elle-même. Il a bien, il est vrai, rétracté ses outrages au cours de l'enquête, lorsqu'il s'est trouvé en demeure de s'expliquer catégoriquement, mais avec des restrictions qui laissent deviner sa mentalité peu estimable. Je ne demande qu'une chose, c'est que, dans l'intérêt de tous, ce magistrat ne revienne pas dans le ressort de la Cour d'appel de l'Afrique occidentale française" [32]. Ce vœu devait être exaucé, le 19 décembre 1907, par l'affectation, à la fin de son congé, de Blagny, comme procureur de la République à Cayenne, en Guyane française.

B. Le Procureur général a le monopole des notations

Le Procureur général exerce, de façon active, des fonctions de surveillance et de discipline sur les magistrats et les officiers publics et ministériels du ressort. À l'égard de ces derniers, il joue le rôle, sur lequel nous aurons l'occasion de revenir, de chambre de discipline, En ce qui concerne les magistrats, les colonies n'étant pourvues ni de Conseil supérieur de la magistrature, ni de chambre de discipline, le chef du parquet général a la prérogative de proposer les peines disciplinaires que prononcent le gouverneur général ou le ministre des colonies.

Son emprise est, cependant, plus forte sur les magistrats du Sénégal ou du Soudan, que sur ceux des colonies du Sud, très éloignées du siège de la Cour, et pas toujours reliées directement avec le chef-lieu. Leur manque de contact suffisant avec le parquet général et la Cour, sont à l'origine d'abus d'autorité, de conflits et même de défaillances qui ne se seraient pas certainement produits si ces magistrats avaient senti auprès d'eux l'autorité du chef du service judiciaire [33].

D'où un état de désorganisation complet de l'administration de la justice dans les colonies du Sud. Cette situation étant imputable, suivant des degrés différents, à des causes aussi diverses que :
- des fautes professionnelles dont quelques unes procèdent de l'inexpérience et n'entachent pas l'honorabilité proprement dite de ceux qui les ont commises ;
- des dérèglements d'existence qui ont été jusqu'à compromettre la dignité professionnelle et personnelle des coupables ;

32. Procureur général par intérim à Gouverneur général, Saint-Louis le 7 juin 1906, n° 516 G - ANS, série M 26, pièce n° 52.
33. V. le rapport n° 44, du Président de la Cour d'appel, daté de Saint-Louis le 18 avril 1906. ANS, série M 26, Enquête sur les magistrats des Colonies du sud, 1906, pièce n° 1.

- des manquements mettant en cause la moralité de leurs auteurs et qui revêtent, en certains cas, le caractère de collusion [34].

Le chef du parquet général exerce, toutefois, avec son pouvoir de notation, et son monopole de proposition, une mainmise sur le personnel qui nuit à l'exercice d'une justice indépendante. Cette mise en tutelle du siège est, évidemment, contraire à la règle et à la pratique métropolitaines. Le siège a, de par sa fonction, pour mission, de juger les réquisitoires du ministère public.

Celui-ci demande en concluant, celui-là décide en jugeant. Le siège prend donc le pas sur le parquet. Une application intégrale du principe d'indépendance du siège et du parquet nécessiterait la nomination de deux chefs de service, l'un, le Premier président de la Cour, pour les magistrats du siège, l'autre, le Procureur général, pour les magistrats du parquet. Cette réglementation ne s'ébauchera que vers la fin de notre période. C'est le constituant du 27 octobre 1946 qui commence par décider que les magistrats du siège de la France d'Outre-Mer ne relèvent plus du ministère de la France d'Outre-Mer, mais du Conseil supérieur de la magistrature qui assure leur discipline. Il leur fait bénéficier ainsi, en principe, de toutes les garanties accordées aux magistrats du siège, dont l'inamovibilité. Mais, c'est seulement avec le décret du 19 décembre 1957, que le législateur colonial fait abroger toutes les dispositions du décret du 22 août 1928 qui étaient contraires au principe de l'indépendance. Le Procureur général, pratiquement privé de toutes les prérogatives, n'est plus le chef du service judiciaire. Chef des services administratifs, il n'est plus chargé que de l'administration des crédits. Le premier président de la Cour d'appel ne lui est plus subordonné. Pleinement indépendant, il devient, comme en métropole, le chef de la compagnie judiciaire [35].

Donc, pour en revenir à notre période, les notes du chef du parquet général sont transmises, par l'intermédiaire du gouverneur général, au département, sous le timbre de la direction des colonies, bureau du personnel. Quand on analyse les appréciations portées, par le chef du service judiciaire ou le gouverneur, sur les magistrats, on a comme l'impression, ainsi que le note un observateur [36], qu'une sorte de politesse raffinée retient le supérieur de déclarer crûment ses sentiments sur l'inférieur. Les dossiers que nous avons pu consulter [37] ruissellent de propos élogieux, et le vocabulaire des annotations se limite aux mots les plus insignifiants ou les plus fleuris de la langue.

---

34. Gouverneur général à Ministre, n° 1250, Gorée le 2 juillet 1906. ANS, série M 27, Dossier 2, pièce n° 18.
35. V. « L'avenir de la justice Outre-Mer », *Latitudes, Revue de l'Association des Anciens élèves de l'ENFOM*, 2e semestre 1957, n° 2, p. 37-38.
36. V. André Holleaux, « L'administration des magistrats et leur indépendance », *Rev. des Sc. Polit.*, 1963, p. 44.
37. V. ANSOM, Sénégal XVIII, Dossier 17, notes confidentielles, 1819-1839 ; Dossier 19, notes confidentielles, 1849-1858 ; et Dossier 22, Chemise 22b, notes confidentielles, 1853-1859. Puis, ANS, série Justice, Dossiers M 19, Personnel

Pour percer la vraie pensée, on doit déceler certains signes devenus d'ailleurs conventionnels : un adverbe intempestif, la brièveté d'une observation dénotent alors la moindre considération dont jouit l'intéressé auprès de ses chefs.

Au vu d'une documentation qui n'a pas été aisée à rassembler, ce langage "codé", qui s'est ainsi répandu, laisse parfois transparaitre des conflits de personnes typiques du milieu colonial. C'est alors que nous avons la surprise de rencontrer des annotations dans le genre de : "du dévouement le plus entier pour l'éducation de ses enfants, il vit retiré, sans s'occuper de ce qui ne le regarde pas, ce qui est rare au Sénégal" [38] ; où un homme d'esprit sans jugement, dangereux au Sénégal, parce qu'il s'est jeté dans les bras d'un habitant qui chercha le désordre quand il ne peut pas commander au gouverneur, est inconséquent dans ses propos, dans ses amitiés et dans ses haines. Il serait heureux pour ce pays et pour lui-même qu'il eût une autre destination. À ces propos peu amènes du gouverneur, le chef du service ajoute : "esprit d'une portée médiocre, instruction peu étendue, aime passionnément les jeux de hasard, recherche avec ardeur la société des joueurs connus. Homme d'intrigue et de coterie, d'autant plus dangereux qu'il est animé d'une ambition que rien ne justifie : sans sûreté dans ses relations, sans sincérité dans les paroles et dans les actes : il semble urgent qu'il reçoive une autre destination" [39].

Section II. Une magistrature instable

Dans les colonies, et plus notablement en Afrique occidentale française, la distribution de la justice s'organise avec une souplesse telle que les autorités ne peuvent s'embarrasser du respect de la garantie d'indépendance du pouvoir judiciaire. Le principe de l'inamovibilité résultant, pour les magistrats, de l'impossibilité où se trouve le pouvoir, soit de les déplacer, soit, même de les révoquer, ne peut s'appliquer dans une organisation judiciaire qui comporte,

---

Justice, 1847-1895, et M 24, Justice Européenne, Question de personnel, Cour d'appel, 1904-1919.

38. Notation de De Marguerie de Monfort, Conseiller à Saint-Louis, par le chef du service judiciaire. ANSOM, Sénégal XVIII, dossier 19.

39. De Guilhemanson, notes du 5 septembre 1852. En 1854, le Chef du Parquet général notifie son départ en congé, tandis que le gouverneur exprime le souhait qu' : "il serait à désirer qu'il ne revienne pas au Sénégal". Pour l'année 1856, le chef du service judiciaire fait remarquer qu'il a : "une conduite régulière, plus de convenance et de douceur dans ses rapports avec son supérieur et ses collègues ; a fait, pour arriver à cet heureux résultat de louables efforts ; s'acquitte de son devoir avec exactitude. Le climat l'a fatigué, il serait urgent de lui donner quelqu'avancement et de mettre à sa place un magistrat jeune et actif… les instructions criminelles fatiguant Guilhemanson ; il les a prises en une sorte de dégoût ; ce qui rend les procédures plus longues qu'il ne faudrait".

fréquemment, l'extension de la compétence des juges de paix, magistrats amovibles en métropole, et l'intervention des autorités locales. Pour tous les magistrats, quelle que soit la nature de leurs fonctions, qu'ils soient du siège ou du parquet, la règle commune est l'amovibilité. Cette règle apparaît, cependant, comme une adaptation aux contingences coloniales. C'est en effet, pour pallier les nombreuses vacances (Paragraphie 1) que, les déplacements sans considération des fonctions, et l'appel à des intérimaires n'appartenant pas à la profession (Paragraphe 2), sont devenus, non sans accrocs, des pratiques courantes.

Paragraphe 1. L'absentéisme [40]

La magistrature est restée longtemps absente des établissements français de la côte occidentale d'Afrique. Lorsque l'administration finit par accepter sa présence, celle-ci fut d'abord très timide. Son effectif réduit peut à peine répondre aux besoins d'une population très dispersée, qui compte très peu de métropolitains.

Dès 1888, le chef du service judiciaire du Sénégal et dépendances montre comment dans un cadre déjà si restreint par lui-même, il est difficile d'administrer un service où de nombreux vides se produisent. En effet, pour l'ensemble des établissements de la côte il n'était prévu que sept emplois qui se répartis sent ainsi : à la Cour d'appel, le président de la Cour, chef du service judiciaire, un conseiller, et un conseiller-auditeur ; au tribunal de première instance de Saint-Louis, un juge-président, un procureur de la République qui remplit également les fonctions du ministère public près la Cour ; au tribunal de Gorée, un juge-président, et un procureur de la République. À la modestie. de ce corps judiciaire, s'ajoutent les absences pour congés qui réduisent l'effectif de moitié. Pour assurer le fonctionnement du service, le conseiller qui en a pris la direction, assure la présidence de la Cour, en s'adjoignant à chaque audience deux notables pris dans une liste de trois fonctionnaires ou anciens fonctionnaires choisis, chaque année, par le gouverneur [41]. Puis, comme le parquet de Saint-Louis est plus important que celui de Gorée, qu'il demande plus de compétence et d'expérience, il était important qu'il fût dirigé par un magistrat, le procureur de la République de Gorée y a été appelé. Force était de mettre provisoirement au parquet de Gorée le greffier-notaire de cette localité [42].

Les congés ne sont pas, toutefois, les seules causes des vacances, si nombreuses, qui se produisent dans le personnel. Dans la colonie de la Côte d'Ivoire, le lieutenant-gouverneur note que cette situation grave tient, pour une

---

40. L'expression est du Président Artaud .V. son article précité.
41. E. Chambaud à Gouverneur, Saint-Louis, le 27 octobre 1888, n° 56, ANS, série M 5, Dossier O-a-66, 1888.
42. Article 29 du décret du 9 août 1854.

grande part, au peu de zèle montré par les magistrats. Peu satisfaits de leur affectation à Bingerville, ils sollicitent des congés de convalescence dès que quelque malaise leur en donne l'occasion. Le climat est certes pénible, mais il l'est au même degré pour tous les agents et fonctionnaires qui servent à la Côte d'Ivoire et qui, dans la grande majorité des cas, accomplissent en entier les vingt mois de service colonial fixés par les règlements comme étant le minimum exigé pour pouvoir être admis à solliciter un congé administratif. Le temps de séjour accompli par les magistrats atteint rarement cette limite. Ainsi, Le Paisant, procureur de la République, arrivé dans la colonie le 2 février 1908 en partait le 2 novembre de la même année après un séjour de dix mois. Vigneau, lieutenant de juge, arrivé dans la colonie le 20 août 1907, en partait le 1er janvier 1909 après un séjour de seize mois ; enfin Garnier, revenu de congé le 22 mars 1908, rentrait en France le 13 décembre suivant. Si le séjour dans la colonie n'atteint pas la durée réglementaire, les congés dépassent très notablement les six mois de congé administratif accordés aux fonctionnaires ayant accompli leurs vingt mois. Vigneau, avant son retour dans la colonie, avait pris un congé de près de onze mois, ainsi que Garnier. Constatant que ces magistrats sont restés en France dans une situation parfaitement régulière, et que les congés de convalescence dont ils étaient bénéficiaires avaient été successivement prolongés, le chef de la colonie de la Côte d'Ivoire ne peut s'empêcher cependant de voir, en conclusion : "dans les constatations qui précèdent l'indication d'un manque de zèle" de la part des magistrats de carrière [43].

En Guinée française, c'est le manque d'empressement des magistrats à rejoindre leur poste d'affectation qui est déploré [44]. D'où l'absence presque continuelle de personnel dans cette colonie où sur quatre magistrats de carrière qui doivent composer le tribunal de première instance de Conakry, deux ont été parfois présents ensemble, et un seul depuis le mois de janvier est demeuré sans interruption à son poste. Les affaires soumises aux jugements de ce tribunal sont forts nombreuses et pour celles d'ordre commercial, d'une très grande importance. Laisser à des intérimaires le soin de les étudier et de les juger peut souvent léser gravement les intérêts des justiciables, qui ne trouvent pas toutes les garanties professionnelles désirables auprès de jeunes fonctionnaires dont la bonne volonté et la conscience ne sont pas à mettre en doute, mais dont l'instruction juridique et professionnelle est le plus communément insuffisante. D'où, la surprise de ce chef de colonie "qu'aucune plainte n'ait jamais été produite contre l'absence, si fréquente et si longue des magistrats que des

43. Lettre n° 435 du 26 février 1909 au Département, a.s. des magistrats des magistrats des tribunaux de l'AOF. ANS, série M 24, pièce n° 70.
44. Lieutenant-gouverneur de la Guinée française à Gouverneur général, Conakry le 29 octobre 1911, pièce n° 70.

décrets appellent à des postes impérativement désignés et qu'ils ne rejoignent, quand ils rejoignent, que trop longtemps après y avoir été nommés" [45].

En somme, ce manque d'enthousiasme de magistrats peu satisfaits de leur affectation en Afrique occidentale française où les traitements sont parmi les moins élevés [46], paraît si généralisé, qu'un observateur a pu écrire : "qu'une bonne moitié s'en va en France au moment où l'autre moitié rejoint les colonies : de façon que, nous avons un magistrat pour deux sièges" [47].

Un autre a pu renchérir, dans un style particulièrement caustique : "Peut-être nos lecteurs ont-ils remarqué que depuis pas mal de temps notre colonie manque de magistrats. Si nous faisons cette observation, ce n'est pas que nous tenions absolument à en avoir. Nous savons, par une longue expérience, que le propre du magistrat colonial est d'être absent de son siège.

Le magistrat colonial ne siège pas. Il est, par nature, constipé. On le voit en France, on le voit aux eaux, à Paris, sur les boulevards, même ailleurs, dans l'antichambre du ministère des colonies, au Moulin Rouge, dans les couloirs du ministère de la justice ; mais dans les palais de justice coloniaux on le voit peu, on ne le voit pas. Nous ne réclamons donc pas de magistrats. Le magistrat est un animal des pays tempérés. Sa santé ne lui permet pas de vivre sous les tropiques. En France déjà, la justice le fait suer. Dans nos climats, il fond, on n'en voit plus". Puis, après avoir déploré que pour remédier à ce vide, les autorités de la Fédération prennent des jeunes agents des affaires indigènes, inexpérimentés et dépourvus de toute formation spéciale, notre journaliste poursuit de sa plume acerbe : "Il est bien naturel, en effet, que lorsqu'il ne s'agit que d'assurer la sécurité et l'honneur des personnes, la défense des intérêts des familles et des grandes maisons de commerce, le règlement des différends entre grandes sociétés ou même entre petites, il ne paraît pas nécessaire d'avoir recours à des hommes particulièrement expérimentés, assagis par des études spéciales, si tant est, toutefois, que nos magistrats coloniaux, sans en vouloir dire de mal, présentent toujours de pareilles garanties. Loin de nous la pensée de dire du mal des magistrats coloniaux ; au contraire nous les admirons ; nous les admirons comme on admire les choses rares. Il est bien évident que dans les colonies, des petits jeunes gens, débutant tout neufs dans une carrière où ils ont tout à apprendre, sont suffisants pour régenter du haut d'un tribunal les choses et les gens, pour trancher les procès et les litiges, dont le règlement n'est confié en France, qu'à des hommes experts en jurisprudence et qui, d'ailleurs, ne siègent jamais seuls. Mais il est entendu que les intérêts, l'honneur et les personnes des coloniaux ne sont d'aucune espèce d'importance devant nos tribunaux d'Outre-Mer ; ce sont là des détails insignifiants qui se perdent dans le lointain. Lamentablement la justice traine entre des mains étrangères, et peut être vaudrait-il mieux qu'il en fût autrement. Nous ne

45. Lettre n° 81 du 28 janvier 1911.
46. [Note absente dans l'original]
47. [Note absente dans l'original]

voulons pas donner de nos magistrats coloniaux une opinion exagérée, mais nous pensons avec nos indigènes : si chacun faisait son métier les vaches seraient mieux gardées dans les colonies" [48].

Paragraphe 2. Les intérimaires

Les nombreuses vacances qui se produisent dans le personnel judiciaire mettent l'autorité judiciaire dans l'obligation de faire désigner des agents des Affaires indigènes pour occuper les postes laissés vacants. Un journal local a pu faire observer, critiquant cette pratique, que puisqu'il faut bien être jugé par quelqu'un, la justice automatique et décimale n'étant pas encore inventée : "nos dirigeants ont pensé qu'il était facile de remédier à cette absence d'hommes compétents en prenant au hasard du doigt mouillé, parmi les fonctionnaires de n'importe quel service, les plus jeunes et les moins gradés, pour remplir les fonctions des juges qui touchent régulièrement leur solde en France. Un corps est plus spécialement atteint, frappé en Afrique de cette prestation en nature : c'est celui des agents des affaires indigènes. Comme on les employait déjà pour les fonctions de commissaire de police, de commis du trésor, des mines, de la municipalité, voire de gardiens de pénitencier, on s'est dit en haut lieu : pourquoi n'en ferait-on pas aussi des magistrats ? Eh ! oui, pourquoi pas ?" [49].

Cette mesure qui devrait n'être prise que d'une manière tout à fait exceptionnelle est, ainsi, rentrée dans la pratique courante malgré les inconvénients qu'elle présente. Tout d'abord, c'est le chef de la colonie de la Guinée française qui note que : "les jeunes gens placés dans les fonctions de judicature toutes nouvelles pour eux ne possèdent aucune expérience des choses judiciaires. Aussi, les commerçants de la colonie, qui leur voient confier le soin de régler des affaires dans lesquelles les intérêts à débattre sont parfois considérables, se montrent peu satisfaits d'un tel état des choses" [50].

Ensuite, au sein de la magistrature, l'affectation des intérimaires et les permutations de postes qui s'en suivent, ne sont pas toujours pour satisfaire tout le monde. C'est ainsi que Léon Soret, juge d'instruction à Grand-Bassam, en arrive à croire que le parquet général cherche tous les moyens possibles pour diminuer son prestige de juge-magistrat de carrière de plus de dix ans d'ancienneté, lieutenant-juge depuis 1902, et titulaire de ce poste à Bassam, il se voit retirer la présidence par intérim du tribunal, le titulaire étant en congé, et ce, contrairement aux dispositions de l'article 13 du décret du 10 novembre 1903 [51], pour la confier à un collègue beaucoup plus jeune que lui en grade, du

---

48. V. *L'AOF*, 4e année, n° 124 du samedi 15 octobre 1910. Sous le titre « La magistrature absente », cet article est signé : "un Justiciable".
49. « La Magistrature absente », article du 15 octobre 1910, précité.
50. Lettre n° 435, du 26 février 1909, déjà citée.
51. Ce texte dispose en effet en son alinéa 2 : Le lieutenant de juge remplit les fonctions attribuées au juge d'instruction par le code d'instruction criminelle et par le

cadre de Conakry, appelé provisoirement à remplacer celui de Bassam par insuffisance de magistrats. Mieux, la "*diminutio capitis*" lui devient franchement insupportable, lorsque le Procureur général nomme, comme président par intérim, un adjoint des affaires indigènes qui avait été, quelques mois auparavant, son commissaire de police et son huissier audiencier. Excédé, il projette de quitter à tout jamais l'Afrique occidentale française plutôt que de subir sans motifs légitimes de pareils affronts professionnels [52].

Sans doute informé de cette récrimination, le Procureur général Legendre explique les mutations ainsi opérées, par le fait que d'importantes commissions rogatoires devaient être adressées par l'un des juges d'instruction de la Seine au juge d'instruction de Grand-Bassam. C'est pourquoi il lui avait semblé nécessaire de laisser au juge d'instruction toute sa liberté d'action, et tout son temps, pour exécuter promptement et minutieusement les commissions rogatoires. Soret ne pouvait, d'une part, avec le départ du président du tribunal, assurer seul un double service. D'autre part, sa connaissance des hommes comme des choses de la Côte d'Ivoire ont paru le désigner dans les circonstances prévues, plutôt pour l'instruction que la présidence. Il paraît bon, en effet, que les fonctions de juge d'instruction soient exercées par le magistrat qui en est titulaire, car il se peut que l'exécution des commissions rogatoires, dont il s'agit, provoque dans la colonie de la Côte d'Ivoire une certaine agitation, que des intérêts se croient menacés, que des sentiments de diverses natures soient soulevés et, par suite, que des faits délictueux soient portés à la connaissance du procureur de Grand-Bassam.

En somme Soret peut estimer, assure le chef du parquet général que : "la nouvelle composition du tribunal de Grand-Bassam est uniquement imposée par les circonstances qui exigent qu'il remplisse les fonctions dont il est titulaire. Il ne faut pas qu'il ne le croie le moins du monde atteint" [53].

Le manque de formation des intérimaires peut, également, influer sur leur comportement vis-à-vis des officiers ministériels. N'est-il pas effarant d'entendre maître Germain Crespin, ancien magistrat, et avocat-défenseur à Cotonou, confesser que, très souvent, pour ainsi dire à chaque audience, il est interpellé par l'administrateur-adjoint, président par intérim du tribunal de première instance de Cotonou, devant le public, le personnel du tribunal, et même les plaideurs pour qu'il lui donne un conseil ou un avis. Le mettant en garde, qu'il avait non seulement tort de le questionner ainsi, mais qu'il devrait se méfier parce qu'à l'audience il y a quelquefois un journaliste qui pourrait relater son comportement dans *L'Écho du Dahomey* !, l'intérimaire lui répond,

---

décret du 11 avril 1899 dont les dispositions sont applicables à tous les tribunaux de première instance du ressort. En cas d'empêchement du juge président, il le remplace dans ces fonctions.

52. V. Sa lettre à son ami Jouda datée de Grand-Bassam le 14 juin 1910. ANS, série M 24, pièce n° 65.

53. Procureur général à Rozé, procureur par intérim à Grand-Bassam, pièce n° 64.

qu'après tout, il n'était pas magistrat de carrière. Maître Crespin était embarrassé par cette situation qui faisait dire à certains plaideurs indigènes malheureux que le juge était sous sa dépendance absolue. Il sentait très bien, en effet, que si ce fait pouvait augmenter sa clientèle, il jetait le discrédit sur la justice et pouvait éloigner les autochtones d'un tribunal, où en dehors des conclusions écrites qu'il déposait, il était parfois demandé à cet officier ministériel de rédiger le jugement [54].

L'inconvénient de recourir à des intérimaires ressort mieux dans l'affaire Fraas, qui se terminera par des complications diplomatiques. Auguste Fraas est, en effet, un sujet allemand qui s'installe, en 1894, en Guinée française, en qualité de jardinier de la maison Colin et Compagnie

Doué d'une grande intelligence, il ne tarde pas à laisser l'infime emploi où il végétait, et de jardinier il devient négociant. Très actif, très remuant, ses affaires sont, au début, prospères. Enhardi par ses succès, il se lance dans de grosses opérations. C'est son malheur. Victime de la concurrence des grandes maisons de commerce, sa déconfiture se termine par un nombre impressionnant de procès. Pour donner une idée du nombre de débiteurs à qui il a fait de trop gros crédits non recouvrés, le procureur de la République indique qu'à la seule audience du 4 mars 1903, il obtenait vingt-deux jugements la plupart par défaut [55].

Aussi, porte-t-il plainte, en novembre 1905, contre l'un de ses débiteurs, sujet français demeurant à Conakry, pour abus de confiance. Convoqué dans cette ville par le juge d'instruction en vue d'une confrontation, Fraas ne peut déférer à cette convocation. Cité à comparaître, il prétend ne pouvoir quitter son agence de Boké sans porter préjudice à son employeur. Le magistrat instructeur lance alors un mandat de comparution signifié par huissier. Fraas fait savoir qu'il n'obéissait pas à cette assignation. Un procès verbal de non-comparution est dressé, et le procureur de la République signe, le 18 décembre, malgré le départ de son adversaire pour la métropole, un réquisitoire concluant à condamner Fraas à une amende n'excédant pas cent francs, et à décerner contre lui un mandat d'amener. Avant de quitter Boké, sous la conduite d'un milicien, Fraas fait apposer, par l'administrateur, chef de poste,

---

54. V. le procès-verbal de son interrogatoire du mercredi 11 avril 1906. ANS. série M 28, Dossier 3, Enquête sur les magistrats des Colonies du Sud, pièce n° 29. Le samedi 14 avril, Maître G. Crespin ajoute : "Aux yeux des indigènes, j'ai passé, étant magistrat, non pas pour le véritable Procureur, mais comme ils le disent dans leur langue, pour le 'Roi des juges'. Cela provient de ce que j'ai été le premier magistrat de carrière qui ait rejoint son poste au Dahomey, de ce que c'est moi qui ai organisé en 1902 le tribunal régulier français et les tribunaux indigènes créés par les décrets de 1901 et 1902. Depuis ma démission, l'indigène ne s'y trompe pas. Il sait fort bien que je suis avocat et non magistrat".
55. Procureur de la République à Lieutenant-gouverneur de la Guinée française, Conakry, n° 187, le 27 mars 1907. ANS, série M 29, Affaire Fraas, pièce n° 92.

les scellés sur sa factorerie. Après une nuit de prison, il est relâché le lendemain après un interrogatoire insignifiant.

À la suite de la protestation de Fraas, et des réclamations de l'ambassade d'Allemagne à Paris, les autorités vont expliquer l'incident en essayant de se disculper. Le lieutenant-gouverneur de la Guinée française le met sur le compte du mauvais caractère de Fraas, un sujet peu intéressant, mais avec qui il doit, cependant, être procédé avec une extrême prudence. Ses manifestations bruyantes et nettement hostiles aux Français, lui sont commandées par des tiers dont il est l'instrument. Alcoolique, détestable commerçant, il a toujours été sauvé du désastre par la maison Colin, et des autorités étrangères qui ne se dévoilent pas. Mais si c'est un agent provocateur, il paraît avoir mal choisi ses griefs pour soulever un conflit. Dans les cinquante huit procès qu'il a engagés en trois ans, il aurait pu sans doute trouver des motifs plus sérieux que l'affaire Boichin.

C'est lui qui, avant de quitter Boké, a demandé que sa factorerie fut mise sous scellés. Le commandant de cercle n'a pas fait droit à cette demande, irrecevable en la forme, mais il a fait apposer les scellés en présence de Fraas, par mesure conservatoire, pour éviter les responsabilités pouvant résulter de vols réels ou simulés. À Conakry, où Fraas est arrivé le premier janvier, s'il avait demandé à voir le juge, il aurait été reçu et évité l'ennui de coucher à la prison ; Au contraire il a préféré aller au café, où il a cherché à faire du scandale. Rentré à Boké le 4 janvier, il attend le retour du médecin de la localité pour obtenir un certificat constatant son état de santé ébranlé par les cruautés des magistrats français [56].

Le procureur de la République de Conakry reconnaît s'être trompé dans son réquisitoire, et avoue qu'une erreur malheureuse s'est glissée dans l'ordonnance du juge d'instruction qui a condamné Fraas à cent francs d'amende et donné mandat d'amener. Mais, ces erreurs sont d'autant plus excusables que le montant de l'amende a, en effet, été fixé d'après l'article 80 du code d'instruction criminelle des colonies, édition Carpentier. L'ordonnance du 14 février 1838 qui a modifié le code d'instruction criminelle pour le Sénégal, et qui a été rendu applicable à la Guinée par le décret du 4 mai 1892, n'a jamais été imprimé au *Bulletin des lois* : il n'en existe qu'un seul exemplaire en Guinée, et il appartient à l'administrateur-maire de Conakry [57].

C'est donc, renchérit le chef de la colonie, l'obligation où se trouvent les magistrats en service dans la colonie de se servir des instruments mis à leur disposition qui explique que, contrairement au code d'instruction criminelle applicable en Guinée, et notamment l'article 80 de l'ordonnance du 14 février 1838, qui limite à cinquante francs le maximum de l'amende pour défaut de témoin, l'amendement ait été fixée à cent francs. Le juge d'instruction qui ne

56. Lieutenant-gouverneur à Gouverneur général, lettre du 10 janvier 1906, pièce n°8.
57. Procureur de la République à Lieutenant-gouverneur, n° 2l, Conakry le 9 janvier 1906, pièce n° 26.

possédait pas le texte à. utiliser, à peu près introuvable en Guinée, s'était fondé sur une note insérée à la suite de l'article 80 du code d'instruction criminelle de France, qui renvoie à l'ordonnance du 14 février 1838, qui fixe l'amende à 150 francs pour le Sénégal.

Le magistrat s'est trompé, mais sa bonne foi peut être d'autant moins mise en doute, qu'après la comparution de Fraas, il a réduit l'amende à vingt-cinq francs [58].

Les autorités fédérales, agacées par les développements de l'affaire [59], sont moins prédisposées à la mansuétude. Si le chef du parquet général estime qu'on ne peut, en droit, relever dans la procédure suivie aucune violation de la loi par les magistrats de Conakry qui ont rigoureusement observé les dispositions du code d'instruction criminelle, il est d'avis, qu'en fait, ces magistrats n'ont pas agi avec toute la circonspection que commandaient les circonstances. Le juge d'instruction, en ordonnant la comparution de Fraas, avait l'intention de le confronter avec Boichin, contre qui il avait porté plainte. Mais, Boichin ayant, entre temps, quitté la colonie pour rentrer en France, cette confrontation n'était plus possible. La comparution de Fraas devant le magistrat instructeur n'avait dès lors plus la même utilité et, d'autre part, le témoin cité n'étant autre que le plaignant lui-même, son refus de concours dans une affaire qui touchait beaucoup plus à son intérêt personnel qu'à l'ordre public, autorisait suffisamment le juge à clore l'information par une ordonnance de non-lieu en faveur de Boichin. En tout cas, la comparution de Fraas n'avait pas une importance suffisante pour comporter une contrainte "*manu militari*".

En somme, observe le gouverneur général, l'inexpérience du juge d'instruction intérimaire ne constituant pas une excuse suffisante à la rigueur de la mesure ordonnée, une faute lourde a été commise [60].

C'est le même constat que formule la maison Colin et Compagnie qui fait grief aux autorités locales d'avoir fait fermer sa factorerie au moment où la traite donnait enfin son plein, jetant ainsi de la déconsidération sur leur établissement à Boké, ce qui a retenu les indigènes pendant longtemps de le visiter, d'où une perte évaluée à la somme de 10 000 francs.

Sans vouloir attenter en quoi que ce soit à l'honneur des agents de l'État, elle croit pouvoir néanmoins en conclure : "que les faits qui se sont passés lors

---

58. Lieutenant-gouverneur à Gouverneur général, n° 174, Conakry le 6 février 1906, pièce n° 57.
59. Le Ministre des Colonies apprend au Gouverneur général par câblogramme du 30 janvier que la presse s'est emparée de l'affaire. Peu après, c'est le Chargé d'Affaires d'Allemagne, à Paris, qui saisit le Ministère des Affaires étrangères. Voir les pièces 88 et 92.
60. Gouverneur général à Lieutenant-gouverneur de la Guinée française, Gorée le 25 janvier 1906, pièce n° 35.

de la fermeture du notre factorerie à Boké sont contraires à la loi et ne sont nullement justifiées" [61].

Le chef du parquet local qui pense devoir s'élever contre l'accusation d'ignorance portée contre les magistrats de la Guinée, répond que, non seulement le juge d'instruction était un intérimaire, mais encore les fonctions d'huissier étaient exercées, à Boké, par un agent des douanes. Il n'y avait pas donc matière, conclut-il, à une diatribe aussi violente visant tout le service judiciaire" [62].

61. Réclamation de la maison Colin et Cie, pièce n° 81.
62. Procureur de la République à Procureur général, Conakry le 17 octobre 1908, pièce n° 103.

Chapitre deux

La magistrature ne bénéficie pas de l'appui du pouvoir

Le problème de la séparation du pouvoir politique et de la fonction juridictionnelle a marqué, dès le début de la colonisation, l'institution judiciaire. Dans les établissements français de la côte occidentale d'Afrique, le principe de la séparation des pouvoirs a, en effet, été d'une portée très atténuée. L'administration coloniale, institution privilégiée du système colonial, exerçait non seulement une surveillance et un contrôle de l'organe judiciaire, mais elle participait également à son fonctionnement. Ce compromis entre la séparation et la confusion des pouvoirs politique et judiciaire n'allait pas sans difficultés.

Au magistrat soucieux de la règle qui cherchait à appliquer la conception métropolitaine du droit s'opposait l'administrateur, plus sensible aux conséquences politiques de l'activité judiciaire, et adversaire de toute politique d'assimilation hâtive et superficielle (section 1). La prééminence de l'administration aidant, la justice allait devenir un organe de colonisation. L'autorité coloniale allait l'utiliser pour assurer la centralisation juridique des colonies ouest-africaines. Ainsi, malgré sa volonté de se comporter en organe impartial, la magistrature allait devenir l'interprète d'une règle de droit, œuvre du pouvoir métropolitain, et plus favorable au colonisateur qu'au colonisé (section 2).

Section I. La magistrature est insuffisamment adaptée

Dans le processus d'assimilation de la société colonisée, l'administration a toujours pensé que les autorités politiques et judiciaires ne pouvaient que conjuguer leurs efforts. Pouvoir politique visant à parfaire la domination française, les autorités administratives ne pouvaient concevoir le corps judiciaire que comme un auxiliaire chargé de faciliter la réception des institutions métropolitaines par la population conquise. Mais ce schéma n'a pas toujours été respecté. Parfois, la magistrature avec son édifice trop compliqué de prescriptions, de formes, et de lois, apparaît comme une entrave à l'action politique, c'est-à-dire comme une protectrice des populations africaines, d'où des conflits incessants, notamment dans les colonies du sud.

Paragraphe 1. Les conflits du Dahomey

Le fonctionnement de la justice a, dans les colonies du sud, longtemps laissé à désirer. En raison de leur éloignement, les mésintelligences entre magistrats, les différends entre le corps judiciaire et les gouvernements locaux ou les milieux coloniaux s'y terminèrent trop fréquemment par des conflits.

En Guinée française et en Côte d'Ivoire, les luttes entre magistrats ont nui à la bonne marche du service, et créé parfois, à l'exemple de l'affaire Blagny, des situations voisines de l'anarchie. Ces conflits internes tiennent à des causes variables suivant la colonie. À Conakry, on incrimine la tendance du parquet à vouloir donner des ordres au siège, à vouloir considérer la magistrature assise comme étant sous ordre. Quand les magistrats du siège sont des intérimaires, Comme c'est malheureusement trop souvent le cas, étrangers au corps, et tout à fait inexpérimentés, il est concevable que le procureur de la République soit pour eux un conseiller, un guide. Mais des magistrats de carrière ne sauraient, en aucune façon, accepter l'immixtion du parquet dans des affaires qui ne sont pas de sa compétence [1].

À Bingerville, c'est le tribunal de première instance qui semble ne pas répondre à un besoin véritable. Les magistrats oisifs, parce qu'inoccupés, sont entraînés dans un pays privé de toutes distractions et dont le climat est pénible, à des excès blâmables. Les justiciables sont victimes de la mentalité fâcheuse d'un personnel judiciaire à la délicatesse suspecte, à la nervosité maladive, et qui donne dans sa vie privée l'exemple d'un défaut de moralité [2].

Au Dahomey, les problèmes sont autrement plus complexes dans une colonie où les rapports entre le pouvoir judiciaire et l'administration locale d'une part, entre la magistrature et les intérêts coloniaux d'autre part, n'ont jamais été faciles. Pour illustrer cette situation particulière nous donnerons trois exemples significatifs.

La première affaire est le conflit qui survient entre le commandant de cercle de Cotonou et le procureur de la République à propos d'une plainte transmise au parquet par l'administrateur. Dans les premiers jours du mois de janvier 1904, le chef du cercle recevait, en effet, du docteur Sanzean de Puyberneau un jeune indigène du nom d'Esteou, qui s'était présenté a sa visite avec une plaie grave à l'oreille droite. Interrogé sur l'origine de sa blessure, l'enfant racontait que le père L'Authoen, directeur de l'école de la mission catholique de Cotonou, lui avait très fortement tiré l'oreille. Le missionnaire avait, pour empêcher l'enfant d'aller faire soigner sa plaie à l'hôpital, tenu à le traiter lui-même. Mais les soins ainsi prodigués n'avaient fait qu'aggraver la blessure. Convoqué, le père de l'élève confirma ses dires. Puis, suivant les explications

1. V. Président de la Cour d'appel à Procureur général, rapport n° 44 daté de Saint-Louis le 18 avril 1906, déjà cité.
2. V. Le rapport n° 1250 du 2 juillet 1906, du Gouverneur général au Ministre déjà cité.

de l'administrateur, il se décida à porter plainte. Le commandant de cercle, après avoir accompli toutes les formalités exigées, joignit au dossier le certificat médico-légal, et expédia le tout au procureur de la République. Celui-ci en accusa réception, et donna au chef de cercle une délégation judiciaire à l'effet de recevoir les dépositions de tous les témoins résidant à Cotonou. Mais devant le départ précipité de tous les intéressés, y compris l'enfant et son père, l'administrateur avisa le procureur de la République de l'impossibilité où il se trouvait d'exécuter cette délégation. Quelle ne fut pas sa surprise d'apprendre, le 18 janvier, par un télégramme du chef du parquet de Porto-Novo, que l'affaire était classée, le père ayant déclaré n'avoir jamais voulu porter plainte contre le missionnaire, et ne s'être rendu à la résidence que sur la convocation du commandant de cercle [3].

D'où sa fureur contre un magistrat qui, sans vérification, accepte les déclarations d'un indigène, l'accuse d'avoir fait pression sur le témoin pour l'obliger à porter plainte, puis classe l'affaire. Cette attitude ne s'explique, selon lui, que par l'animosité, à la suite d'une discussion d'ordre privé, que Martinet ne cesse d'apporter dans ses relations officielles avec lui.

Regrettant que le procureur de la République ne puisse pas faire la part des affaires personnelles et des affaires de service, il décide que, désormais, il ne recevra aucune plainte d'où qu'elle vienne, et qu'il se dispense dorénavant d'avoir à exécuter aucun mandat de justice [4].

En somme, l'incident dont est victime le jeune écolier de la mission catholique de Cotonou sert de prétexte à un conflit qui a plutôt son origine dans la méconnaissance, par les autorités locales, de la législation coloniale Le commandant de cercle de Cotonou, qui a une connaissance insuffisante de ses attributions, ignore que le procureur de la République est seul juge, sous sa responsabilité, de la suite à donner aux plaintes qui lui sont adressées. Il ne sait pas, non plus, qu'en tant qu'administrateur, investi de la compétence de connaître hors du ressort des juridictions françaises des contraventions relevées contre tous ceux qui résident dans son cercle [5], il ne lui appartient pas, sans renoncer à ses fonctions, de s'affranchir des obligations qui lui incombent [6].

Dans notre deuxième affaire, par contre, toute autre est la cause du conflit qui oppose, cette fois, la chambre de commerce du Dahomey au tribunal de première instance de Cotonou. À l'origine de l'affaire se trouve une plainte insérée au *Bulletin de la chambre consulaire*. En effet, dans le compte-rendu de la séance du 18 septembre 1909, il est fait état d'une protestation émise par

---

3. V. La lettre n° 45, datée de Cotonou le 14 avril 1904, de l'administrateur du cercle de Cotonou au lieutenant-gouverneur du Dahomey. ANS, série M 76, pièce n° 5.
4. *Ibid.*
5. En vertu des dispositions du décret du 22 septembre 1887.
6. V. La Circulaire n° 5 du Procureur général à Messieurs les procureurs de la République près les tribunaux de première instance de Conakry, Bingerville et Porto-Novo. ANS, série M 76, pièce n° 1.

un commerçant, du nom de Sander, contre “l’excessive indulgence de la justice vis-à-vis des malfaiteurs indigènes”.

Quelles sont les raisons de cette incartade ?

Selon ce commerçant, le Dahomey qui est une colonie prospère, ne doit sa prospérité qu’au commerce. Il est donc permis aux commerçants d’exiger du gouvernement local une justice exacte, sévère, impartiale et juste, particulièrement pour eux. Or, la justice, loin d’être exemplaire, est inexistante pour les commerçants. Le tribunal de Cotonou, qui fait preuve d’une bienveillance incompréhensible à l’égard des indigènes, n’accorde pas au commerce la protection légale à laquelle il a droit.

Les commerçants n’osent plus investir leurs capitaux dans une colonie où les autochtones ne craignent plus rien d’un tribunal qui donne raison au noir contre le blanc, et refusent de payer leurs dettes [7].

Le lieutenant-gouverneur du Dahomey va, non pas reprouver cette plainte, mais préciser qu’elle est formulée contre le président du tribunal de première instance de Cotonou et non contre la justice française. Le président Chêne, qui est contesté tant dans son personnage que comme magistrat, est, en effet, d’une fâcheuse intempérance de langage. Il a le grave défaut de se mêler de ce qui ne le regarde pas. Mais ce que la chambre de commerce lui reproche c’est, surtout, soit une bonté excessive, soit une conception fausse de son rôle qui le porte à se considérer comme le protecteur naturel des indigènes. Comme ceux-ci ne comparaissent devant lui qu’en qualité d’inculpé, cette tendance se manifeste par une faiblesse dans la répression qui exaspère d’autant plus les victimes qu’elle se traduit par une augmentation du nombre des délits.

Les infractions les plus fréquentes, et celles qui intéressent au plus haut point le commerce, sont les vols par le personnel à gage, et l’abus de confiance. Les commerçants sont, en effet, obligés ici d’avoir des stocks considérables de marchandises. La tentation est forte pour leurs nombreux employés indigènes d’emporter en s’en allant de menus objets, couteaux, montres, etc., qu’ils cachent dans leurs poches, jettent par-dessus un mur, ou laissent emporter par un complice venu soi-disant pour faire un achat. Ces vols, qui se renouvellent chaque soir, se traduisent chaque mois pour les maisons de commerce par des pertes considérables, bien que les objets volés soient de peu de valeur. Il y a là un délit local, particulièrement fréquent, et difficile à constater. Il fallait donc que la répression soit très dure pour être exemplaire.

L’abus de confiance qui est aussi un délit très fréquent au Dahomey est plus grave encore parce qu’il entrave le développement commercial de la colonie. Les maisons de commerce doivent avoir de très gros capitaux et de très bons employés. Les uns vont sur les lieux de production acheter les produits du cru, pendant que les autres gèrent de petites succursales destinées à préparer l’installation définitive sous la direction d’un Européen.

7. V. Bulletin de la Chambre de commerce du Dahomey, n° 23. ANS série M 77, Justice Européenne, Affaires, 1904-1912, pièce n° 100.

Il y a là des situations agréables et lucratives pour les nombreux Dahoméens nantis d'une instruction élémentaire. Malheureusement, il faut leur consentir des avances en argent et en marchandises. Mais comme il ne peut être exercé, sur eux, qu'un contrôle intermittent, il arrive souvent, beaucoup trop souvent depuis quelques temps, que les avances qui leur sont faites disparaissent. Poursuivi, le gérant est condamné de trois à six mois d'emprisonnement, quelquefois avec le bénéfice du sursis. Une fois remis en liberté, il s'établit à son compte, au nom de la collectivité familiale à laquelle il appartient pour éviter une action civile. Grâce à cette heureuse combinaison, il passe en jugement, formalité qui ne le gêne guère, fait quelques semaines de prison, et réalise d'un coup un capital qu'il eut mis vingt ans à économiser en travaillant honnêtement.

On comprend le résultat de pareils exemples sur des jeunes gens que les rudiments d'instruction donnée par les écoles publiques ou celles de la mission catholique ont complètement séparés d'un milieu social où ce genre de vol était inconnu, la coutume rendant civilement responsable la famille du coupable. Exaspérés, nombreux sont les commerçants qui déclarent ne plus ouvrir de succursales tant qu'on n'aurait pas changé "le juge ou la loi". D'autres, au lieu de contracter en leur nom des traites qui relèveraient de la justice française, prennent des indigènes comme prête-noms afin d'échapper à une juridiction qu'ils considèrent comme insuffisamment adaptée aux besoins du pays et à la mentalité de ses habitants [8].

Devant ce faisceau d'accusations, les réactions de la magistrature vont être très fermes. C'est d'abord le président Chêne qui répond au lieutenant-gouverneur en démontrant la méconnaissance des lois dont fait preuve la chambre de commerce. En effet, explique-t-il, les maisons de commerce, qui ne surveillent pas assez leurs employés, veulent couvrir leurs propres fautes en accusant la justice. Un des gros griefs qu'elles reprochent au tribunal repose sur l'application des articles 405 et 406 du code pénal. Elles ne trouvent pas de leur goût, la jurisprudence qui leur accorde des dommages-intérêts lorsqu'elles ont éprouvé un préjudice du fait de la gestion de leurs employés.

Elles voudraient toujours de la prison. Le tribunal ne peut, pour leur être agréable, violer la loi. L'abus de confiance n'est établi que dès lors que les détournements constatés sont frauduleux, ou, tout au moins, dénotent chez leur auteur la conscience qu'il se mettait, en disposant de la chose qui lui est confiée, volontairement, dans l'impossibilité de la rendre, de la représenter, ou d'en faire l'usage stipulé. En cette matière, comme en toute matière criminelle, le doute doit être interprété en faveur du prévenu. C'est cette intention fraudu-

8. V. La lettre n° 724 datée de Porto-Novo le 25 novembre 1909, du lieutenant-gouverneur du Dahomey au Gouverneur général. ANS, série M 77, pièce n° 99.

leuse qui n'a presque jamais été apportée au tribunal. Dans ces conditions il ne peut qu'appliquer la loi [9].

La réaction du chef du parquet général est plus péremptoire encore. En effet, il rétablit la vérité des faits en faisant remarquer au gouverneur général qu'il ne s'agit pas, à proprement parler, d'un incident survenu entre la chambre de commerce du Dahomey et le président du tribunal, mais d'une “protestation contre l'excessive indulgence de la justice vis-à-vis des malfaiteurs indigènes”. Cette protestation constitue le délit de diffamation envers le tribunal tout entier, délit prévu et puni par l'article 30 de la loi du 29 juillet 1881, d'une peine de huit jours à un an de prison, et d'une amende de 100 à 3 000 francs ou de l'une de ces deux peines seulement.

Si les termes employés par Sander ont dépassé sa pensée, et si, dans une lettre insérée dans le *Bulletin de la chambre de commerce*, il déclare qu'il n'a pas voulu porter atteinte ni à l'honneur ni à la considération des magistrats qui composent le tribunal de Cotonou, le Procureur général est d'avis que l'incident peut être considéré comme clos. Dans le cas contraire, deux solutions sont possibles. En premier lieu, l'article 29 de l'arrêté du 31 décembre 1906, portant création d'une chambre de commerce au Dahomey permet d'annuler la délibération en vertu de laquelle la chambre de commerce a déclaré s'associer aux remarques de Sander. En second lieu, au cas où le tribunal de Cotonou prendrait en assemblée générale une délibération requérant des poursuites, il se verrait dans l'obligation de déférer à la Cour d'assises du Dahomey, le président de la chambre de commerce comme auteur principal, en qualité d'éditeur, et Sander, comme complice en qualité d'auteur de la protestation insérée au bulletin. L'éditeur et l'auteur étant connus, l'imprimeur se trouve hors de cause [10].

Cette réponse tranchante aura le don de ramener le commerce à de meilleurs sentiments. Ainsi. le 25 février 1910. le lieutenant-gouverneur du Dahomey fera part au gouverneur général de la déclaration rectificative par laquelle l'auteur de l'incident avoue, conformément aux suggestions du Procureur général, qu'il n'a “jamais entendu mettre en doute l'honorabilité des magistrats et de la justice française. ni douter de leur esprit d'équité” [11].

L'affaire Capo-Chichi est le troisième incident à survenir au Dahomey Comme les deux précédents, c'est la justice de droit commun qui est encore remise en cause, cette fois-ci par l'administration, à propos de sa prétendue indulgence à l'égard des indigènes. Le 10 août 1915, le président de la Cour d'appel de l'Afrique occidentale recevait, du vice-président A. Gilbert-Desvallons,

9. V. La lettre du président Chêne au lieutenant-Gouverneur, en date du 22 novembre 1909, pièce n° 102.
10. V. La lettre n° 886, datée de Dakar le 19 décembre 1909, du Procureur général au Gouverneur général, pièce n° 110.
11. V. La lettre n° 230, du Gouverneur général au Procureur général, en date du 29 mars 1910, pièce n° 117.

extrait d'un dossier Capo-Chichi venu le 21 juillet devant la chambre correctionnelle, un document qui avait provoqué une vive émotion chez ses collègues. Le document en question est un rapport adressé le 10 mars 1912 par le résident d'Abomey, l'administrateur Chaudoin, à l'inspecteur des colonies, chef de mission au Dahomey, au sujet d'une instance suivie contre Capo-Chichi condamné par le tribunal de province d'Abomey à cinq ans de prison pour vol au préjudice d'un administrateur-adjoint des colonies. La chambre d'homologation, saisie de ce jugement, l'avait annulé par un arrêt du 28 mars 1912, les tribunaux indigènes n'étant pas compétents lorsque la victime du délit est un Européen [12]. L'affaire fut renvoyée devant les tribunaux de droit commun, et la Cour d'appel eut à en connaitre à son audience du 23 juillet 1912.

C'est lors de cette audience qu'il a été fait état publiquement de la note Chaudoin. Suivant le résident d'Abomey, en dehors du périmètre de Cotonou, les Européens ne veulent à aucun prix avoir affaire à la juridiction française complètement dépréciée.

En effet, le tribunal de première instance qui a été créé pour réprimer les crimes et les délits, se trouve être inconsciemment une institution d'encouragement pour tous les actes délictueux commis par les Indigènes vis-à-vis des Européens. Dans une colonie où, il y a vingt ans, il ne se commettait aucun crime, on ne peut plus en dire autant aujourd'hui.

Le président de la Cour ne peut laisser passer sans une vive protestation cette appréciation, non seulement inacceptable, mais aussi injustifiée et intempestive sur la justice française, formulée surtout par un haut fonctionnaire administratif à l'occasion d'une affaire qu'il avait soumise, à tort, à un tribunal indigène. Le résident d'Abomey avait commis une erreur parfaitement excusable et il n'avait nul besoin pour se disculper d'incriminer les tribunaux français sur lesquels l'inspecteur des colonies ne lui demandait aucune appréciation. Aussi, après avoir demandé au chef du parquet général de donner à l'incident la suite qu'il lui paraitra comporter, le président de la Cour poursuit : "les tribunaux ordinaires ont une tâche assez délicate dans ces pays-ci surtout, pour qu'elle ne leur soit pas rendue encore plus difficile par le fait de quelques fonctionnaires, très rares heureusement, qui ne comprennent pas que leur devoir est de soutenir les magistrats dans l'exercice de leurs fonctions. Le respect des décisions de justice est une des garanties principales de l'ordre public, et il me paraîtrait souverainement impolitique de discréditer la magistrature française dans l'esprit de la population et surtout dans l'esprit des indigènes qui ne sont que trop portés à méconnaître l'autorité et la valeur de nos décisions" [13].

---

12. Aux termes de l'article 34 du décret organique du 10 novembre 1903, les tribunaux français sont seuls compétents lorsque l'infraction a été commise par des Indigènes, de complicité avec des Français, Européens ou assimilés, ou que la victime de ces infractions est l'une ou l'autre de ces personnes.
13. Président de la Cour d'appel à Procureur général, Dakar le 20 août 1915. ANS, série M 24, Dossier 1, pièce n° 87.

S'associant à cette protestation, le Procureur général Legendre va demander qu'un blâme soit infligé au rédacteur de la note incriminée, et que le conseil lui soit donné d'employer à l'avenir, “une encre moins acide et une plume protocolaire” [14].

Le gouverneur général refuse de donner satisfaction au service judiciaire, et d'infliger un blâme au rédacteur de la note incriminée.

En effet, selon le chef de la Fédération, l'affaire ne lui paraît susceptible d'aucune suite. Car il convient de remarquer que la note Chaudoin constitue un document confidentiel adressé à un inspecteur chargé d'une mission spéciale dont il n'avait à rendre compte que par des rapports et des documents secrets par définition, et uniquement destinés au chef du département. Dans ces conditions, les appréciations du résident d'Abomey n'ayant pas été publiquement formulées, et n'étant destinées à recevoir aucune publicité, ce fonctionnaire ne peut être publiquement blâmé. En somme, le prestige de la magistrature n'a nullement été atteint par le passage d'un rapport destiné à demeurer confidentiel et qui n'a, en fait, reçu aucune publicité. Si tous les membres de l'administration judiciaire de l'Afrique occidentale française avaient, ainsi qu'il conviendrait, une dignité parfaite de vie, une conception élevée de leur haute mission, une probité au-dessus de tout soupçon, l'ensemble du corps judiciaire bénéficierait d'une indiscutable considération et des incidents du genre de celui qui les occupe ne se produiraient certainement pas [15].

Somme toute, dans l'affaire Sander, la divergence entre la chambre de commerce et le tribunal de première instance de Cotonou portait sur l'action de la justice face aux prévenus indigènes. Alors que la magistrature porte de son rôle d'arbitre, ne se veut que l'interprète fidèle de la loi, le commerce, soutenu par l'administration locale, désire des sanctions exemplaires destinées à intimider, et partant, à prévenir les actes répréhensibles qui entravent le développement de ses affaires. Finalement, force est restée à la loi. Par contre, dans l'affaire Chaudoin, le corps judiciaire se heurte à la toute puissance de l'administration coloniale qui réagit, dans l'affaire, en institution autoritaire qui n'accepte pas que soit contestée sa prééminence

Paragraphe 2. Les incidents sénégalais

Au Sénégal, la magistrature se heurte à des difficultés qui tiennent non pas à ses relations avec le gouvernement de la colonie, mais, plutôt, de son rôle d'arbitre entre les colons et la population autochtone. Devant les juridictions françaises où le système de droit est établi à l'avantage des métropolitains transplantés, le corps judiciaire ne doit-il pas, pour rétablir un certain équilibre

14. Procureur général à Gouverneur, Lettre n° 221 G, datée de Dakar le 30 août 1915. ANS, série M 24, Justice Européenne, Question de Personnel, Cour Appel, 1904-1919, Dossier n° 1, pièce 86.
15. V. La lettre du Gouverneur général au Chef du Service judiciaire datée de Dakar le 4 octobre 1915, pièce n° 92.

entre ces deux catégories de justiciables, se constituer en défenseur des indigènes ? Les Africains à qui il est reconnu l'aptitude à ester en justice ne sont pas des incapables au sens strictement juridique du mot. Mais le ministère public, guide éclairé des tribunaux, appui du faible, et représentant de la société toute entière, ne doit-il pas sauvegarder l'intérêt du plus grand nombre contre les prétentions de l'intérêt particulier ? Se faire un devoir de conclure et d'invoquer, le cas échéant, les exceptions et les moyens décisifs que les justiciables défavorisés ne peuvent connaître ?

Ces principes applicables en métropole ne deviennent-ils pas obligatoires en Afrique occidentale française ? Selon le gouverneur général, on réduirait en effet le rôle de la justice française, si pour donner satisfaction à des considérations qui tiennent plus de la procédure pure que du droit véritable, elle devait se borner à être l'arbitre des seuls arguments fournis par les parties, et ne décider que dans cette limite forcément rétrécie par l'insuffisance de la défense. Les tribunaux doivent ne point laisser succomber une partie indigène sur la simple omission d'une formule de procédure, tant qu'il peut y être suppléé, soit par le tribunal lui-même, soit par le ministère public [16].

Le problème de procédure soulevé par cette circulaire du gouverneur général est à l'origine du sanglant incident survenu au palais de justice de Dakar, le vendredi 20 août 1909, lors du jugement de l'affaire Champion contre Sidi Sow [17].

Dans la cause, Champion, négociant, vice-consul de la Grande-Bretagne à Dakar, avait assigné, devant le tribunal de première instance, Sidi Sow, commerçant, en paiement d'une somme de 10 000 francs qu'il lui avait versée sous forme de traite pour un apport dans une association en participation conclue pour l'achat d'une certaine quantité de colas. Pour administrer la preuve de l'existence de la société en participation, Champion produisit le témoignage de Stephanon, agent de la "Bank of British West Africa Limited", en présence de qui, dans l'après-midi du 26 décembre 1908, il fut entendu entre Champion et Sidi Sow qu'ils allaient faire en participation, avec partage par moitié des pertes et des bénéfices, une opération de colas en Sierra-Leone. Pour ses 10 000 francs de participation, Champion remit à Sidi Sow une traite numéro 2085, sur la succursale de la Bank of British West Africa Limited : en Sierra-Leone, et un billet de passage pour un vapeur belge faisant la liaison Dakar-Sierra-Leone. Sidi Sow ne contestait pas avoir reçu de Champion la traite n° 2085 de 10 000 francs. Toutefois, non seulement il en avait remboursé le montant à Champion, mais il avait jamais été question entre ce dernier et lui

---

16. V. La circulaire n° 29bis du 16 mars 1905 du Gouverneur général à Messieurs les Lieutenants-Gouverneurs du Sénégal, du Haut-Sénégal-Niger, de la Guinée, de la Côte d'Ivoire et du Dahomey. ANS, série M 44, Justice Européenne, rapports entre le service judiciaire et les autorités administratives, 1904-1920, pièce n° 5.
17. ANS, série M 77, Justice Européenne, Affaires 1908-1912. Incidents survenus au Palais de Justice de Dakar, le 20 août 1909 (Assassinat de M. Stephanon).

d'une société en participation pour l'achat de colas. Pour prouver le remboursement des 10 000 francs, Sidi Sow invoquait les témoignages d'Édouard Aubert, Joseph et Louis Mbaye qui déclaraient avoir porté à Champion, le 26 décembre 1908, dans son bureau et à six heures trente du matin, les 10 000 francs répartis en cinq billets de banque de mille francs et en cinq sacs d'argent contenant mille francs chacun.

Champion rétorquait que, le 26 décembre 1908, il n'était arrivé pour la première fois aux bureaux de la Bank West Africa Ltd, qu'après huit heures trente du matin. Et que le même jour, Stephanon et lui avaient, entre neuf heures trente et dix heures trente du matin, libellé en présence des preneurs respectifs et détaché du quittancier à souche, les traites 2079 et 2084.

Le chèque de 10 000 francs a-t-il été acheté comptant par Sidi Sow, comme le décide le premier juge, ou représente-t-il l'apport en participation de Champion ?

La Cour répond que Sidi Sow, porteur de la traite n° 2085, peut être présumé en avoir versé le montant entre les mains de Champion. Mais ce n'est pas une présomption analogue à celle édictée dans l'article 1282 du code de commerce.

Car, entre commerçants, la remise volontaire du titre de créance, et notamment d'un billet à ordre, même acquitté, ne fait présumer la libération du débiteur que jusqu'à la preuve contraire, qui peut être faite par témoins, ou résulter de l'examen des livres des parties et de simples présomptions. Ainsi, Sidi Sow aurait pu, en fait, répondre à son adversaire que la preuve qu'il lui avait versé les 10 000 francs c'est qu'il était en possession de la traite 2085. Non seulement il ne l'a pas fait, mais il est singulier que Sidi Sow qui se prétend créancier de Champion de 4 500 francs depuis le 25 mars 1908, et qui s'est plaint de n'avoir pu malgré plusieurs réclamations obtenir le remboursement de cette somme, n'ait pas, en venant demander à son débiteur la délivrance d'une traite de 10 000 francs, songé à lui dire : “vous me devez 4 500 francs je vous apporte 5 500 francs, donnez-moi une traite de 10 000, et nous sommes quittes”.

Les trois témoins cités par Sidi Sow sont formellement contredits par huit témoignages de bonne foi. Et parmi les trois témoins de Sidi Sow, deux, à savoir Joseph et Louis Mbaye sont, fait observer la Cour, des pupilles du troisième, Édouard Aubert, et que tous les trois habitent le même domicile que Sidi Sow. Par ailleurs, il est non seulement surprenant que Sidi Sow ne verse que la somme exacte, sans aucun frais de commission ou de change, mais il est impossible d'admettre que la traite n° 2085 ait été délivrée avant les traites n° 2079 à 2084. Enfin, il est certain que, le 26 décembre 1908, Champion a bien délivré à la Bank of British West Africa Limited, un bon de 10 000 francs. Stephanon confirmant que, le 10 mars 1908 Champion qui se trouvait alors débiteur envers l'agence de Dakar, de 15 000 francs, lui endossa une traite de 15 000 francs sur l'Elder Dempter And Company à Liverpool ;

Champion se trouvait ainsi avoir remboursé à l'agence de Dakar, sa créancière, la provision de 10 000 francs de la traite n° 2085 du 26 décembre 1908.

Pour tous ces motifs, la Cour conclut que Champion a bien remis à Sidi Sow la traite n° 2085, de 10 000 francs, sans en avoir au préalable reçu le montant. Cette somme représentait l'apport de Champion dans l'association en participation qu'il formait avec Sidi Sow pour l'acquisition de colas en Sierra Leone. Infirmant le jugement du tribunal de Dakar, la Cour valide la saisie conservatoire du 2 janvier 1909, qu'elle transforme en saisie-exécution.

Elle déclare dissoute la société de fait conclue, le 26 décembre 1908, entre Champion et Sidi Sow. Puis, condamne ce dernier à rembourser à son ancien associé, avec les intérêts de droit : 10 000 francs représentant la mise de Champion dans la participation, 160 francs à titre de commission payée à la Banque pour l'émission de la traite n° 2085, et 96 francs représentant le montant du billet de voyage remis par Champion à Sidi Sow le 26 décembre 1908 [18].

Lorsque la Cour rend cet arrêt, elle se compose du président Legendre, des conseillers Hurstd, et Calva, en instance de départ en congé, du Procureur général Cnapelynck, et de Minvielle, greffier. L'audience avait appelé la première des affaires en délibéré, celle qui nous occupe. La lecture de l'arrêt qui réformait le jugement de première instance et faisait succomber Sidi Sow venait à peine de se terminer, lorsqu'éclata le drame qui allait ensanglanter le palais de justice, et jeter la consternation dans toute la population.

En effet, le président commençait à peine la lecture de la seconde affaire en délibéré, qu'un coup de feu retentit brusquement dans 1a salle d'audience. C'était Sidi Sow qui, se voyant condamné et ruiné, venait de tirer une balle de revolver sur Stephanon avec qui il avait eu un rapide conciliabule. Stephanon, atteint en plein cœur, s'abattit comme une masse. Profitant de l'émotion et de la stupeur générales, et avant même qu'on ait compris ce qui venait de se passer, Sidi Sow d'un bond, s'élança vers la cour, gravit les degrés qui donnent accès aux sièges et, à bout portant, tira deux coups de feu sur le président et un autre dans la direction du conseiller Hurstel. Heureusement aucune des balles n'atteignit ces magistrats. Il y eut à ce moment un affolement général, une fuite éperdue ! Sidi Sow en profita pour s'enfuir par la salle des pas perdus. On entendit alors une dernière détonation, c'était l'auteur du drame qui venait de se tirer une balle dans le ventre.

Maîtres Huchard et Sabourault, avocats-défenseurs, suivis du conseiller Hurstel, coururent après lui, et sur l'interpellation de son défenseur, maître Sabourault, Sidi Sow se rendit sans résistance, tendant à maître Huchard l'arme meurtrière dont il venait de se servir.

Quelques instants après, il s'affaissait au milieu des agents de police qui le gardaient à vue. Le gouverneur général, prévenu par téléphone, accourut en

18. Greffe de la Cour de Dakar, Arrêts Civils, année 1909, Arrêt n° 16 du 20 août 1909.

personne sur les lieux, et s'enquit des motifs du drame. Transporté à l'hôpital, Sidi Sow y succomba dans l'après-midi au milieu d'atroces souffrances. Son infortunée victime fut également conduite à l'hôpital aux fins d'autopsie. Stephanon, sujet anglais, âgé de vingt-huit ans environ, laissait une jeune femme et une fillette de six ans. Toutes les deux étaient en Europe où on leur câbla la terrible nouvelle. De son côté, Sidi Sow laissait également une femme et un enfant.

Cet événement [19] produisit parmi la population, tant européenne qu'indigène de Dakar, une émotion considérable. Beaucoup de personnes se demandèrent, en présence du geste désespéré de Sidi Sow, si, malgré les présomptions résultant de l'arrêt de la Cour, le bon droit n'était pas de son côté ; et si les juges ne s'étaient pas trompés, s'ils n'avaient pas été trompés. Certains pensèrent que la Cour avait eu tort de réformer le jugement de première instance qui avait donné gain de cause à Sidi Sow, qu'elle était ainsi, dans une certaine mesure, responsable de la mort de deux hommes, Stephanon et Sidi Sow.

Le chef du parquet général, qui rapporte ces suppositions les trouve blessantes pour les magistrats de la Cour, et absolument injustes. En effet, explique-t-il, si Sidi Sow mieux inspiré s'était borné à répondre à Champion appelant : "J'ai en ma possession une traite de 10 000 francs délivrée à son profit par la banque que vous représentez ; la possession de cette traite constitue en ma faveur une présomption que je vous en ai remis la contrevaleur : à vous de faire la preuve contraire ; il aurait vraisemblablement gagné son procès. La preuve négative mise à la charge de son adversaire était, en fait, impossible à administrer. Si Sidi Sow avait survécu, il aurait été poursuivi sous l'accusation d'assassinat sur la personne de Stephanon et de tentatives d'assassinat sur celle des magistrats de la Cour d'appel ; les débats publics du grand criminel auraient placé les faits sous leur véritable jour, et établi que la Cour avait jugé comme elle devait le faire, eu égard aux circonstances du procès [20].

L'épilogue de cette tragédie ? C'est le gouverneur général qui le donne, en adressant au chef du service judiciaire la lettre suivante : "J'ai l'honneur de vous transmettre la dépêche ministérielle n° 130 du 27 décembre 1909, que je viens de recevoir à l'occasion des incidents du Palais de justice de Dakar, le 20 août dernier. Je joins mes félicitations personnelles à celles que Monsieur le Ministre des Colonies vous exprime ainsi qu'aux membres de la Cour présents à l'audience" [21]. La dépêche en question était signée du ministre Georges Trouillot.

---

19. V. Le compte-rendu qu'en donne Maître Sabourault dans la livraison numéros 23-24-25 et 26 des dimanches 1er, 8, 15 et 22 août 1989, page 3 du Journal "*L'Afrique*". IFAN, Dakar, série P 644.
20. V. La lettre n° 69c, datée de Dakar le 8 septembre 1909, du Procureur général au Gouverneur général. ANS, série M 77, pièce n° 124.
21. Gouverneur général à Procureur général, n° 92, Dakar le 2 février 1910, pièce n° 127.

Si notre second procès sénégalais, l'affaire Maire [22], n'a pas connu le même dénouement, il n'en a pas moins soulevé une émotion également exceptionnelle et n'en est pas moins connu. Traduits devant le tribunal correctionnel de Saint-Louis, Maire, employé, et Sassure, représentant, tous deux, de la maison Maurel et Prom, étaient prévenus, le premier d'avoir opéré les 2 et 3 octobre 1918, à Saint-Louis, et dans un but de spéculation illicite, la hausse audessus du cours normal, du prix des coiffures dites "*fez*" ; le second, d'avoir aidé et assisté Maire, en percevant, en connaissance de cause, les recettes provenant de la spéculation illicite.

Il résulte des débats que, dans la journée du 20 octobre 1918, Maire a vendu des "*fez*" à trois commerçants marocains, successivement, au prix de 39 francs, 42 francs et 48 francs la douzaine. Le lendemain, il les vendaient à 50 francs la douzaine à un quatrième marocain. Une progression si rapide dans le prix de la même marchandise semblerait prouver, tout à la fois, la hausse et l'intention frauduleuse. Un pareil écart de prix aussi brusque était inusité dans le commerce. Néanmoins, le prévenu veut justifier l'opération. D'après lui, les 39 francs auxquels ont été vendues les premières douzaines de "*fez*", sont un prix de faveur consenti à un gros client, le prix normal des *fez* étant en réalité, à la Maurel et Prom", de 42 francs la douzaine.

La différence entre ce chiffre et celui de 50 francs, atteint dans un intervalle de quelques heures, ne lui paraît être que la conséquence normale de la loi de l'offre et de la demande. L'engouement de la population saint-louisienne était telle pour les bonnets *fez*, que d'autres commerçants, parmi lesquels figurait la Compagnie Française, cédaient la douzaine à 52 francs. Même si ayant acheté les bonnets à un prix plus avantageux que ses concurrents, Maire réalisait ainsi un bénéfice plus considérable, la Maurel et Prom n'a fait que suivre le cours établi par les acheteurs eux-mêmes. C'est donc la vogue de la coiffure qui a opéré la hausse de son prix.

Cependant, le 13 février 1919, lui faisant application de la loi du 20 avril 1916 réprimant le délit de hausse frauduleuse de marchandises, le tribunal correctionnel de Saint-Louis rendait un jugement dont le dispositif suivant est resté célèbre : "Attendu que de pareils agissements doivent être très sévèrement réprimés, comme ils le sont dans la métropole ; qu'il suffit de parcourir la chronique judiciaire dans les journaux de France pour constater les peines infligées à cette nouvelle classe sociale, nouveaux bourgeois gentilshommes, dénommés autant par mépris que par dérision, les nouveaux riches ; que profiter, en effet, des circonstances actuelles, pour s'enrichir d'une façon aussi scandaleuse, aussi malhonnête, constitue "un véritable crime contre le pays", une véritable dîme prélevée sur la misère des habitants ; Attendu qu'il est de notoriété publique, à Saint-Louis, que les employés et représentants de la maison

22. Greffe de la Cour d'appel de Dakar, Arrêts Correctionnels, année 1919, Affaire Maire Raymond, Sassoure Jean, Maurel et Prom contre Ministère public, Arrêt n° 44 du 9 avril 1919.

Maurel et Hilaire Prom se livrent, depuis le début des hostilités, à des spéculations illicites, écoulent leurs marchandises à des prix usuraires, sans qu'il soit permis aux acheteurs de les discuter ; qu'ils n'ont à la bouche que ces mots : "c'est augmenté", "c'est la guerre" ; que leur âpreté au gain a pour source et s'explique par l'appât d'une grosse gratification de fin d'année ; Que le prévenu Mazonie, petit boutiquier, poursuivi pour spéculation illicite sur le prix des œufs, a été condamné à quinze jours de prison et cinq cents francs d'amende ; Que le principe de l'égalité des citoyens devant la loi serait un affreux mensonge si les puissants du jour étaient épargnés ; que leurs méfaits étant plus considérables, par suite plus préjudiciables à la collectivité, le juge doit sévir impitoyablement ; Que la moralité de cette poursuite est réellement affligeante : d'un côté, des Sénégalais volant au secours de la Patrie en danger, de l'autre des Français spoliant leurs familles laissées au pays natal" [23].

On s'en doute, ce jugement a non seulement soulevé une émotion considérable, mais il a été également très contesté. La Cour d'appel va l'infirmer, par son arrêt du 9 avril 1919, au motif que : (1) il n'appartient pas un tribunal d'apprécier et de qualifier des faits qui ne sont pas reprochés aux accusés, et qui sont de plus hypothétiques ; (2) le juge statue "*ultra petita*" en déclarant civilement responsable une personne ou une société qui n'est pas en cause ; (3) les faits reprochés à Maire ne constituent pas le délit de hausse frauduleuse de marchandises, au sens de l'article 10 de la loi du 20 avril 1916.

Explicitant sa décision la Cour d'appel affirme constater dans le jugement de trop nombreuses considérations étrangères à la prévention. Si les prévenus sont employés de la maison Maurel et H. Prom, et si, entre leur situation et le délit qui leur est reproché, il peut exister une relation de cause à effet, il n'en reste pas moins que Maire et Sassure étaient poursuivis nommément, et à raison d'un fait précis et bien spécifié. Néanmoins pour le premier juge, leur inculpation est l'occasion de faire le procès de la maison Maurel et H. Prom de Saint-Louis pour des faits qui, d'abord, n'ont aucune véracité, et dépassent singulièrement, ensuite, les limites de la prévention. C'est ainsi que le jugement entrepris parle de vente de pétrole et de sucre opérée par la maison Maurel et H. Prom dans des conditions abusives, et qu'il déclare que le "trafic criminel" de cette maison de commerce s'étend, en somme, sur toutes les marchandises. L'énonciation de ces faits étrangers à la prévention n'avait sa raison d'être qu'autant que leur authenticité, à la charge de Maire et Sassure, étant dûment établie, elle visait à faire connaître la moralité des prévenus, et à motiver une condamnation sévère. Ainsi, par suite de la confusion regrettable, dans les faits et dans les personnes, commise par le premier juge, les motifs du jugement du tribunal correctionnel de Saint-Louis sont erronés et sans valeur, et le délit poursuivi, fût-il établi, la Cour doit les annuler.

Par ailleurs, bien qu'on ait si souvent parlé d'elle au jugement, la maison Maurel et H. Prom n'était pas en cause dans le procès, l'accusé ne l'ayant

23. C'est nous qui soulignons.

jamais fait citer. Donc en la déclarant civilement responsable des condamnations pécuniaires prononcées contre Maire et Sassure, le premier juge a statué "*ultra petita*", et le jugement entrepris est, de ce chef, encore nul.

Enfin, si la loi du 20 avril 1916 réprime la spéculation illicite sans distinguer entre les marchandises, il est cependant permis, ne serait-ce que pour apprécier la gravité du délit, de s'interroger sur la place que peut occuper, dans l'échelle des besoins du consommateur, la marchandise dont la hausse du prix a été opérée. Le premier juge a considéré le bonnet dit *fez* comme la coiffure de la totalité des Sénégalais, sous-entendant par là, que la coiffure en question fait partie de son habillement, et qu'il est un article indispensable dont ils ne sauraient se passer. Toutefois, si la coiffure prise abstraitement peut être considérée comme de première nécessité, il n'en est plus ainsi quand elle se précise sous une forme ou sous une autre. Surtout, lorsque malgré le besoin d'avoir une coiffure, les gens en arrivent à refuser celle qui n'est pas confectionnée à leur goût. Ici intervient, au Sénégal, ce qu'on appelle, tout comme en Europe, les "exigences de la mode", aussi fortes peut-être que celles du besoin à satisfaire. En l'occurrence, c'est parce que le *fez* est actuellement la coiffure en vogue, qu'il trouve tant d'acquéreurs, sans que le besoin même de se coiffer incite la population à cette acquisition. Les conditions indiquées à l'article 10 de la loi du 20 avril 1916 pour qu'il y ait spéculation illicite ne se retrouvent pas en définitive dans les faits reprochés aux prévenus. Maire n'ayant jamais opéré la hausse du prix de la marchandise en question, il n'y a pas lieu de s'occuper du second élément indispensable du délit, c'est-à-dire, l'intention frauduleuse.

Outre les vices de forme, les erreurs de droit et de fait, la Cour reproche au premier juge d'avoir puisé une partie de ses informations dans la "notoriété publique", contrairement au principe qui interdit au magistrat de faire état d'autres faits que ceux qui ont été constatés à l'audience. Au sujet de l'application de la loi du 20 avril 1916, et plus précisément de son article 10, la Cour indique que quelque large que soit l'interprétation qu'on lui donne, encore faut-il, pour que le commerçant encoure les pénalités prévues par la loi, d'une part, qu'il ait, selon les prescriptions du texte, vendu "à des prix absolument exagérés, hors de proportion avec ceux pratiqués honnêtement dans le commerce de détail", ou "dépassant celui qu'aurait déterminé une concurrence normale". D'autre part, qu'en cédant à ce prix excessif la marchandise, le prévenu "ait opéré la hausse sur place en mettant les acheteurs dans l'impossibilité de se procurer dans la localité la marchandise en question, les obligeant ainsi à subir les prix qu'il leur impose". Pour la Cour, aucune de ces conditions indispensables ne se rencontraient dans la cause.

Section II. La magistrature doit œuvrer à l'expansion coloniale

L'histoire du service judiciaire au Sénégal et dépendances est, en grande partie, celui de ses démêlés avec les autorités coloniales. Se pénétrer des vues du gouvernement local, s'y associer, concourir à la réalisation de cette politique, ou appliquer les lois et codes avec indépendance, ne tolérer aucune tutelle, tout en collaborant à l'œuvre de colonisation mais uniquement par des moyens légaux, tel était le dilemme des chefs de l'administration de la justice. L'incompatibilité d'humeur, la défiance en laquelle l'administration tenait la magistrature, et le caractère autoritaire d'une hiérarchie quasi-militaire, ne furent pas pour faciliter la coexistence des organes politique et judiciaire.

Autour de quatre personnalités qui, au XIXe siècle, ont eu à diriger le service judiciaire, nous verrons comment, à une période de continuels affrontements dans lesquels se trouvent impliqués tous les services, nous évoluons vers une période de collaboration pour la réalisation d'une politique coloniale à laquelle tous adhéraient.

Paragraphe 1. Les précurseurs

Mauche, Procureur du roi du 1er avril 1819 au 4 août 1819, fut le premier magistrat de carrière à servir dans les établissements français de la Côte occidentale d'Afrique [24].

Mais dans une période de mise en place d'institutions judiciaires régulières, les personnalités les plus marquantes de la magistrature locale furent l'avocat général Auger et le Président Delaroque.

Dans une colonie non encore pourvue de l'organisation nécessaire à sa mise en valeur, l'avocat général Auger débarque à Saint-Louis comme magistrat du parquet près les juridictions du premier et du deuxième degré établies dans l'île. Chargé, en outre, sous les ordres du gouverneur, de diriger l'administration de la justice, et de veiller à l'exécution des lois, il ne put, en serviteur zélé de la loi, s'accorder avec les gouverneurs Brou et de Saint-Germain (A).

Après le renvoi en France d'Auger, c'est le Président Delaroque qui va occuper le devant de la scène. Avec lui, les conflits avec le gouvernement

24. Ce départ précipité après un bref séjour de quatre mois semble trouver son origine dans le conflit qui éclate à propos d'une succession Labouré entre le Procureur du roi et le Conseil privé de la Colonie. Mauche ne peut accepter que des fonctionnaires qui se livrent au Commerce lui refusent l'application du Tarif de la Martinique sous le prétexte qu'il est prévu pour des juges non salariés, et que le Sénégal est un comptoir très pauvre. Voir, le commissaire de Marine Millot, faisant fonctions de contrôleur, Envoi du compte raisonné de l'ensemble des opérations de contrôle pendant le 2e trimestre 1819, n° 9, Saint-Louis 15 juillet 1819. ANSOM, Sénégal et Dépendances XIX, Dossier l, Contrôle et Inspection.
En fait, la véritable cause de la démission du Procureur du Roi provient de son opposition, en tant que réformateur des abus, à la volonté du commandant et administrateur du Sénégal de préparer l'introduction de la législation métropolitaine par une période de transition, de concessions aux usages locaux. Voir la lettre datée de Saint-Louis du 23 juin 1819, du Commandant et Administrateur du Sénégal au Ministre.

local passent au second plan, pour céder le pas aux dissensions entre le président du tribunal et la population sénégalaise (B).

A. L'avocat général Auger

Dans l'organisation judiciaire, issue de l'ordonnance du 7 janvier 1822 des employés de l'administration, étrangers aux formes judiciaires, occupaient le ministère public près les juridictions de la colonie. Plusieurs considérations expliquent cette situation. En plus de la préoccupation de limiter les dépenses de personnel dans une colonie qui ne possédait pas de grandes ressources, les auteurs de l'ordonnance avançaient le fait que les juridictions du Sénégal et Dépéndances ne jugeaient que des affaires commerciales qui ne donnaient pas lieu à communication. Ensuite, lorsque l'ordonnance de 1822 réglait l'organisation judiciaire, un ancien avocat aux Conseils du roi et à la Cour de cassation était à la tête du gouvernement de la colonie. Appelé en sa qualité de commandant à présider le Conseil d'appel, on pensait qu'il était inutile de placer dans ce conseil un magistrat chargé des fonctions du ministère public et de la direction de l'administration de la justice. À l'égard des tribunaux de première instance, on avait enfin cru pouvoir se passer du ministère public en faisant procéder pour le jugement des affaires civiles, d'après les formes établies par le code de procédure civile pour les juges de paix, et en investissant, à la fois, le Président du tribunal de Saint-Louis des fonctions d'officier de police judiciaire et de juge d'instruction [25].

Les inconvénients de cette organisation furent si évidents que le gouvernement de la colonie dut demander la nomination d'un magistrat chargé du ministère public près le Conseil d'appel et le tribunal de Saint-Louis. Après le gouverneur Roger, qui avait été pourtant à l'origine de l'ordonnance organique, ce fut le gouverneur Jubelin qui, dans un mémoire de 1829, revenait à la charge. Il demandait l'envoi au Sénégal d'un magistrat de carrière qui, sous les ordres du gouverneur, centraliserait dans ses mains, la direction du service judiciaire, les fonctions du ministère public tant près le tribunal de première instance que près le Conseil d'appel de Saint-Louis, tout en siégeant au Conseil de gouvernement et d'administration en remplacement du Président du tribunal [26].

Le département proposera la nomination, sous le titre d'avocat général, d'un seul et même officier du parquet près les juridictions de premier et deuxième degré établies à Saint-Louis. Ce cumul peut, explique le Garde des Sceaux, d'autant plus facilement se concevoir qu'à l'origine, les attributions et l'office du ministère public ne sont point divisés. Un Procureur général est le

---

25. V. le Rapport du Maître des requêtes Delamardelle, daté de Paris le 20 septembre 1829, sur la création d'un emploi d'Avocat général. ANSOM, Sénégal et Dépendances VIII, Dossier 4 b, Chemise 4 b.
26. V. l'Extrait du mémoire daté du 12 mai 1829, laissé par Jubelin à son successeur Brou, Gouverneur du Sénégal, déjà cité.

chef du ministère public dans un ressort de Cour royale, les autres officiers du ministère public ne sont que ses substituts, ils agissent tous dans les mêmes vues, tendent vers le même but. Les principes ne font donc pas obstacle à ce que dans un établissement naissant, peu développé encore, et où la population est très faible, il y ait un magistrat unique, investi de la plénitude des pouvoirs conférés à la partie publique, pour procurer la répression des crimes et délits, défendre les intérêts des personnes privilégiées, surveiller et diriger l'administration de la justice, et assurer l'exécution des lois. Malgré le danger que constitue l'influence que peut exercer ce magistrat, par sa position supérieure, sur les autres juges, la création d'un ministère public près les juridictions de la colonie du Sénégal sera, conclut le ministre, une heureuse innovation dans une colonie où le Président du tribunal de Saint-Louis cumulait toutes les fonctions judiciaires [27].

Le 9 juillet 1830, le ministre notifiait au gouverneur du Sénégal l'institution, par une ordonnance royale du 20 mai, d'un emploi d'avocat général, et la nomination à ces fonctions de R. Auger, ancien Procureur du roi à Marie-Galante [28]. Conformément à la demande des gouverneurs Roger puis Jubelin, ce haut magistrat était pourvu d'un traitement colonial de 8 000 francs par an, plus le logement.

Auger arrivait au Sénégal à la suite de dissensions entre le commandant de Marie-Galante, le Vicomte de Turpin, et les magistrats en service dans cette dépendance de la Guadeloupe [29]. À l'origine de ces dissentiments étaient les nouvelles ordonnances coloniales de 1828 qui visaient à réprimer plus efficacement la traite négrière. Appuyés par le Victoire de Turpin, les propriétaires blancs étaient hostiles à des mesures que les magistrats, acquis à la cause des noirs, s'efforçaient de mettre à exécution. À la suite des troubles qui éclatèrent dans l'île, le gouverneur de la Guadeloupe infligea au vicomte de Turpin la peine d'un mois d'arrêts de rigueur, tandis qu'Auger, un de ses protagonistes, quittait l'île. Donc voilà le magistrat réputé homme à principes qui arrivait dans une colonie ou les institutions judiciaires étaient encore à "acclimater" et où la science du droit demeurait inconnue. Cette situation ne pouvait-elle pas faire craindre des relations conflictuelles entre une administration, habituée à tout régenter, et ce serviteur zélé de la légalité, qui entendait combattre l'arbitraire et instaurer un régime de droit et de justice [30].

27. V. la lettre n° 4 679 B-7, datée de Paris le 26 avril 1830, du Garde Sceaux de France, Ministre Secrétaire d'État au Département de la Justice. ANSOM, Sénégal VIII, Dossier 4 b, Chemise 4 b.

28. V. Sa lettre n° 158 datée de Paris le 9 juillet 1830.

29. *Ibid.*

30. V. ANS, Sénégal et Dépendances VIII, Chemise 4 C. V. aussi Saliou Mbaye *Le Conseil Privé du Sénégal de 1819 à 1854*, Thèse de l'École des Chartes, 1974, p. 189-200. Mais cette étude ne repose que sur les procès-verbaux des séances du Conseil privé.

Arrivé au Sénégal au début du mois, l'avocat général prête serment devant le Conseil privé le 14 septembre 1830. C'est pour lui l'occasion de proclamer qu' “il ne peut y avoir de bonne et loyale administration sans le concours de la justice” [31].

Le 5 novembre 1830, il fait promulguer le code civil. Mais le 1er mars 1831, le gouverneur Brou convoque le Conseil privé dans le but d'examiner une réclamation de l'avocat général contre les modalités de constitution de la Garde nationale. C'est le premier d'une longue série de conflits entre un magistrat qui allait revendiquer le pouvoir d'exercer une censure sur les actes du gouvernement local et un chef de colonie qui entendait résister à cette prétention.

En effet, au moment où la Révolution de juillet éclatait en France, faisant craindre, dans la colonie, un débarquement anglais, une terrible épidémie de fièvre jaune décimait la population de Saint-Louis. Avec l'accord du gouverneur, les notables indigènes, puis les négociants européens organisèrent des compagnies de Garde nationale. Le 25 février, l'avocat général, dans une lettre de représentation au gouverneur Brou, proteste contre cette dualité de compagnies indigènes et européennes, à ses yeux, ce fait constituait une ségrégation contraire à l'esprit des lois et aux actes du gouvernement, Lors de la séance du 1er mars [32], le maire Alin déclare au nom des Indigènes que ceux-ci n'avaient été guidés que par le sentiment de leur appartenance commune, à quoi Auger rétorque que c'était l'occasion pour les Habitants de s'initier à l'art militaire auprès des Européens qu'ils prétendaient plus expérimentés. Duthill, au nom des Européens, explique que lorsqu'une proposition de fusion avait été formulée, il avait fait remarquer que les Indigènes ayant déjà nommé leurs officiers, et constitué leurs compagnies, les Européens qui se joindraient à eux ne pouvaient plus escompter y acquérir des galons. Le gouverneur résume en faisant observer que les différentes compagnies étaient la résultante d'initiatives personnelles de leurs membres, Auger demande s'il faut comprendre que la Garde s'était constituée toute seule ? Brou répond, qu'au contraire, il en porte la responsabilité, Cependant, pour prouver qu'il n'y avait pas discrimination dans cette constitution de la Garde. Auger insistera pour que soit constitué un unique jury d'équité pour toutes les compagnies.

Cette affaire était à peine réglée que le problème des conditions de prestation de serment du nouveau président du tribunal de première instance allait mettre le feu aux poudres.

Le 28 mai 1831, Renault de Saint-Germain, nouveau chef de la colonie, veut profiter de son entrée en fonction pour, dans la même séance du Conseil privé, recevoir le serment du Président Marchal. Auger exige, qu'avant la réception de serment, le Conseil d'appel soit reconstitué. Le gouverneur Brou fait observer qu'une dépêche ministérielle qui sera communiquée à l'avocat

31. ANS, série 3 E 9, Conseil Privé, Séance du 14 septembre 1830.
32. ANS, série 3 E 9.

général a confirmé la constitution actuelle du Conseil d'appel. Auger s'étonnant de n'avoir pas reçu cette dépêche, Brou répond qu'il avait cru devoir, dans l'intérêt de l'avocat général, la lui communiquer en particulier.

Le jour même, le gouverneur de Saint-Germain adresse une copie de la dépêche à l'avocat général, lui faisant observer qu'elle n'était pas adressée à son prédécesseur, et que les accusations de l'avocat général contre Brou n'avaient donc aucun fondement. Dans sa réponse datée du même jour, Auger explique qu'en demandant de faire siéger le Conseil privé en Conseil d'appel, avant la prestation de serment du président Marchal, il ne faisait que se conformer aux principes appliqués en France et dans les colonies de l'Ouest, où les présidents de tribunaux de première instance prêtent serment devant les Cours royales remplacées ici par le Conseil d'appel. Ce faisant, il était dans l'ignorance d'une dépêche qui en disposait autrement, et que le gouverneur Brou voulait soustraire à sa connaissance. "Or, fait-il observer, la dépêche que vous avez la bonté de me communiquer ne parle point de la question dont il s'agit".

Le 29 mai, nouvelle lettre d'Auger qui y fait des affirmations on ne peut plus nettes : "Le Roi écrit-il, m'a placé ici pour veiller à l'exécution des lois et vous faire des représentations chaque fois que je croirai leurs dispositions mal comprises ou méconnues. C'est un devoir semblable que j'entendais remplir hier et que je vais encore continuer aujourd'hui. Les présidents de tribunaux prêtaient serment devant les Cours royales représentées ici par le Conseil d'appel. Brou a prétendu le contraire d'après une dépêche ministérielle. Jusque là, je suis autorisé à penser que l'assertion ou l'impulsion de Brou vous a porté à faire recevoir par un pouvoir illégal le serment prescrit aux magistrate. D'ailleurs Brou a admis tous les présidents à prêter serment, non devant le Conseil privé, mais bien devant le Conseil d'appel. Je suis autorisé à croire que la prestation de serment de Marchal est illégale, elle doit être considérée comme non avenue et par conséquent donner lieu à la cassation de tous les jugements jusqu'à ce que Brou ait exhibé la lettre ministérielle qu'il a annoncé, ou jusqu'à ce que Marchal ait prêté son serment devant l'autorité judiciaire compétente.

Je me croirais injustifiable de légèreté et d'insouciance d'agir, dans l'intérêt du service que je dirige différemment que je le fais" [33].

Après que le gouverneur ait refusé de le recevoir, il écrit une autre lettre, datée du même jour, demandant qu'avant l'audience du lendemain, la preuve soit apportée que le serment de Marchal n'est pas illégal.

Dans sa réponse le chef de la colonie semble revenir à de meilleurs sentiments, et vouloir faire amende honorable. En effet concède-t-il, son devoir et son désir sont de se conformer aux lois. C'est dire que si jamais il faisait une proposition qui s'en écarte, ce sera contre son intention, et qu'il serait toujours prêt à obtempérer aux représentations que l'avocat général lui ferait. C'est

33. Avocat général à Gouverneur, lettre n° 89 datée de Saint-Louis le 29 mai 1831.

dans ce dessein qu'il a donné l'ordre de convoquer pour le lendemain le Conseil d'appel pour une nouvelle prestation de serment de Marchal. Cependant, reprenant un ton plus conforme, il blâme l'avocat général pour sa conduite à l'égard de son prédécesseur. En effet, poursuit-il, un gouverneur représente le roi, toute offense publique qui lui est faite est coupable parce qu'elle tend à déconsidérer l'autorité qui lui a été déléguée [34].

En somme, autant le chef de la colonie semble disposé, dans son souci de se conformer à la légalité, à tenir compte des remontrances qui lui seront faites avec mesure, autant il ne saurait tolérer toute attitude qui viserait à déconsidérer son autorité.

La cause était-elle entendue ? On le crut, lorsque la lutte faillit rebondir à propos du traitement de Marchal. L'administration de la colonie ne voulait lui régler ses appointements que du jour de son entrée en fonctions, c'est-à-dire du jour de sa seconde prestation de serment. Auger proteste et fait savoir que l'article 2 de l'ordonnance royale du 17 janvier 1831 nommant le président du tribunal de première instance de Saint-Louis dit expressément que le traitement de 6 000 francs, fixé pour cet emploi, commence à courir, pour Marchal, du jour de son arrivée dans la colonie.

Cet article, poursuit-il, est tellement précis, tellement clair, qu'à moins d'être possédé par la manie des interprétations modificatives des ordonnances royales, on pouvait croire impossible. qu'il pût fournir matière à contestation.

C'est alors qu'au lieu de se calmer, le conflit va prendre une tournure mesquine. Le 31 mars 1831, à la suite d'une pénurie d'eau, Auger demande à profiter de la distribution contenue dans les citernes du palais du gouvernement. Le gouverneur s'y oppose. Puis, le 1er juin 1831, il fait répondre par son secrétaire que le règlement sur l'eau des citernes interdisait d'en distribuer à tout autre que les rationnaires. Toutefois la demande pourrait être agréée sur la production d'un certificat établi par le premier médecin. Mais sur le refus de celui-ci de délivrer le certificat, le gouverneur fait l'offre à l'avocat général de faire prendre tous les jours à l'hôtel du gouverneur l'eau dont il aurait besoin. Auger, qui en plus de son épouse avait un enfant de cinq mois, ne pouvait qu'accepter.

Stoïque, il n'en écrivait pas moins le 11 juillet 1831 : "Je ne peux pas être encore, et je doute même que je réussisse jamais à me mettre dans cette colonie, à l'abri des difficultés qu'on élèvera pour persévérer dans une première erreur. Mais quelles qu'elles soient je les combattrai dans l'intérêt de la magistrature dont je suis le chef au Sénégal, et qu'on semble prendre à tâche de vouloir ravaler en l'assimilant à des *entretenus* ou à des *employés* [35].

Poursuivant sa tâche malgré l'adversité, l'avocat général revient à la charge lorsque le gouverneur, prétextant des occupations importantes, refuse de

34. V. La lettre n° 2 datée de Saint-Louis le 29 mai 1831 du Gouverneur à l'Avocat général.
35. Souligné dans le texte.

présider le Conseil d'appel dans l'affaire Sas. Le 26 juillet 1831, Auger lui écrit ces lignes : "les occupations les plus importantes comme les plus honorables d'un gouverneur étaient ne présider le Conseil d'appel rendant, au nom du roi, la justice à ses administrés. Votre présence seule, malgré votre ignorance des lois outre qu'elle donnerait plus de solennité à l'audience, serait d'un grand poids dans une affaire du genre de celle de Sas. Il s'agit de juger la conduite d'un fonctionnaire public accusé de crimes et de délits dans l'exercice de ses fonctions, et le gouverneur quelques médiocres que puissent être ses connaissances légales ne doit pas rester étranger à une cause aussi délicate qu'importante.

Si vous croyez ne devoir faire aucun cas de mes représentations, il me restera au moins la consolation d'avoir rempli un devoir en vous les adressant. Si vous maintenez la désignation faite de Buirette, je vous serai reconnaissant de me faire connaître en vertu de quelle disposition vous avez délégué les fonctions de Président à ce fonctionnaire [36].

Le 27 juillet, le gouverneur lui adresse la réponse suivante : "Le droit de contrôle sur mes actions n'appartient à aucun de mes subordonnés, et je suis seul juge, ici, pour décider à quelle partie du service, il convient de donner personnellement mes soins, lorsque plusieurs occupations se présentent simultanément".

Le même jour, Auger lui fait observer en retour : "Je n'ai pas prétendu contrôler vos actions, c'est un soin qui appartient au roi et au ministre. Mais j'ai cru et je crois encore, avoir le droit de vous faire des représentations dans l'intérêt du service, et je vous en adresserai chaque fois que la loi ou ma conscience m'en feront un devoir. Je cherchais au bas de votre lettre le protocole d'usage duquel je ne savais pas, en venant au Sénégal, qui il fut permis à un fonctionnaire français de s'affranchir. Je serais désespéré de m'appuyer de votre exemple pour en agir de même avec mes inférieurs".

À la suite de cette cinglante réponse, de Saint-Germain fait savoir par son secrétaire-archiviste, qu'à l'avenir il ne rendra plus lecture des lettres que l'avocat général pourrait lui adresser. Puis, son exaspération étant sans doute à son comble, il réunit le Conseil privé qui, le 28 juillet 1831, vote la suspension d'Auger, et son renvoi en France.

Mais dès le jour de la suspension de l'avocat général, le Président du tribunal de Saint-Louis entre à son tour en conflit avec le gouverneur. Il s'en prend à des fonctionnaires que le chef de la colonie avait, à un moment ou à un autre, investi de fonctions judiciaires. Ce sont, notamment, l'inspecteur par intérim Thomas qui, aidé du commis de marine Dunand, avait commis un faux dans la formule de serment prêté alors qu'il était chargé de mener une enquête

36. C'est nous qui soulignons

préparatoire à une instruction judiciaire ; c'est l'ordonnateur Buirette poursuivi pour des crimes non précisés, commis dans l'exercice de ses fonctions [37].

De Saint-Germain, qui se fonde sur l'ordonnance du 27 août 1828, invite Marchal à cesser ces instructions et à lui en remettre les pièces. Après avoir obtempéré, Marchal accompagné de la force publique et du maire, réclame les pièces à Thomas, puis au gouverneur à qui elles avaient été rendues. Le 2 août 1831, nouvelle réunion du Conseil privé. Le gouverneur y fait accuser Marchal d'avoir mené une instruction illégale contre Buirette. En effet, explique-t-il, en vertu de l'ordonnance du 17 août 1828 aucun droit de poursuite ne peut être exercé contre un fonctionnaire sans une autorisation du gouverneur. Plus grave, Marchal invité à cesser l'instruction, lance, sans doute en concertation avec Auger – chez qui, selon le gouverneur, il prend ses repas et passe toutes ses journées – deux mandats de dépôt, avec réquisition de la force armée, contre Thomas et Dunand. Pour de tels agissements, il ne peut être que suspendu et renvoyé en France [38].

Le 3 août 1831, c'est la suspension et le renvoi en métropole d'Auger et de Marchal. À propos du Président du tribunal de première instance, le gouverneur écrit : "en réponse à mes invitations de cesser toute poursuite contre Thomas et Dunand, Monsieur Marchal proposa comme *terme moyen* [39] – ce sont ses propres expressions – de réintégrer l'avocat général. Je ne le laissai pas achever, je repoussai avec indignation une telle proposition". Explicitant les motifs du renvoi de l'avocat général, il accuse : "le caractère haineux et tracassier de cet homme et sa tendance à envahir sur des droits hors de ses attributions. Après les réprimandes sévères que vous m'aviez chargé de lui adresser pour sa conduite antérieure à mon arrivée, après celles qu'il m' a mis dans la nécessité de lui faire le même jour de mon installation pour offenses gratuitement faites en public à mon prédécesseur, enfin, après quelques actes d'obligeance de ma part, j'avais lieu de croire que ces démonstrations de fermeté et de douceur le maintiendraient dans la ligne des convenances dont il s'était si souvent écarté envers mon prédécesseur. Il en a été tout autrement. Je me suis basé pour la suspension et le renvoi de l'avocat général, sur le dernier paragraphe du mémoire du roi remis à Jubelin, auquel vos instructions me réfèrent spécialement, en ce qui concerne l'exercice et l'étendue de mes pouvoirs ; sur les pouvoirs accordés au colonel Schmaltz dans les limites de l'avis du Conseil privé ; enfin, sur des précédents approuvés par différents ministres. J'ai puisé mes motifs dans la violation des articles 6 et 55 de l'ordonnance constitutive de Cayenne, et consultative pour le Sénégal ; le premier investis-

37. V. la lettre n° 73 datée de Saint-Louis du 3 août 1831, du Gouverneur au Ministre. ANS, série 2 B 14.
38. *Ibid.*
39. Souligné dans le texte.

sant le gouverneur de l'autorité du roi ; le deuxième lui déférant une haute surveillance sur les membres de l'ordre judiciaire" [40].

Le 16 août 1831 en apprenant au ministre l'embarquement d'Auger sur le navire de commerce la *Bonne Madeleine* se rendant à Bordeaux, et celui de Marchal sur le *Météore* à destination de Marseille, de Saint-Germain écrit : "Le tribunal de première instance, constitué en chambre de conseil a décidé que les faits résultants de l'information, tout en laissant des présomptions contre les inculpés, n'établissent pas néanmoins d'indices assez graves de culpabilité pour motiver une mise en accusation" [41]. En somme, malgré leur volonté d'obéir au chef de la colonie, les fonctionnaires qui constituent la chambre du conseil ne trouvent pas de motifs suffisants pour entrer en voie de condamnation contre les deux magistrats.

C'est à partir du 15 novembre 1831 que nous enregistrons les premières réactions du département. En effet, par une lettre datée de ce jour, le ministre apprend au gouverneur, qu'Auger avait péri dans la traversée, et qu'une ordonnance royale du 1er novembre 1831 supprimait l'emploi d'avocat général au Sénégal. En conséquence, l'officier ou le commis d'administration le plus élevé en grade, après l'ordonnateur, devait siéger au Conseil d'appel en remplacement du sous-commissaire chargé de l'inspection qui reprend auprès du conseilles fonctions du ministère public. Le Président du tribunal de première instance de Saint-Louis reprend sa place, tant au conseil privé, qu'au conseil du contentieux. C'était un retour pur et simple à l'ordonnance du 7 janvier 1822. Pour un peu plus de vingt ans le Sénégal et dépendances n'aura plus de chef du parquet général.

Ce n'est cependant que le 5 juin 1832 que le ministre se prononce sur le conflit. Et sa sentence est sans équivoque, le gouverneur a outrepassé ses droits.

En vertu de l'article 78 de l'ordonnance du 27 août 1828, que le gouverneur s'est abstenu de mentionner à l'appui de ses décisions, de Saint-Germain avait le choix entre traduire les magistrats devant les juridictions, ou les suspendre, mais il ne pouvait user de ces deux facultés à la fois. De même la procédure de suspension et de renvoi, note le ministre, avait été irrégulière. "D'après l'article 78, écrit-il au gouverneur, vous deviez avant de proposer au Conseil aucune mesure à l'égard de ces deux magistrats. leur faire connaître les griefs existants contre eux et leur offrir le moyen de passer en France pour rendre compte de leur conduite au ministre. Après leur suspension, il leur était loisible de demander le passage qui ne pouvait leur être refusé. Enfin, vous pouviez leur interdire la résidence du chef-lieu, leur assigner le canton de la colonie dans lequel ils devaient résider dans le temps de leur suspension, mais vous ne pouviez légalement les renvoyer en France. Vous avez donc, en cette

40. Gouverneur à Ministre, Lettres numéros 72 et 73, du 3 août 1831.
41. Gouverneur à Ministre, Lettre n° 93 datée de Saint-Louis le 16 août 1831.

circonstance, converti en obligation absolue un droit facultatif qu'avaient Messieurs Auger et Marchal" [42]

Pour conclure, le ministre annonce deux mesures. La suspension de Marchal est annulée, et un rappel de la moitié de son traitement colonial lui a été versé, à compter du 2 août 1831, date de sa suspension, jusqu'au 15 du même mois, veille de son embarquement pour la métropole. Cependant il est remplacé, comme président du tribunal de Saint-Louis, en raison de son manque de mesure durant le conflit. Enfin, le ministre donne l'ordre au gouverneur de faire enregistrer sa dépêche à l'Inspection, et de la communiquer au Conseil privé. Ce qui sera fait en août 1832.

Au-delà de l'évènement initial, et des différentes péripéties de cet antagonisme, l'enjeu a été bien perçu par les adversaires. C'est le gouverneur de Saint-Germain qui, dans sa lettre précitée du 3 août 1831, disait en effet au ministre : "L'emploi d'avocat général au Sénégal est non seulement inutile mais nuisible". Ce rang est trop élevé dans la magistrature pour que celui qui en est investi borne dans ses vœux le terme de sa carrière à cette colonie. Les affaires judiciaires y sont de peu d'importance. Ne pouvant donner essor à ses talents présumés ou réels. en désirant vivement de quitter un pays où les dangers et les privations de la vie s'accumulent, son ambition réagit sur lui-même, et faute de trouver une bonne direction est exposé à en prendre une mauvaise.

Les affaires criminelles sont fort rares au Sénégal ; ce sont généralement des vols commis par des noirs. À mon avis l'inspecteur, aidé des conseils du Président, suffit pour remplir les fonctions du ministère public" [43].

L'avocat général savait, quant à lui, que dans un système aussi absolutiste que celui du Sénégal et dépendances, on ne lui laisserait le choix qu'entre une obéissance aveugle à la volonté de l'autorité locale et la persécution et les vexations. Aussi, écrivait-il au ministère dès le 30 janvier 1831 la lettre suivante : "envoyé dans ce pays pour veiller à l'exécution des lois, je ne tardai pas à reconnaître des obstacles difficiles à surmonter, des volontés impérieuses et puissantes à combattre. Je sus dès mon arrivée que le gouverneur Brou se vantait de tracer au Président les poursuites criminelles à exercer, et de lui édicter les jugements à rendre. Je m'aperçus dès nos premières relations de service qu'il me destinait à devenir un instrument passif auquel il entendait donner l'impulsion. Le joug s'appesantissait de jour en jour, une profession de foi et de système devenait indispensable pour éviter toute contrainte et pour m'affranchir de tout ce que les prétentions du gouverneur peuvent avoir d'illégal, d'exagéré, et d'étranger au service tracé par les ordonnances. Je déclarai donc que je n'admettrai point dans l'exercice de mes fonctions un pouvoir étranger ou contraire à la loi et à ma conscience, et que la volonté de Monsieur le gouverneur ne serait ma règle de conduite qu'autant qu'elle se renfermerait dans les limites légales. Je fis sentir que l'absolutisme toléré par

42. Dépêche ministérielle, n° 38, du 5 juin 1832.

43 C'est nous qui soulignons.

un gouvernement corrupteur m'était odieux et que je me croyais en droit de me refuser à toutes concessions et exigences incompatibles avec le caractère, les devoirs et la conscience d'un magistrat. Ces principes, quoique en harmonie parfaite avec le gouvernement actuel de la métropole, n'eurent point le bonheur de plaire à Monsieur le gouverneur qui, fidèle à un système absurde dont la France a fait justice, osait prétendre à une obéissance passive à sa volonté quelle qu'elle fût. L'indépendance légale de mes opinions combattant souvent, mais toujours consciencieusement et légalement celles du gouverneur lorsqu'elles me paraissaient erronées, et le tort honorable de faire parfois adopter du Conseil mon avis au détriment du sien me valurent par gradation de la part d'un gouverneur peu habitué la contradiction qu'il appelait chicane, entre autre, l'espèce de vexation et de persécution déjà signalées [44]

B. Le Président Delaroque

Né le 19 septembre 1796 dans la commune de Cézens, département du Cantal, bachelier en droit de la Faculté de Paris en 1816, Pierre Delaroque est, après le renvoi de Marchal, nommé président du tribunal de première instance de Saint-Louis, et membre du Conseil privé. Il était appelé à ces fonctions par la confiance des autorités locales, et l'estime de la population [45].

Sa nomination à la présidence du tribunal de Saint-Louis était le couronnement d'une carrière bien remplie dans la colonie. Arrivé au Sénégal en 1818, il fut commis-marchand et défenseur officieux, avant d'être nommé par intérim, officier de l'état civil, greffier, puis président. Dans toutes ses fonctions, il sut rallier les éloges. Greffier intérimaire, le commandant et administrateur pour le roi observait, en 1824 : "qu'il convient au commerce c'est un bon praticien" [46]. En 1831, alors qu'il assurait l'intérim de la présidence du tribunal de première instance, il était ainsi noté par le gouverneur : "laborieux, conciliant, il a une capacité suffisante pour son emploi. Sa conduite est très bonne. J'exprime de nouveau le vœu qu'il soit titulaire" [47]. De Saint-Germain pensait certainement pouvoir plus facilement collaborer avec cet homme de loi qu'avec le Président Marchal, magistrat de carrière tout acquis à la cause de l'avocat général. Toujours est-il qu'en 1832, la présidence du tribunal lui revenait à la satisfaction du chef de la colonie qui estimait que : "par son caractère conciliant et sa connaissance du pays, il est le président qui convient à la colonie" [48].

L'inspecteur colonial plus explicite rapportait que : "l'administration de la justice à Saint-Louis se trouvant placée entre les mains d'un homme éclairé, sage et conciliant, y est bien administrée, aussi peu d'affaires vont-elles en

44. C'est nous qui soulignons.
45. V. La lettre n° 73 du 3 août 1831, du Gouverneur au Ministre, déjà citée.
46. Notes confidentielles, 1819-1839. ANSOM, Sénégal XVIII, Dossier 17.
47. *Ibidem.*
48. *Ibidem.*

instance, le président Delaroque ayant le précieux avantage de concilier les parties".

Cette justice paternelle était d'autant plus appréciée qu'à Gorée le tribunal fonctionnait très peu : il ne se réunissait que lorsqu'une affaire lui était portée par requête et cette irrégularité était un mal, car beaucoup de personnes, craignant de provoquer une convocation dont la rareté faisait une espèce de sensation, laissaient souffrir leurs intérêts. Monsieur le gouverneur a remédié à cela en prenant un arrêté fixant les jours d'audience, et dans le cas ou le tribunal n'aurait à juger aucune affaire, cette réunion ne sera pas inutile au pays : on pourra s'y occuper des mesures favorables à la population et avantageuses au commerce, l'habitant, membre du tribunal pourra y exposer les besoins de ses concitoyens et Monsieur le gouverneur trouver l'occasion (d'y) soumettre... quelques propositions d'amélioration sorties de cette assemblée [49].

Cependant à partir de 1834 la conjoncture n'est plus aussi favorable au Président Delaroque. L'unanimité des négociants et des habitants de Saint-Louis qui avait, quatre ans auparavant, sollicité pour lui la présidence du tribunal de première instance, voulait à présent l'en faire partir. Un arrêt du Conseil d'appel dans l'affaire Marie Labouré contre le curateur aux biens vacants pour la succession Delonnay est le prétexte à ce changement de dispositions à l'égard de notre homme de loi. En effet, cet arrêt a causé un grand scandale par l'influence supposée d'un des notables assesseurs qui était parmi les relations de Marie Labouré et de sa fille. Ce juge ayant été vainement prié par le Président Delaroque et l'inspecteur colonial de se récuser, le curateur aux successions vacantes dut se borner à se pourvoir en cassation. Malgré ce recours, Marie Labouré tenait absolument à se faire désintéresser. En vain lui expliquait-on qu'elle ne pouvait se faire payer avant les autres créanciers, dont le gouvernement local. Accompagnée de son défenseur, elle se rendit chez le Président Delaroque pour obtenir l'autorisation de paiement. À ce magistrat qui lui expliquait qu'elle avait tort, elle s'écriait qu'elle demeurait convaincue de l'animosité qu'il avait contre elle. Delaroque n'eut pas assez de présence d'esprit pour dresser un procès-verbal de cette accusation aussi grave que peu fondée. Et il laissa échapper "la menace de lui donner son pied au derrière".

De là, grandes clameurs, rassemblement des Signares, pétitions au gouverneur, plainte à François Valantin, premier juge du tribunal et ennemi personnel du Président Delaroque. À ce coup s'étaient réunis tous ceux qui, parce qu'ils avaient perdu leur procès, croyaient avoir à se plaindre de ce Président. C'est avec peine que l'inspecteur colonial obtenait du gouverneur la promesse qu'il ne sacrifierait point ce juge pour une parole de vivacité. Et c'est par crainte que la révocation de Delaroque soit demandée, que l'inspecteur A. G. de Granpont écrit au directeur des colonies : "Dans l'intérêt de l'indépendance

---

49. Saint-Louis le 1er mai 1832, numéro 16, envoi du rapport des opérations de l'Inspection pendant les derniers mois de 1831, ANS, Sénégal XIX, Dossier 2, Chemise 2 A.

judiciaire, dans celui de tous les fonctionnaires, je viens vous prier, de ne point avoir égard à cette demande. Ce n'est point par cette porte que doit sortir de ses fonctions un homme d'ailleurs honorable et qui les a plus convenablement remplies que tous ses prédécesseurs. Delaroque est réellement très utile au Sénégal" [50].

L'inspecteur colonial ne croyait pas si bien dire. En effet, le gouverneur L. Pujol, devenu sensible à la perte de considération du président Delaroque ne tarda pas en tirer les conséquences. Le 31 mai 1836, il n'hésita pas à formuler à Paris tous les griefs qu'en tant que chef de l'administration. il nourrissait à l'endroit d'un chef de service devenu un peu trop indépendant. "Delaroque, écrit-il, administre seul la justice au Sénégal depuis plusieurs années. Dans les positions diverses où il s'est trouvé, il a contracté des intérêts et des passions qui l'ont suivi sur le siège de juge et auxquelles il peut donner impunément un libre choix, n'étant entouré d'aucun magistrat en situation de combattre, dans l'intérêt des parties, ses avis, ses actes ou ses jugements. C'est donc aux lumières ou aux passions d'un seul fonctionnaire qu'est abandonnée l'administration de la justice au Sénégal, pour tout ce qui est en dehors du Conseil d'appel". À ce vice radical d'une organisation judiciaire défectueuse qui attribue au seul juriste de la colonie des fonctions exorbitantes et souvent incompatibles, s'ajoute, selon le gouverneur, l'inconduite de Delaroque à qui il reproche : "des lenteurs et des entraves continuelles rendant impossible l'exécution des règlements de police intérieure. La salubrité publique, la voirie sont abandonnées au découragement des surveillants ; les contraventions journellement constatées se trouvent arrêtées par ce magistrat ou suivies d'acquittement infaillible".

Toutes les matières rencontrent presque le même désordre. Aux yeux du tribunal de première instance il n'est point d'infraction en matière de fourniture, en matière de douane, en matière fiscale, ni même en matière de traite. Les membres du tribunal, tous commerçants, fournisseurs ou traitants, deviennent juges tour à tour dans leur propre cause ; le Président a mêmes principes et mêmes intérêts – encore que l'administration doit être sans cesse en garde contre les délits de tout genre – et sa tolérance est trop souvent commandée par le scandale des acquittements".

Après ces griefs formulés contre les juges non professionnels qui remplissent les prétoires de la colonie, le gouverneur en arrive aux reproches adressés au chef de juridiction dans ses rapports avec son supérieur hiérarchique : "Dès le mois de décembre 1834, je crus devoir, par pure convenance, et pour épargner la dignité magistrale, arrêter des poursuites judiciaires dirigées contre le Président par la dame Sabouré, laquelle avait été outrageusement traitée par ce fonctionnaire. Au mois de février dernier, la dame Despont, marchande patentée à Saint-Louis, est enlevée de son domicile par la force armée et emprisonnée

50. Inspecteur colonial A. G. de Granpont à Directeur des Colonies, Saint-Louis le 13 décembre 1834, rapport confidentiel ; ANS, Sénégal VIII Dossier 7, Chemise 7 a.

au fort par suite d'un simple différend, le tout sans mandat de comparution, ni d'amener, sans aucune signification légale, et en violation de toutes les garanties dont le législateur a voulu entourer la liberté individuelle. Sur la première plainte, je fis appeler le Président pour toute réponse Delaroque me dit, en présence de l'ordonnateur : "que comme magistrat, il agissait suivant sa conscience ; qu'il répondait de ses actes et n'en devait compte à personne". À moins d'en venir à des moyens extrêmes, le gouverneur se trouve réellement sans action vis-à-vis d'un Président mal intentionné : ce n'est que dans la moralité même de ce fonctionnaire qu'il peut trouver quelques garanties d'ordre et de convenance. Enfin peu de jours après, Saint-Louis a vu le spectacle, jusqu'alors inconnu, de l'administration de la colonie traduite à la barre du tribunal de première instance pour avoir exécuté une mesure de haute police ordonnée par le gouverneur ; à mes représentations, le Président répondit qu'il ne devait donner d'avis qu'au tribunal ; aux observations réitérées de l'administration on répondait que la justice devait donner une preuve de son indépendance. Enfin le scandale fut porté à son comble par deux jugements successifs où les actes du gouverneur, désigné sous le nom de haut chef de l'administration, sont qualifiés de la manière la plus rude et la plus indécente.

L'ordonnateur dut poursuivre l'affaire en appel, ou sa plaidoirie ainsi que l'arrêt rendu ont fait ample justice dans l'opinion publique. Mais il n'en reste pas moins le déplorable inconvénient qui résulte de la présence d'un président, le seul dans la colonie qui soit investi de fonctions judiciaires, le seul que le gouverneur devait pouvoir consulter avec confiance, et qui, non content de dénier ses avis, se montre en lutte ouverte contre l'autorité et contre tout principe contraire à l'intérêt momentané qui peut le diriger [51].

À lire cette requête on ne peut qu'être frappé par la différence de ton entre le gouverneur de Saint-Germain, qui avec Auger affichait une autorité tyrannique, et le gouverneur Pujol qui n'hésite pas à faire l'aveu de son impuissance. Cette différence d'attitude s'explique-t-elle par une différence de tempérament, ou par les leçons tirées du premier conflit ? Quoi qu'il en soit, la conjoncture est devenue si favorable à la magistrature que le successeur de Pujol, le gouverneur Malavas, écrira en faveur du Président Delaroque dont il se félicite des services. Persuadé que les griefs reprochés à ce magistrat ne sont pas de nature à provoquer son remplacement, il écrivait : "Delaroque exerce depuis environ six ans les fonctions qui lui sont attribuées par l'organisation judiciaire du Sénégal ; il avait jusqu'à ce moment rempli ses fonctions d'une manière satisfaisante, et depuis ma nomination au gouvernement du Sénégal je l'ai vu serviteur zélé et probe. Delaroque n'est pas infaillible, mais c'est un homme laborieux au courant des affaires du pays et qu'il serait difficile de remplacer. Si l'on s'est quelquefois plaint de sa brusquerie, ce défaut est racheté par de belles qualités, et on l'a vu secourir de sa bourse des plaideurs malheureux qu'il avait condamnés comme juge. J'ai en consé-

51. Gouverneur L. Pujol à Ministre, lettre n° 109, datée de Saint-Louis le 31 mai 1836.

quence l'honneur de prier votre Excellence de conserver ce magistrat dans la place qu'il occupe au Sénégal [52].

Le Président Delaroque était donc maintenu. Mais, le 24 mai 1837, une ordonnance royale allait porter réorganisation judiciaire du Sénégal. Par cet acte organique le gouverneur perdait la présidence du Conseil d'appel au profit du vice-président qui désormais serait un magistrat de carrière.

La vie était ouverte à l'exclusion de tous les non-professionnels du service judiciaire. Le 15 septembre 1837, le Président Delaroque cessait ses fonctions, tandis que le 4 octobre suivant, Gallois-Montbrun était nommé vice-président de la Cour d'appel et chef du service judiciaire. C'était une autre phase de l'histoire judiciaire du Sénégal qui venait de s'ouvrir.

Paragraphe 2. La magistrature concourt à la politique coloniale

Dès la promulgation de l'ordonnance organique du 24 mai 1837, arrivait comme magistrat dans la colonie, avec le vice-président Gallois-Montbrun, Vincent Larcher. Né à Paris le 11 août 1800, nous ne possédons aucun renseignement sur sa carrière avant sa nomination à la présidence du tribunal de première instance de Saint-Louis en remplacement de P. Delaroque. Faisant preuve d'un "zèle" et d'une "activité jamais démentie", il prenait, dès le 20 septembre 1839, le poste de vice-président et chef du service judiciaire laissé vacant par Gallois-Montbrun. Avec l'ordonnance royale du 19 novembre 1840 qui modifie la composition de la Cour d'appel, il est nommé, le 9 février 1841, conseiller-président. Il restera dans ses fonctions jusqu'au 14 mai 1850, date de son retour en France.

Le Président Carrère Frédéric-Jean, né le 12 février 1814 à Toulon, aura, lui, une carrière sénégalaise beaucoup plus longue. Arrivé comme second juge le 19 septembre 1840, il sera nommé conseiller le 13 septembre 1842, Président intérimaire de la Cour d'appel le 23 janvier 1848, il remplacera Larcher à ce poste le 17 mai 1850, avant d'être nommé Procureur général, chef du service judiciaire, en juillet 1854, poste qu'il occupe jusqu'en 1865, date de son départ, à la retraite. Toujours bien apprécié par les différents : : chefs de la colonie sous les ordres de qui il a eu à servir, il était ainsi noté le 28 août 1858 par le gouverneur Louis Faidherbe : "Capacités remarquables, caractère honorable, opinion saine sur les affaires publiques, zélé dans son service... je demande pour Carrère la Croix d'officier de la Légion d'honneur' [53].

C'est avec l'entrée en service de ces deux magistrats que le service judiciaire de la côte occidentale d'Afrique va prendre son essor, et connaître une nouvelle orientation.

---

52. Gouverneur Malavas à Ministre, n° 249, Saint-Louis le 8 décembre 1836.
53. ANSOM, Sénégal XVIII, Dossier 22 b, Magistrature, Notes confidentielles, année 1858.

Désormais, son chef n'assiste plus le gouvernement local seulement comme expert technique. Au Conseil privé ou d'administration, il participe à la définition de la politique coloniale, à la réalisation de laquelle il fait concourir la justice. Au Conseil d'administration du 10 janvier 1862, Carrère définissait ainsi la mission assignée au Procureur général : "l'ordonnance organique du 7 septembre 1840 veut que le chef du service judiciaire se pénètre des vues du gouverneur, s'y associe avec dévouement, et dirige son administration de manière à concourir, par tous les moyens dont dispose la justice, à la réalisation des vues gouvernementales" [54].

Dès l'entrée en fonctions du Président Larcher cette nouvelle orientation est perceptible dans ses activités de chef du service judiciaire. Ce magistrat se persuade, en effet, que le juge ne peut pas être le répétiteur servile de la loi dans un milieu social aussi complexe. Il doit savoir tenir compte des exigences politiques ou sociales d'un monde colonial assez original. C'est ainsi qu'en Conseil d'administration lorsqu'il s'agit, le 7 septembre 1840, de se prononcer sur la dépêche ministérielle du 6 mars 1840 qui prescrit la préparation d'un projet d'ordonnance royale portant création de l'enregistrement au Sénégal, Larcher est de ceux qui s'y opposent. Se fondant sur sa connaissance de la colonie, il persuade ses collègues de l'inopportunité de cette création, étant donné "les obstacles souvent insurmontables que les préjugés, les mœurs, et l'ignorance de la population native opposent constamment aux mesures les plus simples. Les noirs n'y verraient que le côté fiscal et nullement le motif réel qui l'a fait établir". Pour lui, les actes notariés peuvent encore suffire au Sénégal [55].

C'est la même recherche d'un difficile équilibre, entre l'esprit des lois qu'il a charge d'appliquer et les contingences d'une politique indigène qu'il contribue à définir, qu'on perçoit dans ses prises de position concernant l'institution d'un tribunal musulman au chef-lieu de la colonie. Pour persuader les membres du conseil privé opposés à son projet, il déclare à la séance du 20 avril 1846 : "Notre droit public a proclamé que chacun professe sa religion avec une égale liberté et obtient pour un culte une même protection, donc les musulmans ont droit à leur justice. Du moment où la politique et la raison ont conseillé d'élever dans ce pays un temple à leur culte, les mêmes motifs doivent conseiller d'ouvrir un sanctuaire à leur justice". D'autant plus qu'il pressent que : "les musulmans sont convaincus que les magistrats ne peuvent sainement et justement appliquer une loi qu'ils ignorent" [56]. Le Conseil ayant émis un avis défavorable il retire son projet. Mais, le 21 octobre 1848, une requête. des chefs indigènes remet le problème à l'ordre du jour du Conseil privé. Dans la supplique, il est demandé que le tribunal musulman puisse connaître des affaires civiles et commerciales. Larcher s'oppose à cette exi-

---

54. ANS, série M 5, Organisation de la Justice, 1862-1893, Dossier O-a-23, pièce n° 1.
55. Séance du 7 septembre 1840. ANS 3 E 13.
56. Conseil Privé, séance du 20 avril 1846. ANS, S 3 E 20.

gence À son avis, le Conseil ne peut souscrire à une telle demande qui "consacrerait la séparation de la population musulmane de la population chrétienne" ! Alors que dans les matières comme la famille, le mariage, le divorce, et les successions, où les dispositions coraniques sont en opposition avec les principes du droit métropolitain, les musulmans doivent pouvoir recourir à leurs juges, il ne peut plus en être de même, "lorsque les éléments du droit commun peuvent s'appliquer avec une égale justice à des intérêts qui ont la même source [57].

Avec Carrère, et toujours dans la même perspective, le chef du service judiciaire se persuade que, c'est du bon fonctionnement de l'organisation judiciaire que dépend, pour une large part, l'expansion coloniale. Aussi n'aura-t-il point de cesse d'obtenir l'institution d'une justice régulière dans la colonie. "La métropole, déclare-t-il, dût-elle faire quelques sacrifices, ne saurait compromettre ce grand résultat, à savoir, pénétrer fortement les races avec lesquelles la providence l'a mise en contact de la notion du juste, du respect de l'homme, de l'égalité du fort et du faible devant la loi, enfin de tous les principes d'une large et impartiale équité. Or ces principes éternels sont bien en germe chez les indigènes, mais leur régime propre a, jusqu'ici, été un obstacle à leur développement, c'est donc, à nous, à prendre l'initiative ; toutes les forces dont vous disposez, ont leur rôle dans l'œuvre de transformation qui se prépare ; mais, j'oserai le dire, après la soumission d'une race, ce qui légitime le pouvoir et consolide l'influence du dominateur, c'est un système judiciaire approprié aux mœurs" [58].

Ce haut magistrat était si imbu de sa mission qu'il n'hésita pas à attirer l'attention du département sur la politique sénégalaise. En effet, en 1852, initié par une étude de douze ans aux diverses questions qui se rattachaient à la colonie. Il se demandait s'il ne serait pas opportun d'appeler sur la Sénégambie l'attention de l'autorité métropolitaine. Il présenta au Conseil d'administration un mémoire qui reçut l'approbation du ministre de la marine et des colonies [59]. Fort de cette caution, il va, en 1855, sous le titre de "Sénégambie française", présenter une véritable politique de colonisation. "La domination française, écrit-il, s'étend, directement ou par voie d'influence prépondérante, de l'embouchure du Sénégal à la cataracte du Félou ; nous avons donc dans la main un vaste territoire tributaire naturel de notre commerce ; les développements que peuvent y prendre nos transactions paraissent incalculables. Et, cependant, jusqu'à ce jour, le fleuve… route commode, n'a vu sur ses eaux que de misérables barques mettant quarante cinq jours au moins, pour se rendre à Bakel. Dans ces conditions, les frais absorbent la valeur de la cargaison quand elle n'est pas d'une qualité relevée, comme la gomme… Mais depuis,

57. Conseil privé, séance du 21 octobre 1848. ANS, 3 E 20.
58. Conseil d'administration du 10 janvier 1862, rapport précité.
59. Dépêche ministérielle, n° 483, du 9 décembre 1852.

un produit nouveau a surgi ; ce produit destiné à placer le Sénégal au premier rang des établissements coloniaux, c'est l'arachide ou pistache de terre".

Cette production qui correspond à un sérieux besoin, présente pour la métropole le triple avantage : de favoriser son commerce, de pourvoir son industrie, et de donner une nouvelle activité à sa navigation. "Il faut, donc, poursuit Carrère, que le Sénégal produise de la pistache sur une grande échelle. Mais pour transformer le Sénégal et en faire, au lieu d'un comptoir à échanges. une véritable colonie, centre de production de denrées utiles. Il fallait à tout prix, y établir la prépondérance du nom français ; il fallait y donner la sécurité aux populations… Nous avons pour premier devoir de supprimer tous les pillages, toutes les exactions de la part des Maures" [60].

Le ministre Ducos ayant approuvé ces vues, le gouverneur Faidherbe recevra : "la haute et l'honorable mission de cantonner les Maures sur la rive droite, et de démontrer aux populations de la rive gauche que la France, quand elle aurait étendu sur elles sa main protectrice, leur donnerait le repos, la sécurité, et le bien être auxquels elles aspiraient depuis des siècles.

En quelques années, le pays, au point de vue politique, avait changé d'aspect. Le moment était venu d'organiser les divers éléments que nous avions sous les mains ; le gouverneur actuel, le colonel Pinet-Laprade a, plus peut-être que son prédécesseur, une tendance marquée vers les idées d'organisation et d'administration militaires. Mais des règlements purement militaires ne sauraient présider aux destinées d'un pays ; il faut, à un pays ou domine surtout, l'élément commercial, un système d'administration qui laisse, à chacun, sa libre initiative qui, sous l'empire de la loi, permette à toute faculté de se produire et de se développer, qui, enfin, laisse la liberté la plus complète aux transactions privées [61]. Dans la lutte d'influence que se livraient les commerçants de Saint-Louis et les officiers de l'administration de la marine c'était, dans le contexte sénégalais d'alors, prendre parti pour les civils, et adhérer à la politique qu'ils allaient faire prévaloir à partir de 1881.

---

60. Mémoire daté de Bordeaux le 31 janvier 1869, déjà cité.
61. *Ibidem.*

Titre deux

La Cour statue selon une procédure considérablement assouplie

Les juridictions de droit commun de l'Afrique occidentale française s'efforcent dans leur organisation, malgré les difficultés dues au manque de personnel et de moyens, de respecter les mêmes principes de fonctionnement que les Cours et tribunaux métropolitains. Leurs règles de procédure sont empruntées pour l'essentiel aux codes français. Ce qui explique la transposition dans la colonie du système des auxiliaires de la justice.

Mais œuvre d'une histoire et d'une tradition judiciaires proprement françaises [1] ce système ne pouvait être transplanté tel quel Outre-Mer. Dans le gouvernement général de l'Afrique occidentale française, sous le couvert d'adaptation, toute une série de restrictions lui furent apportées. Sous l'illusion d'un vocabulaire identique le législateur colonial avait fini par organiser un cadre assez différent de celui de la métropole.

Contrairement au régime juridique des ordres professionnels français les auxiliaires de justice sont, en Afrique noire, régis par un statut relevant beaucoup plus du droit public que du droit privé. Titulaires de leurs offices, mais soumis au joug pesant de l'administration locale, les auxiliaires de justice sont de véritables officiers ministériels et publics.

1. V. Rousselet, *L'histoire de la magistrature française des origines à nos jours*, Paris, Plon, 1957.

Chapitre premier

Des défenseurs qui instrumentent et plaident

Devant les juridictions métropolitaines, la partie qui soutient un procès doit, à la fois, charger un avoué de la représenter officiellement, et un avocat de plaider pour elle. Sont ainsi respectées la liberté des parties et les droits de la défense, avec comme corollaire indispensable l'indépendance du barreau. Formé auprès des Cours d'appel, le barreau est une corporation dont le fonctionnement interne relève du droit privé [1].

Les Antilles françaises exceptées, nous avons au contraire, dans les colonies, un système se rapprochant plutôt de celui des avocats à la Cour de cassation ou au Conseil d'État. Devant les juridictions de droit commun, les avocats-défenseurs sont, en effet, chargés à la fois d'assister les plaideurs dans leur défense à l'audience, et de représenter les parties.

Pareillement aux officiers ministériels métropolitains qui exercent des fonctions publiques présentant un certain caractère patrimonial, les avocats-défenseurs qui s'adonnent à une activité libérale, ne sont pas moins soumis à une réglementation assez sévère. Placés sous le contrôle de l'administration locale, qui les nomme et exerce à leur égard le pouvoir disciplinaire, ils n'ont aucune garantie d'indépendance. Véritables officiers ministériels (Section 1), ils subissent une tutelle qui traduit en fait la méfiance des autorités locales vis-à-vis d'un corps qui, par son esprit d'indépendance, peut s'ériger en censeur de leur politique indigène (Section 2).

Section I. Des officiers ministériels

Pour respecter les principes fondamentaux qui sont à la base de l'organisation judiciaire métropolitaine, et notamment les droits de la défense et la liberté des parties, le législateur colonial a voulu, dans le ressort de la Cour, organiser le droit de plaidoirie et de postulation (Paragraphe 1), confié à des professionnels (Paragraphe 2).

---

1. V. J. Gueydan, *Les Avocats, les défenseurs et les Avoués de l'Union Française*, Paris, LGDJ, Pichon-Durand-Auzias, 1954, à qui, sauf indications contraires, nous empruntons l'essentiel de nos développements.

Paragraphe 1. Ils monopolisent la représentation des parties

C'est à partir du milieu du XIXe siècle, seulement, que le législateur colonial va se résoudre à organiser, devant les juridictions du Sénégal et dépendances, la représentation des justiciables. Jusqu'à cette période, hormis les femmes indigènes qui étaient dans l'usage de se faire représenter [2], les plaideurs se défendent par eux-mêmes, ou par toute autre personne de leur choix. Leurs fondés de pouvoir sont choisis tant parmi les membres de leur famille [3], les agents de l'administration [4], que dans le milieu des négociants [5].

Le gouverneur du Sénégal est, d'abord, autorisé à créer des conseils commissionnés [6], avant de se voir conférer le droit de nommer ces officiers ministériels, et de régler leurs attributions [7]. C'est ainsi que, tout en confirmant la faculté qu'ont les justiciables de se défendre eux-mêmes devant les juridictions de la colonie, d'y représenter leurs cohéritiers ou leurs coassociés, il, leur interdit de s'y faire assister par des mandataires autres que les conseils commissionnés. C'était donner à ces conseils le monopole de la représentation en justice [8].

Lors de la réunification des colonies de l'Afrique occidentale française, la législation du Sénégal va servir de référence, avant qu'une réglementation d'ensemble ne soit édictée. Le gouverneur des Rivières du Sud a, comme son homologue de Saint-Louis, le pouvoir d'instituer des défenseurs chargés de plaider et de conclure, de faire et de signer tous les actes nécessaires à l'instruction et à l'exécution des jugements et des arrêts, de défendre les accusés et les prévenus [9]. Mais, comme lui, il va de même, réserver aux justiciables

2. ANSOM, Dépôt des Papiers publics des Colonies, Greffes du Sénégal, Cour d'appel, IIe volume, Arrêt n° 56 du 20 mars 1833, Affaire Betty Pellegrin contre Edouard Ohara et François Pellegrin.
3. Dans l'affaire Alsace contre Cohen, Arrêt n° 2 du 4 janvier 1847, Louis Alsace prend comme fondé de pouvoir son neveu Louis Georges Alsace.
4. Ludovic Paulinier, Directeur par intérim de l'École d'enseignement mutuel de Saint-Louis est le fondé de pouvoir des Signares de la Ville dans le procès qui les oppose aux Détaillants patentés. V. ANSOM, Greffes du Sénégal, Cour d'appel, 2e volume, Arrêt n° 95 du 22 avril 1835.
   Le commis de marine, Bousigorio, est, de même, le mandataire spécial de l'aide-traitant Jean, opposé au traitant Saly Samba, sous l'Arrêt n° 16 du 21 avril 1871. ANSOM, Greffes du Sénégal, Registres de la Cour d'appel, XVIIe volume.
5. Hilaire Maurel sert de Conseil à Taliba Fall dans l'affaire qui l'oppose à Vénus Mbarick et Guillaume Audibert. V. ANSOM, Greffes du Sénégal, Cour d'appel, IVe vol. Arrêt n° 43 du 23 octobre 1843.
6. Par l'Ordonnance du 4 décembre 1847.
7. V. L'article 34 du Décret organique du 9 août 1854.
8. V. ANSOM, Dépôt des Papiers publics des Colonies, Greffes du Sénégal, Cour d'appel, XVIIe Vol. Arrêt n° 16 du 19 mars 1869, Affaire G. Devès et les consorts Sarrazin contre les époux Besson et autres.
9. V. au *Dar*. 1901.1.287, le décret du 6 août 1901, portant organisation judiciaire dans le ressort du Conseil d'Appel de Conakry.

le droit de se défendre par leurs propres moyens, de représenter leurs proches ou leurs alliés, leurs cohéritiers, leurs coassociés ou leurs pupilles [10].

Le décret du 10 novembre 1903 portant réunification judiciaire des colonies de l'ouest-africain français ne va pas abroger cette réglementation. Il maintient devant la Cour et les tribunaux français du ressort l'institution d'officiers ministériels, ce qui exclut, "a contrario" leur intervention devant les juridictions indigènes [11]. Mais le texte organique ayant unifié l'organisation judiciaire des colonies formant le gouvernement général de l'Afrique occidentale française il est jugé nécessaire de réunir en une seule compagnie, régie par une réglementation unique, les conseils commissionnés et les défenseurs en exercice dans le ressort de la Cour de Dakar. Le Procureur général, chef du service judiciaire, va présenter à la session du Conseil de gouvernement de 1905, un projet d'arrêté visant à refondre, en un seul acte, les textes en vigueur dans les colonies du Sénégal, de la Guinée et de la Côte d'Ivoire. Le 26 décembre 1905 le gouverneur général signe l'arrêté qui institue sous le titre d'avocats-défenseurs des officiers ministériels chargés de postuler et de plaider dans le ressort de la Cour. Avec toutefois la réserve que, les conseils commissionnés et les défenseurs alors en exercice, mais non pourvus de la licence en droit, seront inscrits sur le tableau en conservant leur ancienne dénomination [12]. C'est seulement le 12 janvier 1913 [13] que le gouverneur général substitue le titre de défenseur à celui de Conseil commissionné. Mais les défenseurs, dont les droits acquis sont ainsi respectés, doivent disparaître progressivement, avec l'exigence maintenue du diplôme de licence en droit.

Le ministère des défenseurs était-il simplement facultatif pour les justiciables, ou conférait-il un véritable monopole à ces officiers ministériels ? La législation locale étant incertaine, les avocats défenseurs du ressort durent faire preuve de persévérance et de ténacité pour faire reconnaître leur privilège.

Dans une première période, la Cour décidait, dans l'affaire Facciendini contre Moynier [14] que le ministère des avocats-défenseurs était simplement facultatif.

En effet, dans une instance engagée devant le tribunal de Conakry entre Pécourt, employé de commerce, défendu par maître Dariacq, avocat-défenseur et la SCOA, représentée par Moynier, son agent, maître Facciendini, avocat-défenseur à Conakry est intervenu pour demander acte au tribunal de ce que Moynier se présentait à la barre au nom de la SCOA, contrairement aux dispositions de l'arrêté local du 26 décembre 1905 instituant le corps des défenseurs.

10. V. arrêté local du 2 août 1902, *JO* Guinée française du 10 août.
11. Article 85 du décret.
12. V. ANS, série M 33, pièce n° 3, la Note du chef du service des Affaires civiles, par intérim, sur l'arrêté du 26 décembre 1905, en date de Dakar du 1er février 1920.
13. Arrêté local du 12 janvier 1913, *JOAOF*, du 18 janvier 1913.
14. Greffe de la Cour de Dakar, Appels civils, Registre de l'année 1913, Arrêt à la date.

Il prit des conclusions pour faire déclarer Moynier non habilité à représenter en justice sa société. Le tribunal rejetait la demande, au motif que, maître Facciendini, étranger à la cause, n'y pouvait intervenir. Il appartenait à maître Darracq, avocat de la partie adverse, de "s'opposer à la représentation de Moynier, ce qu'il n'a pas fait". La Cour confirmait ce jugement, et décidait notamment que : l'article 35 du décret du 10 novembre 1903 prescrit en effet que devant les tribunaux des colonies du groupe autres que le Sénégal, la procédure à appliquer est celle des justices de paix en France ; or, les articles 9 et 13 du code de procédure civile disposent, au titre des audiences des juges de paix et de la comparution des parties, que les justiciables doivent comparaître, en personne ou par leurs fondés de pouvoirs, excluant ainsi le ministère obligatoire des avoués institués devant les tribunaux de première instance. L'article 85 du décret du 10 novembre 1903 n'accorde, en outre, qu'une faculté et non un privilège aux défenseurs. Ce décret qui a force de loi, puisque pris sur la proposition conjointe des ministres des colonies et de la justice, ne pouvait être modifié par l'arrêté du 26 décembre 1905 pris par le gouverneur général.

Sept ans plus tard, la Cour revenait sur cette jurisprudence, à l'occasion de l'affaire procureur de la République de Conakry contre Faccendini et Reyss [15]. Un nommé Saër Ngom avait fait citer le nommé Mallet devant le tribunal de première instance de Conakry pour obtenir une radiation d'hypothèque. À l'audience, un sieur Bonneau se présenta comme mandataire *ad litem* de Saër Ngom. Facciendini et Reyss, avocats-défenseurs intervinrent et demandèrent à ce qu'il plût au tribunal de dire que Saër Ngom était mal représenté. Pour ce, ils se fondaient sur le fait que les avocats-défenseurs de la Guinée française, de la Côte d'Ivoire et du Dahomey ont le privilège exclusif de représenter les parties devant la Cour de l'Afrique occidentale française et tous les tribunaux français du ressort et ce, concurremment avec leurs autres confrères de l'Afrique occidentale française, sauf lorsque les parties se présentaient personnellement.

L'arrêté local du 26 décembre 1905 n'est donc pas conforme à la constitution lorsqu'il donne à des tiers autres que les avocats-défenseurs, le droit de représentation.

Le procureur de la République prit, après cette intervention, des conclusions tendant au rejet de la demande. Il soutenait, en effet, qu'en vertu des articles 9 et 13 du code de procédure civile, applicables devant les tribunaux français de l'Afrique occidentale française, en dehors du Sénégal, le ministère des avocats-défenseurs n'était pas obligatoire, les parties pouvant se présenter elles-mêmes ou par tout fondé de pouvoir de leur choix. Il prétendait, en outre, que l'arrêté du 26 décembre 1905 était entaché d'excès de pouvoir en ce qu'il avait accordé un privilège aux avocats-défenseurs. En somme, le ministère public faisait grief à l'arrêté de 1905 d'avoir établi un monopole en faveur des

15. Arrêt du 10 décembre 1920, Greffe de la Cour de Dakar, Registre de l'année 1920.

défenseurs, tandis que Facciendini et Reyss reprochaient au même acte de n'avoir pas établi un monopole exclusif.

Où était la vérité ? Pour la Cour, marquant ainsi un revirement de sa jurisprudence, il ne faisait aucun doute que, sauf les restrictions contenues dans l'arrêté du 26 décembre 1905, les avocats-défenseurs jouissaient, devant les tribunaux français du ressort, du double privilège de postulation et de plaidoirie. Seuls les représentants légaux de l'État ou des colonies pouvaient plaider au nom de ces personnes morales. Donc, hormis les proches, les cohéritiers, ou les coassociés, et les représentants légaux des collectivités publiques, la loi n'entendait pas autoriser des individus ne présentant aucune garantie de savoir et de moralité à remplir le rôle d'auxiliaire de la justice.

Le législateur était hostile, en Afrique occidentale française, à l'intervention de toute personne étrangère aux professions qui avaient une investiture légale pour conseiller ou représenter les parties, c'est-à-dire les défenseurs. Il n'était fait d'exception que pour les parties elles-mêmes, qui pouvaient plaider et postuler tant pour leur compte que pour celui de leurs cohéritiers, coassociés, consorts, descendants et ascendants, et pour les maris, tuteurs et curateurs. C'est en conformité avec ces dispositions de l'article 2 de l'arrêté général du 26 décembre 1905, que le Procureur général, chef du service judiciaire repoussait un vœu de la chambre de commerce de Dakar qui souhaitait voir les sociétés de la place obtenir l'autorisation de se faire représenter en justice par leurs employés.

Le 20 août 1911, le Président Fourmeaux, se plaignant des exigences des avocats-défenseurs, demandait au gouverneur général qu'une modification visant à autoriser les fondés de pouvoirs des commerçants domiciliés dans la colonie à postuler en justice, fût apportée à l'arrêté du 26 décembre 1905. Notre Compagnie, écrivait-il en substance, a été souvent appelée à constater les difficultés qu'éprouvait la catégorie de commerçants, représentant la majorité du commerce local, qui, établis au Sénégal, avaient leur siège social en dehors de la colonie. Les difficultés qu'ils éprouvaient pour obtenir paiement de leurs petits débiteurs provenaient de la législation actuellement en vigueur ici. L'arrêté n° 929 du 26 décembre 1905 instituant des avocats-défenseurs et fixant les règles relatives à l'exercice de ces professions en. Afrique occidentale française accorde à ces officiers ministériels le privilège presque exclusif de postuler devant les tribunaux de commerce. Les parties peuvent seulement postuler sans l'assistance des avocats-défenseurs lorsqu'elles le font pour elles-mêmes, leurs cohéritiers, coassociés et parentés, dans les conditions de l'article 2 précité. Or les maisons de commerce dont parlaient le Président Fourmeaux ne pouvaient pas, selon lui, profiter de cet avantage, puisque leurs membres ne résidaient pas dans la colonie. Leurs représentants étaient donc obligés de recourir à l'assistance des avocats-défenseurs chaque fois qu'ils avaient à postuler devant le tribunal de commerce. De cette situation naissaient des difficultés : car, si l'article 20 de l'arrêté n° 929 fixe les honoraires des défenseurs en ce qui concerne l'obtention des jugements, son article 26 laisse aux défenseurs le droit de demander pour leurs honoraires les sommes qui leur plaisaient. Pour mettre un terme à ces ambiguïtés de la réglementation locale il était proposé de se référer à la législation métropolitaine. “N'est-ce pas, en effet, poursuivait le président de la chambre de commerce, dans le but de réduire les frais de justice pour les affaires de faible importance qu'a été créée en France la juridiction des justices de paix où les parties peuvent venir s'entendre elles-mêmes sans l'assistance d'officiers ministériels ? Les règles générales sur la compétence civile des juges de paix sont contenues dans les articles de la loi du 2 juillet 1905. Dans le cas où l'adjonction que nous proposons de faire à l'arrêté n° 929 soulèverait des difficultés que nous ne pouvons pas prévoir, nous demanderions la promulgation en Afrique occidentale française de la loi du 12 juillet 1905 sur la compétence civile des juges de paix”[16].

Le Procureur général répondit qu'il lui paraissait prématuré de faire droit à l'une ou l'autre des propositions du président de la chambre de commerce de Dakar. Étendre les exceptions prévues par l'article 2 de l'arrêté du 26 décembre 1905 et autoriser les fondés de pouvoirs des commerçants et industriels établis au Sénégal à postuler eux-mêmes en justice ce serait porter atteinte à la situation particulière qui a été faite en Afrique occidentale française, il y a à peine six ans, aux avocats-défenseurs par l'arrêté organique du 26 décembre 1905, lequel n'a d'ailleurs que confirmé à cet égard l'arrêté du 5 mars 1859 ; ce serait enlever à ces officiers ministériels un certain nombre d'affaires, et réduire le privilège, très justifié, qui leur a été accordé. C'est précisément ce qu'avait parfaitement compris le Conseil de gouvernement en 1905, quand il a été appelé à se prononcer sur le projet de réglementation du corps des avocats-défenseurs. Déjà à ce moment, des maisons de commerce avaient demandé que leurs fondés de pouvoirs fussent autorisés à se présenter pour elles devant les tribunaux et, après une discussion approfondie, le Conseil avait refusé de faire droit à la demande dont il se trouvait saisi par voie d'amendement. Quant aux exigences des avocats-défenseurs en ce qui concerne la rétribution de leurs services, il y a un moyen bien simple pour les maisons de commerce d'y parer, elles peuvent s'entendre sur la question des honoraires avec l'avocat : à qui elles remettent en bloc, les poursuites à exercer. Car le président Fourmeaux se trompe si, dans les débours que leur occasionne la poursuite de leurs débiteurs récalcitrants, les maisons de commerce ne voient que le bénéfice de l'Avocat. En effet, beaucoup de ces petits débiteurs étant insolvables, ils ne pouvaient pas faire face aux frais et dépens auxquels ils étaient condamnés. Par suite, enchaîna le chef du service judiciaire, ces frais et dépens se trouvaient finalement supportés par le créancier demandeur au procès et augmentaient d'autant la note de l'avocat, note qui, bien raisonnable en ce qui concerne les émoluments paraissait par son total quelque peu élevée. Or ces frais de procès ne peuvent qu'être les mêmes, que la maison de commerce postule à

16. Le Président de la Chambre de commerce à Gouverneur général, Lettre n° 60 B, datée de Dakar le 20 août 1911. ANS, série M 33, pièce n° 8.

l'assistance d'un avocat-défenseur ou en la personne de son agent. Enfin, les propositions de la chambre de commerce de Dakar étaient d'autant moins à prendre en considération que depuis la promulgation en Afrique occidentale française de la loi du 22 juillet 1905 sur la compétence civile des juges de paix, en Afrique occidentale française où fonctionnent des tribunaux de première instance et des justices de paix à compétence étendue, les actions qui, en France, seraient de la compétence exclusive des juges de paix, sont jugées par les tribunaux locaux comme matière de première instance.

Qu'ils s'appellent tribunaux de première instance ou justices de paix à compétence étendue, ils connaissent de toutes les actions indifféremment, que ces actions relèvent en France des justices de paix, des tribunaux civils ou des tribunaux de commerce [17].

Paragraphe 2. Ils ne s'inscrivent pas

Les avocats-défenseurs ne sont pas des fonctionnaires. Mais parce qu'ils sont nommés par l'autorité administrative (A), et que leurs honoraires sont tarifiés (B), leur statut se rapproche de celui de la fonction publique. En contrepartie de cette dépendance, il leur est concédé quelques rares avantages ou dispenses (C).

A. Les défenseurs sont nommés

Dans les établissements français autres que les Antilles, la Réunion et la Guyane, l'organisation judiciaire a toujours relevé du pouvoir réglementaire. C'est par voie d'arrêtés locaux que la profession de défenseur a été organisée au Sénégal et dépendances, puis en Afrique occidentale française. Le droit de nomination à la fonction de défenseur y a toujours été attribué au gouverneur en vertu des pouvoirs d'administration générale qui lui sont dévolus, et qui lui permettent de prendre des arrêtés pour réglementer les questions d'intérêt local.

Le gouvernement général a ainsi le pouvoir de régler les conditions d'admission et de discipline des avocats-défenseurs. Il les nomme, fixe leur nombre, et règle leurs attributions et leurs émoluments [18]. En même temps qu'il reconnaît aux avocats-défenseurs le privilège de représenter devant les tribunaux les parties qui ne profitent pas de la faculté qui leur est accordée, sous certaines réserves, de présenter elles-mêmes leur défense, il détermine les conditions dans lesquelles ils sont appelés à exercer leur profession, et fixe les règles de discipline qui leur sont applicables [19].

---

17. Procureur général à Gouverneur général, lettre n° 477 G, en date de Dakar, du 19 septembre 1911. ANS, série M 33, pièce n° 6.
18. V. Décret impérial 9 août 1854, en son article 54.
19. V. Arrêté 5 mars 1859.

Cette délégation de pouvoirs consentie à l'autorité locale va, avec le décret du 24 août 1910, être assortie d'un droit de sanction par l'autorité centrale. Désormais, dans les colonies autres que les Antilles, la Réunion et l'Indochine, les arrêtés pris par l'administration locale pour réglementer la profession de mandataire des justiciables devant les juridictions de droit commun, ne deviennent exécutoires qu'après l'approbation du ministre des colonies. Même les arrêtés antérieurs doivent être approuvés, dans les six mois, sous peine d'abrogation. Les gouverneurs non seulement se soumettent à cette formalité, mais pour éviter le veto du ministre des colonies, ils prennent l'habitude de lui soumettre préalablement le projet d'arrêté, et d'attendre son approbation pour le promulguer.

Ainsi, contrairement à l'avocat métropolitain qui s'inscrit, et tient son privilège de la loi qui organise la profession, le professionnel est nommé dans la plupart des colonies, il se trouve dans une situation de dépendance vis-à-vis des pouvoirs publics. En Afrique occidentale française, la nomination aux charges d'avocats-défenseurs appartient au gouverneur général et non aux gouverneurs des colonies du groupe. Contrairement au chef du service judiciaire qui pensait que l'article 85 du décret organique du 10 novembre 1903 a maintenu l'institution telle qu'elle existait auparavant, le gouverneur général a su faire prévaloir le point de vue suivant lequel l'acte de 1903, en autorisant les défenseurs et les conseils commissionnés à représenter les parties devant la Cour d'appel et les tribunaux du ressort, a modifié les conditions de nomination de ces officiers ministériels, qui sont appelés désormais à exercer les fonctions de leurs charges non plus seulement dans l'une des colonies du groupe, mais sur toute l'étendue des territoires du gouvernement général. Les défenseurs doivent donc tenir du gouverneur général les droits et les prérogatives attachés à, leur titre d'avocat-défenseur près la Cour d'appel de l'Afrique occidentale française [20].

Pourquoi cette exclusion du recrutement par libre cooptation ? Il semble qu'une des préoccupations du législateur colonial en organisant l'institution des conseils commissionnés a été d'assurer aux justiciables le ministère de défenseurs qui, par leur mode de nomination, présentent le maximum de garanties de capacité, de moralité, et de dévouement aux intérêts des justiciables.

Dans une colonie où le recrutement des défenseurs est plus difficile et plus délicat qu'en France, il a été jugé plus prudent de le soumettre au contrôle de la Cour d'appel, et à l'agrément de l'autorité administrative. En effet, en Afrique occidentale française plus que partout ailleurs, estime la Cour : "le degré d'ignorance d'une grande partie de la population peut en faire une proie facile pour les agents d'affaires peu scrupuleux ou une victime" de procéduriers

---

20. V. Gouverneur général à Procureur général, lettre n° 139 datée de Gorée, le 10 février 1904. ANS, série M 33, Chemise 5, pièce n° 23

contre les entreprises desquelles les pouvoirs publics se doivent de les protéger [21].

B. Leur rémunération est tarifiée

En métropole, l'avocat perçoit des honoraires, et l'avoué des émoluments. En Afrique occidentale française, l'avocat-défenseur peut prétendre à ces deux rémunérations. À l'occasion de chaque acte de procédure, il perçoit divers droits fixes et proportionnels, qui sont toujours tarifiés. Pour les plaidoiries et consultations autres que les conclusions, qui sont du ministère de l'avoué, il lui est dû des honoraires qui sont librement débattus. En somme, alors qu'en métropole les émoluments et les honoraires sont distincts, notamment dans leurs conditions de fixation et de recouvrement, dans le ressort de la Cour de Dakar, ils tendent, au contraire, à se confondre, ils sont en règle générale, taxés [22].

Même quand, par exception, la rémunération du professionnel est librement débattue [23], cette liberté se heurte à diverses interdictions qui la limitent. L'avocat-défenseur ne peut, notamment, se rendre adjudicataire des biens dont il a poursuivi la vente, ou cessionnaire des droits successifs ou litigieux ; il ne peut s'associer avec d'autres confrères pour l'exploitation de leurs offices, ou faire avec les parties des conventions aléatoires ou subordonnées à l'événement du procès [24].

C'est dans le cadre de ces interdictions qui visent à moraliser la profession que se situe l'affaire Barboni contre la colonie du Dahomey, jugée par la Cour le 5 mai 1916 [25]. Maître Barboni, avocat-défenseur à Cotonou, s'était engagé vis-à-vis de la colonie du Dahorney à l'assister de ses conseils, "en tant qu'administration locale ou en tant que représentant le gouvernement général de l'Afrique occidentale ou tout autre organisme administratif, à l'occasion de toutes affaires contentieuses, litigieuses ou autres, et de ses plaidoiries devant toutes les juridictions et tous les ressorts existant dans la colonie" [26]. En retour, la colonie du Dahomey s'engageait à lui verser une indemnité forfaitaire mensuelle de 250 francs, "étant entendu que, dans la dite indemnité sont compris tous conseils, diligences, plaidoiries, etc., sans qu'aucun des soins que prendra maître Barboni pour toutes les affaires, si importantes soient-elles, puisse donner lieu à des honoraires supplémentaires" [27]. Il devait aussi être indemnisé de

---

21. Cour d'appel, Délibération du 7 juin 1924. ANS, série M 82.
22. V. l'article 8 de l'arrêté du 30 décembre 1376.
23. V. l'arrêté du 30 décembre 1876 complétant celui du 5 mars 1359, relatif aux Conseils commissionnés.
24. Arrêté 26 décembre 1905, en son article 10.
25. Greffe de la Cour de Dakar, Appels civils, année 1916, à la date.
26. Acte sous-seing privé du 17 avril 1912, modifié d'accord parties, par un avenant du 25 avril 1912.
27. *Ibid.*

ses frais de voyages, exposés dans l'intérêt de la colonie, et bénéficier d'un voyage gratuit de Cotonou à Ajaccio, aller et retour, tous les deux ans.

Le gouverneur général ayant refusé de ratifier ce contrat illégal, le receveur des domaines de Cotonou informe maître Barboni que ses relations avec la colonie reprennent toute leur indépendance, les affaires que l'administration pourrait lui confier étant, comme par le passé, réglées sur l'état d'honoraires. Le 5 août 1913, le lieutenant-gouverneur du Dahomey refuse de mandater les mensualités prévues au contrat. Aussi, le 11 novembre 1913, maître Barboni assigne-t-il la colonie du Dahomey devant le tribunal de première instance de Cotonou, en paiement de la somme de 7 000 francs, au titre de dommages-intérêts pour le préjudice tant moral que matériel causé par la rupture injustifiée du contrat, et de la somme de 2 500 francs, montant des mensualités du 1er juillet 1912 au 30 avril 1913 ; il réclame, en outre, les intérêts de droit.

Dans un jugement du 20 mai 1914, le tribunal de Cotonou décide que le contrat d'abonnement passé le 17 avril 1912, entre la colonie du Dahomey et maître Barboni, est bon et valable, et que c'est sans motifs justifiés que la colonie l'a rompu. Il condamne la colonie à payer : 1 000 francs pour les quatre mensualités, avec intérêt du jour de la demande, et 5 000 francs à titre de dommages-intérêts. Sur l'appel du lieutenant-gouverneur, ce jugement est mis à néant.

Il s'agit, en effet, selon la Cour, de savoir si maître Barboni a ou non le droit de passer un contrat d'abonnement pour conseils et plaidoiries ? Dans ce but, elle va s'enquérir de l'usage métropolitain en la matière, et de son application en Afrique occidentale. En France, constate-t-elle, les règles de la profession interdisent aux membres du barreau de stipuler ou d'accepter des honoraires à forfait, ou subordonnés au résultat du procès, ou proportionnels, ou en pourcentage de créances recouvrées, etc. Cette stipulation a pour résultat de leur faire perdre leur indépendance en les associant aux clauses du procès, et en les rendant parties intéressées. Elle est en outre contraire à leur dignité et au désintéressement qui est une des lois de la profession. Qu'en est-il en Afrique occidentale française, où l'arrêté local du 26 décembre 1905, sans renouveler toutes ces prohibitions, défend aux professionnels, par son article 10 paragraphe 3, de faire avec les parties des conventions aléatoires ou subordonnées à l'événement du procès.

Même si le Conseil de l'ordre des avocats de Paris a admis que les avocats peuvent recevoir des administrations publiques une rétribution annuelle pour s'occuper de leurs affaires contentieuses, il faut, en sens contraire, souligner qu'un ancien bâtonnier, maître Gresson a, en commentant cette décision, opéré une distinction ainsi justifiée : "si l'avocat peut recevoir des administrations publiques un honoraire fixe et annuel pour des conseils, il ne peut se soumettre à cette exigence pour les plaidoiries, le forfait l'obligeant à plaider indistinctement toutes les affaires, ce qui supprimerait son indépendance". Cette distinction, poursuit la Cour, doit se vérifier en Afrique occidentale, où les défenseurs de par leur serment se soumettent à la règle morale qui fait obligation aux membres de la profession de n'accepter de plaider ou de discuter que les causes qu'ils trouvent justes [28]. Ils ne peuvent donc prendre aucun engagement de plaider une affaire avant de la connaître, et de pouvoir l'apprécier, procès en mains. Ils ne peuvent non plus s'engager d'avance, et moyennant une somme déterminée, à plaider tous les procès éventuels, quel que soit leur caractère, qu'une administration publique peut avoir à soutenir devant les tribunaux. Un tel engagement, contraire aux règles d'indépendance et de dignité de leur profession, ainsi qu'au serment qui leur est imposé par la loi, est illicite, et doit être annulé aux termes des articles 1131 et 1133 du code civil.

Dans le ressort de la Cour, la liberté de fixation des honoraires est non seulement limitée, mais elle est encore placée sous la surveillance des tribunaux. Quel est le caractère de ce contrôle judiciaire ? Aboutit-il à une décision exécutoire ? L'intervention du juge est-elle, au contraire, limitée par le caractère compromissoire qui préside à son intervention ? Ce problème est à l'origine de l'affaire Widal [29], une contestation née de la volonté affirmée de l'administration d'organiser un contrôle strict des honoraires des avocats. Mal placée pour apprécier l'importance des honoraires qui lui sont demandés par les membres du barreau, elle voudrait, pour avoir une base solide de contrôle, que ces honoraires soient toujours soumis à l'avis du parquet [30].

Maître Widal, avocat-défenseur à Dakar, fait parvenir au lieutenant-gouverneur du Sénégal, deux états des frais et honoraires qu'il réclame à la colonie du Sénégal pour avoir occupé au nom de l'État français, dans les instructions relatives à l'affaire Laude d'une part, et aux réquisitions d'immatriculation concernant le village de Médina, d'autre part. Le montant des frais et honoraires qui sont dus à cet avocat-défenseur s'élèvent à 25 255 francs pour la première de ces affaires, et à 5 112 francs pour la seconde. En raison de l'importance de ces sommes, et pour éviter toute critique de la part de la commission coloniale qui s'est élevée contre le paiement à des avocats-défenseurs d'honoraires exagérés, le gouverneur de Saint-Louis croit devoir prévenir l'avocat-défenseur que s'il maintient les chiffres de ces demandes, il le voit dans l'obligation de faire taxer ses deux états de frais par les magistrats des tribunaux qui ont connu de l'affaire [31].

---

28. Selon l'article 7 de l'arrêté du 30 décembre 1876, le serment que l'avocat-défenseur prête avant d'entrer en fonction est ainsi formulé : "Je jure de ne rien dire ou publier de contraire aux lois, ordonnances, décrets, arrêtés, et règlements, aux bonnes mœurs, à la sûreté de l'État et à la paix publique ; de ne jamais m'écarter du respect dû aux tribunaux et aux autorités publiques, et *de ne plaider aucune cause que je ne croirai pas juste en mon âme et conscience*". C'est nous qui soulignons.
29. ANS, série M 33. Taxation ou arbitrage. Honoraires d'avocats, Direction des Finances et de la Comptabilité, 2e Section, Affaire Widal (contestation d'honoraires).
30. V. Lettre n° 330 du 4 mars 1918, pièce n° 2.
31. Lettre n° 672 du 31 mars 1919.

Pour toute réponse, maître Widal s'empresse de saisir directement le Président du tribunal de première instance de Dakar de demandes de taxe pour les deux états d'honoraires. Le Président Vigneau conteste la légalité de la procédure utilisée, la juridiction de taxe en matière d'honoraire d'avocats, prévue par l'article 26 de l'arrêté du 26 décembre 1905, étant illégale comme sortant du cadre organique des tribunaux du groupe. Il propose, au chef de la colonie du Sénégal, de recourir à la procédure arbitrale pour trancher le différend [32].

Sollicité de donner son avis, le Procureur général confirme ce point de vue [33]. En effet, selon le chef du service judiciaire, la taxation des honoraires peut être soit le prélude d'une action en justice, soit être demandée, en dehors de toute contestation, par certains clients, et notamment l'administration, dans le simple but de régularisation comptable. Or, l'arbitrage n'étant pas une procédure obligatoire, elle ne peut résulter que d'un compromis. La colonie du Sénégal a donc le choix entre un règlement amiable ou un procès, mais elle ne peut en aucun cas recourir à l'arrêté du 26 décembre 1905 qui, parce qu'il ne tend à rien moins qu'à créer un degré spécial de juridiction et à priver les parties litigantes des voies de recours ordinaires, est illégal.

Mais pourquoi cette tarification des émoluments et des honoraires ? En a-t-il été ainsi dès l'institution de juridictions de droit français dans la colonie du Sénégal et dépendances ? Il semble que non, puisqu'à défaut d'avoués et d'avocats pour représenter et soutenir devant les tribunaux de la colonie les intérêts litigieux des justiciables, quelques personnes, sans autre titre que l'agrément des magistrats, se constituaient mandataires "*ad litem*" des parties, et remplissaient l'office de défenseurs. Elles s'étaient créées par ce moyen une position à laquelle il n'y aurait eu qu'à applaudir si elle n'avait été que le prix de rémunérations légitimes. Mais ces mandataires salariés, dont aucune disposition réglementaire ne fixait les émoluments, n'avaient pas tardé à montrer des prétentions exagérées. Ils avaient souvent exigé de la faiblesse ou de l'ignorance de leurs mandants des honoraires très élevés, que ne justifiaient ni la nature des affaires ni l'autorité de leur savoir.

Ces exigences contre lesquelles plusieurs justiciables avaient réclamé, conduisirent les juridictions de la colonie à appliquer le tarif des frais judiciaires en vigueur à Paris. Ainsi en fut-il dans l'affaire Letel contre la succession Potin [34].

Une dame Ledoux de Montes demandait judiciairement à Claude Potin, négociant domicilié à Saint-Louis, le paiement des 11 000 kg de gommes reliquat de sa gestion en remplacement de Lebesque d'Erneville, son fondé de pouvoirs. Potin prétendit s'être libéré entre les mains de Lebesque d'Erneville.

---

32. Lettre n° 52 du 16 avril 1919.
33. V. Procureur général à Gouverneur général, lettre n° 362 G du 13 mai 1919, pièce n° 9.
34. ANSOM, Dépôt des Papiers publics des Colonies, Greffes du Sénégal, Conseil d'Appel, I^e^ vol., 1822-1829, Arrêt n° 106 du 7 juillet 1829.

L. Letel, homme de loi demeurant à Saint-Louis, aval assisté le défendeur de ses conseils, et plaidé pour lui. Il avait également rédigé un bail emphytéotique convenu entre son client et Deroba Lô. Sur ces entrefaites, Letel quittait Saint-Louis, et on présuma qu'il n'y reviendrait pas. Potin remit à l'huissier Vas, qui avait été en relations avec l'homme de loi, la somme de cent francs destinée à acquitter les honoraires de Letel. De retour à Saint-Louis, après un mois d'absence, celui-ci demanda le paiement d'un compte honoraire aux exécuteurs testamentaires de Potin décédé entretemps. Il fit une première demande de 550 kg de gommes et 150 francs en numéraire, avant de la porter à 1 070 kg de gommes. Après avoir reconnu qu'il avait reçu de Vas la somme de cent francs, il soutint avoir fait une convention pour ses honoraires avec le défunt. Dans un jugement du 23 mai 1829, le tribunal de Saint-Louis décidait que le tarif des frais judiciaires de 1807 avait été promulgué dans la colonie, par un arrêté du 9 septembre 1820, alors qu'il n'existait pas de défenseurs ou de fondés de pouvoir postulant habituellement devant les juridictions. Et il résultait de l'article 1er de l'arrêté de promulgation, et des instructions du 29 juillet 1821, de Lecoupé, commandant et administrateur de la colonie, que les officiers judiciaires du Sénégal devaient être rétribués comme ceux de Paris. Le tarif étant de quinze francs la plaidoirie, en première instance et du double en appel, dès lors il ne revient à Letel pour les honoraires dans l'affaire Ledoux que 75 francs pour trois plaidoiries en première instance et 30 francs pour une plaidoirie en appel. La somme de 100 francs paraît avoir été remise volontairement par Potin à Letel pour solder cet objet et qu'alors qu'elle est bien acquise quoiqu'elle dépasse la taxe". Sur l'appel de Letel, la Cour de Saint-Louis confirmait le juge de première instance, et condamnait Letel aux dépens.

Le chef du service judiciaire continuant à recevoir des réclamations des justiciables, il dut, le 7 mars 1847, établir un règlement de taxe qui fut adopté par le Conseil d'administration [35].

Mais c'est seulement avec l'arrêté du 5 mars 1859 que le Sénégal allait avoir un tarif particulier, qui s'étendit à toute l'Afrique occidentale française en 1905.

C. Les défenseurs n'ont pas de privilèges

Nommés par arrêté, percevant une rémunération tarifiée, les avocats-défenseurs sont, en Afrique occidentale française, dans une situation très dépendante de l'administration. C'est pourquoi il serait intéressant de savoir si, en contrepartie de cette soumission, il leur est concédé certains privilèges particuliers.

La responsabilité des avocats-défenseurs a pour base, comme pour les avoués en France, le mandat. Or, nous savons que certains actes ne peuvent

35. V. Gouverneur de Gramont à Ministre, rapport n° 159, daté de Saint-Louis le 28 mai 1847. ANSOM, Sénégal et Dépendances VIII, chemise C.

être accomplis que si le mandataire est muni d'une procuration spéciale et écrite. Il en est ainsi du mandataire qui, bien que non professionnel, se charge de représenter autrui en justice. Toutefois, les proches, les coassociés ou cohéritiers, les agents d'une maison de commerce ou d'une administration, quand ils sont autorisés à représenter leurs parents, coassociés ou cohéritiers, la maison de commerce ou l'administration dont ils dépendent sont dispensés de la production de cette procuration spéciale et écrite. Mais la preuve doit être établie du lien de parenté ou de dépendance qu'ils invoquent. Et cette dispense est laissée à l'appréciation du juge selon chaque cas d'espèce.

Au Sénégal et dépendances, les juridictions suivaient, à ce propos, un usage spécifique. C'est ainsi que dans l'affaire Betty Pellegrin contre Édouard Ohara et François Pellegrin [36], le dernier nommé, commerçant et propriétaire était créancier de Nancy Bérune, sa belle-sœur décédée, et laissant pour héritiers ses trois enfants, Pierre Charles Pellegrin, Michelle Pellegrin, épouse Ohara, et Betty Pellegrin. Le 31 mars 182l, François Pellegrin faisait assigner en paiement de 2 569 kg de gommes et de la somme de 4 060 francs, Betty Pellegrin et les trois enfants d'Édouard Ohara, héritiers de Michelle Pellegrin leur mère. Le tribunal de première instance de Saint-Louis condamnait, par défaut, le 2 avril suivant, Betty Pellegrin et les enfants Ohara, chacun pour sa part qu'il amendait dans la dite succession, à payer les 4 060 francs et les 2 569 kg de gomme. Le 16 août 1831, Betty Pellegrin et Édouard Ohara, père et tuteur des trois enfants, formaient opposition.

Le 2 octobre, le tribunal de Saint-Louis déboutait les héritiers de Nancy Bérune de leur opposition, et maintenait dans toutes ses dispositions le jugement par défaut du 2 avril 1831. Signification ayant été faite à Betty Pellegrin d'avoir à payer le 28 novembre 1812, celle-ci déclara désavouer Édouard Ohara comme ayant agi sans mandat de sa part. Le 2 février 1833, le tribunal de première instance décidait que Édouard Ohara avait le pouvoir de Betty Pellegrin, au sens de l'article 1985 du code civil, "l'usage des tribunaux de Saint-Louis n'étant pas d'exiger la présentation ni le dépôt d'un pouvoir écrit, surtout de la part des indigènes presque tous illettrés". Par ailleurs, les femmes indigènes étant dans l'usage de se faire représenter, le Conseil d'appel allait déclarer Betty Pellegrin non recevable et non fondée dans son désaveu.

Les avocats-défenseurs sont-ils assimilés à ces mandataires tacites ? Sont-ils obligés de justifier leur présence au juge par un pouvoir en règle ? À ces interrogations, la Cour d'appel donne, dans son arrêt du 13 février 1911 [37], des réponses affirmatives. Dans l'espèce, un prévenu est condamné, le 3 décembre 1910, à trois années d'emprisonnement par le tribunal correctionnel de Grand-Bassam. Par un acte du 9 décembre 1910, il interjette appel en déclarant ne pas réclamer sa comparution personnelle devant la Cour. À la suite de cet appel, citation lui est donnée à comparaître devant la Cour le mardi 10 janvier 1911.

36. Arrêt du 20 mars 1833, déjà cité.
37. Greffe de la Cour de Dakar, Appels correctionnels, année 1911, à la date.

Cette indication est une erreur, la chambre des appels correctionnels ne siégeant jamais le mardi. De plus, l'appel n'est pas enrôlé à l'audience du 10 janvier, mais au rôle de l'audience du 10 février. À cette dernière audience, maître Sabourault, avocat-défenseur, se présente à la barre au nom du prévenu qu'il déclare représenter, et renonce au nom de son client à la nullité de l'exploit. La Cour refuse cette représentation, le défenseur ne s'étant pas muni d'un pouvoir spécial. Devant les tribunaux et la Cour d'appel de l'Afrique occidentale française, décide l'arrêt, les avocats-défenseurs institués par l'arrêté du 26 décembre 1905 ne sont pas assimilés aux avoués ; ils ne peuvent, par suite, représenter une partie, dans les termes de l'article 41 du décret du 10 novembre. 1903, qu'à la condition de justifier d'une procuration spéciale, laquelle, d'ailleurs, peut, dans le silence de la loi, être donnée sous une forme quelconque et, notamment par simple lettre missive.

En l'espèce, il n'est pas justifié que maître Sabourault soit nanti de cette procuration. Cependant, ce pouvoir doit d'autant plus être exigé qu'il s'agit de la renonciation à un droit ; et que, d'autre part, en cas de pourvoi contre la décision de la Cour, ledit avocat-défenseur ne pourrait, faute de cette procuration spéciale, former au nom de son client un recours recevable en la forme.

En somme, pour la Cour, les avocats-défenseurs sont en Afrique occidentale française, assimilables aux mandataires "*ad litem*". Nommés par le gouverneur général, investis d'un monopole, soumis à un costume [38], tarifés pour leurs honoraires, prêtant serment, ils sont malgré tout, obligés de justifier leurs pouvoirs. Cette jurisprudence a, selon nous, le tort de se fonder sur une décision de la Cour de cassation [39] suivant laquelle au Sénégal, un pourvoi en cassation formé par un défenseur non muni d'un pouvoir spécial est irrecevable. Elle ne pouvait donc être maintenue. La Cour suprême se fondait, en effet, sur le fait que l'article 417 du code d'instruction criminelle avait été modifié et remplacé par un texte où il n'était pas question de l'avoué. L'avocat-défenseur ne pouvait donc pas prétendre à un droit qui n'appartenait pas à l'avoué et encore moins à l'avocat. Or,. il s'agissait d'un pourvoi en cassation. Le droit du professionnel d'assister ses clients sans pouvoir spécial devait pouvoir résulter, dans le ressort de la Cour, de son caractère d'officier ministériel, nommé par le gouverneur. D'où le revirement de jurisprudence que va amorcer l'arrêt du 17 mars 1922 [40] par lequel, la Cour décide que les avocats-

38. Les défenseurs portent aux audiences de la Cour et des tribunaux, et dans les cérémonies publiques, l'habillement noir, la cravate en batiste tombante et plissée, le petit manteau et le bonnet carré en étoffe de laine noire. Lorsqu'ils sont licenciés, ils ont le droit de porter la robe, la chausse et la toque de laine noire, bordée d'un galon de velours. Ces costumes que portaient les conseils commissionnés du Sénégal conformément à l'article 2 de l'arrêté du 30 décembre 1876, étaient encore, en 1905, ceux des avocats défenseurs de l'AOF.
39. Chambre criminelle, 14 mai 1902, R. 1909. 181.
40. Affaire Togbi Oussou Olori contre les héritiers Sapota. Greffe de la Cour d'appel, année 1914, à la date.

défenseurs en Afrique occidentale ont qualité pour reprocher des témoins sans être munis à cet effet d'un pouvoir spécial. Si bien que la règle n'a pas tardé à s'établir qui dispensait les avocats-défenseurs de procuration. Dès qu'ils étaient porteurs des pièces du procès, et en particulier de la citation, ils étaient présumés mandataires.

Si la représentation au cours de l'instance pouvait ainsi être réalisée sans que l'avocat-défenseur fût muni d'une procuration spéciale, une telle procuration était indispensable pour permettre, au professionnel, d'accomplir les actes qui ne rentraient pas dans le cadre de l'instance proprement dite. Cette règle qui s'appliquait en métropole aux avocats, était, selon un arrêt du 2 juillet 1914 de la chambre des mises en accusation, valable en Afrique occidentale.

Maître Huchard, défenseur à Dakar, avait présenté, en sa dite qualité, et en la revêtant de sa signature, la demande en liberté provisoire d'un prévenu. Mais le procureur de la République, Rouvin, avait cru devoir, contrairement aux errements admis par ses prédécesseurs, requérir le rejet par le juge d'instruction de cette demande en liberté provisoire, Saisie du pourvoi introduit par maître Huchard contre l'ordonnance du juge d'instruction qui avait fait droit à l'opposition du parquet, la chambre des mises en accusation refusant de s'arrêter à la considération avancée par le ministère public, décidait qu'il était de pratique constante en France que les demandes de mises en liberté provisoire puissent être signées par un avocat. Or, s'il était admis que les avocats-défenseurs de l'Afrique occidentale française ne pouvaient être assimilés aux avoués de la métropole, on ne pouvait leur contester la qualité d'avocat, maître Huchard pouvait donc, à bon droit, présenter une demande de mise en liberté provisoire au nom de son client [41].

Section II. Interdits d'immixtion dans les questions politiques

L'administration coloniale ne pouvait concevoir une corporation d'avocats-défenseurs qui, soustraite à son action, aurait pu en toute liberté critiquer ses actes. D'où une série de prérogatives que les gouverneurs se firent attribuer, pour contrôler la profession (Paragraphe 1), et limiter la faculté de plaider (Paragraphe 2).

Paragraphe 1. Les autorités s'arrogent la surveillance disciplinaire

L'emprise des autorités est d'autant plus forte que la profession n'est pas, en Afrique occidentale, organisée en corporation (A), et que ce refus d'instituer un barreau autonome, permet d'exclure le système de discipline confiée à un Conseil de l'ordre (B).

---

41. Affaire Huchard contre Ministère public, Arrêt du 2 juillet 1914, *Ibid.*

A. L'inexistence d'organisation corporative

Les ordres d'avocats ont, en métropole, la personnalité morale. Ils ont des organes représentatifs, et peuvent ester en justice. Cette organisation a pour effet d'assurer l'indépendance de la profession.

Dans les colonies, l'organisation corporative est généralement inexistante. Les avocats-défenseurs sont des individus isolés dont le seul point commun est d'exercer la même activité professionnelle. Même si un lien professionnel peut être établi, la corporation qui regroupe l'ensemble des professionnels n'aura ni pouvoir, ni représentant.

Cette inexistence d'ordre légalement constitué s'explique, en Afrique occidentale française, par le fait que les premiers textes organisant la profession n'avaient pour principal objet que la surveillance disciplinaire des défenseurs officieux exerçant précédemment [42]. Il leur était notamment prescrit de ne jamais s'écarter, soit dans leurs discours, soit dans leurs écrits, du respect dû aux institutions religieuses et à la justice, de ne point attaquer les principes de l'Empire, le système constitutif du gouvernement colonial, la législation locale, enfin, de ne point manquer au respect dû aux magistrats devant lesquels ils exercent [43].

De par son régime administratif autoritaire, son commandement réduit à des rouages simples, et qui s'exerce avec fermeté, le gouvernement général de l'Afrique occidentale française ne va jamais s'accommoder de l'existence d'un barreau libre qui critiquerait les décisions de justice, les actes du pouvoir. Adversaires de toute organisation autonome de la profession, les autorités locales vont justifier leur point de vue par des considérations théoriques ou des justifications d'ordre pratique.

En effet, expliquent-elles, contrairement aux avocats en France, les professionnels ne sont pas aux colonies seulement des avocats, ce sont des avocats-défenseurs, c'est-à-dire, des officiers ministériels : sortes d'avoués qui reçoivent mandat, manient des fonds, et doivent tenir des livres de comptabilité [44]. Les barreaux aux colonies ne sont pas, en outre, assez étendus pour fournir un Conseil de l'ordre susceptible d'imposer à tous une exacte et parfaite discipline. C'est ainsi qu'en Afrique occidentale française, en 1931 encore, sur 18 avocats-défenseurs, 7 exerçaient dans la seule ville de Dakar. S'il avait été créé, le Conseil de l'ordre aurait, estime le chef du service judiciaire, dépendu, par le fait du nombre et de la situation géographique, des membres du collège de Dakar, dont la prépondérance pouvait provoquer des abus, ou faire naître des suspicions. Les intéressés accepteraient difficilement soit l'arbitrage, soit les mesures disciplinaires émanant de cet aréopage lointain. En somme, pour le

42. V. J. Gueydan, *op. cit.*, p. 271.
43. Arrêté local du 5 mars 1859, art. 10. *Moniteur du Sénégal*, 8 mars 1859, p. 39.
44. V. Note du Gouverneur général Merlin au Directeur des Affaires politiques et administratives, datée de Dakar le 9 juin 1921. ANS, série moderne M 69 Versement 112.

Procureur général comme pour le gouverneur général, l'appréciation plus désintéressée, et partant, plus sérieuse, des magistrats de la cour et du chef du service judiciaire offraient de meilleures garanties [45].

Comment sont alors réglés, à défaut de constitution d'un ordre, les rapports du professionnel avec ses confrères et les juridictions ? Qui est habilité à défendre les intérêts de la profession ? Dans le ressort de la Cour, un usage résultant de la tendance à adopter les règles en vigueur dans la métropole veut que les avocats-défenseurs constituent une compagnie à laquelle est donnée le nom de "barreau de l'Afrique occidentale française". Cette corporation qui n'a ni personnalité morale, ni organe de représentation, n'a en réalité aucun pouvoir. Sur le "tableau" qui n'est, sans plus, qu'une simple liste dressée par la Cour d'appel, des nominations effectuées par le gouverneur général, les défenseurs sont inscrits par ordre d'ancienneté. Le doyen jouit d'un privilège qui semble lui conférer le rôle de bâtonnier, en fait, sa tâche reste mal définie [46].

La Cour admet cependant l'existence d'intérêts corporatifs que tout professionnel a qualité pour défendre [47]. Elle juge de même que l'avocat-défenseur qui intervient dans une instance engagée entre des tiers, à laquelle il est étranger, est néanmoins recevable dans son intervention comme ayant un intérêt d'honneur aussi bien que pécuniaire à le faire [48].

B. Le régime disciplinaire

Les avocats-défenseurs sont astreints à une discipline d'autant plus sévère, qu'aucune organisation corporative ne leur permet de limiter l'emprise des autorités locales. Individuellement isolés, nommés, par le gouverneur général, ils prêtent serment de ne jamais s'écarter du respect dû aux tribunaux et aux autorités publiques. il leur est interdit, comme directeurs de journaux, de laisser attaquer ou ridiculiser les autorités publiques dans leurs publications. S'ils s'écartent, soit à l'audience, soit dans leurs écrits, soit dans leur conduite, des devoirs qui leur sont ainsi prescrits, les tribunaux peuvent, suivant l'exigence des cas, d'office ou à la réquisition du ministère public, leur appliquer l'une des peines de discipline suivantes : l'avertissement, la réprimande, l'interdiction pendant six mois au plus. Le chef du service judiciaire et les tribunaux peuvent, en outre, proposer au gouverneur la destitution de l'avocat-défenseur

45. ANS, série moderne M 93 Versement 112, Lettre n° 1383 A.J. du chef du service judiciaire, datée de Dakar le 21 décembre 1931.
46. V. le Bâtonnier Geni, lors de l'audience solennelle de Rentrée de la Cour d'appel de Dakar, le 4 novembre 1960.
47. Greffe de la Cour d'appel, Appels Civils, année 1906, Affaire Amadou Diène et consorts contre lieutenant-gouverneur du Sénégal, gouverneur général de l'AOF. et les Avocats défenseurs près la Cour d'appel, Arrêt du 6 juillet 1906.
48. Arrêts du 4 avril 1913, et du 10 décembre 1920, déjà cités.

contre lequel l'interdiction a été prononcée. Ces sanctions disciplinaires ne font cependant pas obstacle à l'exercice de poursuites pénales [49].

Les autorités disciplinaires ordinaires sont donc les tribunaux et le chef du service judiciaire. Les tribunaux peuvent prononcer les peines de réprimande et d'interdiction temporaire, lorsqu'il s'agit d'infractions d'audience. C'est ainsi que dans l'affaire Letel, une suspension d'un mois a été prononcée à l'encontre de cet officier ministériel par les juridictions de Saint-Louis.

Letel, homme de loi, domicilié à Saint-Louis, était chargé par François Pellegrin de le représenter à l'audience où devait être examinée la demande qu'il avait formée contre le négociant Pesnel, en restitution de 1 503 livres de gommes payées en trop lors de leur règlement de compte. À la première audience, le juge Héricé fut désigné comme rapporteur de l'affaire. Lors de l'audience suivante, celle du 4 avril 1829, le président, en invitant les parties à proposer leurs moyens de défense avant l'audition du rapport, demanda l'exhibition des titres sur lesquels le demandeur étayait son action. C'est alors que Letel l'interrompit, pour s'enquérir du nombre de rapporteurs qu'avait l'affaire. Malgré une observation du Président faisant remarquer l'inconvenance de la question, Letel la réitéra. Le tribunal se retira estimant que l'interpellation de l'homme de loi, qui avait pour but d'imposer silence au président, était contraire au droit que les lois et les règlements accordaient aux chefs de juridictions de diriger l'instruction publique des causes, et au respect dû aux magistrats dans l'exercice de leurs fonctions. Se fondant sur le fait qu'aux audiences des 7 et 27 mars de la même année, Letel s'était attiré les injonctions du président pour des incorrections de parole et une conduite irrespectueuse, les juges de première instance allaient le suspendre pour un mois. Le 6 avril 1829, le Conseil d'appel confirmait le jugement de première instance suspendant Letel pendant un mois de la postulation qu'il exerce devant le tribunal de Saint-Louis, et étend l'interdiction à tous les tribunaux de la colonie" [50].

Le véritable pouvoir de surveillance et de discipline générale à l'égard des officiers publics et ministériels est, cependant, exercé par le chef du service judiciaire de l'Afrique occidentale française. Il peut leur infliger, sans recours, l'avertissement et la réprimande. Maître Widal à l'encontre de qui le Président de la Cour d'appel de Dakar relève un manquement professionnel et une attitude incorrecte, pour avoir refusé, sans motifs justifiés et malgré les avis réitérés du Président Blondeau, de se présenter à l'audience civile du 5 mars 1915, se voit infliger, par le Procureur général, la peine de la censure avec réprimande [51].

---

49. Arrêté local du 5 mars 1859, précité.
50. ANSOM, Dépôt des Papiers publics des Colonies, Greffes du Sénégal, Cour d'appel, 1er vol., 1822-1829, Arrêt n° 101.
51. ANS, série M 32, Affaire Widal, avocat-défenseur.

C'est la même procédure que le chef du service judiciaire utilise à l'encontre de maître Guerillon, défenseur à Grand-Bassam. Le fonctionnement du tribunal de première instance du chef-lieu de la Côte d'Ivoire était, une nouvelle fois, troublé par des dissensions entre le président Neiet et ses collègues maître Guerillon avait, sans retenue, approuvé et servi les rancunes du président du tribunal. C'est ainsi que, dans divers numéros du Journal *Le Courrier de l'Ouest-Africain*, il fit paraitre des chroniques judiciaires contenant, à côté de son propre éloge, des expressions ironiques et malveillantes à l'égard des magistrats du parquet et de l'instruction qui pouvaient faire douter de leur zèle et de leur connaissance des lois. Il manquait ainsi, lui écrit le Procureur général, chef du service judiciaire, à la dignité de ses fonctions et au respect qu'elles lui imposent à l'égard des membres de l'ordre judiciaire. Il lui était reproché, en outre, d'avoir refusé de se rendre à une convocation du juge d'instruction, en prétextant des incidents d'ordre privé qu'il expose dans une lettre qui contient à l'égard de ce magistrat des expressions très outrageantes [52].

Toutefois, dans un but d'apaisement, le chef du service judiciaire fait muter le personnel de la magistrature de la Côte d'Ivoire qu'il renouvelle entièrement, et prend des sanctions disciplinaires contre le Président Neiet et maître Guerillon, qui se voit infliger un rappel à l'ordre [53].

Pour les peines d'interdiction, soit temporaire, soit définitive, le Procureur général se borne à effectuer des propositions au gouverneur général qui statue après avoir pris l'avis de la Cour d'appel. L'arrêté général du 28 février 1927 qui suspendait maître François Carpot, avocat-défenseur à Dakar, pour trois mois, est pris par le chef de la Fédération sur proposition du chef du service judiciaire après délibération de la Cour [54].

Quels sont les faits qui ont motivé cette proposition ? Le 13 janvier 1927, le chef du service judiciaire recevait de Chérif Ndiaye, détenu à la prison de Dakar, une réclamation par laquelle il lui exposait que, le 2 janvier 1925, il avait remis à maître Carpot les sommes de trois cents francs, puis de cent francs, à valoir sur ses honoraires fixés à cinq cents francs, pour qu'il présente en sa faveur une demande de libération conditionnelle. Il se plaignait que le 11 janvier 1927, maître Carpot n'ayant toujours pas présenté aucune demande en sa faveur, il lui avait réclamé, en vain, le remboursement des honoraires versés depuis plus de deux ans.

Prié de s'expliquer, maître Carpot, reconnaissant la matérialité des faits, avouait que s'il n'avait pas encore déposé de requête en faveur de son client,

52. V. Lettre n° 44 AJ datée de Dakar le 13 janvier 1931, du chef de service judiciaire à Maître Guerillon, Avocat à Bassam. ANS, série moderne M 54 versement 112.
53. V. Lettre n° 47 A.J. datée de Dakar le 14 janvier 1931, du Procureur général Lanes au Gouverneur général.
54. ANS, série moderne M 82 versement 112, Réclamation de Maître Carpot, avocat-défenseur à Dakar.

c'était uniquement en raison des condamnations antérieures de Chérif Ndiaye qui ne pouvait, légalement, remplir les conditions voulues par la loi du 14 août 1885, qu'au mois de janvier 1927. Il ajoutait qu'il ne lui avait d'ailleurs pas caché que la dite demande n'avait pas grande chance d'être accueillie favorablement, étant donné ses antécédents défavorables [55].

Le 21 janvier 1927, usant des droits qui lui sont reconnus par l'arrêté du 20 juillet 1922 [56], le chef du service judiciaire invitait maître Carpot à restituer à Chérif Ndiaye une partie des honoraires versés. Estimant que, puisque la demande n'était pas encore faite, et que l'officier ministériel reconnaissait lui-même qu'étant donné les antécédents défavorables de son client, elle n'avait aucune chance d'être accueillie, il devait lui restituer la somme de deux cent cinquante francs sur les quatre cents francs versés, une somme de cent cinquante francs lui semblant en effet largement suffisante pour le rémunérer de ses peines et soins [57].

Outré de cette injonction, maître Carpot faisait part de son refus catégorique d'y faire droit. Il ne saurait, en effet, selon lui, appartenir au Procureur général, ni comme chef du service judiciaire, ni comme bâtonnier d'un ordre des avocats qui n'existait pas dans la colonie de s'immiscer dans des conventions légalement passées entre les parties. Si ce haut magistrat estimait qu'une somme de cent cinquante francs était largement suffisante pour rémunérer ses peines et soins, il ne se permettait pas, quant à lui, quoique contribuable et électeur de rechercher si les appointements qu'il touchait en qualité de fonctionnaire étaient en rapport avec le travail réel qu'il fournissait.

De quel droit venait-il, alors, discuter ses honoraires et fixer la somme qui pouvait lui revenir pour ses peines et soins dans une affaire à laquelle il était complètement étranger. C'était là un précédent qu'il ne pouvait admettre à aucun prix et contre lequel il entendait protester d'autant plus énergiquement qu'en cette circonstance, comme en beaucoup d'autres, le chef du service judiciaire faisait preuve, vis-à-vis de lui, malgré ses dénégations, de la même animosité évidente. C'était cette animosité qui le portait à la suspecter à tout propos, et à donner au moindre fait le concernant une importance exagérée alors qu'il se passait autour de lui des choses graves qu'en tant que Procureur général il ne pouvait et ne devait ignorer, et qui mériteraient particulièrement de solliciter son attention [58].

Le chef du service judiciaire ne pouvait laisser passer, sans sanction, "cette incorrection particulièrement grave, ces termes si outrageants". Mais comme il estimait que les pouvoirs disciplinaires qui lui étaient conférés par l'article 11

---

55. V. sa lettre du 15 janvier 1927.
56. Le chef du service judiciaire se voit accorder, en fait, non seulement les pouvoirs dévolus en France au Bâtonnier de l'Ordre des Avocats, mais encore une partie des pouvoirs du conseil de l'Ordre.
57. V. Lettre n° 131 du 21 janvier 1927.
58. V. Lettre du 23 janvier 1927.

de l'arrêté du 20 juillet 1922 n'étaient pas suffisants pour sanctionner maître Carpot, il allait le déférer devant la Cour d'appel réunie en Conseil de discipline pour qu'elle délibère sur la mesure qu'il convenait de proposer au gouverneur général [59].

Le 11 février 1927, la Cour décidait que maître Carpot encourait une peine d'une exceptionnelle sévérité, de par son manquement au désintéressement et aux convenances de la profession d'avocat, de par son oubli de toute la déférence qui est due à la magistrature plus encore par les avocats que par les parties elles-mêmes, et de par l'inconvenance indécente de sa lettre adressée au chef du service judiciaire de l'Afrique occidentale française. Son attitude à la séance de la Cour où il a présenté ses observations, son absence complète de regret de ses fautes, l'arrogance de ses propos, clamant une indifférence injurieuse pour l'avis de la Cour quel qu'il soit, devant lequel il ne saurait s'incliner, ne plaident pas en sa faveur ; et devraient faire redoubler de sévérité à l'égard d'un avocat-défenseur qui a manqué aux devoirs de sa profession et au respect dû au Conseil de discipline.

Mais l'état de fatigue et d'énervement, que tout dans son attitude et ses agissements démontre, constituent des circonstances atténuantes. Aussi prenant en considération son âge et son état d'infirmité – il était atteint de cataracte double –, la Cour faisait acte d'indulgence en sa faveur et proposait sa suspension pour trois mois [60].

Maître Carpot fit une réclamation auprès du ministre des colonies, puis provoqua en combat singulier le chef du service judiciaire. Amusé, le Procureur général va répondre à un adversaire qui était physiquement hors d'état d'attaquer ou de se défendre, que non seulement les combats singuliers sont passés de mode, mais qu'il ne serait pas honorable de voir des Français se battre entre eux au moment où les nations, hier ennemies, s'embrassent à Genève pour assurer, croit-on, la paix de l'Europe et du monde [61].

À la lecture de ces faits, l'on ne peut manquer de se poser la question de savoir si le Procureur général, chef du service judiciaire, pouvait être à la fois juge et partie. Chef du parquet général, membre de la Cour d'appel, il semblait qu'il lui était difficile d'exercer en même temps la surveillance disciplinaire des officiers ministériels. Et il y eut, en fait, des moments difficiles et des situations pénibles. Dans l'affaire Widal, par exemple, tous les membres de la Cour ne partagèrent pas la décision du Président Blondeau et du Procureur général Lanes. Le conseiller Claviers-Marius [62] manifesta sa désapprobation

59. Lettre n° 315 datée de Dakar le 24 janvier 1927, Procureur général à Président de la Cour d'appel, pièce n° 6.
60. Greffe de la Cour de Dakar, Extrait du registre des délibérations de la Cour d'appel de l'AOF, année 1927.
61. V. Procureur général à Gouverneur général, lettre n° 662 G datée de Dakar le 6 octobre 1927.
62. À Chef de Cabinet du Gouvernement général, lettre datée du 17 mars 1915. ANS, série M 32, pièce n° 65.

au chef du cabinet du gouverneur général, en lui demandant de faire tout son possible auprès du chef de la Fédération pour que fût rapportée la peine de la censure avec réprimande qui avait été infligée à maître Widal alors que les torts n'étaient pas de son côté. il voulut empêcher qu'à cette décision indigne on ajoutât sa publication à l'officiel alors que écrivait-il : "l'arrêté du 20 décembre 1905 sur les avocats-défenseurs ne prévoit-il pas cette mesure qui vient de germer dans un cerveau embrumé par des vapeurs alcooliques [63]. Cette initiative fut couronnée de succès, car dès le lendemain, le Procureur général rapportait sa décision [64].

En somme, la collaboration loyale de tous permet heureusement de surmonter bien des difficultés, d'autant plus, qu'il faut le dire, les chefs du service judiciaire ont assumé avec délicatesse et intelligence le rôle qui leur était dévolu, en l'absence d'ordre légalement constitué [65].

En effet, si les chefs du service judiciaire ont exigé du barreau une tenue morale irréprochable, et le respect des limites imposées par la loi à l'activité de ses membres, ils n'ont pas hésité en retour de se faire un devoir de prémunir les défenseurs contre les impatiences du pouvoir ou des juges, et de rappeler l'utilité du rôle social de l'avocat-défenseur respectueux des règles et fidèle à la probité professionnelle. conseiller qualifié du justiciable ses exposés s'ils sont loyaux, présentés en toute indépendance, éclairent la décision des chefs politiques et la sentence des tribunaux. La fonction du défenseur concourt ainsi au service public, elle mérite, estime le Procureur général Altuly, la considération [66].

Les chefs du service judiciaire vont ainsi refuser que les autorités administratives locales se substituent à eux dans le contrôle des officiers ministériels. Et, devant la fréquence et le ton des critiques élevées par les chefs de colonies, ils ne vont cesser de répéter que la discipline des avocats-défenseurs appartient uniquement au Procureur général, ou à ses substituts, qui ont seuls qualité pour leur demander des explications au sujet de l'exercice de leur ministère.

C'est parce qu'il voulait se substituer à l'action du parquet, que le gouverneur du Dahomey allait se faire rappeler à l'ordre, dans l'affaire Boursac [67]. En effet, au début de l'année 1926, le chef du parquet général recevait de maître Bourjac, avocat-défenseur à Cotonou, une lettre par laquelle il se plaignait de se trouver en butte : "à une surveillance inadmissible de la part de l'autorité administrative et à une suspicion vexatoire que rien dans son attitude ne peut motiver" [68].

---

63. C'est nous qui soulignons.
64. Décision du 18 mars 1915, pièce n° 70.
65. V. l'allocution du Bâtonnier Géni du 4 novembre 1960, précitée.
66. Procureur général Altuly lettre n° 40 A.P./l du 24 mars 1943, déjà citée.
67. ANS, série moderne M 82, Versement 112.
68. Lettre datée du 11 février 1926, accompagnée de cinq pièces jointes.

Pour justifier son intervention auprès du gouverneur général, le chef du service judiciaire explique que s'il est chargé de la discipline des avocats-défenseurs, il remplit également à leur égard les fonctions du bâtonnier de l'ordre en France.

Il était donc naturel que les défenseurs s'adressent à son autorité pour se faire rendre droit. Cependant s'il ne lui appartient pas d'intervenir auprès du lieutenant-gouverneur du Dahomey dont il n'a pas à connaître les actes administratifs il ne peut que transmettre la requête de maître Bourjac mais en signalant le danger qui peut résulter de toute entrave apportée à l'exercice de la profession d'un avocat-défenseur chargé des intérêts si multiples et si délicats des parties [69].

Prié de s'expliquer, le gouverneur Fourn répond, qu'il ne s'est jamais immiscé dans les affaires de maître Bourjac, dont il serait superflu de discuter les assertions tant sur la prétendue surveillance dont il aurait été l'objet de la part de l'administration locale que sur le mauvais vouloir qu'il aurait rencontré auprès des autorités. Car il ne voit pas les mobiles qui auraient pu inciter l'administration à agir ainsi vis-à-vis d'un avocat-défenseur dont l'arrivée à la colonie a permis et facilité le règlement de nombreuses affaires. En réalité, poursuit-il, les craintes de maître Bourjac vis-à-vis du gouverneur de la colonie ne sont d'ailleurs pas les seules qu'il exprime. Son état d'esprit est tel qu'il se croit pourchassé par les adversaires de ses clients et ne se croit pas en sécurité : il lui a fait connaître lui-même au cours d'une conversation qu'ayant eu à plusieurs reprises de vives coliques, il était persuadé avoir subi un commencement d'empoisonnement. Après avoir ainsi campé le personnage de maître Bourjac, il en arrive aux trois affaires rappelées par celui-ci dans le dossier, pour démontrer que si l'on peut trouver trace de son intervention dans ces affaires, il n'en a nullement pris l'initiative. Son action s'est bornée à renvoyer à l'officier ministériel, ou à d'autres personnes intéressées aux affaires en question, les réclamations ou les plaintes qui lui parvenaient.

C'est ainsi que dans l'affaire Gnora, le chef supérieur de Djougou, condamné à vingt ans de prison et d'interdiction de séjour pour crime rituel, maître Bourjac s'étant immiscé dans l'affaire alors qu'elle était encore devant les tribunaux indigènes, Il lui avait fait savoir que son action ne pouvait régulièrement s'exercer que si, après jugement du tribunal du deuxième degré, l'affaire était soumise à la juridiction d'homologation. Par la suite, maître Bourjac s'est occupé de cette affaire en se faisant remettre des provisions importantes. Il serait resté complètement étranger aux relations de l'avocat-défenseur et de la famille Gnora, si certains membres de cette famille n'étaient intervenus auprès de l'administrateur de Djougou pour lui demander conseil sur les dépenses à engager.

---

69. Procureur général à Gouverneur général, lettre n° 111 G, datée de Dakar le 15 mars 1926.

Il en a été de même dans l'affaire Mansilla, instituteur condamné à trois mois de prison avec sursis qui devait être traduit devant un conseil d'enquête. Maître Bourjac qui devait le défendre ne l'a fait ni oralement ni par mémoire écrit. C'est sur la plainte de ce malheureux fonctionnaire d'un cadre commun secondaire dont les ressources sont certainement modiques, et à qui l'avocat demandait deux mille francs de provisions pour prononcer quelques paroles en sa faveur, qu'il est intervenu.

Par contre, dans la troisième et dernière affaire, il n'a eu en rien à s'en occuper. De Fraissinette, employé de la SCOA était en prévention pour vol à la prison de Cotonou. il avait pris pour défenseur maître Bourjac qui avait accepté. Cependant, pour prendre la défense de la SCOA, cet avocat devait abandonner celle de Fraissinette. Devant ces faits, le chef de la colonie ne pouvait évidemment pas intervenir officiellement. Mais comme il doit appui aux malheureux qui se retournent vers l'administration, il a signalé par téléphone cette affaire au Président du tribunal : c'était là une simple information qu'il transmettrait pour une mise au point qui lui paraissait nécessaire dans l'intérêt des deux parties [70].

Cet incident s'était à peine estompé que, le 30 juillet 1927, le gouverneur Fourn revient à la charge. Il écrit au gouverneur général pour lui dire qu'il trouvera au *Journal officiel du Dahomey* du 15 juin 1927 les statuts de la Société anonyme les "Entreprises Transatlantiques", ou "Entra", dont maître Bourjac Jean-Louis, avocat-défenseur près la Cour et les tribunaux de l'Afrique occidentale, en résidence à Cotonou, figure parmi les membres du conseil d'administration. En France, lorsque par exception un avocat est administrateur d'une société anonyme ses attributions se bornent à celles de conseil juridique. Or, le cas de maître Bourjac lui paraît être tout à fait différent : cet avocat qui n'était venu au Dahomey en 1925 que pour y procéder à la liquidation des intérêts personnels de son oncle, Bourjac Georges, commerçant et exportateur à Bordeaux, fondateur de l'Entra, est actuellement le seul administrateur de la société en résidence à Cotonou, siège social de l'Entra.

La situation particulière de ce membre du barreau pouvant être commentée par le haut commerce de la colonie, le lieutenant-gouverneur croit devoir la signaler au gouverneur général [71].

Le 8 octobre 1927, déférant à la demande du Procureur général Adriani, maître Bourjac adresse sa démission de membre du conseil d'administration de la Société des Entreprises Transatlantiques. Il se permet, néanmoins, d'attirer l'attention du chef du service judiciaire sur les points suivants : il n'exerce pas, et n'a jamais exercé les fonctions d'administrateur délégué, comme le gouverneur du Dahomey a feint de le croire, ces fonctions sont

70. V. Lieutenant-gouverneur à Gouverneur général, lettre n° 116 J, datée de Porto-Novo, le 18 juin 1926.

71. V. Lieutenant-gouverneur du Dahomey à Gouverneur, lettre n° 80 S datée de Porto-Novo, le 30 juillet 1927.

exercées par Georges Bourjac, son oncle, 22, rue Casteja, Bordeaux. Il n'a accepté les fonctions qui lui étaient offertes qu'en considération :

- 1) des précédents institués au barreau de l'Afrique occidentale française où plusieurs de ses confrères ont exercé, aussi bien au Sénégal qu'au Dahomey, les fonctions d'administrateur ou de liquidateur de sociétés anonymes. Le lieutenant-gouverneur du Dahomey n'ignorait point certains de ces précédents et, s'il ne connaissait pas les sentiments qu'il témoigne à son endroit, il serait grandement étonné de son intervention ;

- 2) des textes examinés qui ne font point ressortir d'incompatibilité entre l'exercice de sa profession et les fonctions qui lui sont reprochées : en effet, l'interdiction précisée par l'arrêté du conseil de l'ordre de Paris, du 25 juin 1865, ne visait que le barreau de la Seine ; par la suite quelques barreaux adoptèrent cette interdiction, Mais ils sont la minorité et les règlements régissant leur profession en Afrique occidentale française ne paraissent point en faire état, tout au moins à sa connaissance [72].

En dehors de cette surveillance du chef du service judiciaire, les avocats-défenseurs se voient assujettis à une résidence fixée par le gouverneur général dans l'acte de nomination, et dont ils ne peuvent s'abstenir sans autorisation administrative. Les professionnels n'ont pas, en Afrique occidentale, la possibilité offerte à leurs confrères métropolitains de s'abstenir n'importe quand ou pour une durée non déterminée. Leurs absences ne sont tolérées que pendant les vacances judiciaires. C'est le chef du service judiciaire, autorité disciplinaire ordinaire, qui donne l'autorisation requise.

Indépendamment de ce congé le professionnel peut exceptionnellement bénéficier de congés accordés, cette fois, par le gouverneur général. Les textes ajoutent que dans tous les cas d'absence, même pendant les vacances, les avocats-défenseurs devront remettre les dossiers encours soit à un de leurs confrères ou à un notaire de la même résidence, qu'ils désigneront au Procureur général, soit à une personne de leur choix, âgée d'au moins vingt cinq ans et munie autant que possible du diplôme de licencié en droit, qui devra être agréée par le gouverneur général sur la proposition du Procureur général. Les intérimaires étrangers au barreau prêteront le serment réglementaire. Ils sont dispensés du cautionnement, celui de l'avocat-défenseur substitué garantissant leur gestion [73].

La faculté laissée au gouverneur général de n'accorder de congés que pour raison de santé, ou pour motif grave, devait donner lieu à des abus. La raison de santé, par son caractère élastique se prêtant à toutes les combinaisons. De même, l'autorisation accordée aux avocats-défenseurs de s'absenter pendant les trois mois de vacations sans permission, après simple avis donné au chef du service judiciaire entraînait l'absence simultanée de tous les titulaires, ce

---

72. V. Bourjac à Procureur général, lettre datée du 8 octobre 1927.
73. Arrêté 20 juillet 1921, Article 3. *JOAOF* du 23 juillet.

qui a pu créer une certaine gêne pour les plaideurs [74]. Des avocats partaient en vacances sans prendre congé des gouverneurs de leur colonie, ni même en informer le chef du service judiciaire [75]. C'est pour faire face à "ces contraventions aux traditions de correction et de courtoisie des membres du barreau [76] que l'arrêté du 20 décembre 1905 va être sensiblement modifié, notamment en ce qui concerne les congés et les absences. Il sera désormais décidé que : les avocats-défenseurs peuvent s'abstenir de la colonie sans autorisation pendant trois mois par an, du 1er août au 1er novembre de chaque année, mais qu'ils doivent informer par écrit le Procureur général à leur départ [77]. Lorsque l'absence doit durer plus de trois mois, elle doit être autorisée par le gouverneur général [78].

Paragraphe 2. La limitation de la faculté de plaider

Responsable au premier chef de l'entreprise de colonisation, l'administration tient à maintenir sa prééminence sur un corps à l'esprit critique avéré. Elle veut contrôler ces avocats qui, par leur action et leur influence, peuvent se poser en défenseurs des mécontents. C'est donc conformément à leur tendance antilibérale que les autorités vont prendre des mesures pour limiter le nombre de charges d'avocats (A). Au-delà du désir probable d'éviter l'encombrement de la profession, cet expédient présente l'avantage de limiter l'immixtion de ces officiers ministériels dans les affaires de politique indigène (B).

A. Le régime de la limitation des charges d'avocats-défenseurs

En 1876, la colonie du Sénégal et dépendances ne comptait que huit conseils commissionnés, dont cinq établis à Saint-Louis, et les trois autres à Gorée-Dakar [79]. Les premiers défenseurs à être nommés dans les autres possessions de la Côte occidentale d'Afrique le sont en 1902, en Guinée française et à la Côte d'Ivoire [80]. Cinquante cinq ans plus tard, soit en 1931, on ne dénombrait, dans un ressort six fois plus vaste que le territoire métropolitain, que dix huit avocats-défenseurs sur les vingt-six charges prévues [81].

C'est dire que le régime de la limitation de la faculté de plaider, prôné par une administration autoritaire, n'a pas aidé à faire accourir en Afrique occi-

---

74. V. Procureur général à Gouverneur général, lettre n° 370 G, datée du 4 juin 1921.
75. V. Procureur général par intérim à Gouverneur général, lettre n° 322 G en date de Dakar du 30 juillet 1928.
76. *Ibidem.*
77. C'est nous qui soulignons.
78. Article 7 de l'arrêté général du 20 juillet 1922, *JOAOF*, 29 juillet.
79. Arrêté local du 30 décembre 1876, *Moniteur du Sénégal*, 9 janvier 1877, p. 11.
80. V. L'arrêté local du 2 août 1902 pour la Guinée, et celui du 10 octobre 1902 pour la Côte d'Ivoire.
81. V. Chef du service judiciaire à Gouverneur général, lettre n° 1383 A.J. datée du 21 décembre 1931, déjà citée.

dentale française des postulants. Si bien que notre gouvernement général va occuper, de ce point de vue, une place peu enviable par rapport aux autres grandes colonies, et notamment la Fédération indochinoise dont les charges s'élevaient déjà, en 1911, à quarante cinq dans les ressorts judiciaires de la Cochinchine et du Tonkin [82].

Cette situation particulière explique que dans de nombreuses colonies du groupe, nous voyons des agents de l'administration locale s'installer comme avocats-défenseurs, ce qui n'est pas sans poser quelques problèmes.

Comment des agents administratifs peuvent-ils, en effet, concilier l'exercice de la plaidoirie avec leurs obligations de fonctionnaires, et notamment leur devoir de réserve ?

Ce problème s'est précisément posé dans la colonie de la Guinée française où, le 23 juin 1916, un Syrien du nom de Rezk Habib s'est vu dresser procès-verbal par l'administrateur commandant le poste de Bissikrima pour avoir expédié de la gare de cette escale un lot de caoutchouc qui n'était pas accompagné du permis spécial. Traduit devant le tribunal de simple police de Conakry pour contravention au décret du 15 septembre 1912, relatif à la récolte, au conditionnement et à la circulation du caoutchouc, il est défendu, à défaut d'avocat-défenseur, par Beurnier, administrateur des colonies en service au chef-lieu de la Guinée. Pour s'opposer à la confiscation du caoutchouc de son client, requise par le procureur de la République, ce fonctionnaire parvenait, par des observations critiques sur les textes rendus en la matière, à démontrer qu'ils n'édictaient pas explicitement cette sanction. Le tribunal faisant droit à ces conclusions, devait ordonner la mainlevée du caoutchouc saisi, après avoir condamné le prévenu à deux cents francs d'amende pour infraction à la réglementation locale [83].

La population autochtone peut-elle comprendre, écrit le gouverneur général, "qu'un administrateur vienne combattre devant le tribunal, au profit du délinquant qui le paie [84], l'application d'une réglementation faite dans un cercle par un fonctionnaire du même ordre comme agent de l'autorité" ? [85]. En effet, s'il est concevable qu'un défenseur assiste un prévenu devant la Cour d'assises, il lui parait étrange, par contre, que l'administration étende sa sollicitude jusqu'à mettre ses fonctionnaires à la disposition des délinquants ou contrevenants poursuivis devant les tribunaux correctionnels près desquels l'office d'un avocat n'est nullement indispensable. D'où l'ordre donné au lieutenant-gouverneur de prendre des mesures pour éviter à l'avenir

82. *Ibid.*
83. V. Lieutenant-gouverneur à Gouverneur général, lettre n° 262 B du 31 juillet 1916.
84. Souligné dans le texte.
85. Gouverneur général à Gouverneur de première classe, délégué par intérim dans les fonctions de la Guinée française, Dakar le 13 septembre 1916, lettre n° 579, au sujet du procès de Rezk Habib, infractions au règlement sur le caoutchouc. ANS, série M 33, pièce n° 50.

l'immixtion des fonctionnaires dans la défense devant les tribunaux de la colonie des infracteurs aux lois et aux règlements [86]. Et l'invite adressée par le gouverneur Poiret aux administrateurs autorisés à exercer provisoirement les fonctions d'avocat-défenseur à n'accepter la défense d'aucun prévenu devant les juridictions correctionnelles et de simple police [87].

Pour apporter une solution définitive à cette anomalie, le gouverneur général va, par la suite, songer à supprimer le régime de la limitation du nombre de professionnels qui constitue, pour les avocats-défenseurs dénommés, "un véritable monopole de nature à en interdire l'accès à des hommes d'affaires présentant les meilleures garanties de moralité et de capacité" [88].

La réaction des autorités administrative et judiciaire locales va être défavorable. Pour les autorités gouvernementales, la limitation doit être maintenue parce qu'elle va de pair avec l'interdiction de l'accès des tribunaux inférieurs de droit local aux défenseurs. En effet, souligne le gouverneur de la Côte d'Ivoire, depuis que le décret du 16 août 1912 a diminué le nombre des causes pouvant être plaidées devant les tribunaux, en enlevant aux juridictions de droit français la connaissance des délits commis par des indigènes au préjudice d'indigènes dans le ressort des tribunaux de première instance, deux avocats prospéreraient difficilement à Grand Bassam. Un troisième ne pourrait probablement pas subsister. "Rendre possible l'installation d'un plus grand nombre aboutirait, selon ce chef de colonie préoccupé d'ordre public, à faciliter les entreprises d'hommes d'affaires plus ou moins louches, comme la colonie en a déjà connus, réduits à compter surtout pour vivre sur l'exploitation d'une clientèle indigène aisée à gruger" [89].

C'est le même argument que reprend la Cour d'appel qui ne perçoit pas pourquoi le régime de la non-limitation ferait accourir en Afrique occidentale française plus de candidats que le régime de la limitation qui assure aux titulaires des postes une situation meilleure en raison de la restriction de la concurrence. L'augmentation du nombre de professionnels étant peu probable, "la suppression de la limitation du nombre des avocats-défenseurs pourrait avoir une très fâcheuse conséquence, car elle risquerait, en répartissant le nombre des affaires entre un plus grand nombre de défenseurs, de ne plus assurer à quelques-uns de ceux-ci le minimum de revenus nécessaires pour vivre honorablement à l'abri du besoin et pourrait tendre à susciter chez eux des préoccupations d'ordre matériel pouvant amener à des pratiques regrettables pour le

86. *Ibid.*
87. Lieutenant-gouverneur de la Guinée française à Gouverneur général Conakry le 3 novembre 1916, lettre n° 435 C, pièce 48.
88. Gouverneur général à MM. les Lieutenants-gouverneurs du Sénégal, de la Guinée française, du Haut Sénégal-Niger, de la Côte d'Ivoire, et du Dahomey, Circulaire n° 436 du 24 septembre 1917, pièce n° 57.
89. Lieutenant-gouverneur par intérim de la Côte d'Ivoire à Gouverneur général, Bingerville le 3 novembre 1917, Lettre n° 243, au sujet de la limitation du nombre d'avocats, pièce n° 52.

prestige de la famille judiciaire et dangereuse pour les intérêts des justiciables [90].

Cette hostilité unanime à l'élargissement du recrutement convaincra le gouverneur général à renoncer à son projet. C'est en 1931, seulement, que le département revenant à la charge [91], la Cour reconsidère son opposition et accepte le principe de la non-limitation. Le chef du service judiciaire ne tarde pas à approuver cette décision qui tend à ouvrir largement l'accès de la barre, tout en rappelant les sérieuses objections qui militent en faveur du régime de la limitation. On avait soutenu, écrit-il, que l'augmentation du nombre d'avocats-défenseurs sans l'accroissement corrélatif du volume des affaires, entraînerait, à la faveur d'une concurrence plus intense, plus âpre, un relâchement dans les traditions professionnelles, un affaiblissement des garanties de capacité et de moralité, enfin, le danger d'une "prolétarisation" de la robe, poussé vers l'exploitation des tendances processives et de la naïveté des indigènes. Le libre accès de la barre comporte, de même, la menace du congestionnement de Dakar, centre plus attractif, au détriment des ressorts moins fortunés. Et ce déséquilibre aurait un effet déplorable sur l'administration de la justice. Mais si de telles objections ne sont pas indifférentes au Procureur général, elles ne doivent plus, à son avis, empêcher de tenter une expérience commandée par les circonstances. En effet, si il était indispensable, pendant les débuts de la colonisation, alors que les entreprises industrielles, commerciales, agricoles étaient rares, d'attirer les avocats-défenseurs par l'appât de cette sorte de monopole de fait, il n'en demeure pas moins que le danger de la limitation est la stagnation. Ce système présente en effet le grave inconvénient d'exposer à l'éviction d'excellents avocats à qui la liberté permettrait d'aborder victorieusement la barre. Enfin, argument d'ordre théorique dont la portée ne peut être méconnue, la limitation de la faculté de plaider est contraire aux tendances libérales de l'époque [92].

C'est fort de ce soutien de l'autorité judiciaire que le gouverneur général supprime, en 1932 [93], le régime de la limitation des charges. Mais le nombre des professionnels restera toujours, dans le ressort de la Cour de Dakar des plus réduits.

D'abord, le manque de possibilité, jusqu'au lendemain du second conflit mondial, pour le justiciable africain de recourir au ministère d'un défenseur ;

---

90. Cour d'appel, Délibération du 7 juin 1924.
91. V. Lettre n° 811 A.P./3 en date du 27 avril 1911, du Gouverneur général à Procureur général.
92. V. Procureur général à Gouverneur général, lettre n° 1383 A.J., datée de Dakar le 21 décembre 1931.
93. Arrêté du 30 janvier 1932, *JOAOF*. 21 mai, ou *Dar*. 1933. 1.229.

ensuite, le maintien du cadre des avocats-défenseurs à la place d'un barreau autonome, vont constituer des freins puissants à l'attrait de la profession [94].

B. Réduit les entraves à l'action de l'administration

L'administration locale ne pouvait, de par sa structure autoritaire, tolérer le développement d'une activité politique non régentée par elle. Elle se méfiait plus particulièrement des avocats-défenseurs qui, par esprit de profession, pouvaient être portés à devenir les animateurs naturels des joutes politiques. Ce point de vue était notamment fondé sur l'expérience des Quatre Communes de plein exercice du Sénégal où un corps d'avocats-défenseurs, souvent remarquables, a fourni des conseillers avisés aux diverses assemblées politiques et municipales de ces localités. Mieux, maître Lamine Guèye, “le premier et seul Africain figurant sur la liste des avocats en Afrique occidentale française” [95] au moment de sa nomination par un arrêté du gouverneur général en date du 1er février 1921, n'avait-il pas commencé sa carrière par des procès retentissants, étroitement liés à la vie politique sénégalaise dont il allait devenir une des grandes figures ?

Il est vrai que les autorités estimaient la situation peu préoccupante dans les autres colonies du groupe où “les populations africaines divisées en une multitude de collectivités embryonnaires, dont la plupart ne dépassent pas le stade de la tribu, dont aucune ne forme un corps de nation, “ne songent même pas à devenir maîtresses de leurs destinées politiques”. Elles semblaient plutôt reconnaissantes à l'administration française, pour reprendre l'expression d'un marabout notoire, “d'avoir versé l'eau sur la poudre”. En conséquence de cette pacification, “de leur avoir apporté ces bienfaits : l'ordre et la sécurité, la liberté des personnes”, et la science source de la richesse [96].

Jusqu'au lendemain du second conflit mondial, la participation des Africains à la gestion de leurs affaires est, pour ainsi dire, nulle. Et tant que cette situation va durer, les autorités locales vont pour prévenir toute intrusion des avocats-défenseurs dans les affaires indigènes, leur interdire d'exercer leur ministère devant les tribunaux de droit local [97]. Cette règle est si péremptoire que, lorsqu'il va s'agir, en 1928 [98], de désigner un conseil aux criminels autochtones, le législateur local évite de faire appel aux professionnels. Le Président du tribunal indigène du deuxième degré, qui doit désigner un défenseur à l'accusé, est autorisé à le choisir parmi les fonctionnaires ou agents européens

94. Il faut attendre l'Ordonnance sénégalaise du 3 septembre 1960 (*JORS*, 12 septembre 1960, p. 946) pour acheminer les professionnels du ressort, du rôle modeste d'avocat-défenseur au rang d'avocat à part entière.
95. V. Lamine Guèye, *Itinéraire Africain*, Paris, Présence Africaine, 1966, p. 51.
96. Avant-projet d'instruction du Gouverneur général sur l'application du décret du 16 août 1912. ANS, série M 86, pièce n° 4, p. 11.
97. Article 85 du décret du 10 novembre 1903.
98. Avec le décret du 16 mai 1928, déjà cité.

résidant dans la localité ou, à leur défaut, parmi ses parents ou les notables africains de son domicile. Il est toutefois tenu, dans ce dernier cas, d'indiquer au jugement les raisons qui ont empêché la désignation de défenseur européen [99].

Les auteurs du décret ont voulu écarter les professionnels dont le concours viendrait vicier une organisation judiciaire spécifiquement politique et essentiellement gratuite. En somme, leur souci n'était pas de faire respecter les droits de la défense. Sinon, de quelle conception pour le moins singulière de la mission de l'avocat relève cette attitude du sergent Ruffin qui, désigné d'office pour assister un accusé, requiert "une sévère condamnation contre son client" [100] ?

Malgré cette inobservation des règles de la procédure pénale en matière indigène, et la volonté de cantonner les défenseurs dans la représentation des parties devant les seules juridictions françaises [101], les avocats-défenseurs n'hésiteront pas dans les colonies du Sud notamment à intervenir dans les questions de politique indigène pour dénoncer les abus.

C'est d'abord, le lieutenant-gouverneur de la Côte d'Ivoire qui déplore l'intervention de "quelques escrocs indigènes et des avocats européens" dans le conflit qui oppose, à Assinie, les habitants de Mafia à ceux de la plage [102]. Parmi ces intervenants qui excitent les deux parties, maître Ostench et maître Clément se singularisent par leur activité débordante.

Le premier avait fait des ouvertures au roi de Krinjabo, offrant de se charger de faire auprès du Président de la République française des démarches pour obtenir la suppression de l'impôt de capitation. Il demandait pour cette intervention une provision de 25 000 francs. À la suite de cette démarche, lorsque le gouverneur Merwart vint en tournée dans le cercle, les habitants du Royaume s'appuyèrent sur les traités existants pour refuser de payer l'impôt.

À cette action qui vise à saper le système de domination mis en place par l'administration, s'ajoute l'intervention continuelle dans les affaires indigènes de maître Clément qui s'est assuré le concours d'un certain John Faye, "noir fort intelligent élevé au Sénégal, qui écrit et parle fort bien le français". Venant

99. La Cour se livre à un contrôle sévère des motifs avancés. Elle n'hésite pas à annuler un jugement du tribunal du deuxième degré de Labé qui indique simplement : "le Président n'a pu désigner un défenseur d'office" ;. En effet, selon les magistrats de Dakar, les agents européens étant nombreux à Labé, plus de prévoyance eut permis de rendre l'un d'entre eux disponible le temps de l'audience. Greffe de la Cour, Arrêts de la chambre d'homologation, année 1930, Arrêt du 3 avril 1930.

100. Greffe de la Cour de Dakar, Arrêts de la chambre d'homologation, année 1930, Arrêt n° 71.

101. V. Gouverneur général à Lieutenant-gouverneur de la Guinée française, Lettre du 12 avril 1905. ANS, série M 98, Justice Indigène, 1905-1908, pièce n° 132.

102. Lieutenant-gouverneur de la Côte d'Ivoire à Gouverneur général, Lettre n° 634, datée de Bingerville, le 14 décembre 1905. ANS série M 33 officiers ministériels, avocats défenseurs, demande de renseignements complémentaires au sujet d'agissements d'avocats européens dans le cercle d'Assinie, pièce n° 29.

souvent à Assinie rabattre les plaideurs, chacun de ses voyages se signale par une recrudescence de procès entre indigènes [103], ou de protestations d'autochtones qui réclament contre les prétendus abus des autorités territoriales [104].

Mais, c'est en Guinée française que les interventions des avocats-défenseurs dans les questions indigènes sont les plus systématiques. Ainsi, pour la seule année 1942, le gouverneur de la colonie aura à se plaindre des agissements des trois avocats de Conakry,

Non contents de s'intéresser aux affaires répressives de premier degré venues en appel devant le tribunal colonial d'appel, bien qu'ils ne soient admis ni à plaider ni à déposer de mémoire devant le tribunal colonial d'appel, ils vont, en dehors de toute action judiciaire, s'immiscer dans des affaires de stricte politique indigène [105].

Ainsi, un nommé Salimon Cissé, du village de Sidakoro, dépose plainte contre son chef de canton qui aurait séduit sa femme. Bien que l'affaire soit uniquement du ressort du tribunal indigène du premier degré, il verse à maître Pinto Ignacio, une somme de 2 000 francs pour plaidoirie. Ce défenseur répond aux accusations du gouverneur en expliquant qu'il s'est borné à "présenter requête" au Procureur, se réservant de défendre l'intéressé devant la chambre d'annulation, le cas échéant. Mais, le chef du service judiciaire lui rétorquera que cette procédure est irrégulière, et qu'elle dénote une immixtion dans une affaire qui relève du tribunal indigène du premier degré. Maître Pinto n'avait le droit de demander au parquet général d'examiner la possibilité d'un pourvoi en annulation qu'une fois la décision rendue [106].

Cependant, le défenseur qui est le plus particulièrement mis en cause est, paradoxalement, maître Cadore, un adjoint principal de troisième classe des services civils, mis en disponibilité pour deux ans à compter du 4 septembre 1941 [107], qui va jusqu'à prendre la liberté de critiquer en termes discourtois l'administration des commandants de cercle" [108].

Dans l'affaire Bandiougou Keïta, il est reproché à maître Cadore de s'être écarté du respect dû aux tribunaux et aux autorités publiques en rédigeant, le 25 février 1947, une lettre que de sa prison de Kissidougou, l'ex-adjudant Bandiougou Keïta lui avait demandé d'adresser au gouverneur de la colonie.

---

103. V. Lettre datée d'Aboisso du 21 mars 1906, de l'administrateur du cercle d'Assinie au Gouverneur de la Côte d'Ivoire, pièce n° 35.
104. V. Gouverneur général à lieutenant-gouverneur de la Côte d'Ivoire, Lettre n° 474, datée de Gorée le 26 janvier 1906, au sujet d'agissements d'Avocats européens dans le cercle d'Assinie, pièce n° 34.
105. V. Lettre n° 928 A.P.A/1 du 30 septembre 1942, déjà citée.
106. V. Procureur général, chef du service judiciaire à Gouverneur général n° 208 A.J., datée de Dakar le 18 février 1943, précitée.
107. V. Arrêté ministériel du 4 septembre 1941, et Lettre n° 985 P.I. en date du 22 septembre 1941 du Haut-Commissaire. ANS, série moderne M 23.
108. Lettre n° 928 A.P.A./1 du 30 septembre 1942, précitée.

Dans cette missive, B. Keïta se plaint des agissements du chef de canton de Yomboro "qui déshonore son commandement par des exactions et des abus de pouvoir chaque jour insupportables". Pour avoir tardé à s'acquitter du paiement d'un impôt extraordinaire, "menus profits des chefs de canton, pratique courante du chef de Yomboro", il est frappé, et son fils jeté en prison pendant trois jours. Ayant eu le tort de croire en la justice du commandant de cercle de Kissidougou, à qui il voulait faire entendre ses griefs, il est, "après une procédure sommaire, jugé et condamné, à six mois de prison, pour avoir voulu porter le trouble dans le pays". Pour maître Cadore, les faits rapportés lui paraissent si graves qu'il lui apparaît de son devoir de ne pas s'opposer à l'envoi de cette correspondance, car elle est de nature à permettre au chef de la colonie de ne pas laisser se répandre, dans le milieu indigène, l'opinion suivant laquelle l'administration couvre de véritables exactions.

La seconde faute grave qui est reprochée à maître Cadore relève de l'affaire Momo Mbayo Touré. Touré est un indigène qui se livre à des opérations commerciales importantes dans le cercle de Forécariah. Alerté à la suite de sa plainte contre un de ses courtiers, le commandant de cercle lui fait payer la patente réglementaire qu'il ne payait plus depuis un certain temps, prétextant avoir cessé toute opération commerciale dans ce centre. Vexé d'avoir été confondu, il va trouver maître Cadore qui lui rédige une lettre à l'adresse du Procureur et dans laquelle il porte plainte contre cet administrateur qui, après l'avoir jeté en prison pendant deux jours, refuserait de prendre en considération l'instance qu'il introduit pour inexécution d'un contrat de livraison de noix de coco. Le gouverneur se plaint de la violence des termes employés, en soulignant notamment ces passages : "La sanction qui m'a été infligée me paraît abusive… L'administrateur n'avait pas qualité pour me réclamer cette patente… J'attire votre attention sur l'abus d'autorité et le déni de justice commis à mon égard et qui, s'ils se généralisent, seront de nature à influencer malencontreusement le moral des populations indigènes [109].

Maître Cadore rétorque qu'il croit avoir rempli un devoir, non seulement d'avocat, mais de bon citoyen et de bon administré colonial, en permettant à l'administrateur de Forecariah de s'expliquer sur une accusation aussi grave qui pourrait porter préjudice à la cause coloniale nationale.

Le gouverneur de la Guinée française va, en définitive, estimer qu'il y a urgence à mettre un terme à ces errements de nature à gêner considérablement son action en matière de politique indigène.

Le fait de prendre en main, dans la coulisse, les affaires indigènes, est lourd de conséquences politiques, car il porte atteinte au prestige des fonctionnaires d'autorité en laissant croire que le "commandant" juge arbitrairement, que seule l'intervention d'un défenseur permettra d'obtenir justice. C'est mettre

109. *Ibid.*

en cause "l'intégrité et la conscience des administrateurs, c'est dire qu'ils sont incapables de remplir normalement leur rôle" [110].

Informé de ces incidents, le Procureur général, chef du service judiciaire, se montrera moins sévère que les autorités politiques. En effet, selon ce haut magistrat, les pratiques reprochées aux avocats-défenseurs de Conakry ont été toujours tolérées dans le ressort par des chefs de colonie, qui considéraient peut être les dénonciations d'abus, souvent prétendues, parfois exagérées, quelquefois véritables, comme une source d'information utile, et l'intervention des avocats-défenseurs auprès des tribunaux du deuxième degré comme susceptible d'aider à côté du contrôle administratif et judiciaire au redressement de certaines erreurs ou de certaines injustices. Ces pratiques se sont révélées abusives ; elles ont démontré une exploitation, parfois peu scrupuleuse des torts, vrais ou prétendus, dont se plaint le justiciable indigène leur illégalité n'est pas douteuse ; elles doivent être, à l'avenir, sévèrement interdites. Mais la rigueur de la sanction disciplinaire actuellement encourue par des avocats-défenseurs qui ont abusé d'une tolérance généralisée doit être, pour ce motif, atténuée [111].

Toutefois, il fera rappeler à ces officiers ministériels les règles qui s'imposent dans l'exercice de leur profession. Leur collaboration étant rarement autorisée en matière judiciaire indigène, toute intervention de leur part est exclue aussi bien devant les tribunaux du premier et du deuxième degré, que devant le tribunal criminel, ou le tribunal colonial d'appel [112]. Devant les tribunaux indigènes inférieurs, "le justiciable se défend ou se fait représenter ou assister par un mandataire choisi, à l'exclusion de tous autres [113], parmi les parents ou notables indigènes du lieu de son domicile, dont la qualité aura été reconnue par le tribunal".

Il en est de même devant le tribunal criminel, où l'accusé peut se faire assister d'un fonctionnaire ou d'un agent européen désigné par le Président ou, sur son refus, d'un parent ou d'un notable indigène de sa résidence [114]. Le tribunal colonial d'appel ne se prononçant que sur pièces, la production de mémoire y est de règle, l'avocat défenseur pouvant, en matière civile, le préparer au nom de la partie. C'est donc seulement devant la chambre d'annulation de la Cour d'appel, la juridiction suprême indigène, que le ministère des avocats-défenseurs s'exerce dans sa plénitude.

Si l'accès de la justice indigène est ainsi refusé aux avocats, il leur est a fortiori interdit de s'immiscer dans la politique indigène en se prêtant, par exemple, indique le Procureur général, "à une revendication des sujets indigènes contre leurs chefs de race ou le commandement politique". Cependant, il

110. *Ibid.*
111. Lettre n° 208 A.J. du 18 février 1943, précitée.
112. Articles 24, 31 et 42 du décret du 3 décembre 1931.
113. Souligné dans le texte.
114. Article 53, décret 1931.

ne peut leur être refusé, en dehors de tout litige relevant de la compétence des tribunaux indigènes, le droit de donner des consultations de cabinet ou de faire en faveur des personnes qui les sollicitent, quel que soit leur statut, des démarches d'intérêts, même auprès des services administratifs, à condition que cette activité s'éloigne des méthodes et des errements de l'agence des affaires. De même, pour satisfaire aux prescriptions du serment professionnel [115] qui leur enjoint de ne jamais s'écarter dans leurs paroles ou leurs écrits, du respect dû aux tribunaux et aux autorités publiques, les avocats-défenseurs s'interdiront dans les mémoires, tout terme injurieux, toute affirmation, toute critique non contrôlées ou non susceptibles de contrôle toute supposition dans les faits ; il s éviteront, en un mot, de se faire les traducteurs complaisants ou dociles des fantaisies ou de la passion du client [116].

115. Article 13 de l'arrêté de 1935.

116. V. Procureur général à Procureur de la République à Conakry, lettre n° 153 A.J., datée de Dakar le 4 février 1943.

Chapitre deux

Des officiers publics peu nombreux

Transposées outre-mer, les règles de procédure française ont dû, pour des raisons pratiques, subir d'importantes modifications. Ces adaptations visaient principalement à délivrer les juridictions coloniales de toutes les entraves qui risquaient de nuire à leur bon fonctionnement. Elles aboutirent avec l'institution d'une procédure simplifiée, à la modification du statut des officiers publics placés près des juridictions de droit français. Moins nombreux que ceux de la métropole (Section 1), ils avaient un statut assez différent (Section 2).

Section I. Un personnel incomplet

Le législateur colonial s'était gardé d'introduire intégralement en Afrique de l'Ouest le système des auxiliaires de la justice lié à l'histoire judiciaire de la France. Préférant en différer l'institution, il avait, pendant longtemps, organisé le seul corps des greffiers dont le rôle s'étendait fréquemment au delà des attributions classiques du greffe (Paragraphe 1), tandis que les autres auxiliaires de justice étaient remplacés par des fonctionnaires (Paragraphe 2).

Paragraphe 1. Les greffiers

Chargés notamment des écritures judiciaires, de la conservation des archives des tribunaux, de la signature des jugements et des actes du juge, les greffiers sont les auxiliaires indispensables à la bonne distribution de la justice.

En Afrique de l'Ouest, d'autres attributions non moins importantes s'étaient ajoutées à leur tâche initiale. En raison de l'insuffisance du personnel judiciaire les greffiers cumulaient le service des audiences et de l'instruction, la tenue des divers registres, avec les fonctions des autres auxiliaires de la justice. Ils remplirent, tout au long du XIXe siècle, celles de notaire [1], d'huissiers [2], mais aussi de commissaire-priseur [3].

---

1. V.E. Chambaud, Président de la Cour d'appel, chef du service judiciaire, à Gouverneur du Sénégal, Rapport n° 56, daté de Saint-Louis le 27 octobre 1888, sur la situation du Service judiciaire du Sénégal. ANS, série M 5, Dossier 0-a-66.
2. ANSOM, Dépôt des Papiers publics des Colonies, Greffes du Sénégal, Cour d'appel, XVIIe Vol., années 1869-1872, Arrêt n° 7 du 13 mai 1870.

La multiplicité des attributions ainsi dévolues à un personnel très réduit, et fréquemment muté, n'allait pas sans conséquences fâcheuses. Le greffier-notaire de Saint-Louis, débordé et mal secondé, laissa péricliter son service. Le désordre fut tel, qu'il fallut faire table rase du passé et commencer à nouveau. Mais l'entreprise était pratiquement irréalisable. On ne pouvait essayer de remettre un peu d'ordre dans les archives et les minutes que si le temps et un personnel convenable et capable l'avaient permis, ce qui fut rarement le cas. Il était de même pratiquement impossible d'arriver à un résultat complet, car il y avait un bon nombre de pièces qui avaient totalement disparu. Il ne restait plus aux titulaires successifs qu'à classer celles qui restaient et qui étaient éparpillées dans de nombreux casiers [4].

Ce mauvais fonctionnement du principal service de greffe de la colonie n'était pas seulement dû à une insuffisance du personnel. L'incompatibilité des fonctions d'un greffier-notaire qui était en même temps huissier, encanteur aux ventes publiques, et curateur aux successions vacantes, pouvait également être mise en cause. Face à des occupations aussi multiples, les titulaires de l'emploi prirent en effet l'habitude de négliger les affaires qui ne pouvaient leur occasionner que de la peine, pour se livrer spécialement à celles qui leur étaient productives et principalement aux ventes publiques sur lesquelles ils percevaient cinq pour cent [5].

Paragraphe 2. Les corps subsidiaires

Le code de procédure civile n'ayant pas été promulgué au Sénégal et dépendances, un arrêté local du 22 juin 1823 a posé les règles de procédure à appliquer dans cette colonie. Ces formes particulières sont assimilables aux règles qui régissent les juridictions métropolitaines d'exception. Elles sont notamment formulées comme en matière commerciale, le code de commerce ayant été localement promulgué depuis le 7 décembre 1870.

De cette simplification de la procédure résulte, la mise à l'écart de la plupart des règles suivies devant les tribunaux de la métropole, et la non-représentation de tous les auxiliaires de justice, les greffiers suffisant à la tâche.

---

3. Art. 26 du décret organique du 9 août 1854, repris par le décret du 15 mai 1889 portant organisation judiciaire au Sénégal et Dépendances, dont l'article 31 stipule que des emplois de commissaire-priseur-encanteur peuvent être conférés à des fonctionnaires spéciaux. Lorsque ces emplois n'existent pas, les greffiers sont exclusivement chargés de procéder à toutes les ventes volontaires de marchandises et autres effets mobiliers, actions et droits incorporels, aux ventes volontaires après décès ou faillite.
4. ANS, série M 5, pièce n° 28, Rapport sur la situation de l'administration de la Justice pendant l'année 1882.
5. ANS, Sénégal XIX, Dossier 1, Contrôle et Inspection. Le commissaire de marine Millot, faisant fonctions de contrôleur, Rapport n° 9, daté de Saint-Louis le 15 juillet 1819, Envoi du compte raisonné de l'ensemble des opérations de contrôle pendant le deuxième trimestre 1819.

Lorsque les autres officiers publics vont commencer à être institués [6] ce sont le plus souvent des agents de l'ordre administratif qui sont désignés pour occuper ces charges. Aux chefs-lieux des colonies du groupe ce sont, par exemple, à défaut d'huissier, les commis-greffiers des tribunaux de première instance qui sont appelés à remplir ces fonctions. En leur absence, le commissaire de police ou l'agent européen qui le remplace, ou au besoin un fonctionnaire ou employé civil ou militaire, désigné par le chef de la colonie, a qualité pour instrumenter [7].

Mais, c'est parce que les "fonctions d'huissier sont, écrit le chef du service judiciaire, des fonctions très délicates" ; et que "l'inexpérience d'un huissier peut avoir pour résultat de lui faire commettre dans une procédure des nullités entraînant pour son commettant des responsabilités considérables" [8], que les autorités fédérales prendront la précaution de ne faire nommer à ces emplois que des agents administratifs, écartant les autres agents de l'État, et notamment, les aides-médecins : "dont il ne semble pas que l'exercice de la profession soit une formation suffisante pour permettre de prétendre à une charge d'huissier" [9].

Malgré ces précautions opportunes, le système va s'avérer défectueux, les fonctionnaires huissiers se laissant guider dans leur activité par des considérations politiques. C'est ainsi que dans l'affaire Samba Dembel contre Maubert [10], un indigène du nom de Samba Dembel avait assigné, dans un procès en succession, la dame Raki Boubou, devant le *cadi* de Louga. La décision de ce juge n'ayant pas été conforme à ses désirs, il porta son procès devant le *cadi* de Bakel. La deuxième sentence n'ayant pas été mieux accueillie que la première, le Directeur des Affaires Indigènes se vit obligé de commettre le *cadi* supérieur de Saint-Louis pour décider à son tour. Samba Dembel fit connaître son intention d'en appeler de ce dernier arrêt devant le tribunal d'Appel musulman, mais il n'en fit rien. Les choses restèrent donc en état. Mais de graves conflits menaçant de naître, le lieutenant-gouverneur du Sénégal donna l'ordre à l'administrateur de Bakel d'exécuter le jugement, et de procéder au partage. Quelques mois après, sur des conseils venus de Saint-Louis, Samba Dembel eut l'ingénieuse idée de transporter son domicile dans l'escale de Bakel. Les habitants des escales étant alors justiciables des tribunaux français, ce changement de domicile lui permettait de faire renaître son affaire devant le tribunal de Saint-Louis. Il confia ses intérêts à maître Herbault qui invita l'administrateur de Bakel à commettre un huissier *ad hoc* pour remettre à Raki Boubou

6. C'est le décret du 15 avril 1893 qui, par exemple, opère la séparation du Greffe et du Notariat au Sénégal.
7. Cour d'appel, Arrêt du 5 février 1915, en application des décrets du 31 décembre 1901 et 17 novembre 1907.
8. Procureur général par intérim à Gouverneur général, Lettre n° 516 G, datée du Dakar le 25 août 1923. ANS, série moderne M 14, Versement 26.
9. *Ibid.*
10. Arrêt du 19 janvier 1906, déjà cité.

une citation à comparaître. Le commandant de cercle, estimant qu'il n'y avait plus d'affaire Raki Boubou, puisque le partage avait été régulièrement effectué, fit donner l'ordre de ne pas remettre la citation. Une seconde tentative de maître Herbault reçut la même fin de non-recevoir. Quelques semaines après, l'administrateur était assigné en paiement de six mille francs de dommages-intérêts devant le juge de paix à compétence étendue de Kayes, qui débouta Samba Dembel de sa demande. Il fit appel et la Cour de Saint-Louis condamna le commandant de cercle, non représenté à l'audience, à mille francs de dommages-intérêts, ce fonctionnaire n'étant pas juge du bon droit du requérant, de l'opportunité de la demande, de la compétence de la juridiction à saisir, ne peut se refuser à répondre aux requêtes qui lui sont faites sans empiéter sur les attributions des tribunaux compétents et commettre par suite une faute grave pouvant engager sa responsabilité personnelle [11].

Si, en dépit de ses conséquences fâcheuses, et du fait que les fonctionnaires chargés des fonctions auxiliaires de la justice sont parfois tellement absorbés par les actes de leur ministère, qu'ils ne peuvent rendre service à l'administration dont ils dépendent, les autorités locales continuaient à s'opposer à la création de charges d'officiers publics près les tribunaux de droit français autres que ceux du Sénégal, c'était que, dans la plupart des colonies du gouvernement général, les recettes effectuées par les fonctionnaires assurant ces charges étaient manifestement insuffisantes peur constituer la rémunération d'auxiliaires de justice dont les offices ne pourraient pas être cumulés avec une autre fonction [12]. Or, il ne pouvait être question d'augmenter ces recettes, par une extension du rayon d'action de ces officiers publics, en leur permettant notamment de procéder devant les tribunaux de droit local, car il fallait éviter d'occasionner aux justiciables indigènes des frais absolument excessifs.

Il ne restera plus, pour libérer ces fonctionnaires qu'à créer des charges d'officiers ministériels et publics au fur et à mesure de la croissance économique des colonies considérées. C'est l'accroissement de la population de Kaolack, et de son trafic, conjugué à ses transactions de plus en plus nombreuses et impor-

---

11. Lieutenant-gouverneur du Sénégal à gouverneur général, lettre n° 232, datée de Saint-Louis le 27 mars 1906, au sujet de l'affaire Raki Boubou. ANS, série 1975, Justice Européenne, Affaires, 1899-1909, Chemise l, pièce n° 11.
12. V. Cour d'appel, délibération du 13 novembre 1925. ANS, série moderne M 83 versement 112.
Selon le chef du service judiciaire (V. Lettre n) 10 G, datée du 9 janvier 1926, ANS, série M 73 versement 112), les produits réalisés de 1922 à 1924 par les fonctionnaires faisant fonction d'huissier dans les colonies du gouvernement général, le Sénégal excepté, sont les suivants :

	Conakry	*Grand-Bassam*	*Cotonou*	*Bamako*	*Abidjan*	*Bingerville*
1922	4 487,30	3 093,30	2 394,50	3 543,10	846,70	375,50
1923	5 215,10	3 333,60	2 743,10	3 595,90	856,10	565,80
1924	4 661,50	3 807,50	2 608,75	2 728,70	1 166,85	451,10

tantes, qui vont justifier, après la transformation de sa justice de paix à compétence étendue en tribunal de première instance [13], la création d'une deuxième charge d'huissier. Cette assimilation de Kaolack aux grands centres judiciaires de l'Afrique occidentale française s'explique par l'ascension croissante des affaires d'un ressort qui comprend notamment les cercles du Baol et du Sine-Saloum dont le développement économique considérable depuis quelques années. D'autre part, le marché commercial de cette escale a pris une grande extension depuis l'ouverture du "Thiès-Kayes-Niger", les produits du Soudan français étant en bonne partie détournés par la voie fluviale du Saloum pour leur expédition vers la métropole.

L'ensemble de ces circonstances a donné aux affaires judiciaires réglées à Kaolack une forte impulsion. Leur solution ne peut donc que souffrir de l'insuffisance du personnel. D'où la décision de créer cette seconde charge d'huissier dans un ressort qui comprend des escales d'une activité commerciale considérable pendant la traite des arachides [14].

Section II. Un personnel qui relève du statut de la fonction publique

Les auxiliaires de la justice ne sont pas, en Afrique occidentale, contrairement à leurs collègues des autres colonies, et notamment des Antilles françaises, des officiers ministériels propriétaires de leurs charges. Très dépendants de l'administration, ils ont un statut similaire à celui de la fonction publique. Nommés par les autorités locales (Paragraphe 1), celles-ci fixent leurs honoraires suivant un tarif officiel, et exercent à leur endroit, une stricte surveillance disciplinaire (Paragraphe 2).

Paragraphe 1. Nomination

Les officiers publics sont, à l'exception des notaires, nommés par le gouverneur général sur la proposition du Procureur général. Le chef du service judiciaire ayant recueilli au préalable des renseignements sur la conduite du

13. Créée par un décret du 21 mars 1919, la Justice de paix à compétence étendue de Kaolack est transformée en tribunal de première instance par un autre décret du 13 décembre 1926. À cette date, cette juridiction se classait, pour le règlement des affaires civiles et commerciales, avant les tribunaux de première instance de Grand-Bassam, Cotonou, de Bamako, et de Lomé, et pour le règlement des affaires correctionnelles, avant tous les tribunaux du ressort, à l'exception de Dakar.
C'est ainsi que de 1925 à 1926 les affaires civiles, et commerciales enrôlées à la Justice de paix de Kaolack sont passées de 196 à 328, et que le chiffre des affaires enregistrées au Parquet est passé de 502 en 1925 à 701 en 1926. V. Cour d'appel, 14 juin 1927, délibération de la Chambre du conseil.
14. Arrêté du 27 janvier 1931.

postulant qui doit justifier d'une bonne moralité. le chef du parquet général se livre toujours à cette instruction, que le candidat réside ou non dans le ressort.

Il en est ainsi pour Marcailhou d'Aymeric, notaire à Mirepoix (Ariège) qui, par une requête du 19 janvier 1923, demande à exercer les fonctions de notaire à Rufisque en remplacement de maître Sol démissionnaire. Bien que ce postulant, présenté par maître Sol, soit fortement appuyé par le ministère des colonies [15], le chef du service judiciaire va émettre un avis défavorable à cette candidature. En effet, lorsqu'il est invité à fournir entre autres pièces un certificat de la chambre des notaires de son arrondissement [16], le postulant s'abstient de produire ce document, prétextant que son obtention aurait entraîné des retards dans la constitution de son dossier. Or, ce document était d'autant plus nécessaire à l'instruction de sa candidature que le Procureur général avait été informé par le procureur de la République de Pamiers que Marcailhou d'Aymeric avait été traduit devant la chambre de discipline, et blâmé, sans compter le observations reçues à plusieurs reprises du parquet à propos d'actes de sa fonction [17].

C'est toujours dans le cadre de son enquête de moralité que, le Procureur général, chef du service judiciaire, apprend au gouverneur général [18], qu'il résulte du bulletin n° 2 du casier judiciaire d'Amadou Ndiaye, dit Duguay-Clédor, qui postule la charge de commissaire-priseur à Kaolack en remplacement de Sergent, décédé, que celui-ci avait été condamné par un arrêt de la cour en date du 15 décembre 1926 [19], à cent francs d'amende avec sursis, pour violences et voies de fait, et dix mille francs de dommages-intérêts envers le sieur Alexis, partie civile. Le motif de la condamnation était celui-ci : au mois de mai 1925, des élections municipales eurent lieu à Saint-Louis. Pendant la campagne électorale qui précéda ces élections, Dugay-Clédor eût, à l'hôtel de ville, une altercation vive avec maître Anthony Alexis, avocat-défenseur, son adversaire politique. Au cours de cet échange de propos violents, il frappa maître Alexis, qui déposa plainte au parquet et se constitua partie civile. Condamné, par défaut, à un mois de prison avec sursis, et dix mille francs de dommages-intérêts, par le tribunal de Saint-Louis, Dugay-Clédor fit opposition au jugement. Mais cette opposition n'ayant pas été signifiée à la partie

15. V. Minvielle, Greffier en chef de la Cour d'appel à Gouverneur général, Lettre datée de Dakar le 12 mars 1923. ANS, série moderne M 15 Versement 26, Dossiers de Candidatures à la charge de notaire à Rufisque, 1923-1924.
16. Par lettre du 13 mars 1923.
17. Dans sa lettre de candidature le postulant déclarait expressément : "n'avoir jamais encouru ni blâme, ni rappel à l'ordre ". V. Cour d'appel, Délibération du 13 juillet 1923.
18. Lettre n° 207 G, datée de Dakar le 12 mai 1928. ANS, série moderne M 13 Versement 26.
19. Greffe de la Cour de Dakar, Arrêts Correctionnels, année 1926, Arrêt n° 147, Ministère public contre Ndiaye Amadou dit aussi Ndiaye Clédor ou encore Dugay Clédor, Abykane dit Aby Kane Diallo.

civile, comme l'exigeait l'article 187 du code d'instruction criminelle, elle fut déclarée irrecevable, et la condamnation à dix mille francs de dommages-intérêts resta acquise. Par contre, l'opposition fut déclarée recevable, quant au ministère public, et la peine d'un mois de prison avec sursis fut ramenée par le tribunal de Saint-Louis à cent francs d'amende sans sursis. En appel, la Cour prononça le sursis et jugea que la condamnation était sans recours quant aux dommages-intérêts alloués par le jugement de défaut, à maître Alexis.

Cependant, note le chef du service judiciaire, la condamnation prononcée contre Duguay-Clédor n'entraîne contre lui aucune incapacité légale. En effet, si elle figure au bulletin n° 2 du casier judiciaire délivré au parquet, elle ne doit pas, aux termes de l'article 9 de la loi du 5 août 1899, être mentionnée sur le bulletin n° 3 délivré au particulier. Dans ces conditions rien ne s'oppose à ce que Duguay-Clédor soit nommé aux fonctions de commissaire-priseur à Kaolack [20].

Les greffiers ont d'abord été, dans la colonie du Sénégal et dépendances, des fonctionnaires publics nommés par arrêté local, s'ils ont vingt-cinq ans accomplis, tout en justifiant du grade de licencié en droit, ou d'un stage, soit dans un greffe, soit dans une étude de notaire ou d'avoué [21]. Les commis-greffiers étaient choisis par les greffiers, mais ils devaient recevoir l'agrément de la juridiction près de laquelle ils devaient servir.

C'est seulement, en 1937, que le statut du corps va prévoir trois cadres du droit colonial [22]. Il s'agit d'un corps de greffiers en chef nommés par le pouvoir central et régi par décret ; d'un corps de greffiers désignés par le gouverneur général, et réglementé par arrêté ; enfin, d'un corps de greffiers adjoints ou de secrétaires des greffes et parquets, également soumis au régime des arrêtés locaux.

Les greffiers en chef, qui étaient pourvus de la licence en droit, percevaient des justiciables, en plus de leur rémunération de fonctionnaires, des émoluments tarifiés lors de la délivrance de certains actes. Les greffiers et les secrétaires des greffes et parquets, pourvus du baccalauréat ou du brevet d'études du premier cycle, n'avaient que leur rémunération de fonctionnaires. Les droits qu'ils pouvaient percevoir des particuliers au titre de leurs charges étant versés au trésor public [23].

Au Sénégal et dépendances, c'est parce qu'il en était ainsi depuis 1849 [24], que les frais et droits proportionnels sur les ventes d'immeubles effectuées par l'autorité de justice, alloués en France aux avoués poursuivants et occupants,

20. Lettre n° 207 G, du 12 mai 1928, précitée.
21. Article 28 du décret du 9 août 1854.
22. Décret du 25 mai 1937.
23. V. M. Joel, *op.cit.*, p. 123 et s.
24. Arrêté local du 8 octobre 1849.

ne revenaient pas, dans le ressort de la Cour de Saint-Louis, en l'absence d'avoués, au greffier comme rémunération de sa peine [25].

En somme, les charges des officiers publics et ministériels qui étaient vénales en France et dans les anciennes colonies depuis 1816 [26], ne l'étaient pas au Sénégal et dans ses dépendances, et ne le seront pas, non plus, dans le ressort de la Cour d'appel de l'Afrique occidentale [27]. Mieux, en dehors des chefs-lieux de colonies, la plupart de ces charges n'étaient pas exercées par un personnel compétent et spécialisé, mais par des agents administratifs désignés à cet effet.

Cette situation ne sera pas sans poser des problèmes au niveau des relations des justiciables avec ces fonctionnaires que les nécessités du service pouvaient appeler d'une colonie à l'autre. Aussi les officiers ministériels de la métropole préféraient-ils se servir de l'intermédiaire du Procureur général, pour faire parvenir aux agents chargés des fonctions d'huissiers, notamment, les actes qu'ils désiraient faire notifier aux colonies. C'est dans le souci d'éviter que les plis adressés à ces fonctionnaires huissiers ne prennent un caractère personnel, et ne suivent ceux-ci dans leurs postes d'affectation que le ministre des colonies va donner l'ordre aux autorités du groupe, de laisser aux particuliers qui sont dans la nécessité de recourir directement aux services d'huissiers dans la colonie, la faculté de demander au chef du service judiciaire de leur faciliter la poursuite de leur instance. C'est ainsi que le chef du parquet général qui n'a pas à procéder à l'examen du dossier qui lui est adressé, doit le transmettre à l'huissier habile à l'instrumenter, et en aviser l'intéressé, en l'invitant à se mettre en rapport directement avec l'agent chargé des dites fonctions [28].

Paragraphe 2. Régime disciplinaire

Les officiers publics sont soumis à la même discipline que les avocats-défenseurs. En l'absence de compagnies ou de chambres, ce sont les autorités administratives qui exercent la surveillance et la discipline à leur égard.

Comme tous les fonctionnaires du gouvernement général, ils sont notés, et, c'est d'après ces notes que s'établissent les tableaux de propositions, soit pour l'avancement au choix, soit pour la Légion d'Honneur.

---

25. V. Procès-verbaux du conseil d'enquête appelé à statuer sur les faits reprochés à Breghot de Polignac, greffier, pour non-versement de droits revenants au Trésor, du 1er janvier 1850 au 1er janvier 1857. ANS, série M 9, pièce n° 2.
26. Avec la loi du 28 avril 1816.
27. ANS, série moderne M 73 versement 112, voir la note remise par Maître Gay, notaire à Dakar à MM. les membres de la Commission chargée d élaborer un projet de décret réglementant les offices.
28. V. Circulaire du Ministre des Colonies, du 21 octobre 1915, sur les dispositions pour faciliter les relations des particuliers avec les agents chargés des fonctions d'huissier aux colonies. *JOAOF*, du 26 octobre 1915.

Diagne Antoine, commis-greffier près la Cour et le tribunal de Saint-Louis est ainsi noté, en 1878, par son chef de juridiction : “né le 13 juin 1848 à Gorée, marié … ce jeune homme est l'un des rares sujets de la race noire gagnés à notre civilisation, et il donne le meilleur exemple à ses compatriotes. Il me paraît juste de l'en récompenser, d'abord en lui accordant l'augmentation de 750 francs demandée pour sa fonction dans le projet de budget de 1879, et plus tard en l'appelant au premier emploi d'huissier qui viendra à vaquer” [29].

En 1881, sa situation ne s'étant pas améliorée, son état de services n'est plus aussi élogieux. Le chef du service judiciaire notifie que : “Diagne laisse beaucoup à désirer sous le rapport de sa conduite publique et privée. Une enquête récente a établi qu'il se livre à la boisson. Si l'on trouvait quelqu'un pour le remplacer, il serait certainement renvoyé du greffe” [30].

Son compatriote Benga Jean, né en août 1852 à Gorée, semble présenter un bien meilleur état de services. En 1878, il s'attire la note suivante : “jeune noir très méritant, nous le perdrons bientôt si l'autorité supérieure ne prend pas d'urgence, les dispositions nécessaires pour élever à 1 800 francs le traitement de 1 200 francs dont jouit actuellement le commis-greffier de la dépendance, ce qui est beaucoup trop faible dans un pays où le commerce tend à attirer à lui tous les sujets” [31]. Le 12 juillet 1878, J. Benga sollicite l'augmentation de son traitement. Le président de la Cour d'appel, transmet sa lettre avec l'avis favorable que voici : “les appointements de 1 200 francs sont d'une insuffisance notoire. La proposition tendant à porter de 1 650 francs à 2 400 francs le traitement du commis-greffier de Saint-Louis, et de 1 200 à 1 500 francs, sinon 1 800 francs, celui du commis-greffier de la dépendance, a été insérée dans le projet de budget colonial pour 1879. Il conviendrait d'aviser d'urgence, car nous sommes très sérieusement menacés de ne plus trouver de commis-greffier, d'une part à cause de la modicité de leurs appointements, d'autre part et surtout, à raison des avantages marqués que leur offre le commerce, qui absorbe à peu près tout en ce pays” [32]. N'ayant pas obtenu satisfaction, Benga finit par se faire allouer une bourse par le Conseil général pour aller faire son droit à la Faculté d'Aix, dont il obtiendra, le premier prix de droit criminel, et le diplôme de licencié, le 15 juillet 1885 [33].

Les officiers publics de l'Afrique occidentale, ont un statut si proche de celui de la fonction publique que les autorités disciplinaires tendent à les astreindre à tous les devoirs des fonctionnaires de droit commun.

C'est du moins dans ce sens qu'agit le gouverneur du Dahomey qui, pour obliger un huissier à prendre l'avis des agents territoriaux de l'État, lui fait

29. ANS, série M 10, Personnel de la Justice, Notes confidentielles, 1869-1888 pièce n° 29.
30. *Ibid.*, pièce n° 54, année 1881.
31. *Ibid.*, pièce n° 30, année 1878, note individuelle.
32. Président Darrigrand, Lettre n° 60 R.G., datée de Saint-Louis le 12 juillet 1878. ANS, série M 10, pièce n° 27.
33. Pièce n° 65, année 1882, et pièce n° 107, année 1885.

rappeler qu'en tant que fonctionnaire, il doit une visite à l'administrateur dès son arrivée dans le cercle où il est appelé à instrumenter. N'est-ce pas au nom de l'ordre public vouloir paralyser l'action d'une justice qu'on ne peut régenter ? Le fonctionnaire-huissier peut-il mettre en balance les ordres reçus de son client avec ceux des autorités disciplinaires ? C'est parce que l'ordre public doit primer que le gouverneur du Dahomey va estimer nécessaire que le fonctionnaire responsable de la tranquillité locale soit tenu au courant de tous les actes qui peuvent directement ou indirectement intéresser l'ordre public. En effet, si l'administrateur commandant le cercle n'a aucun contrôle sur les actes de la justice française il doit, en revanche, être à même de prendre des mesures que peuvent nécessiter les conséquences possibles de ces actes. D'où l'impératif pour tout officier ministériel de se concerter au préalable avec l'autorité politique, cette manière de procéder, utile au maintien de l'ordre public, ne pouvant en aucun cas gêner le fonctionnement de la justice [34].

Les officiers publics sont, de même, assujettis à une résidence fixée par le gouverneur général dans leur acte de nomination. Ils n'en peuvent s'abstenir sans son autorisation. Au commissaire-priseur de Kaolack, A. Duguay-Clédor qui, après sa nomination [35], sollicitait l'autorisation de résider à Dakar, comme cela avait été fait pour Jules Sergent son prédécesseur [36], il sera ainsi rappelé que : "l'arrêté du 29 décembre 1925 fixe obligatoirement à Kaolack la résidence du commissaire-priseur de cette juridiction". Et que, le précédent qu'il invoquait, s'il a pu se produire en fait, n'avait jamais été consacré par un arrêté rectificatif [37].

Les officiers ministériels et publics ne peuvent, en somme, instrumenter que dans les limites de la circonscription territoriale qui leur est assignée. D'où l'obligation de résidence subséquente. Aussi, pour permettre à A. Duguay-Clédor de résider à Dakar, où de par ses fonctions de Président du Conseil général du Sénégal, il préférait élire domicile, les autorités vont adjoindre à sa circonscription de Kaolack, une partie du ressort du tribunal de Dakar, avec compétence sur la ville de Rufisque et Banlieue, et les cercles de Thiès et de Tivaouane jusqu'à Kelle [38].

---

34. V. Gouverneur par intérim Hommassel à Procureur de la République à Cotonou, lettre non datée, publiée dans le Journal "*L'AOF*", numéro 156 du samedi 22 juillet 1911, p. 2. IFAN, série P 636.
35. Par l'arrêté n° 1258 du 13 mai 1928.
36. V. A. Dugay Clédor à Gouverneur général, lettre datée de Saint-Louis le 18 mai 1928. ANS, série moderne M 13, versement 26.
37. V. Lettre n° 111 du 8 juin 1928, adressée P. le Gouverneur général en tournée, par l'administrateur en chef Tousset, chargé de l'expédition des affaires courantes.
38. Sous le nom du Troisième arrondissement du Sénégal, cette circonscription comprenait, en plus de la ville de Rufisque et Banlieue, et les cercles de Thiès et de Tivaouane jusqu'à Kelle, les cercles du Baol, du Sine-Saloum, de Tambacounda et de Kédougou.

Les fonctions politiques du commissaire-priseur du troisième arrondissement du Sénégal vont l'amener à être souvent absent de sa résidence. Pour la seule année de 1931, Duguay-Clédor va ainsi solliciter une autorisation d'absence de cinq mois pour accompagner la délégation du Conseil colonial à l'exposition internationale de Vincennes [39]. À son retour, il demande une prolongation de congé de deux mois, la session du Conseil colonial du Sénégal s'ouvrant la veille de l'expiration de son congé, et celle du conseil de gouvernement devant s'ouvrir aussitôt après, c'est-à-dire, le 14 décembre [40]. Il présentait comme intérimaires, pour remplir ses fonctions de commissaire-priseur dans les ressorts respectifs des tribunaux de Dakar et de Kaolack, Marcaggi, huissier par intérim à Dakar, qui doit être disponible avec le retour prochain du titulaire, et Ernest Dupuy, greffier à Kaolack.

L'autorité disciplinaire est le Procureur général, chef du service judiciaire. C'est lui qui prononce les sanctions ordinaires que sont le rappel à l'ordre, la censure avec ou sans réprimande. Pour les mesures les plus graves, pouvant aller jusqu'à la destitution de l'officier public de sa charge, le Procureur général n'a qu'un droit de proposition, c'est le gouverneur général qui, comme pour les officiers ministériels, statue après avis du tribunal.

C'est conformément à cette procédure que le gouverneur du Sénégal et dépendances prend une mesure de suspension de trois mois à l'encontre de l'huissier Maurin qui a, en maintes circonstances. soulevé la plainte des justiciables. Il pratiquait en effet des saisies sans sortir de son étude et sans même prévenir les parties intéressées. Dans son état trimestriel des frais à la charge du trésor pour le service du tribunal correctionnel, au lieu de prendre simplement un droit de mise au rôle que lui accorde le tarif, il s'attribue encore un droit de mise au rôle pour citation de témoin. Il n'est pas possible, selon les autorités locales, de porter plus loin l'esprit de cupidité. Mieux, oubliant à la fois la règle la plus élémentaire de sa profession et la convenance, il se permet de notifier en rivière au commandant de l'escale du Coq, un acte incroyable par lequel il le somme de n'avoir point à se dessaisir des sommes qu'il devra à un traitant sous peine de payer deux fois. Il faut rappeler que les chefs des escales se chargeaient en effet des copies des significations que leur remettaient les négociants voulant assurer le recouvrement des sommes qui leur étaient dues par des traitants. Le commandant d'escale s'étant plaint au gouverneur, celui-ci transmit sa lettre au chef du service judiciaire qui avoua avoir épuisé tous les remontrances et avertissements vis-à-vis de cet officier public qu'il faudrait peut être bientôt révoquer. C'est ainsi qu'après avoir pris l'avis de la Cour, le gouverneur décidait de suspendre Maurin, étant donné que la conduite de cet huissier révélait à la fois une incapacité complète, une ignorance absolue des formes les plus élémentaires de son ministère et un man-

39. Cette autorisation lui est accordée par un arrêté du 28 juin 1931.

40. V. A. Dugay Clédor à Gouverneur général, lettre datée de Dakar le 19 novembre 1931.

quement à la probité de ses fonctions. Lafleur, nègre lettré qui travaillait depuis longtemps dans l'étude de Maurin, était nommé intérimairement [41].

Suivant la même procédure le chef du service judiciaire va proposer au gouverneur général, la révocation des huissiers Mamadou Thiam et Amadou Gaye de Kaolack, après leur suspension de fonction [42]. Le premier, auteur d'actes délictueux, avait été condamné par la Cour [43], à un an de prison et 2 444 francs 33 d'amende, pour émission de chèque sans provision et détournement. En ce qui concerne le second, il avait été condamné par défaut, par le tribunal de Kaolack [44], à cinq ans d'emprisonnement et cent francs d'amende pour abus de confiance et escroquerie. Ce jugement dut être signifié à parquet, Amadou Gaye ayant pris la fuite pour Monrovia (Liberia).

Le Procureur général propose la destitution parce qu'il estime que l'état de suspension de fonction dans lequel se trouvent ces deux officiers publics ne peut se prolonger, la suspension étant une mesure essentiellement temporaire. D'autre part, les faits qui leur sont reprochés sont de nature telle qu'il n'est pas possible de les maintenir titulaires de leurs fonctions. Ils ne présentent plus, en effet, les garanties d'honnêteté qu'on est en droit d'exiger d'un officier ministériel, intermédiaire obligatoire entre les justiciables [45].

41. V. Capitaine de Vaisseau Montagnies de la Roque, Gouverneur du Sénégal au Ministre, Compte-rendu de la suspension de l'huissier Maurin, et de la révocation du juge-notable John Sleight, Saint-Louis le 19 août 1841, n° 367. ANS, Sénégal et Dépendances VIII, Dossier 3 bis.
Ce juge-notable qui est révoqué, pour avoir manifesté de façon inconvenante son opposition à une décision qu'il qualifie d'arbitraire, va être élu, le 17 août 1851, représentant du Sénégal, en remplacement de Barthélémy Durand-Valantin, démissionnaire. Mais il ne pourra siéger, la représentation parlementaire coloniale étant supprimée par un décret-loi du 2 avril 1852 de Napoléon III.
42. Par des arrêtés des 11 et 16 janvier 1930.
43. Arrêt du 12 novembre 1930. Greffes de la Cour de Dakar, Arrêts Correctionnels, année 1930, à la date.
44. Jugement du 9 juillet 1930.
45. V. Procureur général Sanes à Gouverneur général, rapport n° 17 A.J. du 7 janvier 1931. ANS, série moderne M 73 Versement 26.

Troisième partie

La politique de la Cour

La colonisation implique la constitution d'un bloc impérial fondé sur une communauté de civilisation. Cette unité de civilisation se réduit à une action de diffusion des valeurs de la civilisation européenne. Dans la logique du système, les peuples colonisés doivent être soustraits de l'empire de leurs coutumes, pour être soumis aux institutions métropolitaines. C'est dans cette perspective, que le code civil, promulgué au Sénégal, dès le 5 novembre 1830, ne faisait "au point de vue des droits accordés aux citoyens français aucune distinction entre les indigènes nés libres sur le territoire de la colonie et les Européens. Il n'était pas question de deux populations différant essentiellement par la religion, les mœurs, la constitution du mariage, l'organisation de la famille [1].

Mais c'était compter sans la résistance des colonies. Confrontés à l'invasion du droit métropolitain, les autochtones réclament l'usage de leurs institutions juridiques propres, qui, comme valeurs de civilisation, cadrent mieux avec leur état économique et social, leurs mœurs et leur religion. C'est l'opinion qu'exprimaient aux autorités coloniales, au nom de leurs compatriotes, les principaux chefs indigènes du Sénégal. "Il suffit, écrivent-ils, de considérer attentivement la situation malheureuse de cette population, pour reconnaître que les lois françaises en général, et les formes judiciaires qui en sont la conséquence, sont au-dessus de son intelligence et de ses moyens" [2]. Malgré des emprunts au discours colonial, la population autochtone, consciente du fait que "sa religion, ses lois, ses mœurs, ses usages diffèrent sensiblement de ceux des Européens", voulait éviter, "les difficultés insurmontables" qui découleraient de l'application du droit métropolitain [3].

---

1. Couchard. Exposé des motifs du projet de décret sur la réorganisation de la Justice musulmane. ANS série M 8 Justice Musulmane, Dossier 0-b-35, pièce 103, procès-verbal de la Commission instituée par l'arrêté du Gouverneur du 19 mars 1889, à l'effet de procéder à l'étude de la révision du décret du 20 mai 1857 sur l'organisation de la justice musulmane au Sénégal. IVe séance du jeudi 6 juin 1889, p. 50.
2. ANS, série, M 88, Justice, 1846-1895 pièce n° 4, Document non daté
3. *Ibid.*

Ainsi s'écroulait le rêve d'édification d'une société unifiée. Devant le refus des autochtones de se laisser assimiler, les autorités coloniales doivent admettre, au début du XXe siècle, l'abandon du projet de société commune fondée sur l'unité de civilisation. Le souci d'une coexistence harmonieuse imposait la reconnaissance de deux ordres juridiques distincts. L'ordre juridique d'origine métropolitaine cohabitait avec l'ordre juridique s'appuyant sur les institutions locales. Cependant, il n'était nullement question de renoncer à la suprématie du droit d'origine métropolitaine, à l'affirmation de sa vocation générale. Il s'agissait, face à l'inadaptation de l'ordre juridique métropolitain, de se montrer, ainsi que l'enseignait de l'École coloniale [4], plus sensible au respect des coutumes locales. Cette évolution de la politique coloniale est le fait de la jurisprudence. Alors que la volonté de réaliser l'uniformisation du droit par la seule référence au système métropolitain était encore la préoccupation du législateur colonial, les tribunaux distinguaient les institutions juridiques traditionnelles des institutions d'origine métropolitaine. Le juge, et principalement celui de droit local était convaincu du rapport étroit de ces coutumes avec les conceptions morales et religieuses de la population autochtone. D'où leur maintien, commandé par la structure sociale autochtone, et la reconnaissance aux populations locales d'un statut personnel spécial distinct de celui des habitants d'origine européenne. À cette distinction de statuts va correspondre la distinction entre citoyens et sujets. Pour la jurisprudence, rapidement suivie par le législateur colonial, étaient citoyens les personnes soumises à l'ensemble des institutions juridiques françaises, et sujets, les personnes régies par des institutions différentes.

La coexistence de ces deux statuts du droit privé, aura pour conséquence, la création de deux catégories de juridictions. Chacune aura pour compétence de connaître l'un des deux systèmes juridiques. Les juridictions de droit local appliquent le droit spécial à ceux des autochtones qui ont conservé leur statut particulier. Les tribunaux de type métropolitain connaissent du droit d'inspiration française. Quelles sont les règles de répartition des compétences entre ces deux ordres de juridiction ? La nature du droit applicable au litige pouvait constituer un critère de partage de compétence. Mais la Cour d'appel s'obstinera à lier la solution de la question au problème de la délimitation des domaines respectifs d'application des statuts, le statut français constituant le droit commun, alors que le statut local correspond à un droit particulier. Il en découle la règle selon laquelle, les tribunaux de droit français sont les tribunaux ordinaires, les juridictions de droit local n'ayant qu'un rôle strictement défini.

C'est selon ce principe que la Cour d'appel va considérer les institutions d'origine métropolitaines comme le principe, et les institutions coutumières comme l'exception, dont le domaine d'application doit être strictement délimité. Les grands problèmes juridiques du droit colonial vont être résolus selon

4. R. Girardet, *op. cit.*, p. 125 et s.

cette politique qui sera le parallèle de l'action de l'administration. En effet, dans sa politique d'assimilation des civilisations mises au contact, les autorités se représentent la société traditionnelle comme un obstacle. D'où la volonté de restreindre le domaine d'application des institutions autochtones, pour favoris er la pénétration des idées métropolitaines. Le but ultime étant la francisation de la société dominée qui est d'abord conçu comme un instrument créateur de richesses.

Titre premier

La Cour d'appel, cour de justice

La justice française s'était, lors de sa transplantation en Afrique, considérablement assouplie. L'agencement des tribunaux était simplifié avec, notamment, le système de l'unicité du juge. Le statut des auxiliaires de justice lié à l'histoire judiciaire française avait connu un certain nombre d'adaptations. Mais le souci de simplification était surtout remarquable au niveau de la procédure. Pour ne pas appliquer la procédure métropolitaine formaliste et contradictoire, le législateur colonial a dû édicter une réglementation spéciale.

Ces règles étaient empruntées, pour l'essentiel, aux codes métropolitains. Cependant, le souci de clarification, faisait que les textes français se voyaient apporter toutes sortes de modifications et de restrictions. Mieux, avec le recours en annulation, et la procédure d'homologation, la procédure métropolitaine avait même été remaniée selon les besoins locaux. Toutefois dans ce souci d'allègement, qui aurait pu être bénéfique, le législateur colonial est souvent resté dans un vague par trop prudent. D'où une impression de textes nombreux, épars, sans aucune liaison entre eux, soulignant le caractère incomplet de cette œuvre d'adaptation. Et devant les lacunes que décelait la procédure locale, la jurisprudence a dû faire l'effort de pallier l'insuffisance des textes. Elle le fera en appliquant les solutions du code de procédure métropolitain.

La Cour participait ainsi à la création des règles du droit. Prenant pour base de ses décisions la législation locale, elle n'hésitait pas à la compléter, lorsqu'elle n'était pas parfaitement déterminée dans tous ses points, en y ajoutant des éléments, tirés de la législation métropolitaine.

Un pouvoir subsidiaire aussi important ne pouvait plus jouer, en ce qui concerne le droit matrimonial où la législation sociale. En effet, dans des domaines aussi importants pour le succès de l'entreprise coloniale que le sont, la constitution de la famille et le problème de la main-d'œuvre locale, les autorités acceptaient mal ce rôle créateur de la jurisprudence. Dans ces matières qu'elle doit ainsi délaisser, la Cour applique purement et simplement aux cas concrets qui sont portés devant elle, un droit dans l'élaboration duquel elle n'est pas associée.

Chapitre premier

La réception des règles du code de procédure métropolitain

Le code de procédure métropolitain n'a pas été promulgué en Afrique occidentale française. Le régime applicable devant les juridictions du groupe tient de la procédure sommaire utilisée, en France, soit en matière commerciale, soit devant les justices de paix. Ce régime s'est révélé complexe et insuffisant.

Complexe, la procédure locale l'est, parce qu'édictée par plusieurs sortes de textes. C'est ainsi que l'arrêté du 22 juin 1823 établit un code de procédure en cinquante neuf articles [1], et qu'une série de textes métropolitains régissent la matière. Certains ont été expressément déclarés applicables : l'arrêté du 22 juin 1823, précité, vise le livre premier du code de procédure métropolitain, et les lois sur la procédure des justices de paix de France. D'autres ont été déclarés d'application implicite. Rentrent dans cette catégorie des textes auxquels renvoie expressément un autre texte déclaré applicable ct promulgué en Afrique occidentale française. Sont ainsi implicitement applicables les articles auxquels renvoie l'article 642 du code de commerce promulgué au Sénégal le 3 avril 1851. En plus de ces textes, la procédure est régie par des dispositions qui varient suivant les colonies du groupe, et les juridictions.

La procédure locale s'est révélée également insuffisante. Malgré leur diversité, les textes que nous venons d'examiner sont manifestement incomplets. Ils ne pouvaient répondre à tous les besoins. Devant cette situation, la jurisprudence a dû transgresser le principe de spécialité de la législation coloniale, et appliquer la réglementation métropolitaine à titre de raison écrite. L'étude de la procédure ordinaire, et celle de l'appel plus particulièrement (Section 1), nous permettra de voir comment la Cour de Dakar encourage cette politique, en considérant que l'application des textes métropolitains, à titre de raison écrite, relève de l'appréciation souveraine des juges du fond. Ceux-ci en ont profité pour uniformiser la procédure.

Cependant, l'application des textes métropolitains ne s'est pas faite par ce seul biais. En effet, les voies de recours extraordinaires (Section 2) permettent à la Cour d'appliquer les solutions de la procédure métropolitaine. Le laconisme des textes, qui organisent les recours en annulation, de droit commun,

---

1. *BAS*, 1819-1842, p. 55.

ou pour violation de la coutume, autorise la Cour à leur appliquer les règles de la procédure du recours en cassation. Vis-à-vis de la procédure dite indigène, cet apport d'éléments de technique juridique tirés du droit métropolitain traduit bien le fonctionnement de l'institution judiciaire comme instrument de colonisation,

Section I. La procédure d'appel

Les colonies françaises possèdent un régime législatif distinct de celui de la métropole. C'est le principe de la spécialité législative. Les lois métropolitaines ne s'appliquant pas de plein droit, les colonies sont régies par une législation particulière dont l'interprétation est de droit strict.

En dépit de ce principe, les magistrats de la Cour n'hésitent pas à se référer aux codes métropolitains. Pour combler les lacunes et les incertitudes de la procédure locale, ils appliquent des règles qui ont déjà fait leurs preuves. D'où la transgression du principe de la spécialité au regard duquel la législation métropolitaine est une législation particulière, étrangère aux colonies.

S'inspirant de ces deux régimes, la jurisprudence locale n'est pas toujours uniforme. On ressent une impression de confusion au regard des solutions de la Cour. Cette démarche est particulièrement remarquable à propos de la procédure d'appel. Et notamment, de la détermination des jugements susceptibles de cette voie de recours (paragraphe 1), des formes (paragraphe 2), et des délais (paragraphe 3) de cette voie de réformation. Dans cet examen, nous nous appesantirons sur la procédure civile où l'uniformisation des règles a été plus le fait de la jurisprudence que du législateur, au contraire de la procédure commerciale ou correctionnelle.

Paragraphe 1. Les jugements susceptibles d'appel

L'appel est une voie de réformation par laquelle une partie qui s'estime lésée par un jugement, le défère aux juges du degré supérieur [2]. Dans le code métropolitain de procédure civile, elle est réglementée par les articles 443 à 473. Voie de recours ordinaire, le principe est qu'elle soit largement ouverte. Cependant le législateur restreint parfois cette possibilité d'un second examen.

Dans le ressort de la Cour d'appel de l'Afrique occidentale française, les mêmes principes sont appliqués. Selon l'article 6 du décret du 16 novembre 1924, la Cour d'appel de l'AOF connaît, tant en matière civile et commerciale qu'en matière correctionnelle et de simple police, de l'appel des jugements rendus en premier ressort par les tribunaux de première instance et les justices de paix à compétence étendue [3].

2. V. Jean Vincent, *Procédure civile*, Paris, Librairie Dalloz, 1973, p. 692.
3. Arrêt du 11 mars 1904, *Rec.* 1904, p. 234 ; Arrêt du 19 février 1932, *Rec.* 1932, 2, p. 154.

Le décret du 22 juillet 1939 dispose en son article 15 que, "les tribunaux de première instance et les justices de paix à compétence étendue connaissent, dans l'étendue de leur ressort, des actions civiles et commerciales, en premier et dernier ressort, jusqu'à la valeur de 3 000 francs en principal et 300 francs de revenus, soit en rentes, soit par prix de bail ; en premier ressort seulement, et à charge d'appel devant la Cour, des actions s'élevant au-dessus de ces sommes [4].

Ainsi le législateur colonial organise l'appel selon les mêmes modalités qu'en métropole. Tous les jugements n'étant pas susceptibles d'appel, c'est à l'inspiration des textes métropolitains que le législateur local fait la distinction entre les jugements. L'appel n'étant pas possible lorsque l'intérêt litigieux est faible, le législateur de 1939 fixe le taux des actions susceptibles d'appel en matière civile et commerciale à 3 000 francs en principal et 300 francs de revenus. Donc en Afrique occidentale française, l'appel formé dans une instance où la contestation porte sur une somme inférieure à 3 000 francs ou à 300 francs de revenus est irrecevable [5]. En matière correctionnelle, les jugements de simple police ne peuvent être attaqués par la voie de l'appel, aux termes de l'article 12 du décret du 10 novembre 1903, que si les amendes, restitutions ou autres réparations civiles excèdent la somme de cent francs. Est donc irrecevable, selon la Cour de l'AOF, "l'appel du jugement d'un tribunal correctionnel condamnant à 8 francs d'amende le détenteur d'eaux stagnantes [6].

C'est en application du texte de 1924, qu'il est décidé que l'appel n'est pas recevable contre le jugement qui prononce un sursis. En effet, "le jugement qui n'est ni préparatoire, ni interlocutoire, n'ayant ordonné aucune mesure d'instruction ne dessaisit pas le tribunal, mais en suspend seulement la solution" [7]. De même, l'appel contre un jugement qui a fait droit aux conclusions d'une partie en lui donnant acte de son désistement d'instance n'est pas recevable [8].

Le décret du 10 novembre 1903 dispose, en son article 36 alinéa 4, qu'il n'y aura lieu à l'appel des jugements préparatoires qu'après le jugement définitif, et conjointement avec l'appel de ce jugement. Et que l'appel des jugements interlocutoires est permis avant que le jugement ait été rendu. C'est en vertu de ce texte que la Cour d'appel décide que l'appel des jugements préparatoires est irrecevable avant le jugement au fond [9]. Ou, qu'un jugement qui

---

4. *JOAOF* 1939, p. 1152.
5. Arrêt du 18 décembre 1948, Affaire Entreprise des travaux du port de Dakar. Greffe de la Cour de Dakar, Arrêts civils, année 1948, à la date.
6. Arrêt du 10 mai 1912, *Pen.* 1913, 1, p. 126.
7. Arrêt du 18 décembre 1942, affaire Orliac Louis Paulin contre Dame Carra Charlotte épouse Orliac. Greffe de la Cour, Arrêts Civils, année 1942, 2e semestre, Arrêt n° 134.
8. Affaire Sorano contre Bara Diokhané, Arrêt n° 75 du 31 juillet 1942, *Ibid.*
9. Affaire Consorts Diallo contre Abdoulaye Diallo et Dame Mariama Camara, Arrêt n° 88 du 12 mai 1939. Greffes de la Cour, Arrêts civils, année 1939.

contient un préjugé étant un jugement interlocutoire, l'appel en est recevable, sans attendre le jugement sur le fond [10]. Ou encore, qu'un jugement ordonnant enquête étant interlocutoire, lorsque la dite enquête est susceptible d'avoir une influence décisive sur le fond, ce jugement "est susceptible d'appel immédiat" [11].

C'est à partir de cette concordance entre les textes métropolitains et la procédure locale, que les magistrats de la Cour d'appel font appel aux codes métropolitains, quand il s'agit de combler les lacunes de la législation locale. Mais puisque les textes métropolitains sont variés, et qu'ils ont subi de nombreuses modifications, la jurisprudence qui se dégage à la suite de l'application de ces textes, dénote un manque certain de cohérence.

Dans l'affaire ministère public et Stefani, ès qualités, contre la Compagnie Baltiven et Messageries Africaines, HSOA et autres [12] il s'agissait d'une requête adressée à la Cour, le 19 septembre 1931, et par laquelle Stefani déclarait interjeter appel de deux jugements rendus par le tribunal de première instance de Dakar. Dans le premier jugement, daté du 10 septembre 1931, il est déclaré ouvert, à Dakar, la faillite de Moïse Majim, la date de cessation des paiements remontant au 20 janvier 1931. Dans le second jugement, du 17 septembre suivant, sa demande visant à faire reporter la date au 18 décembre 1930 est rejetée. Le 26 septembre 1931, c'est au tour du procureur de la République près le tribunal de première instance de Dakar de relever appel du jugement déclaratif de faillite. Il fondait son appel sur l'incompétence *ratione personnae* du tribunal de première instance de Dakar, Moïse Majim ayant à Ziguinchor, son principal établissement.

Le ministère public possédait-il le droit d'appel ? Pour résoudre le problème, la Cour d'appel se réfère à la législation locale, puis devant l'insuffisance de celle-ci, elle applique les codes métropolitains à titre de "raison écrite". En effet, dès l'abord, les magistrats de Dakar constatent que le code de commerce, promulgué au Sénégal par l'article deux de la loi du 7 décembre 1850, ne fait pas mention de l'appel contre le jugement déclaratif de faillite. Pour déterminer les personnes auxquelles le droit d'appel appartient, et partant résoudre la question de droit soulevée, la Cour pense devoir se référer au droit commun métropolitain. Or, dans le droit français, le droit d'appel n'appartient qu'aux personnes qui ont été parties au débat en première instance. Le ministère public n'étant ni partie principale, ni partie jointe aux demandes en faillite, il ne possède pas le droit d'appel. Non seulement aucun texte ne lui donne le droit d'agir en cette matière, mais ce droit ne peut être déduit d'aucun de ses pouvoirs, en matière civile, en effet, les cas où le ministère public a le droit

10. Arrêt n° 13 du 27 janvier 1939, Affaire Touffic Haddad contre Adonko Téké Adouko. Greffe de la Cour, Arrêts civils, année 1939, janvier-février.
11. Arrêt n° 160 du 9 août 1940, Affaire Dame Penda Ndoye contre Ousseynou Ndoye et Assane Ndoye. Greffe de la Cour de Dakar, année 1940, 3e trimestre.
12. Arrêt du 31 octobre 1931, *Pen.* 1932, 1, p. 45.

d'action principale sont strictement déterminés par le législateur, ou procèdent d'un intérêt d'ordre public. Aucune de ces causes n'existe en matière de faillite, où le parquet n'a qu'un pouvoir de contrôle soigneusement délimité par la loi, et destiné à assurer la découverte des crimes ou des délits.

Cette difficulté résolue, la Cour en arrive au problème de compétence soulevé dans l'exploit d'appel. Bien qu'il résulte de ce qui précède que l'appel du procureur de la République était irrecevable, il est intéressant de noter que pour résoudre cette nouvelle difficulté, la Cour, fidèle à sa méthode, applique les textes métropolitains, "visés ici, dit-elle, à titre purement indicatif". C'est en se référant aux articles 168, 169 et 170 du code de procédure civile que la Cour décide que, les règles concernant la compétence *ratione personnae*, au contraire de celles concernant la compétence *ratione materiae* ne sont pas d'ordre public.

Dans l'affaire Compagnie d'assurances L'Urbaine et la Seine, contre Cheiban Brahim et Abdoulaye Bokoum [13], la Cour de Dakar profite de l'analogie entre l'article 52 de l'arrêté du 22 juin 1823, et l'article 455 du code de procédure civile, pour appliquer les solutions métropolitaines au problème posé. Dans l'espèce, Abdoulaye Bokoum avait pris place dans le camion appartenant à Cheiban Brahim. Victime d'un accident, il fit assigner C. Brahim devant le tribunal de première instance de Bamako, pour avoir réparation du préjudice subi. Le 2 février 1933, C. Brahim est condamné, par défaut, à des dommages-intérêts. Il fait opposition à ce jugement, et appelle en garantie la Compagnie d'assurances "L'Urbaine et la Seine" à laquelle il était lié par un contrat. Le 29 mars 1933, le tribunal confirme le jugement du 2 février prononçant, contre C. Brahim, la condamnation au paiement de 5 000 francs de dommages-intérêts envers A. Bokoum. L'Urbaine et la Seine est condamnée, par défaut, à garantir son assuré contre les suites des condamnations subies. Le 29 septembre 1932, la Compagnie d'assurances interjette appel du jugement par défaut. C. Brahim fait appel, à son tour, le 18 janvier 1933. La Cour déclare, par son arrêt du 2 juin 1933, les deux appels irrecevables. Puisque, l'article 52 de l'arrêté local du 22 juin 1823, reprenant l'article 455 du code métropolitain de procédure civile, déclare irrecevable l'appel interjeté pendant les délais de l'opposition, c'est l'occasion pour la Cour d'appliquer les solutions métropolitaines dégagées à l'occasion de l'interprétation de l'article 455 du code de procédure civile. Or, en métropole, la doctrine et la jurisprudence sont d'accord, pour donner à l'article 455 une portée générale et absolue, et le déclarer d'ordre public.

Dans l'espèce, l'article 455 du code de procédure civile qui porte que, rappelons-le, "les appels des jugements susceptibles d'opposition ne seront pas recevables pendant la durée du délai pour l'opposition", était opposé à la compagnie d'assurances. La Compagnie fit valoir deux exceptions à la règle.

13. Arrêt du 4 juin 1933, *Pen.*, 1934, p. 1-87, avec la note du Président G. Lenoir, Président de chambre honoraire à la Cour de Paris.

D'abord, faisait-elle plaider, l'article 455 n'est pas applicable, lorsqu'aux termes de la même décision, une partie a été condamnée contradictoirement, et une autre par défaut. Ensuite, les dispositions de l'article 455 ne s'appliquent pas en matière commerciale. La Compagnie d'assurances étant un établissement commercial, c'est suivant les principes du droit commercial que les rapports des parties doivent être envisagés et appréciés dans l'instance. La Cour écarte ces deux moyens. Pour le premier moyen, la Cour démontre qu'entre la portion de l'arrêt relative aux rapports de l'accidenté avec celui qui devait supporter la responsabilité de l'accident subi par la personne qu'il s'était obligé à transporter, et la portion relative aux rapports de l'entrepreneur de transports avec l'assureur qui s'était obligé à le garantir contre tous les risques, il n'y avait pas, en fait, d'indivisibilité. Quant au second moyen proposé, la Cour y répond par deux arguments. Premièrement, l'allégation selon laquelle les rapports d'un assuré avec ses assureurs ont, en tous points, un caractère commercial, est, bien souvent, contestable. Et second argument : même si dans l'espèce, s'agissant d'une contestation entre un entrepreneur de transports et une compagnie d'assurances, l'instance était pendante entre deux commerçants, la vérité est que, dans aucun texte, il n'est dit que l'article 455 n'est pas applicable lorsque les rapports des parties en cause ont un caractère commercial. C'est la jurisprudence et la doctrine qui s'accordent pour décider que l'article 455 ne joue pas lors d'un jugement rendu par un tribunal de commerce ou par un tribunal civil jugeant commercialement. Mais dans l'espèce, il s'agissait d'une instance civile à laquelle une instance commerciale se trouve jointe. Cette double instance étant pendante devant un tribunal civil, il n'y a aucune raison pour soustraire la cause à l'application des règles de la procédure civile.

Dans notre troisième affaire, un sieur Arnoux avait, par un exploit du 1er octobre 1935, interjeté appel d'un jugement rendu, le 26 juillet 1935, entre lui et un sieur Merhy, par le tribunal de première instance de Grand-Bassam. Merhy soulevant une exception tirée de ce que l'appel était irrecevable, les parties se mettaient d'accord pour réduire leurs conclusions au seul examen de l'exception soulevée. Merhy soutenait que le jugement entrepris était à bon droit qualifié en dernier ressort. En effet, le montant de la demande principale d'Arnoux était de 2 136 francs 06. À cette demande principale se trouvait adjointe une demande indéterminée tendant à la condamnation aux dépens. Or, depuis l'intervention, dans la métropole, du décret-loi du 28 mars - 14 avril 1934, cette demande adjointe ne saurait entrer en ligne de compte pour fixer le taux de la compétence. En effet, l'article 19 du décret-loi dispose que de pareilles demandes n'entrent en ligne de compte, que dans le cas où elles sont présentées comme une réparation d'une faute précise.

Dans son arrêt du 9 avril 1937 [14] la Cour refuse d'accueillir ses conclusions. En effet, concède-t-elle, s'il lui est arrivé d'admettre que les textes de la

---

14. *Pen.* 1939, 1, p. 170.

procédure métropolitaine peuvent recevoir application en Afrique occidentale française, comme raison écrite, sur des points non réglés par la législation locale, il n'apparaît pas qu'il puisse en être de même du décret-loi de 1934. "Les changements successifs apportés aux règles générales de compétence dans la métropole n'ayant pas été rendus applicables en Afrique occidentale française, il convient de s'en tenir aux règles en usage qui sont en accord avec l'organisation judiciaire et la composition des tribunaux existant en Afrique occidentale française". Donc, conformément aux règlements applicables en AOF, une demande indéterminée adjointe à une demande principale ne dépassant pas le taux du premier ressort suffit à rendre le jugement entrepris susceptible d'appel. En somme, la Cour tient compte de la spécialité de la législation locale pour ne pas appliquer toute la législation métropolitaine avec ses nombreuses modifications. Prudente précaution qui ne sera pas toujours en honneur dans sa jurisprudence, comme nous l'indique notre dernier arrêt.

Dans l'arrêt du 27 janvier 1950 [15], la Régie des chemins de fer de l'AOF avait interjeté appel contre un jugement contradictoire rendu par le tribunal de première instance de Dakar, le 12 mai 1949, entre les héritiers Boubacar Bâ, et Ibrahima Sylla, transporteur. Celui-ci, qui avait appelé la Régie des chemins de fer en garantie, fait appel incident contre les héritiers B. Bâ. Ces derniers contestent la validité de cet appel incident. En effet, soutiennent-ils, en matière de garantie, le défendeur principal qui a obtenu le recours contre son garant ne peut appeler incidemment du jugement qui l'a condamné envers le demandeur principal, si le garant est seul appelant. Pour se prononcer sur la recevabilité de cet appel incident, la Cour de Dakar rappelle qu'en AOF, la justice procède conformément aux règlements locaux et à la jurisprudence existant dans la colonie, en attendant la promulgation d'un code de procédure civile. Or, "en l'absence de texte, une jurisprudence constante, née des nécessités pratiques, a appliqué, comme raison écrite, à l'appel incident, les règles tirées des articles 443 et suivants du code de procédure civile métropolitain non promulgué en AOF". Toutefois, ces dits articles ont été abrogés et remplacés par des textes nouveaux, aux termes de la loi du 23 mai 1942. Et ces nouvelles dispositions, bien que non promulguées dans la Fédération, doivent être, pour les mêmes nécessités pratiques, suivies par la Cour et les tribunaux, comme l'avaient été les anciennes dispositions. Le décret-loi du 14 juin 1938, et la loi précitée ayant introduit dans la législation, la qualification nouvelle d'appel provoqué par l'appel principal, et déclaré cet appel, comme l'appel principal recevable en tout état de cause, il échet, dans ces conditions, de déclarer l'appel interjeté par I. Sylla, recevable.

Il ressort de ces arrêts, que la Cour d'appel fait application des codes métropolitains, dans deux éventualités. La procédure locale étant muette sur la question à résoudre, les magistrats de Dakar, par nécessité pratique, font recours

15. Affaire Régie des Chemins de fer de l'AOF contre Ibrahima Sylla. Greffe de la Cour de Dakar, Arrêts civils, Arrêt n° 25.

aux textes métropolitains. Il en est ainsi, dans l'arrêt du 31 octobre 1931, de l'appel contre le jugement déclaratif de faillite, et dans celui du 27 janvier 1950, de l'appel incident, tous deux non réglés par les textes de procédure locale. La Cour de Dakar peut, également, et c'est la seconde éventualité, profiter de l'analogie entre la procédure locale et les codes métropolitains, pour appliquer en AOF, les solutions de la jurisprudence métropolitaine à des situations pourtant réglées par les textes locaux. Ainsi pour savoir quelle portée donner à l'article 52 de l'arrêté local du 22 juin 1823, qui, en reprenant l'article 455 du code métropolitain de procédure civile, dispose que : "l'appel interjeté pendant le délai de l'opposition est irrecevable", la Cour fait appel à la jurisprudence et à la doctrine métropolitaines, pour lui donner une portée générale et absolue.

Mais il ne suffit pas d'appliquer en AOF les textes de la procédure métropolitaine, il faut, en plus, délimiter la portée d'un tel usage qui porte atteinte au principe de la spécialité de la législation coloniale. Et la question est de savoir si cet usage jurisprudentiel peut aller jusqu'à faire appliquer dans la Fédération les changements apportés aux codes métropolitains. Le principe de la spécialité doit-il recouvrer ses droits, une fois que les lacunes de la procédure locale ont été comblées, ou faut-il tendre à l'uniformisation des deux procédures ?

Dans l'arrêt du 1er octobre 1935, la Cour opte pour le respect du principe de la spécialité. Elle refuse d'appliquer en AOF les changements apportés aux textes métropolitains, lorsque ces changements successifs n'ont pas été promulgués dans la Fédération. Au contraire, dans l'arrêt du 27 janvier 1950, c'est à nouveau, la mise à l'écart du principe de la spécialité. Comment expliquer cette contradiction ? Dans le premier arrêt, la Cour se fonde sur la particularité de l'organisation judiciaire de la colonie, pour refuser l'application des nouveaux textes métropolitains. Le principe de la spécialité se fonde sur celui de la spécificité de l'organisation coloniale. Par contre dans le second arrêt, la Cour se fonde sur les lacunes de la procédure locale qui n'organise pas l'appel incident, pour appliquer le code métropolitain, et les changements qui lui sont apportés. Ici, l'existence d'une législation spéciale justifie le respect du principe de la spécialité de la législation coloniale, là, le vide institutionnel explique son non-respect.

Paragraphe 2. Les formes de l'appel

L'acte d'appel est un acte de procédure qui obéit aux règles générales relatives à la signification des exploits d'huissier. C'est un exploit qui doit, sous peine de nullité, renfermer certaines mentions, et indiquer de façon qu'il n'y ait pas d'erreurs possibles, la décision attaquée, et sa date [16].

La forme de la signification de l'exploit d'appel n'étant pas réglementée en Afrique occidentale, la Cour de Dakar considère comme relative son irré-

16. V. J. Vincent, *op. cit.*, p. 711.

gularité. Ce faisant elle écarte la législation métropolitaine, pour appliquer des formes particulières de procéder propres à la colonie.

A. L'appel est formé par assignation

La procédure française est réputée formaliste. Ce formalisme traduit le souci d'éviter les mesures dilatoires, l'arbitraire du magistrat, ou la négligence de l'auxiliaire de justice. Il peut viser à accorder certaines garanties au justiciable. C'est parce que les actes de procédure doivent être portés à la connaissance des parties, que le formalisme ne s'occupe qu'à les prévenir, à les atteindre réellement et personnellement.

Les citations, qui sont les exploits destinés à appeler une personne à comparaître, doivent remplir un certain nombre de conditions de forme. En procédure civile, comme en procédure criminelle, elles doivent être faites à personne ou à domicile [17]. Quand la signification à la personne n'est pas possible, des précautions sont prises afin que la citation atteigne son destinataire. C'est ainsi que, s'il ne se trouvait personne au domicile, et à défaut de voisin, la citation est délivrée en mairie [18]. Lorsque le défendeur habite en dehors de la colonie, l'acte d'appel contre le jugement d'un tribunal de première instance doit être signifié, non au parquet du Procureur de la République près le tribunal qui a rendu le jugement attaqué, mais au parquet du Procureur général près la Cour d'appel [19].

Outre ces règles de notification, les citations doivent contenir un certain nombre de mentions. Ainsi, la notification de la déclaration d'appel doit être assortie d'une assignation pour la première audience à peine de déchéance [20]. Cette assignation, ou acte d'appel, doit indiquer la date exacte de l'audience à laquelle l'affaire sera appelée [21]. Bien qu'aucun texte n'exige l'indication dans l'acte d'appel d'un jour préfixé de comparution [22], l'obligation de préciser la date de l'audience où l'affaire doit être appelée vise à permettre aux parties qui ont le droit de se défendre elles-mêmes, et qui souvent sont ignorantes des délais spéciaux de distance, de connaître avec précision la date de l'audience [23].

17. Arrêt du 4 avril et du 4 juillet 1902, *Pen.* 1902, 1, p. 349.
18. Arrêt n° 189 du 18 octobre 1940, Affaire Rose Baudin contre Lucien Famechon et Veuve Famechon. Greffe de la Cour de Dakar, Appels Civils, année 1940, 4e trimestre.
19. Arrêt du 17 mars 1911, *Rec.* 1911, 2, p. 210.
20. Arrêt n ° 141 du 3 septembre 1943, Affaire les Messageries Africaines contre Adama Traoré. Greffe de la Cour de Dakar, Arrêts Civils, année 1943, 3e et 4e trimestres.
21. Arrêt du 18 février 1911, *Rec.* 1912, 2, p. 58
22. Arrêt du 12 février 1926, *Pen.* 1927, 1, p. 19.
23. Arrêt du 17 octobre 1913, *Rec.* 1914, 2, p. 229, et *Pen.* 1914, 1, p. 187 avec une note.

Toutes ces formalités requises par la Cour de Dakar sont identiques aux conditions de rédaction et de signification des actes de procédure figurant dans le code métropolitain de procédure. C'est au niveau de leur application que la jurisprudence locale diffère parfois du régime métropolitain.

Dans l'affaire Sécou Sow [24], il s'agit d'un fraudeur surpris, le 27 septembre 1901, par les agents de douane, au moment où il introduit à Nianing vingt cinq kilogrammes de noix de colas. Refusant de transiger avec l'administration, il est cité devant le tribunal correctionnel de Dakar, le 7 février 1902. Cependant, l'huissier plutôt que de remettre la citation au contrevenant, en fait la remise à l'administrateur de Kaolack, prétextant ne pas connaître le domicile du prévenu. Sécou Sow ne comparaissant pas à l'audience, le tribunal déclare ne pouvoir donner défaut contre lui. Sur l'appel du procureur de la République, la Cour considère que c'est à bon droit que le premier juge a refusé de donner défaut contre l'intimé. En effet, la règle suivant laquelle les citations doivent être faites à personne ou à domicile, est formellement énoncée, pour les matières correctionnelles, dans les articles 182 et suivants du code d'instruction criminelle. De plus, l'article 16 de l'arrêté local du 29 juin 1865 qui détermine le mode de poursuite des contraventions en matière de douane n'y déroge point. De ce fait, Sécou Sow étant domicilié près de Foundiougne, et précisément à Missira, ce domicile est connu. C'est donc à tort que l'huissier a remis à l'administrateur de Kaolack, qui n'avait pas qualité pour le recevoir, la citation à comparaître.

En refusant la délivrance de la signification à l'administration, la Cour de Dakar se réfère au régime du code de procédure métropolitain qui, dans le cas de signification faite à domicile, prévoit que l'exploit soit laissé à la personne qui se déclare être un parent ou un serviteur ; et s'il ne se trouvait personne à domicile, que la citation soit remise à un voisin, ou à défaut à la mairie. Toute fois, cette référence à l'article 58 du code de procédure civile, ne signifie pas son application pure et simple. En effet, la jurisprudence locale préfère soumettre les exploits d'ajournement aux règles édictées par l'arrêté local du 22 juin 1823, d'interprétation plus libérale. Ce texte ne prescrit pas "l'obligation de remettre la copie d'un ajournement à domicile, à un parent ou à un serviteur, ou, à défaut d'une de ces personnes, à un voisin [25]. C'est très opportunément, estime la Cour, que ce texte reste dans un vague qui autorise à remettre la copie de l'ajournement à toute personne trouvée au domicile de la partie. "Compte tenu de l'organisation sociale locale la jurisprudence considère qu'en Afrique occidentale française, la remise de l'exploit, à défaut de la partie elle-même, à un serviteur et, pis encore, à un voisin, offre beaucoup moins de garantie que la remise à une personne trouvée au domicile, fût-elle ni serviteur, ni parente de la partie [26].

24. Arrêt du 4 avril et 4 juillet 1902, précité.
25. Arrêt du 28 décembre 1928.
26. *Ibid.*

Cette différence d'interprétation peut se traduire par une jurisprudence contraire. En effet, de la prescription que l'ordonnance du 22 juin 1823 fait, en son article 51, à l'appelant de donner assignation à l'intimé à la première audience après l'expiration des délais de distance, à peine de déchéance, la Cour de Dakar tire la règle selon laquelle, cette disposition oblige l'appelant à indiquer la date exacte et l'heure de l'audience à laquelle l'affaire sera appelée [27]. Cette interprétation, nettement opposée à celle de la jurisprudence métropolitaine, s'explique par ce fait qu'en Afrique occidentale française, les parties ont le droit de comparaître et de se défendre elles-mêmes devant les juridictions. Donc à défaut d'indication exacte, il leur est difficile sinon impossible de connaître l'audience à laquelle elles doivent se présenter. C'est pourquoi, en appel aussi bien qu'en première instance, l'assignation doit contenir la date de l'audience où l'affaire sera appelée. L'omission de cette formalité entraîne la nullité de l'assignation.

B. À peine de nullité

Il ressort de la jurisprudence métropolitaine autant que de la jurisprudence locale, que toutes les mentions que nous venons d'énumérer, doivent figurer dans l'acte d'appel à peine de nullité. Les divergences réapparaissent à propos des conditions dans lesquelles la nullité peut être invoquée ou prononcée. Alors qu'il ressort du code de procédure métropolitain qu'en cas de nullité, le juge n'a aucun pouvoir d'appréciation, la Cour de Dakar applique un régime plus libéral. Le juge est non seulement libre d'écarter ou de rendre effective la nullité, mais il ne prononce de nullité que si l'irrégularité fait grief à celui qui en est victime.

1) Le principe

Conformément à l'article 456 du code de procédure civile, la Cour décide que l'acte d'appel contiendra assignation dans les délais de la loi, et sera signifié à personne ou à domicile, à peine de nullité [28]. L'appel qui n'a pas été notifié à une partie, est réputé, ne lui être pas opposable [29]. Même s'il s'agit de matière indivisible, l'appelant ne peut se dispenser de mettre régulièrement en cause la partie omise dans l'acte d'appel. Cette mise en cause ne pourra résulter que d'un acte spécial et exprès qui ne peut être remplacé par de simples conclusions prises à l'audience [30]. En revanche, la signification d'un acte d'appel, par un seul et même acte, aux intimés et à une personne inconnue, mais dont le nom figure aux qualités du jugement frappé d'appel, ne constitue pas une fin de non-recevoir à l'appel, alors que l'intimé et la personne inconnue ont un

27. État français contre Adjovi, arrêt déjà cité.
28. Arrêt du 29 mars 1915, *Pen.* 1915, 1, p. 290.
29. Arrêt n° 103 du 13 mai 1949, Affaire Dame Traoré Findian contre Sembil Jean et Ibrahima Diop. Greffe de la Cour d'appel, Arrêts Civils, année 1949, 2e trimestre.
30. *Ibid.*

intérêt commun et indivisible [31].Dans l'espèce, le tribunal de Libreville avait prononcé, le 22 octobre 1892, la dissolution de la Société formée entre Messieurs Bettencourt frères et J. B. Dumas. Les intimés soulevèrent, avant tout débat, une fin de non-recevoir tirée de ce que l'acte d'appel aurait été notifié à Messieurs Bettencourt et "Irmao", et non à Bettencourt et frères. La Cour n'admet pas cette fin de non-recevoir. Sans chercher à savoir si le vocable "Irmao" se rapporte, à une individualité, ou s'il n'est que la traduction portugaise du mot "frère", la Cour fait observer que le jugement du 22 octobre 1892 a été bien rendu entre les frères Bettencourt et l'appelant J. B. Dumas. Car même si on trouve en tête de ce jugement les mots " entre les sieurs Bettencourt et Irmao", il n'est pas possible d'y voir autre chose qu'une erreur ou une négligence de rédaction. Et "Irmao" fut-il, au surplus, une personnalité distincte, l'appelant n'était pas nécessairement tenu de lui faire signifier son appel. En effet, lorsque plusieurs individus obtiennent un jugement de condamnation commune et indivisible, l'appel dirigé contre l'un d'eux est valable contre tous, sans que ceux qui n'ont pas été directement intimés puissent opposer une fin de non-recevoir. Le jugement du 22 octobre 1892, dont l'objet est indivisible, doit être également indivisible dans ses effets. Dès lors l'appel interjeté de ce jugement est indistinctement opposable à tous ceux qui y ont été parties.

C'est en vertu des articles 69, alinéa 9, et 70 du code de procédure civile, que la Cour d'appel dispose que l'acte d'appel d'un jugement rendu au profit d'une personne établie à l'étranger doit, à peine de nullité, être signifié au parquet du Procureur général près la Cour devant laquelle l'affaire est portée, et non au parquet du Procureur de la République du tribunal qui a rendu le jugement [32]. Dans la cause, il s'agissait de Mayacine Guèye, domicilié à Gandiole, en pays de protectorat, qui avait actionné B. et Compagnie, négociants à Saint-Louis, devant le tribunal de cette ville, à l'effet d'obtenir le paiement de 25 220 francs 35 et des dommages-intérêts. Le tribunal lui ayant donné gain de cause, par un jugement du 20 août 1898, les défendeurs interjetèrent appel. À cet effet, ils firent signifier, le 12 septembre 1898, un acte d'appel au parquet du procureur de la République près le tribunal de première instance de Saint-Louis. Devant la Cour, Mayacine Guèye a pris, avant tout débat, des conclusions tendant à voir prononcer la nullité de l'acte d'appel. La Cour reçoit cette demande, en se fondant sur les articles 69 alinéa 9, et 10, du code de procédure civile. En effet, contrairement à l'opinion qui veut que le code de procédure civile ne reçoive pas application au Sénégal, n'y ayant pas été promulgué, la Cour estime que le décret du 7 décembre 1850, qui déclare applicable au Sénégal le code de commerce, y a également rendu applicable, par voie de conséquence, les articles du code de procédure civile auxquels renvoie l'article 642 de ce code, et notamment, les articles relatifs aux ajournements.

---

31. Arrêt du 1er juin 1894, *Pen.* 1894, 1, p. 486.
32. Arrêt du 7 avril 1899, *Rec.* 1899, 2, p. 80, et *Pen.* 1899, 1, p. 221.

Par suite, l'appel interjeté contre M. Guèye, domicilié dans un territoire désannexé, doit être signifié au Procureur général près la Cour d'appel de Saint-Louis.

2) Le régime libéral de la Cour

La Cour d'appel de l'AOF s'est toujours refusée à donner un caractère automatique à la sanction des violations des conditions de forme requises par la loi, pour la rédaction et la notification des actes de procédure.

Dans une première période, c'est par exemple l'arrêt Boubacar Bâ contre les Établissements Barthès et Lesieur [33], la Cour se fonde sur la non-promulgation du code de procédure civile, et l'absence d'une législation locale réglementant les formes de la signification de l'exploit d'appel, pour décider que l'irrégularité de cette signification ne doit être prise en considération qu'autant qu'elle cause un préjudice à la partie adverse. Dans l'espèce, il s'agissait de Boubacar Bâ, condamné par un jugement contradictoire du 26 juin 1928, par le tribunal de Saint-Louis, à payer aux Établissements Barthès et Lesieur, pour solde de compte de fournitures, la somme de 26 116 francs 15. Par exploit du 17 août 1928, Boubacar Bâ interjette appel, et assigne les Établissements Barthès et Lesieur à comparaître devant la Cour d'appel, à l'audience du 5 octobre 1928. À la dite audience, les Établissements Barthès et Lesieur soulèvent une exception de nullité au motif que la notification d'appel leur avait été faite non à personne ou à domicile réel, mais en l'étude de leur avocat, où ils avaient élu domicile pour le procès en première instance. L'élection de domicile se retenant à l'objet pour lequel elle a été formée, le domicile élu au commencement d'un procès de première instance ne pouvait être élu pour l'instance d'appel. La Cour en se référant au code de procédure civile, reconnaît que c'est à tort que l'exploit du 17 août 1928 a été notifié à domicile élu. Cependant elle ne retient pas l'exception soulevée. D'abord parce que le code de procédure civile n'a pas été promulgué en Afrique occidentale française. Et qu'ensuite, en l'absence de tout texte réglementant les formes de la signification de l'exploit d'appel, le juge ne doit reconnaître une nullité qu'autant qu'il y a un préjudice causé par l'irrégularité de l'acte. Ce qui n'était pas le cas en l'espèce, les Établissements Barthès et Lesieur ayant comparu, leurs conclusions établissent qu'ils ont eu connaissance de l'appel dans les délais voulus.

Dans une seconde période, la Cour va se référer au décret du 30 novembre 1931 [34] réorganisant le service des huissiers, dont l'article 6 dispose que : “Nonobstant toutes dispositions contraires, les nullités d'exploits et actes de procédure accomplis par les huissiers sont facultatives pour le juge, qui peut toujours les accueillir ou les rejeter”. Mais ce texte ne constitue, pour la Cour, qu'un argument de plus, sa jurisprudence antérieure étant parvenue au même

33. *Pen.* 1929, 1, p. 166.
34. *JOAOF* 1932, p. 158.

résultat, C'est ainsi que dans son arrêt du 19 février 1932 [35], la Cour va jusqu'à faire application du texte de 1931, à une instance engagée bien avant sa promulgation, en se fondant sur la règle qui veut que le principe de la non-rétroactivité des lois ne s'applique pas aux lois de procédure. Tout ce qui tient à la compétence, à l'organisation des tribunaux, à la forme, à l'instruction ou à la procédure, est réglé par la loi nouvelle du jour où elle devient exécutoire, alors même qu'il s'agit d'instance engagée. La Cour reconnaît la concordance entre le texte de 1931 et sa jurisprudence, lorsque dans son arrêt du 19 février 1937 [36], à l'appui de l'article 6 du décret du 30 novembre 1931, elle admet, qu'il "est de jurisprudence constante que l'admission ou le rejet dépendent du fait que les nullités portent ou ne portent pas préjudice aux parties".

C'est conformément aux dispositions de l'article 6 du décret de 1931 qu'un arrêt du 30 décembre 1949 [37] décide que : un exploit de signification, qui n'est pas daté, qui ne mentionne pas les nom et qualité de la personne à laquelle il a été délivré, et qui qualifie faussement l'intimé, n'est pas nul. Dans la cause, la Société Anonyme des Ficelleries de Bouaké avait été condamnée par un jugement du tribunal de première instance de Grand-Bassam, rendu par défaut le 21 avril 1948, à payer à Prosper Aratus, son employé, la somme de 543 698 francs à titre de salaires, avec exécution provisoire sur minute et sans caution. La Société fait appelle 15 mai 1948. Prosper Aratus conclut à l'irrecevabilité de l'appel, les appels des jugements susceptibles d'opposition ne pouvant être reçus pendant la durée du délai d'opposition, en vertu de l'article 52 de l'arrêté du 22 juin 1823 qui règle la procédure au Sénégal. La Société des Ficelleries de Bouaké rétorque que la disposition de l'article 52 n'est pas d'ordre public. Et, P. Aratus ayant comparu sur une assignation en défense à l'exécution provisoire, datée du 5 juillet 1948, sans invoquer la nullité de l'appel, il avait, ce faisant, renoncé à se prévaloir de celle-ci. En présence de ces deux systèmes, la Cour accueille les conclusions d'Aratus. Elle fait observer, en effet, qu'il résulte d'un arrêt du 13 août 1948 que celui-ci avait demandé acte de ce qu'en comparaissant sur la demande en défense, il se réservait de soulever tous les moyens de nullité, lorsque la cause sera plaidée au fond. Il y avait donc bien de faire droit à sa fin de non-recevoir, et de déclarer l'appel irrecevable comme prématurément interjeté alors que les délais d'opposition n'étaient pas expirés. C'est alors que, subsidiairement, la Société des Ficelleries fait valoir que l'exploit avait été irrégulièrement notifié, étant de surcroît, mal rédigé. La Cour déclare l'argument irrecevable. D'abord parce que l'article 6 du décret du 30 novembre 1931 dispose que les nullités d'exploit et autres actes de procédure sont, en Afrique occidentale facultatives

---

35. *Rec.* 1932, 2, p. 156, et *Pen.* 1933, 1, p. 65.
36. *Pen.* 1938, 1, p. 223.
37. Affaire Société des Ficelleries de Bouaké, anciens établissements Ledent contre Prosper Aratus. Greffe de la Cour de Dakar, Arrêts Civils, année 1949, 4e trimestre, arrêt n° 240.

pour le juge. Le fonctionnaire huissier, désigné pour signifier le jugement, s'étant transporté au siège de la Société des Ficelleries, anciennement Établissements Ledent, l'appelante ne peut exciper d'aucun préjudice.

La solution libérale ainsi apportée par la Cour au problème de la sanction des irrégularités des actes de procédure peut trouver une justification dans l'application limitée, en Afrique occidentale française, des règles de procédure civile et pénale empruntées aux codes métropolitains. Les codes français, et notamment le code de procédure civile, n'ayant pas été promulgués dans la colonie. Les particularités de l'organisation judiciaire locale font en outre que les attributions exercées en métropole par les officiers ministériels, et principalement les huissiers de la justice, étaient généralement déférées, en dehors des sièges des tribunaux de première instance, à des huissiers *ad hoc*. Ces agents désignés par les autorités locales, étaient chargés de la signification des actes de procédure alors qu'ils ne pouvaient être astreints à tous les devoirs des huissiers. N'étant pas soumis à leur régime disciplinaire, ils ne percevaient pas pour leurs fonctions occasionnelles des émoluments compensant le surcroît de travail qui leur était demandé.

C'est compte tenu de cette situation, que par une jurisprudence constante [38], la Cour de Dakar, en présence d'une irrégularité de forme, ne donne au juge la possibilité de prononcer la nullité, que si cette irrégularité a causé un préjudice à la victime. Se référant à l'article 6 du décret du 30 novembre 1931, elle "a toujours admis qu'il n'y a de nullité d'exploit que dans la mesure où le vice de rédaction a pu causer un préjudice à la partie à laquelle l'exploit est signifié [39]. Jurisprudence qui lui permet de décider, par la suite que : "il n'y a pas de nullité, bien que la date du jugement visé par l'acte d'appel soit erronée, lorsque l'intimé, malgré l'erreur matérielle, n'a pu avoir de doute sur le jugement contre lequel l'appel était dirigé" [40].

Le souci d'adaptation de la procédure métropolitaine est tel que la Cour, dans l'affaire Khayar Mbengue contre la Compagnie franco-africaine Limited, va jusqu'à décider que : "les juridictions du Sénégal peuvent être saisies par la simple comparution volontaire des parties et ce, sans exploit d'appel ou d'ajournement [41]. Dans l'espèce, la Compagnie franco-africaine Limited avait présenté, à la Cour, une requête à l'effet d'être autorisée à donner assignation à Khayar Mbengue, pour voir statuer sur le mérite de l'appel qu'il a interjeté contre le jugement rendu le 14 décembre 1926 par le tribunal de Saint-Louis. Le 14 février 1927, le président de la Cour autorise la Compagnie à faire donner avenir pour l'audience du 25 février 1927. Ce qu'elle fait par un exploit du

---

38. V. l'arrêt du 24 février 1922, *Rec.* 1923, 2, p. 46, et ceux déjà cités.
39. Arrêt n ° 305 du 1er décembre 1950, Affaire Moussan Keïta contre Gabriel Georges. Greffe de la Cour de Dakar, Arrêts Civils, année 1950, 4e trimestre.
40. Arrêt n° 133 du 17 juin 1949, Affaire Basile Barboza contre Isidore Diogo. Greffe de la Cour de Dakar, Arrêts Civils, année 1949, 2e trimestre.
41. Arrêt du 4 mars 1927, *Rec.* 1927, 2, p. 40, et *Pen.* 1927, 1, p. 174.

16 février. Khayar Mbengue conteste la régularité de l'ordonnance, et la validité de l'avenir qui l'a suivie. À l'appui de son exception, il allègue le fait que ni l'original ni la copie de l'acte d'appel ne sont produits par les parties. La Cour ne se trouve donc pas saisie d'un appel. En supposant que ce fait pût avoir une influence sur la recevabilité de l'appel, la Cour fait observer qu'il n'est pas contesté que l'appel, a été effectivement interjeté par Khayar Mbengue, et signifié au parquet du Procureur général, le 11 février 1927, avec ajournement pour l'audience du 20 mai 1927. Si Khayar Mbengue se refuse à produire l'original de son exploit d'appel, et si l'avocat de l'intimé ne peut produire la copie qui ne lui a pas été remise par son client, il y a là un fait sans aucune conséquence. Parce que, d'une part, la représentation de l'exploit d'appel qui serait indispensable pour faire la preuve de l'appel, en cas de contestation de cet acte, devient sans utilité, tout au moins au point de vue de la preuve, lorsque les parties ne contestent pas, comme en l'espèce, la réalité de cet appel. D'autre part, les juridictions du Sénégal peuvent être saisies par la simple comparution volontaire des parties, et sans exploit d'ajournement ou d'appel, en vertu de l'arrêté du 22 juin 1823.

Il ressort, en effet, de l'arrêté du 22 juin 1823 [42], en son article 16 du titre Il, intitulé : "Des citations devant le tribunal de première instance", que : "les parties pourront se présenter volontairement devant les tribunaux pour y être jugées, mais, dans ce cas, il en sera fait mention au jugement". L'article 59 dispose en outre que : "les autres règles établies pour les tribunaux de première instance de la colonie seront établies devant le Conseil d'appel.

C'est en combinant ces deux articles que la Cour d'appel déduit la possibilité de la comparution volontaire des parties devant les juridictions de la colonie, puis du groupe.

En conformité de cette disposition, il a été décidé que : "en l'absence de tout acte d'appel régulier, déclaré perdu au cours de la transmission au greffe, ou après cette transmission, les parties d'un commun accord, peuvent comparaître et demander à voir trancher le différend sur appel [43]. Ou, qu'une Société intimée ayant comparu volontairement, a couvert par le fait même toutes les nullités et irrégularités qui pouvaient entacher la procédure [44].

Paragraphe 3. Les délais d'appel

La fixation du délai de l'appel a beaucoup varié. En métropole, comme en Afrique occidentale française, on a tendance à le raccourcir. En France, pour mettre fin à l'incertitude des justiciables, le délai de l'appel a été ramené de

42. *BAS* 1819-1842, p. 55.
43. Arrêt n° 329 du 29 décembre 1950, Affaire Ousmane Mbengue contre Ngary Sy. Greffe de la. Cour de Dakar, Arrêts civils, année 1950, 4e trimestre.
44. Arrêt n° 27 du 27 février 1931, Affaire Cheikh Moussa Camara. contre la Compagnie Agricole, Industrielle et Commerciale de Port Yabé. Greffe de la Cour d'appel, Arrêts Civils, année 1931, 1er trimestre.

trente ans, dans l'ancien droit, à deux mois, en 1862, puis à un mois, en 1935. Par contre, en AOF, le facteur déterminant est le problème des communications. En effet, durant toute la période, les transports vers la métropole, ou d'une colonie du groupe à l'autre, se font généralement par la voie maritime. Donc l'amélioration de l'équipement portuaire de la Fédération, conjuguée aux progrès de la navigation permirent le raccourcissement de délais, qu'on ne tarda pas à aligner, hormis les délais de distances locales, sur ceux de la métropole.

À partir de quel moment peut-on appeler ? Dans la fixation de ce moment, la réglementation locale va différer du droit commun métropolitain. C'est compte tenu des particularités de la procédure locale, où le ministère des auxiliaires de justice n'est pas toujours obligatoire, que les textes locaux font courir le point de départ du délai d'appel, non de la signification, mais du prononcé du jugement.

A. Le point de départ du délai d'appel

Le point de départ du délai d'appel différant selon la nature du jugement nous distinguerons, le régime des jugements par défaut (1), de celui des jugements contradictoires (2).

1) Court du jour où l'opposition n'est plus recevable

Comme en droit métropolitain, le législateur local admet la coexistence des deux voies de recours de droit commun que sont l'appel et l'opposition. Lorsqu'un jugement est rendu en premier ressort et par défaut, le plaideur défaillant peut, soit user de l'opposition puis de l'appel, soit saisir directement la Cour d'appel. Néanmoins, alors qu'en France, le défaillant a la faculté d'interjeter appel sans attendre l'expiration du délai d'opposition, en AOF, la jurisprudence ne fait courir le délai d'appel que du jour où l'opposition n'est plus recevable.

Un arrêt de la Cour d'appel de l'AOF, du 6 mai 1904 [45], décide que l'appel d'un jugement rendu par défaut est irrecevable, comme prématuré, s'il est formé pendant que le jugement déclarant l'opposition irrecevable est lui-même l'objet d'un appel sur lequel il n'a pas été statué. Dans l'affaire Joseph Hindy contre Manutention Africaine [46], il est déclaré que : “si en matière commerciale, les voies de l'opposition et de l'appel sont toutes deux ouvertes simultanément pour entreprendre un jugement rendu par défaut, il est néanmoins impossible de les utiliser toutes deux en même temps”. Dans l'espèce, la Manutention Africaine se prétendant créancière d'une somme de 10 800 francs, fait donner assignation à Joseph Hindy à comparaître devant le tribunal de Kaolack pour s'entendre condamner à lui payer la dite somme avec les intérêts de

45. *Rec.* 1904, 2, p. 162.
46. Arrêt du 10 février 1933, *Pen.* 1935, 1, p. 80.

droit. Par un jugement du 19 avril 1932, rendu par défaut contre Hindy, le tribunal fait droit à cette demande. Ce jugement lui ayant été signifié le 12 mai 1932, Hindy fait opposition, le 19 mai 1932, par un exploit signifié au domicile élu à Kaolack par la Manutention Africaine, et le 20 mai 1932, par un exploit signifié à l'agence de la Manutention Africaine, en son domicile réel de Dakar. Mais le 26 Mai, Hindy fait notifier, au domicile élu de la Manutention Africaine, qu'il oppose à ce qu'il soit statué sur l'opposition du 19 mai. Néanmoins, le 28 juin 1932, le tribunal de Kaolack déclare les oppositions des 19 et 20 mai 1932 irrecevables, comme tardives. Le 12 juillet 1932, Hindy fait interjeter appel du jugement contradictoire du 28 juin, et de celui rendu par défaut le 19 avril 1932. La Cour, après avoir prononcé la jonction de ces deux actes d'appel, déclare nul l'appel du jugement rendu par défaut le 19 avril 1932, au motif que, "l'opposition faite par l'exploit du 20 mai 1932 a eu pour effet, d'une part, de saisir le tribunal de l'ensemble du litige sur le fond duquel il n'est pas encore statué, et, d'autre part, d'anéantir le jugement par défaut du 19 avril 1932. Par suite de ces deux effets de l'opposition, l'acte d'appel du 12 juillet ne pouvait valablement porter devant la Cour un litige dont le tribunal est encore saisi, et entreprendre un jugement qui est anéanti".

2) Et du prononcé du jugement contradictoire

En Afrique occidentale française, le ministère des officiers publics n'étant pas obligatoire pour les parties qui peuvent défendre elles-mêmes leurs droits en justice, le point de départ du délai d'appel des jugements contradictoires court, contrairement au droit commun métropolitain, du jour du prononcé du jugement, et non de sa signification à personne ou à domicile.

C'est ainsi que la Cour décide, en application des articles 2 et 12 du décret du 29 août 1863 que, "le délai d'appel, en matière civile et commerciale, court du jour du prononcé du jugement, s'il est contradictoire [47]. Et ce sont les mêmes dispositions que la Cour utilise pour trancher l'affaire Chavanel et fils contre Mugeli [48]. Dans la cause, il s'agit de Mugeli, employé de commerce à Conakry, qui assigne, par un exploit du 4 juillet 1914, Chavanel et fils, négociants, devant le tribunal de première instance de Conakry. Il demande leur condamnation à lui payer la somme de 9 500 francs, à titre d'indemnité, pour brusque rupture de contrat. Le 30 juillet 1914, Chavanel et fils sont condamnés à payer à Mugeli la somme de 1 100 francs à titre d'indemnité avec intérêt du jour de la demande, à lui remettre un billet de passage de deuxième classe, et à payer les frais de procès. Le 1er août 1914, Chavanel et fils interjettent appel. Mugeli demande à la Cour de déclarer nul l'appel interjeté le surlendemain du jugement, contrairement aux dispositions de l'article 449 du code de procédure civile. La Cour refuse d'admettre l'exception soulevée, en se fondant sur

---

47. Arrêt n° 172 du 15 juin 1951, Affaire Marine Nationale contre Dame Gerbaud Greffe de la Cour de Dakar, Arrêts Civils, année 1951, 2e trimestre.
48. Arrêt du 5 février 1915, *Pen.* 1915, 1, p. 97.

l'ordonnance du 22 juillet 1823, le décret du 29 août 1863, et le décret du 10 novembre 1903, qui règlent l'appel devant la Cour de l'AOF, et les délais pour interjeter appel. L'article 12 du décret du 29 août 1863 disposant : "*in fine*" que : "l'appel peut être interjeté le jour même du jugement", Chavanel et fils n'ont violé aucune des prescriptions de la loi en interjetant appel le surlendemain du jugement rendu par le tribunal de première instance de Conakry.

Le décret du 29 août 1863 stipule, en son article 12, que le délai pour interjeter appel des jugements des tribunaux de commerce était de deux mois à dater du jour du jugement. C'est donc qu'en AOF, le point de départ du délai d'appel doit être calculé selon les textes spéciaux de la procédure locale, et non selon le droit commun métropolitain. D'où la décision de la Cour, dans l'affaire Patron Mendy contre Laurence Mendy [49], suivant laquelle : "le délai d'appel, en matière commerciale, doit être calculé conformément à l'article 36 du décret du 10 mars 1903, et non conformément à l'article 645 du code de commerce. De quoi s'agissait-il ? Par un exploit du 29 octobre 1926, Patron Mendy déclare interjeter appel, d'un jugement rendu par défaut, le 19 juin 1915, par le juge de paix à compétence étendue de Kaolack, d'un autre jugement, avant dire droit, rendu contradictoirement par le même tribunal, le 11 octobre 1925, enfin, d'un jugement du même tribunal rendu le 22 juin 1925, tous trois dans la cause existant entre lui et Laurence Mendy. L'intimé conteste, pour tardivité, la recevabilité de cet appel interjeté plus de deux mois et quinze jours francs après le dernier de ces jugements. L'appelant réplique que la matière étant commerciale, le point de départ du délai d'appel doit être fixé conformément à l'article 645 du code de commerce, et non conformément à l'article 36 du décret du 10 novembre 1903. La Cour donne tort à l'appelant, en déclarant l'appel irrecevable. En effet, si le code de commerce a été déclaré applicable au Sénégal, c'était à l'exception de divers articles, dont l'article 645. En conséquence, le délai d'appel était déjà expiré, puisqu'ayant couru à partir du prononcé du jugement, sans qu'il y ait eu besoin de signification.

C'est encore en application de l'article 36 du décret du 10 novembre 1903 que, dans son arrêt du 20 janvier 1905 [50] la Cour décide que c'est à partir du jugement, et non à partir de la signification que doit être calculé le délai pour interjeter appel d'un jugement contradictoire émanant de l'un des tribunaux de première instance de Conakry, Bingerville, ou Cotonou. Dans l'espèce, Ostench fait appel, le 30 juillet 1904, d'un jugement du tribunal de première instance de Bingerville du 20 avril précédent. Pour faire déclarer son appel recevable, il soutient, entre autres moyens, que la procédure suivie à Bingerville est celle fixée par le code de procédure civile métropolitain pour les justices de paix. De ce fait, le délai d'appel ne peut courir que du jour de la signification du jugement. C'est le système opposé qu'accueille la Cour pour déclarer l'appel irrecevable comme tardif. En effet, selon son arrêt, le texte invoqué ne

49. Arrêt du 4 mars 1927, *Pen.* 1928, 1. 98, et *Rec.* 1927, 2, p. 43.
50. *Pen.* 1905, 1 p. 123

s'applique qu'à la procédure suivie devant le juge du premier degré. Tandis que les dispositions de l'article 36, en vertu desquelles "le délai pour interjeter appel d'un jugement contradictoire fixé à deux mois à partir de la prononciation du jugement est porté à trois mois pour les tribunaux de première instance de Conakry, Bingerville et Cotonou", sont applicables à tous les tribunaux du ressort, pour les formes de l'appel.

Cependant, c'est au regard des procédures spéciales de référé, de saisie immobilière, de faillite, ou de divorce, que le partage, entre les textes spéciaux de la procédure coloniale et les dispositions des codes métropolitains, pour le calcul du point de départ du délai d'appel, fait problème. Le code de procédure local ne contenant aucune disposition spéciale sur la procédure à suivre en matière d'ordre, de saisie immobilière, de faillite ou de divorce, la Cour a dû appliquer les textes métropolitains, à titre d'usage. Mais, alors, comment concilier ces textes métropolitains avec la réglementation spéciale à l'AOF, qui a un caractère impératif ? Par esprit de mesure, la Cour cherche à combiner le code de procédure métropolitain avec la législation spéciale locale. Elle applique les textes métropolitains à propos de la fixation des délais spéciaux, mais pour en fixer le point de départ, elle se conforme à la législation locale. Cette jurisprudence qu'on peut trouver peu satisfaisante, semble, avoir le mérite d'adapter la législation métropolitaine aux règles établies pour la colonie, et qui tiennent compte de sa spécificité.

Dans un arrêt du 6 mai 1904, rendu entre Thiécouta Ngom et les sieurs Maurel, Prom et Dupuy [51], la Cour décide que, si l'article 762 du code de procédure civile détermine, en matière d'ordre, le délai d'appel, c'est, par contre conformément à la règle édictée par l'article 2 du décret du 29 août 1863, que le point de départ du délai court du jour de la prononciation du jugement.

Thiécouta Ngom, par des actes de 30 et 31 mars 1904, avait interjeté appel d'un jugement du tribunal de première instance de Dakar qui, le 27 février 1904, en décidant qu'il n'y avait pas lieu de recevoir les enchères faites par Édouard Sène pour le compte de Joseph Benoît, ordonnait qu'il serait passé outre à l'adjudication des immeubles saisis sur Thiécouta Ngom. Sur la fin de non-recevoir de son appel proposé par les intimés, l'appelant soutient que, en conformité des dispositions de l'article 762 du code de procédure civile, le délai d'appel de dix jours court du jour de la signification du jugement. Pour trancher, la Cour fait d'abord observer que l'arrêté du 22 juin 1823, relatif au code de procédure civile local, ne contient aucune disposition sur la procédure à suivre en matière de saisie immobilière. Que néanmoins, sous l'empire de cet arrêté, la procédure à suivre en cette matière a toujours été celle édictée par le code de procédure métropolitain, combiné avec la législation spéciale au Sénégal. Que ce mode de procéder est d'autant plus fondé, qu'il a été consacré par la promulgation de la loi du 21 mai 1858 qui modifie certains articles du code de procédure civile concernant la saisie immobilière. Or, il résulte de

51. *Rec.* 1904, 2, p. 218.

l'article 2 du décret du 29 août 1863, que la signification d'un jugement contradictoire n'est pas nécessaire pour faire courir le délai d'appel. Cette règle devant recevoir son application en matière de saisie immobilière, le délai de dix jours fixé par l'article 731 du code de procédure civile court, donc, du jour de la prononciation du jugement. L'appel de Thiécouta Ngom est, dans ces conditions irrecevable, puisque n'ayant pas été interjeté dans le délai imparti.

Qu'en est-il de cette jurisprudence à propos de la procédure de référé ? Selon un arrêt du 17 mars 1905 [52], si au Sénégal, et par conséquent dans le ressort de la Cour, le délai d'appel contre les ordonnances de référé est le délai de quinzaine imparti par l'article 809 du code de procédure civile, c'est conformément aux dispositions des articles 2 et 12 du décret du 29 août 1863 que ce délai court du jour du prononcé du jugement. Dans l'espèce Gandie, à l'expiration d'un bail passé avec Carpot pour un immeuble sis à Saint-Louis, rue Boufflers, avait continué à l'occuper en vertu de conventions verbales. Carpot, ayant loué l'immeuble, demanda à Gandie d'avoir à le délaisser. Devant le refus de son locataire, Carpot l'assigna devant le juge des référés pour voir ordonner que l'immeuble sera immédiatement remis à sa disposition, et s'entendre condamner à lui payer cent francs par jour de retard. Le 7 octobre 1904, le juge-président par intérim du tribunal de Saint-Louis rendit une ordonnance accueillant cette demande. Le 24 février 1905, Gandie fit appel de cette ordonnance contradictoire qui ne lui a pas été signifiée. L'appel était-il recevable ? Pour déclarer le contraire, la Cour se fonde sur les dispositions du décret du 29 août 1863, dont les articles 2 et 12 établissent un principe édicté dans le but d'éviter aux justiciables des frais, alors qu'elles peuvent défendre elles-mêmes leur droit en justice. Or, si en l'absence de toute promulgation, les textes qui organisent en France la procédure de référé ont fait, au Sénégal, l'objet d'une application constante, cette application ne saurait avoir lieu qu'en adaptant la loi métropolitaine aux règles établies pour la colonie, et notamment celle posée par le décret du 29 août 1863, d'après laquelle le délai d'appel court du jour du prononcé des jugements contradictoires.

En somme, la règle établie par les articles 2 et 12 du décret du 29 août 1863 aux termes desquels, au Sénégal, le délai d'appel en matière civile et commerciale court du jour de la prononciation du jugement s'il est contradictoire, et du jour où l'opposition n'est plus recevable, s'il est par défaut, est une règle générale. Donc elle doit recevoir son application même en matière de saisie immobilière. En effet, selon un arrêt du 4 février 1910 [53], le décret du 28 août 1863 qui fixe le point de départ du délai d'appel étant postérieur à celui du 7 mars 1863 rendant applicable au Sénégal la loi du 28 mai 1858 concernant la saisie immobilière, le délai de dix jours prescrit par l'article 731 du code de procédure civile doit courir du jour de la prononciation du jugement.

---

52. *Pen.* 1905, 1, p. 345, ou *Rec.* 1906, 2, p. 81.
53. *Rec.* 1910, 2, p. 152.

D'après un autre arrêt du 10 mars 1913 [54], c'est parce qu'au Sénégal, l'appel en matière d'incident de saisie immobilière est soumis aux règles prescrites par les articles 731 et 732 du code de procédure civile métropolitain, modifié, toutefois, par les dispositions de l'article 2 du décret du 29 août 1863. Or, aux termes de ce décret, les délais d'appel doivent courir du jour de la prononciation des jugements lorsqu'ils sont contradictoires. Enfin, selon un dernier arrêt du 21 août 1931 [55], le délai de dix jours imparti, par l'article 731 du code de procédure civile, pour interjeter appel des jugements rendus sur les incidents de la saisie immobilière a pour point de départ, dans le ressort de la Cour d'appel de l'Afrique occidentale, non pas le jour de la signification du jugement, mais celui de sa prononciation, s'il est contradictoire, conformément aux articles 2 et 12 du décret du 29 août 1863. C'est une jurisprudence similaire que la Cour applique en matière de faillite, et de divorce. Dans l'affaire Naïm Eïd contre Abouiryk frères [56], la Cour fait des dispositions des articles 2 et 12 du décret du 29 août 1863, combinées à celles de l'article 36 du décret du 10 novembre 1903, une règle de portée générale, qui doit recevoir application en matière de faillite. Ainsi, le délai de quinzaine, imparti par l'article 582 du code de commerce, doit courir du jour de la prononciation du jugement contradictoire. En matière de divorce, la Cour décide, dans une affaire René Rumilly contre la dame Antoinette Renillon [57], que le renvoi, quant à la recevabilité de l'appel, de l'article 248 du code civil aux articles 443 et suivants du code métropolitain de procédure civile, non promulgué en AOF, ne saurait faire prévaloir ce texte sur les dispositions combinées des articles 25 du décret du 22 juillet 1939, et 36 du décret du 10 novembre 1903. Ce renvoi pur et simple à l'application des dispositions générales du droit commun ne pouvant faire échec aux dispositions, expressément promulguées en AOF, et spéciales à l'organisation judiciaire locale, qui, à la différence du texte métropolitain, ne prévoit pas la signification du jugement contradictoire pour faire courir le délai.

B. Du délai de l'appel

L'opposition, entre la métropole et sa colonie de l'Afrique occidentale française, dans la fixation du point de départ du délai d'appel, n'est qu'une des conséquences, des divergences de leurs règles de procédure d'appel. C'est en fonction de cette situation, que la Cour se fera une obligation d'appliquer, tant aux justiciables domiciliés dans son ressort, qu'à ceux de la métropole, la législation spéciale à l'Afrique occidentale, aussi bien pour le calcul du délai d'appel (1), que pour la forclusion (2).

---

54 *Pen.* 1913, 1, p. 227, ou *Rec.* 1913, 2, p. 305.
55. *Pen.* 1932, 1, p. 85, ou *Rec.* 1932, 2, p. 38.
56. Arrêt du 21 juin 1912, *Rec.* 1912, 2, p. 211.
57. Arrêt n° 76 du 2 avril 1948. Greffe de la Cour de Dakar, Arrêts Civils, année 1949, 2e trimestre.

1) La règle

Le délai pour interjeter appel d'un jugement rendu par les juridictions du ressort de la Cour varie selon que les parties sont domiciliées, au siège de la Cour, au Sénégal, ou dans une colonie du groupe, ou en France.

Il résulte d'un arrêt du 11 septembre 1942, rendu dans l'affaire Becker et Ayad contre Jean Sayegh [58], que l'appelant domicilié à Dakar, dispose d'un délai de deux mois à compter du prononcé du jugement contradictoire. Dans ce procès Jean Sayegh est assigné, par Becker et Ayad, devant le tribunal de première instance de Dakar, pour entendre prononcer la résiliation pure et simple d'une vente de poissons secs et salés, et s'entendre condamner à leur payer de ce chef, outre les intérêts de droit, le remboursement du prix de vente, soit 70 493 francs, le remboursement des frais, soit 15 000 francs, et à titre de dommages-intérêts, la somme de 38 600 francs. Par un jugement du 6 décembre 1941, rendu en matière commerciale, le tribunal de Dakar déboute Becker et Ayad, en les condamnant aux dépens. Le 14 février 1942, ils interjettent appel. Jugeant la recevabilité de cet appel, la cour combine l'arrêté du 29 août 1863 avec les dispositions de l'article 36 du décret du 10 novembre 1903, et déclare Becker et Ayad déchus pour n'avoir pas formé leur appel dans le délai des deux mois.

Pour un jugement rendu par un tribunal du Sénégal, ce délai de deux mois est augmenté des délais de distance locale [59]. C'est ainsi que, pour un jugement émanant du tribunal de première instance de Kaolack, le délai de distance étant de quinze jours, le justiciable a un délai de deux mois et quinze jours pour interjeter appel [60].

Qu'en est-il de la partie, qui, résidant en France, voudrait faire appel d'une décision des tribunaux du Sénégal ? En plus des délais d'appel, ce justiciable diaposera d'un délai de distance établi, non par te code de procédure civile, mais par "la législation spéciale du Sénégal, qui seule, et par application de la règle '*locus regit actum*', doit régir toutes les formalités et tous les actes à remplir au cour de l'instance" [61]. Il disposera donc du délai de deux mois, prévu par les dispositions combinées des articles 25 du décret du 22 juillet 1939, et 36 du décret du 10 novembre 1903, augmenté du délai de distance de deux mois, prévu par l'article premier du décret du 29 mai 1913 [62], soit au total, quatre mois. En effet, ce décret du 29 mai 1913, relatif aux délais d'ajournement, avait abrogé les décrets des 10 novembre 1903 et 29 août 1863

58. Greffe de la Cour d'appel, Arrêts Civils, année 1942, 2e semestre, Arrêt n° 90.
59. Arrêt n° 175 du 5 novembre 1947, Affaire Mame Demba Guèye contre Tanous Khoury. Greffe de la Cour de Dakar, Arrêts Civils, 4e trimestre.
60. Affaire Herrault Maurice contre la Société de Prévoyance du Baol. Greffe de la Cour, Arrêts Civils, année 1939, septembre et octobre, Arrêt du 1er septembre 1939.
61. Arrêt du 28 septembre 1912, *Pen.* 1913, 1, p. 160 avec une note.
62. Arrêt n ° 76 du 2 avril 1948, déjà cité.

qui fixaient des délais différents suivant la distance. N'ayant rien substitué à ce qu'il supprimait, il semblait refuser toute prolongation du délai d'appel à raison de la distance de France en Afrique occidentale, alors que dans cette colonie, il ajoutait aux délais d'appel une prolongation à raison des distances locales. Pour rétablir l'équilibre, la Cour va, dans son arrêt du 29 janvier 1926 [63], rendu en matière civile, statuer par analogie, et déclarer applicable les délais du décret aux plaideurs qui demeurant en France métropolitaine, assignent un défendeur en Afrique occidentale française, ou sont assignés par lui. "On n'aperçoit pas, selon la Cour, pourquoi l'appelant, s'il demeure en Afrique occidentale aurait, pour assigner un intimé demeurant en France, une prolongation du délai d'appel à raison des distances, et qu'au contraire, l'appelant se verrait privé de cette prolongation de délai pour assigner un intimé demeurant en Afrique occidentale, lorsqu'il demeure lui-même, en France". L'article 10 du décret du 29 mai 1913 doit donc être interprété comme accordant la prolongation du délai d'appel à raison des distances quand l'appelant, ou l'intimé, demeure hors du chef-lieu du tribunal du ressort oui a rendu le jugement dont est appel, et qu'en raison de la signification à faire dans un lieu autre que celui où demeure le requérant, il y a lieu à augmentation à raison des distances.

Comment est déterminé le délai pour interjeter appel d'un jugement rendu par un tribunal de première instance, d'une colonie du groupe, autre que celle du Sénégal ? Dans un arrêt du 8 juillet 1949 [64], la Cour décide que "le délai légal pour interjeter appel d'un jugement contradictoire, rendu par le tribunal de Bamako, est de trois mois". Pour les tribunaux de première instance de Conakry, Bingerville ou Grand-Bassam, et de Cotonou, ou pour la justice de paix à compétence étendue de Kayes, le délai pour interjeter appel d'un jugement contradictoire est porté de deux à trois mois par le décret du 10 novembre 1903. En outre, pour les justiciables qui résident hors du chef-lieu de ces tribunaux, ce délai est augmenté d'un délai de distance [65]. Ce délai de distance locale est aussi fixé par le décret du 29 mai 1913 [66] :

Article 4 : Si le tribunal saisi est celui de Konakry, le délai sera, dans la colonie de la Guinée française :

1) de huitaine lorsque celui qui est assigné demeurera à Konakry et dans la banlieue de cette ville ;
2) De quinze jours lorsqu'il demeurera dans une localité directement desservie par la voie ferrée et sur une étendue de 3 myriamètres de part et d'autre de cette voie ; également lorsqu'il demeurera dans les îles de Loos ;
3) D'un mois dans les régions de la colonie comprises au-deçа du 139 de longitude ;

---

63. *Rec.* 1926, 2, p. 186, et *Pen.* 1926, 1, p. 172.
64. Affaire Robert Lattes contre Demoiselle Fumaroli Éliane. Greffe de la Cour, Arrêts Civils, année 1949, 3e trimestre, Arrêt n° 151.
65. Arrêt du 28 juillet 1939, Affaire Samba Fall contre la SCOA. Greffe de la Cour, Arrêts civils, années 1939, Registre du mois de juillet.
66. *JOAOF* du 19 juillet 1913, p. 686.

4) De deux mois dans toutes les autres régions de la colonie.

Article 5 : Si le tribunal saisi est celui de Grand-Bassam le délai sera dans la colonie de la Côte d'Ivoire :

1) De huitaine lorsque celui qui est assigné demeurera à Grand-Bassam, dans la banlieue de cette ville, ainsi que dans les cercles du même nom ;

2) De quinze jours lorsqu'il demeurera dans une localité directement desservie par la voie ferrée et sur une étendue de 3 myriamètres de part et d'autre de cette voie ; également lorsqu'il demeurera dans les cercles de lagunes et d'Assinie ;

3) D'un mois lorsqu'il demeurera dans les cercles de Lahou, du Bas-Sassandra, du Baoulé-Sud, de N'Zi-Comë, de l'Indénié ;

4) De deux mois dans toutes les autres régions de la colonie.

Article 6 : Si le tribunal saisi est celui de Cotonou, le délai sera, dans la colonie du Dahomey :

1) De huitaine lorsque celui qui est assigné demeurera à Cotonou et dans la banlieue de cette ville ;

2) de quinze jours lorsqu'il demeurera dans les localités reliées à la ville, siège du tribunal, par les voies ferrées ou lagunaires et sur une étendue de 3 myriamètres de part et d'autre de ces voies de communication ; également lorsqu'il demeurera dans le cercle de Cotonou ;

3) D'un mois lorsqu'il demeurera dans les cercles de Porto-Novo, Ouidah, Allada, Grand-Popo, Mono, Abomey, Zagnanado, Savé et Savalou ;

4) de deux mois dans toutes les autres régions de la colonie.

Article 9 : Pour toutes les autres justices de paix à compétence étendue des colonies et territoires relevant du gouvernement général de l'Afrique occidentale française et dans chacun de ces territoires et colonies, le délai ordinaire d'ajournement en matière civile et commerciale sera :

1) De huitaine lorsque ce lui qui est assigné demeurera dans la ville, siège de la justice de paix, et dans un rayon de 5 myriamètres de la résidence prise pour centre ;

2) D'un mois lorsqu'il demeurera dans le ressort de la justice de paix ; également dans les cercles limitrophes à la circonscription administrative où se trouvera le chef-lieu de la juridiction saisie, si celle-ci n'a compétence que dans une seule circonscription administrative ; le délai sera réduit à quinze jours lorsque la localité où demeurera l'assigné sera reliée au chef-lieu de la justice de paix par chemin de fer, fleuve ou lagune et ne sera pas distant de part et d'autre de plus de 3 myriamètres de ces voies de communication.

3) De deux mois dans toutes les autres régions de la colonie ; ce délai sera réduit à un mois si la localité où demeurera celui qui est assigné est reliée au chef-lieu de la justice de paix par chemin de fermer, fleuve ou lagune et n'est pas distante de part et d'autre de plus de 3 myriamètres de ces voies de communication.

Et, Article 10 : Si celui qui est assigné demeure en Afrique occidentale française, hors de la colonie où siège la juridiction saisie, le délai sera de deux mois, il sera augmenté des délais de distance locale déterminée ci-dessus.

La Cour va faire application de cette réglementation dans l'affaire Mitchoun contre T.F. Fabre et Compagnie[67]. Dans l'espèce, Mitchoun, traitant demeurant à Athiémé, au Dahomey, est condamné, le 30 juillet 1913, par la justice de paix à compétence étendue de Grand-Popo, à payer à la maison Fabre et Compagnie, la somme de 14 637 francs 72, qui représente son solde débiteur envers la dite maison. Le 6 septembre 1913, Mitchoun interjette appel, et donne assignation à Fabre et Compagnie, représentés par Rodrigues, agent de leur succursale de Grand-Popo, à comparaître devant la Cour d'appel de Dakar, le 19 décembre 1913. Les 15 puis 23 septembre, et encore le 31 octobre 1913, il réitère son appel. Cet appel est renouvelé le 29 novembre 1913, avec une assignation pour l'audience du 6 mars 1914. Le 1er décembre 1913, enfin, par un exploit signifié au parquet général à Dakar, il se porte, de nouveau, appelant, du jugement du 30 juillet 1913, et donne, à Fabre et Compagnie, en leur siège social de Marseille assignation à comparaître le vendredi 20 février 1914, à 7 h 30 du matin, devant la Cour d'appel d'AOF, séant à Dakar. Fabre et Compagnie concluent à l'irrecevabilité de la totalité de ces six appels, au motif que :

1) L'acte du 6 septembre 1913, n'indiquait pas l'heure de l'audience, et n'observait pas les délais de comparution prévus par la législation locale ;
2) Les actes des 15 et 23 septembre 1913 n'indiquaient, ni la demeure de l'huissier, ni l'heure de l'audience, en plus du fait, qu'ils n'observaient pas les délais de comparution ;
3) Les actes des 31 octobre et 29 novembre 1913, n'indiquaient pas la demeure de l'huissier, tout en n'observant pas les délais de comparution ;
4) Enfin, l'acte du 1er décembre 1913 n'observait, ni les délais de distance de Grand-Popo à Dakar, ni le délai d'ajournement prévu par le code de procédure civile métropolitain.

Pour apprécier la régularité de ces actes, la Cour recherche si les délais impartis à l'appelant pour notifier son appel, et ceux accordés à l'intimé pour comparaître et se défendre, ont été observés, conformément à la législation spéciale à la colonie. Or, fait observer la Cour, "aux termes de l'article 36 du décret du 10 novembre 1903, le délai pour interjeter appel d'un jugement contradictoire des justices de paix à compétence étendue des colonies du groupe de l'AOF, autres que celles de Kayes, est de quatre mois à partir de la prononciation du jugement, augmenté, aux termes du paragraphe 2 de l'article 10 du décret du 29 mai 1913, des délais de distance locale prévus aux articles précédents de ce décret", Les appels interjetés par Mitchoun étant tous formés dans ces délais de la loi, sont, de ce chef, recevables. En est-il de même des délais de comparution ? "Les délais d'ajournement, estime la Cour, ayant été fixés, en matière civile et commerciale, pour l'AOF par le décret du 29 mai 1913, le délai pour assigner valablement celui qui demeure dans une des colonies du groupe, hors de celle où siège la juridiction saisie, est de deux mois,

67. Arrêt du 17 avril 1914, *Pen.* 1915, 1, p. 139.

augmenté des délais de distance locale déterminés par le paragraphe premier de l'article 10 du même décret, et les articles précédents. Ces derniers délais doivent être calculés, en ce qui concerne la Guinée, la Côte d'Ivoire, et le Dahomey, en tenant compte de trois distances différentes :

1) du lieu du domicile de l'assigné au port d'embarquement de sa colonie ;
2) d'une colonie à une autre ;
3) du port de débarquement dans la colonie où siège la juridiction saisie au siège de cette juridiction".

Ainsi, le délai de distance locale de Grand-Popo à Cotonou étant de un mois, en vertu de l'article 6 paragraphe 3 du décret du 29 mai 1913, le délai entre les colonies du Dahomey et celle du Sénégal étant de deux mois, et le délai pour Dakar de huitaine, conformément à l'article 2 paragraphe 1 du dit décret ; le délai total de Grand-Popo à Dakar est de trois mois et huitaine. L'assignation doit être donnée pour l'audience de la Cour qui suit l'expiration de ce délai. D'où la décision de la Cour, déclarant nuls les actes d'appel des 15 et 23 septembre, 31 octobre, et 29 novembre qui portent assignation à "un délai moindre de trois mois et huitaine".

Selon les dispositions de l'article 14 du décret du 29 mai 1913, ces délais d'ajournement seront francs. La Cour ajoute, dans son arrêt du 28 juillet 1913 [68], que "si le dernier jour du délai est férié, le délai sera prorogé au lendemain", et qu'en outre, "le délai d'appel court de quantième à quantième, que les jours termes de la prononciation du jugement et de l'échéance ne comptent pas dans le délai, et que l'appel peut être interjeté le lendemain de l'échéance de ce délai" [69].

2) La sanction

L'effet normal de l'expiration d'un délai est de faire perdre le droit d'accomplir l'acte pour lequel il était accordé. Ce principe tiré du code de procédure métropolitain a reçu application dans la jurisprudence de la Cour.

C'est, tout, d'abord, par le biais des dispositions de l'article 51 de l'arrêté du 22 juin 1823, que dans l'affaire de Belleroche contre Dédé et Compagnie [70], la Cour déclare que, "l'appel des jugements doit être interjeté par assignation à la première audience après les délais de la loi, à peine de déchéance". D'où la décision d'annuler l'appel "formé par assignation à huitaine franche, délai de la loi, plus les délais de distance". Mais cet arrêt constituait un revirement de la jurisprudence de la Cour, à propos de l'interprétation de dispositions de

68. Affaire Samba Fall contre la SCOA, déjà citée.
69. C'est l'application des dispositions de l'article 9 du décret du 29 août 1863 (*BOC* 1863, 710) en vertu desquelles : le jour de la signification et celui de l'échéance ne sont point comptés dans le délai général fixé pour les ajournements les citations, les sommations et autres actes faits à personne ou domicile. Si le dernier jour du délai est un jour férié, le délai sera prorogé au lendemain.
70. *Pen.* 1906, 1, p. 300.

l'article 51 du texte de 1823. En effet, en se référant à la doctrine et à la jurisprudence métropolitaines, la Cour avait, dans un arrêt antérieur, du 20 mars 1896 [71], d'abord estimé que les délais d'assignation ayant été établis en faveur du défendeur, celui-ci est sans intérêt pour se plaindre d'une assignation donnée à un délai plus long que celui de la loi. Non seulement cet état de choses lui est favorable, puisque lui donnant une plus grande latitude pour préparer ses moyens de défense, mais il peut renoncer à cette faveur, et poursuivre lui-même l'audience en anticipant aussitôt l'expiration du délai légal. La cour est d'autant plus favorable à cette interprétation libérale du texte de 1823, que dans le code de procédure métropolitain, seule la tardivité de l'appel est frappée de déchéance. Cependant, devant la rigueur des textes, la Cour doit, le 13 avril 1904 [72], revenir sur cette interprétation, et juger que les formalités édictées par l'article 51 sont substantielles et prescrites à peine de déchéance. On croyait ce débat clos, lorsque le 20 avril 1923, la Cour déclare que l'article 51 de l'arrêté de 1823 étant abrogé, était recevable l'appel d'un jugement formé par assignation à une audience autre que la première après l'expiration des délais [73]. Dans la cause, Moussa Georges, suivant un exploit du 7 novembre 1922, interjette appel d'un jugement de la justice de paix à compétence étendue de Kaolack, en date du 11 octobre 1922. Farba Thioye, l'intimé, soulève une exception de nullité, au motif que l'acte d'appel violait les prescriptions de l'article 51 de l'arrêté du 22 juin 1823. En effet, selon lui, la première audience utile après les délais légaux était celle du 24 novembre 1922, et non celle du 1er décembre suivant, dont faisait état l'acte d'appel. Pour la Cour, il ne ressort pas clairement, du texte de 1823, que la déchéance de l'appel soit attachée à l'indication, dans l'assignation, d'une audience plus éloignée que celle qui suit l'expiration des délais d'ajournement. Ensuite, on ne peut revendiquer le bénéfice des dispositions d'un texte tombé en désuétude. Le texte de 1823 est caduc parce que tout d'abord, la déclaration au greffe ne se faisant plus, la prescription de notification de cette déclaration se trouve sans effet. Ensuite, les délais pour interjeter appel, suivant la forme de la notification avec assignation à comparaître, sont dorénavant fixés par les décrets des 10 novembre 1903 et 29 mai 1913 qui abrogent tous les textes antérieurs. L'article 51 de l'arrêté de 1823 a cessé ainsi de recevoir application, et avec lui, l'obligation d'assigner à la première audience. De ce fait, malgré le point de vue contraire adopté par la Cour de cassation, dans un arrêt du 27 mai 1921, la Cour reste sur cette conception libérale, qui correspond aux considérations pratiques qui priment en AOF.

En revanche, c'est partant d'une interprétation rigoureuse des textes, que la Cour va déclarer d'ordre public, les dispositions de l'article 36 du décret du

71. *Pen.* 1904, 1, p. 294.
72. *Pen.* 1904, 1, p. 296
73. *Pen.* 1923, 1, p. 212.

10 novembre 1903. Et juger [74] que la déchéance doit être prononcée d'office. C'est cette jurisprudence que la Cour va reproduire dans une affaire, Madeleine Beyran, épouse Magés, contre Magés Nicolas [75]. Un appel est formé le 15 février 1939, par la dame Magès, née Beyran, domiciliée à Bordeaux au 2, rue de Sacc. Dans cet acte, signifié par un exploit de Siby, huissier à Grand-Bassam, l'appelante s'en prend à un jugement du 1er juillet 1938, par lequel le tribunal de première instance de Grand-Bassam prononce, à leurs torts et griefs réciproques, le divorce entre elle et son mari, et lui confie la garde de leur fille. Pour juger de la recevabilité de cet appel, la Cour se réfère à la législation locale sur les délais d'appel et d'ajournement. D'abord au décret du 10 novembre 1903, qui, en son article 36, dispose que, le délai pour interjeter appel d'un jugement contradictoire est de trois mois pour le tribunal de première instance de Grand-Bassam. La Cour se réfère ensuite au décret du 29 mai 1913. Son article 10 fixe, en matière civile et commerciale, les délais d'ajournement pour l'Afrique occidentale française, en ajoutant au délai d'appel, les délais de distance. En son article premier, il dispose que, pour la France métropolitaine, le délai de distance est de deux mois. Le jugement entrepris étant du 1er juillet 1938, le délai d'appel de trois mois, augmenté de quatre mois, à raison du délai de distance, l'appelante étant domiciliée à Bordeaux, expirait donc le 1er février 1939. La déchéance résultant de l'expiration du délai d'appel s'imposant d'office aux juges, l'appel formalisé le 15 février 1939 est par conséquent irrecevable, puisque tardif.

Cette forclusion sanctionne, ainsi, le non-respect des délais d'appel, est écartée par un décret du 16 août 1914 qui, à l'imitation du décret métropolitain du 10 août 1914, suspendait pour la durée des hostilités de la Première Guerre mondiale, les prescriptions, les péremptions, et les délais, en matière civile, commerciale et administrative. L'interprétation de ce texte faisant problème, il a fallu deux décisions datées du même jour, c'est-à-dire du 19 mars 1915, pour que la Cour fixe la jurisprudence sur la question.

Dans la première instance, affaire Haeck contre Diop [76], la Cour déclare que le décret du 16 août 1914 étant pris pour obvier aux difficultés d'observation des délais de procédure résultant de l'état de guerre, le gouvernement a entendu lui donner un effet remontant, non à la date de sa promulgation dans les différentes colonies, mais au premier jour de la mobilisation, c'est-à-dire au 2 août 1914.

Dans l'affaire Babakar Faye contre Lacoste [77], il s'agit de l'appel, interjeté le 8 janvier 1915 par le premier nommé, contre un jugement contradictoire-

74. Arrêt n° 153 du 1er avril 1949, Affaire Gamédy Ndiaye contre le Délégué du Gouverneur du Sénégal à Dakar. Greffe de la Cour, Arrêts Civils, année 1949, 2e trimestre.
75. Arrêt du 28 juillet 1939. Greffe de la Cour, Arrêts civils, année 1939, Registre du mois de juillet à la date.
76. *Pen.* 1915, 1, p. 186.
77. *Pen.* 1915, 1, p. 264.

ment rendu entre lui et Lacoste, par le tribunal de première instance de Dakar, le 20 juin 1914. Lacoste demande l'annulation de cet acte d'appel qui, contrairement aux dispositions de l'article 36, paragraphe 2, du décret du 10 novembre 1903, fixant le délai d'appel à deux mois, est signifié six mois et demi après le prononcé du jugement. Babakar Faye excipe de la suspension des délais prescrite par la loi du 5 août 1914 et le décret du 16 août 1914, pour conclure à la validité de son appel. Ce à quoi Lacoste rétorque que ces textes, promulgués dans la colonie après la date de l'expiration du délai d'appel imparti à Babakar Faye, ne sont pas applicables à la cause. D'autant plus que la suspension des délais n'est accordée, conformément aux dispositions de l'article 4 de la loi du 5 août 1914, qu'aux seuls mobilisés. Pour juger de la validité de l'acte d'appel, la Cour se fonde sur un ensemble de textes. Le décret du 7 août 1914, publié au *Journal officiel du Sénégal*, du 20 septembre 1914, relative à la prorogation des délais et échéances. Le décret du 16 août 1914, qui complétait les dispositions de la loi du 5 août 1914, a été publié au *Journal officiel* du 20 octobre 1914. Enfin, la loi du 5 août 1914, elle-même, dont le texte, publié au *Journal officiel* du 1er octobre suivant, autorise, en son article 2, le gouvernement à prendre, pendant la durée de la mobilisation et jusqu'à la cessation des hostilités, toutes les mesures nécessaires pour suspendre toutes les prescriptions ou péremptions en matière civile, commerciale ou administrative, tous les délais impartis pour attaquer, signifier ou exécuter les décisions des tribunaux de l'ordre judiciaire ou administratif. Dans les mêmes circonstances, décide l'article 4, aucune instance ne pourra être engagée ou poursuivie, aucun acte d'exécution accompli entre les citoyens présents sous les drapeaux. La Cour fait remarquer que les dispositions des articles 2 et 4 sont entièrement indépendantes les unes des autres. Les unes profitent, en effet, à une catégorie spéciale de personnes, les mobilisés, qui se trouvent dans l'impossibilité de se défendre. Pendant que les autres statuent, dans l'intérêt général, à l'égard de tous, l'état de guerre ayant apporté une entrave à l'exécution des obligations et au libre exercice des recours de la loi. Il résulte de ces textes que non seulement les délais doivent être suspendus pendant la durée de la mobilisation, c'est-à-dire à partir du premier jour de la mobilisation jusqu'à la cessation des hostilités, mais qu'il est, en outre, accordé, à partir de la cessation de celles-ci, un délai équivalent à celui qui restait à courir au premier jour de la mobilisation. Cet effet rétroactif s'explique par ce fait que, c'est notamment dans les premiers jours de la mobilisation, par suite des modifications apportées aux divers services par la guerre, et par l'appel sous les drapeaux des officiers ministériels, qu'il était le plus difficile d'observer les délais de recours. D'ailleurs, le décret du 16 août 1914 n'est que la reproduction du décret métropolitain du 10 août 1914, dont une circulaire de la chancellerie, en date du 12 août 1914, soulignait, non seulement, l'effet rétroactif, mais aussi la portée générale de ses dispositions, qui ne pouvaient être restreintes aux seuls mobilisés. D'où, en fin de compte, la décision de l'arrêt de déclarer valable et régulier l'acte d'appel du 8 janvier 1915.

Le décret du 16 août 1914, avait, dans certains cas, des effets si contraires à l'équité, que bien qu'il soit justifié par les circonstances exceptionnelles d'alors, le législateur a dû, dès 1915, restreindre sa portée. C'est ainsi que, le 13 juin 1915, un décret promulgué par un arrêté du 3 juillet suivant [78] restreignait au profit des seuls mobilisés, le bénéfice de la suspension des prescriptions, péremptions et délais. Son article 8 abrogeait, explicitement, toutes les dispositions qui apportaient dans les colonies françaises, des dérogations à la législation en vigueur, en raison des hostilités. De ce fait, selon un arrêt du 17 novembre 1916 [79], la législation de droit commun antérieure au décret du 16 août 1914, devenait "de nouveau applicable à tous ceux qui ne sont pas sous les drapeaux".

Section II. Le pourvoi en cassation porté devant la Cour d'appel

En droit métropolitain les justiciables disposent de trois voies de recours extraordinaires pour obtenir un nouvel examen de leur procès. Ce sont, la tierce opposition, la requête civile, et le pourvoi en cassation. Les deux premières voies de recours permettent d'attaquer toutes les décisions judiciaires. Le pourvoi en cassation ne peut, par contre, être formé que devant la plus haute des juridictions de l'ordre judiciaire, c'est-à-dire, la Cour de cassation. Dans le groupe de colonies formant l'Afrique occidentale française, les plaideurs disposent des mêmes moyens de contestation. La référence aux dispositions du code de procédure métropolitain est la règle pour la tierce opposition et la requête civile. La procédure locale ne retrouvant la spécificité que pour le pourvoi en cassation.

C'est ainsi que, dans la procédure locale, le pourvoi en cassation se décompose en plusieurs pourvois. En plus du pourvoi formé devant la Cour suprême métropolitaine, il est organisé devant la Cour d'appel, de véritables pourvois en cassation. En effet, par une dérogation exceptionnelle au principe de la compétence de la Cour de cassation, le pourvoi contre les affaires de moindre importance relevant des juridictions de droit français, comme le contrôle final de l'application du droit coutumier, relèvent, sous les appellations de pourvoi en annulation et de pourvoi en homologation, de la Cour coloniale.

Voies de recours suprêmes, donc susceptibles d'aucun pourvoi en cassation, le recours en annulation, comme le recours en homologation, permettent à la Cour d'appel de s'attribuer le rôle de la Cour de cassation. Alliant la célérité à l'économie, elles permettent à la Cour de Dakar de réaliser l'unification dans l'interprétation des règles du droit. Paradoxalement, cette action, loin de

78. *JOAOF* 17 juillet 1915.
79. *Rec.* 1917, 2, p. 26.

faciliter l'émergence d'une jurisprudence ou d'un droit spécifiques, va au contraire se traduire par une réception du droit métropolitain. Et non seulement la Cour d'appel va observer les formes du pourvoi en cassation pour combler les insuffisances de la procédure locale, mais en droit coutumier, nous serons en présence d'une véritable francisation.

Cette voie de recours extraordinaire va s'organiser principalement en matière répressive. Le recours en homologation, étant réservé, en matière indigène, exclusivement aux affaires criminelles tout comme le recours en annulation qui d'abord ouvert en matière de paix et de simple police, va s'étendre en toute matière, en restant réservé en matière de simple police, qu'au pourvoi dans l'intérêt de la loi.

Paragraphe 1. La Cour d'appel : juridiction de "cassation"

La Cour d'appel dispose, comme Cour coloniale suprême, de deux sortes d'attributions. Elle joue le rôle de régulateur de la jurisprudence des juridictions de droit commun. Pour réprimer les écarts trop considérables dans l'application des lois, elle observe la même procédure que la Cour de cassation. Elle ne porte son examen critique que sur les questions de droit ne s'occupant pas des éléments de fait du procès. En tant que juridiction suprême en matière indigène, en plus de la mission d'assurer l'exactitude et l'unité de l'interprétation du droit coutumier, elle se charge de surveiller le fonctionnement d'une organisation judiciaire d'exception. D'où son pouvoir souverain d'appréciation, et partant de réformation.

A. Une Cour de cassation locale

Le pourvoi en cassation est une voie de recours extraordinaire dont la nature particulière s'explique par le rôle dévolu à la Cour suprême. Pour réaliser l'unification dans l'interprétation des règles de droit, la Cour de cassation ne s'érige pas en un troisième degré de juridiction. Elle ne reprend pas dans son entier l'examen du procès, le pourvoi en cassation n'étant pas une voie de réformation. Elle accepte les éléments de fait du procès tels qu'ils résultent des décisions qui lui sont déférées. Le pourvoi en cassation n'a pas, non plus, d'effet dévolutif. Ce n'est pas le procès qui est déféré à la Cour suprême, c'est seulement la solution donnée par les premiers juges. En somme, la Cour de cassation sert de régulateur aux autres juridictions.

Qu'en est-il en Afrique occidentale française ? La Cour d'appel joue-t-elle le même rôle ? Quelle autorité exerce-t-elle sur les autres juridictions ?

Pour répondre, nous allons examiner, quelle est la compétence d'annulation ou d'homologation de la Cour de Dakar (a), avant de nous pencher sur sa procédure (b).

a) Le rôle de régulateur

En vertu des dispositions de l'article 26 du décret du 22 juillet 1939, les arrêts rendus, en toute matière, par la Cour d'appel, hors les cas où elle statue comme Cour d'annulation, en justice française, ou comme chambre d'annulation, en justice indigène, peuvent être déférés à la Cour de cassation. C'est dire que lorsque la Cour d'appel statue à la suite d'un pourvoi en annulation, en matière française, ou d'un pourvoi en homologation, en matière coutumière, ses arrêts ne peuvent pas être attaqués par la voie du pourvoi en cassation. La justification à cette règle est donnée par un arrêt du 21 octobre 1904 [80] : "Les recours en annulation constituent de véritables pourvois en cassation dont la Cour, par dérogation au droit commun, n'est appelée à connaître qu'en vertu de la règle constamment appliquée et d'après laquelle les Cours coloniales sont en certaines matières instituées Cours régulatrices et investies de certaines attributions de la Cour suprême".

1) Le pourvoi en annulation en droit commun

Quelles sont les décisions dont la Cour peut connaître comme Cour d'annulation ? Conformément aux dispositions de l'article 7 du décret du 10 novembre 1903 : "les décisions rendues en premier et dernier ressort, et en toute matière, par les tribunaux de première instance et les justices de paix à compétence étendue peuvent être attaquées par la voie de l'annulation devant la Cour d'appel". C'est en vertu de ce texte que la Cour décide que les décisions rendues en dernier ressort par les tribunaux de première instance des colonies de l'Afrique occidentale française ne sont pas susceptibles du recours en cassation, mais seulement du recours en annulation. Et, c'est parce qu'il était en dernier ressort, que le jugement par lequel le tribunal de police de Saint-Louis prononce son incompétence dans l'affaire Babacar Seck, prévenu d'avoir contrevenu aux dispositions des articles 1, 7 et 11 du décret du 4 mai 1903, en vendant, à Saint-Louis, à Zidou Ould Mohamed Abdallah, huit flacons de poudre d'Angoulême, devait être porté devant la Cour d'appel statuant comme Cour d'annulation [81].

Il ressort ainsi du décret du 10 novembre 1903 que le recours en annulation est ouvert, dans l'intérêt des parties, contre les jugements en dernier ressort, rendus en toutes matières, par les tribunaux de première instance et les justices de paix à compétence étendue. Par contre en matière de simple police, le recours en annulation n'est ouvert que dans l'intérêt de la loi, en vertu de l'article 414 du code d'instruction criminelle du Sénégal [82].

Qu'il soit formé par les parties, ou par le Procureur général dans l'intérêt de la société, le pourvoi en annulation n'est ouvert que pour les affaires les

---

80. Affaire Dipa Coulibaly. Greffe de la Cour de Dakar, Arrêts de la chambre d'annulation française, année 1904, à la date.
81. Arrêt du 11 mars, 1905, *Pen.* 1905, 1, p. 25.
82. Arrêt du 16 novembre 1900, *Rec.* 1901, 2, p. 113.

moins importantes. Examinant sa propre compétence, la Cour d'annulation précise que : "il résulte de l'article 9 du décret du 22 juillet 1939 portant réorganisation de la justice française en AOF, de l'article 1) du décret du 25 juillet 1914, organisant la procédure du recours en annulation, et de la combinaison des articles 172, 177 et 414, du code local de procédure criminelle, que cette voie spéciale de recours n'est ouverte devant la Cour d'appel, en matière de simple police, contre les seuls jugements non susceptibles d'appel, rendus en premier et dernier ressort, c'est-à-dire lorsque le jugement attaqué, s'il émane d'une justice de paix à compétence limitée, ne prononce pas d'emprisonnement, ni des amendes, restitutions ou autres réparations civiles excédant cinquante francs outre les dépens, ou si elle est rendue par un tribunal de première instance ou une justice de paix à compétence étendue, lorsque cette décision prononce, en premier et dernier ressort, des peines d'emprisonnement inférieures à cinq jours, ou des amendes, restitutions ou autres réparations n'excédant pas mille deux cents francs outre les dépens [83].

Le pourvoi en annulation, tenant lieu de pourvoi en cassation, est une voie de recours extraordinaire qui ne peut, en toute logique, coexister avec les voies de recours ordinaires. Le législateur ayant entendu la réserver à ceux qui ont épuisé les voies ordinaires de recours mises à leur disposition, le recours en annulation n'est jamais ouvert que contre les jugements en dernier ressort non susceptibles d'être réformés par la voie de l'appel [84].

En matière de droit local, ce sont les mêmes principes que la Cour d'appel reconduit, à propos du pourvoi en homologation [85] formé devant la chambre spéciale de la Cour d'appel. Ainsi, conformément aux dispositions des articles 68 et 70 du décret du 3 décembre 1931, la chambre spéciale d'homologation ne peut connaître des jugements soumis à l'appel que lorsque le pourvoi intervient postérieurement à l'expiration du délai d'appel [86]. Cette décision s'explique par le fait que l'appel ne peut coexister avec le recours en homologation, "qui est une voie de recours extraordinaire réservée, en principe, à ceux qui ont épuisé les voies ordinaires de recours mises à leur disposition, ou qui n'ont pas été mis en mesure de le faire. "Les voies de recours extraordinaires ne pouvant coexister avec les voies de recours ordinaires, il n'est pas permis à une partie d'opter sciemment pour la voie extraordinaire de l'annulation alors

---

83. Affaire N'Drin Ludovic et consorts, Arrêt du 11 janvier 1951. Greffe de la Cour, Arrêts chambre d'annulation française, année 1927 à 1954, à la date.
84. Arrêt n° 43 du 22 septembre 1876. Greffe de la Cour de Dakar, chambre d'annulation française, Registre 1863 à 1926, à la date.
85. À la suite du législateur colonial, la jurisprudence parle tantôt de pourvoi en annulation, tantôt de pourvoi en homologation, pour désigner le pourvoi formé, en matière indigène, devant la chambre spéciale de la Cour d'appel. Pour éviter toute confusion avec le pourvoi formé en droit français, nous garderons l'appellation de pourvoi en homologation.
86. Arrêt n° 122 du 16 août 1951, Affaire Sidi Mandé Haïdara contre Fako Keïta. Greffe de la Cour, Arrêts chambre d'annulation, année 1950 et 1951.

que lui est ouverte la voie ordinaire de l'appel au deuxième degré de juridiction dont la mission est précisément de réparer toutes les erreurs que peuvent avoir commises les premiers juges".

C'est parce qu' "aux termes de l'article 68, en ses paragraphes 1 et 2, du décret du 3 décembre 1931, la chambre d'annulation connaît du pourvoi en annulation des jugements des tribunaux de premier degré non susceptibles d'appel, et des jugements des tribunaux du premier degré et du deuxième degré susceptibles d'appel, mais dont le délai est expiré", que n'est pas recevable le pourvoi formé contre un jugement du tribunal du deuxième degré de Kaolack, du 12 avril 1934, statuant en matière de divorce, et qui est également frappé d'appel [87]. Ne peuvent non plus être admis, les pourvois en annulation dirigés contre les jugements rendus les 6 juin 1948 par le tribunal de premier degré de Tivaouane, et 20 janvier 1949 par le tribunal du deuxième degré de Thiès, frappés d'appel respectivement devant le tribunal du deuxième degré de Thiès et le tribunal colonial d'appel de Saint-Louis [88]. La Cour d'appel finit par décider que, selon les dispositions de cet article 68 du décret organique du 3 décembre 1931, "la chambre d'annulation connaît sur pourvoi en annulation :

- des jugements des tribunaux du premier et du deuxième degré non susceptibles d'appel ;
- des jugements des tribunaux du premier et du deuxième degré soumis à l'appel lorsque le délai pour en appeler est expiré ;
- des arrêts sur le fond du tribunal colonial d'appel [89].

Il en est de même au Togo, où, "aux termes de l'article 68 du décret du 21 avril 1933, réorganisant la justice indigène au Togo", qui est le pendant de celui du 3 décembre 1931 pour l'AOF, modifié par le décret du 22 janvier 1936, la chambre d'annulation connaît sur pourvoi en annulation :

- des jugements des tribunaux du premier et du deuxième degré non susceptibles d'appel ;
- des jugements des tribunaux du premier et du deuxième degré soumis à l'appel, lorsque le délai pour en appeler est expiré ;
- des arrêts sur le fond du tribunal colonial d'appel".

Est donc irrecevable, le pourvoi formé contre un arrêt du tribunal colonial d'appel de Lomé, du 20 juin 1946, qui n'a point statué sur le fond du procès jugé en premier ressort par le tribunal du second degré de Lomé, entre Van Lare Francisco et Joseph A. Baéta, puisqu'après avoir infirmé le jugement

87. Arrêt n° 68 du 13 septembre 1934, Affaire lsmana Mbaye contre Mame Boye Wone. Greffe de la Cour de Dakar, chambre d'annulation, année 1934.
88. Arrêt n° 19 du 29 juillet 1950, Affaire Mamour Coumba Ndiaye contre Matar Sop Ndiaye. Greffe de la Cour, chambre d'annulation, année 1950 et 1951.
89. Arrêt n° 21 du 1er septembre 1948, Affaire Mamadou Bakhat contre Demba Mamady. Greffe de la Cour de Dakar, chambre d'annulation, année 1947 à 1949. Et Affaire Amadou Mbaye contre Mame Binta Sarr, Arrêt n° 7 du 29 juin 1950, *Ibid.*

entrepris, cet arrêt s'est borné à renvoyer les parties à se pourvoir comme elles l'entendront [90].

Le recours en annulation n'est donc recevable que contre les jugements rendus en dernier ressort. Toutefois la Cour d'appel prend la peine de préciser que : "le décret du 10 novembre 1903 permet, en son article 7, d'attaquer par la voie de l'annulation devant la Cour d'appel, les décisions rendues en premier et dernier ressort, en toute matière, mais seulement pour excès de pouvoir, incompétence, ou violation de la loi [91]. C'est dire que cette restriction limite à la connaissance des moyens de droit, la compétence de la Cour statuant par voie d'annulation. D'où, l'assimilation de l'instance en annulation, non pas à un appel, mais à un pourvoi en cassation. C'est ce que fait la Cour de Dakar quand elle déclare que : "La Cour d'appel statuant comme Cour d'annulation a, pour unique devoir, d'examiner si les jugements définitifs, en premier et dernier ressort qui lui sont soumis, ont violé la loi [92]. Dans la cause, il s'agit de Di Constainza Joseph, exerçant la profession de coiffeur à Saint-Louis. Traduit devant le tribunal de première instance du chef-lieu du Sénégal, statuant en matière de simple police, il avait été condamné, le 23 mai 1918, à cinq cents francs d'amende, pour la vente de substances vénéneuses, en infraction aux articles 19 et 27 de l'arrêté du 25 mars 1910, mais relaxé du chef de prévention d'exercice illégal de la pharmacie. Sur le pourvoi du Procureur général, la Cour décide que si les tribunaux ont le droit de constater souverainement les faits constitutifs des infractions, et d'apprécier tous les éléments de criminalité, la Cour est chargée de réprimer les violations commises contre la loi. Son rôle se réduit à examiner, en droit, si les qualifications que les tribunaux ont données aux faits qu'ils ont constatés sont exactes. Par suite, dans le cas d'espèce, le tribunal saisi d'une poursuite pour exercice illégal de la pharmacie, ne pouvait renvoyer Di Constainza des poursuites sans constater la matière des produits mis en vente.

C'est parce que "la Cour ne saurait entrer dans l'examen des faits litigieux qui rentre dans les pouvoirs souverains du juge du fait [93], que les examens des faits sur lesquels le tribunal de première instance de Kaolack a basé son jugement, du 5 mai 1942, condamnant la CFAO à payer à André Diagne, 450 francs à titre d'indemnité de préavis et 640 francs à titre d'indemnité de licenciement, échappent au contrôle de la Cour [94]. De quoi s'agissait-il, dans la cause ? Le 17 janvier 1942, l'agence kaolackoise de la CFAO avait congédié de son emploi le chauffeur André Diagne, qui était à son service depuis 1933.

---

90. Arrêt n° 7 du 29 avril 1948, Affaire Van Lare Francisco contre Joseph A. Baéta. Greffe de la Cour d'appel, chambre d'annulation, année 1947 à 1949.
91. Arrêt du 20 septembre 1912, *Pen.* 1913, 1, p. 98.
92. Arrêt du 14 novembre 1918, Affaire Di Constainza Joseph. Greffe de la Cour de Dakar, Arrêts de la chambre d'annulation française, année 1863 à 1926, à la date.
93. Arrêt n ° 24 du 18 décembre 1914, *Ibid.*
94. Arrêt n° 84 du 28 août 1942, Affaire CFAO contre André Diagne. Greffe de la Cour, Arrêts de la chambre d'annulation française, année 1927 à 1954.

Se prétendant lésé dans ses droits, André Diagne fit assigner la CFAO après l'échec de la tentative de conciliation instituée par le décret du 15 septembre 1937, à comparaître devant le tribunal de première instance de Kaolack. Il réclamait à son ancien employeur, le paiement :

- d'une somme de 450 francs, représentant un mois de salaire, à titre d'indemnité de préavis ;
- de la somme de 225 francs pour quinze jours de congés payés ;
- d'une indemnité de licenciement calculée sur neuf années de service.

Par un jugement du 7 avril 1942, rendu en dernier ressort, le tribunal de Kaolack fit droit aux prétentions du demandeur, en ce qui concerne les salaires de congés, et ordonna une expertise sur la faute professionnelle invoquée par la CFAO pour justifier le brusque renvoi de son employé. Sur le vu du résultat de ces mesures d'instruction, le tribunal condamnait le 5 mai 1942 la CFAO à payer à André Diagne, la somme de 450 francs à titre d'indemnité de préavis, et celle de 640 francs à titre d'indemnité de licenciement. Le 7 mai 1942, la CFAO se pourvoit en annulation contre les jugements énoncés, au motif qu'ils ont violé, autant les dispositions des articles 1320 et 19322 du code civil, que celles de l'article 111, alinéas 5 et 8, de la Convention collective du 6 mai 1938.

Pour examiner le bien fondé de ce pourvoi, il était difficile à la Cour de ne pas rentrer dans l'examen des faits litigieux. C'est pourtant ce qu'elle se refusa de faire en estimant que, pour écarter comme étant sans valeur libératoire le reçu pour solde de compte délivré par A. Diagne à la CFAO, le tribunal a fait usage du pouvoir souverain d'appréciation qui lui appartient, pour décider que, l'employé congédié ne pouvait renoncer à son indemnité spéciale de licenciement qu'en se reconnaissant l'auteur d'une faute grave excluant l'octroi de cette indemnité. Or, le reçu ne contenant aucun aveu de la faute alléguée, il ne pouvait impliquer renonciation à l'indemnité. De même, en se basant sur l'insuffisance de preuve de la faute alléguée par la CFAO pour écarter la faute grave susceptible de légitimer le renvoi sans préavis, le tribunal s'est fondé sur des considérations de fait qui échappent au contrôle de la Cour.

La chambre d'annulation se refuse à instruire le fond des affaires qui lui sont déférées. Son examen ne vise qu'à contrôler les applications jurisprudentielles de la législation. Dans l'affaire Établissements Vezia contre ministère public [95] nous avons une nouvelle illustration de cette politique. Dans l'espèce, le tribunal de Kaolack, statuant en matière de simple police, avait condamné, par un jugement du 21 août 1940, les Établissements Vézia à 25 francs d'amende pour contravention à un arrêté du 1er février 1937 qui réglementait l'exploitation et la circulation des produits des forêts dans la colonie du Sénégal. Cette société n'avait pu présenter au service des Eaux et Forêts le permis de dépôt afférant aux 1 581 piquets de rôniers, et 986 *crintings* qu'elle déte-

95. Arrêt du 2 avril 1943. Greffe de la Cour, Arrêts de la chambre d'annulation française, année 1927 à 1954, à la date.

nait. La confiscation des bois saisis ayant été en outre prononcée, les Établissements Vézia se pourvurent en annulation. À l'appui de leur requête ils invoquèrent, entre autres, le fait que le tribunal, en donnant force probante aux mentions du procès-verbal, n'avait pas cru devoir distinguer celles qui constituent les faits, de celles qui les qualifient. Pour les magistrats de la Cour, le tribunal s'était fondé sur le procès-verbal des Eaux et Forêts pour voir une contravention à l'arrêté du 1er février 1937 qui décide que toute personne faisant le commerce des produits forestiers doit, sous sa propre responsabilité, justifier de l'origine des quantités qu'elle détient par la production du permis de dépôt. L'appréciation des faits qui constituent la contravention appartenant souverainement au juge de répression, cette constatation est régulière et suffisante.

2. Le pourvoi en annulation pour violation de la loi indigène

La chambre spéciale de la Cour d'appel joue-t-elle le même rôle en droit local ? Le pourvoi en homologation est-il une voie de réformation ? A-t-il un effet dévolutif ? Les causes du pourvoi en homologation sont-elles les mêmes que les causes du pourvoi en cassation ?

Selon la réglementation de la procédure du pourvoi en cassation, il y a cinq cas de pourvoi : violation de la loi, excès de pouvoir, inobservation des formes, contrariété des jugements, et incompétence. Peut-être qu'à la lumière de ces cas de pourvoi, pourrions-nous mieux définir le rôle de la chambre spéciale, et voir comment il sert de régulateur à la jurisprudence de droit local. Toutefois devant revenir sur la répartition des compétences entre les juridictions de droit coutumier et les juridictions de droit commun, nous ne nous arrêterons pas ici sur le rôle qui lui est dévolu en tant que tribunal colonial des conflits. Nous en reparlerons dans le chapitre second.

Le rôle de la chambre spéciale de la Cour d'appel est défini par le décret du 10 novembre 1903 en ses articles 64 et 67. Selon l'article 64 : "lorsqu'il aura été rendu par un tribunal indigène un jugement devenu définitif et contre lequel aucune partie n'aura réclamé dans les délais déterminés, le Procureur général pourra d'office et nonobstant l'expiration des délais en demander, s'il y a lieu, l'annulation à la chambre d'homologation. Le jugement sera annulé sans que les parties puissent s'en prévaloir pour s'opposer à son exécution". Comme dans le cas du pourvoi en cassation, le pourvoi dans l'intérêt de la loi est, pourrait-on dire, formé pour le principe. La décision annulée conserve l'autorité de la chose jugée, entre les parties, elle peut même être exécutée. Lorsque la chambre annule, elle renvoie l'affaire devant le tribunal qui en aura connu, en indiquant par arrêt motivé les points insuffisamment établis ou reconnus erronés, sur lesquels devra porter le nouvel examen des juges". La chambre spéciale ne peut donc, conformément aux dispositions de l'article 67, substituer sa décision à celle des premiers juges. C'est dire que ce pourvoi, comme toute voie de recours extraordinaire, n'est pas une voie de réformation.

Cette voie de recours s'exerce-t-elle, comme pour le pourvoi en cassation, toutes les fois qu'il y a violation de la loi, contrariété de jugements, inobservation des formes, et excès de pouvoir ?

La chambre spéciale se livre dans plusieurs de ses décisions à une large interprétation du pourvoi pour violation de la loi tel qu'il est défini dans la jurisprudence métropolitaine, à savoir, fausse interprétation d'un texte, ou solution erronée d'un point de droit [96].

C'est ainsi que, dans l'affaire Brahima Camara [97], un jugement du tribunal répressif du premier degré de la commune mixte de Bamako, Soudan Français, est annulé pour fausse qualification des faits.

Un travailleur avait reçu, à titre d'avance de salaire, une somme de deux cents francs. Mais il s'enfuyait aussitôt qu'il perçut cette somme. Le tribunal répressif du premier degré de Bamako le condamna, dans un jugement du 14 novembre 1944, à un an d'emprisonnement, et deux cents francs de dommages intérêts, "pour abus de confiance sur avance de salaire". Le Procureur général forma, le 28 avril 1945, un pourvoi en annulation contre ce jugement pour inexacte qualification des faits. La Cour annula ce jugement, au motif que les éléments du délit d'abus de confiance n'étaient pas caractérisés. Le prévenu ayant reçu la somme de deux cents francs, pour son usage personnel, et à titre d'avance de salaire, les deux cents francs étaient bien sa propriété. Par contre, la Cour retient contre lui le délit d'escroquerie. En effet, en s'engageant à travailler contre salaire, le prévenu avait fait naître l'espoir qu'il fournirait son labeur pendant un certain temps. C'est ce qui a déterminé le plaignant à faire l'avance de solde de deux cents francs. Donc en s'enfuyant après avoir perçu cette somme, le prévenu manifestait par ce geste que le contrat de travail n'était qu'une manœuvre frauduleuse destinée à provoquer l'allocation de l'avance de solde. D'où sa condamnation à six mois d'emprisonnement par application des articles 16 et 116 du code pénal indigène.

Dans l'affaire Megbé Dosso et Mankon Koné [98], la chambre spéciale annule, pour solution erronée de points de droit, un jugement du tribunal répressif du premier degré de Séguéla, en Côte-d'Ivoire. Ce tribunal avait, en effet, condamné, le 16 juin 1945, Megbé Dosso et Mankon Koné, à la peine de six mois d'emprisonnement chacun pour désertion d'un chantier. La Cour a prononcé l'annulation au motif que, n'était pas applicable à la cause, le décret du 2 juin 1932 sur lequel se fondait le jugement. Ce texte vise, expressément, "les sujets français, protégés, ou assimilés qui commettent des détournements ou des dissipations d'avances de salaires au préjudice de l'employeur auquel ils sont liés par un contrat de travail, ou qui, après avoir voyagé pour arriver sur le

96. Reg. 9 juillet 1945, *D.* 1946, 53 ; Reg. 19 fév. 1946, s. 1946, 1. 54.
97. Arrêt n° 56 du 31 mai 1945. Greffe de la Cour, Arrêts de la chambre d'annulation, année 1945.
98. Arrêt n° 89 du 25 octobre 1945. Greffe de la Cour de Dakar, Arrêts de la chambre d'annulation, année 1945.

lieu d'exécution du travail aux frais de l'employeur, se sont volontairement soustraits aux obligations antérieurement consenties". Or, il est reproché aux prévenus le fait, qu'appelés à Séguéla en vue d'y subir une visite médicale d'aptitude qui leur aurait permis de contracter un engagement d'un an avec un exploitant forestier d'Abengourou, ils ont disparu après cette visite médicale. Le contrat n'ayant pas été conclu, aucun lien de droit ne pouvait exister entre les prévenus et l'employeur. Dès lors, le jugement entrepris devait être annulé pour défaut de base légale.

La chambre d'homologation, usant ainsi de son droit strict, contrôle l'application et l'interprétation par les juges de fond de la législation locale. Elle réforme les jugements erronés dus à la tendance des administrateurs qui président les juridictions inférieures à épouser le même point de vue que les exploitants coloniaux en ce qui concerne les travailleurs indigènes. En effet, devant le manque de main-d'œuvre dû au fait que les Africains n'échangeaient pas facilement leurs activités traditionnelles pour un travail salarié, les employeurs européens s'en procuraient où ils pouvaient, et l'administration n'hésitait pas à recourir aux méthodes contraignantes de recrutement : nous y reviendrons.

Y a t-il pourvoi en annulation devant la chambre spéciale, pour contrariétés de jugements ? Nous n'avons pas rencontré d'arrêt en ce sens. Ce qui peut s'expliquer. Ce cas de pourvoi est inexistant de par l'organisation judiciaire de droit local. La répartition des compétences entre les juridictions est telle, et le contrôle si rigoureux, qu'il est pratiquement impensable que la même affaire soit jugée, en dernier ressort, par deux juridictions différentes. Ce qui est par contre fréquent, ce sont les erreurs de compétence ou de qualification, dues à l'ignorance des magistrats. Ainsi, selon le Procureur général, "souvent la nature du litige échappe aux tribunaux indigènes qui, à tort, jugent au civil, des affaires correctionnelles telles les délits d'escroquerie, les abus de confiance ou les violences ; en correctionnelle des affaires relevant de la compétence criminelle des tribunaux de cercle, à l'exemple du tribunal de province de Banfora qui juge de coups et blessures mortels en correctionnelle ; ou l'inverse, au criminel des affaires correctionnelles qui relèvent de la compétence des tribunaux de province ; en correctionnelle, d'affaires disciplinaires qui sont de la compétence répressive du commandant de cercle : le tribunal de province de Bamako juge du départ d'un village sans autorisation, ou du refus d'y revenir pour se soustraire à l'impôt. Quelquefois, des condamnations à de simple dommages-intérêts ont été prononcées, sans aucune sanction pénale pour des délits caractérisés, tels les coups et blessures. Des motifs étranges servent, parfois, de base à des condamnations correctionnelles qui paraissent peu justifiées nonobstant la coutume qui peut exister : le tribunal de province de Djenné inflige sept jours de prison à un indigène qui a donné un nom à son neveu, nouveau-né, sans consulter le père de l'enfant [99].

En législation coloniale, la contrariété de jugements ne donne pas lieu au recours en annulation. Si bien qu'en cas de contradictions entre les motifs d'un jugement et son dispositif, la chambre d'annulation parle de violation de la loi. C'est ce qui arrive dans l'affaire Dao Dogo [100]. Il s'agissait, dans la cause d'un Ivoirien prévenu de vagabondage et de violences légères. Traduit devant le tribunal du premier degré de Bouaké, il est acquitté, en se voyant cependant infliger deux années d'interdiction de séjour. Sur le pourvoi du Procureur général dans l'intérêt de la loi, la chambre spéciale relève la "contradiction entre les motifs du jugement qui déclare Dao Dogo coupable, et la première partie du dispositif, portant acquittement de ce prévenu, et l'annule pour violation de l'article 83 du décret organique.

Le troisième cas de pourvoi en annulation se présente, lorsqu'il y a inobservation des formes prescrites par les décrets organiques. Ces formes substantielles dont la violation est sanctionnée de nullité, sont très variées. Elles peuvent concerner aussi bien la composition des juridictions que des irrégularités de procédure.

Dans la composition des tribunaux indigènes une grande importance est accordée par le législateur local, à la représentation du statut des parties et des prévenus. "Ce principe, déclare le gouverneur général dans ses instructions, domine toute l'organisation judiciaire locale. De sa compréhension claire, et de son application intelligente dépend tout l'avenir de la justice indigène". Le respect de ce principe est d'autant plus fondamental que le statut se confond avec la coutume. Il est la coutume considérée non plus en tant que règle objective et abstraite, mais en tant que règle subjective et concrète, individualisée, devenue pour ainsi dire agissante en une personne humaine dont elle détermine la situation juridique, La coutume étant le miroir fidèle de la vie sociale, elle doit être respectée dans sa diversité. Aussi, poursuit le gouverneur général, "les rapports sociaux de tout indigène seront régis par sa coutume et les tribunaux qui lui feront l'application de cette coutume, dans le cas de litige ou d'infraction, seront nécessairement composés de juges observant la même coutume. Le tribunal sera un miroir fidèle où se refléteront exactement les coutumes pratiquées par les justiciables. Nous devons d'autant plus nous attacher au principe de la personnalité des coutumes qu'il est en corrélation parfaite avec les principes de notre politique indigène. Chaque groupement ethnique doit évoluer dans son propre milieu, en conservant ses particularités sous la direction de chefs choisis dans son sein et contrôlés par nous. De même, cha-

99. Gouverneur général à lieutenant-gouverneur du Haut-Sénégal et Niger, 2 septembre 1900, a.s. du fonctionnement de la Justice indigène au Haut-Sénégal et Niger. ANS, série M 122, pièce n° 8.

100. Arrêt n° 6 du 22 janvier 1942. Greffe de la Cour, Arrêts de la chambre d'annulation, année 1942.

que groupement ethnique sera régi par ses propres coutumes et jugé par des magistrats également choisis dans son sein et contrôlé par nous. Nous avons constitué des commandements indigènes purement territoriaux. De même, nous avons découpé des ressorts judiciaires sans prendre en considération les populations. Or, l'ordre social primitif repose sur les liens du sang, sur la parenté ethnique, Nous fixerons donc la répartition politique et judiciaire de la population, en tenant compte de l'appartenance à tel ou tel groupement ethnique [101].

C'est parce qu'il y a connexité entre la politique des races, qui domine la politique de l'administration en milieu africain, et ce principe de la personnalité des coutumes qui est un des traits caractéristiques de l'organisation judiciaire locale, que les autorités préconisent dans la composition des tribunaux de droit local, non seulement un équilibre entre les différents groupements ethniques, mais aussi, un équilibre religieux. Ce qui n'est pas toujours aisé ainsi que le démontre le chef de la colonie du Haut-Sénégal et Niger : "le principe dominant du décret du 10 novembre 1903, grâce auquel l'équilibre religieux et l'égalité juridique devaient être réalisés entre les collectivités musulmanes et fétichistes, est celui qui rend obligatoire, dans la composition des tribunaux indigènes, la présence de juges ou d'assesseurs appartenant au même statut que les parties en cause. En théorie, la solution est irréprochable, en fait, elle se heurte à de nombreuses difficultés d'application, et nous devons reconnaître aujourd'hui que nous avons été nous-mêmes, avec les meilleures intentions, les auxiliaires inconscients de la propagande musulmane [102]. À quoi est dû ce déséquilibre entre les coutumes fétichistes, et la loi coranique ? À la supériorité de l'islam ? Le recul du statut non musulman est favorisé plutôt par des facteurs politiques. L'administration préférait collaborer dans les juridictions de droit local, avec les notables musulmans. Mieux placée, cette caste supérieure avait su, dès le début, s'entremettre entre les autorités locales et les fétichistes, en isolant ces derniers, choisir leurs assesseurs, même en pays fétichiste, parmi les traitants musulmans qui n'avaient garde de refuser un mandat qui leur permettait de favoriser l'extension de leur religion. Le tribunal devenait ainsi un agent puissant de propagande religieuse. Et les fétichistes, généralement moins fortunés, n'osaient se réclamer d'un statut discrédité aux yeux de leurs juges.

Le choix d'assesseurs musulmans est d'autant plus opportun qu'ils rendent d'éminents services. "Les musulmans estiment Monsieur Beurdeley, chef de bureau au ministère des colonies, sont manifestement supérieurs à tous les autres. Ils connaissent parfaitement la loi coranique dont les textes précis rendent sans doute plus aisé l'accomplissement de leur tâche, ils donnent tous

101. Avant-projet d'instructions générales sur l'application du décret du 16 août 1912. ANS, série M 86, pièce 4, p. 35 et s.

102. Lieutenant-gouverneur du Haut-Sénégal et Niger à Gouverneur général, Bamako le 29 avril 1911. ANS, série M 83, pièce 18.

entière satisfaction. Parmi les magistrats non musulmans, un très petit nombre seulement ont une valeur appréciable ; les défauts les plus caractéristiques sont : l'hésitation dans l'application des coutumes qui sont souvent, il est vrai, assez imprécises et d'autre part, le manque absolu de proportionnalité des infractions et des peines. La diversité des races habitant une même région, la variété des dialectes constituent, il faut le reconnaître, des obstacles qui ne sont pas toujours faciles à surmonter [103].

Malgré ce constat, la chambre d'annulation de la Cour d'appel n'hésite pas à faire respecter les formes prescrites par les textes organiques. Sont donc annulées, les décisions de tribunaux de droit local qui, dans leur composition, méconnaissent les prescriptions des textes. Encourt cette sanction, le jugement rendu par le tribunal de Cotonou : avec le concours d'assesseurs respectivement de coutume “Fon et Goun”, alors que les parties, qui étaient indiquées, en première instance, comme étant de coutume “Aizo”, sont portées au jugement du tribunal du second degré comme étant, l'une de coutume “Goun” et l'autre de coutume “Aizo” [104].

Doit également être prononcé, pour l'irrégularité de composition du tribunal de cercle de Koumbia, l'annulation du jugement du 17 avril 1916, qui a condamné les nommés Sarah Tyapani et Moussa Traoré, tous deux de statut fétichiste, alors qu'y siégeait un assesseur de statut musulman. En effet, selon les dispositions combinées des articles 7 et 16 du décret du 16 août 1912, “dans la composition des tribunaux indigènes jugeant en matière répressive, seul le statut du ou des prévenus doit être représenté par les assesseurs” [105].

Dans la recherche de l'équilibre, toujours précaire, qui doit exister entre les différentes composantes africaines de la société coloniale, les autochtones qui se convertissent au christianisme, n'ont pas manqué de soulever des difficultés particulières. En Afrique occidentale, si l'on excepte les originaires des Quatre Communes de plein exercice du Sénégal, les Français se divisent en deux catégories principales : les citoyens, c'est-à-dire les métropolitains d'origine, ou les naturalisés, et les sujets, qui constituent la masse des autochtones. Alors que les citoyens sont régis, sur le plan du droit privé, par le code civil, les sujets sont régis par leurs coutumes ancestrales, ou par le droit coranique. Aucune autre catégorie n'est prévue. Qu'en est-il des autochtones qui se font baptiser ? Par quel statut personnel sera régi l'indigène devenu chrétien ?

Dans les établissements français de l'Ancien régime, le baptême équivalait à une naturalisation, et conférait la qualité de régnicole [106]. Après la révolu-

---

103. Rapport sur une mission d'étude concernant le fonctionnement de la Justice indigène dans les colonies de l'Afrique occidentale française, novembre 1913 - juin 1914. ANS, série M 85, pièce n° 38.
104. Arrêt du 28 janvier 1948. *Pen.* 1950, 1, p. 76.
105. Arrêt du 12 septembre 1916. *Rec.* 1917, 2, p. 188.
106. V. Y. Gouet, « Le Nouveau statut des Originaires des T.O.M. dans l'Union Française », *Pen.* 1947, 2. p. 71 et s. Cet auteur cite les Lettres patentes de Louis XIV

tion, la conversion n'eut plus d'effets aussi étendus. Mais de ce que la qualité de citoyen doive être refusée à l'autochtone converti et non naturalisé, s'ensuit-il que sa conversion soit sans effet sur la loi civile qui le régit ? Le converti ne se trouverait-il pas, par sa conversion, soumis au statut personnel français, au lieu et place de son ancien statut coutumier ? Pour la chambre spéciale de la Cour d'appel, le critérium invoqué étant purement religieux, il ne saurait avoir aucun effet juridique. Et dans un arrêt du 9 juin 1921 [107], elle refuse de reconnaître l'existence d'une coutume catholique, au double motif, que les coutumes, par définition ancestrales, ne peuvent être modifiées par une religion d'expansion récente, et qu'un culte ne peut avoir d'influence sur les droits civils de ses adeptes. Dans l'espèce, le tribunal de cercle de Bafoulabé, colonie du Soudan Français, sous le prétexte que l'agent vaccinateur Bernard Koné, prévenu de contravention au décret du 7 décembre 1915 relatif à la police sanitaire des animaux, était de statut chrétien, s'était adjoint l'assesseur Jean-Marie Diarra, chef de gare, également qualifié de statut chrétien. La chambre spéciale va annuler ce jugement pour vice de forme, au motif que le christianisme, qui ne constitue pas un statut, contrairement à l'islam qui n'est pas seulement une religion, mais une loi, ne pouvait donner à Bernard Koné des droits civils indigènes nouveaux et contraires aux coutumes. Au mieux, le tribunal aurait pu employer la formule de l'article 7 du décret du 16 août 1912, à savoir, "statut musulman ou non musulman", puis indiquer entre parenthèses, pour les autochtones de statut non musulman, leur catégorie sociale, à savoir, chrétien, fétichiste, protestant, agni, bambara, etc. Toutes les fois que cette catégorie pourrait être représentée.

Le baptême ne peut donc pas entraîner la renonciation au statut personnel coutumier. D'un point de vue strictement juridique, la conversion, acte religieux, ne peut avoir aucune implication civile. Dans la législation coloniale, l'option pour le droit commun français qui régit les citoyens n'est permise que suivant certaines formes bien déterminées. Les droits de citoyens peuvent être obtenus, par la naturalisation individuelle, jusqu'en 1946, ou, dans les Établissements français de l'Inde, par la renonciation au statut personnel de l'indigène baptisé. C'est dire que, "la lettre des décrets n'autorise pas à affranchir le converti de la loi indigène, et que la conversion ne constitue nullement une option au sens prévu par la loi" [108]. Si, au plan juridique, cette solution semble inattaquable, au plan des faits, il est difficile d'en dire autant. En effet,

---

du 29 avril 1627 où il est expressément édicté que : "les sauvages qui seront amenés à la foi et en feront profession seront censés et réputés naturels français et comme tels pourront venir habiter en France quand bon leur semblera et y acquérir, tester, succéder et accepter successions et legs tout ainsi que les vrais régnicoles français sans être tenus de prendre aucune lettres de déclaration ou de naturalité".

107. Arrêt du 9 juin 1921. *Rec.* 1921, 2, p. 143.

108. A. Bonnichon, *La Conversion au Christianisme de l'Indigène musulman algérien et ses effets juridiques. Un cas de conflit colonial.* Paris, Librairie Sirey, 1931, p. 50.

l'entrée d'un Africain dans l'Église ne peut être sans conséquence pour lui. Le plus souvent, elle impliquera une rupture avec la tradition. En effet, si les missionnaires refusent que le christianisme soit dépeint sous l'angle d'une civilisation, il est incontestable que pour le converti, l'apport chrétien se traduit par unc opposition à tous les principes de son milieu qui sont en contradiction avec sa nouvelle foi. Ne pouvant pas encore être régi par le droit commun français, il ne peut plus l'être par le droit coutumier. N'est-ce pas là le signe d'un aménagement insuffisant de sa situation juridique ?

Le second cas d'annulation pour vice de forme est constitué par le non-respect de la procédure édictée par les textes organiques. Et il ressort de sa jurisprudence, que la chambre spéciale veille particulièrement à faire respecter la procédure de conciliation, qu'elle qualifie de forme substantielle de la procédure de droit local. Ayant en effet perçu le "caractère patriarcal" [109] de la justice africaine, le législateur colonial a, dès les premiers décrets organiques, investi le magistrat indigène d'un large pouvoir de conciliation. Il contribuait, ainsi, à consolider l'autorité des chefs traditionnels, qui autrement n'étaient réduits qu'au rôle de simples figurants en matière judiciaire. Cependant, c'est avec le décret du 3 décembre 1931, réorganisant la justice indigène en Afrique occidentale française, qu'il donne à la procédure de conciliation le maximum d'effet. Ce texte consacre, en effet, une double forme de conciliation : le préliminaire de conciliation, facultatif et préventif à l'action en justice, et qui, selon les dispositions de l'article 5, ne fait pas obstacle à l'engagement ultérieur des instances ; la tentative de conciliation, obligatoire avant toute instance, et à l'issue de laquelle est établi un procès-verbal de conciliation, qui a force exécutoire.

L'article 23 du décret de 1931 rend obligatoire, pour les tribunaux de droit local, la conciliation judiciaire. En effet, en stipulant que : "Avant toute chose, le tribunal est tenu de tenter de concilier les parties. S'il y réussit, il établit un procès-verbal de conciliation qui a force exécutoire ; s'il n'y réussit pas, il instruit et juge l'affaire", ce texte oblige les juridictions de droit local à tenter, avant toute chose, la conciliation. C'est pourquoi la chambre spéciale d'annulation prononce la nullité des jugements lorsque le préliminaire de conciliation n'avait pas eu lieu. Dans son arrêt du 27 juin 1942 [110] c'est un jugement du tribunal du premier degré d'Anécho qui est annulé, pour avoir "été rendu sans préliminaire de conciliation, et partant, en violation de l'article 23 du décret organique". Cette obligation s'impose aussi bien au tribunal du premier degré, qu'au tribunal de second degré, lorsqu'il est saisi en premier

109. L'expression est de J. Chabas, *La conciliation devant les tribunaux de droit local de l'AOF*, Extrait, tiré à part, de la *RJPUF*, n° 3, juin-juillet 1953.

110. Affaire Djékodjéri contre Kpadonou Kouassi. Greffe de la Cour de Dakar, Arrêts de la chambre d'annulation, année 1942, Arrêt n° 84.

ressort. Selon en effet, un arrêt du 29 juin 1939 [111], et conformément aux dispositions de l'article 42 du décret organique, "les règles posées pour l'instruction et le jugement des affaires devant le tribunal du premier degré, sont applicables devant le tribunal du deuxième degré". D'où l'annulation d'un jugement du tribunal du deuxième degré de Cotonou, qui statuant comme juridiction de première instance, dans une contestation de terrain, n'a pas suivi les prescriptions de l'article 23. Pour la chambre d'annulation, "la conciliation tentée devant le chef de village de Glebodji, avant l'introduction de l'instance devant le tribunal du premier degré d'Allada, ne saurait répondre au vœu des articles 23 et 42 précités". Le tribunal était, en effet, tenu de tenter de concilier les parties nonobstant le pouvoir de conciliation du chef de village, dont la tentative n'était valable que comme préliminaire à l'examen du litige devant les juges du premier degré. Et, elle ne pouvait valoir comme préliminaire de conciliation pour l'instance engagée devant le tribunal du deuxième degré, statuant en premier ressort, à la suite du jugement d'incompétence rendu par le tribunal d'Allada.

La tentative de conciliation, devenue ainsi obligatoire, donne lieu, si elle réussit, à l'établissement d'un procès-verbal de conciliation qui a force exécutoire. Le procès-verbal met fin au litige, il termine le procès. Mais quelle est la matière juridique de ce procès-verbal ? Est-ce un jugement ? Il ne saurait l'être, répond la chambre spéciale. Et c'est parce qu'il n'est pas un jugement, qu'il ne peut être attaqué par la voie du pourvoi en annulation. En effet, décide la Cour [112] : "aux termes de l'article 68 du décret organique, la chambre d'annulation connaît sur pourvoi en annulation :

- 1) des jugements des tribunaux des premier et deuxième degrés non susceptibles d'appel ;
- 2) des jugements des tribunaux des premier et deuxième degrés soumis à l'appel lorsque le délai pour en appeler est expiré ;
- 3) des arrêts sur le fond des tribunaux coloniaux d'appel.

Le pourvoi en annulation dirigé contre la décision entreprise, qui est un procès-verbal de conciliation, et non un jugement, ne peut en conséquence être admis".

Après cette détermination négative, la chambre d'annulation a fini par considérer le procès-verbal de conciliation comme un contrat authentique passé devant le juge et ayant force exécutoire. C'est, précise la Cour, "un simple contrat judiciaire qui ne revêt pas la forme d'un jugement d'expédient et qui n'en a d'ailleurs pas le caractère. Il ne constitue qu'un acte soumis éventuellement à une exception, voire à une action en nullité comme lorsqu'il s'agit de contrat ou autres actes juridiques, action ou exception, sur lesquelles les juridictions compétentes pourront avoir à se prononcer, à la diligence des

111. Affaire Dossago Sa et autres contre Notai Gnivo. Greffe de la Cour, Arrêts de la chambre d'annulation, année 1939, Arrêt n° 40.

112. Arrêt du 29 juin 1950, déjà cité.

parties intéressées" [113]. Le procès-verbal de conciliation, est donc un accord intervenu entre les parties en présence du juge. Mettant fin aux débats, il ne peut être attaqué que par la voie de nullité ou de rescision devant les juges en présence de qui la convention a été conclue.

Les décrets organiques étant principalement des règlements d'organisation judiciaire, et de procédure, un des attributs de la chambre spéciale, en matière indigène, est de faire respecter les règles de répartition des compétences. Et puisque nous aurons l'occasion de revenir sur le problème de la répartition de compétences entre les juridictions de droit commun, et les juridictions de droit local, nous nous contenterons, dans ce quatrième cas de pourvoi en annulation, de ne parler que des pourvois formés par suite de l'empiètement de l'autorité judiciaire, sur les pouvoirs législatif ou exécutif. Ou plus précisément par l'empiètement du pouvoir judiciaire sur les prérogatives de l'administration locale. En effet, dans la colonie, seuls ces deux pouvoirs coexistent. Or, la délimitation de leur domaine respectif de compétence soulève, en Afrique occidentale, des difficultés parfois inextricables. Difficultés dues au fait que l'administration considère la justice indigène comme un des multiples aspects de son action politique. Elle ne peut donc se résoudre à en laisser le monopole au pouvoir judiciaire. En effet, pense-t-elle "Politique et justice sont, pour nos indigènes, en relation étroites. La doctrine de la séparation des pouvoirs ne s'est pas encore imposée à leur conscience. Pour eux, le chef qui commande et celui qui juge se confondent dans une seule et même personne. C'est par l'action qu'il exerce en tant que juge que, le plus souvent, l'administrateur fera accepter et aimer la domination française qu'il représente en tant que chef politique" [114].

Les conflits d'attributions les plus fréquents provenaient de la confusion, par les administrateurs, des fonctions judiciaires dont ils étaient investis par le décret organique du 10 novembre 1903, avec les attributions disciplinaires que leur conférait le décret du 30 septembre 1887 relatif à la répression par la voie disciplinaire des infractions spéciales commises par les indigènes non citoyens français.

C'est pour mettre fin à ces empiètements, que le gouverneur général [115] insiste sur quelques dispositions spéciales, du décret organique sur la justice indigène, qui permettent de se rendre compte que le nouvel organisme judiciaire, loin de s'opposer aux sanctions administratives qui conservent toute leur utilité, doit aider à les exercer avec plus de circonspection et de régularité.

113. Arrêt n° 91 du 21 juin 1951. Greffe de la Cour, Arrêts de la chambre d'annulation, années 1950 et 1951.
114. Le chef du service des Affaires civiles par intérim, au sujet d'un avant-projet d'instruction..., déjà cité.
115. V. son Instruction aux administrateurs de la Sénégambie sur l'application du décret du 10 novembre 1903, portant réorganisation du service de la Justice. ANS, série M 118, pièce n° 48.

Désormais, dès qu'une cause leur est déférée, les administrateurs doivent se renseigner sur l'origine et la situation civile de l'indigène impliqué, le décret du 30 septembre 1887 ne s'appliquant pas aux indigènes citoyens français. Il leur est recommandé, de même, d'examiner avec soin si l'infraction commise est prévue par les arrêtés locaux relatifs à l'indigénat. Lorsque ces deux conditions sont réunies, ils doivent déterminer la pénalité qu'après réflexion et en s'inspirant des sentiments d'équité et de haute raison qui doivent diriger tous leurs actes. Les autorités locales doivent éviter d'appliquer trop uniformément le maximum de la peine d'emprisonnement, et surtout le maximum des deux peines cumulées d'amende et de prison. Cette façon de procéder serait en contradiction avec l'esprit du décret. L'acte organique, de 1903, en édictant deux peines distinctes, et en déterminant pour chacune d'elle un minimum et un maximum, a entendu établir une échelle des pénalités graduée suivant la gravité variable de l'acte à punir, dont l'application est laissée à la conscience de l'administrateur. Celui-ci a le devoir de se conformer absolument à cette règle qui est un des principes essentiels du droit pénal métropolitain, applicable également à l'indigénat.

Mais pour mieux délimiter la compétence judiciaire des pouvoirs disciplinaires des administrateurs, n'est-il pas préférable de déterminer le motif de l'institution des infractions spéciales punies des peines administratives ?

C'est dans un arrêt du 29 novembre 1934 [116] que la chambre d'annulation se livre à l'interprétation des principes qui ont guidé le législateur dans l'élaboration des textes sur l'indigénat. De quoi s'agissait-il ? Le tribunal du premier degré de Grand-Popo Nord, au Dahomey, avait condamné à diverses peines d'emprisonnement, Capo Alaga, Anondo et Hounzamé, prévenus d'avoir à Djanglamé, les 26, 27 et 28 avril 1934, apporté de l'obstruction au paiement de l'impôt. Le Procureur général se pourvoit en annulation, au motif de la violation des articles 10 et 27 du décret du 3 décembre 1931, de la combinaison desquels il ressort que, les juges indigènes ne peuvent connaître que des infractions judiciairement répressibles à l'exclusion des infractions spéciales punies de peines administratives. La Cour devait donc, soit annuler le jugement, parce que les faits reprochés aux prévenus rentrent incontestablement dans le cadre de ceux qui sont qualifiés, par l'arrêté général du 20 juin 1925, d'infractions spéciales répressibles par la voie disciplinaire, soit rejeter le pourvoi, en se fondant sur la considération que les faits étaient passibles aussi bien de la répression administrative, que de poursuite judiciaire. En effet, il semble ressortir du jugement du premier degré, que : "La sanction administrative se justifiant par la nécessité d'une répression exceptionnelle et immédiate lorsque l'infraction met en jeu le principe de notre autorité, la poursuite judiciaire s'applique aux délinquants dont la faute, identique à la précédente, aussi répréhensible du point de vue moral, intervenait l'ordre public à un moindre

116. Affaire Capo Alaga, Amondo, Hounzamé. Greffe de la Cour de Dakar, Arrêts de la chambre d'annulation, année 1934, Arrêt n° 110.

degré". La chambre d'annulation va repousser ce système d'autant plus dangereux, qu'il laisse place à l'arbitraire. Car, il est malaisé de concevoir que la même infraction, suivant qu'on l'envisage sous un aspect ou sous un autre, puisse être sanctionnée par des pénalités différentes. Et, d'autant plus sévèrement qu'elle paraîtra moins grave à l'agent chargé de la poursuivre. Dans le cas de la sanction administrative, en effet, le maximum ne dépasse pas quinze jours d'emprisonnement, ou mille francs d'amende. Alors que, dans le cas de la répression judiciaire, ce maximum peut atteindre dix ans de prison, dix ans d'interdiction de séjour, et deux mille francs d'amende avec le cumul possible [117]. Mais pour condamner, définitivement ce système, la chambre d'annulation va étayer son argumentation en se fondant sur l'examen des textes qui ont créé, puis transformé les pouvoirs disciplinaires des administrateurs. Malgré sa longueur, les termes de la décision méritent d'être reproduits.

"Considérant, dit l'arrêt, qu'il faut se reporter au décret du 6 mars 1877 rendant le code pénal métropolitain applicable au Sénégal, et à la dépêche ministérielle du 6 juillet suivant sur les pouvoirs du Gouverneur en matière de simple police pour y trouver l'origine des sanctions administratives ; qu'il est dit, en effet, dans l'article 3 de ce décret que les faits prévus par les règlements de police émanés de l'autorité locale sont considérés comme contraventions de police simple et punis des mêmes peines, un à cinq jours de prison, un à 15 francs d'amende aux termes du code pénal ; que néanmoins le gouverneur conserve exceptionnellement le droit de rendre des arrêtés avec le pouvoir de les sanctionner par quinze jours de prison et cent francs d'amende au maximum, sous l'obligation de convertir ces règlements en décrets dans un délai de quatre mois ;

Considérant qu'il faut parcourir une période de dix années et arriver jusqu'au décret du 30 septembre 1887 pour assister vraiment à la naissance des sanctions administratives, qu'il est à supposer que la difficulté d'obtenir des populations encore très arriérées une compréhension suffisante de nos lois, et aussi sans doute l'exemple de l'Algérie, ont conduit le législateur à envisager un moyen de coercition exceptionnel, rapide et efficace ;

Considérant que le nouveau texte de 1887 n'est pas autre chose cependant qu'une application du précédent, qu'on lit en effet dans son article premier : "les administrateurs coloniaux statuent au Sénégal et dépendances par voie disciplinaire sur les infractions commises par les indigènes non citoyens français contre les arrêtés du Gouverneur rendus en exécution de l'article 3 du décret du 6 mars 1877" avec dispense toutefois de la conversion en décrets des arrêtés édictant des pénalités supérieures à celles du code pénal ; qu'ainsi les deux textes, celui de 1877 et celui de 1887, ont également pour objet de réprimer les infractions aux règlements de l'autorité locale, la garantie des débats et d'une décision judiciaire étant réservée aux seuls citoyens français et refusée au contraire aux indigènes ne possédant que la qualité de sujets ;

117. Article 37 du décret du 3 décembre 1931.

Considérant qu'une législation aussi exceptionnelle ne pouvait se maintenir dans sa rigueur primitive, avec l'évolution des mœurs de nos populations coloniales ; qu'aussi bien est intervenu le décret du 7 décembre 1917 qui accorde certaines garanties à l'indigène puni disciplinairement ;
Considérant qu'une des préoccupations du législateur d'alors a été, comme il le dit dans le rapport de présentation, non seulement de faire cesser des abus, mais de rechercher certaines erreurs, et notamment de 'déterminer nettement le départ qui doit être fait entre la punition disciplinaire et la condamnation judiciaire par un tribunal de droit commun' [118].
Que ce souci est encore plus marqué dans le texte même du décret, qu'on lit en effet dans l'article 3 *in fine* que l'énumération des infractions spéciales "ne pourra comprendre aucune des infractions qui aux termes du décret du 16 août 1912, aujourd'hui remplacé par le décret du 3 décembre 1931, ou d'arrêtés du Lieutenant-Gouverneur et du Gouverneur général, sont de la compétence des tribunaux indigènes ;
Considérant qu'avec le décret du 15 novembre 1924 qui réglemente aujourd'hui la matière, s'accomplit une autre étape intermédiaire, rapprochant l'action tout exceptionnelle de l'autorité administrative du régime normal, comme il est dit dans le rapport de présentation que les nouvelles dispositions confèrent non seulement des garanties supplémentaires aux indigènes dans l'exercice des pouvoirs disciplinaires, mais y apportait des adoucissements notables, tels que la réduction du taux des pénalités, et le renvoi aux juridictions de droit commun de certaines catégories d'indigènes ;
Considérant qu'il faut particulièrement remarquer la rédaction de l'article 11 ainsi conçu : "les infractions prévues par le présent décret sont punies des peines de simple police", que ce rappel aux principes posés dans le décret de 1877 sont significatifs ; que dans l'esprit du législateur de 1924 comme dans celui de ses prédécesseurs, les infractions passibles de punitions disciplinaires sont et demeurent les seules infractions qualifiées de contraventions de simple police dans la terminologie de notre langage judiciaire".
Ainsi, pour faire la distinction entre les deux moyens de répression, la chambre d'annulation considère les sanctions administratives comme un moyen de coercition exceptionnel, usité au début de l'occupation française, mais qui, au fur et à mesure de l'affermissement de cette domination, tend à se rapprocher du régime normal de la décision judiciaire. L'évolution politique, économique et sociale, est le seul garant du rapprochement des deux régimes de sanctions, de la disparition à terme des infractions passibles de punitions disciplinaires. Pour étayer ce point de vue, la chambre d'annulation note à propos de l'arrêté général du 20 juin 1925, et des douze catégories d'infractions qui y sont mentionnées .[119] "Nous remarquons que certaines d'entre elles, comme les numé-

118. C'est nous qui soulignons.
119 La liste des infractions spéciales varie suivant les colonies. Dans une colonie aussi "évoluée" que la Cochinchine, elle est de douze. En revanche, elle s'élève à trente neuf à la Côte des Somalis, pour atteindre le chiffre de cinquante et une infractions

ros 2, 11 et 12 correspondent respectivement aux paragraphes 5, 12, et 11 de l'article 475 du code pénal métropolitain ;

Que les autres ou bien constituent des infractions punies plus sévèrement par la loi métropolitaine, comme les numéros 10, ou bien visent des faits que la coutume réprimait dans certaines régions et laissait impunies dans d'autres, qu'au nombre de ces dernières figure le numéro 1 relatif au non-paiement de l'impôt ;

Considérant qu'il est intéressant de noter que le non-paiement de l'impôt, quelle que soit la cause, impécuniosité du contribuable, ou mauvaise volonté, ne constitue pas une infraction pénale au regard de l'autorité métropolitaine suffisamment armée par l'exécution sur les biens du débiteur pour n'avoir pas à recourir à la contrainte sur sa personne ; qu'il est évident que, faute de pouvoir en user de même vis-à-vis du contribuable indigène récalcitrant et de poursui-

---

au Togo. Cependant, quelle que soit la colonie, elles peuvent être classées sous les rubriques suivantes :

- Une première série englobe des infractions très analogues aux contraventions de simple police réprimées par les codes et lois métropolitains. Les sanctions de l'indigénat sont ainsi prononcées contre : le fait de jeter des détritus ou des débris sur les marchés ou sur la voie publique, l'allumage de feu sans précaution, la mise en vente de produits impropres à la consommation, la non-déclaration de maladies contagieuses ou de naissances et décès ; la mise en vente de denrées, animaux ou marchandises hors des emplacements désignés ; les coupes de bois sans autorisation ; l'ouverture sans autorisation de boutiques, bars, ; le vagabondage et la mendicité.
- D'autres infractions sont plus spécifiques au contexte local. Elles comprennent : l'infraction aux usages locaux concernant les fontaines et les puits ; la navigation dans les eaux territoriales, en temps prohibé, d'embarcations de moins de cent tonneaux ; la détention d'animaux égarés ; la désobéissance aux arrêtés ordonnant de vêtir les enfants ; la pénétration de nuit dans une habitation ; l'achat d'animaux sans s'assurer du droit de propriété du vendeur ; l'empiètement sur un terrain domanial ; l'altération des monnaies sans intention frauduleuse ; le refus de payer la quote-part imposée par la coutume pour subvenir aux frais d'inhumation ; le charlatanisme, la magie ou la sorcellerie.
- Une troisième catégorie vise les actes de désobéissance aux ordres de l'autorité publique. Ce sont : le refus du travail commandé ou du concours aux mesures destinées à combattre les sinistres ; l'abandon de service par les porteurs piroguiers ou autres ; le refus de recevoir les monnaies qui ne sont ni fausses ni altérées ; le refus de renseignement ou le fait d'en donner de faux ; le refus du service de garde de nuit ; le refus ou le retard de paiement des impôts et taxes ; le fait d'habiter, sans autorisation, dans un lieu isolé et, en général, le refus d'obtempérer aux convocations de service et aux réquisitions, et la transgression, ou inexécution systématique d'ordres donnés par l'autorité.
- Il faut, enfin ranger dans une quatrième catégorie, tous les actes constituant une insubordination plus ou moins grave contre l'autorité française. À savoir : les procédés irrespectueux, dont le refus de salut au commandant ; les propos, discours, chants séditieux ; la diffusion de bruits alarmants ; les tapages, scandales, désordres, destructions ; l'asile et l'aide donnés aux agitateurs ; les manœuvres destinées à surprendre la bonne foi des autorités.

vre l'exécution sur des biens quasi-inexistants, le législateur colonial s'est vu dans l'obligation de recourir à une mesure de coercition, plus efficace sur sa personne, d'où l'institution d'une infraction spéciale".

Tenant compte de cette spécificité du régime des sanctions administratives, la chambre d'annulation va décider, dans une jurisprudence plusieurs fois affirmée, que les infractions spéciales punies de peines disciplinaires échappent toujours à la compétence des juridictions de droit local. Ainsi, la sanction de faits de propagande, en vue de la révolte de populations autochtones et de l'abandon de leurs cultures, ressortit à l'autorité administrative, et non à l'autorité judiciaire [120].

Dans cette affaire Soba Ouropé, les chefs de prévention suivants avaient été retenus contre le prévenu :

1) la propagande par le moyen de pratiques de charlatanisme et de fétichisme, en vue de la révolte des populations Sombas contre l'autorité française ; en fait, le prévenu avait tenté de soulever les cantons de Bérécongo et de Yétapo, puis de pousser les travailleurs du chemin de fer de Savé, à la désertion ;
2) la propagande en vue de l'abandon des cultures ;
3) le fait d'avoir fait enfouir dans la brousse, par les indigènes, des habits, de l'argent, des houes, et tous les objets qui venaient du pays des blancs, et d'avoir donné l'ordre, au nom du fétiche, d'abattre les animaux mâles, porcs, bœufs, cabris, et moutons.

Alors que, pour ces faits, le tribunal du deuxième degré de Natitingou condamnait le prévenu à mort, la chambre d'annulation ne retenait à son encontre que le délit d'escroquerie, puni de dix années d'emprisonnement. Ne relève pas des tribunaux, l'abandon de son chantier ou de son camp par un travailleur appartenant à la deuxième portion du contingent [121]. Dans l'arrêt, un indigène du nom d'Amar Bâ, avait été condamné à six mois d'emprisonnement pour infraction au décret du 31 octobre 1926 relatif à l'exécution des travaux d'intérêt général en Afrique occidentale française. Ce décret est un de ceux qui réglementent le recrutement des indigènes à des travaux, dits d'intérêt public, pour le compte de l'administration, ou pour le compte d'entrepreneurs privés. Il autorise, plus précisément, la convocation de la deuxième portion du contingent africain pour participer à l'exécution de travaux d'intérêt général. Pendant que la première portion de ce contingent portait les armes, la deuxième portion devenait une force active de production, concentrée dans des camps de travail. Dans chacun de ces camps, la discipline, toute militaire, incombait à des sous-officiers métropolitains, aidés par des surveillants africains, tous placés sous le commandement d'un officier chef de

---

120. Arrêt n° 14 du 18 août 1932, Affaire Soba Ouropé, dit Soba Mouthi, ou Soba Dakou. Greffe de la Cour, Arrêts de la chambre d'annulation, année 1932.
121. Arrêt n° 97 du 9 septembre 1937, Affaire Amar Bâ. Greffe de la Cour de Dakar, Arrêts de la chambre d'annulation, année 1937.

camp [122]. Donc pour la chambre d'annulation, l'abandon relevé contre le prévenu constitue l'absence injustifiée relevant des peines disciplinaires des chefs de section, ou du commandant de camp.

Enfin, des délits d'abandon de village, et d'entrave au recensement, qui "constituent non des infractions répressibles judiciairement, mais des infractions administratives répressibles disciplinairement" [123].

b) La conformation aux formes du pourvoi en cassation

Dans le souci de simplifier les procédures locales, le législateur a investi les cours coloniales de certaines attributions de la Cour de cassation. Cette réglementation exceptionnelle, et dérogatoire au droit commun, aurait dû être d'application très étroite. Mais elle était incomplète. La jurisprudence a dû en combler les lacunes en se référant aux prescriptions du droit commun. C'est ainsi que la Cour d'appel n'a pas hésité à faire observer les formes du pourvoi en cassation, tant au recours en annulation du droit commun, qu'au recours en annulation en matière indigène.

1. Les conditions de recevabilité du pourvoi en annulation

Le pourvoi en annulation, s'inspire de la procédure du pourvoi en cassation, tant en ce qui concerne les délais du recours, que leurs formalités.

Face à la trop grande concision des textes coloniaux fixant les délais de recours, la chambre d'annulation française applique la réglementation métropolitaine. C'est ainsi qu'en matière pénale, elle renferme le recours en annulation dans les délais de l'article 363 du code métropolitain d'instruction criminelle. Soit, selon son arrêt du 21 octobre 1904 [124], trois jours francs après le prononcé de l'arrêt. Et le procédé que la Cour utilise dans l'arrêt, sera suivi par le législateur de 1914 pour fixer les délais du recours en matière civile. Mais quel était le problème soulevé dans l'espèce ?

Dipa Coulibaly avait formé, devant la Cour, un pourvoi tendant à l'annulation d'un jugement du tribunal de première instance de Conakry, statuant en matière de simple police. Le pourvoi était-il recevable ? Et si oui, sous quelles conditions ? Selon la Cour, il ne faisait aucun doute, que l'article 7 du décret du 10 novembre 1903 avait étendu aux parties le droit précédemment accordé au ministère public par l'article 414 du code d'instruction criminelle local, de se pourvoir en annulation contre les jugements en dernier ressort des tribunaux de police. Toutefois, aucun délai n'avait été indiqué pour la déclaration du recours. Cette lacune était d'autant plus embarrassante, que les décisions ne pouvaient être indéfiniment remises en cause. Il fallait donc trouver

---

122. V. Amidu Magasa, *Papa-Commandant a jeté un grand filet devant nous. Les exploités des rives du Niger*, 1900-1962, Paris, F. Maspero, 1978. Nous y reviendrons au chapitre 2 de ce Titre.
123. Arrêt n° 12 du 22 janvier 1942, Affaire Gagamou Zigbé, Zonabi-Tra-Zigbé et Ouami Zigbé. Greffe de la Cour, chambre spéciale d'annulation, année 1942.
124. Affaire Dipa Coulibaly, déjà citée.

une solution. C'est alors que la Cour fait appel à l'article 38 du décret du 10 novembre 1903, aux termes duquel, en matière criminelle, correctionnelle, et de simple police, les formes de la procédure sont celles déterminées par le code d'instruction criminelle, modifié pour le Sénégal. Or, l'article 373 de ce code, reprenant les dispositions du texte métropolitain, a subordonné la recevabilité du pourvoi en cassation à la condition qu'il ait été formé dans le délai de trois jours francs après le prononcé de l'arrêt, le recours en annulation constituant un véritable pourvoi en cassation, le principe général tiré de l'article 373 susvisé, doit lui être appliqué.

Le décret du 25 juillet 1914 [125] sanctionnera cette jurisprudence en organisant pour la première fois, la procédure des recours en annulation devant la Cour d'appel de l'AOF. En matière civile et commerciale, l'article 9 stipulera que : "le délai pour se pourvoir en annulation sera de deux mois pour le Sénégal et la Guinée française et de trois mois pour les autres colonies du groupe de l'Afrique occidentale française, à compter du prononcé du jugement s'il est contradictoire et, en cas de défaut, à partir du jour où le jugement sera définitif". Ce délai était déjà celui de l'article 1er de la loi du 2 juin 1862.

En droit local, la fixation des délais de recours en annulation a posé une difficulté particulière, d'où la solution dérogatoire au droit commun qui lui a été donnée. En effet, jusqu'à un décret du 26 avril 1944, sur lequel nous reviendrons, le Procureur général près la Cour d'appel avait le monopole du pourvoi en annulation. Toutes les décisions des juridictions indigènes étant soumises au contrôle de ce haut magistrat, il lui était impossible, dans les délais ordinaires, d'exercer cette mission à laquelle le législateur colonial attachait la plus haute importance. Aussi tenant compte de cette situation singulière, le législateur de 1931 a dû ramener à un an le délai pour se pourvoir devant la chambre d'annulation. Ce texte équivalait à une réduction de délai. Dans le décret organique du 10 novembre 1903, l'article 63 stipulait en effet que : "la chambre d'homologation était saisie par le Procureur général dans la quinzaine de la réception du dossier qui aura été transmis à ce magistrat par l'administration". Un temps indéterminé pouvait s'écouler entre le prononcé du jugement et la transmission du dossier au parquet général. D'où la détermination d'un délai plus précis par l'article 70 du décret du 3 décembre 1931 aux termes duquel le délai pour se pourvoir devant la chambre d'annulation contre une décision des juridictions indigènes est de un an à compter soit du prononcé du jugement non susceptible d'appel, soit du jour où le délai est expiré [126].

Le pourvoi en annulation doit, après les conditions de délai, satisfaire d'autres formalités d'admission. En droit commun, les premiers décrets organiques ne le soumettaient pas aux formalités préliminaires de l'admission. Mais une évolution va se faire sous l'impulsion de la jurisprudence, puis du

125. *JOAOF* 1914, p. 861.

126. Arrêt n° 13 du 9 juin 1948, Affaire Alassane Yéro Ba contre Kalidou Samba. Greffe de la Cour de Dakar, chambre spéciale d'annulation, année 1947 à 1949.

législateur lui-même. Et dès le décret du 25 juillet 1914, la procédure en ce domaine était ainsi fixée par l'article 10 de ce texte : "le recours sera formé par voie de déclaration qui sera notifiée au défendeur, à personne ou à domicile, par exploit d'huissier, avec assignation de comparaître devant la Cour d'appel à l'audiencc qui suivra l'cxpiration des délais de distance prévus par la législation en vigueur. Cette déclaration devra contenir l'exposé sommaire des moyens d'annulation. Un mois au moins avant l'audience, le demandeur sera tenu de déposer un mémoire ampliatif au greffe de la Cour où le défendeur, ou son mandataire, pourra en prendre communication. En déposant ce mémoire, le demandeur devra justifier de la consignation de l'amende prévue à l'article 16 par la production du récépissé de versement".

Il résulte de ce texte que, pour être recevable, le pourvoi en annulation doit avoir été notifié au défendeur, contenir un exposé sommaire des moyens d'annulation, et être accompagnée d'une consignation d'amende. Est donc irrecevable, le pourvoi qui ne contient pas l'exposé sommaire des moyens d'annulation, ct qui n'a pas été notifié aux défendeurs [127]. Est déchu de son pourvoi, la partie qui, n'ayant consigné aucune amende, contrevient ainsi aux dispositions de l'article 16 du décret du 25 juillet 1914, aux termes desquelles, "les parties sont tenues, sous peine de déchéance, de consigner au greffe du tribunal qui a rendu la décision attaquée, une amende qui sera de cinquante francs en matière de simple police" [128]. Cette amende de cinquante francs sera portée, aux termes de l'article 2 du décret du 9 mai 1936, modifiant l'article 16 du texte de 1914, à cent francs [129] en matière de simple police, et deux cents francs en matière civile et commerciale. Dans cette dernière matière, il est à remarquer, qu'aux termes de l'article 11 du décret du 15 septembre 1937, "aucune amende n'est consignée pour le recours en annulation des jugements rendus en matière de louage de services [130]. Le décret du 25 juillet 1914 avait déjà par les dispositions de son article 16, dispensé des consignations d'amende, les agents publics plaidant dans les affaires qui concernent l'administration, les domaines ou les revenus de l'État ou de la colonie, ainsi que les indigents admis au bénéfice de l'assistante judiciaire.

Cette amende, qui doit être versée au Trésor en cas de rejet du pourvoi, n'a pas toujours été exigée par les textes locaux. Tel était le cas pour le décret du 10 novembre 1903, en application duquel, la Cour d'annulation décide dans un arrêt du 9 juin 1911, qu' "en l'absence de toute disposition de la loi, il n'y a

127. Arrêt du 30 avril 1926, Affaire Abdoulaye Diagne contre Maurel frères. Greffe de la Cour, Arrêts de la chambre d'annulation française, année 1863 à 1926, à la date.
128. Arrêt du 30 avril 1928, Affaire Moussa Rassi contre Ministère public. Greffe de la Cour, Arrêts de la chambre d'annulation française, Registre 1927 à 1954. V. aussi, Arrêt du 26 mars 1928, Affaire Charles Rey, *Ibid.*
129. Arrêt n° 82 du 28 mars 1938, Affaire J. Telmon. Greffe de la Cour, Arrêts de la chambre d'annulation française, années 1927 à 1954.
130. Arrêts du 27 juin 1951, Affaire Maurel et Prom contre Samba Diallo, et Maurel Frères contre Alioune Samb, *Ibid.*

pas lieu de consigner d'amende à l'appui d'un recours en annulation" [131]. Mais la politique jurisprudentielle consistant à appliquer les règles du pourvoi en cassation au recours en annulation, a fait que, nonobstant le silence de l'article 7 du décret du 10 novembre 1903, la Cour n'a pas hésité, bien avant le législateur, à prononcer la condamnation à l'indemnité, à la charge du demandeur, prévue par les textes spéciaux au pourvoi en cassation. En effet, "bien que la Cour d'appel de l'Afrique occidentale, statuant en matière d'annulation, ne puisse prononcer, en cas de rejet du recours, la condamnation à l'indemnité en vertu des textes spéciaux au pourvoi en cassation, qui ne sont pas applicables à la matière, elle peut allouer au défendeur une somme de cent cinquante francs, à titre de réparation du dommage causé, même en l'absence de tout dol, par un recours formé sans base plausible et en dehors de toutes les règles de la procédure" [132].

Quelles sont, à présent, les conditions que doivent remplir les pourvois en annulation pour être recevables ? La procédure d'annulation obéit-elle aux mêmes exigences que le pourvoi en cassation ? La chambre d'annulation est-elle aussi mimétique que dans son arrêt du 28 juillet 1949, où elle affirme : "qu'aux termes d'une doctrine et d'une jurisprudence constantes, le moyen tiré de la prescription ne peut être proposé pour la première fois devant la Cour de cassation, et qu'il convient d'adopter cette règle par analogie en ce qui concerne la chambre d'annulation" [133] ?

Les premiers textes organiques relatifs au recours en annulation se sont, dans leur brièveté, contentés d'instituer cette voie de recours. Ils ne se sont pas préoccupés d'en définir les règles de procédure. Devant cette carence, les tribunaux se sont empressés de considérer la voie de l'annulation, comme un succédané du pourvoi en cassation. C'était une méthode de s'accrocher aux textes métropolitains de procédure, et notamment, à ceux qui réglaient les formes du recours devant la Cour suprême. Toutefois, en matière de pourvoi en annulation pour violation de la loi indigène, une difficulté rendait précaire l'utilisation de ce procédé. En effet, de par les caractères exceptionnels de l'organisation judiciaire indigène, le législateur a dû attribuer au Procureur général des pouvoirs qui outrepassent les attributions qui lui sont normalement dévolues. Il possédait seul, jusqu'à la Deuxième Guerre mondiale, le droit de se pourvoir devant la chambre d'annulation. Et ces dispositions dérogatoire expliquent la différence qui existe entre cette voie de recours, et le pourvoi en annulation du droit commun, d'une part, et d'autre part, l'impossibilité pour la chambre d'annulation d'observer totalement les formes du pourvoie en cassation.

131. Arrêt du 9 juin 1911, Affaire Angelo Joao Victor contre Dame Daussy. Greffe de la Cour, Arrêts de la chambre d'annulation française, années 1863 à 1926.
132. Arrêt du 4 mars 1910, *Rec.* 1911, 2, p. 110.
133. Affaire Gnovi Senghor contre Ngor Basse. Greffe de la Cour, Arrêts de la chambre spéciale d'annulation, années 1947 à 1949, Arrêt n° 12.

Parmi ces dispositions dérogatoires, il faut noter celle de l'article 70 du décret du 3 décembre 1931, qui stipule que, le pourvoi en annulation est fait par acte au greffe de la chambre d'annulation. Dans sa jurisprudence, la chambre d'annulation devait à plusieurs reprises insister sur le caractère substantiel de cette condition de recevabilité. Pour elle, cette condition ne saurait être suppléée, ni par une lettre au greffier de la chambre d'annulation [134], ni par une lettre adressée, à l'administrateur commandant le cercle [135], ou au Président du tribunal du premier degré [136].

2. À qui appartient le droit de pourvoi'?

En principe, peuvent user du pourvoi en annulation, toutes les personnes habilitées à former un recours en cassation. Cependant au Sénégal, ce recours n'avait d'abord été ouvert que contre les jugements de simple police, et seulement dans l'intérêt de la loi [137]. Le chef du service judiciaire étant le seul à la requête de qui la procédure pouvait être suivie. À l'instar de l'article 442 du code d'instruction criminelle, qui conférait au Procureur général près la Cour de cassation le droit de se pourvoir dans l'intérêt de la loi, l'article 414 du code d'instruction criminelle local stipulait en effet que : "la voie de l'annulation est ouverte au ministère public, dans l'intérêt de la loi seulement, contre les jugements rendus en dernier ressort par les tribunaux de police, pour incompétence, excès de pouvoir, et contravention à la loi".

C'est en vertu de cette disposition que "le Procureur impérial près du tribunal de première instance de Saint-Louis a, par acte au greffe de la Cour, du 12 décembre 1862, déclaré se pourvoir en annulation, dans l'intérêt de la loi seulement, contre le jugement du tribunal de simple police de Saint-Louis, du 11 décembre 1862, contradictoirement rendu entre le ministère public, poursuivant, et Gilbert, cabaretier et restaurateur, demeurant à Saint-Louis, condamné à cent francs d'amende pour avoir, le 3 décembre dernier, gardé dans son établissement des militaires de la garnison après huit heures du soir, contravention prévue par l'article premier et punie par l'article 3 de l'arrêté local du 28 juillet 1853" [138]. Ce pourvoi se fondait sur la violation de l'article 3 du dit arrêté, aux termes duquel l'emprisonnement aurait dû être prononcé,

---

134. Arrêt n° 16 du 1er septembre 1948, Affaire Amoussou Gassiamelé contre Gbedchédi Alakou. Greffe de la Cour, chambre d'annulation, années 1947 à 1949. Voir au même registre, les Arrêts numéros 17, 18, 19 et 20 du 1er septembre 1948, et l'Arrêt n° 39 du 25 novembre 1948.
135. Arrêt n° 22 du 1er septembre 1948, Affaire Demba Kandédia contre Amadou Baïdy, même référence
136. Arrêt n° 23 du 1er septembre 1948, Affaire Glosgan Toudeka contre Agbassoumandé Adoboé, *Ibid.* Ainsi que les arrêts numéros 24 à 28, à la même date, au même registre.
137. V. Gaston Moreau, *Le recours en annulation en procédure coloniale*, Poitiers, Thèse de droit, 1912.
138. Arrêt n° 1 du 16 janvier 1863, Affaire Gilbert. Greffe de la Cour de Dakar, Arrêts de la chambre d'annulation française, année 1863 à 1926.

pour trois jours au moins, contre le contrevenant. C'est en application de la disposition que le procureur de la République de Saint-Louis a formé, dans l'intérêt de la loi, un pourvoi en annulation d'un jugement du tribunal de simple police de Saint-Louis, en date du 12 août 1876, rendu entre le ministère public et Albert Martineau [139]. De quoi s'agissait-il dans l'espèce ? Il s'agissait d'Albert Martineau, commerçant à Saint-Louis, en possession de qui, le sergent de ville Patarrieu avait trouvé un fusil, qui lui avait été donné en nantissement. Un procès-verbal fut dressé contre lui, puisqu'en n'ayant pas préalablement fait la déclaration, ni obtenu l'autorisation exigées, il contrevenait aux articles 1 et 2 de l'arrêté du 28 décembre 1842. Par le jugement entrepris, le tribunal de simple police de Saint-Louis prononçait, à son encontre, une amende de vingt cinq francs. Il lui appliquait ainsi les articles 5 de l'arrêté du 28 décembre 1842, alinéa 5 du code pénal, et 1° de l'ordonnance du 26 avril 1845. Toutefois le jugement déclarait l'article 5 de l'arrêté inconstitutionnel puisqu'il punissait des peines de l'article 411 du code pénal des infractions qu'il ne pouvait réprimer qu'au moyen des pénalités autorisées par l'ordonnance de 1845. Pour le ministère public, cette solution dérivait d'une appréciation erronée. En effet, l'article 5, qui ne prononce aucune peine, et qui se contente de renvoyer simplement au code pénal, ne contient en réalité qu'une indication dont le juge ne doit tenir compte que si elle concorde avec la nature de l'incrimination. Dès lors, le tribunal de police ne pouvait légalement que prendre l'un de deux partis suivants : se déclarer incompétent si l'acte imputé lui semblait présenter les caractères du délit prévu par l'article 411 du code pénal, ou, dans le cas contraire, acquitter le prévenu, l'infraction n'étant passible d'aucune peine.

En matière indigène, le principe est encore plus nettement affirmé. Aux termes des articles 74 du décret du 3 décembre 1931 pour l'Afrique occidentale française, et 69, du décret du 21 avril 1933 sur la justice indigène au Togo, le droit de pourvoi en annulation n'appartient qu'au Procureur général, soit d'office, soit à la demande de l'administration, soit à celle des parties [140]. Ce droit ne sera accordé au condamné qu'avec le décret du 26 juillet 1944, modifiant l'article 74 de celui de 1931 [141]. En matière civile et commerciale, c'est le décret du 4 avril 1947 qui, au Togo, concédera aux parties le droit de se pourvoir en annulation contre les jugements des tribunaux civils indigènes au même titre que le Procureur général [142].

Cette ouverture de la voie d'annulation aux parties, ne pouvait être sans conséquence sur la procédure. Dorénavant dans l'appréciation des conditions

---

139. Arrêt n° 43 du 22 septembre 1876, Affaire Albert Martineau, *Ibid.*
140. Arrêt n° 1 du 10 janvier 1946, Affaire Anthony Augustin et consorts contre Norbertus Anthony. Greffe de la Cour de Dakar, Arrêts de la chambre d'annulation française, année 1946, 1er semestre.
141. Arrêt n° 31 du 28 mars 1946, Affaire Dianoye Boundy, *Ibid.*
142. Arrêt n° 24 du 29 mai 1947, Affaire T. Olympio et Amoussou Toweto. Greffe de la Cour d'appel, Arrêts de la chambre d'annulation, année 1947 à 1949.

de recevabilité du pourvoi, la Cour se montre moins rigoureuse. C'est compte tenu du degré d'information des justiciables que, décide un arrêt du 28 septembre 1950 [143], ne court pas contre le demandeur, le délai du pourvoi en annulation formé contre une décision du tribunal du deuxième degré de Ziguinchor, lorsque l'appel de ce jugement devant le tribunal colonial d'appel de Saint-Louis lui a été erronément inspiré par le juge dont la décision était contestée.

Il importe, de même, "pour se conformer à l'esprit de cette réforme, d'assimiler à un acte fait au greffe, toute lettre ou requête émanant des parties, demandant un pourvoi, et enregistrée au greffe de la chambre d'annulation" [144]. Dans l'espèce, le tribunal du deuxième degré du Bas-Sénégal, siégeant à Saint-Louis, avait, par un jugement du 22 septembre 1949, confirmé une décision du tribunal du premier degré, de Dagana, contre qui un appel était interjeté. Par une lettre du 1er mars 1950, maître Babacar Sèye, avocat-défendeur à Saint-Louis, avait formé, contre ce jugement, un pourvoi en annulation au nom de sa cliente, la dame Khary Cissé. Ce pourvoi qui n'a pas été formé par acte au greffe de la chambre d'annulation, constituait-il l'acte requis par l'article 70 du décret du 3 décembre 1931 ? Était-il recevable ? Si on se réfère à la jurisprudence plusieurs fois affirmée de la chambre d'annulation, en ce domaine, son rejet ne pouvait faire l'ombre d'un doute. Mais par un surprenant revirement de jurisprudence, la chambre va le déclarer recevable, dans des termes qui méritent d'être reproduits :

> "Considérant que le paragraphe 2 de l'article 70 pouvait conserver toute sa rigueur et mériter son interprétation stricte, au moment où le Procureur général, seul habilité à faire le pourvoi, d'office, sur la demande de l'administration ou à la requête des parties avait toutes les facilités pour ce faire [145] ;
>
> Mais considérant que le décret du 22 octobre 1946 a étendu ce droit de pourvoi aux parties directement ; que ces parties n'ayant aucune notion de l'appel, aucune notion de la discrimination entre les différentes juridictions compétentes à saisir, doivent également être considérées comme n'ayant aucune notion ni moyen facile pour faire elles-mêmes le pourvoi par acte au greffe ; qu'en l'espèce, un avocat ayant sa résidence en dehors de Dakar, saisi de l'affaire, n'a pu remplir cette formalité ; qu'à moins de vouloir rendre inopérante et inapplicable la nouvelle réforme favorable aux intérêts majeurs des autochtones, il importe, pour se conformer à l'esprit de cette réforme, d'assimiler à un acte fait au greffe toute lettre ou requête émanant des parties, demandant un pourvoi et enregistrée au greffe de la chambre d'annulation".

143. Affaire Bouramanding Samba Coly contre Bourama Samba. Greffe de la Cour de Dakar, Arrêts de la chambre d'annulation, années 1950 et 1951, Arrêt n° 28.

144. Arrêt n° 32 du 26 octobre 1950, Affaire Khary Cissé contre Modou Ndiaye. Greffe de la Cour d'appel, Arrêts de la chambre d'annulation, *Ibid.*

145. C'est nous qui soulignons.

Par un autre arrêt, du 25 janvier 1951 [146], la chambre d'annulation déclare recevable, la déclaration transmise par le commandant de cercle de Kaolack, et par laquelle, une partie manifestant sa volonté de se pourvoir en annulation, signalait qu'elle avait déposé une demande en ce sens près du Procureur général. Voici les termes de cette décision aussi remarquable que la précédente :

"Attendu que si l'article 70 du décret du 3 décembre 1931 dispose que "le pourvoi est fait par acte au greffe de la chambre d'annulation", cet article rédigé à une époque où seul le Procureur général avait qualité pour se pourvoir n'a pas indiqué avec précision de quelle manière cet acte devait être établi ;

Attendu qu'avant l'intervention du décret du 3 décembre 1931, la déclaration de pourvoi formée par le Procureur général, soit d'office, soit à la requête des parties ou de l'administration, était déposée au greffe de la Cour d'appel et inscrit sur un registre à ce destiné ;

Que la rédaction actuelle des dispositions qui prévoient ce recours tout en laissant apparaître le désir du législateur de donner une forme plus solennelle à l'introduction du pourvoi ne saurait pourtant conduire à la déchéance irréparable de ses droits, le justiciable mal averti ou insuffisamment renseigné qui, s'étant adressé, comme antérieurement, à l'autorité judiciaire, n'a pas été mis en mesure, par celle-ci, de réparer à temps son erreur de forme, et a pu au contraire croire à la correction de la voie par lui choisie en constatant que la procédure d'annulation déclenchée par sa déclaration de recours suivait son cours normal ;

Attendu qu'il appartient à la Cour qui n'a aucune juridiction au-dessus d'elle de réparer les méprises et les erreurs qui ne sont point imputables aux seuls justiciables ;

Qu'il n'est point d'autre moyen de le faire actuellement, en l'espèce, qu'en accueillant en la forme, le pourvoi puisqu'aussi bien aucun doute n'existe, ni sur l'origine du recours qui émane bien de la partie intéressée, ni sur la volonté de celle-ci de faire annuler la décision qui lui a fait grief".

En somme, par cette nouvelle jurisprudence, il n'est plus indispensable que le pourvoi soit formé par acte au greffe. Une lettre adressée par la partie elle-même, son avocat-défenseur, ou son fondé de procuration spécial étant recevable. Toutefois la chambre d'annulation s'est refusé d'aller au-delà, et partant, de déclarer recevable le pourvoi formé par un agent d'affaires [147].

B. Une juridiction criminelle supérieure

Dans sa politique d'assimilation, le législateur colonial a entendu soumettre à un contrôle étroit, l'activité des juridictions spéciales aux indigènes. Il a entendu faire de la Cour supérieure de l'organisation judiciaire principale, la juridiction suprême en matière de justice de droit local. Dans cette perspective,

146. Affaire Mody Diongue contre Birahim Niang, Arrêt n° 8, *Ibid.*
147. Arrêt n° 13 du 22 février 1951, Affaire Thilal Diallo contre Thiana Diallo. Greffe de la Cour, Arrêts de la chambre d'annulation, même registre.

il a institué près de la Cour coloniale, une chambre spéciale, et doté le Procureur général, d'attributions beaucoup plus importantes que celles qui sont les siennes en métropole.

a) Le pouvoir de surveillance du Procureur général

Le ministère public dépend, en métropole, de l'exécutif. Son chef est le garde des sceaux, ministre de la justice. Il a autorité sur les procureurs généraux sous les ordres desquels sont placés les procureurs de la République. Il exerce, avec la collaboration du Procureur général près la Cour de cassation, le droit de pourvoi devant la Cour suprême.

En Afrique occidentale, c'est le Procureur général près la Cour d'appel qui est l'organe de direction et de contrôle du fonctionnement de la justice indigène [148], chef du service judiciaire, il a la surveillance et le contrôle des décisions rendues par les tribunaux de droit local. Celles-ci lui sont transmises par les soins de l'administration [149].

Dans le but d'assurer de façon pratique l'exercice de ces attributions, voici les instructions adressées par le gouverneur général aux différents chefs de territoire, sur le procédé de transmission des jugements : les décisions des tribunaux de village ne seront point transmises, en raison de leur peu d'importance. Les administrateurs ne devront pas néanmoins se désintéresser de la surveillance de ces juridictions. Ils auront, dans les cas où il viendrait à s'en produire, à signaler aux gouverneurs les abus ou irrégularités.

Pour les jugements rendus au civil ou au criminel par les tribunaux de province et de cercle, les administrateurs établiront, séparément pour chaque matière, l'état mensuel de toutes les décisions rendues dans leur circonscription. Ces états comprendront la date du jugement, l'indication du tribunal qui l'a rendu. Ils énonceront au civil, l'exposé sommaire du litige et la décision intervenue ; au criminel, pour les tribunaux de province, la nature de l'infraction commise, les circonstances notables de l'affaire, et la peine prononcée. Dans l'une et l'autre matière, les états constateront si les parties ont déclaré ou non se pourvoir en appel.

Quant aux jugements au criminel des tribunaux de cercle, les administrateurs devront, ainsi qu'il est dit plus haut, les adresser aux chefs de territoire qui les feront parvenir au gouverneur général aux fins de transmission par ses soins au Procureur général.

Les états mensuels envoyés par les administrateurs, et la transmission des jugements au criminel des tribunaux de cercle, devront être accompagnés d'un rapport dans lequel les commandants de cercle rendront compte du fonctionnement des tribunaux indigènes. Ils noteront les circonstances qui leur sembleraient devoir appeler l'attention de l'administration supérieure, et signaleront par une observation motivée, les jugements qui, malgré le non-appel des

148. Article 46 du décret organique du 10 novembre 1903.
149. Article 63 du décret de 1903.

parties, leur paraîtraient rendus en violation de la loi ou de la coutume, ou contiendraient des dispositions contraires à l'ordre public ou aux principes essentiels de la civilisation française. Les gouverneurs transmettront les rapports des administrateurs avec les observations qu'ils leur paraîtront devoir comporter [150].

Dans la quinzaine de la réception du dossier ainsi transmis, le Procureur général saisit la chambre d'homologation des décisions prononçant des peines supérieures à cinq ans d'emprisonnement [151]. En outre, lorsqu'il est rendu par un tribunal indigène un jugement devenu définitif et contre lequel aucune partie n'aura réclamé dans les délais déterminés, le Procureur général peut d'office et nonobstant l'expiration des délais en demander, s'il y a lieu, l'annulation à la chambre d'homologation. Le jugement sera annulé sans que les parties puissent s'en prévaloir pour s'opposer à son exécution [152].

De par ces dispositions de l'article 64 du décret du 10 novembre 1903, le chef du service judiciaire peut déférer à la chambre spéciale, tout jugement devenu définitif. Le législateur de 1903 a voulu incontestablement lui donner ainsi les pouvoirs exceptionnels, accordés par les articles 441 et 442 du code d'instruction criminelle [153] au Garde des Sceaux, ministre de la justice, et au Procureur général près la Cour de cassation [154]. L'atteste, la reproduction textuelle de l'article 442 du code d'instruction criminelle qui donne au Procureur général près la Cour de cassation, la faculté de soumettre à la Cour suprême, tout arrêt ou tout jugement rendu en dernier ressort. C'est cette même faculté que le législateur de 1903 a manifesté, en termes exprès, l'intention d'accorder au Procureur général près la Cour d'appel de l'Afrique occidentale française [155].

b) Le contrôle souverain de la chambre spéciale

En tant que juridiction de contrôle suprême, en matière indigène, la chambre spéciale est pourvue d'une double compétence. Elle connaît, de droit, des jugements des tribunaux de cercle prononçant une peine supérieure à cinq années d'emprisonnement, des jugements des tribunaux de cercle prononçant des condamnations pour des infractions au décret du 12 décembre 1905 relatif à la répression de la traite, enfin, des jugements des tribunaux de cercle portant condamnation des fonctionnaires ou des agents indigènes de l'administration à une peine supérieure à six mois d'emprisonnement ou à cinq cents francs

150. V. Gouverneur général, Projet d'instructions aux Lieutenants-gouverneurs sur le fonctionnement de la Justice indigène. ANS, série M 79, pièce n° 88.
151. Article 63 du Décret organique.
152. Article 64.
153. Il s'agit des articles 441 et 442 du code d'instruction criminelle de 1808, correspondant aux articles 620 et 621 du code de procédure pénale de 1957.
154. V. Procureur général à Gouverneur général, Dakar, 27 mars 1906. ANS, série M 80, pièce n° 58.
155. ANS, série M 174, pièce n° 79, Affaire Péniaké et Tiédan Soro.

d'amende [156]. Sur pourvoi du Procureur général, elle connaît de tous les jugements prononçant des condamnations, quelles qu'elles soient, rendues par les tribunaux de droit local.

Ce contrôle de la chambre diffère, dans l'étendue de ses pouvoirs, et dans les effets de l'annulation, selon la manière dont il s'exerce.

1. Le contrôle d'office

La chambre spéciale de la Cour d'appel est saisie de droit par le chef du parquet général, pour tous les jugements au criminel rendus par les tribunaux de cercle, et prononçant une peine supérieure à cinq années d'emprisonnement [157]. Le jugement ainsi soumis à l'examen de la chambre spéciale conserve un caractère provisoire. Jusqu'à ce qu'intervienne la décision souveraine de la chambre, son sort est en suspens. "Il ne deviendra définitif et irrévocable que sous la condition suspensive de l'homologation, de même qu'il n'existe que sous la condition résolutoire de l'annulation [158].

En vue de réaliser sa mission de Cour de cassation de droit local, la chambre spéciale s'efforce, comme son modèle métropolitain, d'assurer l'exactitude et l'unité d'interprétation de la loi indigène, d'éviter toute incompétence ou excès de pouvoir. Pour ce faire, elle a un pouvoir d'homologation qui lui confère le contrôle le plus large. En effet, contrairement à la Cour suprême métropolitaine, les textes organiques lui ont conféré le droit d'examiner les décisions des juridictions indigènes qui lui sont soumises, à tous les points de vue. Elle est qualifiée pour étendre son contrôle et sa censure à tous les faits et actes d'ordre juridique ou matériel, nulle restriction n'est apportée à ce pouvoir d'appréciation souverain [159]. Pour qu'elle puisse donner son approbation en toute connaissance de cause, il a paru nécessaire d'élargir de manière absolument exceptionnelle son droit de contrôle et de réformation sur toutes les décisions qui lui sont soumises. Elle est ainsi souvent amenée à statuer autant en fait qu'en droit, à l'instar d'une véritable juridiction supérieure d'appel [160].

Ce contrôle aboutit, presque toujours, à une approbation de la décision. D'où le nom de procédure d'homologation donné aux opérations auxquelles la chambre peut se livrer. Cette homologation peut se faire suivant les modalités suivantes [161] :

---

156. Article 25 du Décret organique du 16 août 1912.
157. Article 58 du décret du 10 novembre 1903, devenu dans le texte organique du 16 août 1912, l'article 25 précité.
158. Gouverneur général, Avant-projet d'instruction sur l'application du décret du 16 août 1912. ANS, série M 86, pièce n° 4.
159. Arrêt n° 13 du 2 février 1933, Affaire Si Taraoré. Greffe de la Cour de Dakar, Arrêts de la chambre d'annulation, année 1933.
160. Arrêt n° 55 du 30 septembre 1943, Affaire Collectivité Sokénou contre Collectivité Assogba. Greffe de la Cour d'appel, Arrêts de la chambre d'annulation, année 1943.
161. V. Avant-projet d'instruction générale sur l'application du décret du 16 août 1912, déjà cité.

- lorsque la procédure et le jugement sont réguliers en la forme, que l'instruction complète ne laisse aucun doute sur la culpabilité de l'accusé, que la peine appliquée est conforme au décret organique, la chambre spéciale. homologue immédiatement, c'est l'homologation *de plano*.
- lorsque l'instruction est incomplète, sans être entachée de nullité, la chambre peut, avant de statuer, ordonner toutes les mesures d'instructions complémentaires qu'elle juge utile. L'homologation, qui intervient après que le tribunal qui a rendu le jugement incriminé se soit exécuté, est *une homologation après complément d'information.*
- *L'homologation après annulation et renvoi* : lorsqu'il y a violation ou omission d'une formalité substantielle ou prescrite à peine de nullité, la chambre annule. Si le jugement a été annulé pour cause d'incompétence, le renvoi est obligatoire. Dans les autres cas, la chambre a un pouvoir discrétionnaire d'appréciation. Lorsqu'elle opte pour le renvoi, le tribunal de cercle n'est pas, à nouveau, saisi de toute l'affaire, sa compétence est déterminée par l'arrêt de renvoi. Cet acte par lequel il est ainsi saisi, limite en même temps sa compétence. Après sa décision, le dossier est de nouveau soumis à la chambre spéciale, qui homologue si le tribunal s'est conformé aux indications de l'arrêt de renvoi.

Dans le cas contraire, elle annule et statue au fond. On ne peut plus parler alors d'homologation, puisque le jugement entrepris a été anéanti. C'est déjà sa compétence d'annulation.

2. Le contrôle sur requête du Procureur général

Le second cas de compétence de la chambre est celui de sa saisine sur requête du Procureur général contre tout jugement devenu définitif, nonobstant tout délai, et bien qu'aucune partie ne se soit pourvue. La situation des parties au litige n'étant pas en jeu, il s'agit, comme devant la Cour de cassation métropolitaine, d'un pourvoi dans le seul intérêt de la loi, dont les justiciables ne peuvent se prévaloir pour s'opposer à l'exécution du jugement [162].

Le pourvoi en annulation du Procureur général a pour objet de faire décider, par la chambre spéciale, que le jugement attaqué a violé une des prescriptions du décret organique, ou a été rendu par un tribunal incompétent. La chambre n'est pas, cette fois, saisie d'un jugement qui n'attend que son approbation pour devenir définitif. Le Procureur général lui défère un jugement, définitif et exécutoire, ou dont l'exécution peut être en cours.

La chambre spéciale n'est plus alors une chambre d'homologation. Elle ne rend pas un arrêt d'homologation, mais un arrêt de rejet du pourvoi, ou en cas d'admission du pourvoi, un arrêt d'annulation d'un jugement. N'ayant pas à homologuer, elle n'a pas à évoquer. En effet, lorsqu'elle annule un jugement d'un tribunal indigène, dans l'intérêt de la loi seulement, et sans renvoi, cette annulation purement théorique, laisse survivre la décision annulée. Le tribunal

162. Article 64 du décret du 10 novembre 1903.

indigène ne peut plus se saisir valablement de l'affaire et le nouveau jugement qu'il rend ensuite de l'arrêt d'annulation est nul et non avenu [163].

Quelles sont les décisions que le Procureur général peut, dans l'intérêt de la loi, déférer à la chambre spéciale ? Sous le régime du décret du 10 novembre 1903, la chambre spéciale avait décidé que le Procureur général ne pouvait pas se pourvoir contre tous les jugements. L'article 64 n'avait trait qu'aux décisions devenues définitives et contre lesquelles aucune partie n'avait réclamé dans les délais impartis. La chambre était, de même, incompétente pour statuer, en tout état de cause, sur les jugements des tribunaux de cercle prononçant des pénalités non supérieures à cinq années d'emprisonnement [164]. Qu'en était-il des autres décisions ? La chambre ne voudra-t-elle pas les contrôler ? Comment y parviendra-t-elle ? Elle le fera par une double démarche. D'abord en vertu du décret de 1903. De l'économie générale de ce texte, il ressort que : la chambre a surtout été instituée pour contrôler, en matière indigène, les jugements portant condamnation à des peines supérieures à cinq ans d'emprisonnement. Son pouvoir, pour ne pas être illusoire, doit cependant s'exercer toutes les fois qu'une peine de cette gravité est prononcée, aussi bien sur des décisions des tribunaux de cercle que sur celles des tribunaux de province, pour lesquels aucune échelle de pénalités n'a d'ailleurs été prévue [165]. C'est ensuite par le biais de ces décisions des tribunaux de province, que la chambre spéciale va étendre son pouvoir de contrôle, de la matière criminelle à la matière civile et commerciale. En ce sens, elle décide en effet que : "lorsque le Procureur général défère à la chambre, en vertu des dispositions de l'article 64 du décret du 10 novembre 1903, un jugement d'un tribunal indigène rendu en matière civile ou commerciale, l'annulation ne peut être prononcée que dans l'intérêt de la loi, sans renvoi devant le tribunal, et sans que les parties puissent se prévaloir de cette annulation [166].

Le décret du 16 août 1912 viendra finalement, par son article 27, innover, en permettant au Procureur général de déférer, dans l'intérêt de la loi, tous les jugements. Toutefois, il ne lui attribuait pas un pouvoir discrétionnaire. Le pourvoi ne pouvait être formé que dans les cas prévus et pour les causes définies à l'article 27 : à savoir, incompétence, ou violation d'une des prescriptions du décret. Cet article permettra au Procureur général et à la chambre

163. Arrêts du 14 mai 1907, Affaire Afossojboue ; Affaire Aho et Ponohou ; Arrêt du 14 juin 1908, Affaire Modi Hamat ; Arrêt du 14 avril 1908, Affaire Obrou Chabouré ; Arrêt du 10 août 1909, Affaire Mamadou Diao ; Affaire Ollé Ouattara, du 14 décembre 1909. ANS, série M 142, Jurisprudence de la chambre spéciale d'homologation, G. Desvallons et E. Joucla, 1910.

164. ANS, série M 141, Chemise 1, chambre d'homologation, Fonctionnement, 1904-1905, Rapports des membres fonctionnaires de la chambre spéciale.

165. ANS, série M 142, Jurisprudence de la chambre d'homologation, Arrêt d'homologation d'un jugement du tribunal de province du Sine, du 21 août 1905, rendu contre Bouré Diouf, en date du 26 décembre 1905.

166, Arrêt du 26 décembre 1905, Affaire Mbaye Goudele contre Diagne Goupay, *Ibid.*

spéciale de faire respecter la compétence des tribunaux de droit commun par les tribunaux de droit local. Nous y reviendrons.

Paragraphe 2. La Cour d'appel, juridiction de "révision"

Le colonisateur n'a jamais renoncé à ce qu'il considère comme sa mission civilisatrice. Malgré sa proclamation du respect des institutions coutumières, il ne pouvait tolérer le maintien, à l'abri de son autorité, de certaines coutumes contraires à ses principes d'humanité et au droit naturel. C'est dire que sa ferme intention de garantir aux Africains, en tout ce qui n'est pas contraire à ses principes essentiels d'humanité et de civilisation, le maintien de leurs coutumes, fondement d'un droit privé approprié à leur mentalité et à leur état social, ne saurait lui créer l'obligation de les soustraire à l'action du progrès.

Son intervention, dans le sens de la régularisation et de l'amélioration des institutions coutumières, va d'abord s'exercer en matière pénale. C'est, en effet, dans ce domaine, que l'activité judiciaire avait les conséquences politiques les plus graves, et que l'action civilisatrice pouvait s'exercer d'une façon plus active et plus étendue. Il lui était possible d'y mettre en pratique ces doctrines. Sans demander aux magistrats indigènes qu'ils s'inspirent de toutes les conceptions de la criminologie moderne, il pouvait les amener à se conformer aux principes essentiels du droit criminel, qui sont applicables en tous pays et en tout état de civilisation : la responsabilité pénale indépendante, l'obligation civile de réparer le dommage causé par les attentats contre les personnes et les biens, l'égalité de tous devant la justice répressive, la proportionnalité des délits et des peines. Au fur et à mesure qu'ils se pénétreraient de ses principes généraux, les juges africains se dégageraient, peu à peu, de leur conception spéciale de la criminalité [167].

Pour mener à bien cette politique, la surveillance des magistrats indigènes par les autorités administratives ne pouvait suffire. D'où le rôle dévolu à la chambre spéciale de la Cour d'appel, dans l'évolution du droit traditionnel ouest-africain. Pour accomplir sa mission, la chambre d'homologation a dû, agissant en véritable juridiction de révision de l'ancien régime, commencer par stabiliser la coutume (A), son oralité, et partant, sa diversité étant sources, de difficultés, avant de la pénétrer progressivement des principes généraux du droit métropolitain (B).

A. La stabilisation des coutumes

Le maintien des coutumes locales va-t-il se traduire par l'intervention des hiérarchies traditionnelles dans l'organisation judiciaire indigène ? Le pouvoir judiciaire africain peut-il être exercé sans contrôle ?

---

167. ANS, série M 79, pièce n° 7, Gouverneur général Roume, Instructions aux administrateurs sur l'application du décret du 10 novembre 1903, Gorée 25 avril 1905.

Instance suprême de l'organisation judiciaire de droit local, la chambre spéciale doit faire respecter l'application des coutumes indigènes. Comment, de la capitale fédérale, peut-elle contrôler les décisions rendues dans les diverses colonies du groupe ? Ce contrôle peut-il être efficient ?

1. La consultation des assesseurs autochtones

Pour s'assurer de l'application du droit coutumier africain, le législateur colonial n'a pas hésité à associer des autochtones à la distribution de la justice de droit local. Ces assesseurs étaient choisis parmi les notables "possédant la confiance de l'administration et des justiciables, (et) connaissant bien les personnes, les choses et les usages des pays". Ils prémunissaient l'administration, "contre la tendance involontaire, mais possible, à appliquer sous l'influence de réminiscences juridiques ou par un désir d'assimilation trop rapide, la législation française, et à baser ses jugements sur des dispositions ou des principes de notre droit non appropriés en la matière" [168].

Les autorités coloniales ne pouvaient cependant porter leur choix sur les anciens dirigeants. D'abord, parce que la domination française s'est traduite par une disparition des anciennes structures d'autorité. Et qu'en outre, la politique d'uniformisation administrative ne pouvait faire coïncider les hiérarchies précoloniales avec la nouvelle hiérarchisation administrative [169]. Le choix se fera donc en fonction de la confiance des autorités coloniales. Mais c'est une confiance mitigée. Les assesseurs indigènes feront l'objet d'une surveillance constante. Comme l'explique un lieutenant-gouverneur : "Les conditions politiques et sociales du pays, telles qu'elles se présentent, nous font une obligation de ne pas créer de tribunaux en dehors des chefs-lieux de cercle et de subdivision, et des postes pourvus d'un fonctionnaire européen. La surveillance et le contrôle de l'administration sont en effet nécessaires pour éviter le retour des abus qui se produisaient en cette matière avant notre établissement. Les juges indigènes, tant musulmans que fétichistes, sont trop facilement portés à résoudre les affaires de justice par des procédés conformes à leur mentalité et à leurs habitudes ancestrales. Sans parler des "épices", dont le régime est loin d'être aboli en pays noir, nombreuses seraient les sentences de ces tribunaux qui, prononcées spontanément, seraient en contradiction flagrante avec les principes de notre civilisation. L'éducation juridique de nos magistrats indigènes exige, pour le moment du moins, d'être dirigée, renforcée par les conseils et les indications que leur donnent avec une sollicitude vigilante et inlassable les administrateurs et les commandants de cercle" [170].

168. Gouverneur général Roume, Instructions sur l'application du décret du 10 novembre 1903, déjà citées.
169. V. Jacques Lombard, *Autorités traditionnelles et pouvoirs européens en Afrique Noire. Le déclin d'une aristocratie sous le régime colonial*, Paris, Librairie A. Colin, 1967.
170. Lieutenant-gouverneur du Haut-Sénégal et Niger à gouverneur général, 11 juin 1914. ANS, série M 123, pièce n° 87.

Au regard des autorités locales, les notables apparaissent, trop souvent comme des représentants de la société autochtone, ils sont enclins à agir comme son émanation. Cette suspicion se traduit par de nombreuses révocations. C'est parce qu'il est soupçonné de menées anti-françaises que le Lieutenant, commandant le secteur de Dosse, demande la révocation de l'assesseur titulaire du tribunal de province qui, “dans le courant de l'année 1911 a été en correspondance avec l'interprète de Gaya, pour étouffer des affaires où étaient mêlés des membres de sa famille ou de l'entourage du Djérmakoy Aouta. Par sa connaissance de la langue française, c'est à lui qu'il faut attribuer les méfaits reprochés à l'interprète de Gaya, qu'il a corrompu par ses promesses ou ses dons. Pour ces motifs, il a été puni de quinze jours de prison et de cent francs d'amende. Pour ces faits répréhensibles il y a lieu d'écarter du tribunal cet assesseur qui a trompé notre confiance et de l'exclure d'une fonction qui lui conserverait aux yeux des indigènes une autorité que nous ne pouvons plus lui laisser exercer et un certain prestige dont il a fait jusqu'à ce jour un usage trop pernicieux pour notre action dans ce pays” [171].

Accusé de s'être “servi de ses fonctions pour accroître son autorité”, le Président du tribunal de province de Say est de même révoqué, pour “menées anti-françaises” [172].

L'administration de l'Afrique occidentale française, était, en somme, plutôt soucieuse d'ordre public [173]. Elle se préoccupait de tenir fermement en main, par une surveillance constante, des notables à qui elle reprochait d'être trop liés aux règles traditionnelles, d'être attachés à leurs privilèges de “féodaux”. En fait, elle se méfiait autant des institutions coutumières que d'une participation prépondérante des Africains à l'administration de la justice.

Cette défiance, qui se parait de tous les prétextes, a amené la comparution, devant le tribunal de cercle de Kayes, de la plupart des magistrats indigènes composant le tribunal de subdivision spécial de cette localité, sous l'inculpation de corruption et de trafic d'influence. Condamnés à diverses peines, ils étaient destitués et remplacés par des notables, soigneusement choisis, et plus susceptibles de donner satisfaction.

Dans le cercle de Bafoulabé, l'écrivain Cheikhou Kanouté, secrétaire du tribunal de subdivision, se voyait faire les mêmes reproches. Il était accusé : de complicité avec son président de tribunal, le notable Maciré Cissoko, de tirer de substantiels profits de ses fonctions, d'exercer une sourde propagande

171. Lieutenant Mahaut, commandant le Secteur de Dosso au Capitaine, commandant le cercle de Niamey, 2 septembre 1912. ANS, série M 108, Membres et Assesseurs des tribunaux indigènes du Niger, 1912-1919, pièce n° 4.

172. Lieutenant-gouverneur du Haut-Sénégal et Niger à gouverneur général, 1er octobre 1912. ANS, série M 104, Membres et Assesseurs des tribunaux indigènes du Haut-Sénégal et Niger, 1911-1915, pièce n° 30.

173. Elle n'entendait pas, notamment, maintenir un ordre social non conforme aux buts de son action colonisatrice. Sur la notion d'ordre public colonial, son fondement, sa justification et ses caractères, V. Solus, *op. cit*, p. 303 et s.

contre l'autorité, et d'entretenir une correspondance active avec des marabouts nettement hostiles à l'influence française [174].

Ce contrôle permanent équivalait à une mainmise sur la justice de droit local. Elle devenait indissociable de la politique indigène bien que leurs fins soient tout autres. D'où les abus que le chef du service ne cessera de dénoncer : "Je ne cesserais de critiquer, écrit-il, l'intervention des administrateurs présidents des tribunaux de cercle dans les affaires des tribunaux de province. L'administrateur de Kadé signale que lors du partage des biens de l'ex-roi de Labé, les juges du tribunal de province étant embarrassés. Leur embarras fut vite dissipé par son intervention et le partage fut fait fort judicieusement. Celui de Beyla proclame qu'il a fait adopter par le tribunal de province une jurisprudence constante en matière de restitution et de garde d'enfants. Que le tribunal de cercle par des jugements infirmatifs consacre une jurisprudence contraire à celle des tribunaux de province, rien de plus légal ; mais l'administrateur n'a pas le droit par son intervention personnelle d'imposer une jurisprudence à ces tribunaux. L'administrateur de Labé déclare, aussi, dans son rapport, que le secrétaire du tribunal de province impose aux juges le prononcé des attendus. Enfin, dans la région militaire, le commandant avoue que, d'ici longtemps, l'on ne pourra confier la direction des tribunaux aux notables des secteurs Kissien et Toma, et qu'il a toujours été possible de régler les affaires sans avoir recours aux tribunaux institués. Si les administrateurs peuvent et doivent contrôler le fonctionnement des tribunaux de province, il ne leur appartient pas de se transformer en conseillers des juges de première instance. Appelés à juger en appel, ils suppriment par le fait de cette intervention un degré de juridiction" [175].

Les chefs de poste étaient-ils en mesure de tenir compte de ces critiques ? Les exigences de la politique indigène pouvaient-elles s'effacer devant le rigorisme de la procédure judiciaire ? L'essentiel n'était-il pas d'arriver à l'introduction progressive des principes de la civilisation européenne ? Ce résultat fut très vite atteint, ainsi qu'en témoigne ce satisfecit du chef du service judiciaire : "les rapports des commandants de cercle, écrit le Procureur général, témoignent du fonctionnement très satisfaisant des diverses juridictions indigènes instituées par le décret du 10 novembre 1903. Jusqu'à ce jour les indigènes de certains cercles préféraient soumettre leurs différends aux *cadis* ou aux marabouts. Grâce aux persévérants efforts des administrateurs, les justiciables mieux éclairés sur les avantages qu'ils trouveront auprès de nos tribunaux : gratuité, garanties d'impartialité, garanties d'exécution des jugements, prennent confiance et ont une tendance, chaque jour plus marquée, à

---

174. ANS, série M 123, pièce n° 109, Lieutenant-gouverneur du Haut-Sénégal. et Niger à gouverneur général, rapport sur le fonctionnement de la Justice indigène pendant le 4e trimestre 1914.

175. Procureur général à gouverneur général, 15 avril 1913. ANS, série M 127, Fonctionnement des tribunaux indigènes, Guinée, 1912-1915, pièce n° 15.

s'adresser à nos diverses juridictions indigènes". Grâce aux palabres tenues par les autorités locales, les justiciables sont détournés des marabouts et des féticheurs, ennemis déclarés de l'organisation judiciaire indigène. Les plaideurs se dirigent ainsi plus volontiers vers des juridictions dont les membres sans être "de doctes magistrats présentent le mérite de s'inspirer en toute indépendance de nos conseils. Ils se façonnent progressivement à nos mœurs, et remplissent leur charge avec dignité" [176].

Ce satisfecit est partagé par l'administration, qui voyait ainsi son autorité affermie. Le même chef de service écrit en effet : "je dois faire ressortir la satisfaction que donnent aux commandants de cercle des indigènes juges, souvent même, à ceux-ci les compliments ne sont pas ménagés : ils sont intègres, indulgents, impartiaux, inspirent confiance, et développent leurs connaissances (Sokolo). Leur zèle n'égale que leur dévouement, à Kita. À Kayes, ils jouissent de l'estime publique et motivent parfaitement leurs jugements. Si, à Ouagadougou, ils sont seulement en progrès, et si leur attitude n'est que satisfaisante, à Ouahigouya, ils ne laissent en rien à désirer, donnent aux affaires soins et attention, sont impartiaux, et ne recouvrent pas de cadeaux – il est vrai que c'est parce qu'ils sont surveillés ajoute l'administrateur. Enfin, les juges du cercle de Bandiagara ont un louable souci de l'équité, sont désintéressés, et ceux de Koutiala font preuve d'une grande impartialité, de bon sens, bien qu'ils ne proportionnent pas toujours les peines qu'ils prononcent aux délits qu'ils répriment. Je ne puis que me réjouir des brillantes qualités qui distinguent les indigènes de l'Afrique occidentale française, pris en tant que magistrats. Cet assemblage de vertus les élèvent à la hauteur des fonctions difficiles qu'ils ont reçu mission de remplir le plus convenablement possible" [177].

Mais ce résultat était trompeur. L'administration n'en continuait pas moins à se heurter à des pratiques demeurées vivaces. Et, notamment, à l'habitude des assesseurs indigènes, de recevoir, et de se faire donner des cadeaux. Cette pratique qui sera dénoncée comme une preuve de vénalité, n'était-elle pas, plutôt, une réminiscence de la période précoloniale, où il était d'usage pour les juges locaux de prononcer des peines pécuniaires, et de s'en partager les produits des amendes ? [178].

---

176. Procureur général à Gouverneur général, 21 septembre 1911, au sujet du fonctionnement de la Justice indigène dans le Haut-Sénégal et Niger, 2e trimestre 1911. ANS, série M 123, pièce n° 17.

177. Procureur général à Gouverneur général, 27 juillet 1909, au sujet du fonctionnement de la Justice indigène dans le Haut-Sénégal et Niger pendant le 1er trimestre 1909. ANS, série M 122, pièce n° 79.

178. En Afrique Noire, comme dans la France d'Ancien Régime, juger, c'était percevoir des amendes. V. notamment pour l'Afrique, Bokar Ndiaye, *Groupes ethniques au Mali*, Bamako, éditions Populaires, 1970, qui cite chez les Dogons, l'exemple du Hogon, chef spirituel et temporel, qui se partage le produit des amendes avec les membres de la juridiction qui les ont prononcées.

Mais surtout, l'administration n'était-elle pas, elle-même, à l'origine de cette mentalité qu'elle s'empresse de dénoncer ? Non seulement, les juges indigènes n'étaient pas rétribués, mais ils étaient choisis parmi les notables qui, sans attaches avec le pays, s'y comportaient comme en territoire conquis.

Les chefs de village offraient, en revanche, plus de garanties. Moins enclins à regarder leurs administrés comme taillables et corvéables à merci, ils inspiraient plus de confiance aux justiciables, qui préféraient soumettre à leur arbitrage, leurs différends de toute nature. Les tribunaux de village jugeaient, ainsi, à l'amiable, autant des différends survenus en matière civile ou commerciale, que de véritables délits de vol, d'abus de confiance. Procédant suivant les normes traditionnelles, leurs décisions consistaient, même en matière pénale, en restitutions, dommages-intérets. Ils s'efforçaient de concilier les plaideurs.

Cet arbitrage était loin d'être conforme aux textes organiques sur la justice de droit local. Si en matière civile ou commerciale, le pouvoir de conciliation faisait partie des attributions des chefs de village, il n'en était pas de même, en matière pénale. Les infractions de nature correctionnelle étaient de la compétence exclusive des tribunaux de province, à la responsabilité desquelles elles ne devaient pas échapper [179].

Sous la pression de l'administration locale, les assesseurs indigènes étaient, en outre, amenés à s'écarter des lois et coutumes traditionnelles. Sous la dictée des "secrétaires" de tribunaux, ils se souciaient de rendre des jugements équitables, et conformes au bon sens. Certaines autorités [180] se félicitaient de cette tendance qui permettait d'amener, peu à peu, les magistrats africains à juger selon la conception de l'organisation judiciaire principale.

Or, il résulte des textes organiques, que ce sont les coutumes locales qui doivent être appliquées devant les juridictions de droit local. Celles-ci n'avaient, ni à appliquer la législation coranique, qui leur demeure étrangère, ni à rattacher leurs décisions au simple esprit d'équité, et de bon sens. En toutes matières, elles devaient appliquer les coutumes locales en exceptant seulement celles qui iraient à l'encontre des principes de la civilisation métropolitaine. C'était donc la coutume locale, et non le bon sens, qui devait servir de directive aux tribunaux indigènes.

Les autorités locales s'efforçaient d'amener les masses africaines dans des voies et vers un but qu'elles jugent favorables. Mais en faisant fi des traditions locales [181]. Ainsi, une sorte d'anarchie semblait résulter, de la présence d'assesseurs autochtones. La chambre spéciale de la Cour d'appel était consciente de

179. V. Procureur général à Gouverneur général, 20 mars 1909, au sujet du fonctionnement de la Justice indigène en Guinée française pendant le 3e trimestre 1908. ANS, série M 126, pièce n° 29, p. 2 et 3.

180. V. Lieutenant-gouverneur de la Guinée française, rapport du 27 août 1915 sur la Justice Indigène, 2e trimestre 1915. ANS, série M 217, pièce n° 14.

181. ANS, série M 127, pièce n° 115, V. Gouverneur général à lieutenant-gouverneur de la Guinée française, 27 septembre 1915.

cette difficulté de la justice de droit local. Toutefois, elle se persuadait du rôle irremplaçable de ces magistrats, en raison de leurs connaissances de la coutume. C'est pourquoi, elle se montre aussi inflexible dans son contrôle de la jurisprudence indigène, que de l'observation scrupuleuse des prescriptions des textes organiques concernant les juges indigènes.

Leur nomination, autant que l'accomplissement de leur mission, doivent se faire en conformité à la loi. Les assesseurs doivent être nommés par le chef de la colonie, sur la proposition du chef du service judiciaire, et non par l'administrateur du cercle [182]. Dans le souci de ne pas interrompre le cours de la justice, les notables nommés au commencement de chaque année en conformité des dispositions de l'article 56 du décret du 10 novembre 1903, continuent de droit leurs fonctions après l'expiration de leur mandat, tant que la décision relative à leur remplacement ne parvient pas au chef-lieu de cercle [183]

C'est dans le même but que le chef du service judiciaire notifie que : "d'ailleurs en ce qui concerne les désignations des membres des tribunaux indigènes qui, aux termes des articles 49 et 56 du décret du 10 novembre 1903 doivent être faites par le chef de la colonie intéressée, sur ma proposition, j'ai, à la date du 28 décembre 1904, donné à mes substituts dans les colonies du Sud une délégation permanente et générale les autorisant à faire toutes les propositions utiles et à contresigner toutes les décisions qu'il appartient aux lieutenants-gouverneurs de prendre, sur la proposition de l'autorité judiciaire" [184].

La chambre spéciale se montre aussi stricte lorsqu'il s'agit de la représentativité des assesseurs. Ainsi selon sa jurisprudence constante, le statut des notables assesseurs doit être indiqué, au jugement, sous l'une des rubriques : "musulman ou non musulman". Et "lorsque le prévenu est fétichiste, l'un au moins des notables qui composent le tribunal de cercle doit appartenir au même statut que l'inculpé. Le tribunal est irrégulièrement composé si tous les assesseurs sont de statut musulman" [185]. Toutefois, bien que cette jurisprudence exige que le statut des prévenus soit toujours représenté, la chambre laisse fléchir cette règle lorsqu'elle ne peut être rigoureusement observée. Ainsi,

182. ANS, série M 142, Jurisprudence de la chambre d'homologation : Arrêt d'annulation du jugement du tribunal de cercle de Mono, en date du 11 juillet 1905, Affaire Kafossa ; Arrêt du 25 juillet 1905, Affaire Boukary Dionlaké ; Arrêt du 24 octobre 1905, Affaire Bouguia et Garba ; 23 avril 1907, Affaire Nakour Naga ; 29 septembre 1908, Affaire Lancina.

183. Arrêt d'homologation du jugement du tribunal de cercle de Dojon du 10 mars 1907, rendu contre Siddo, en date du 9 juillet 1907. Dans le même sens, Arrêts du 26 janvier 1909, Affaire Alicatte et Kumen, et 13 avril 1909, affaire Gonna Ndione, *Ibid.*

184. Procureur général à Gouverneur général, 29 novembre 1906. ANS, série M 109, Membres et assesseurs des tribunaux indigènes, Dahomey, 1905-1909, pièce n° 10.

185. Arrêt d'annulation et de renvoi du jugement du tribunal de cercle de Sikasso, rendu contre Moloba Taraoré, en date du 12 mars 1907. ANS, série M 142.

dans les territoires où l'élément musulman domine, et où il est par conséquent difficile de faire représenter l'élément non musulman, la liste des assesseurs peut ne point comprendre de notables fétichistes [186].

Le décret organique du 10 novembre 1903, stipule, en son article 60 : "Les membres indigènes entrant dans la composition du tribunal de cercle auront voix consultative. Mention sera faite dans le jugement qu'ils ont été consultés". C'est dire que les assesseurs africains n'ont que voix consultative, l'administrateur commandant le cercle se prononçant seul en tant que président du tribunal de cercle [187]. Il ne requerra l'avis des assesseurs qu'à titre de simple information et sans être obligé d'en tenir compte. Pour éviter que les dispositions de cet article 60 ne soient lettres mortes, la chambre spéciale prescrit que le jugement devrait, à peine de nullité, mentionner que l'assesseur a été consulté. Et la mention de l'avis des assesseurs faite au rapport de l'administrateur est insuffisante pour satisfaire aux vœux de la loi [188]. À l'opposé, "le jugement ne doit pas, sous peine de trahir le secret des délibérations et d'enlever toute indépendance aux assesseurs indigènes, indiquer quel a été leur avis" [189], ou indiquer que la condamnation a été prononcée par deux voies contre une" [190]. Aussi, n'hésite-t-elle pas à annuler le jugement d'un tribunal de cercle dont le président "reconnaissait lui-même, que des circonstances atténuantes militaient en faveur de l'accusé, et qui pour cette raison, n'était nullement disposé à prononcer la peine capitale, s'est cru lié par l'opinion contraire de deux assesseurs, et a condamné Ali Nkoï à une peine, excessive, et inique, parce qu'elle est prévue par le Coran. Il a ainsi donné à l'avis formulé par les assesseurs indigènes une importance considérable, en lui accordant la force délibérative que lui refuse le législateur. Il y a dans ce fait, une véritable violation de l'esprit, comme du texte du décret du 10 novembre 1903" [191].

2. La preuve de la coutume

Devant la justice de droit local, les plaideurs africains se fondent sur des règles coutumières pour défendre leurs prétentions. La coutume n'étant pas codifiée, seuls les assesseurs autochtones sont en mesure d'attester de la teneur des règles du droit traditionnel. C'est compte tenu de cette situation que la chambre spéciale exige que, le jugement mentionne que l'assesseur a été consulté, et énonce la coutume en vertu de laquelle la décision a été prononcée-

186. Arrêt du 10 août 1909, Affaire Ongonda, *Ibid.*
187. Arrêt d'annulation et de renvoi du jugement du tribunal de cercle de Bamba rendu contre Ali N'Koï, du 28 juin 1906, *Ibid.*
188. Arrêt d'annulation et de renvoi du jugement du tribunal de cercle de Gao, rendu contre Kadi Atori, du 8 mai 1906, *Ibid.*
189. Arrêts du 10 octobre 1905, Affaire Maoussi, du 14 novembre 1905, Affaire Sossa, *ibid.*
190. Arrêt du 16 octobre 1906, affaire Tiécouta Kourouma, *Ibid.*
191. Procureur général à Gouverneur général, Dakar 23 novembre 1906, n° 75. ANS, série M 154, chambre d'homologation, Colonie du Haut-Sénégal et Niger, 1906, affaire Ali N'Koï.

cée. La chambre se montre très rigoureuse en ce qui concerne l'énoncé de la coutume. C'est, en effet, le seul moyen qui lui permet d'en contrôler l'exacte application.

Elle décide, ainsi, dans un arrêt du 9 juin 1921 [192] qu'il appartient au juge, et non à l'autorité administrative, de constater la coutume. De quoi s'agissait-il dans l'espèce ? Un garde, Aldiouma Ouédéraogo, était traduit devant le tribunal de cercle de Ouahigouya pour avoir reçu, sans les avoir sollicités, 75 francs des mains de Zongo Naha, qui voulait qu'il apporte certains adoucissements au régime de surveillance qu'il avait mission d'exercer sur les prestataires du village de Zougi. Le fait pour un agent de l'autorité de recevoir un cadeau qu'il n'avait pas sollicité constituait-il une infraction coutumière ? Quelle était en cas de réponse affirmative, la peine prévue par la coutume ? Le jugement du tribunal de cercle penchait pour une réponse affirmative, alors que par un télégramme du 23 avril 1921, le lieutenant-gouverneur de la Haute-Volta niait toute culpabilité coutumière. À qui prêter foi ? Selon l'arrêt, il ne saurait faire aucun doute qu' "il appartient aux tribunaux de subdivision et de cercle seuls d'indiquer et de fixer la coutume dans le jugement, et, en cas d'oubli, par une addition à la copie du jugement déjà versée au dossier de la procédure d'homologation. L'administrateur président peut délivrer lui-même le certificat de coutume. Mais le lieutenant-gouverneur n'a ni qualité ni compétence à cet effet".

La chambre spéciale exige l'indication, non seulement de la coutume, mais également celle de la peine qu'elle prévoit. Il faut, en effet, que cette haute juridiction puisse apprécier si la condamnation a une base légale, et si la peine appliquée est proportionnée à la faute commise. C'est dans le cadre de ce contrôle de la détermination de l'infraction coutumière, et de la fixation de la peine applicable, que le Procureur général a demandé l'annulation d'un jugement du tribunal de subdivision Noir de Sélibaby dans la colonie de Mauritanie [193], qui avait condamné, la nommée D. Maya, à six mois d'emprisonnement avec ordre de rejoindre le domicile de son fiancé une fois sa peine terminée, et G. Koné à six mois de la même peine pour adultère. Pour prononcer l'annulation, la chambre spéciale va se fonder sur le Recueil de la coutume sarakolé, par MM. Saint-Père et Dugoure, selon lequel, "dans la coutume sarakolé, le "*tama*" est un modeste cadeau qui consacre l'accord des familles au sujet d'un futur mariage. C'est un signe de fiançailles. Cela ne saurait être assimilé à un mariage pour l'existence duquel certaines cérémonies, entre autres la constatation publique de l'accord sur la dot – chose essentielle qui n'est pas réglée au moment du "*tama*" – et un acte religieux sont nécessaires. C'est, seulement, après cet accord et cet acte religieux que le mariage existe réellement et ne peut être dissous que par la mort ou le divorce ; alors qu'après

192. *Rec.* 1921, 2, p. 142.
193. Arrêt n° 23 du 5 février 1925, Affaire Gaye Koné et Doussou Maya. Greffe de la Cour de Dakar, Arrêts de la chambre spéciale d'homologation, année 1925.

l'acceptation du "*tama*" les fiançailles peuvent être rompues par le fiancé ou par le père de la jeune fille". Donc pour la chambre, aucun mariage n'ayant été célébré, il ne pouvait y avoir adultère. Surtout, qu'au surplus, selon une indication du commandant de cercle de Guidimaka, "la coutume sarakolé ne punit pas le fait pour une jeune fille fiancée, avec l'acceptation du "*tama*", d'avoir des relations intimes avec un homme marié. En ce cas, en effet, le fiancé peut simplement demander la rupture des fiançailles et son droit ne va pas au-delà". Ainsi, la condamnation prononcée par le tribunal de subdivision Noir de Sélibaby manquait de base légale, d'où son annulation tant dans l'intérêt de la loi que dans celui des parties.

Pour homologuer un jugement du tribunal de cercle de Nzérékoré, en Guinée française, qui, le 20 février 1913 avait condamné les nommés Kéoulé, Bamou, Yara, Yré, Koly, Dono et Moué Bakilé à la peine de mort pour meurtre et anthropophagie, la chambre spéciale confronte l'énoncé du jugement avec les renseignements cités, par A. Arcin ancien administrateur des colonies et chef de cabinet du lieutenant-gouverneur de la Guinée française dans son ouvrage *La Guinée française*, édité à Paris en 1907, et relatifs aux hommes-panthères. Vérification qui lui permet de décider que : "les faits d'anthropophagie, commis à l'aide de déguisements en bêtes fauves, ont de nombreux précédents en Guinée française ; la coutume qui prévoit la peine de mort pour ces crimes abominables a toujours été appliquée sans atténuation tant par les anciennes juridictions indigènes, que par le tribunal supérieur de Conakry, aujourd'hui supprimé" [194].

Donc pour que la chambre spéciale de la Cour d'appel puisse exercer son contrôle, il est nécessaire que la juridiction indigène fasse connaître les coutumes qu'elle applique. Si elle ne le fait pas, conformément à une jurisprudence constante, la chambre lui renvoie l'affaire, en lui enjoignant d'indiquer les coutumes et les sanctions qu'elles comportent. En attendant, la chambre sursoit à statuer [195]. À la suite de ce renvoi pour indication de la coutume appliquée, ce renseignement doit être donné par la juridiction concernée au moyen d'une addition à la copie du jugement versée au dossier, ou par un certificat signé de l'administrateur-président. "Mais excède ses pouvoirs, et viole les dispositions de l'article 68 du décret du 10 novembre 1903, le tribunal de cercle qui juge l'affaire une troisième fois" [196].

En matière pénale, le tribunal indigène a l'obligation de recourir aux règles coutumières pour déterminer l'infraction et fixer la peine et la sanction à appliquer. En cette matière, le contrôle de la chambre est, comme toujours, assez rigoureux. Nous en avons une illustration dans son arrêt du 24 septembre 1925. Dans la cause, le tribunal du deuxième degré de Bouaflé, en Côte

194. Arrêt du 26 août 1913, accompagné d'une note de E. Joucla.
195. Arrêt du 24 novembre 1915, *Rec.* 1916, 2, p. 186.
196. Arrêt d'annulation du jugement du tribunal de cercle d'Allada rendu contre Dessanon et consorts, en date du 28 avril 1908. ANS, série M 142.

d'Ivoire, avait condamné, le 25 mai 1925, les nommés Ousseyri-bi-zo et Tia-man-BiGohué, à la peine de mort pour empoisonnement. Le jugement avait relevé que la coutume locale prévoyait comme sanction du crime d'empoisonnement le paiement de dommages-intérêts à la famille de la victime et, à défaut, la vente comme captifs des coupables, ou l'état de guerre entre les familles. Mais cette coutume avait été écartée par le tribunal qui l'estimait contraire aux principes de la civilisation métropolitaine. Et les coupables s'étaient vus infliger le châtiment suprême. La Cour va annuler ce jugement, la sanction qu'elle prononce n'étant pas proportionnée à la sanction coutumière. Nous lisons, en effet, dans le dispositif :

"Attendu que c'est à juste titre que la coutume, contraire dans ses dispositions aux règles de la civilisation française a été écartée par le tribunal du deuxième degré de Bouaflé ;

Mais attendu qu'aux termes de l'article 50 du décret du 22 mars 1924, le tribunal, avant de prononcer sa sentence, doit s'enquérir de la sanction prévue par la coutume du lieu où l'infraction a été commise, et autant que possible, proportionner l'importance de la condamnation à la gravité de cette sanction [197]

Attendu qu'il apparaît, en l'espèce, que le tribunal de Bouaflé n'a pas tenu compte du vœu exprimé par le législateur dans l'article 50 précité, et qu'en infligeant aux accusés le châtiment suprême, il a prononcé une peine qui dépasse de beaucoup la gravité de la sanction coutumière ;

Attendu qu'il échet, eu égard à cette sanction, de décider que le jugement soumis à l'examen de la Cour, doit être annulé pour violation de l'article 50 du décret du 22 mars 1924, et de prononcer, sur évocation à l'encontre d'Ousseyri-Bi-Zo et Tiaman-Bi-Gohué la peine de l'emprisonnement perpétuel, qui correspond à la mesure de coercition envisagée par la coutume" [198].

B. L'application des principes du code pénal

La chambre spéciale de la Cour d'appel joue un rôle primordial dans la détermination des règles du droit coutumier africain. Elle a pour mission, on le sait, d'assurer aux autochtones le maintien de leur droit traditionnel. Mais peut-elle effectivement remplir cette fonction ? La chambre est-elle assez pénétrée du droit coutumier pour en contrôler l'application ? Ne peut-on pas lui reprocher d'être mal renseignée sur le droit coutumier ? "La vérité, répond le lieutenant-gouverneur du Haut-Sénégal et Niger, est que la chambre d'homologation ne trouvera jamais assez d'assesseurs, car chaque race a sa coutume, et qu'il faudrait autant de conseillers indigènes qu'il existe de coutumes et de variétés de coutume. La chambre d'homologation ne peut donc pas manquer d'être très mal renseignée sur le droit indigène. C'est à elle cependant que revient, la haute et difficile mission d'apprécier, en dernier ressort,

197. C'est nous qui soulignons.

198. Greffe de la Cour de Dakar, Arrêts de la chambre spéciale d'homologation, année 1925, Arrêt n° 92.

et d'infirmer les jugements rendus par des administrateurs qui, vivant constamment au milieu de nos sujets, sont généralement mieux informés sur leurs traditions et leurs mœurs que les magistrats et les fonctionnaires de Dakar. Il y a là un cercle vicieux manifeste : la Cour tire sa science juridique des jugements rendus par les administrateurs, et elle a ensuite la prétention de les réformer. N'y a t-il pas quelque incohérence à charger de l'appel le juge le moins informé, contre le juge bien informé ?" [199].

La chambre spéciale étant dans l'impossibilité de saisir le droit coutumier dans sa diversité et sa complexité, elle ne pouvait guère, dans l'exercice de sa mission de contrôle, ou apprécier la régularité matérielle des décisions des juridictions inférieures (1), et conformer au droit métropolitain le droit applicable devant ces mêmes juridictions (2).

1. La chambre spéciale, juge du fait

Le décret organique du 10 novembre 1903 dispose, en son article 75 : "la justice indigène appliquera en toute matière les coutumes locales en tout ce qu'elles n'ont pas de contraire aux principes de la civilisation française ". La chambre spéciale est la juridiction supérieure qui a été instituée pour assurer le contrôle final de l'application de ce droit coutumier africain. Quelle est l'étendue de son droit de contrôle ? A-t-elle seulement une compétence criminelle ? Ou sa compétence s'étend-elle à toutes les matières ? Le problème de la détermination de cette compétence a soulevé une controverse entre l'administration et le chef du service judiciaire. Pour l'administration, dont le point de vue est exprimé par l'administrateur Valzi, "le décret de 1903 a sagement limité l'homologation de la chambre spéciale aux affaires criminelles. En cette matière, la chambre peut, en effet, exercer son contrôle avec autorité et sûreté. Les infractions qui lui sont soumises sont presque toujours de même nature et se réduisent à une catégorie très limitée, généralement à des attentats contre la vie humaine. Pour ces infractions la coutume est la même dans les divers territoires de l'Afrique occidentale française, mais en matière civile et commerciale, les coutumes sont extrêmement variées. Si la coutume peut être reconnue et fixée en matière correctionnelle et criminelle, en matière civile et commerciale, c'est la diversité la plus grande, c'est l'absence de tout principe directeur, de toute procédure, c'est l'inconnu. Comment dans ces conditions la chambre d'homologation pourra-t-elle reconnaître s'il a été fait une juste application de coutumes qu'elle ignore ? Comment pourra-t-elle dire qu'il y a eu violation de formes de la part des tribunaux indigènes puisque ces formes n'existent pas ? Comment à défaut de toute règle, de tout principe, de tout texte, constater avec certitude les excès de pouvoir et le cas d'incompétence ? Il n'est qu'un cas où l'incompétence de la juridiction indigène puisse être reconnue d'une façon

199. Lieutenant-gouverneur du Haut-Sénégal et Niger à gouverneur général, Bamako le 29 avril 1911. ANS, série M 83, Justice Indigène, Réglementation. Projet de modifications du titre VI du décret de 1903, 1911, pièce n° 18.

précise. C'est celui où le tribunal aurait statué dans une affaire dans laquelle se seraient trouvés intéressés des Français, européens et assimilés. Mais ce cas, c'est le décret lui-même qui l'indique, En dehors de ce cas, la chambre se trouverait dans l'impossibilité d'exercer sérieusement et utilement son contrôle". La chambre spéciale étant dans l'impossibilité de jouer le rôle de Cour de cassation en matière indigène, le décret ne lui a attribué qu'une compétence de contrôle en matière criminelle. Aussi, poursuit Valzi : "Étendre aux affaires civiles et commerciales le contrôle de la chambre spéciale, c'est méconnaître le caractère de cette juridiction et le rôle que le législateur de 1903 a entendu lui assigner ; c'est la convertir en Cour de cassation. Or, rien ne serait plus arbitraire et moins conforme à l'esprit de l'œuvre issue du décret de 1903 que d'instituer une Cour suprême en matière de justice indigène ; on peut ajouter que rien ne serait moins pratique et ne rencontrerait de plus grandes et de plus nombreuses difficultés" [200].

Pour l'administration, la chambre spéciale n'est pour ainsi dire, qu'une juridiction supérieure. Elle n'est pas assimilable à une Cour de cassation. Mais, comme il fallait s'en douter, ce point de vue ne pouvait être partagé par le Procureur général. En effet, selon ce haut magistrat, "le législateur de 1903 n'a pas pensé qu'il existait une différence essentielle et fondamentale entre les attributions de la Cour suprême et celles réservées, à la chambre spéciale d'homologation, par les articles 61 et 67 du décret organique du 10 novembre 1903 : la Cour de cassation ne juge qu'en droit pur, les questions de fait restant soumises à l'appréciation souveraine des cours et des tribunaux ; la chambre d'homologation juge en fait et en droit, mais surtout en fait, puisque le droit indigène, pour les populations non musulmanes, n'existe encore que sous la forme de coutumes imparfaitement connues et variant à l'infini avec la diversité des peuplades et tribus répandues sur le territoire. La Cour de cassation a uniquement pour mission de veiller à la conservation de la loi, et de rappeler les tribunaux à son observation, par l'annulation des arrêts rendus contrairement à ses prescriptions. La chambre spéciale, au contraire, a un pouvoir d'homologation, c'est-à-dire, d'approuver et de confirmer dans certaines conditions déterminées les jugements des tribunaux indigènes. Il lui est donc indispensable, pour accorder cette appréciation, d'examiner à tous les points de vue les décisions soumises à son contrôle, de manière à la refuser en annulant celles qui seraient contraires aux coutumes locales, aux principes de la civilisation française, à la justice et à l'équité" [201].

Ainsi, selon le chef du service judiciaire, le contrôle de la chambre spéciale s'étend, en plus de sa compétence criminelle, non seulement aux matières civile et commerciale, mais, il s'exerce aussi bien en droit qu'en fait. C'est ce point de vue que les magistrats de la chambre spéciale font adopter dans un

200. Administrateur Valzi, Dakar le 5 octobre 1907, Note au sujet des projets de modifications du décret du 10 novembre 1903. ANS, série M 80, pièce n° 17.
201. Procureur général à Gouverneur général, Dakar le 27 mars 1906, *Ibid*, pièce n° 18.

arrêt du 2 février 1933 [202]. Dans la cause, le médecin auxiliaire de l'Assistance médicale indigène, Étienne Lattier, avait été condamné, par le tribunal du deuxième degré de Man, Côte d'Ivoire, à dix années d'emprisonnement et à mille francs de dommages-intérêts au profit du père de la victime, pour viol ayant entraîné la mort de la jeune Do Dézi, âgée d'environ dix ans. Le tribunal de Man avait fondé sa décision sur les accusations des oncle et mère de la victime, accusations corroborées par six témoins, et selon lesquelles : Lattier, lors d'une tournée médicale dans le canton de Hyé, avait violé la jeune Do Dézi, avant d'en faire sa maîtresse temporaire, puis de la renvoyer à ses parents, après une huitaine de jours de cohabitation, la vulve et le ventre enflés, perdant du sang dans ses selles et dans ses urines, ce qui provoqua sa mort, environ deux mois après. Malgré les dénégations formelles de l'inculpé, ces accusations ne firent l'objet d'aucune instruction. Le tribunal de Man ne s'était pas, non plus, enquis des motifs qui avaient poussé l'oncle et la mère de la victime à différer, de près de trois années après le déroulement des faits, leur plainte. En avaient ils parlé, comme ils le prétendent, au chef de canton Tia Boniga ? Celui-ci avait-il été retenu d'entendre compte par la crainte qu'il éprouvait à l'endroit de l'inculpé qui, selon lui, allait répétant "qu'il était plus fort que les blancs" 7 Un pareil retard n'était-il pas de nature à rendre la plainte suspecte ? Quoi qu'il en soit, Lattier, qui depuis sa condamnation ne cessait de clamer son innocence, finit par, le 15 juin 1931, adresser une lettre au gouverneur de la Côte d'Ivoire, qui chargea l'inspecteur des affaires administratives de la colonie de procéder à une enquête. Du procès-verbal de l'enquête, effectuée dans le courant des mois de septembre, octobre et novembre 1931, il résultait que : la plainte tardivement formulée contre Lattier fut provoquée par le désir du chef de canton T. Boniga de se venger des exactions et abus, aussi nombreux que divers, commis par celui-ci au cours de sa tournée médicale dans la région de Man. La jeune Do Dézi fut remise à Lattier, sur l'intervention du chef de canton par le chef de village de Ségloplen, vers le mois de février 1926 au village de Bogoné, où avait été organisé un tam-tam sur l'ordre du médecin-auxiliaire ; à l'époque, elle n'était plus une enfant, mais une jeune fille aux seins bien formés et, par conséquent, nubile. Lattier, avec qui elle cohabita huit jours environ au village de Bogoné, acheva tout au plus la défloration de Do Dézi, sans résistance vraisemblablement de la part de cette dernière ; la preuve d'une violence quelconque exercée par Lattier à l'encontre de la jeune fille n'est, en tout cas, pas administrée ; l'accusation de viol doit, en conséquence, être écartée. La mère de Do Dézi n'ignorait point sa cohabitation avec Lattier, puisque venue au village de Bogoné pour y voir ce dernier, elle reçut de lui un présent de riz et de poulets. Lattier, quittant le village de Bogoné, voulut emmener Do Dézi avec lui, mais celle-ci ayant refusé de l'accompagner, Lattier la quitta en lui faisant don de quinze francs. Enfin,

202. Greffe de la Cour de Dakar, Arrêts de la chambre d'homologation, année 1933, Arrêt n° 17.

si Do Dézi décéda effectivement après le départ de Lattier, cette mort survint, non pas un ou deux mois, mais dix-huit ou vingt mois, au moins, après ce départ.

Dans ces conditions, y avait-il lieu de considérer que Lattier a violé la victime ? Le décès de la jeune fille était-il la conséquence de sa défloration par Lattier ? C'est alors que se livrant à un contrôle de l'appréciation des faits de la cause par le tribunal de Man, dont le jugement avait été homologué par le tribunal colonial d'homologation de Grand-Bassam, la chambre spéciale prononça l'annulation, estimant que la condamnation de Lattier reposait sur une base erronée.

La chambre spéciale étant une juridiction de contrôle destinée à surveiller le fonctionnement d'une organisation judiciaire spéciale, la justice indigène, son rôle revient, en fait, à réparer des irrégularités et des erreurs. Ces dernières sont dues, le plus souvent, à la difficulté suivant laquelle les tribunaux indigènes ont à statuer sur des actes qu'ils doivent juger et punir comme étant des délits ou des crimes, alors que du point de vue du droit coutumier africain ils ne sont perçus que comme donnant lieu à des répartitions civiles. Les magistrats indigènes ont à infliger aux auteurs de ces actes des sanctions que le droit coutumier n'a pas eu à prévoir. Or, le législateur colonial fait une obligation, aux tribunaux de droit local, de se régler sur le droit coutumier pour déterminer la sanction. Il y a là une difficulté que peu de magistrats indigènes sont à même de résoudre. D'où la réduction de la fonction de la chambre spéciale, en un pouvoir de réprimer les excès de la coutume. Toute règle coutumière qui se révélait contraire aux principes généraux du droit français, étant excessive.

En pays fétichiste, la coutume ne prévoit aucune sanction répressive contre les faits criminels dans lesquels l'élément rituel domine. Ainsi lorsque le chef religieux ou le chef des Esprits impose l'épreuve du poison à une personne accusée d'avoir été cause de la mort d'un habitant du village, en lui jetant un sort, ce chef, et le sorcier féticheur désigné par lui pour l'administration du poison, ne peuvent être régulièrement poursuivis, la coutume ne punissant pas le meurtre rituel. Selon la doctrine de la Cour, si les tribunaux indigènes doivent appliquer en toute matière les coutumes locales, c'est à condition qu'elles n'aient rien de contraire aux principes de la civilisation française. Or, il est contraire à ces principes qu'un attentat à la vie humaine puisse rester impuni, fût-il ordonné par l'autorité religieuse. Il y a là un acte criminel qu'il importe de réprimer avec rigueur dans l'intérêt même de nos populations. Il convient donc d'infliger aux délinquants l'une des pénalités prévues en matière indigène, tout en tenant compte de leur mentalité et de leur état social [203].

Se conformant à cette politique jurisprudentielle, un tribunal de cercle a pu, à bon droit, condamner à des peines d'emprisonnement variant de deux à

203. Arrêt du 14 septembre 1909, Affaire Ango, Kalley et Taddo. ANS, série M 142, G. Desvallons et E. Joucla, Jurisprudence de la chambre d'homologation, V. Élément rituel.

quinze ans, dix indigènes coupables d'avoir brûlé vive une vieille femme accusée de sorcellerie, et de jet de sorts aux membres de sa famille. Le jugement négligeant le côté rituel de l'affaire qualifiait le fait incriminé d' "homicide commis à l'aide de tortures" pour lequel la coutume prévoit la peine de talion [204].

C'est encore à bon droit, en pays mossi, qu'un tribunal a pu entrer en condamnation contre cinq indigènes prévenus d'avoir donné la mort à un de leurs congénères dans les circonstances suivantes : une femme étant décédée, les habitants de son village croyant qu'une personne avait mangé l'âme de la défunte, l'on procéda, suivant la coutume, à la promenade du cadavre. Les prévenus le placèrent sur leurs épaules et le promenèrent parmi les gens rassemblés en lui imprimant un balancement. Le cadavre, en tombant toucha un indigène qui fut accusé immédiatement d'être l'auteur du décès. Les prévenus l'entraînèrent dans la brousse et l'étranglèrent. Devant le tribunal, ils déclarèrent qu'ils s'étaient conformés à la coutume. L'administrateur qui relate cette coutume fait remarquer que la victime touchée par le cadavre est ordinairement choisie à l'avance [205].

Le tribunal de cercle de Bandiagara a pu, enfin, justement condamner à vingt années d'emprisonnement trois indigènes prévenus d'assassinat, en dépit de la coutume Habbé qui affranchit le meurtrier de toute poursuite, s'il donne une de ses filles aux parents de la victime, du *dolo*, un mouton, du tabac, du sel aux notables, et une couverture au plus vieux d'entre eux, et s'il consent à quitter son village pendant trois ans. Après ce laps de temps, il y revient, mais précédé d'un bœuf dont il tient la queue. Les gens disent que c'est le bœuf qui a ramené le meurtrier au village, Celui-ci est dès lors absous et tous se partagent la viande du bœuf [206].

C'est en définitive, pour éliminer les nombreux cas d'application erronée d'une sanction coutumière à un crime non prévu par la coutume, que la chambre spéciale décide, conformément aux dispositions de l'article 36 du décret du 16 août 1912, que : les juridictions répressives indigènes ne peuvent infliger que l'emprisonnement ou l'amende quand les coutumes locales ne sanctionnent pas les infractions dont les dites juridictions sont appelées à connaître [207].

Cela revient à dire "qu'en matière criminelle la coutume ne doit entrer en ligne de compte ni pour la détermination des infractions, ni pour l'évaluation du maximum et du minimum de la peine applicable". En conséquence, "la juridiction criminelle indigène n'a pas le pouvoir de relaxer un individu qui lui

204. Arrêt du 20 octobre 1909, Affaire Dembélé et consorts, même référence.
205. Jugement du tribunal de cercle de Ouahigouya, 30 juillet 1909, Affaire Jamba et autres, *Ibid.*
206. Arrêt du 26 novembre 1907, Affaire Tomé et consorts, *Ibid.*
207. Arrêt du 28 décembre 1916, *Pen.*, 1917, 1, p. 161, avec une note d'E. Joucla.

est déféré sous l'accusation d'un crime, sous le prétexte que la coutume locale ne réprime pas le fait poursuivi" [208].

Cependant, la chambre spéciale se refuse à autoriser l'application expresse des dispositions du code pénal, qui, selon elle, ne peuvent jamais constituer qu'une raison écrite dans le cas où la coutume n'aurait prévu aucune peine pour les faits incriminés. Est donc nul, le jugement du tribunal du deuxième degré de Cotonou qui, le 10 février 1928, a condamné les nommés : Rustico, à 50 francs d'amende et dix mois d'emprisonnement, cinq ans de suspension de fonctions publiques ; Zollner et Besson, chacun à seize francs d'amende, trois mois de prison, cinq ans de suspension de fonctions publiques, pour la divulgation de télégrammes officiels, le tout par application des dispositions de l'article 187 du code pénal [209].

Dans cette action de "stabilisation" du droit traditionnel africain, la chambre spéciale se refuse à faire appliquer la coutume chaque fois qu'elle est en opposition avec une règle qualifiée d'impérative, ou considérée comme d'ordre public [210]. Dans le conflit entre les institutions métropolitaines et le droit coutumier africain, le colonisateur ne se soucie pas d'équilibre à sauvegarder Ce sont les exigences de la politique coloniale qui l'emportent. La coutume, pour être applicable, doit se conformer aux buts que poursuit la métropole. Dans l'accomplissement de ce dessein, la chambre spéciale joue un rôle essentiel. Le pouvoir absolu de contrôle qu'elle exerce dans l'application des pénalités coutumières, vient d'être décrit. Son rôle pondérateur, dans la fixation de la coutume pénale, par une comparaison constante des infractions et de leurs sanctions [211], est primordial.

Sa mission devient irremplaçable lorsqu'il s'agit de faire appliquer les pénalités en tout ce qu'elles n'ont pas de contraire aux principes de la civilisation française. Si, en effet, en matière répressive les juridictions indigènes s'inspirent de la coutume du lieu de l'infraction aussi bien pour déterminer les faits répressibles judiciairement que pour déterminer la gravité de la sentence, il faut toutefois que ces faits répressibles judiciairement par la coutume puissent se concevoir d'après la loi française. Elles ne doivent porter aucune atteinte aux principes essentiels de la civilisation, à l'ordre public tel qu'il doit être conçu, non dans la métropole, mais en Afrique occidentale [212].

La chambre est, en somme, manifestement opposée à l'application de la coutume pénale. Si, elle exige que le droit coutumier détermine la nature des infractions, en pratique, elle oblige les tribunaux de droit local à substituer,

---

208. Arrêt n° 36 du 5 mai 1938, Affaire Matianga. Greffe de la Cour, Arrêts de la chambre d'homologation, année 1938.
209. Arrêt n° 69 du 6 septembre 1928, Affaire Rustice, Zollner et Besson. Greffe de la Cour, Arrêts de la chambre d'homologation, année 1928.
210. V. H. Solus, *op. cit.*
211. Arrêt du 15 avril 1913, *Pen.* 1913, 1, p. 270, avec une note M. Delafosse.
212. Arrêt n° 125 du 22 décembre 1938, Affaire Adokovi. Greffe de la Cour, Arrêts de la chambre d'homologation, année 1938.

conformément aux prescriptions de l'article 75 du décret du 10 novembre 1903, l'emprisonnement aux châtiments corporels prévus par la coutume [213]

De même le caractère collectif des sanctions coutumières est abrogé, en faveur du principe de la personnalité des peines. La chambre spéciale interdit aux juridictions de droit local, de condamner le frère de l'inculpé au lieu et place de celui-ci [214]. Est annulé le jugement, qui s'inspire de l'organisation africaine de la famille, pour rendre responsable, au lieu et place d'un prévenu insolvable, un membre plus fortuné. de sa famille, plus précisément son frère, qui en sa qualité de fils aîné, avait hérité des biens constituant l'actif de la succession de ses parents [215].

La chambre spéciale prohibe, aussi, la règle du rachat du sang, de même que toutes les réparations pécuniaires en matière d'homicide. Ces compositions qui "atteignent la famille ou la collectivité à laquelle appartient le délinquant et non celui-ci personnellement, sont incompatibles avec les principes de la civilisation française [216]. Sera donc annulé, le jugement du tribunal de cercle de Koury qui condamne un inculpé pour meurtre, à quinze ans d'emprisonnement, et à verser à titre de dommages-intérêts, 100 000 cauris à la famille de la victime, et un bœuf qui sera mangé, en commun, par les villages du meurtrier et celui de la victime. La décision de la Cour s'explique par la considération suivante : "le caractère collectif des sanctions prévues par la coutume Bobo, dénote chez les assujettis une impuissance marquée à différencier les faits et les gestes d'un individu de ceux de la collectivité à laquelle il appartient. Les combats, les rixes qui ont longtemps désolé le pays Bobo et qui éclatent encore de temps à autre illustrent cet état d'esprit et nous imposent l'obligation de le modifier. Il faut donc amener l'indigène à sentir et à agir autrement que son clan. Le moyen d'y parvenir réside dans l'application aussi stricte que possible du principe de la personnalité des peines. La peine personnelle infligée avec persévérance, tact et méthode peut éveiller chez le primitif le sentiment que celui-là seul qui a perpétré un crime doit subir les conséquences de son acte, que cet acte l'isole momentanément de sa famille ou de son village dont il ne doit attendre aucun secours, et réciproquement, s'il est victime d'une agression, il n'appartient pas aux siens de le venger. Décider comme l'a

213. Arrêt du 26 décembre 1905, Affaire Mamadou Mbalo. ANS, série M 142.

214. Arrêt du 14 mai 1907, *Ibid.*

215. ANS, série M 155, chambre d'homologation, Colonie du Haut-Sénégal et Niger, 1907, Arrêt du 14 mai 1907, annulant le jugement du 13 février 1907, du tribunal de cercle de Bougouni, portant condamnation à trois ans d'emprisonnement et cinq cents francs d'amende contre Siré Mory Fomba, convaincu de fait de traite, et ordonnant que l'amende infligée soit payée, dans le délai d'un mois, par le nommé Benkoro Fomba, frère de l'inculpé.

216. ANS, série M 142, Jurisprudence de la chambre d'homologation, Arrêts des 11 juin 1907, affaire Mama Couloubaly ; 11 juillet 1907, affaire Ibrahima Sory ; 8 décembre 1900, affaire Adjia ; 26 janvier :1909, affaire Manga Bossi ; 25 mai 1909, affaire Zirignon et consorts.

fait, le tribunal de cercle de Koury, qu'un bœuf acheté par l'agresseur serait mangé en commun par le village de celui-ci et le village de la victime, c'est reconnaître, officiellement, la solidarité barbare dont nous avons signalé plus haut les déplorables manifestations. En conséquence, la nécessité de cette peine ou plutôt de cette cérémonie ne s'impose pas" [217]. En somme, dans la logique impérialiste, il n'était pas question d'admettre que, conformément à l'organisation clanique traditionnelle, les actions des individus réagissent sur tout le tissu des relations sociales. Que toute action malfaisante ne cesse d'agir que grâce à un ensemble de cérémonies qui manifestent la normalisation des relations sociales.

C'est toujours en vertu de ce droit occidental, foncièrement individualiste, que la chambre spéciale se refusera à homologuer le jugement d'un tribunal de cercle qui, s'en tenant à une application stricte de la coutume, a, en plus des sanctions pénales ordinaires, condamné la famille de l'accusé à la "compensation par un mariage entre une jeune fille de sa famille et un jeune homme de la famille de la victime". Ce genre spécial de "composition" qui a pour objet, non plus une valeur pécuniaire, mais une personne à mettre en puissance dans la famille de la victime, au lieu et place de cette dernière, apparaît comme contraire aux principes de la civilisation métropolitaine [218]. D'où l'obligation faite au tribunal, de substituer l'emprisonnement à la réparation prévue par la coutume. Toutefois, malgré la substitution de l'emprisonnement à la réparation pécuniaire en matière de meurtre, rien ne s'oppose selon la Cour, à ce que des dommages-intérêts soient alloués à la famille de la victime [219]. Mais ces dommages ne peuvent être prononcés que conformément aux dispositions des textes organiques, en vertu desquelles : les juridictions indigènes ne peuvent statuer qu'à la requête des particuliers sur les dommages ayant leur cause dans les crimes ou les délits dont elles sont saisies [220]. Et conformément à une jurisprudence constante, la chambre [221] spéciale décide que : les décrets organiques ne prévoyant pas la "compensation pécuniaire au nombre des peines qui peuvent être prononcées d'office par les tribunaux indigènes, cette compensation ne peut être accordée que s'il y a demande de la partie lésée".

---

217. Lieutenant-gouverneur du Haut-Sénégal et Niger à Gouverneur général, 27 août 1912, Affaire Buameni Zumbawa. ANS, série M 161, pièce n° 127.

218. Lieutenant-gouverneur à Gouverneur général, 11 juillet 1917. ANS, série M 166, chambre d'homologation, Colonie du Haut-Sénégal et Niger, année 1917, pièce n° 192. Il serait plus juste de faire observer que dans cette forme de mariage, l'enfant qui naîtra de l'union prendra le nom du mort. C'est donc l'enfant, et non la mère, qui forme l'objet de la compensation.

219. Arrêt précité du 8 décembre 1908, Affaire Adjia.

220. Article 63 du décret du 22 mars 1924.

221. Greffe de la Cour d'appel, Arrêts de la chambre d'homologation, année 1927 et 1928, Arrêts n° 42 du 26 juillet 1927, affaire Maforo Guilaogui ; n° 9 du 1er mars 1928, affaire Gata ; n° 14 du 2 avril 1928, affaire Lansana Konté ; n° 15 du 2 avril 1928, affaire Tanon ; n° 36 du 12 juillet 1928, affaire Houmpatin Edjoun ; n° 16 du 2 avril 1928, affaire Idi Mahama et Doya.

2. L'apport des principes essentiels de la civilisation française

Les attributions des juridictions indigènes, en matière répressive, n'ont pas été définies, d'une façon précise, par le décret organique du 10 novembre 1903. Son titre VI, qui est consacré à la justice indigène, édicte des dispositions qui, dans leur généralité, étaient susceptibles de s'adapter à des situations encore imprécisées. Le silence du législateur a donc amené la chambre spéciale d'homologation à faire une large œuvre jurisprudentielle. Usant de cette faculté d'interprétation du texte organique, qui lui était laissée, elle va fixer par un large emprunt à la procédure judiciaire française, les règles du fonctionnement de la justice de droit local, sa procédure.

Les règles du droit qui touchent aux principes essentiels de la civilisation métropolitaine ne peuvent, au regard de la Cour, demeurer étrangères au droit coutumier applicable devant les juridictions indigènes. Ont ce caractère, les règles relatives à la loi du sursis, à la procédure de contumace, aux circonstances atténuantes, et à l'interdiction de séjour.

Aucun sursis n'est prévu par les coutumes locales pour l'exécution des peines. La chambre spéciale va, cependant, évoquer le caractère de bienveillance de la loi de sursis, son but moralisateur, pour en étendre le bénéfice aux justiciables des tribunaux de droit local [222].

Il ne résulte pas non plus de la jurisprudence des tribunaux indigènes, qu'en Afrique occidentale française, le droit coutumier africain règle la procédure de contumace [223]. Néanmoins, "dans un intérêt de haute justice", la chambre spéciale décide, conformément à la loi française, que les tribunaux indigènes doivent suivre cette procédure [224]. Pour éviter qu'un condamné en état de contumace ne soit exposé à subir sa peine sans avoir été appelé à se défendre, il y a lieu d'ordonner que le jugement rendu par contumace et la procédure suivie doivent être anéantis de plein droit si le condamné se constitue prisonnier ou s'il est arrêté. Dans ce cas, un second jugement doit être rendu après une instruction et des débats contradictoires" [225].

Cette procédure est une de celles qui font que les agents de l'autorité reprochent à la magistrature, de vouloir trop raisonner dans l'absolu, de ne pas assez tenir compte des contingences locales, de l'ordre public, Pour bien montrer l'aversion que leur inspirent de semblables moyens dilatoires, ils rendent, le plus souvent contre le défaillant, un ou deux jugements de confirmation, en les appuyant de pénalités. La chambre spéciale les annule, mais par la suite, les mêmes erreurs se renouvellent.

---

222. Arrêt du 26 octobre 1909, déjà cité.
223. Arrêt du 24 octobre 1905, *Pen.* 1906, 1, p. 10.
224. ANS, série M 142, Jurisprudence de la chambre d'homologation, Arrêt du 25 décembre 1908.
225. Arrêt du 29 décembre 1905, *Ibid.*

Pour atténuer ces difficultés juridiques, l'administration supérieure de la Fédération propose plusieurs solutions. Le chef de la colonie du Sénégal [226] pensait que l'essentiel était de ne pas voir s'atténuer la confiance que les Africains plaçaient en la justice. Pour ce faire, la chambre spéciale devrait laisser substituer les peines d'amende prononcées contre les appelants défaillants. Ce qui constituerait un palliatif aux conséquences peu désirables de la procédure par défaut.

Pour le chef de la Fédération [227], "si le décret du 10 novembre 1903 n'a prévu, ni la procédure par défaut, ni la procédure par contumace, c'est dans une intention parfaitement justifiée, que le législateur n'a pas cru devoir introduire ces procédures dans les institutions judiciaires créées par l'acte de 1903". Autant, ces procédures ont, en effet, leur raison d'être en droit français, puisque le code de procédure admet la prescription, et qu'il importait, dès lors, de ne pas laisser s'éteindre l'action publique contre les auteurs présumés de délits ou de crimes, autant ces règles seraient peu admissibles en justice indigène, du moment que les coutumes locales ne font la mention, ni l'application du principe de la prescription. Les tribunaux indigènes ne peuvent donc prononcer de jugement par défaut ou par contumace. En cas d'absence d'un ou plusieurs accusés, les règles à suivre pourraient au regard des autorités locales, être les suivantes : si un accusé n'a pu être retrouvé, et s'il est seul en cause, l'affaire après l'instruction doit rester en l'état. S'il y a plusieurs accusés, dont certains sont absents, l'affaire après instruction, sera jugée en ce qui concerne les accusés présents, et restera en l'état pour les absents. Lorsque les accusés et les complices qui n'avaient pu être appréhendés seront retrouvés, l'instruction sera reprise et l'affaire jugée régulièrement par le tribunal compétent, en ce qui les concerne seulement [228].

La particularité de la procédure, ainsi envisagée, tient au fait que dans l'organisation judiciaire de droit local, il n'existe pas de ministère public. L'exécution de la peine est une opération administrative, elle se fait à la requête du commandant de cercle. Par conséquent, alors qu'en droit métropolitain, le jugement rendu par défaut est un acte de procédure anéanti dès que l'opposition se forme, en droit local, l'opposition n'est même pas nécessaire pour faire tomber le jugement ; il est anéanti du fait même que le condamné est arrêté ou se présente. Le visa pour exécution a la même valeur qu'un ordre d'arrestation. Il permet de conduire l'inculpé devant le tribunal compétent qui le jugera dans les formes ordinaires. Or, à partir du moment où il est arrêté, l'inculpé n'est plus un condamné, puisque le jugement de condamnation est

226. ANS, série M 94, pièce n° 5, Lieutenant-gouverneur du Sénégal par intérim, à Gouverneur général, 23 septembre 1914.
227. ANS, série M 154, Gouverneur général à Lieutenant-gouverneur du Haut Sénégal et Niger, Gorée le 20 octobre 1906, Affaire Ourougniou et Néné Coulibaly.
228. ANS, série M 94, pièce n° 2, Gouverneur général William Ponty à Lieutenant-gouverneur du Sénégal à Saint-Louis, Lettre non datée, au sujet de la procédure par défaut, Affaire Massata Fall.

anéanti ; il est en état de détention préventive. En somme, préoccupée, au plus haut point, d'ordre public, l'administration tient à garder en sa possession le prévenu et ce, malgré la suspension de l'autorité de la chose jugée dont bénéficiait le jugement rendu par défaut.

Dans son application des "principes civilisateurs", la chambre spéciale n'hésite pas à faire tenir compte, pour le prononcé des jugements indigènes, des circonstances de la cause. Elle annule de nombreux jugements qui prononçaient une peine excessive, en raison de certaines circonstances de la cause [229].

Dans l'affaire En Avar et autres, la chambre spéciale fait état de ce que dans la constitution féodale des Touaregs, le vassal doit exécuter aveuglément les ordres du suzerain. Par suite, elle considère que la responsabilité du vassal, qui avait subi une contrainte morale en aidant le suzerain à commettre un crime, était atténuée dans une notable proportion. D'où le refus d'homologuer la peine de mort prononcée par les premiers juges [230]. En sens inverse, elle fait annuler un jugement prononçant une peine qui paraît insuffisante, en raison de certaines circonstances de la cause [231]. Cependant, que les circonstances soient atténuantes ou aggravantes, la chambre spéciale considère que : "les tribunaux indigènes puisent dans leur seul droit de punir la faculté de modérer ou d'aggraver les pénalités, selon les circonstances de fait et le degré de moralité du délinquant". Il leur est, par exemple, défendu "de se référer à l'article 463 du code pénal pour l'admission des circonstances atténuantes" [232]. Aussi, le tribunal est-il tenu "de mentionner expressément les circonstances atténuantes dont il a tenu compte pour mitiger la peine prévue par la coutume" [233]. Et "le maximum de la peine prévue par la coutume doit être appliquée au prévenu, si le tribunal lui a refusé le bénéfice des circonstances atténuantes [234], ou si le jugement est muet sur les circonstances atténuantes" [235]. Mais, "la peine d'emprisonnement doit être appliquée lorsque la coutume locale prévoit la peine de mort et qu'en raison des circonstances atténuantes admises en faveur du prévenu, cette peine paraît trop rigoureuse" [236].

Si une bonne politique criminelle exige que les tribunaux de cercle se montrent impitoyables pour les meurtres ayant le vol pour mobile, la peine doit être modérée, lorsque l'acte criminel a une cause moins honteuse. En conséquence, si les crimes d'assassinat et de tentative d'assassinat, pour lesquels

229. ANS, série M 142, Jurisprudence de la chambre d'homologation et notamment : Arrêts des 28 décembre 1906, affaire Béjia Acapo et consorts ; 12 mars 1907, affaire Simbara Koné ; 23 mars 1909, affaire Zan Taraoré.
230. Arrêt du 14 janvier 1908, affaire En Avar et autres, *Ibid.*
231. Arrêt du 14 janvier, affaire Nampa Diakité, *Ibid.*
232. Arrêt du 26 octobre 1907, affaire Amadou Konté.
233. Arrêt du 25 juin 1907, affaire Mampa Diakité.
234. Arrêt du 13 juillet 1906, affaire Noumouba Saranorho.
235. Arrêt du 9 février 1909, affaire Karimani et consorts.
236. Arrêts des 28 décembre 1906, affaire Ibrahima Sory ; 12 mars 1907, affaire Simbara Koné.

un indigène a été condamné à la peine de mort, ont leur origine dans une querelle au cours de laquelle cet indigène avait été frappé et ont eu la vengeance pour mobile, à l'exclusion de toute pensée de tuer, c'est à tort qu'un tribunal de cercle a prononcé la peine capitale, alors surtout que l'inculpé s'était volontairement constitué prisonnier et a exprimé des regrets à l'audience [237]. Si la chambre spéciale considère, ainsi, comme une circonstance atténuante la bonne attitude de l'inculpé à l'audience, il n'en saurait être de même de l'absence de témoins oculaires. Car, un tribunal qui base " sa décision sur cette seule circonstance, n'indique pas comment il a apprécié le degré de culpabilité du prévenu et formé sa conviction" [238]. De la même façon, doit être annulée la décision du tribunal de cercle qui, par une inexacte appréciation des faits, a modifié la coutume en admettant, sans motifs suffisants, des circonstances atténuantes en faveur de l'inculpé" [239].

Pour faire appliquer les mesures d'interdiction de séjour, la chambre spéciale déclare se fonder, sur la loi musulmane dont il cite les dispositions suivantes du Coran : "ceux qui emploient toutes leurs forces à commettre des désordres sur terre seront chassés de leur pays", ou sur le droit coutumier africain qui, chez les Habbés, par exemple, aggravait le bannissement de la destruction de la maison ancestrale [240]. En maintenant cette règle du droit local, la chambre décide, cependant, qu'" en matière d'interdiction de séjour, il n'appartient pas au tribunal répressif d'indiquer les lieux auxquels cette interdiction doit s'appliquer, cette désignation étant du ressort exclusif de l'autorité administrative" [241].

En définitive, les règles appliquées par la chambre spéciale ne semblent guère différer de celles qui sont appliquées en droit pénal métropolitain. Mais ce faisant, la chambre ne viole-t-elle pas le principe du respect des coutumes indigènes ? Reste-t-elle fidèle à la mission que les textes organiques sur la justice indigène lui impartissaient ? C'est parce que l'action des magistrats de la chambre spéciale semble contrarier leur action politique, que les autorités administratives vont dénoncer : "la tendance assez caractérisée de la chambre à décider, d'après les prescriptions de la loi française, les doctrines de la criminologie européenne, ou de la jurisprudence métropolitaine, sur des questions dont la solution devrait être plutôt cherchée et peut être trouvée suivant l'esprit et les termes du décret du 10 novembre 1903, dans la loi coranique et la coutume. Le législateur a très nettement entendu, dans le décret susvisé, instituer des juridictions indigènes fonctionnant véritablement d'après les usages

237. Arrêt du 8 octobre 1912, *Pen.* 1913, 1, p. 19, note d'E. Joucla.

238. Arrêt du 11 juin 1907, affaire Niangolo Taraoré. Jurisprudence de la chambre d'homologation. ANS, série M 142.

239. Arrêt du 25 août 1908, affaire Tiéfi Bamba, *Ibid.*

240. ANS, série M 142, Jurisprudence de la chambre d'homologation, G. Desvallons et E. Jouda, V. Interdiction de séjour.

241. Arrêts des 24 septembre 1907, affaire Dona Diarra et 2 mars 1909, affaire Bapédi Famata.

et les mœurs des indigènes et non point faire une application plus ou moins voilée de nos doctrines, de nos textes, et surtout de nos formes de procéder en matière criminelle. La supériorité de ces doctrines et de ces formes n'est point mise en discussion en tant qu'elles concernent des peuples arrivés à un haut degré de civilisation, mais elles ne s'adaptent plus suffisamment à l'état des mœurs des populations primitives auxquelles le décret a donné des tribunaux qui doivent tenir compte de leur mentalité, de leur état social et de la simplicité de formes judiciaires que l'un et l'autre emportent. Il ne doit être dérogé en justice indigène, à la loi coranique et à la coutume, que pour celles de leurs dispositions qui sont contraires à nos principes essentiels d'humanité et de civilisation, ou à nos lois d'ordre public. Or la chambre tend de plus en plus depuis quelque temps à se référer au code pénal français. Cette tendance établirait, si elle s'affirmait de façon plus constante, une jurisprudence peu en harmonie avec l'esprit du décret" [242].

Malgré sa volonté de n'appliquer qu'avec la plus grande prudence les règles du droit français devant les juridictions de droit local, dont le caractère encore élémentaire des règles de droit et de procédure par rapport à celles applicables en matière française, commandent de ne recourir à ces dernières qu'avec la plus grande circonspection, et seulement en cas de nécessité absolue, les considérations de fait, d'équité et d'opportunité intervenant beaucoup plus que celles de droit strict et de rigueur juridique [243], il est reproché à la chambre spéciale de ne pas assez tenir compte de l'état social des populations africaines. "Le grand principe qui a présidé à l'élaboration du décret du 10 novembre 1903 est sans aucun doute possible le respect de la coutume. Quelle garantie auront donc les indigènes si, en dehors des cas nettement prévus on abroge ou l'on viole arbitrairement cette coutume qui est pour eux la seule loi en vigueur ? Nous devons admettre, il est vrai, que la coutume ne saurait avoir la rigidité du droit écrit, et que nous avons la faculté et même le devoir de provoquer sa modification progressive dans un sens plus conforme aux situations et aux nécessités nouvelles ; mais il n'appartient pas aux magistrats des divers degrés de juridiction d'imposer ces modifications, lesquelles doivent résulter de l'action éducative, constante et discrète, de l'administration ; le rôle du pouvoir judiciaire doit se borner à constater ces transformations entrées peu à peu dans les mœurs par le seul fait de l'évolution" [244].

Ce point de vue ne pouvait être celui de la magistrature. En effet, selon la plus haute autorité judiciaire, la politique jurisprudentielle qui devait prévaloir, était la suivante : "le principe sur lequel doit, à mon sens, reposer la justice

242. Gouverneur général par intérim à Procureur général, Gorée le 4 novembre 1905, au sujet de l'application des principes du code pénal en matière de Justice indigène. ANS, série M 92, pièce n° 6.

243. Arrêt du 30 septembre 1943, *Pen.* 1945-1946, 1, p. 38.

244. Lieutenant-gouverneur par intérim du Dahomey à Gouverneur général, 19 mai 1911. ANS, série M 179, chambre d'homologation, Colonie du Dahomey, 1909-1911, pièce 125.

indigène peut être brièvement formulé. En droit civil, le respect absolu de la coutume. En droit pénal, l'imposition aux indigènes d'un code pénal spécial et uniforme, tenant compte de l'évolution progressive vers une morale unique et absolue que la juridiction répressive doit avoir précisément pour but de provoquer et de diriger" [245].

245. Procureur général à Gouverneur général, 21 août 1918. ANS, série M 87, Réorganisation de la Justice indigène, 1913-1918, pièce n° 106.

Chapitre deux

La mise en œuvre de la législation coloniale

L'idée d'un droit coutumier africain a été difficilement acceptée par les autorités coloniales. Pendant tout le XIXe siècle, le statut privé métropolitain était envisagé comme le seul applicable. L'unicité de l'ordre juridique colonial se réalisait par référence au système métropolitain. Les Africains devaient se soumettre aux institutions françaises.

Au début du XXe siècle, le législateur colonial prend enfin conscience de l'abîme qui sépare le système juridique français du système juridique local. Les Africains se font concéder le droit de vivre sous leurs institutions juridiques propres. C'est le principe du maintien des institutions privées traditionnelles.

De par la nature des rapports de type colonial, ce principe du respect des institutions coutumières se traduira, cependant, par l'intégration des coutumes autochtones dans le système juridique métropolitain. La reconnaissance de la diversité des statuts s'accompagne, en effet, d'une réaffirmation par le colonisateur, de la supériorité de son propre système juridique. Convaincu de la supériorité de ses valeurs de civilisation il considère avec une certaine défaveur les institutions coutumières.

Le respect des institutions africaines ne peut, en aucune façon, prévaloir sur la volonté de promouvoir une évolution des peuples colonisés vers un stade supérieur de civilisation. Pour être maintenue, la coutume doit être compatible avec les principes de la civilisation française. C'est dire que les institutions traditionnelles ne pouvaient pas être intégralement sauvegardées.

Parmi les manifestations de la vie sociale africaine, deux rubriques vont particulièrement subir le contrecoup des transformations économiques et sociales. Ce sont, d'une part, l'institution familiale, et de l'autre, les normes traditionnelles du travail. Cette action réformatrice est essentiellement l'œuvre de l'administration. Tutrice naturelle des indigènes, el le seule peut user de son autorité dans leur intérêt. Ainsi, la Cour qui a une action timide en matière matrimoniale (Section 1), va pratiquement délaisser aux autorités locales le problème de la main-d'œuvre africaine qui, avant d'être d'ordre économique, est avant tout une question politique (Section 2).

Section I. En matière matrimoniale

Le préjugé dont était entouré la coutume fait qu'elle resta longtemps méconnue. Le colonisateur, mal renseigné, lui attribuait des barbaries qui provenaient d'une ignorance de ses véritables éléments. Il n'en découvrait pas la valeur juridique parce qu'il n'en saisissait pas le principe social. La coutume qui paraissait étrange, interprétée d'un point de vue européen, avait toujours une raison d'être qui échappait, et qui importait à l'ordre social traditionnel.

La littérature abondante consacrée à la question du mariage africain reflète ce point de vue. Elle est plus prompte à entrer en croisade pour dénoncer les "abus" de l'institution, qu'à s'intéresser d'abord à la comprendre en fonction de toutes les données de la culture africaine. Les contempteurs du mariage coutumier s'insurgent contre l'esclavage de l'africaine qui, au mieux, était un objet de droit. Vendue contre son gré à un mari qui la fait travailler comme une bête de somme, sa condition misérable ne cesse même pas avec le décès de son conjoint. La coutume l'oblige, en effet, à demeurer dans la famille de son défunt époux, et à se marier avec un parent de ce dernier.

C'est sur ces deux points que se porteront les attaques les plus virulentes des propagandistes. Ils feront pression sur l'administration pour qu'elle intervienne. Continuer l'application du principe du respect des coutumes constitue, de ce point de vue, une politique négative. C'est une défaillance de la mission civilisatrice. Il est nécessaire de protéger la femme africaine. Et d'introduire dans les colonies du groupe, un mode de vie familial calqué sur les traditions familiales de la métropole.

Après que son attention ait été attirée sur cette vision caricaturale du mariage coutumier, et sur la condition de la femme indigène, l'administration se devait d'entreprendre certaines réformes. Se refusant de bouleverser l'ordre traditionnel par des mesures insuffisamment préparées, elle ne pouvait pas, non plus, protéger des coutumes qui n'étaient pas compatibles avec les idées de liberté et d'autonomie de la volonté. Son action politique ayant à gagner à ne pas laisser se dégrader le cadre social traditionnel, elle recommande de favoriser son évolution progressive. Dans ce but, les autorités coloniales prirent une série de mesures (Paragraphe 1), qui avaient pour objectif de protéger la femme africaine (Paragraphe 2).

Paragraphe 1. Une réglementation localisée

Dans les milieux coloniaux, deux conceptions s'opposaient [1] à propos du droit de la famille. Au nom du principe du respect des institutions autochtones certains pensaient qu'on ne pouvait, tout au plus, qu'inciter les Africains à modifier d'eux-mêmes la règle coutumière. D'autres, plus pénétrés de la mission civilisatrice, envisageaient d'intervenir de manière impérative pour faire évoluer les autochtones.

---

1. V. M. Dumetz, *Le droit du mariage en Côte d'Ivoire*. Paris, LGDJ, tome *XXIV*, 1975, p. 23 et s.

L'opinion des premiers est illustrée par le chef de la Fédération qui écrit, le 14 décembre 1915 [2] : "Si notre rôle est d'observer scrupuleusement chaque fois qu'elles ne sont pas en opposition avec les principes de notre civilisation les coutumes indigènes... il n'en reste pas moins que les autorités territoriales ont pour devoir d'activer l'évolution des peuplades primitives en se servant des institutions qui leur sont propres [3] en vue de procurer aux autochtones un bien être meilleur... C'est l'œuvre de chaque jour. On na saurait abolir arbitrairement et brusquement sans qu'il en résultât des conséquences fâcheuses pour la cohésion de la famille que nous avons intérêt à fortifier, des usages séculaires qui peuvent encore avoir leur utilité dans la société indigène". Il faut donc inciter la société africaine à se transformer de l'intérieur. C'est-à-dire, que tout en respectant son cadre social, agir en vue de lui faire assimiler les conceptions occidentales...

Les tenants de cette thèse mettaient l'accent sur le fait que l'organisation de la famille traditionnelle était en concordance étroite avec les conceptions religieuses et sociales des Africains. L'on ne pouvait toucher aux institutions familiales sans heurter les sentiments religieux. Ou, fait plus grave, sans troubler l'ordre social. Dans une matière qui pouvait influer sur la situation politique, il était inopportun de vouloir imposer un changement de conception. C'étaient d'abord les mentalités qui devaient être reconverties pour que les individus sentent la nécessité d'une transformation des règles juridiques.

À cette conception réaliste, s'opposaient les tenants de l'intervention directe. Devant, en effet, "la situation tout à fait anormale et contraire aux principes fondamentaux du droit humain", écrit le lieutenant-gouverneur de la Haute-Volta, qui est faite à la femme dans la société indigène, il n'était pas possible d'admettre que le colonisateur reste indifférent, sous le prétexte de l'observation des coutumes. "Ce principe, poursuit-il, qui forme la base de notre politique indigène, et qui doit toujours être observé avec le plus grand soin, souffre une exception lorsque des coutumes sont contraires au droit naturel et aux principes de la civilisation française" [4].

Le colonisateur était partagé entre ces deux thèses. Les décrets d'organisation judiciaire posent le principe d'une politique libérale à l'égard du droit privé traditionnel. Mais les autorités œuvraient à l'introduction progressive des principes de la civilisation française au sein de la société africaine. C'est pourquoi, selon les époques, la politique indigène se laissera influencer par l'une ou l'autre de ces tendances.

L'évolution peut être divisée en deux périodes. Dans un premier temps, les tenants de la politique libérale semblent prendre le dessus. Aux termes des

---

2. Gouverneur général à lieutenant-gouverneur de Côte d'Ivoire, a.s. du fonctionnement de la Justice indigène en Côte d'Ivoire. ANS, M 133, pièce 78.
3. C'est nous qui soulignons.
4. Circulaire du lieutenant-gouverneur de la Haute-Volta, du 31 mars 1920. a.s. de la condition de la femme indigène. *Pen.* 1920, 3, p. 123.

décrets organiques sur la justice locale, "en matière civile, les tribunaux appliquent uniquement les coutumes locales". Des coutumes civiles qui peuvent être contraires à la législation française, mais non aux principes de la civilisation [5]. Les codes français n'étant pas applicables aux autochtones, dans tous les pays soumis à la domination de la France, le législateur colonial a toujours soin d'ordonner que les indigènes seraient jugés, surtout dans leur question d'état, selon les principes de leur loi religieuse ou civile [6].

Durant la période de pacification et d'organisation, il était plus opportun de laisser survivre les institutions coutumières. C'est ainsi que, malgré le caractère inhumain du mariage par coemption, la Cour [7] estime qu'il n'y avait pas lieu de modifier des usages séculaires, qui avaient le mérite d'exister L'évolution ne devant se produire qu'au seul contact de l'Occident.

En effet, s'il est vrai que le mariage indigène place la femme dans une situation peu compatible avec la dignité humaine, pour abolir ou amender des usages séculaires qui forment le droit privé indigène, il faut attendre que l'évolution sociale se produise au contact du colonisateur et non pas en compromettre la réalisation par des principes qui ne reposent sur aucun texte.

Non seulement la Cour respecte la coutume même lorsqu'elle autorise le père à se passer du consentement de sa fille pour la marier, mais elle affirme que le mariage est une affaire d'ordre familial qui ne relève pas des tribunaux répressifs [8].

Ainsi par une application sans faiblesse du principe du maintien des coutumes, la Cour a assuré la sauvegarde des institutions traditionnelles. Mais cette phase libérale prenait fin à la veille du second conflit mondial.

Dès 1937, le gouverneur général de Coppet rappelait [9] que, si le respect des coutumes restait "la pierre angulaire du système colonial", il était tout de même nécessaire de réduire ce qu'il y avait d'inhumain dans la conception des règles locales. En 1939, c'était le ministre des colonies qui renchérissait : "Fidèle à l'engagement pris de respecter les traditions africaines (la France) s'est gardée de troubler par une intervention prématurée la vie familiale et sociale de ses sujets, mais cela ne doit pas conduire jusqu'à nier des transformations" [10] qu'il était temps d'opérer.

Les autorités coloniales étaient donc convaincues de la nécessité d'introduire des modifications en droit coutumier. Mais la Conférence de Brazzaville prendra bien soin de limiter l'étendue de la réforme à entreprendre. Selon elle,

5. Procureur général à Gouverneur général, 3 avril 1915. a.s. du fonctionnement de la justice indigène en Côte d'Ivoire. ANS, M 133, pièce 53.
6. Arrêt n° 24 du 2 août 1844 du Conseil d'Appel de Saint-Louis, déjà cité.
7. Arrêt du 30 juin 1914 de la chambre d'homologation, déjà cité.
8. Arrêt n° 240 du 22 novembre 1960, Affaire Coumba Diawara.
9. Circulaire du 10 décembre 1937. V. R. Pautrat, *La justice locale et la justice musulmane en AOF*. Rufisque, 1957, p. 172-173.
10. Note du Ministre des Colonies Georges Mandel au Président de la République, précédant le décret, du même nom, sur les mariages en Afrique Noire.

"la famille du Noir représente un élément de stabilité dans l'ordre social, auquel il serait imprudent de porter atteinte". Il faut, au contraire, consolider ces foyers dont l'ensemble fait l'existence et la continuité de l'État. Cependant, poursuit la résolution, "il paraît possible ou souhaitable d'introduire dès à présent la notion de liberté du mariage qui est à proprement parler liberté de la femme" [11].

Paragraphe 2. Une réglementation qui vise à protéger la femme indigène

Deux éléments sont indispensables pour la formation et la validité du mariage coutumier : il faut l'échange de consentements des familles des deux futurs époux, et le versement d'une dot.

Le colonisateur pouvait difficilement s'accommoder d'une forme de mariage où la principale intéressée, non seulement n'est pas consultée, mais voit sa liberté aliénée par son chef de famille. Il fallait donc donner à la femme en pays noir, la dignité et la liberté. Pour atteindre ce but, deux séries de mesures vont intervenir pour protéger son consentement (A), et apporter une limitation au quantum de la dot (B).

A. La nécessité du consentement des conjoints

En droit romain [12], le consentement a toujours été une condition nécessaire et suffisante à la création du lien conjugal. Cependant compte tenu de l'organisation familiale, l'accent a d'abord été mis sur le consentement du chef de famille. C'est que le mariage était régi par les coutumes familiales.

Ce sont les Pères de l'Église qui ont renforcé le consentement resté tout au plus formel des futurs époux. Ce qui n'empêche pas les premiers chrétiens de se passer du consentement de la principale intéressée [13], la jeune fille n'était que l'objet de l'accord conclu par ses parents.

L'évolution s'est faite très lentement de l'époque classique à la fin du XIXe siècle. Le thème du mariage forcé restait l'un des thèmes des plus fréquemment traités dans le répertoire théâtral de l'Europe.

Relativisant les choses, ce rapide survol historique nous permet d'observer que le principe du mariage "forcé" correspond â un stade de l'évolution sociale de l'espèce humaine [13].

---

11. V. Dumetz, *op. cit.*, p. 24.
12. V. P. Ourliac et J. de Malafosse, *Histoire du Droit privé*, tome III, *Le droit familial*. PUF, 1968, p. 163 et s.
13. V. A. Prost, « Statut de la femme songhay », in *Bull. de l'IFAN*, tome *XXX*, II, série B, n° 2, 1970, p. 492.

13 bis. C'est ainsi qu'en droit musulman, l'impubère peut être marié sans avoir été consulté et même en dépit de son opposition. Il est "contraignable au mariage", en vertu du droit de *djabr*, qui est une institution de l'époque préislamique. V.L. Millot, *op.cit.*, p. 295 et s.

C'est seulement depuis la période qui nous occupe que : "d'institution avant tout démographique et économique. écrit J. Fourastié, qu'elle était traditionnellement, la famille devient une institution existentielle. L'homme, la femme, y cherchent bien plus de choses qu'autrefois : la famille conjugale est comprise comme cellule essentielle de la vie ; elle doit assurer le bonheur, l'amour dans sa plénitude" [14].

Choqués, néanmoins, de trouver autre chose dans un autre contexte, les Européens n'auront de cesse d'obtenir la transformation du mariage traditionnel qui est un pacte conclu entre deux familles, en un mariage contrat individuel, unissant deux individus qui se sont librement déterminés. Ils s'efforceront, donc, d'imposer la nécessité du consentement de la jeune fille.

Dans la société traditionnelle, le sort de la femme dépendait largement de la structure familiale. Unité sociale et économique, le groupe familial exerçait une prépondérance qui transparaît dans la formation du mariage. Son chef se passait volontiers du consentement de ceux dont la vocation était de s'unir à un autre groupe dans l'intérêt bien compris de la famille. L'élément essentiel était le groupe familial, et non ses membres pris individuellement.

Au point de vue du colonisateur, le mariage ne devait plus lier deux groupes familiaux, mais sceller une affection réciproque. Pour protéger le consentement des futurs époux, il importait de donner aux institutions matrimoniales une orientation qui libère la femme de son ancien statut coutumier. C'est l'objet du décret Mandel du 15 juin 1939 qui se proposait de réglementer "les mariages entre indigènes". Dans le but de rendre le consentement des futurs époux indispensable à la validité du mariage, il édictait des mesures de protection du consentement de la jeune fille et de la liberté de la veuve. Selon son article 2, seraient nulles de plein droit :

1) toute convention matrimoniale concernant la fillette impubère ;
2) toute convention matrimoniale concernant la fille pubère, lorsque celle-ci refuse son consentement ;
3) toute revendication de veuve ou de toute autre personne faisant partie d'une succession coutumière, lorsque cette personne refuse de se rendre chez l'héritier auquel elle est attribuée.

Le premier alinéa visait à combattre une pratique connue sous le nom de "mariage dans le ventre de la mère". C'était un usage contre lequel l'administration avait combattu, en vain. Le chef de la colonie du Dahomey le définit ainsi : "D'après une certaine coutume ancienne, née du temps du trafic des esclaves, la jeune fille qui avait été fiancée par son chef de famille, même avant sa naissance, appartenait de droit à celui qui avait versé la dot, même si elle avait eu des enfants ; cet usage précisait, en outre, que ces enfants appartenaient eux aussi au fiancé". Cet usage était intolérable à l'administration de la colonie, car non seulement "le mariage ainsi contracté constitue une sorte

14. Jean Fourastié, dans *Essais de morale prospective*, Paris, 1967, p. 79. Cité par A. Prost, *op. cit.*, p. 492.

d'achat déguisé, qui ravale la dignité de la personne humaine, place la femme dans un état de dépendance et d'infériorité voisin de l'esclavage", mais il est contraire au droit naturel. En effet, poursuit le gouverneur, "le but premier du mariage n'est-il pas de perpétuer l'espèce et ce, dans les meilleures conditions possibles. Or (ce) mariage ne se préoccupait nullement de cet objet puisqu'il admettait que la jeune fille, dès sa naissance, pouvait être fiancée à un homme, qui, lorsqu'elle aurait atteint elle-même l'âge de se marier, serait peut être, par suite de maladie ou de vieillesse, devenu incapable de lui donner des enfants" [15].

C'est conformément à ces instructions que le tribunal de cercle de Savé décidait que la femme Okiki qui vivait depuis plusieurs années avec le nommé Cloboe dont elle avait eu un enfant, demeurerait suivant son désir, elle et son enfant, avec Cloboe, et ce, malgré la demande formulée par son fiancé, le nommé Ataï qui, quand elle avait l'âge de trois mois, avait versé la somme de trente francs au père.

Ce mariage "Hongho" ainsi dénoncé par les autorités du Dahomey, était en usage dans de nombreuses ethnies d'Afrique noire [16].

Dans l'Afrique précoloniale, il servait à nouer des alliances politiques. Depuis la colonisation, cette forme de mariage était devenu un acte de piété. Dans les contrées musulmanes, il traduisait le désir du chef de famille de s'allier à une famille maraboutique influente. Ce mariage, le plus souvent, sans compensation, était donc loin de correspondre à l'achat déguisé dont parle le gouverneur du Dahomey.

Le dernier alinéa du décret règle le sort de la veuve. Il abroge la disposition coutumière, aux termes de laquelle : "la veuve appartient à l'héritier du mari qui en dispose, soit en l'épousant, soit en la mariant à un autre. Si elle prend, avant d'être remarié, un amant, elle est coupable d'adultère et punissable de cc chef, ainsi que son complice. Les enfants nés de (cet) adultère appartiennent à l'héritier.

Cette règle qui est générale en Afrique occidentale a été appliquée, par le tribunal de cercle de Zagnanafo, à propos de l'affaire Tougou Lokossi [17]. Dans l'espèce, il s'agit d'une veuve, Lokossi, qui refuse, tour à tour, d'épouser les deux parents de son défunt mari, Tougou et Ounissan, qu'on lui proposait. Non seulement, elle n'avait pas de raison valable au regard de l'autorité locale,

---

15. Lieutenant-gouverneur du Dahomey à l'administrateur commandant le cercle de Savé, lettre n° 1866 du 5 septembre 1919. ANS, série M 140, fonctionnement des tribunaux indigènes, Dahomey, 1919, pièce 150.
16. Hongbo est l'appellation dahoméenne du "mariage dans le ventre de la mère" chez les Mossi, on parle du *Pug-siure*, c'est-à-dire, "donner dans l'attente d'un profit ultérieur". Les Bamiléké du Cameroun parlent de *Nkap*. Pour tous ces exemples, voir H. Labouret, « Situation matérielle morale et coutumière de la femme dans l'Ouest-Africain », in *Africa*, avril 1940, volume *XIII*, n° 2, p. 109-112.
17. ANS, série M 140, Fonctionnement des tribunaux indigènes, Dahomey, 1919, pièce 150.

les deux jeunes gens étant vigoureux et sans tares connues, mais elle prit un amant. Le tribunal pensait ordonner la remise de la rebelle à la collectivité Tougou. Mais devant les difficultés d'exécution, il se borna à prescrire le remboursement de la dot, et la remise, à l'héritier éconduit, de l'enfant à venir. Le tribunal, se conformant à la coutume, pensait ainsi protéger le groupe attaqué par un de ses membres trop indépendant. La justesse de la sentence ne fut d'ailleurs pas discutée par Lokossi. À l'interrogatoire, la veuve et son amant reconnurent non seulement la conformité de la décision à leur coutume familiale, mais la gravité de la faute qu'ils commettaient, elle en prenant un amant, lui en acceptant d'être cet amant.

L'administration supérieure qui se préoccupait des sentiments de la veuve trouvait choquant cet usage qu'elle finit par condamner. Mais c'était une condamnation hâtive. D'abord parce qu'elle ne trouvait aucun écho dans le milieu africain.

Ensuite, et surtout, parce que la coutume, contrairement aux apparences, n'a jamais nié la valeur du consentement de la veuve comme un des éléments importants de ce mariage. En effet, le droit que la coutume attribue au chef de famille, du mari défunt, est limité par des devoirs dont le premier est de donner à la veuve un mari digne de ce titre. La femme peut refuser le mari qui lui est offert. Il lui suffit, et elle ne l'ignore pas, de rembourser sa dot. Si on parle de liberté aliénée, il ne peut donc s'agir que d'une aliénation conditionnelle. Ce qui exclut l'idée d'un héritage pur et simple.

Quoiqu'il en soit, les autorités judiciaires, après l'administration, et le législateur colonial, allaient dorénavant insister sur la nécessité du consentement formel de la femme. Ce consentement étant exigible, un arrêt du 28 octobre 1948 [18] décidait que : depuis la promulgation du décret du 15 juin 1919, tout mariage célébré sans le consentement de la fille, doit être déclaré nul. De quoi s'agissait-il, dans l'espèce ?

Le tribunal du premier degré de Ségou avait, par un jugement du 8 octobre 1947, débouté une jeune fille, Fatoumata Oougouné, de sa demande en nullité du mariage célébré entre elle et le nommé Baba Bambéra. Le motif était qu'aucune violation du décret du 15 juin 1939 n'était relevée. Âgée de plus de quatorze ans, elle avait consenti à un mariage pour lequel elle a demandé des cadeaux, et accepté le trousseau donné par le mari après la célébration.

Le 3 janvier 1948, le tribunal du deuxième degré de Ségou confirmait en se fondant sur les mêmes motifs que les premiers juges. À savoir, le mariage avait été célébré dans les formes coutumières et suivant la loi musulmane. À l'époque de la célébration, Fatoumata Dougouné avait bien, sur le vu d'une enquête de police du 20 décembre 1947, et d'un jugement supplétif de naissance du 24 décembre 1947, quatorze ans révolus. Non seulement, il était matériellement impossible qu'elle n'ait pas été avertie, soit par ses parents,

18. Greffe de la Cour, Arrêts de la chambre d'annulation, Registre des années 1947 à 1949, Arrêt n° 33.

soit par ses amis, de la cérémonie du mariage, mais encore, il était établi que, suivant la coutume, elle avait reçu et accepté les cadeaux d'usage. Elle ne pouvait donc qu'être consentante.

Le consentement avait-il été donné au moment du mariage, ou antérieurement à sa célébration ? On ne saurait, estime la Cour, induire des cadeaux reçus par la fiancée, qu'elle avait consenti au mariage. Fatoumata Dougouné n'avait pas assisté à la cérémonie, le mariage étant célébré hors de la présence des intéressés, et elle niait avoir reçu des cadeaux. Il ne saurait être, non plus, contesté en présence des témoignages entendus tant devant les juges du premier degré que du deuxième degré, que le mariage ait bien été célébré suivant la coutume musulmane, coutume qui n'exige pas le consentement de la femme. L'oncle de la demanderesse a, en effet, avoué qu'il n'était rien dit aux jeunes filles pour ce qui concerne leur mariage. Le père déclarait ne pas s'opposer à l'union, que c'était sa fille qui n'était pas consentante. Rassiré Boiré, l'intermédiaire du mariage, rapportait les réponses dilatoires, puis le non-respect de la date d'entrée en ménage de la jeune fille par sa famille qui prétextait que celle-ci n'était pas alors nubile. Ce qui laisse indécis l'âge de la mariée.

Le décret du 15 juin 1939 stipule dans son article 2 que : "le consentement des futurs époux est indispensable à la validité du mariage et que seront nulles de plein droit :
1) toute convention matrimoniale concernant la fillette impubère, qu'elle soit ou non accompagnée du consentement de la fille ;
2) toute convention matrimoniale concernant la fille pubère lorsque celle-ci refuse son consentement.

Depuis la promulgation de ce décret, tout mariage célébré sans le consentement de la fille, même s'il est conforme à la coutume, doit être déclaré nul. Or, Fatoumata Dougouné avait toujours soutenu qu'elle ignorait avoir été mariée. Dès qu'elle avait été informée, elle avait saisi l'autorité, pour demander le divorce en vertu "du texte français sur le mariage des indigènes". Les témoignages reçus tant au premier qu'au second degré n'établissent pas, en outre, d'une façon sûre, qu'elle était au courant des préparatifs de son mariage. Même si elle avait été informée de ses fiançailles, ce qu'elle a dénié, son consentement au mariage était indispensable. En présence de ses dénégations, son consentement ne pouvait reposer sur des suppositions. Il y a donc lieu de déclarer que ce consentement n'avait pas été donné.

En somme, l'évolution que souhaitait le colonisateur, allait pouvoir se réaliser. À la veille de la Deuxième Guerre mondiale, les rapports sur le fonctionnement de la justice de droit local [19] attestent que les règles coutumières se modifient dans le sens de l'émancipation de la femme.

Par le biais des tribunaux de droit local, le consentement des filles pour leur mariage s'impose, malgré l'opposition des chefs de famille dont il heurte

19. ANS, série H 33, préparation du code pénal indigène, année 1939.

les pouvoirs traditionnels. Il est admis, de plus en plus, que le décès du mari émancipe l'épouse. Les divorces ayant pour cause le refus de la jeune fille de cohabiter avec un mari trop âgé, auquel elle a été fiancée dès sa naissance, sont accordés sans difficulté.

Cependant, on pouvait douter de l'efficacité réelle de cette réforme. Ce droit coutumier n'était-il pas le résultat de la culture autochtone profondément ancrée dans les mentalités ? Était-il, dans ces conditions, vraiment possible d'exiger le consentement de la femme au mariage, tant que la coutume n'avait pas évolué dans ce sens ? Les sociologues ne rappellent-ils pas, qu' "Une loi, une réforme ne peuvent réussir en pratique que dans la mesure où elles trouvent un certain écho dans les mœurs et coutumes du milieu social auquel elles s'appliquent" [20] ?

Mais, fait plus grave, cette modification des règles coutumières allait, dans les milieux évolués des centres urbains, consacrer un nouvel état de fait. C'est le constat que fait le commandant de cercle de Djogou." D'après la coutume locale, écrit cet administrateur, la femme n'est jamais née "bien sans maitre". Autrefois la femme ne sortait de la famille de ses parents que pour appartenir à la famille de son mari et en cas de prédécès se trouvait de la sorte remariée d'office à l'héritier de son mari. La profession chaque jour plus florissante d'hétaïre de haute et basse marque n'existait pas alors. Notre premier contact avec ces populations et leur soumission à notre autorité, ont eu naturellement pour conséquence la suppression de ce que les coutumes avaient de contraire à nos principes de haute civilisation. Par ricochet la liberté donnée à la femme est devenue quasi entière et une grave atteinte s'est trouvée portée à la famille indigène où l'élément d'autorité devait fatalement aller en s'affaiblissant et ce sans autre compensation. Je ne pense pas cependant que nous ayons grand intérêt à voir la catégorie ainsi créée de "femmes libres" croître et prospérer. Les changements de "maris" deviennent trop fréquents et sont souvent motivés par des raisons futiles et ce quand la femme ne se borne pas à évoquer pour seule justification de son inconduite la naissance d'un amour nouveau" [21].

B. La réglementation de la dot

Les dons et paiements effectués à l'occasion du mariage coutumier [22] correspondent à plusieurs fonctions :

---

20. Laure Bousquet-Lefèvre, *La femme kabyle*. Citée par G.H. Bousquet, *Justice française ct coutumes kabiles*, Alger 1950, p. 85.
21. L'administrateur des Colonies, commandant le cercle de Djogou à Gouverneur de Dahomey, 5 mars 1919. ANS, H 140, pièce 34.
22. V. Sœur Marie-André du Sacré Cœur, *La femme noire en Afrique occidentale*, Paris, Payot, 1939 ; H. Labouret, *Situation matérielle, morale et coutumière de la femme dans l'Ouest-Africain, op. cité*, p. 108 et s. ; H. Solus, « Le problème actuel de la dot en Afrique Noire », *RJPUF*, octobre 1950 ; J. Binet, « Aspects actuels du mariage dans le Sud-Cameroun », *Pen.* 1952, doctrine, p. 75 ; R. Decottignies,

1) Ils matérialisent les consentements familiaux, et constituent une preuve de l'accord. Ils établissent l'existence et la régularité des nouvelles relations sociales qui naissent entre deux parentèles par l'union des deux époux.
2) Ils donnent quelques garanties à la nouvelle venue dans la famille du mari. L'exclusivisme jaloux de la famille étendue étant bien connue. La stabilité de l'union s'en trouvait raffermie. En effet, en cas de mauvais traitements infligés par le mari ou les siens à sa femme, celle-ci se réfugiera chez ses parents et son conjoint perdra ce qu'il a versé. En revanche ses proches lui conseilleront de maintenir la bonne harmonie dans le ménage, l'union rompue aux torts de leur fille les obligeant à rembourser les versements reçus. Ainsi, la menace permanente de restitution de ces paiements qui constituent de simples dépôts susceptibles d'être réclamés en cas de rupture des liens conjugaux, est un moyen d'assurer la pérennité des engagements.
3) Ils compensent la perte subie par la famille qui s'appauvrit avec le départ de la fille nubile. La dot tend à réparer le déséquilibre qui survient à la suite de l'augmentation en nombre et du renforcement de la famille du mari au détriment de celle de la jeune fille. C'est, en même temps, une sorte d'hommage rendu aux parents de la jeune fille pour son éducation.
4) Ils conditionnent, enfin, les droits des parents sur leurs enfants. Loin d'affecter la position juridique de la femme, ces paiements ne font que lever l'interdit du libre accouplement. Le viol de cet interdit, soit notamment la défloration d'une jeune fille hors mariage, est sanctionné par la coutume.

À Boké, Guinée française, la sanction prévue est la suivante : si la fille est pubère, cent coups de corde et le paiement d'une dot ; si la fille est impubère, quatre vingt coups portés au moyen d'un sac plein de petits cailloux sur le dos du coupable, qui est ensuite expulsé du village et mis aux fers durant un an dans sa nouvelle résidence. Il doit remettre aux parents de la victime cinq à cinquante bœufs [23].

La dot est à la fois, une compensation, un mode de preuve du mariage dont il garantit la stabilité, et établit la légitimité de la descendance qui en est issu. C'est donc une condition indispensable de sa réalisation. Il n'y a pas de mariage valable sans dot. C'est la dot qui permet de distinguer le mariage des fiançailles ou promesses de mariage. Dans la coutume soninké, le "*tama*" est un modeste cadeau, d'une pièce de coton, qui consacre l'accord des familles au sujet d'un futur mariage. C'est un signe des fiançailles. Il ne saurait être assimilé à un mariage pour l'existence duquel certaines cérémonies, entre autres la constatation publique de l'accord sur la dot, chose essentielle qui n'est pas

---

« Requiem pour la famille africaine », *Annales Africaines* 1965, p. 251 et s. ; C. Meillassoux, *Femmes, greniers et capitaux*, Paris, F. Maspero, 1977.

23. Greffe de la Cour, Arrêts de la chambre d'homologation, Registre de l'année 1936, Arrêt n° 25 du 5 mars 1936 qui annulait un jugement du tribunal criminel de Boké (Guinée française) qui avait condamné, le 13 mai 1935, M. Bâ, accusé du viol d'une mineure d'environ treize ans, à six mois d'emprisonnement et cent francs de dommages-intérêts.

réglée au moment du "*tama*" et un acte religieux sont nécessaires. C'est seulement après cet accord et cet acte religieux que le mariage existe réellement et ne peut être dissous que par la mort ou le divorce. Alors qu'après l'acceptation du "*tama*", les fiançailles peuvent être rompues par le fiancé ou par le père de la jeune fille [24].

Seul le remboursement de la dot permet à la femme de racheter sa liberté. C'est ainsi qu'à la demande d'une femme, "qui ne voulait plus de son mari, même avec le plus grand cadeau", la Cour lui accorde le divorce, à ses torts, à la condition qu'elle rembourse le montant de sa dot [25].

La dot représente non une femme, mais son transfert. Elle facilité les échanges des femmes, en mémorisant leur répartition.

D'où l'intervention de biens, qui tout en représentant une valeur importante, ne peuvent pas intervenir dans un circuit d'équivalence qui leur accorderait une valeur d'échange [26].

Mais l'introduction de l'économie de marché entraîne l'abandon du principe de spécialisation. L'argent remplace les apports en nature. L'institution s'altère, et devient un moyen de s'enrichir. Son sens originel est oblitéré [27]. La dot payée en argent apparaît comme un véritable achat. Son aspect commercial étouffe tout le reste.

---

24. Greffe de la Cour, Arrêts de la chambre d'homologation, Registre de l'année 1925, Arrêt n° 23 du 5 février 1925, dont la décision se fonde sur le Recueil des usages soninké par Messieurs Saint Père et Dugoure.
25. Greffe de la Cour, Arrêts de la chambre d'annulation, Registre des Années 1950 et 1951, Arrêt n° 36 du 30 novembre 1950.
26. Voici, par exemple, certifiée par l'administrateur du cercle de Tivaouane la réglementation coutumière, en matière de restitution de dot, chez les Ouolofs du Cayor, de statut musulman : Il est distingué deux sortes de dots, par suite deux règles à suivre en matière de restitution de dot par une femme divorcée :
    1) La dot est constituée par un élément non susceptible de produire naturellement. Dans ce cas, la femme divorcée devra rendre ce qu'elle a reçu au moment du mariage ou sa contre valeur en argent et gardera ce que cette dot aura produit, c'est-à-dire les acquêts.
    2) La dot est constituée par un élément susceptible de produire naturellement : des animaux par exemple. Dans ce cas, il y a lieu de distinguer :
    a) la dot a-t-elle disparu pendant le mariage, par vente ou par mort et sans avoir produit ? La femme divorcée restituera la contrevaleur de cette dot en argent.
    b) La dot a-t-elle disparu pendant le mariage par vente ou par mort ainsi que les produits ? La femme divorcée restituera la contrevaleur de cette dot en argent, non celle des acquêts.
    c) La dot a-t-elle disparu, par la vente ou la mort, mais laissant des acquêts ? La femme divorcée ne restituera que les acquêts.
    d) La dot est-elle existante ainsi que des acquêts ? La femme divorcée restituera le tout, dot et acquêts, sans qu'il lui soit dû la moindre indemnité.
    Certificat établi le 23 avril 1914. ANS, M 94, Justice indigène, Sénégal 1905-1919, pièce 19.
27. V. C. Meillassoux, *op. cit.*, p. 99 et s.

Le maintien d'une telle institution n'était plus compatible avec les buts de la politique indigène. Les exigences excessives des parents ne pouvaient que vicier le consentement de la jeune fille. Or, l'administration voulait limiter l'emprise des parents en fondant la validité du mariage sur le consentement des époux. Il convenait donc de se préoccuper du problème.

C'est le décret du 14 septembre 1951 [28], dit “décret Jacquinot”, qui va s'y employer. Il stipulait, en son article 2, que même dans les pays où la dot est une institution coutumière, la fille majeure de vingt et un ans et la femme dont le précédent mariage a été légalement dissous, peuvent librement se marier sans que quiconque puisse prétendre en retirer un avantage matériel, soit à l'occasion des fiançailles, soit pendant le mariage. L'article 3 prescrivait que, dans ces mêmes pays, le défaut de consentement des parents, s'il est provoqué par des exigences excessives de leur part, ne peut avoir pour effet de faire obstacle au mariage d'une fille majeure de vingt et un ans.

Ce texte ne prohibait pas totalement la dot. Ses dispositions, dont la violation constituait une infraction pénale, visaient à réglementer l'institution, surtout dans ses incidences sur le consentement de la femme. Il venait ainsi compléter le décret Mandel auquel il se réfère expressément, en son article premier, mais comme celui-ci, il fut à peu près complètement ignoré. Les mœurs, et la résistance de ceux à qui profite la dénaturation de l'institution furent des obstacles insurmontables. Quand ce n'était pas le juge de droit local qui refusait de faire prévaloir la loi française sur la coutume.

L'entreprise d'émancipation de la femme africaine se terminait, en somme, par un échec. Cela pour deux principales raisons. Sous le couvert de la protection de la femme, l'objectif réel était d'assurer le triomphe d'une civilisation trop étrangère à la société autochtone. Aussi, pour ne pas entraîner un bouleversement de l'ordre social, la réglementation ne modifiait que certains aspects du système traditionnel. Ces mesures partielles ne pouvaient pas recueillir l'adhésion de populations encore attachées à leurs coutumes

Section II. En matière de droit du travail

En métropole, la réglementation du travail vise essentiellement à protéger les travailleurs. La législation ouvrière a un caractère nettement social, la plupart de ses dispositions impératives s'adressant aux employeurs.

Dans les colonies, le problème s'est posé différemment. Le travail salarié attirait peu des populations attachées à la glèbe qui tiraient toute leur subsistance de l'agriculture et de l'artisanat. La mise en valeur nécessitait pourtant le recours aux autochtones. Sans leur concours en effet, les efforts des capitalistes et des colons restaient stériles. Il était donc impératif, principalement dans les colonies ouest-africaines, d'établir des relations entre le capital et le travail.

28. R. Pautrat, *La justice locale et la justice musulmane*, *op. cit.*, p. 168.

Or, les exploitants métropolitains n'arrivaient pas à recruter la main-d'œuvre dont ils avaient besoin. Même quand ils y parvenaient, ils étaient exposés à être abandonnés par des employés qui n'avaient quitté que momentanément les terres de culture de leur village. L'administration se devait donc de résoudre ce problème, en organisant le recrutement de la main-d'œuvre indispensable aux entreprises coloniales, tant publiques que privées.

L'établissement de relations de travail, selon le mode de production capitaliste, appelait le débusquement de la main-d'œuvre hors des campagnes. La mainmise sur les terres pouvait y conduire. Faute, cependant, d'une expropriation aussi massive que celle qui chassa les paysans d'Europe vers les centres industriels, il fallut utiliser d'autres moyens de coercition.

L'obligation de payer en espèces l'impôt, les réquisitions de villages entiers astreints à fournir des prestations en nature, la répression de l'oisiveté, furent autant de procédés par lesquels l'administration pesa sur la volonté de l'Africain. Tout un arsenal législatif et fiscal traitait le problème du travail en fonction des seuls besoins de la métropole. Il permettait aux exploitants qui bénéficiaient ainsi de la puissance de contrainte des autorités coloniales, de se procurer de la main-d'œuvre sans avoir besoin de payer un salaire équivalent à un prix de marché.

Ce mode d'organisation du travail n'allait pas sans répercussions sur les institutions coutumières. En matière de travail, en effet, les sociétés africaines obéissaient à des impératifs dictés par la coutume. Les règles qui présidaient au travail familial étaient appropriées à une forme d'économie où le producteur travaillait directement pour la satisfaction de ses propres besoins. Elles constituaient un obstacle à l'éclosion d'une conception matérialiste du travail.

Une nouvelle réglementation allait intervenir pour modifier cette conception coutumière du travail. L'administration prenait le parti de l'exploitant contre l'organisation du travail des collectivités africaines.

Paragraphe I. Le régime du travail contraint

Le droit occidental est fondé sur l'autonomie de la volonté. C'est un droit foncièrement individualiste. Cette conception, qui domine tout le droit des obligations, se reflète sur la législation sociale. La liberté du travail est un droit absolu, l'extension de la liberté individuelle. On ne saurait lui porter plus d'atteinte qu'à la liberté de ne pas travailler qui est son corollaire.

Dans la colonie, la question est autre. Il ne s'agit plus d'affirmations de principes, mais d'un problème économique. L'action des autorités locales a d'abord pour but de favoriser une certaine mise en valeur. Il s'agit de bâtir des colonies d'exploitation. La réglementation avait donc pour but d'avantager les exploitations locales, d'alimenter les chantiers et les entreprises en une main-d'œuvre qui ne s'offrait pas spontanément. Ainsi, tant le travail obligatoire (A) que le travail contractuel dirigé (B) exprimaient la contrainte que subissait l'Africain. Loin d'éveiller la conscience d'un devoir social, ces systèmes de travail imposés à une population sujette n'avaient pas l'excuse d'avoir une valeur éducative.

A. Le travail imposé

Pour obliger l'Africain à se soumettre à sa conception du travail, la puissance coloniale usa de trois formes de contrainte :
- réquisition des villageois, à des époques variables, pour assurer certains transports ou des travaux, tant pour le compte de l'administration que pour celui des employeurs privés (1) ;
- exécution, au titre de leurs obligations fiscales, par les habitants des circonscriptions administratives de certains travaux d'intérêt local (2) ;
- enfin, utilisation des appelés du contingent pour l'exécution des grands équipements collectifs de la Fédération (3). Les organismes commerciaux et les associations de planteurs considéraient ces procédés de recrutement comme la plus utile transition entre le mode de travail africain et celui des sociétés européennes.

1) La main-d'œuvre réquisitionnée

La lourde servitude du partage fut, dès la pénétration européenne, la première forme du travail exigé des populations africaines. À une époque où le réseau routier n'existait pas, des porteurs, des conducteurs d'animaux de bat, et des piroguiers furent requis en masse pour le transport des fonctionnaires et du matériel administratif.

Puis, à la sollicitation du commerce local, l'administration trouva légitime [29] de prêter son concours à la constitution des cessions de porteurs. Cette réquisition de porteurs au profit de particuliers, pratiquée sur une grande échelle dans la colonie de la Guinée française, permet de mieux déterminer la nature de l'obligation qui pesait sur les populations locales.

En vue de faciliter le transport jusqu'à la côte, du caoutchouc et des autres produits de l'intérieur destinés à l'exportation, l'administration de la Guinée mit à la disposition des commerçants de Conakry des porteurs réquisitionnés. L'arrêté local du 25 avril 1901, modifié par celui du 5 septembre 1903, réglementait cette organisation. Il fixait les salaires des porteurs, le taux de la ration qu'ils devaient recevoir, le poids maximum des charges et le nombre de jours qu'ils devaient mettre pour aller de Conakry à chaque poste de l'intérieur, et vice-versa.

C'est ainsi que le salaire était fixé à soixante centimes par jour. Le taux de la ration journalière était de sept cents grammes de riz et de vingt grammes de sel dans les cas où les porteurs avaient à pourvoir à leur nourriture, chacun d'eux devait recevoir, d'avance, une allocation journalière de trente centimes

29. V. la copie d'une lettre du 5 octobre 1903 adressée à ce sujet par le Gouverneur général Roume au Ministre des Colonies à ce sujet. ANS, série 0 250, conditions et tarifs du portage en AOF, pièce n° 45.

en remboursement de la ration. Le poids maximum des charges était de vingt huit kilogrammes.

L'administration se faisait un devoir de prêter un concours actif au commerce, au lieu de l'inciter à traiter directement avec les populations pour l'organisation du partage. Loin de lui faire respecter les contrats d'engagements qu'il passait avec les porteurs, elle lui accordait des avantages exceptionnels. Les porteurs étaient mis presque gratuitement à sa disposition. Le gouvernement de la colonie contrôlait la marche de la caravane tout le long de son parcours de sept cents kilomètres. Il recherchait et punissait les fugitifs et pourvoyait par des caravansérails, établis à chaque gîte d'étape, à l'abri et à l'approvisionnement des convois commerciaux.

Les autorités locales justifiaient ses dispositions exorbitantes par l'extrême difficulté de se procurer des porteurs [30]. Si l'on comptait sur l'enrôlement volontaire pour le transport du caoutchouc, il n'en serait arrivé, à Conakry, qu'une quantité absolument infime. Il fallait donc recourir à la réquisition.

Le nombre des porteurs nécessaires était réparti entre plusieurs villages désignés au chef-lieu du cercle. Chaque village fournissait un nombre variant suivant l'importance de sa population. C'est le chef de village qui désignait les chefs de case qui avaient à fournir ces porteurs. Un chef de case ne devant jamais fournir plus de deux porteurs à la fois, un registre tenu au cercle portait à chaque fois, les noms des villages, des chefs de case et des hommes qui avaient fait le portage.

Les porteurs étaient recrutés presque exclusivement dans les cercles de l'ancien Soudan rattachés en 1898 à la Guinée. Or, dans cette région, si la population se livre à la culture et à la récolte du riz et du mil, de juin en décembre, le reste de l'année, elle se livre à la recherche de l'or sur les placers des “Dembadala” [31], ou s'adonne au commerce. De novembre à avril, période d'expédition du caoutchouc, on ne rencontrait dans les villages, hormis les femmes et les enfants, que fort peu d'adultes valides. Tous les hommes étaient en campagne au moment où les maisons de commerce expédiaient leurs convois, et avaient besoin de porteurs.

On ne trouvait pas de porteurs volontaires parce que, en outre, les populations de la Haute Guinée n'aimaient pas affronter les difficultés de la descente à la côte. Sur une route, longue et fatigante, on leur faisait faire sept cents kilomètres en vingt-sept jours, sans repos. La route, parfois caillouteuse et accidentée, était ravinée par les pluies, et recouverte d'une brousse épaisse après chaque hivernage. Les ponts étant enlevés par les crues, certaines rivières encaissées et profondes offraient de grandes difficultés de passage. Cette route, qui différait des régions soudanaises où le sol était peu accidenté, offrait,

30. V. la note du Capitaine de cavalerie H.G. Paju, ancien commandant de cercle de Siguiri, sur les Porteurs du Commerce en Guinée française. ANS, série O 250, pièce n° 47.
31. C'est-à-dire, les plaines de puits d'or.

en outre, peu de ressources. Un grand nombre de villages, qui s'y trouvaient autrefois échelonnés, s'étaient retirés dans l'intérieur, afin d'échapper aux exigences des convois. Sur un trajet ainsi allongé, les charges imposées étaient beaucoup trop lourdes. Des porteurs avaient succombé sous le poids de charges de plus de vingt huit kilogrammes qu'ils devaient transporter sur sept cents kilomètres d'une seule traite, en un temps aussi court. À un salaire très peu rémunérateur, s'ajoutait la présence d'un garde cercle qui pressait les porteurs, les tarabustait et les obligeait à marcher vite pour arriver plus tôt au gite d'étape. Aucun convoi ne revenait au complet. Il manquait toujours, au retour, cinq à six pour cent des porteurs. En plus des malades abandonnés dans un poste quelconque, et qui ne sont jamais rentrés, ou des morts des suites des pratiques endurées, un certain nombre était retenu, à Conakry, pour être employé aux travaux du chemin de fer.

Ce système de réquisition de porteurs pour le transport des caoutchoucs exploités dans la Haute Guinée avait une autre raison d'être. C'était le seul moyen de ramener sur la route de Conakry le courant commercial qui y avait autrefois existé. Mais cette organisation avait le grave inconvénient de favoriser le commerce de la colonie au détriment des négociants sénégalais installés dans la région [32]. Tous les caoutchoucs exploités dans l'étendue du cercle de Kankan c'est-à-dire le plateau manding, et ceux récoltés de la Côte d'Ivoire, n'étaient plus ainsi dirigés du côté du Niger et du Sénégal, mais sur Conakry ou Grand Lahou.

Alors qu'il avait été exporté par Saint-Louis et Dakar, 39 956 kilogrammes de caoutchouc en janvier 1904, 63 725 kilogrammes en février, 36 346 kilogrammes en mars, 55 946 en avril, il n'était plus sorti, en mai, que 5 975 kilogrammes, soit une baisse brusque de 50 000 kilogrammes en moins d'un mois, au grand préjudice non seulement des finances et de l'activité commerciale du Sénégal, mais surtout de la navigation sur le fleuve.

L'administration de la Guinée refusait en effet son concours au transport du caoutchouc exporté par la voie du Sénégal. Le gouverneur de la Guinée [33] expliquait cette politique par l'inexistence de compagnies de transports sur la voie Kankan-Conakry. Aucune maison n'y avait organisé, pour elle, ou pour le public, un système de transports. La colonie pouvait donc, sans aucun scrupule, aider les commerçants à faire descendre leurs produits à la côte. De Kankan vers le Soudan, la situation était différente. Non seulement plusieurs maisons de commerce avaient leur organisation de transport, mais la maison Niger-Soudan s'était fait une spécialité de cette industrie. L'administration devait donc s'abstenir de toute intervention.

32. Lieutenant-gouverneur du Sénégal à Gouverneur général, n° 372 du 14 juin 1904 ANS, série O 250, pièce n°33.
33. Note du Secrétaire général de la Guinée en réponse à la lettre n°3 72 du 14 juin 1904 du Gouverneur du Sénégal, pièce n° 32.

Aux récriminations de la chambre de commerce et des autorités sénégalaises, l'administration de la Guinée répondait qu'elle n'était pour rien dans ce nouvel acheminement des exportations. La voie du Grand Lahou était de plus en plus employée, en proportion des progrès de la pacification de la zone moyenne de la Côte d'Ivoire, et à mesure de l'avancement vers le sud de l'exploitation commerciale. Il était donc tout à fait juste que la Côte d'Ivoire tire davantage de profits de ce mouvement. Et que les produits de son territoire soient dirigés sur un de ses ports et viennent augmenter son mouvement commercial d'entrées et de sorties qui jusqu'ici avaient profité à d'autres.

Le système colonial français apparaissait ainsi comme un schéma bureaucratique et capitaliste, une association entre l'administration et les intérêts économiques. Le commerce donnait des consignes à l'appareil administratif qui agissait au mieux de ses intérêts.

2) La main-d'œuvre prestataire

Pour parachever les opérations de pacification, et réaliser les travaux collectifs d'équipement, l'administration a eu recours au travail obligatoire. Elle n'envisageait pas pour réaliser les équipements locaux, de faire face aux besoins par le jeu de l'offre et de la demande. La main-d'œuvre nécessaire devait être assurée par le système des réquisitions.

Mais les prestations ainsi imposées aux Africains n'avaient aucune base légale. Le seul texte de référence était l'arrêté du 4 septembre 1907, dont l'article premier énumère, parmi les infractions spéciales aux indigènes non citoyens français, et tombant sous l'application du décret du 30 septembre 1887, le refus d'exécuter des prestations, ainsi que la négligence de leur exécution. Aucun acte n'indiquait leur durée, les conditions de leur rachat, les travaux pour lesquels il pouvait y être fait recours, et les conditions dans lesquelles ces travaux pouvaient être exécutés. Aucune disposition réglementaire ne donnait des garanties suffisantes contre les abus de ce recrutement forcé, n'en atténuait le caractère vexatoire.

C'est pour remédier à cette absence de réglementation que le gouverneur Angoulvant, alors lieutenant-gouverneur de la Côte d'Ivoire, fit préparer un projet d'arrêté réglementant les prestations dans sa colonie [34]. Pour l'élaboration de ce texte, il s'était inspiré des dispositions en vigueur dans les colonies françaises et étrangères où ce système avait connu un certain succès [35].

---

34. Rapport du 25 novembre 1912, en Conseil de gouvernement a.s de la Réglementation de la prestation des indigènes dans les Colonies et Territoires du Gouvernement général de l'AOF. ANS, série S 23, Prestations, 1917-1920, Chemise 6, pièce n° 57.
35. Rapport du 22 août 1912, au Conseil d'administration. Réglementation de la prestation en Côte d'Ivoire. ANS, série S 22, Prestations à la Côte d'Ivoire, 1912-1916, chemise n° 5, pièce 76.

Il s'agissait, notamment, au Tonkin, d'un arrêté du 30 juin 1889 qui fixait la prestation annuelle à trente journées par inscrit. Dix étaient employées par les villages pour l'entretien et l'amélioration des voies de communication, et les vingt autres étant rachetées à un taux déterminé par jour.

À Madagascar, les prestations des collectivités locales comme les Fokolona étaient réglementées par un arrêté général du 6 mars 1907. Des arrêtés spéciaux fixaient leur taux de rachat, et leur durée qui variait de quatre à dix jours suivant les provinces. Aux Indes Néerlandaises, enfin, un décret du 20 juillet 1911 portait que la prestation était de trente jours par an, au maximum, la journée de travail étant de douze heures.

Lorsque ce projet d'arrêté lui fut présenté pour approbation, le gouverneur général William Ponty estima qu'il était préférable d'instituer une réglementation de principe applicable à toutes les colonies du groupe. C'est ce nouveau texte, modifié dans ce but, qui fut approuvé par le Conseil de gouvernement, le 25 novembre 1912.

L'arrêté général du 25 novembre 1912 [36] réglementait les conditions dans lesquelles les populations de l'Afrique occidentale française pouvaient être astreintes à des prestations pour des travaux bien déterminés et essentiellement d'utilité publique. Dans les limites de leurs cantons, les indigènes étaient tenus d'établir et d'entretenir les voies de communications dites de petite vicinalité, les postes télégraphiques, de creuser et de nettoyer les puits.

Ne pouvaient être soumis à la prestation que les Africains du sexe masculin, valides et adultes, à l'exception des vieillards, des militaires et des agents de la force publique. Au moment où le recrutement des troupes de l'armée coloniale exigeait de l'administration la mise en œuvre de toutes sortes de moyens de persuasion, il était de bonne politique qu'elle étende à ces gardes de cercle, agents de police et gardiens de prison qui lui rendaient des services permanents, les avantages qu'elle accordait aux militaires [37].

Pour faciliter les opérations de recrutement de tirailleurs, il était accordé, à chaque village, une réduction de journées de prestation équivaut au nombre d'hommes servant sous les drapeaux. En Guinée française, l'arrêté local du 23 mai 1914 [38] accordait, “à chaque village, une réduction d'une journée de prestation calculée sur le pied de 8 jours par homme servant sous les drapeaux”.

Les prestations ne pouvaient être exigées, en principe, qu'en dehors des époques de culture [39]. Elles ne pouvaient, non plus, s'effectuer à une distance supérieure à cinq kilomètres du village de l'assujetti, sans que les prestataires ne reçoivent la ration en espèces ou en nature.

---

36. *R.* 1914, 1. 357
37. Rapport, en Conseil d'administration de la Colonie du Dahomey, sur l'arrêté local du 22 juillet 1913. ANS, série S 21, pièce n° 61.
38. ANS, série S 21, pièce n° 11.
39. Article 3 de l'arrêté du 25 novembre 1912.

Le nombre des journées de prestations variait suivant les colonies. Durant la période 1912 à 1916, on passait de douze journées au Haut-Sénégal et Niger [40], à six journées en Guinée française [41]. Au cours de l'année 1937 [42] le nombre de journées exigibles ne pouvait dépasser :

- 8 à 10 journées par an en Côte d'Ivoire ;
- 2 à 10 journées par an au Niger ;
- 4 à 6 journées par an en Mauritanie ;
- 8 journées par an en Guinée ;
- 7 à 9 journées par an au Soudan ;
- 4 journées par an au Sénégal.

Dans la fixation de ces chiffres, il était à chaque fois, tenu compte des occupations de la population, de sa densité, et de l'importance des voies de communication à entretenir. Dans tous les cas, le nombre de journées ne pouvait dépasser douze par an et par prestation.

La prestation était exigible en nature. En 1937 [43], elle n'était exigible que pour :

- la construction et l'entretien des chemins, pistes et ponts ;
- la construction et l'entretien des marchés, campements, caravansérails et puits ;
- les menus travaux d'assainissement et d'hygiène à l'intérieur et aux abords des agglomérations ;
- la plantation d'arbres et le débroussaillement d'intérêt public ;
- l'installation et l'entretien des systèmes d'irrigation d'un intérêt purement local ;
- et, exceptionnellement, l'entretien courant des terrains d'aviation de secours, secondaires et principaux.

Le rachat de la prestation [44] pouvait être, toutefois, autorisé au profit des habitants des centres urbains, des autochtones portés sur les rôles de la population flottante, ou employés dans les exploitations agricoles, commerciales et industrielles.

L'application de l'arrêté du 25 novembre 1912 ne mit pas fin aux abus qui pouvaient naître d'une pratique arbitraire des prestations. Les violations de la réglementation en la matière les plus fréquemment signalées par les missions d'inspection étaient les suivantes [45] :

- Emploi de femmes et d'enfants sur les chantiers.

---

40. Arrêté local du 30 septembre 1913. ANS, série S 23, pièce n° 25
41. Arrêté local n° 1425 du 23 octobre 1913, ANS, série S 21, pièce n° 4.
42. ANS, série K 46, versement 2, suppression des prestations, 1937-1938.
43. *Ibid.*
44. Article 5 de l'arrêté général du 25 novembre 1912.
45. V. le rapport n° 678 du 3 août 1913 de la Direction des Finances et de la Comptabilité. ANS, série S 23, pièce n° 51. Puis, la circulaire n° 71 C du 3 février 1937. ANS, série K 46, Versement 2.

- Les journées de voyage, aller et retour, pour venir travailler sur les chantiers puis entrer au village, n'étaient jamais défalquées des prestations.
- Les prestataires qui habitaient loin des chantiers n'étaient pas toujours nourris pendant toute la durée de leur séjour sur les chantiers. On les nourrissait parfois pendant les derniers jours de leur travail quand leurs provisions étaient épuisées ; parfois on ne les nourrissait pas du tout, faute de crédits.
- Maintien des prestataires sur les chantiers, au delà du nombre de journées réglementairement exigibles. C'est ainsi que dans les régions peu peuplées, où les chefs de poste ne disposaient que de très peu de travailleurs pour ouvrir de longues routes, le nombre des journées de prestations furent augmentées dans des proportions considérables. Alors que les rôles de prestations étaient établis sur la base de douze journées, les populations accomplissaient, en réalité, de trente à soixante journées de travail. Des prestataires furent parfois éloignés de plus de soixante kilomètres de leur village. Ne pouvant plus se consacrer à leur culture, ils furent pressés par la famine [46].
- Emploi de la main-d'œuvre prestataire à des travaux non compris dans la réglementation. Dans certains cercles, les populations étaient réquisitionnées en vue de travaux de réparation ou de réfection de bâtiments publics dont l'entretien aurait dû normalement faire l'objet de l'ouverture d'un crédit régulier.

Par exemple, tel chef de poste dispose pour l'entretien des bâtiments qu'il occupe d'un crédit annuel, de douze mille francs. Les bâtiments sont construits en boue et couverts de paille. Leur entretien nécessiterait une somme bien supérieure Pour assurer la couverture des cases avant les pluies d'hivernage, l'administrateur fait appel à la main-d'œuvre prestataire.

En somme, la plupart des abus trouvaient leur source dans les crédits dérisoires dont les administrateurs disposaient pour l'entretien des voies de communication et des bâtiments. Mais à cette application défectueuse et immodérée de la prestation, venaient se greffer les insuffisances qui tenaient à l'institution elle-même.

La charge des prestations présentait, tout d'abord, cet inconvénient particulier de peser presque uniquement sur une seule catégorie de population : celle habitant les villages situés à proximité des routes. Car beaucoup d'assujettis ne faisaient pas de prestations, ou étaient autorisés à les racheter.

Parmi les populations qui refusaient de se plier aux exigences de l'administration figuraient, les populations nomades "qui comme les peulhs pasteurs, habitent sur les terrains de parcours de leur bétail et suivent leurs

46. Rapport n° 59 C du 12 mars 1914, du commandant Lemoigne, commandant le cercle de Haut-Vavally, au lieutenant-colonel commandant militaire à Duekone. ANS, série S 22, pièce n° 84.

troupeaux dans leurs transhumances successives"[47], les indigènes qui ont abandonné les routes pour aller se réfugier dans des régions presque inaccessibles, ou dans les colonies étrangères voisines. Ce sont, enfin, les originaires des communes de plein exercice du Sénégal, qui ne faisaient pas de prestations et ne les rachetaient point. La colonie du Sénégal était, en effet, régie quant à l'impôt des prestations par des délibérations du conseil colonial. Cet organisme avait décidé, lors de sa session de 1930-1931, que l'exécution des prestations sur le territoire des communes de plein exercice serait réglée dans les mêmes conditions que le reste de la colonie, sous la réserve que des délibérations des conseils municipaux interviennent pour en prescrire la mise en vigueur[48]. Ces délibérations n'étant jamais intervenues, aucune des communes de plein exercice n'appliquait la législation fiscale ainsi édictée[49].

La faculté de racheter leurs prestations était consentie à certaines catégories d'assujettis. Bénéficiaient de ce privilège, les habitants des centres de quelque importance, les commerçants, les traitants, des Dioulas et tous ceux qui étaient portés sur les rôles de la population flottante, les indigènes travaillant pour leur compte, ou pour le compte d'autrui dans les exploitations agricoles, commerciales ou industrielles.

Les chefs de village et de canton ou de province, les notabilités religieuses n'étaient pas astreints à se rendre en personne sur les chantiers, pour y effectuer des travaux de nature à compromettre leur prestige, assez atteint pour ne pas le diminuer encore en les assimilant complètement à leurs sujets. Ils pouvaient s'exonérer par le paiement de la taxe de remplacement. Mais la plupart préfèrent avec l'assentiment des autorités, se faire remplacer plutôt que d'acquitter la taxe de rachat.

En plus des militaires de toutes armes et de tous grades, les agents de la force publique, à savoir, les gardes-cercle, les agents de police, les gardiens de prison, les préposés des douanes, les gardes-forestiers et les agents du service d'hygiène, les fonctionnaires indigènes, et les élèves des écoles, étaient exemptés des prestations.

Dans un but politique évident, l'administration accordait, ainsi l'exemption ou permettait le rachat de leurs prestations à ceux des Africains qui, par leur mode de vie, leur instruction ou leur profession, se rapprochaient le plus du colonisateur dont ils étaient souvent, soit dans l'administration, soit dans le commerce, l'industrie ou l'agriculture, les auxiliaires précieux[50].

La prestation avait, c'est son second inconvénient, le caractère d'une sorte d'impôt personnel supplémentaire payable en journées de travail ou en argent.

---

47. Lettre n° 112 C du 25 janvier 1937 du Gouverneur général au Ministre des Colonies. ANS, série K 46, versement 2.
48. *JO* Sénégal, 1er janvier 1931.
49. V. le rapport annuel, pour 1935, sur l'emploi de la main-d'œuvre indigène en AOF, déjà cité.
50. V. le rapport n° 289 du 4 novembre 1918 du Gouverneur du Dahomey en Commission permanente du Conseil de gouvernement. ANS, série S 23.

C'est parce que l'administration la considère comme tel qu'il lui applique la législation fiscale de la métropole. Et notamment, l'idée d'établir un rôle. Dans la plupart des cercles, il était confectionné deux rôles. L'un, numérique, indiquait pour chaque village, le nombre des prestataires, celui des exemptés, celui des prestataires autorisés à se racheter, le chiffre des journées de prestation exigibles par individu, le total des journées de prestation en nature.

Un second rôle portait nominativement les prestataires autorisés à se racheter, le nombre des jours rachetés, le taux du rachat, le total du rachat. Cependant, en France, la prestation constituait un impôt payable en argent. Les contribuables, qui avaient seulement la faculté d'opter pour son acquit en nature, étaient tenus d'en verser le montant au percepteur, lorsqu'ils n'avaient pu, pour un motif quelconque, se présenter ou se faire remplacer sur les chantiers du service vicinal. L'établissement d'un rôle était donc indispensable. En AOF, au contraire, ce n'était pas la confection d'un rôle qui pouvait empêcher les administrateurs d'employer les populations au moment des cultures ou de les éloigner de leur village à des distances considérables, ou de commettre des abus similaires [51].

Les assujettis considéraient donc l'impôt de prestation comme une aggravation brutale de leurs charges. Même le droit de rachat équivalait au regard des bénéficiaires, à une augmentation arbitraire et déguisée de l'impôt en argent. L'arrêté du 25 novembre 1912 tendait, en somme, à rien moins qu'à augmenter le taux de l'impôt personnel, et les charges des contribuables autochtones. Cette assertion était d'autant plus fondée que le texte de 1912 était méconnu, lorsqu'il stipulait que les prestations étaient uniquement destinées à permettre l'exécution de certains travaux locaux. Les prestations levées dans un cercle n'y étaient pas toujours utilisées. En cas de rachat, la valeur des journées de travail figurait en recettes au budget. Les travaux bien déterminés qui auraient dû être exécutés dans le cercle n'étaient pas réalisés. L'administration semblait n'avoir en vue que la possibilité d'augmenter le taux de l'impôt personnel en se servant d'une formule nouvelle [52].

Après tous ces abus et les mécomptes d'ordre politique qui s'en suivirent parfois [53], la question des prestations fit l'objet d'un examen de la part d'une commission réunie à Dakar pour l'étude d'une révision des revenus des budgets locaux.

De sévères objections furent élevées à l'encontre de l'impôt des prestations. La commission concluait son rapport en demandant le remplacement de la législation en la matière par une réglementation nouvelle, fondée sur ce

51. Lettre n° 3083 CD, datée de Saint-Louis le 14 novembre 1917, du Lieutenant gouverneur du Sénégal au Gouverneur général de l'AOF, ANS, série S 23, pièce n° 5.
52. V. Conseil d'administration de la Guinée française, discussions au sujet de l'arrêté local du 23 octobre 1913. ANS, série S 21, pièce n° 48.
53. *Cf.* la controverse survenue en Côte d'Ivoire, entre le gouverneur et l'autorité militaire à propos des événements survenus lors de la construction de routes dans le secteur de Zo. ANS, série S 22, pièces numéros 85 et 87.

principe que les prestations ne pouvaient s'appliquer désormais qu'à des travaux purement locaux intéressant au premier chef les collectivités autochtones, à l'exclusion de tous autres travaux qui ne pouvaient plus être exécutés que sur les ressources ordinaires du budget.

À la suite de cet avis, le gouverneur général demandait le 12 août 1917, aux différents chefs de colonie, de mettre à l'étude la réforme de l'institution [54]. Puis, le 31 décembre 1917, un arrêté général [55] supprimait les prestations à compter du 1er janvier 1918. Cette suppression ne satisfaisait pas tout le monde. Pour le gouverneur de la Côte d'Ivoire [56], les travaux d'entretien assurés gratuitement par les autochtones étaient d'une utilité indéniable qu'il ne pouvait être question non seulement de les supprimer mais même de les diminuer. "Dans un pays comme la Côte d'Ivoire, en effet, la nature aurait bien vite fait d'annihiler les résultats obtenus par un effort soutenu pendant plusieurs années et qui se sont traduits par l'ouverture au commerce de régions nouvelles". Le chef de la colonie du Sénégal était, en revanche, favorable à la suppression des prestations [57].

Au conseil de gouvernement, le partage se faisait ainsi entre ceux qui voulaient maintenir le régime des prestations gratuites en nature, et ceux qui pensaient les supprimer, et faire exécuter ces travaux par des manœuvres payés sur les budgets locaux. Cette seconde solution, qui entraînait une augmentation de la taxe de capitation imposée aux populations se heurtait à des difficultés certaines. L'augmentation de la taxe de capitation devrait être considérable puisqu'elle devrait pouvoir payer le travail fourni par les hommes adultes dans presque tous les territoires, douze jours, par an. Et cet impôt, fortement accru, devrait être payé en numéraire.

Or, il était des régions où la population ne pouvait pas se procurer le numéraire nécessaire. En somme la solution qui consistait à remplacer le travail obligatoire par un travail volontaire payé sur le produit de l'accroissement de l'impôt ne paraissait pas pouvoir être adoptée.

C'est ainsi que les dispositions de l'arrêté du 25 novembre 1912 furent remises provisoirement en vigueur par un arrêté général n° 1106 du 23 septembre 1918. Ce texte spécifiait, en son article 4, que des arrêtés des lieutenants-gouverneurs fixeraient, dans chaque colonie, le régime des prestations, en tenant compte des habitudes et des coutumes locales.

Des directives du gouverneur général, il ressortait que le régime précédent était maintenu, mais qu'il fallait que les chefs de territoire se préoccupent d'en faire disparaître le caractère fiscal. Il ne devait plus s'agir d'une sorte d'impôt personnel de superposition, mais d'une obligation imposée aux groupements

---

54. ANS, série S 23, pièce n° 4.
55. Arrêté n° 1538, *JOAOF*, du 12 janvier 1918.
56. Lettre n° 133 A datée de Bingerville le 19 février 1918. ANS, série S 23, pièce n° 93.
57. ANS, série S 23, pièce n ° 4.

autochtones qui s'en acquiteraient suivant leurs coutumes et sous la direction et la responsabilité de leurs chefs. Cette obligation avait uniquement pour but de faire face aux travaux intéressant au premier chef ces collectivités. Elles pouvaient et devaient, par suite, les assurer gratuitement. Tous les travaux neufs de construction ou de grosse réparation devaient être exécutés par des manœuvres rétribués sur les budgets locaux. En dehors des travaux d'intérêt communal, qui intéressaient une ou plusieurs collectivités locales, les travaux de construction de postes administratifs, de lignes télégraphiques, des routes d'intérêt général, etc., devaient être supportés par l'ensemble de la colonie et payés sur ses ressources.

Sous l'influence des organisations internationales, la France s'attaque, à partir des années 1930, au problème du travail forcé [58]. La réforme du régime des prestations fut à nouveau soulevée. Le gouverneur général de Coppet pensait même abandonner purement et simplement l'impôt des prestations et le remplacer par une taxe additionnelle à la contribution personnelle. Il souhaitait, ainsi, avoir le premier gouvernement républicain du Front populaire attacher son nom à une telle réforme, que rehausserait aux yeux du monde entier et de nos ressortissants le prestige de notre administration d'outre mer" [59].

Mais toutes les circonscriptions ne pouvaient pas supporter cette augmentation du taux de la capitation. Pour certaines, c'est parce qu'elles étaient "trop éloignées des centres commerciaux et des voies d'évacuation de leurs produits". Dans d'autres, "les contribuables, longtemps surtaxés pendant la crise, avaient besoin de quelques années encore de détente fiscale avant de faire un nouvel effort" [60].

Donc dans ces régions, où il n'était pas encore possible de supprimer les prestations, les chefs de colonies devaient chercher à rendre leur exécution moins critiquable, et à en limiter l'emploi [61].

---

58. V. la circulaire n° 525 AP/I du 25 septembre 1938, qui explique la position du Gouvernement français vis-à-vis de la Convention du 26 juin 1930 sur le travail forcé. ANS, série K 8, chemise S 4.
59. Lettre n° 112 C du 25 janvier 1937 du Gouverneur général de Coppet au Ministre des Colonies, déjà citée.
60. *Ibid.*
61. Au 1er janvier 1932, le régime des prestations était supprimé et remplacé par une taxe additionnelle dans les circonscriptions suivantes
    - *Au Sénégal,*
    Cercle de Louga, 7 f de taxe additionnelle
    Cercle de Thiès, 7 f de taxe additionnelle
    Subdivision de Rufisque, 7 F de taxe additionnelle
    Cercle du Sine-Saloum, 6 F de taxe additionnelle
    Cercle du Baol, 6 F de taxe additionnelle
    Subdivision de Ziguinchor, 8 F de taxe additionnelle
    Subdivision de Bignona, 9 F de taxe additionnelle
    Subdivision de Sédhiou, 8 F de taxe additionnelle
    Subdivision de Kolda 8 F de taxe additionnelle

Cependant, la suppression des prestations ne signifiait pas toujours la fin du travail forcé. Dans de trop nombreuses circonscriptions, en dépit du paiement de la taxe additionnelle, les assujettis étaient encore soumis à la réquisition. Devant la difficulté qu'ils éprouvaient à recruter des manœuvres, plusieurs administrateurs pensaient, en effet, que : "pour pousser les Africains au travail, il suffisait d'augmenter leur impôt, ce qui revenait à leur prélever comme contribuables l'argent qui servait à les payer comme travailleurs" [62]. Le labeur de populations condamnées à jouer le rôle d'instrument créateur de richesses étant encore nécessaire, "mieux valait recourir à la réquisition grâce à laquelle les travailleurs recevaient de la communauté le prix de leur travail que les prestations qui contraignaient une faible partie de la population à travailler gratuitement pour leurs semblables" [63].

La fin des prestations signifiait seulement la fin du travail obligatoire non rétribué. Par cette réforme, la condition de la main-d'œuvre prestataire s'alignait, ainsi, sur celle des appelés du contingent qui n'étaient pas incorporés.

3) La main-d'œuvre recrutée

Le problème de l'emploi de la main-d'œuvre africaine se présentait dans la décade 1920-1930, dans des conditions très ardues. La masse de la population autochtone, composée d'agriculteurs et de pasteurs, ignorait le salariat. Si l'industrie encore embryonnaire réclamait très peu d'ouvriers, il n'en était pas de même des exploitations agricoles et forestières qui, notamment en Côte

- *En Guinée*,
commune mixte de Conakry, 11 F de taxe additionnelle
Cercle de Conakry, 10 F de taxe additionnelle
Cercle de Dubréka, 10 F de taxe additionnelle
Cercle de Macenta, 3 F de taxe additionnelle
Cercle de Siguiri, 9 F de taxe additionnelle
- *En Côte d'Ivoire*,
cercle de Grand-Lahou 15 F de taxe additionnelle
cercle d'Agboville 25 F de taxe additionnelle
cercle de Dimbokro 15 F de taxe additionnelle
cercle de Korhogo, 4 F de taxe additionnelle
- *Au Dahomey*,
cercle d'Abomey, 5 F de taxe additionnelle
cercle d'Athiémé, 7 F de taxe additionnelle
cercle de Cotonou, 7 F de taxe additionnelle
cercle de Kandi, 4 F de taxe additionnelle
cercle de Natitingou, 3 F et 4 F de taxe additionnelle
cercle de Parakou, 4 F de taxe additionnelle
cercle de Porto-Novo, 7 F de taxe additionnelle
cercle de Savalou 6 F et 7 F de taxe additionnelle

62. Rapport du 22 avril 1938 du Capitaine Verdier, commandant le cercle de Macenta, a.s. de la suppression des prestations. ANS, série K 46, versement 2.
63. *Ibid.*

d'Ivoire et en Guinée, constituaient un véritable champ d'expérience de l'emploi de la main-d'œuvre locale dans les entreprises privées. Le développement de la capacité économique de la Fédération faisait appel à tout un peuple de manœuvres dans les ports pour les manutentions à l'importation et à l'exportation.

Le cloisonnement de l'année économique était très marqué en deux saisons nettement tranchées : la saison des pluies, de juillet à octobre, qui réclamait les travailleurs aux champs, et la saison dite "sèche", pendant laquelle les cultivateurs sont libérés des travaux de la terre.

Les circonstances locales faisaient que la période de grande activité économique correspondait justement à cette saison sèche où le recrutement de la main-d'œuvre était plus aisé.

Ces fluctuations de la main-d'œuvre constituaient, cependant, une gêne dans l'exécution normale des grands travaux d'équipement de la Fédération qui nécessitaient des travailleurs à tout instant disponibles, et suffisamment entraînés. C'est pour constituer ce noyau sûr de main-d'œuvre que le département autorisa le gouverneur général de l'Afrique occidentale française à recourir, comme à Madagascar, à la loi sur l'organisation de l'armée pour convoquer à des travaux d'utilité publique, les hommes que l'autorité militaire n'avait pas incorporés. Ce fut l'objet du décret du 31 octobre 1926 [64].

Ce 4 décembre 1926, le gouverneur général prenait un arrêté portant application du décret du 31 octobre 1926, sur l'utilisation de la deuxième portion du contingent pour l'exécution du programme des grands travaux d'intérêt général en Afrique occidentale française.

Les hommes de la deuxième portion du contingent n'étaient pas des militaires. Le temps pendant lequel ils étaient convoqués pour participer à l'exécution des travaux d'intérêt général nécessaires au développement économique de la colonie ne comptait pas comme service militaire effectif [65]. Ils étaient, cependant, soumis à une réglementation calquée sur l'organisation de l'armée [66].

Les appelés de la deuxième portion étaient, après les opérations de recrutement, concentrés dans des camps, où ils étaient constitués en unités de travail, dites compagnies subdivisées en sections.

L'administration des camps était confiée à un service de la main-d'œuvre dépendant, dans chaque colonie, du lieutenant-gouverneur. Ce service avait pour attributions le règlement de toutes les questions relevant de l'organisation des camps de rassemblement et des unités de travailleurs. Il était composé d'un personnel d'encadrement européen et africain. Le personnel métropolitain était constitué de fonctionnaires d'autorité, ou d'officiers hors cadre, qui

64. *R.* 1927, 1. 62.
65. Affaire Amar Bâ, Arrêt n° 97 du 9 septembre 1937. Greffe de la Cour, Arrêts de la chambre d'homologation, année 1937.
66. V. l'arrêté du 4 décembre 1926.

remplissaient les fonctions de commandants de compagnies ou de camps. Des fonctionnaires d'autres cadres, des sous-officiers hors cadre, ou à défaut, des non-fonctionnaires, les secondaient.

Le cadre indigène des compagnies était recruté parmi les anciens gradés ou tirailleurs libérés ou retraités, et les surveillants de travaux publics.

La durée du service dans les compagnies de travailleurs était de trois ans. Leur solde était identique à celle des tirailleurs en service en Afrique occidentale française. En 1936, elle variait de 0,75 F pour les travailleurs de deuxième classe, à 0,85 F pour celui de première classe. Un prélèvement du tiers de cette solde était effectué d'office, pour constituer un pécule qui était remis à l'appelé au moment de sa libération. Des primes de bon rendement qui s'élevaient à 0,50 F en 1936, pouvaient être allouées sur la proposition du chef de camp aux hommes qui se signalaient par leur zèle au travail.

Les peines disciplinaires que pouvaient encourir les travailleurs pour négligence, paresse, absence injustifiée et refus d'obéissance, étaient les suivantes : la consigne, la prison, la rétrogradation ou le déclassement. La consigne, infligée par les chefs de section ou les commandants de compagnie ou de camp, ne pouvait être prononcée pour plus de huit jours. La prison, avec ou sans retenue de solde, était infligée par les commandants de compagnie ou de camp, et par le lieutenant-gouverneur de la colonie, aux récidivistes d'actes de paresse et de négligence, ou pour absence injustifiée et refus d'obéissance.

Les charges qui pesaient ainsi sur les travailleurs de la deuxième portion du contingent étaient moins aisément acceptables que celles imposées à la première portion. Pour rétablir l'équilibre, les autorités leur consentirent une réduction de la durée de service d'une année, en plus d'une prime de travail. Cependant le but recherché fut loin d'être atteint [67].

L'opinion publique locale déconsidérait le travail forcé. La désaffection des conscrits pour le métier plus rebutant de tirailleurs sans armes était manifeste. Durant les opérations de recrutement, si les volontaires pour l'armée étaient relativement nombreux, il était, en revanche, constaté chez les recrues une appréhension marquée de se voir comprendre parmi les travailleurs de la deuxième portion.

Dans de nombreuses circonscriptions, les jeunes gens déclarés aptes voulaient transformer leur appel en engagement avant le tirage au sort, pour échapper à la possibilité d'une incorporation en qualité de travailleurs [68].

Les hommes de la deuxième portion étaient d'autant plus frappés d'opprobre que, dès leur incorporation, ils étaient revêtus de la tenue bleue, qui était le costume habituel des prisonniers de droit commun. Ils considé-

---

67. Lettre n° 1426 datée de Ségou, le 11 avril 1935, de M. Belime, Directeur Général de l'Office du Niger au Gouverneur général de l'AOF. ANS, série K 48, versement 2, Soudan, utilisation de la main-d'œuvre, 2e portion du contingent, 1935-1936.
68. Rapport sur les travailleurs de la deuxième portion du contingent, année 1934. ANS, série K 47, versement 2.

raient le travail sur les chantiers comme une corvée pénible à laquelle celui qui s'y trouvait astreint cherchait à se soustraire par tous les moyens. Une corvée que les récits populaires alliaient au souvenir de l'esclavage.

Présents sur les chantiers contre leur gré, les travailleurs de la deuxième portion du contingent étaient de surcroît soumis à une autorité tyrannique. Les services utilisateurs, au nombre desquels les deux plus importants étaient l'Office du Niger, le plus grand complexe agro-industriel de la Fédération, et le service spécial des Travaux neufs du Chemin de fer, se préoccupaient d'obtenir de cette main-d'œuvre tout le rendement qu'elle pouvait fournir. Les dépenses le concernant étaient réduites au minimum. La réglementation qui établissait les obligations et les devoirs qu'entraîne l'emploi si discuté des travailleurs provenant du recrutement militaire, était méconnue. Ces appelés étaient soumis à "des traitements qu'il n'était pas coutume de voir appliquer dans les chantiers administratifs" [69].

Les brutalités nombreuses et les sévères punitions qui étaient infligées à ces travailleurs, notamment par le Service temporaire des Travaux d'Irrigation du Niger (STIN), finirent par être dénoncées aux autorités de la Fédération. L'inspection coloniale put vérifier que des violences étaient exercées sur les travailleurs de l'Office du Niger, tant par l'encadrement européen, que par les gardes de cercle et les chefs d'équipe africains [70].

Le gouverneur du Soudan contesta qu'on puisse penser que de tels procédés étaient admis par la direction du STIN ou constituaient une méthode de travail systématique et généralisée. Si "quelques surveillants avaient pu parfois user de rigueurs excessives pour vaincre l'indolence ou réprimer les actes d'indiscipline de leurs subordonnés" [71], ces faits ne présentaient aucun caractère de gravité exceptionnelle. En dépit de ces dénégations, une information fut ouverte.

L'instruction menée par le procureur de la République de Bamako à Ségou et à Markala, aboutissait à l'inculpation du chef de violences et de voies de fait sur divers travailleurs du STIN, de l'adjudant-chef Vernois, du sergent-chef Bottechio, des chefs d'équipe Ngolo Traoré, Moussa Diarra, et du garde de cercle Mamadou Koné. le sergent-chef Bottechio ne put être entendu sur les lieux en raison de son hospitalisation au Point G de Bamako [72]. Son médecin

69. Lettre datée de Dakar le 20 mars 1935 de M. Alibert, Président de la Section de Dakar de la Ligue Française de la Défense des Droits de l'Homme et du citoyen. ANS, série K 48, versement 2.
70. Rapport datée de Markala le 21 février 1935 de l'Inspecteur de 2e classe des Colonies Lassalle-Sere à l'Inspecteur de 1ère classe Bagat, chef de la Mission d'Inspection à Dakar.
71. Lettre n° 83 C, datée de Koulouba le 29 mars 1935, de l'administrateur en chef des Colonies Eboué, lieutenant-gouverneur par intérim du Soudan français au Gouverneur général de l'AOF.
72. Lettre n° 1809 du 10 juillet 1935 du Procureur général Lanes au Gouverneur général de l'AOF., a.s. du départ en congé du sergent chef Bottechio.

traitant le sachant sous le coup de menaces de poursuites judiciaires, le présenta devant le conseil de santé pour son rapatriement immédiat, lui évitant ainsi une comparution en justice [73]. Les poursuites contre ce sous-officier étant disjointes, l'adjudant-chef Vernois, les chefs d'équipe Ngolo Traoré, Moussa Diarra, et le garde Mamadou Koné, furent renvoyés devant le tribunal correctionnel de Bamako. Par un jugement du 2 juillet 1935, les trois prévenus africains furent, par application de l'article 311 du code pénal, condamnés chacun à cinquante francs d'amende. Estimant que les faits reprochés à l'adjudant-chef Vernois constituaient, non le délit de l'article 311, mais la contravention de violences légères prévue et réprimée en AOF, par l'arrêté général du 1er décembre 1911, le tribunal le condamna, par application de ce texte, à dix francs d'amende.

Ni le Procureur général, encore moins le département ne furent satisfaits de cette sentence. Selon le chef du service judiciaire [74] : "les gifles et les soufflets, aux termes d'une jurisprudence depuis longtemps fixée, présentent le caractère de voies de fait sanctionnées par l'article 311 du code pénal.

C'est donc à tort que le tribunal correctionnel de Bamako a disqualifié les faits imputés à Vernois et leur a fait application des dispositions de l'arrêté général du 1er décembre 1911. D'autre part, les violences plus graves dont se sont rendus coupables les surveillants indigènes paraissent avoir été insuffisamment sanctionnées par le premier juge".

Sur ses instructions, son substitut de Bamako interjetait appel de ce jugement le 5 juillet 1935. Par un arrêt du 2 août 1935 [75], la Cour de Dakar maintenait la peine de cinquante francs d'amende prononcée contre Ngolo Traoré, prononçait contre Moussa Diarra et Mamadou Koné une peine de huit jours d'emprisonnement, et acquittant l'adjudant-chef Vernois, elle le renvoyait des fins de la poursuite. L'acquittement de Vernois était fondé sur cette considération que les deux gifles données par ce sous-officier à deux travailleurs à l'occasion de fautes constatées, ne sauraient constituer des violences au sens du code pénal. Il s'agissait, en effet, d'une part d'un chantier de construction occupant un grand nombre d'ouvriers, où le travail devait être mené avec une célérité et un soin tout particulier. Le moindre retard ou la moindre faute dans l'exécution du travail pouvait avoir les plus graves conséquences. D'où la sévérité exceptionnelle du chef de chantier européen responsable de la bonne exécution des dits travaux. D'autre part, par sa mentalité, "le travailleur indigène avait tendance à considérer son chef ou son patron européen comme un père de famille ; dans ces conditions, les deux gifles données à l'occasion de

73. Lettre datée de Dakar le 18 juillet 1935, du Médecin général Frontgous, chargé par intérim des fonctions d'Inspecteur général des Services sanitaires et médicaux, au Docteur Bourgarel, chef du Service de Santé du Soudan.
74. Lettre n° 1839 P.G.. du 16 juillet 1935 du Procureur général au Gouverneur général, a.s. des sanctions judiciaires prononcées par le tribunal de Bamako dans l'affaire : "actes de brutalité commis sur des travailleurs du STIN".
75. Greffe de la Cour, Arrêts correctionnels, registre de l'année 1935, à la date.

fautes constatées et reconnues par les travailleurs, lesquels n'ont jamais songé à porter plainte, doivent être assimilées à de simples corrections de caractère paternel sans aucune conséquence pénale possible".

La Cour se comportait, en somme, en défenseur de l'ordre colonial. Elle justifiait la situation de dépendance de l'Africain vis-à-vis de l'Européen qui le faisait travailler. Les cadres métropolitains devaient procéder à l'éducation sociale des autochtones "indolents et insouciants". Leur apprendre le caractère sacré du travail. Or, cet apprentissage, comme tous les autres, ne pouvait se faire sans une certaine contrainte. Les coups de chicotte qui étaient infligés aux paresseux dans le but d'activer leur travail n'avaient, dans ce contexte, qu'une portée bénigne. Ces "mouvements de mauvaise humeur", selon l'expression utilisée par la Cour pour qualifier les agissements habituels de l'adjudant-chef Vernois, ne pouvaient être confondus avec des pratiques inspirées par la violence ou la méchanceté qui seraient, elles, condamnables.

Il fallut un arrêt de la Cour de cassation du 29 octobre 1936 [76], cassant et annulant la précédente décision pour que la Cour fût contrainte, en son audience du 17 février 1937 [77], de donner aux faits une plus exacte qualification. En décidant que les gifles portées par l'adjudant-chef Vernois a deux hommes du contingent constituaient les voies de fait prévues par l'article 311 du code pénal, elle lui infligeait la même condamnation de cinquante francs d'amende qu'a ses co-inculpés africains.

Dans son application de la législation sociale, la Cour se souciait du droit. Elle ne cherchait pas à censurer. Mais lorsqu'elle appliquait la réglementation, l'esprit de ses obligations morales et sociales dans le milieu colonial où elle opérait l'était-il aussi ? En pratique, son attitude la conduisait à se mettre au service des milieux coloniaux. De ceux qui raisonnaient comme si les peuples dominés ne connaissaient pas la fameuse loi du travail. Mais existait-il une culture qui ait pu survivre sans un labeur intense, continu et discipliné ?

La Cour s'accordait, en fait, avec ceux qui pensaient que seule la contrainte pouvait se charger d'inculquer, aux peuples soumis, la nécessité et la discipline du travail comme instrument de progrès. Et qui attribuaient une valeur éducative à la réglementation sur la répression de l'oisiveté qui faisait que les Africains qui n'exerçaient pas habituellement une profession étaient des vagabonds, punissables comme tels [78], ou souhaitaient l'application de sanction pénale aux contrats de travail souscrits par les autochtones.

---

76. D.H., 1937. 10.
77. Affaire Vernois Louis Victor, Arrêts correctionnels, année 1937, Arrêt n° 39.
78. Cet élargissement des dispositions du code pénal métropolitain concernant le vagabondage est le fait d'un décret du 29 mars 1923 appliqué par la Cour dans ses arrêts n° 30 du 6 avril 1939, affaire Dieye Ndiouga, Niang Magane, et n° 42 du 16 avril 1942, affaire Sikahima Coffi. Greffe de la Cour, Arrêts de la chambre d'annulation.

B. Le travail contractuel réglementé

Le code du travail métropolitain n'a jamais été promulgué outre-mer. Les colonies ont toujours été régies par une réglementation particulière. S'inspirant de la législation française, cette réglementation s'efforçait de résoudre les problèmes spécifiques aux différents territoires.

Après l'abolition de l'esclavage, le travail forcé était, à son tour, l'objet de vives critiques devant les instances internationales.

Il était appelé a disparaître au moment où, en métropole, d'assez nombreux groupements étaient disposés à s'intéresser aux affaires coloniales. Il devenait indispensable d'organiser un autre régime de travail. Toute création d'entreprise posait en effet le problème du recrutement de la main-d'œuvre, Les exploitations qui allaient se créer pouvaient, elles, être assurées de compter sur une main-d'œuvre suffisante ? Sur une main-d'œuvre stable, et capable de leur assurer un fonctionnement constant ? Dans quelles conditions devait s'organiser le recrutement de cette main-d'œuvre ? Fallait-il laisser les entreprises recruter elles-mêmes par leurs seuls moyens ? L'administration devait-elle continuer à leur venir en aide ? Et si l'administration intervenait, dans quelles conditions pouvait-elle le faire ?

C'est autour de ces points que le gouverneur général procéda à une très large consultation. Il invita les lieutenants-gouverneurs à recueillir les opinions vœux et desiderata, tant des groupements qualifiés pour exprimer les vues de la population locale, que des chambres de commerce, organes autorisés de la colonisation.

Les conseils des notables furent très peu consultés. Il leur était reproché de ne pouvoir que difficilement s'abstraire d'un milieu où les coutumes ancestrales régissaient, sans heurt, le travail familial. Ils imaginaient mal la possibilité de conflits sociaux qui nécessiteraient l'établissement d'un code détaillé du travail [79].

Pour les groupements commerciaux et industriels, il était indispensable, dans une colonie comme l'Afrique occidentale française, que les entrepreneurs fussent assurés de la bienveillance et de l'aide de l'administration.

La main-d'œuvre était libre et ne pouvait être contrainte au travail forcé. Il était donc délicat de trouver une formule pour imposer le travail à qui préférait et avait le droit de vivre sous le régime du moindre effort. "Mais au moment où la France faisait appel à la production coloniale, n'était-elle pas en droit d'exiger le travail de tous ceux qu'elle protégeait de sa puissance ?"

---

79. V. la lettre n°55 G.C., datée de Saint-Louis le 10 janvier 1924, du lieutenant-gouverneur du Sénégal au Gouverneur général. ANS, série K 82, versement 26, Préparation de la réglementation du travail indigène libre, 1921-1925.

Les populations africaines ne devaient-elles pas contribuer à la mise en valeur de leur pays et fournir à la métropole les produits du cru dont elle avait un si pressant besoin ? [80]

Or, seule l'administration pouvait, par la réquisition, fournir la main-d'œuvre, et la maintenir sur les chantiers. "L'Africain n'acceptant le travail, contrôlé et surveillé, que lorsqu'il lui était imposé. C'est un grand enfant, paresseux et insouciant qui, comme tel, doit être conseillé et dirigé, au début surtout, d'une main paternelle mais ferme". Il faut lui apprendre à travailler et lui apporter la possibilité d'évoluer grâce au produit de son labeur. "Pour accomplir cet acte d'une haute portée civilisatrice", il fallait que l'administration usât d'autorité. En effet, "depuis que le sabre de la conquête ou de la pénétration plus ou moins pacifique, a fait place aux préfets civils de la Troisième République les procédés n'ont pas changé. On n'administre pas, on commande, le chef exige. Sur l'ordre du commandant, l'indigène se croit contraint. Il ne sait pas jusqu'à quel point il est corvéable. L'administration coloniale n'a rien fait pour développer en lui la volonté et le sentiment de sa liberté ... elle ne l'a jamais instruit de ses devoirs ... elle n'a pas fait son éducation sociale. Par suite des procédés administratifs en usage, l'indigène est resté mineur, sous la tutelle de l'administration coloniale" [81].

L'organisation du travail primait la liberté du travailleur. Ce n'est que lorsque l'Africain saura qu'il lui faut travailler, qu'il lui sera laissé la liberté d'orienter son activité. L'administration s'efforcera de le soumettre au travail contractuel par le biais des contrats de travail réglementés. Par ce système de main-d'œuvre, intermédiaire entre la main-d'œuvre contrainte et la main-d'œuvre libre, on pensait former des hommes ouverts aux nécessités de la vie moderne qui ne s'accomodait pas du chômage.

Le régime du travail contractuel réglementé est organisé par le décret du 22 octobre 1925 [82] qui contient des dispositions spéciales sur le régime du travail, la condition des travailleurs, l'hygiène du travail, la surveillance administrative, et les pénalités.

Pour répondre aux désidérata des exploitants qui utilisaient un nombre important d'ouvriers et éprouvaient parfois des difficultés à engager les bras dont ils avaient besoin, il était prévu que la durée de l'engagement était toujours à long terme. Il ne devait pas être inférieur à trois mois [83]. Le travail contractuel réglementé ne s'exerçait plus, en effet, sur des activités s'étendant sur un laps de temps relativement bref, comme pour les travaux de construction. Le drainage des matières premières exigeait de la main-d'œuvre l'accumulation

---

80. V. lettre n° A.E. 326 datée de Bamako-Koulouba, le 24 septembre 1923 du Lieutenant-gouverneur par intérim du Soudan français au Gouverneur général de l'AOF.
81. Les Délégués de l'Association des Exploitants forestiers au Président de la chambre de Commerce de la Côte d'Ivoire. Lettre datée d'Abidjan le 4 avril 1925.
82. *R.* 1926, 1. 97.
83. Article 6 du décret du 22 octobre 1926.

d'un certain savoir faire. La désertion des travailleurs était une ruine pour les exploitations locales. D'où la mise en œuvre de moyens réellement efficaces de contrainte. La stabilisation de la main-d'œuvre va être obtenue au moyen d'une réglementation très sévère.

L'inexécution du contrat par le travailleur constituait un délit. Elle donnait lieu, non seulement à une réparation pécuniaire, mais encore à une sanction pénale et coercitive. La situation du travailleur africain différait donc de celle du travailleur métropolitain qui, en cas de rupture du contrat de travail, n'encourait qu'une réparation pécuniaire. L'insolvabilité de l'autochtone justifiait le recours à la sanction pénale. Elle était contraire aux principes généraux du droit français, mais, “le recours au juge civil apparaissait inefficace et la contravention à la loi du travail compromettait l'ordre général et l'intérêt public” [84].

Encourait une sanction pénale, tout travailleur qui, après avoir sollicité son embauche, s'enfuyait aussitôt après avoir perçu une avance de salaire [85]. Cette infraction ne pouvait s'analyser ni comme un abus de confiance, le contrat en vertu duquel la remise des avances a été faite ne rentrant pas dans le cadre des contrats limitativement prévus par l'article 408 du code pénal, ni comme une escroquerie, la manœuvre frauduleuse faisant défaut, ni comme un vol puisqu'il n'y avait pas de soustraction frauduleuse. La stabilité des exploitations exigeait, cependant, qu'il fût mis fin à cette pratique. Ce fut l'objet du décret du 10 juin 1911 qui frappait des peines portées en l'article 406 du code pénal indigène le détournement d'avances de salaires, qui auront été remises en effets, deniers, marchandises, outils ou bétail.

Ce texte demeura inappliqué. Les exploitants n'aimaient pas s'adresser à la justice française. Ils préféraient renoncer à des poursuites aussi illusoires qu'onéreuses. C'est le décret du 2 juin 1932 qui, en élargissant la compétence des tribunaux de cercle, leur permit de faire réprimer l'infraction d'emport d'avances. Était désormais puni d'un emprisonnement de deux mois à deux ans, et d'une amende de 25 000 à 30 000 francs, le fait pour un travailleur de détourner ou de dissiper les avances de salaires en espèces ou en nature, qui lui avaient été consenties par son employeur, ou qui, après avoir voyagé pour arriver sur le lieu d'exécution du travail, aux frais de l'employeur, s'était volontairement soustrait aux obligations antérieurement souscrites [86].

Les détournements de manœuvres au profit d'entreprises concurrentes étaient réprimés. En application des dispositions de l'article 112 du code pénal indigène, quiconque, à l'aide de violences, voies de fait, menaces ou manœu-

---

84. Van Mal, membre de l'Institut colonial international. Cité par R. Cuvillier-Fleury, *op. cit.* p. 82-83.
85. Affaire Bréhima Camara, arrêt n° 56 du 31 mai 1945. Greffe de la Cour, Arrêts de la chambre d'annulation, registre de l'année 1945.
86. Affaire Megbé Dosso, Mankon Koné, Arrêt n° 89 du 25 octobre 1945. Greffe de la Cour, Arrêts de la chambre d'annulation, année 1945.

vres frauduleuses, amenait ou maintenait une cessation de travail, était puni de six jours à trois mois d'emprisonnement, et de seize à cent francs d'amende, ou de l'une de ces deux peines seulement [87].

Était passible des mêmes sanctions, en vertu des dispositions des articles 27 à 29 du décret du 22 octobre 1925, quiconque, à l'aide de menaces, violences, dons, promesses, manœuvres frauduleuses ou dolosives, avait amené des indigènes à contracter des engagements fictifs, les avait détourné de contracter des engagements, ou les avait déterminés à rompre leur engagement [88]. La responsabilité des débaucheurs indigènes était engagée, non pas parce qu'ils proposaient des salaires meilleurs et des conditions de travail supérieures, mais parce qu'ils enlevaient des hommes aux colons en poussant les manœuvres à quitter leur chantier avant l'expiration de leur contrat.

Pour garantir aux employeurs la certitude d'une sanction sévère et immédiate contre les manœuvres qui n'exécutaient pas leur contrat, l'article 1 du décret stipulait que les tribunaux de droit local seraient exceptionnellement compétents en matière de délits commis à l'occasion des contrats de travail entre employeurs métropolitains et travailleurs autochtones lorsque l'employeur déclarait se soumettre à leur juridiction [89].

Cette disposition dérogeait autant aux règles générales de compétence en vigueur en Afrique occidentale française [90], qu'aux principes d'organisation judiciaire, la compétence en matière répressive ne pouvant faire l'objet d'arrangements.

L'administration se faisait, somme toute, un devoir d'apporter sa collaboration aux groupements coloniaux, ces commerçants et colons métropolitains qui fondaient l'exploitation sur leurs privilèges exclusifs, et qui pensaient que la mise en valeur des colonies, la développement des entreprises industrielles commandaient que la main-d'œuvre autochtone soit considérée comme du bétail humain et traitée comme tel" [91]. Elle s'attachait à satisfaire leurs besoins en main-d'œuvre ; ne pouvant jouer aucun rôle conciliateur, elle livrait les travailleurs autochtones à la discrétion des employeurs. Le travailleur africain n'avait ainsi aucun recours possible. Il ne pouvait recourir ni à la cessation du travail, ni à aucune sorte d'organe de contrôle, l'inspection du travail s'occupant plutôt de la surveillance de la main-d'œuvre.

---

87. Affaire Tota Tiéné, Karamoko Tiéna, Aka Bola, Lakomy Bakayoko, Mangona Diarra, Djoro Tiéné, Arrêt n° 15 du 29 avril 1943 ; affaire Vama Bamba, Djimasse Bamba, Arrêt n° 17 du 29 avril 1943. Greffe de la Cour, arrêts de la chambre d'annulation, année 1943.
88. Affaire Ya Badiakon, Moriba Kouamé, arrêt n° 112 du 4 novembre 1937. Greffe de la Cour, arrêts de la chambre d'annulation, registre de l'année 1937.
89. *Ibid.*
90. V. au chap. 2 du Titre I, le paragraphe 2 de la section 2.
91. Lettre n° 511, datée de Koutiala le 2 septembre 1923, de l'administrateur P. Proche, commandant le cercle de Koutiala au Gouverneur du Soudan français au sujet de la réglementation du travail en AOF. ANS, série K 82 versement 26.

Désarmés face à l'employeur, les travailleurs africains étaient, en outre, devant la quasi-inexistence de toute législation sociale, placés dans une situation moins favorable que celle de leurs compagnons d'origine métropolitaine.

Paragraphe 2. La dualité du système de réparation des accidents du travail

Le régime de la responsabilité des accidents du travail diffère en Afrique occidentale de celui de la métropole. Lorsqu'en France, la responsabilité sans faute, fondée sur le risque professionnel se substituait aux règles ordinaires de la responsabilité civile, la législation nouvelle ne fut pas étendue aux colonies. L'ancien système fondé sur la responsabilité pour faute du code civil continuait à s'appliquer.

Cependant, devant l'inadéquation de cette législation, la jurisprudence dut en pallier les insuffisances. Elle le fera par une construction prétorienne remarquable. Par toute une série de combinaisons, elle va faire jouer la loi du 9 avril 1898 au profit des travailleurs d'outre-mer. Son premier critère d'applicabilité de la loi métropolitaine consiste en l'existence ou non d'un élément de rattachement du contrat au territoire français. Il faut donc que le contrat ait été conclu en France, ou avec une entreprise française. Puis, dans une seconde phase, sans plus distinguer le lieu de formation du contrat ou le siège de la société qui l'emploie, il est décidé que le travailleur métropolitain conserve intégralement son statut, même lorsqu'il est appelé à servir outre-mer.

Nulle part, il n'était fait référence au régime de réparation des accidents du travail survenus aux autochtones. Ceux-ci n'avaient donc comme seule ressource, que le recours aux dispositions générales relatives à la responsabilité civile. Ainsi, devant la carence du législateur, la jurisprudence aboutissait a une inégalité de la protection qui était assurée aux travailleurs locaux, et à la dualité des solutions fournies.

A. Le travailleur métropolitain dispose de l'entière protection de la loi française

La loi du 9 avril 1898 sur les accidents du travail n'ayant pas été promulguée en Afrique occidentale française, la question s'est posée de savoir sur quelle base il convenait d'indemniser les travailleurs français victimes, dans la colonie, d'accident du travail. Devait-on leur étendre le bénéfice des dispositions de la loi métropolitaine ou, au contraire, appliquer les règles ordinaires de la responsabilité civile ?

À défaut de toute réglementation particulière, et de la non-promulgation de la législation métropolitaine, l'obligation de recourir au droit commun de la responsabilité s'imposait. C'est du moins, en ce sens que se prononce la Cour, lorsqu'elle décide que : aucun texte ne régissant les accidents du travail en Afrique occidentale française, seules les dispositions du droit commun en matière de responsabilité quasi-délictuelle règlent la question de la responsabilité de l'employeur vis-à-vis de l'employé accidenté, comme s'il n'existait pas de contrat de travail entre les parties [92].

L'application du droit commun présentait, cependant, l'inconvénient grave pour les salariés d'avoir à rapporter la preuve d'une faute à la charge de l'employeur. Ils devaient prouver non seulement le dommage, mais encore la faute du patron et le rapport de causalité entre les deux. Ainsi, soit par application de l'article 1382 ou de l'article 1383 du code civil, qui prévoient la responsabilité du fait de l'homme, soit par application de l'article 1384 qui prévoit la responsabilité du dommage causé par les choses inanimées, il n'est pas permis de reconnaître la responsabilité du patron dans un accident survenu à son employé, que si une faute peut lui être imputée [93].

C'est précisément pour éviter cet inconvénient, que le législateur de 1898 est intervenu pour organiser la réparation des accidents du travail sur la base du risque professionnel. L'accident était, désormais, considéré comme un risque inhérent au travail. Par suite, l'employeur en devait réparation sans que le travailleur ait à prouver sa faute.

L'article 34 de la loi du 9 avril 1898 prévoyait l'intervention d'un règlement d'administration publique pour régler la question outre-mer. Mais ce règlement n'intervint pas. Devant l'inaction de l'administration de la colonie, les nombreux ouvriers européens qui avaient été recrutés pour l'exécution des grands travaux d'équipement, eurent à se plaindre du mépris des lois du travail avec lequel ils étaient traités [94].

N'ayant pas droit aux soins médicaux, ils étaient forcés d'acheter eux-mêmes tous les médicaments dont ils pouvaient avoir besoin, et le temps de maladie ne leur était pas payé. Les employeurs n'étaient tenus à aucune cotisation à la caisse de prévoyance sociale, et ne devaient rien aux familles ou aux héritiers [95].

La jurisprudence chercha à résoudre le problème. C'est ainsi que certaines cours d'appel métropolitaines vont considérer que si l'article 34 de la loi du 9 avril 1898 prévoyait l'intervention de règlements d'administration publique, pour son application outre-mer, l'absence de ceux-ci ne s'opposait pas à ce que les principes de la loi soient déjà appliqués au moins pour les juridictions

92. Arrêt du. 19 juillet 1935, Affaire Société des Automobiles de la Côte d'Afrique contre Pierre Tavernier. *Pen.*, 1938, Jurisprudence, p. 20.

93. Arrêt du 15 janvier 1926, Léon Picard contre Bandioukou Diarra. *Pen.* 1926, Jurisprudence, p. 78.

94. V. la lettre datée du 23 octobre 1906 du Député du Rhône, Francis de Pressensé, Président de la ligue française pour la Défense des Droits de l'Homme et du Citoyen au Ministre des Colonies. ANS, série K 32 Travail et Main-d'œuvre, 1906-1914, Carton l4 bis, dossier n° 1, liasse 4, pièce l.

95. V. la lettre datée de Cotonou le 24 mars 1907 du Lieutenant-gouverneur du Dahomey et Dépendances au Gouverneur général de l'AOF (Inspection des Travaux publics à Gorée). ANS, série K 32, pièce n° 29.

métropolitaines pour lesquelles la question de promulgation locale était sans intérêt [96]. Confirmant ce point de vue, la Cour de cassation décidait, dans une espèce similaire, que l'accident survenu au Sénégal à un employé français d'une entreprise ayant son siège social à Paris, relevait des dispositions de la loi de 1898. Cette loi était destinée, en effet, à régir les conséquences du contrat de louage de services, conclu en France, quel que soit le lieu de son exécution [97].

La jurisprudence donnait, ainsi, pour faire appliquer la législation métropolitaine, la préférence à la loi du lieu de conclusion du contrat. Pouvaient bénéficier de la loi de 1898, les travailleurs embauchés en métropole par un employeur qui y possédait son principal établissement. Une inégalité était donc créée entre les travailleurs métropolitains. Pour y remédier, la jurisprudence pensa subordonner l'application de la loi sur les accidents du travail, à l'origine au salarié. C'est ainsi que selon la Cour de Paris [98], les conséquences d'un contrat sont réglées par la loi du contrat. C'est-à-dire, dans le silence des parties de même nationalité, par leur loi nationale. Par conséquent, un contrat de louage de services conclu en Côte d'Ivoire entre un employeur et un salarié métropolitains se voyait appliquer la législation métropolitaine.

C'est cette jurisprudence que le législateur allait consacrer. En dépit de la réticence de la Cour de Dakar [99] qui considérait que l'application de la loi de 1898 n'était possible que dans l'hypothèse prévue par l'arrêt des chambres réunies, le décret du 18 septembre 1937, modificatif de celui du 2 avril 1932, fit résulter l'élément de rattachement du contrat au territoire métropolitain à l'origine des contractants.

Il stipulait que les travailleurs originaires de la métropole, embauchés en France ou dans la colonie, en vertu d'un contrat écrit ou d'un engagement oral, demeuraient protégés par les dispositions de la législation métropolitaine pour tous les accidents entrant dans les cas prévus par cette législation et dont ils étaient victimes dans la colonie.

Il était désormais admis que l'ouvrier accidenté, originaire de la métropole, conserve intégralement, en Afrique occidentale française, son statut métropolitain sans qu'il y ait lieu de distinguer la forme de son contrat, écrit ou verbal, le lieu de la formation du contrat, France ou colonies, et le siège de la société qui l'emploie. Par suite, un ouvrier, originaire de France, embauché verbalement comme journalier, à la colonie, par l'Office du Niger, bénéficie des dispositions de la loi du 9 avril 1898 et des lois postérieures régissant les accidents du travail dans la métropole [100].

---

96. Rennes, Arrêt du 2 décembre 1902, *Rev. de OIP*, 1905, p. 131.
97. Cass. chambres réunies, 26 mai 1921, *S*. 1923, 35.
98. Arrêt du 16 mars 1925, *D*. 1926, 240.
99. Arrêt du 15 janvier 1926, déjà cité.
100. Arrêt de la Cour, en date du 17 juin 1938, Pérez. contre Office du Niger. *Pen*. 1939, 1, p. 271

Toute distinction sur le lieu de recrutement disparaissait. Seule l'origine du travailleur comptait. Selon la Cour [101], le travailleur métropolitain avait, en effet, un statut défini par la législation métropolitaine. Ce statut le suivait en quelque lieu qu'il exerçait son activité. Les tribunaux locaux devenaient, dès lors, compétents pour connaître des accidents survenus outre-mer, alors, qu'antérieurement seuls les tribunaux du domicile de l'employeur ou du siège social de l'entreprise étaient compétents.

L'action combinée de la jurisprudence et du législateur colonial avait, ainsi, abouti à donner au personnel métropolitain servant outre-mer, le même statut que celui qui servait sur le territoire français. Bénéficiant du régime législatif auquel il pouvait prétendre dans la métropole, il était protégé, en Afrique occidentale française, par la législation sur les accidents du travail, comme si l'accident était survenu en France. Il avait donc une situation nettement différenciée de celle du personnel autochtone.

B. Le travailleur africain se voit appliquer les règles coutumières de réparation

La question des accidents du travail survenus aux travailleurs africains a connu le même processus d'évolution que celui des travailleurs métropolitains. Une progression analogue a consisté à substituer à la responsabilité pour faute de droit commun, une responsabilité, sans faute, fondée sur le risque professionnel. Seulement, la progression fut, ici, plus longue, la solution se révélant plus malaisée.

Le système du travail forcé était, de toute évidence, antinomique à tout régime de sécurité sociale. En cas de maladie, le requis était, soit autorisé à retourner dans son village d'origine, soit réduit à vivre de la solidarité de ses compagnons. Il en était de même, en cas d'accident du travail. L'État n'avait prévu aucune protection contre les risques sociaux. Il se déchargeait de sa responsabilité sociale sur la famille traditionnelle, dont les membres étaient unis par une étroite solidarité. L'assistance mutuelle était de règle en son sein. Au niveau du village, quiconque se trouvait dans une situation de gêne, était secouru par ses voisins et par ses amis. Il en était ainsi des veuves et des orphelins, les serviteurs blessés, malades ou infirmes, recevaient le gîte et le couvert [102].

L'entraide familiale se révélait insuffisante. Elle avait l'inconvénient de faire supporter la charge de l'accident par la collectivité villageoise. Elle devait donc être complétée par le versement d'une pension qui permettrait à l'accidenté de subvenir à son entretien. Ce résultat fut obtenu par l'application

---

101. Arrêt du 14 janvier 1949, Compagnie d'Assurance "L'Union" contre Moiraud et Société Fournier Frères. *RJPUF*, 1951, p. 143, avec une note du Professeur A. Besson.

102. V. aux ANS, série K 54, versement B, l'étude anonyme, et non datée, sur les "Coutumes d'Assistance indigène à l'égard des malheureux.

du droit de la responsabilité civile, mais nous venons de voir ce que valait une telle garantie. Elle n'assurait aucune couverture, puisqu il était rarement possible d'apporter la preuve de la faute de l'employeur, ainsi que l'atteste l'affaire B. Diarra contre L. Picard E [103].

Dans l'espèce, un travailleur autochtone, Bandioukou Diarra, avait été le 22 mai 1916, grièvement blessé à la jambe, alors que, sur un chantier forestier, il surveillait le tirage d'une bille de bois. S'étant heurté à un arbre qu'il n'avait pas vu, sa jambe fut écrasée entre la bille et l'arbre, et on dut l'amputer. Il fit assigner son employeur, Léon Picard, devant le tribunal de première instance de Grand Bassam, pour s'entendre condamner à lui payer quatre mille francs de dommages-intêrêts. Le tribunal ayant fait droit, pour partie, à cette demande, l'employeur fit appel. C'est conformément au droit commun de la responsabilité que la Cour va rechercher si Picard était imputable d'une faute.

Cette preuve de responsabilité était difficile, en l'absence d'une procédure de déclaration et d'enquête. Ni les pièces du dossier, ni les débats n'établirent, en effet, à la charge de l'exploitant forestier une faute pouvant être tenue pour génératrice du dommage. Et ce, en dépit de certains témoignages certifiant que le chemin de tirage des billes était d'un tracé étroit au milieu des arbres de la forêt. Le danger que cette étroitesse du chemin faisait courir aux ouvriers était imputable à la négligence de Picard, dont le devoir était de faire établir un chemin de tirage supprimant les risques d'accident. La Cour va estimer que ces témoignages étaient incertains. Recueillis dix ans après l'accident, ils ne rapportaient qu'une opinion personnelle, et non des éléments objectifs d'appréciation. Rien n'établissait que le chemin était plus étroit et plus dangereux que ceux qui étaient établis d'ordinaire dans les exploitations forestières. Rien n'établissait davantagage que la bille dont B. Diarra surveillait le tirage avait un vice propre rendant sa manipulation exceptionnellement dangereuse. D'ailleurs, poursuit la Cour, B. Diarra n'ignorait pas les dangers du travail auquel il était employé, et particulièrement ceux résultant du chemin sur lequel le tirage était effectué. Familiarisé avec ce travail, se donnant comme un manœuvre habile et intelligent, il devait prendre lui-même les précautions nécessaires pour éviter ces dangers. Or, il ne fait pas la preuve qu'il n'a lui-même commis aucune imprudence, aucune négligence. Il ne rapporte pas, en conséquence, la preuve que les règles ordinaires du droit lui imposaient de faire, pour démontrer soit la faute de son employeur, soit le vice propre d'une chose dont celui-ci avait la garde, d'où seul pouvait découler le principe de la responsabilité de Picard.

Ces procédés de protection contre les risques sociaux étant ainsi voués à l'impuissance, les travailleurs autochtones durent se tourner vers d'autres techniques de garantie. Celles-ci apparaîtront avec le régime du travail contractuel.

---

103. Arrêt du 15 janvier 1926, déjà cité.

En effet, dès la fin de la Première Guerre mondiale, la mise en valeur des colonies grossissait considérablement la demande de main-d'œuvre. Une main-d'œuvre que les conditions de travail déplorables, poussait à l'absentéisme. Aussi pour donner des garanties aux employeurs, et résoudre le problème des abandons du travail, les autorités se persuadèrent qu'il était nécessaire d'assurer la protection des travailleurs. Elles le firent en intervenant dans le domaine de l'absentéisme qui avait pour cause une indisponibilité due soit à la maladie, soit à un accident résultant du travail. C'est ainsi que, l'arrêté général du 25 mars 1926, pris en application du décret du 2 octobre 1925 réglant les conditions du travail indigène en Afrique occidentale française, décidait en son article 9, qu'en cas d'accident ou de maladie, le travailleur avait droit en plus de la réparation civile de droit commun, à la nourriture, au logement, aux soins médicaux, et à une portion de salaire. Cette règlementation était d'importance. Elle souffrait, cependant, de deux graves inconvénients.

Elle instituait une réparation forfaitaire qui faisait supporter la charge de l'accident par l'entreprise. Cette innovation prenait le contrepied des méthodes contraignantes de recrutement qui, pour ainsi dire, mettaient le coût de la main-d'œuvre autochtone à la charge de la puissance publique. Les groupements coloniaux risquaient de la combattre.

Ensuite, et surtout, cette réglementation ne concernait qu'une catégorie précise de travailleurs. Le décret du 22 octobre 1925, autant que l'arrêté général du 29 mars 1926 qui en a fixé les détails d'exécution, réglaient les conditions du travail indigène. Ils ne concernaient, selon la Cour [104], que les travailleurs recrutés en vue de grands travaux d'utilité publique ou des chantiers de travaux privés employant une main-d'œuvre massive et groupée. En effet, poursuit l'arrêt, cette réglementation prévoit un ensemble de mesures destinées à protéger cette main-d'œuvre collective. Elle assure sa sécurité, le paiement des salaires, et la constitution d'un pécule. Elle lui procure, outre une nourriture saine et abondante, des conditions normales d'hygiène d'habitation. Le nombre et la minutie des précautions ainsi envisagées, la sévérité du contrôle exercé par l'administration, prouvent que le législateur colonial n'a entendu régler que la situation exceptionnelle des manœuvres employés en grandes masses.

Qu'en était-il, dès lors, des travailleurs autochtones liés individuellement à leur employeur par un contrat de louage de services de droit commun ? C'est pour assurer la protection de ces salariés à contrat écrit que le décret du 2 août 1932, rendu applicable le 30 juillet 1935, va édicter une législation spéciale. Cette législation dont les dispositions s'inspirent de la loi métropolitaine du 9 avril 1898, est d'importance. Pour la première fois est introduit, en Afrique occidentale française, le système du risque professionnel. Toutefois, malgré ce progrès décisif, le texte avait l'inconvénient d'être d'application limitée.

---

104. Arrêt du 8 août 1941, Coumba Odjic contre ville de Dakar. *Pen.* 1946, Jurisprudence, p. 1

D'abord parce qu'en Afrique occidentale française, les travailleurs engagés par contrat écrit ont toujours été minoritaires. En 1935 [105], sur un total de 178 908 travailleurs employés dans les services publics ou les entreprises privées de la Fédération, seulement 25 609 étaient engagés par contrat écrit.

La préoccupation du législateur de 1932 a été, ensuite, de protéger les travailleurs qui avaient une qualification certaine, c'est-à-dire ceux pouvant se prévaloir d'une convention collective. Or, le champ d'application de la plupart des conventions collectives se trouvait limité à la circonscription de Dakar. Dans une colonie aussi économiquement favorisée que la Côte d'Ivoire, la première convention collective des employés du commerce, de l'industrie, des banques et des assurances, date du 27 mai 1946 [106].

Se trouvaient hors du champ d'application du décret, les travailleurs journaliers, ou occasionnels, et les manœuvres sans qualification. C'est ainsi que la convention collective du 5 mai 1938 passée entre le syndicat professionnel des employés du commerce ou de l'Industrie du Sine Saloum, et le syndicat de défense des intérêts de la Côte occidentale de l'Afrique, ne pouvait être appliquée, ni aux manœuvres manutentionnaires d'arachides, employés saisonniers [107], ni au personnel rétribué en tout ou en partie à la commission [108].

La notion d'accident du travail du décret était, enfin, très restreinte. Étaient en effet exclus du bénéfice de ses dispositions [109] :
- tous les accidents qui ne sont pas survenus dans une entreprise commerciale ou industrielle, notamment les accidents agricoles et forestiers ;
- les accidents qui, même survenus dans une entreprise commerciale ou industrielle ne sont pas le fait d'un explosif ou d'une machine mue par une force autre que celle de l'homme ou des animaux.

La réglementation était-elle applicable aux entreprises agricoles ou forestières faisant usage de machines ? Les accidents de route au cours d'un transport en automobile étaient-ils le fait d'une machine mue par une force autre que celle de l'homme ? L'arrêt ne se prononce pas sur ces questions. Il circonscrit le champ d'application du décret aux accidents dus à des engins mécaniques. C'était multiplier les possibilités pour l'employeur de se dérober aux conséquences du risque professionnel, chaque fois qu'il établissait la faute, facile à prouver avec le développement du machinisme, et l'emploi, nouveau pour la plupart des ouvriers, des machines perfectionnées.

---

105. V. le rapport annuel pour l'année 1935, de l'Inspection du Travail, sur l'emploi de la main-d'œuvre indigène en AOF, déjà cité.
106. V. Bernard Dadié, « Le sort du travailleur noir en Côte d'Ivoire », in *Le Travail en Afrique noire*, *op. cit.*, p. 242.
107. Arrêt du 27 juin 1941, Société Maurel et Prom contre Samba Diallo. Greffe de la Cour, arrêts de la chambre d'annulation française, registre des années 1927 à 1954, à la date.
108. Arrêt n° 100 du. 27 juin 1941, Maurel Frères contre Alioune Samb. Greffe de la Cour, arrêts de la chambre d'annulation française, 1927 à 1954.
109. Arrêt du 8 août 1941, déjà cité.

En somme, trois régimes de réparation étaient en vigueur en Afrique occidentale française [110]. À côté des règles de la responsabilité civile, subsistait la pratique de la réparation forfaitaire, inspirée de la notion coutumière de responsabilité en matière de dommages causés aux personnes, enfin, le principe de la responsabilité pour risque professionnel. Cette diversité pouvait se comprendre, si elle assurait une couverture suffisante du risque d'accident du travail. Le paradoxe était que cette réglementation était inefficace, parce qu'inadaptée. Elle datait de l'époque où le secteur capitaliste de l'économie de la colonie reposait le coût d'entretien de la main-d'œuvre autochtone sur le secteur traditionnel. La solidarité familiale étant censée combler l'absence ou l'insuffisance de la réparation.

110. V. J. Gorce, « Les accidents du travail dans les Territoires français d'Afrique », *RJPUF*, t. *V*., 1951, p. 168- 193.

Titre deux

La Cour d'appel, organe de stratégie coloniale

Dans son application de la législation locale, la Cour n'apparaît pas uniquement comme une juridiction liée, rendant des décisions prévues et imposées par les règles législatives pour les cas tels que ceux qui lui étaient soumis. Prenant part à la définition de la politique législative, elle va, sans enfreindre le principe du respect des coutumes, diminuer l'importance de l'ordre juridique de droit local. Elle restreint son champ d'application en lui ôtant des justiciables, par l'extension du privilège de juridiction aux Africains évolués, ou les opérations juridiques auxquelles participaient des Français ou assimilés (Chapitre I). En droit foncier, la préférence de la Cour pour le concept de la propriété privée du code civil va fortement battre en brèche le régime foncier indigène, et restreindre l'étendue de l'occupation coutumière du sol (Chapitre II).

Chapitre premier

La restriction de la compétence des juridictions de droit local

Depuis le texte organique du 10 novembre 1903, la justice était rendue en Afrique occidentale française, par des tribunaux de droit français et des tribunaux de droit local. Les juridictions françaises, en principe, ne jugeaient que les métropolitains d'origine, et ceux qui leur étaient assimilés, à qui ils appliquaient le droit français. Les juridictions de droit local, ou juridictions indigènes, jugeaient les Africains suivant leur droit traditionnel. La compétence de ces deux ordres de juridictions était donc déterminée *ratione personae*. Le critère de la répartition de compétence était fondé sur la distinction de deux types de statut civil : le statut civil écrit, des métropolitains, et le statut civil coutumier, des Africains. C'est pour tenir compte de cette dualité des sources moderne et traditionnelle du droit, que le législateur colonial a institué deux ordres de juridictions qu'il voulait rigoureusement séparés.

En fait, cette séparation n'a jamais pu être respectée. En effet, à partir du moment où les autorités coloniales et la jurisprudence ont considéré que le statut civil français avait une vocation générale de par la supériorité sur le statut civil coutumier, son caractère hégémonique était affirmé. Que la loi française fonde sa supériorité sur la nature des rapports de domination qui caractérisent la situation coloniale, ou sur une classification des normes qui veut que "Loi de l'État passe loi de pays. La loi française étant la loi d'un État, la loi indigène… la loi d'un pays" [1], cette suprématie va avoir d'importantes conséquences au plan de la répartition des compétences et de la politique jurisprudentielle de la Cour de Dakar.

Malgré le fait qu'il s'adresse à une infime minorité de justiciables, les juridictions de droit français vont prendre l'appellation de juridiction de droit commun, réaffirmant par là, la vocation générale du droit qu'ils appliquent. D'où leur grande force d'extension qui va être facilitée par certains aménagements d'ordre législatif. C'est ainsi que, dans l'organisation de la justice de droit local, la fonction d'appel va être dévolue à une chambre de la Cour supérieure de l'organisation judiciaire de droit français. On ne pouvait mieux traduire la qualité d'organisation judiciaire principale de cette dernière.

Ensuite, dans le conflit colonial de juridiction, l'ordre de compétence est grandement déterminé par la présence ou non d'un Français ou assimilé. Il

1. F. Luchaire, *Manuel de Droit d'Outre-Mer*, Paris, Librairie Sirey, 1949, p. 417.

s'agit presque toujours, en effet, de protéger l'ordre juridictionnel de droit commun contre les empiètements possibles de l'autre ordre juridictionnel. Dans ce dessein, c'est la chambre spéciale de la Cour d'appel, Cour supérieure en matière indigène, qui joue le rôle de tribunal des conflits.

Les tribunaux français vont juger, non seulement les personnes de statut français, et les étrangers qui leur sont assimilables, mais il va leur être possible de recevoir des plaideurs de statut civil traditionnel, à qui ils pourront appliquer leur droit spécial. Si pour les Africains, originaires des Quatre Communes de plein exercice du Sénégal et leurs descendants, c'est en vertu des règles de compétence spéciales édictées en leur faveur qu'ils sont traditionnellement justiciables des tribunaux français, pour les autres, c'est par le droit d'option de juridiction ou de législation, que le législateur leur a aménagé cette possibilité.

Cependant, en dépit de cet ensemble de dispositifs d'ordre législatif ou réglementaire, la Cour d'appel va, par sa jurisprudence, jouer un rôle important dans cette extension du droit français. C'est tout d'abord à propos des tribunaux musulmans que la Cour va entreprendre sa politique de restriction de la compétence des juridictions de droit local. En effet, en raison du régime judiciaire particulier dont jouissent les originaires des Quatre Communes de plein exercice du Sénégal et leurs descendants, ceux ci sont, pourrait-on dire, justiciables de deux ordres de juridictions. En principe, ils relèvent des tribunaux de droit français qui leur appliquent la loi française, exceptées toutefois les affaires qui ont trait aux questions d'état, au mariage, aux successions, donations et testaments qui, elles, relèvent de tribunaux musulmans spécialement créés pour connaître de ce statut civil réservé. Ces tribunaux appliquent le droit coranique qui, en raison de son particularisme, ne pouvait que difficilement être écarté. D'où alors la jurisprudence qui consistera à considérer la compétence de ces tribunaux, comme une compétence exceptionnelle, et partant, à interpréter très étroitement les textes qui limitent seulement à certaines matières le statut personnel des originaires.

Vis-à-vis des tribunaux coutumiers, la Cour va diminuer leur compétence en permettant, au fur et à mesure de la transformation de la société coloniale, à un plus grand nombre d'Africains, de relever de la compétence des tribunaux de droit commun. Après plusieurs groupes d'Africains originaires des pays limitrophes, ce seront les électeurs, les anciens militaires, les agents de l'autorité qui tendront à faire dès la fin de la Première Guerre mondiale de la justice de droit commun une justice pour les Africains évolués. Ensuite, la compétence de principe des tribunaux français chaque fois qu'une personne de statut français est concernée, sera très largement interprétée, en même temps que se faisait l'extension jurisprudentielle de la faculté conférée aux Africains de réclamer l'application du droit français et le jugement par les juridictions françaises.

Section I. La compétence exceptionnelle des tribunaux musulmans

La création de juridictions spéciales, chargées de juger, selon les dispositions du droit coranique, les affaires relatives au statut personnel propre aux originaires des Quatre Communes de plein exercice du Sénégal et à leurs descendants, a soulevé, en particulier, un problème de délimitation de compétence, entre les juridictions de droit commun. Assimilée aux citoyens métropolitains, la population saint-louisienne était, depuis le début du XIXe siècle, justiciable des tribunaux français. Cherchant à préserver sa constitution de la famille, elle n'en revendiquait pas moins l'application, de ce chef, de la loi islamique, et l'institution d'une juridiction spéciale.

Au nom de la politique assimilationniste cette revendication fut d'abord repoussée. Le rêve d'une fusion des populations française et sénégalaise s'opposait à ce vœu. Peu après, cependant, les autorités se ravisèrent. Le respect de la religion musulmane entraînait nécessairement le maintien d'institutions opposées à celles du code civil. Il rendait indispensable la délimitation d'un statut personnel sénégalais intégrant la loi civile à la loi religieuse.

Cette législation libérale était innovatrice. Elle admettait que l'hétérogénéité des institutions africaines aux institutions et à la civilisation européennes, impliquait la dualité des conditions juridiques. Or, la doctrine n'était pas habituée, jusque là, à dissocier les éléments de droit public des éléments de droit privé de la condition d'une même personne. L'unité de statut signifiait qu'aucune compatibilité ne pouvait exister entre la qualité de citoyen français et le statut musulman. L'accès au droit de cité supposait, de la part des Saint-Louisiens, l'abandon concomitant de leur statut en faveur du droit civil français, C'est donc pour éviter des complications inextricables entre le statut particulier des originaires des Quatre Communes de plein exercice et la citoyenneté française que la Cour va avoir tendance à interpréter restrictivement les textes qui délimitent la compétence des tribunaux musulmans.

Paragraphe I. Des citoyens dotés d'un statut particulier

Depuis la conquête de son premier Empire colonial la France n'a, dans son expansion outre-mer, accordé que peu d'importance aux diversités culturelles et raciales. Elle n'est longtemps orientée vers la formation de grands ensembles réunissant des populations progressivement homogénéisées. Cette volonté de diffusion des valeurs de civilisation propre à la métropole s'est manifestée par la promulgation de l'arrêté du 5 novembre 1830 et de la loi du 24 avril 1833.

L'arrêté du 5 novembre 1830 venait promulguer le code civil au Sénégal. Il considérait, dans l'application du code, le territoire de la colonie comme une partie intégrante de la métropole. Et il édictait que "tout indigène né libre et habitant le Sénégal jouira, dans la colonie, des droits accordés par le code civil aux citoyens français". La loi du 24 avril 1833 viendra confirmer l'exclusion de l'application de tout droit local en disposant en son article premier que : toute personne libre jouit, dans les colonies françaises, des droits civils et des droits politiques, sous les conditions prescrites par la loi.

Cette loi de 1833 ne manqua pas de soulever de sérieuses difficultés lors de son application. Accorder aux Sénégalais la jouissance de tous les droits civils et politiques qui appartenaient, dans la colonie, aux nationaux français d'origine, c'était ne tenir aucun compte des différences de civilisation. Persuadé de la supériorité de sa civilisation, le législateur colonial n'était pas loin de considérer comme contraire au droit naturel le refus d'accorder aux Africains le bénéfice des lois françaises. Mais les Sénégalais étaient attachés à leur tradition. S'ils acceptaient les droits politiques découlant de la citoyenneté, ils tenaient autant aux formes d'organisation sociale qui concordaient avec leur religion. Les oppositions parfois radicales qui existent entre la culture française et la culture sénégalaise ne pouvaient se concilier avec la conception d'un droit uniforme.

Le maintien des institutions traditionnelles était ainsi inéluctable. Il fallait reconnaître aux Sénégalais la compétence du droit local sur certaines matières dont la connaissance allait revenir à des juridictions spéciales. Cette soustraction des originaires à l'empire de la loi civile française allait être le fait de plusieurs actes. C'est tout d'abord, une ordonnance du 4 décembre 1847 qui établit, à Saint-Louis, un comité consultatif appelé à donner son avis sur les questions de droit musulman que lui soumettent les tribunaux. Après l'arrêté du ministre de la marine, du 22 avril 1848, organisant un tribunal musulman, qui ne sera pas appliqué, un décret du 9 août 1854 va rétablir le comité consultatif de droit musulman. Ce sera le décret du 20 mai 1857 qui instituera, à Saint-Louis, un tribunal musulman. Ce texte organique reconnaît, ainsi, le maintien du statut personnel des Sénégalais, et détermine le domaine d'application de la loi musulmane. C'était par là, consacrer la diversité des statuts civils et la diversité des droits privés. Tous les textes ultérieurs maintiendront ce principe. Le décret du 10 novembre 1903 qui supprimait les tribunaux musulmans, n'en consacrait pas moins l'existence du statut civil réservé, Pour juger les litiges relatifs à ce statut, il édictait que les tribunaux français devaient s'adjoindre un assesseur musulman ou coutumier. D'ailleurs, le décret du 22 mai 1905 viendra rétablir la juridiction musulmane. C'était consacrer la coexistence du droit français avec le droit local.

Lorsque fut édictée la loi du 29 septembre 1916, la question s'est posée de savoir si elle ne remettait pas en cause le statut personnel des Sénégalais ? Ce texte qui disposait que : "les natifs des Quatre Communes de plein exercice du Sénégal et leurs descendants sont et demeurent les citoyens français soumis aux obligations militaires prévues par la loi du 19 octobre 1915", imposait-il le statut français aux originaires ? À cette question, la Cour de Dakar répondra, par sa jurisprudence inaugurée par son arrêt du 2 avril 1926, sur lequel nous reviendrons, en décidant que la loi avait pour seul but la définition d'un statut de droit public. Elle n'innovait en rien quant aux relations privées. Que cette interprétation soit fondée ou non, elle sera corroborée par un décret du 20 novembre 1932. Selon ce texte, les tribunaux musulmans, qui sont désormais institués par des arrêtés du gouverneur général, "connaissent exclusivement des affaires civiles entre les musulmans originaires des Quatre Communes de plein exercice du Sénégal, ou leurs descendants, et relatives à l'état des personnes, aux mariages, aux successions, donations et testaments" (article 5). Ils jugent, "en se conformant à la loi coranique, sauf sur les points où prévalent les coutumes locales" (article 6). Les originaires non musulmans doivent porter leurs différends devant les tribunaux français qui doivent s'adjoindre un assesseur appartenant à la coutume des parties (article 12).

Nous aboutissons donc, d'après le législateur, à une dualité de statuts avec chacun son champ d'application propre : le statut musulman ou coutumier qui ne s'applique que dans certaines matières et lorsque l'option n'est pas faite en faveur de la loi française, et le statut français, qui est tout le reste du droit privé. Étant de droit commun, les tribunaux qui l'appliquent ont plénitude de compétence, contrairement aux tribunaux musulmans qui n'ont qu'une compétence exceptionnelle.

Telle était la politique du législateur. C'était une politique que ne partageront pas les autorités locales qui feront ressortir leur réticences en deux occasions : (A) lors de la tentative, en 1889, de réorganisation de la justice musulmane ; et (B) lors de la promulgation du décret du 16 août 1912.

A. Le privilège de juridiction

La liquidation des successions musulmanes soulevait des difficultés incessantes entre la justice française et le *cadi* de Saint-Louis. À l'effet d'y mettre fin, le gouverneur institue, par un article du 19 mars 1889, une commission chargée de procéder à l'étude de la révision du décret du 20 mai 1857 sur l'organisation de la justice musulmane au Sénégal. Siégeant au palais de justice, la commission était ainsi composée : Béziat, conseiller privé, président, Martin, conseiller privé, Chambaud, conseiller à la Cour, Tantani, directeur des affaires politiques, Couchard, avocat conseil commissionné, Ndiaye Sar, *cadi*. Alsace, commis à la direction de l'intérieur, en était le secrétaire, tandis qu'Abdoulaye Mar, interprète principal du gouvernement, assistait le *cadi*.

Lors de sa première séance, celle du lundi 1er avril 1889, Chambaud présente un rapport qui définit la mission qui est impartie à la commission. Selon ce rapport, une succession musulmane très importante s'était ouverte, en 1806, à Saint-Louis, le *cadi* entendait en opérer la liquidation et le partage. Mais ses prétentions de tuteur légal de tous les orphelins musulmans se heurtèrent à l'opposition de la justice française, saisie par les principaux intéressés.

En l'occurrence, il s'agissait d'une des principales maisons de commerce du Sénégal qui n'entendait se dessaisir des valeurs de la succession qu'en s'entourant de toutes les précautions voulues par la loi, afin que ses mandants ne courent pas le risque d'être, plus tard, recherchés par les mineurs devenus majeurs. En tant qu'administrateur de la fortune de son traitant, elle pensait trouver chez le greffier notaire, plus d'expérience et de compétence, ct dans les formalités de la loi française, les garanties qui étaient de nature à sauvegarder sa responsabilité.

Les femmes du défunt constituèrent, à leur tour, suivant les lois françaises, la tutelle des enfants mineurs, et présentèrent requête au tribunal français à l'effet de nommer un liquidateur judiciaire des biens laissés dans le fleuve.

À qui revenaient la liquidation et le partage ? Nul ne semblait pouvoir le dire, les résolutions étant aussi fermes dans un camp comme dans l'autre. La population de Saint-Louis déniait ce droit à un greffier-notaire qui s'attribuait, à tort, le droit de liquider les successions musulmanes, et d'en vendre les biens mobiliers et immobiliers. L'administration répondait, qu'en l'état de la législation, il n'était pas possible d'accorder au *cadi* le droit de liquider les successions.

Le département qui n'était pas plus déterminé, était plutôt louvoyant. Au vu de la pétition signée des 1 250 Saint-Louisiens, il engagea le gouverneur à restituer immédiatement au *cadi*, la liquidation des successions musulmanes, et à inviter le greffier notaire à se renfermer dorénavant dans les limites de ses attributions. À la suite des renseignements qui lui sont fournis par l'administration de la colonie, il reconnaît, cependant, leur bien-fondé et demande au gouverneur de faire préparer un projet de décret destiné à compléter celui du 20 mai 1857. Mais il ne donnera aucune suite à la proposition du service judiciaire.

Les choses en étaient là, lorsque le *cadi* crut pouvoir délivrer une commission de commissaire-priseur à son secrétaire pour faire des ventes publiques d'effets mobiliers dépendant de successions musulmanes. Le commissaire priseur en titre, à Saint-Louis, assigna son concurrent illégal devant le tribunal de première instance, et le fit condamner à des dommages intérêts. Au *cadi* qui réclamait contre cette condamnation, le ministre finit par répondre qu'aucune disposition à la réglementation ne lui donnait le droit de liquider les successions, et par suite, de vendre les objets qui en dépendent.

En dépit de cette prise de position du ministre, le *cadi* renouvelle ses doléances, qui étaient aussi celles de la population, ce qui leur donnait toute leur importance au regard du département. Pour l'administration, et le service judiciaire, ces revendications qui ne tendent rien moins qu'à substituer le *cadi* aux fonctionnaires publics institués par les lois françaises, en lui faisant donner les attributions conférées en Algérie aux fonctionnaires publics musulmans, n'avaient aucun fondement. En effet, du point de vue des intérêts de l'assimilation et de la civilisation, on ne peut comparer le Sénégal à l'Algérie. Alors qu'en Afrique du Nord, l'islam était la seule religion qui subsistait au moment de la conquête européenne, au Sénégal, l'islam s'est infiltré dans une colonie créée par la France. C'est donc une religion qui ne peut pas revendiquer des prérogatives analogues à celles de l'Algérie. "*Aujourd'hui, estime*

Chambaud, le Sénégal n'est plus un simple comptoir. Des grands centres français, comme Saint-Louis, s'y sont formés et sont en pleine prospérité et la prépondérance de notre crédit ne rencontre plus les difficultés qu'elle a eu jadis à surmonter, c'est même dans ce sens qu'a été conçue la dépêche du 19 juillet 1875, numérotée 247 qui dit : le département doit respecter les mœurs et les traditions des indigènes mais il ne doit pas se prêter au développement d'institutions qui s'écartent de nos lois et qui tendraient à détruire notre influence" [2] S'il n'y a donc pas lieu de restreindre les attributions du *cadi*, il faut, du moins, les maintenir dans la stricte limite de la lettre du décret de 1857. La commission devait, ainsi, s'attacher à sauvegarder les traditions de la population musulmane, tout en se chargeant de préparer un projet de décret destiné à préciser les termes du décret du 20 mai 1857, sans que les institutions françaises eussent à en souffrir.

La commission commence ses discussions le mardi 2 avril 1869. À la proposition de Couchard visant à faire déclarer les mariages musulmans, le *cadi* fait savoir qu'il est dans l'impossibilité de pouvoir tenir enregistrement de tous les mariages. Non seulement il est permis à ses coreligionnaires d'avoir plusieurs femmes, mais des cas de divorce se produisent fréquemment. La mesure n'aurait jamais son plein effet. Tout musulman pouvant se marier devant le marabout de son choix, quelques-uns risquent de négliger de remplir les formalités de déclarations. Le Président fait donner lecture à la commission de la délibération du Conseil général qui, lors de sa session ordinaire de 1885, avait souligné l'anomalie de la présence du *cadi* au tribunal d'instance et au tribunal d'appel. À Couchard, qui désire donner satisfaction "aux justes désidérata de l'assemblée locale de décider que le *cadi* Tamsir sera remplacé en appel par deux assesseurs musulmans", Martin répond que des considérations politiques ont motivé la constitution actuelle du tribunal musulman. Puis, défendant le maintien du tribunal d'appel dans sa formation habituelle, le conseiller privé exprime le désir "d'arriver à établir entre la justice musulmane et la justice française une ligue de démarcation très nette. Connaissant la différence qui existe entre les lois, les mœurs, les coutumes des musulmans et les nôtres, il ne saurait convenir de créer une promiscuité qui laisserait à nos magistrats le soin de juger des affaires complètement étrangères à notre droit. La justice musulmane doit fonctionner d'une manière toute indépendante et rester, au point de vue politique, sous la haute autorité du chef de la colonie" [3]. À ces préoccupations politiques s'oppose le point de vue du chef du service judiciaire par intérim qui pense que : "l'envoi des demandes d'appel à la Cour d'appel et non au tribunal spécial établi par le décret de 1887 est bien plus compréhensible. Dans des questions comme celles qui peuvent se présenter

---

2. Rapport préparé par Chambaud, Saint-Louis le 22 juin 1888. ANS, série M 8, Justice musulmane, 1846-1895, dossier O b 35, pièce 103.
3. Procès verbal de la Commission, séance du mardi 2 avril, 8 heures du matin. ANS, série M 5, dossier O-B-35, pièce 103, année 1889, p. 27-28.

devant ce dernier tribunal, le chef de la colonie trouve peu à s'intéresser et c'est au magistrat, qui figure parmi les membres, qu'incombe tout le travail. L'envoi des affaires musulmanes à la Cour d'appel française serait un premier pas vers l'assimilation et c'est de cette manière que l'on arriverait peu à peu à montrer à nos indigènes la supériorité des formes de notre législation" [4].

Quelles étaient, en somme, les concessions qu'il convenait de faire, au Sénégal, aux institutions musulmanes. Fallait-il ménager l'opinion locale et respecter scrupuleusement ses institutions ? Ou, au contraire, rapprocher les deux communautés, en persuadant la population sénégalaise de la supériorité de la civilisation française ? Le choix de la voie à suivre opposait l'administration à la magistrature. Cc clivage entre Martin et Chambaud ou Couchard allait désormais dominer les travaux de la commission.

L'examen de l'article 1er du décret du 20 mai 1857 permet de débattre d'un vœu du Conseil général qui souhaite l'application du décret au deuxième arrondissement. Selon l'assemblée locale, "nos populations du deuxième arrondissement composées en grande partie d'enfants de Saint-Louis, sont aussi religieuses que celles du premier et doivent jouir des mêmes prérogatives". Il serait donc équitable de créer un tribunal musulman de première instance dont le siège sera à Dakar. Le *cadi* appuie d'autant plus ce vœu que des affaires de cet arrondissement lui sont quelquefois soumises. Leur règlement est souvent long à cause de l'éloignement des parties et de la difficulté de leur comparution. Chambaud, pense, au contraire, que les populations de l'arrondissement de Gorée sont en général moins musulmanes que celles de Saint-Louis. Il faut éviter, dans l'intérêt de la cause française, de les doter d'une institution qui contribuerait à affermir et à développer chez elles l'influence de l'islamisme déjà malheureusement trop implanté au chef-lieu. Martin constate que les musulmans du deuxième arrondissement ont, dans les localités comme Dakar, et Rufisque, des marabouts devant lesquels ils portent leurs contestations... Il serait préférable de leur constituer un tribunal régulier qui siégerait à Dakar. Cette application des dispositions du décret de 1857 ferait que dans la colonie, il n'y aurait qu'un seul *cadi* Tamsir, chef de la religion musulmane, qui figurerait au tribunal d'appel qui devra connaître en dernier ressort de toutes les affaires de l'un et l'autre arrondissement.

À la séance du mercredi 24 avril 1889, la troisième, Chambaud définit les contours de la politique qu'entend mener l'autorité judiciaire. Visant "la restriction de l'islamisme et la pénétration de nos idées françaises", ce projet recommande le retour au système de l'ordonnance du 4 décembre 1847, dont l'article 16 avait institué un comité consultatif appelé à donner son avis sur les questions musulmanes qui lui étaient soumises par les tribunaux. Il ne devrait plus exister de juridictions musulmanes à aucun degré. Toutes les affaires seraient déférées aux juridictions françaises qui auraient, au besoin avec l'assistance du comité consultatif, à s'inspirer du droit coranique. Une exception

4. *Ibidem*, p. 28-29.

pourrait être faite pour les mariages, les divorces et les liquidations des successions ne dépassant pas la valeur de cinq cents francs échues à des mineurs, qui seraient du ressort exclusif du *cadi*. Il s'agit de ne laisser à l'islam qu'une place effacée dans un conseil consultatif de trois membres, qui ne sera consulté que quand besoin sera,

Le jeudi 6 juin 1889, Couchard est encore plus précis dans sa définition de l'assimilation judiciaire. "Le code civil, déclare-t-il, a été promulgué au Sénégal le 5 novembre 1830 par un arrêté portant que "le territoire de la colonie, est considéré, dans l'application du code civil, comme partie intégrante de la métropole" et la loi du 24 avril 1833, promulguée aussi les 5 juillet suivant, a consacré encore ces dispositions. Il y est dit : "que toute personne née libre, ou ayant acquis légalement la liberté, jouit dans les colonies françaises : (1) des droits civils, (2) des droits politiques, sous les conditions prescrites par les lois". La loi ne faisait donc à cette époque, au point de vue des droits accordés par le code civil aux citoyens français aucune distinction entre les indigènes nés libres sur le territoire de la colonie et les européens. Seuls les affranchis et les engagés à temps étaient assimilés aux étrangers nés en France et habitant le territoire. Il n'était pas question de deux populations différant essentiellement par la religion, les mœurs, la constitution du mariage, l'organisation de la famille ; et si l'islamisme existait déjà, il n'avait pas d'attaches profondes dans le pays". C'était oublier que la loi de 1833 s'appliquait aux colonies à plantations où les populations d'esclaves libérés coupées de toutes leurs racines étaient assimilables. Cette conversion assimilation n'était plus possible dans des colonies comme le Sénégal où coexistent deux sociétés aux institutions hétérogènes. Surtout à partir de 1857, "où une exception, poursuit le rapporteur a été généreusement faite en faveur d'une catégorie d'habitants, où un statut personnel différent de celui des autres Français a été octroyé aux indigènes musulmans, l'islamisme a pris à Saint-Louis une extension considérable. À Gorée au contraire, et dans tout le deuxième arrondissement où il n'existe pas de tribunaux musulmans, où le décret de 1857 n'a jamais été appliqué, où les indigènes ont continué à être régis comme tous les autres français, par les lois civiles françaises, les progrès de l'islamisme ont été beaucoup plus lents, sinon presque nuls. Sans insister sur ce qu'il y a d'étrange de voir non pas seulement des sujets, mais des citoyens français, avoir des droits civils différents, pour la plupart incompatibles avec cette qualité de citoyen, sans chercher à revenir sur ce qui a été fait en 1857 et à retirer aux indigènes nés ou devenus musulmans le statut personnel qui leur a été accordé, n'est-il donc pas possible de resserrer les liens qui les rattachent à nous ? Faut-il laisser créer dans l'État un autre État dont nous aurions d'autant plus à redouter l'influence qu'il n'aurait pour seul guide que le fanatisme, et que ses membres seraient appelés de par leur qualité d'électeurs, à prendre part à nos affaires publiques ? En Algérie où nous avons trouvé l'islamisme installé, régnant en souverain, où il a fallu dès le début de l'annexion compter avec lui, le droit musulman a été maintenu ; mais, en le consacrant, dans nos lois, on l'a réglementé. Si les musulmans d'Algérie qui pouvaient trouver dans les capitulations d'Alger et de Constantine un prétexte à contestations, ont accepté une modification incompatible en apparence avec la loi du Coran, pourquoi rencontrerait-on à Saint-Louis une opposition sérieuse (là) où avant 1857 la loi française était seule applicable ?" [5].

R. Martin dut, encore une fois, déclarer son opposition et appeler au respect scrupuleux de l'islam. La justice musulmane est une justice spéciale qui doit avoir des magistrats spéciaux. La véritable assimilation, la seule qu'il comprendrait, est celle qui supprimerait la législation musulmane en faveur des lois françaises. Mais politiquement, c'est inapplicable. Il faut maintenir le décret de 1857 qui est loin d'avoir contribué à augmenter l'influence de l'islam dans la colonie. Au contraire, il a favorisé l'assimilation des Sénégalais sous l'influence de *cadis* tels que les Hamat Ndiaye Hann et Bou el Mogdad qui étaient dévoués à la cause française. La pratique des affaires locales le persuade qu'au Sénégal la justice musulmane doit continuer à être ce qu'elle a été jusqu'ici quitte à y introduire quelques dispositions qui y faisaient défaut. C'est ce dont fut persuadé l'autorité supérieure. Le décret de 1857 fut maintenu sans modification. Ce ne sera qu'avec le texte organique du 10 novembre 1903 que l'assimilation judiciaire finira par triompher.

B. L'assimilation judiciaire des originaires

Le décret organique du 10 novembre 1903 rendait les Africains domiciliés dans le ressort des tribunaux de première instance de Saint-Louis et de Dakar, et de la justice de paix à compétence étendue de Kayes justiciables de ces tribunaux. Il supprimait ainsi les tribunaux musulmans. Mais en dehors des villes, quelle était la répartition des compétences entre les tribunaux français et les tribunaux coutumiers ? Hors de Saint-Louis et de Dakar, de quels tribunaux relevaient les Sénégalais originaires des Communes ?

Le décret de 1903 n'avait pas expressément défini la catégorie des individus justiciables des tribunaux indigènes. Il ressortait de son article 46 que les juridictions indigènes étaient compétentes à l'égard des personnes "non justiciables des tribunaux français". Or, en vertu des dispositions combinées de ses articles 30, 32 et 34, la compétence des tribunaux français s'étendait en toute matière aux "Français, Européens ou assimilés aux Européens". En effet, aux termes de l'article 30 : "En matière civile et commerciale, les juges de paix à compétence étendue connaissent dans l'étendue de leur ressort de toutes les affaires dans lesquelles sont intéressés les Français, Européens ou assimilés aux Européens". Aux termes de l'article 32, en matière correctionnelle et de simple police, les tribunaux de première instance et le juge de paix de Kayes connaissent de tous les délits et contraventions commis dans l'étendue de leur

5. Quatrième séance, jeudi 6 juin 889, 4 heures de l'après-midi. Procès verbal de la Commission, p. 50-52.

ressort. Les autres juges de paix à compétence étendue connaissent des mêmes infractions, mais seulement lorsqu'elles sont commises par des Français, Européens ou assimilés aux Européens". Enfin, aux termes de l'article 34, " les tribunaux français sont seuls compétents, lorsque l'infraction a été commise par des indigènes, de complicité avec des Français, Européens, ou assimilés, ou que la victime de ces infractions est l'une ou l'autre de ces personnes".

La chambre spéciale d'homologation va profiter de cette imprécision du texte organique pour attribuer aux tribunaux français la compétence à l'égard des Sénégalais nés dans les Communes de plein exercice. Dès un arrêt du 22 mai 1906, affaire Mamadou Sacko et autres [6] elle décide que : "les Sénégalais nés dans une des Quatre Communes de plein exercice du Sénégal sont justiciables des tribunaux français". Ces Sénégalais ne jouissaient-ils pas de droits politiques sensiblement égaux à ceux des Français d'origine ? Le gouverneur général Roume ne disait-il pas dans ses instructions aux administrateurs sur l'application du décret du 10 novembre 1903 que : le texte organique tend "à assurer à nos nationaux et à tous ceux qui peuvent leur être assimilés le bénéfice des juridictions et de la législation françaises, quel que soit le lieu de leur résidence" ? [7].

Cette jurisprudence s'étant imposée, le gouvernement général manifestait, à l'occasion de la refonte du décret de 1903, le désir de lui donner une consécration légale. À la session de juin 1911 du Conseil de gouvernement, l'administrateur en chef Guyon proposait d'enlever à la compétence des juridictions coutumières les Sénégalais nés dans une des Quatre Communes constituées. Cette situation différente de celle de la masse des Africains s'expliquait par le fait que partout les Sénégalais ont été nos premiers auxiliaires pour assurer la conquête et la colonisation de la Côte d'Afrique ; "les indigènes des autres colonies du groupe les considèrent comme Français". D'ailleurs, cette mesure pourra à la longue, faciliter l'assimilation des Africains. En effet, poursuit l'administrateur en chef, "il est à remarquer que cette qualité de justiciable français qui leur est conférée est du plus heureux effet pour eux pour la propagation de nos lois. Leur empressement à accepter la juridiction des tribunaux français montre leur foi en l'équité de notre justice et c'est par leur exemple que progressivement tous nos indigènes pourront être amenés à abandonner leur statut personnel pour se ranger sous la protection de la loi française" [8].

Mais cette thèse n'était pas partagée par tout le Conseil de gouvernement. Déjà quelques mois avant, le chef de la colonie de la Côte d'Ivoire s'était

6. ANS, série M 142, Jurisprudence de la chambre d'homologation, G. Desvallons et E. Joucla, 1910, voir à la lettre S.
7. ANS, série M 79, Décret du 10 novembre 1903 et instructions sur son application, 1901-1908, pièce 7.
8. Conseil de gouvernement session du 24 juin 1911, réorganisation de la Justice indigène. ANS, série M 83, pièce 41.

plaint au gouverneur général de l'attitude des Sénégalais, et avait manifesté son désaccord avec la mesure envisagée. "En fait, écrivait-il, les originaires des Quatre Communes constituées ou d'une autre partie du Sénégal ont une tendance visible à se croire d'une essence supérieure aux indigènes et à marquer souvent cette prétention par le mépris le plus absolu des coutumes et usages des pays de civilisation soi-disant inférieure dans lesquelles ils viennent exercer leurs facultés commerciales. Les Sénégalais, vont partout dans l'intérieur ; ils sont en contact permanent avec l'indigène et sont exposés par là, à des conflits fréquents d'ordre civil ou commercial avec les autochtones ou les autres traitants indigènes. Ils sont également exposés à commettre des infractions relevant de l'autorité judiciaire. Obliger l'indigène en conflit avec un Sénégalais. à se transporter à Bassam ou même à s'y faire représenter par un défenseur équivaut à lui dénier, de la façon la plus formelle, tout droit à la justice. Il est déjà excessif que l'indigène, en conflit avec un Européen, en soit réduit à cette procédure, et il faut avouer que l'obligation pour lui de se présenter devant le tribunal de première instance l'oblige, dans la plupart des cas, à renoncer à se faire rendre justice. Il est à peine utile d'ajouter que l'exception proposée en faveur des originaires des Quatre Communes constituées ne saurait être admise pour eux seuls. Nombre de nos sujets ne leur sont inférieurs ni en moralité ni en intelligence ni en dévouement. ni, en un mot, en civilisation. Ils acceptent cependant sans murmurer les juridictions indigènes" [9].

Le Conseil de gouvernement finit par se rallier à un projet qui prévoyait au bénéfice des Sénégalais résidant en Afrique occidentale française, hors de leur pays d'origine, la constitution obligatoire de tribunaux spéciaux dont la présidence aurait toujours été confiée à un fonctionnaire européen. Mais cette solution transactionnelle proposée par le Conseil ne fut pas retenue par le législateur colonial. Voulant ramener les Sénégalais au droit commun, en matière de justice le décret du 16 août 1912 déclarait justiciables des juridictions indigènes, "les individus originaires des possessions françaises de l'Afrique occidentale française, de l'Afrique équatoriale française et des possessions étrangères comprises entre ces territoires qui n'ont pas dans leur pays d'origine le statut des nationaux européens" [10]. Étaient donc exclus de la catégorie des personnes justiciables des tribunaux français, les Sénégalais qui, tout en étant assimilés aux nationaux en cc qui concerne la jouissance des droits électoraux, n'en ont pas moins obtenu le maintien de leur statut personnel. Telle était l'interprétation que la chambre spéciale de la Cour donnait au texte organique. En effet selon son arrêt du 8 juillet 1913, affaire Massata Fall et consorts [11] :

"Attendu que Massata Fall, loin de se soumettre à la loi française a obtenu, comme tous ses congénères musulmans des Quatre Communes du Sénégal, le

9. Lieutenant-gouverneur de la Côte d'Ivoire à Gouverneur général, Bingerville le 26 avril 1911. ANS, série M 83, pièce 22.
10. Article 2 du décret du 16 août 1912, réorganisant la justice indigène en AOF.
11. ANS, série M 87, pièce 57.

privilège de faire juger par des tribunaux spéciaux toutes les questions intéressant l'état civil, le mariage les successions, donations et testaments, c'est-à-dire les questions les plus importantes de la vie civile (décrets 20 mai 1857 ; 22 mai 1905 ; 29 janvier 1907 ; 25 avril 1910).

Attendu, en effet, que la chambre a jugé que les indigènes nés dans les Quatre Communes du Sénégal étaient justiciables des tribunaux français Mais il ne peut plus être fait état de cette jurisprudence, qui reposait sur une législation aujourd'hui abrogée par le décret du 16 août 1912.

Cet amoindrissement de leur personnalité juridique ne pouvait laisser indifférents les originaires. Ils envoient au ministre des colonies le 1er août 1913, une supplique demandant l'abrogation ou tout au moins la modification de l'article 2 du décret de 1912. Les délégués de la population "invoquent à l'appui de leur supplique les constantes preuves de loyalisme et de fidélité que les 'fils de Saint-Louis" ont toujours données à la France".

"L'arrêté de promulgation du code civil du 5 novembre 1830 leur reconnaissait la jouissance des droits accordés par le code civil aux citoyens français.

La loi du 24 avril 1833, promulguée au Sénégal par l'arrêté du 5 juillet 1833 en exécution d'une dépêche ministérielle du 10 mai précèdent leur accordait les droits civils et les droits politiques et dans son article 2 il abrogeait ;... "notamment toutes les restrictions qui avaient été prononcées quant à l'exercice des droits politiques, à l'égard des hommes de couleur et des affranchis".

Un arrêt récent de la Cour de cassation, du 22 juillet 1912 (*Rec.*1912, 3, 283), a reconnu toute la valeur de cette loi qui n'a jamais été abrogée et ne pourrait l'être du reste par un décret ou un arrêté.

Les ordonnances et les décrets qui ont successivement organisé la justice au Sénégal ont toujours soumis tous les habitants de Saint-Louis à la compétence du juge français.

Le décret du 10 novembre 1903 réorganisant la justice dans les colonies du gouvernement général de l'AOF réservait à la justice française les Français, Européens ou assimilés aux Européens.

Et la chambre d'homologation, par une jurisprudence constante, décidait que les indigènes nés à Saint-Louis n'étaient pas justiciables des tribunaux indigènes.

Le décret du 16 août 1912 est venu modifier cette jurisprudence équitable : dans son article 2, ce décret rend justiciable de la justice indigène les individus originaires de la possession française de l'AOF qui n'ont pas dans leur pays le statut européen.

Par interprétation de cet article et sans tenir compte de l'arrêté de promulgation du code civil ni de la loi de 1833 qui concédaient aux indigènes du Sénégal le statut français, la chambre d'homologation vient de décider dans un arrêt récent qu'un indigène né à Saint-Louis est justiciable du tribunal indigène.

Une semblable interprétation du décret de 1912 constitue pour les "fils de Saint-Louis", agents fidèles de l'expansion pacifique de la France dans toutes les colonies Africaines, un danger permanent en les soumettant à une justice contre laquelle il n'a été prévu aucun recours.

De plus cette mesure du décret de 1912 était bien inutile à leur égard, les administrateurs étant en leur qualité d'auxiliaire de la justice française armés de tous les pouvoirs nécessaires pour réprimer tout crime, délit ou contravention commis même par eux citoyens français" [12].

Il était impossible aux Saint-Louisiens relevés par leur droit de suffrage de cet état d'incapacité civique qui est une des caractéristiques de la condition de sujet français, de s'astreindre à une justice qui ignorait les garanties fondamentales du droit de défense et de l'indépendance de l'autorité judiciaire. La population de Saint-Louis "ne pouvait pas croire que les fils, frères et pères de ceux qui ont combattu avec la France pour le développement de son autorité en AOF, soient traités comme des vaincus et soient jugés par ces tribunaux indigènes qu'ils n'ont jamais connus et dont les membres sont les anciens adversaires de l'influence française. Elle a toujours été jugée par les tribunaux français. Aurait-elle démérité pour être traitée comme des vaincus, elle qui a toujours versé volontairement son sang pour la plus grande France. Elle ne le croit pas" [13].

À ces protestations, le Conseil général finit par joindre sa voix. Dans sa séance du 12 octobre 1913, sur la proposition des conseillers G. Crespin et Galandou Diouf, elle adopte un vœu relatif à l'abrogation de l'article 2 du décret du 16 août 1912.

Après ce vote, les autorités se devaient de réagir. Le chef de la colonie défend la mesure en approuvant l'abrogation d'un privilège qui ne se justifiait plus. "Je ne saurais laisser passer, écrit-il au gouverneur général, sans le relever, le terme de juridiction d'exception dont on s'est servi pour qualifier la juridiction à laquelle sont soumis indistinctement tous les indigènes de cinq colonies du groupe de l'AOF, hormis seulement les quelques milliers d'entre eux que le hasard de la naissance ou des circonstances a fait élire résidence ou domicile dans l'une des quatre Communes de plein exercice du Sénégal. C'est bien plutôt la réglementation antérieure qui constituait un régime d'exception, puisqu'elle laissait subsister au milieu de la masse indigène une infime catégorie "d'assimilés", qui n'étaient justiciables, ou qu'ils fussent que des tribunaux français. Certes, ces dispositions ont eu, en leur temps, leur raison d'être, car elles ont constitué pendant longtemps des garanties indispensables pour des indigènes qui étaient, entre tous nos sujets les plus fidèles auxiliaires de notre pénétration. Ces garanties étaient, avant le décret de 1903, les seules qui

12. ANS, série M 87, Décret du 9 mars 1914 modifiant l'article 2 du décret du 16 août 1912, pièce 113.
13. Délégués de la ville de Saint-Louis à Ministre des Colonies, Saint-Louis le 23 avril 1913. ANS, série M 87, pièce 74.

pouvaient leur être données, et il a été légitime de les leur maintenir tant que la justice indigène en était à la période d'essai. Mais on est mal venu à reprocher au législateur d'avoir fait vis-à-vis d'eux acte de réaction, lorsqu'il a attendu pour les soumettre à la règle commune qu'une expérience suivie et contrôlée de près de neuf années lui ait permis d'asseoir et de perfectionner le fonctionnement de cette juridiction. C'est au contraire dans la certitude de servir leurs intérêts dans ce qu'ils ont de respectable qu'a été conçu le décret du 16 août 1912, et aussi dans un but hautement politique d'apaisement parce que, lorsque les circonstances ne les justifient plus, les différences de traitement entre individus d'un même pays et d'une même race ne peuvent qu'éterniser des froissements et des jalousies qui ne sont plus que nuisibles. Les indigènes des pays de protectorat du Sénégal ont si bien su profiter des facilités d'instruction que nous leur avons données que l'élite qu'ils fournissent aujourd'hui vaut, partout où nous l'employons, celle que produisent les indigènes des villes... Ces indigènes ne cessent de nous donner chaque jour des preuves de fidélité et de soumission, et qu'en particulier ils paient largement l'impôt du sang auquel échappent précisément leurs compatriotes des Quatre Communes. Il serait donc à mon avis à la fois injuste et impolitique de suivre le Conseil général dans la voie dans laquelle il s'est engagé". Il le serait d'autant plus que les protestations, dont cette assemblée se fait l'écho, sont provoquées par une minorité de jeunes isolés. Il ne saurait faire de doute, poursuit le gouverneur Cor, que "l'agitation créée autour du décret de 1912 n'émane pas spontanément des indigènes. Ceux-là qui, installés hors du territoire des communes, ont été le plus directement affectés par la nouvelle réglementation, en ont au contraire immédiatement reconnu les avantages. Les deux plus importants parmi les notables qui avaient signé la pétition au ministre ont reconnu devant mon chef du bureau politique, qu'ils ignoraient le sens et la portée des revendications qu'on avait formulée en leur nom. Pour la majorité des indigènes, la justice aussi bien française qu'indigène, est avant tout une lutte d'influence et ils ont très naïvement exposé que s'ils préféraient les tribunaux de Saint-Louis pour leurs litiges avec les Européens, c'était parce qu'ils y étaient assurés d'appuis qu'ils croient efficaces. Certain de me faire l'interprète de tout l'élément sain de la population des Quatre Communes, j'estime que le Conseil général n'a exprimé la pensée que d'une poignée de jeunes gens orgueilleux de la demi-instruction qu'ils ont reçue dans nos écoles et grisés de mots dont ils ne comprennent pas le sens, pour la plupart médiocres fonctionnaires de la colonie et sans influence sociale, certains mêmes, nés par hasard dans une des Quatre Communes et n'y ayant aucune attache de famille. Nous nous trouvons en réalité en présence d'une agitation factice, toute de surface, à laquelle l'administration ne saurait prêter une oreille bienveillante. En protestant énergiquement contre la tendance regrettable que paraît avoir cette assemblée à s'immiscer dans les affaires politiques et administratives de la colonie dont la responsabilité incombe exclusivement au gouverneur, je ne puis que regretter qu'elle se soit érigée pour la circonstance en défenseur d'une thèse dont l'adoption serait de nature à nuire gravement à la vie politique de la colonie" [14]

À Dakar et dans les bureaux du ministère des colonies, à Paris, la réaction fut toute autre. Devant ces protestations, l'autorité supérieure se trouva dans la nécessité de modifier le décret du 16 août 1912 par celui du 9 mars 1914, promulgué le 25 du même mois. Dans le rapport de présentation, le ministre des colonies et son collègue de la justice s'exprimait en ces termes :

"Monsieur le Président,

Le décret du 10 novembre 1903, organisant la justice eu Afrique occidentale française, n'avait pas été considéré comme soumettant aux juridictions indigènes les Sénégalais nés dans l'une des Quatre Communes constituées de la colonie. Ceux-ci, en vertu d'une tradition qui reposait, il est vrai, sur une interprétation des textes reconnue depuis inexacte, étaient assimilés à des citoyens français en raison principalement de ce fait qu'ils sont représentés au Parlement par un député.

Trois arrêts de la Cour de cassation, en date des 24 juillet 1907, 22 juillet 1908 et 26 avril 1909, ayant établi que les Sénégalais susvisés étaient bien qu'électeurs, des sujets et non des citoyens français, le décret du 16 août 1912, réorganisant la justice indigène, les fit passer sous la règle commune de tous les natifs de l'Afrique occidentale française, en leur maintenant toutefois le bénéfice de la juridiction française dans le ressort des tribunaux de première instance de Dakar et de Saint-Louis.

Cette disposition nouvelle a provoqué une certaine émotion chez les originaires des Quatre Communes qui s'étonnent et regrettent de ne plus être soumis, dès qu'ils ont quitté le territoire de leurs communes, aux mêmes règles de droit qu'ils étaient accoutumés à s'y voir appliquer.

Tenant compte de la situation de fait antérieure au décret de 1912, et d'accord avec le gouverneur général de l'Afrique occidentale française, il nous a paru qu'il n'y avait aucun inconvénient à donner satisfaction, dans la mesure du possible, aux desideratas de cette catégorie d'indigène qui ont rendu service à l'œuvre française en Afrique et dont le dévouement n'a jamais cessé de nous être acquis" [15].

Le décret du 16 août 1912 a donc été ainsi modifié par l'article 1er de celui du 9 mars 1914 :

"Sont indigènes dans le sens du présent décret et justiciables des juridictions indigènes, les individus originaires des possessions de l'Afrique occidentale française, de l'Afrique équatoriale française et des possessions étrangères

14. Lieutenant-gouverneur Sénégal à Gouverneur général AOF, n° 1644, 13 décembre 1913, transmission d'un vœu du Conseil Général concernant le décret du 16 août 1912 sur la justice indigène. ANS, série M 78, Justice européenne, affaires, 1913-1919, pièce 58.

15. Rapport du Ministre des Colonies A. Lebrun, et du Garde des Sceaux, Ministre de la Justice B. Martin. ANS, série M 87, décret du 9 mars 1914, modifiant l'article 2 du décret du 16 août 1912.

comprises entre ces territoires qui n'ont pas, dans leur pays d'origine, le statut des nationaux européens.

Toutefois, les indigènes nés dans l'une des Quatre Communes constituées du Sénégal (Saint-Louis, Dakar, Gorée, Rufisque) sont justiciables des tribunaux français dans toute l'étendue de cette colonie, ainsi que dans le ressort des tribunaux de première instance de Conakry, Grand Bassam, Cotonou et des justices de paix à compétence étendue de Kayes, Bamako, Kankan et Boké, tel qu'il sera déterminé à leur égard par arrêté du gouverneur général, pris conformément à l'article 9 du décret du 10 novembre 1903.

La preuve de l'existence du statut invoqué ou de la naissance dans l'une des Quatre Communes du Sénégal incombe à l'intéressé, Le justiciable qui n'aura pas, dès le début de l'instance, excipé de la cause exceptionnelle qui le soustrait à la juridiction d'un tribunal indigène ne pourra pas attaquer, de ce chef, la validité du jugement rendu par ce tribunal".

Les originaires des Quatre Communes de plein exercice se voyaient ainsi concéder l'assimilation judiciaire. C'était une assimilation bien précaire. Justiciables des tribunaux français dans leur pays et dans les chefs-lieux des autres colonies du groupe, ces Sénégalais relevaient de droit de la juridiction indigène, dans les autres centres, ou lorsqu'ils n'apportaient pas la preuve de leur naissance dans l'une des communes constituées. Dans une colonie où l'état civil n'était pas encore organisé sur des bases certaines [16], cette preuve n'était pas toujours délivrable.

Paragraphe 2. L'opposition à la compétence musulmane

Les Sénégalais originaires des communes constituées pouvaient-ils bénéficier de la citoyenneté française ? Était-il justifié, juridiquement parlant, de considérer comme Français ces Saint-Louisiens dont la condition civile relève d'un droit qui, sur les points essentiels, apparaît comme peu compatible avec les principes du code civil ?

À ces interrogations, le législateur colonial et la jurisprudence n'ont pas rapporté la même solution. Pour le législateur, ces Sénégalais formaient une nouvelle catégorie de citoyens, dotée d'un statut civil particulier. Par une mesure dérogatoire à la compétence du droit français, il avait réservé la compétence du droit musulman pour les affaires relatives à l'état civil, au mariage, aux successions, donations et testaments qui constituaient leur statut réservé.

La Cour d'appel va, au contraire, refuser la qualité de citoyens à ces Africains qui avaient conservé leur statut personnel. La citoyenneté ne pouvait pas se concilier avec la soumission à la compétence du droit local. Mieux, se fondant sur le principe de la supériorité de la loi française, cette jurisprudence va

---

16. V. E. Joucla, « Organisation de l'état civil en Afrique occidentale française », *Pen*, 1917, II, p. 1-20.

proclamer la vocation générale de cette loi, et partant, rétrécir la compétence des juridictions musulmanes auxquelles la Cour était hostile.

A. La compétence générale des tribunaux français

Quelle était dans le ressort des tribunaux français, c'est-à-dire dans les centres urbains où se concentraient la population et les intérêts européens, la répartition de compétence entre les tribunaux français et les tribunaux de droit local ?

Sur le plan pratique, le problème s'est posé en 1926, devant la Cour. Le nommé Moussa Ndiaye avait cité devant le *cadi* de Rufisque son épouse Fatou Ly pour entendre dire qu'elle sera contrainte de réintégrer le domicile conjugal. Le *cadi* avait ordonné la réintégration, ou à défaut, la restitution au mari de la dot et des autres dépenses occasionnées par le mariage. Devant la Cour, l'appelante soulève l'exception d'incompétence du tribunal musulman. Son mari et elle, n'ayant pas la qualité de citoyen français, ou d'assimilé européen, ne pouvaient être justiciables que des juridictions de droit local.

Dans son arrêt du 8 janvier 1926 [17] la Cour donne la solution du droit positif, avant de faire un rappel historique de la question. Ainsi, aux termes du décret du 22 mars 1924 [18], "sur toute l'étendue des territoires relevant du gouvernement général de l'Afrique occidentale française", par conséquent, même sur le territoire des communes de plein exercice du Sénégal, "La justice est administrée à l'égard des indigènes" qui ne possèdent pas la qualité de citoyen français, "par des juridictions indigènes". Qu'en était-il antérieurement ?

Sous l'empire du décret du 10 novembre 1903, les tribunaux français connaissaient de toutes les affaires dans lesquelles étaient intéressées les personnes demeurant dans leur ressort, et quel que soit leur statut. Dans les affaires d'état civil, de mariage, successions, testaments et donations, le juge français était tenu de s'adjoindre un assesseur musulman ou non musulman, selon la qualité des parties. Cette règle fit l'objet de vives critiques de la part des Sénégalais des communes constituées. Pour tenir compte de ces protestations, le décret du 22 mai 1905 apporta une exception à la règle. Lorsque les affaires réservées concernent des musulmans, leur connaissance est déférée à des tribunaux musulmans institués dans les villes de Saint-Louis, Dakar, et Kayes. Un tribunal musulman sera créé à Rufisque par le décret du 29 janvier 1907. Il y avait donc pour les Africains de religion musulmane, qui n'avaient pas la qualité de citoyen français, dans le ressort des tribunaux français de Saint-Louis, Dakar et Kayes une juridiction de droit commun attribuée aux tribunaux français, et une juridiction d'exception pour certaines matières attribuées aux tribunaux musulmans. Avec le décret du 22 mars 1924, tout ce système a été bouleversé. Il est substitué au principe de la compétence universelle des

---

17. « Cour d'appel de l'A.O., affaire Fatou Ly contre Moussa Ndiaye », *Pen.* 1926, Jurisprudence, p. 261 et s.
18. *Rec.* 1924, Législation, p. 206.

tribunaux français pour les personnes demeurant dans leur ressort, le principe de la compétence des tribunaux de droit local sur tous les Africains. Le décret de 1924 visait à faire cesser la diversité qui, *ratione loci*, existait dans l'ordre des juridictions à l'intérieur et à l'extérieur du ressort des tribunaux français de Saint-Louis, Dakar et Kayes. Car, rappelons-le, en dehors du ressort des tribunaux français, les Africains n'ayant pas le statut des nationaux européens restaient justiciables, sans distinction de religion, et sans considération de la nature des affaires, des juridictions indigènes. Donc le décret du 22 mars 1924 venait soumettre tous les Africains ayant conservé le statut traditionnel à une juridiction identique, dans toute l'Afrique occidentale française.

Ces Sénégalais originaires des Quatre Communes de plein exercice étaient, désormais, avec les naturalisés, les seuls Africains justiciables en principe des tribunaux français. Cette compétence des juridictions françaises à leur égard avait été posée dans le décret du 10 novembre 1903, en son article 29. Le décret du 9 mars 1914 avait décidé comme nous l'avons indiqué, que ce bénéfice de juridiction leur restait acquis même hors des limites du territoire des communes constituées. Ces dispositions ont été confirmées par le jeu combiné de la loi du 29 septembre 1916 [19] et du décret organique de la justice indigène du 22 mars 1924 [20].

Toutefois, estime la Cour, cette assimilation judiciaire n'a pas eu pour effet de retirer aux originaires des Quatre Communes leur statut personnel. En effet, selon un arrêt du 2 avril 1926 [21], ni la loi du 24 avril 1833, ni l'arrêté du 5 novembre 1830, qui a promulgué le code civil au Sénégal, n'ont eu pour effet d'imposer le statut européen aux Sénégalais. La jouissance des droits civils reconnus par ces textes à tous les indigènes libres n'impliquait pas la substitution forcée à leurs coutumes, des droits et obligations constituant le statut des nationaux européens, La jouissance des droits civils français a été notamment refusée par les Sénégalais de religion musulmane, qui ont demandé et obtenu de conserver le libre exercice de leurs mœurs et de leurs coutumes.

---

19. Il ressort d'un arrêt du 17 août 1921, affaire Ministère public contre Pape Ndiaye, *Pen.* 1922, 1, p. 101. que : “les natifs de Dakar, Saint-Louis Gorée et Rufisque, ainsi que leurs descendants sont citoyens français (loi 29 septembre 1916). Ils relèvent donc des tribunaux français. Tous les autres indigènes originaires des possessions françaises de l'Afrique occidentale française et de l'Afrique Équatoriale française ainsi que ceux des possessions étrangères comprises entre ces territoires qui n'ont pas le statut des nationaux européens, sont justiciables en matière civile et pénale, des tribunaux indigènes (décret 16 août 1912).
20. Le décret du 22 mars 1924, en son article 2, soustrait à la juridiction des tribunaux indigènes les personnes qui possèdent la qualité de citoyen français Cour d'appel. Arrêt du 3 décembre 1925. Greffe de la Cour, Arrêts correctionnels, Registre de l'année 1925, arrêt n° 110, Affaire Youssoufa Badiane. Dans le même sens, V. arrêt du 8 décembre 1920, affaire ministère public contre N..., *Pen.* 1922, 1, p. 169.
21. Dame Diagne contre Mbaye et dame Diadio Fall. *Pen.* 1926, 1, p. 197.

La loi du 29 septembre 1916 n'a pas eu davantage pour effet de retirer aux musulmans originaires d'une des Quatre Communes de plein exercice du Sénégal, leur statut personnel coranique.

D'ailleurs, selon un arrêt du 13 mai 1927 [22], la loi du 29 septembre 1916 qui a déclaré citoyens français, les originaires des communes constituées et leurs descendants n'a eu d'autre objet et d'autre effet que d'étendre à ces descendants les obligations militaires incombant déjà aux originaires de ces communes, et non de modifier leur statut personnel. Par suite la juridiction française est incompétente pour traiter des affaires relatives à ce statut civil.

Le statut personnel des originaires des Quatre Communes relevait donc exclusivement de la loi coranique, et de la compétence des tribunaux musulmans qui l'appliquent. Mais une question allait se poser, devant la Cour, cette compétence des tribunaux musulmans était-elle absolue ? L'incompétence du tribunal français saisi par un Sénégalais musulman était-elle, par voie de conséquence, d'ordre public, ou seulement relative ? On aurait pu penser que les questions d'état tenant à l'ordre public, les Sénégalais musulmans ne pouvaient par leur seule volonté se soustraire à l'empire de leur statut personnel. Partant, l'incompétence du tribunal français serait d'ordre public. Cependant la Cour va penser autrement. Elle va décider que l'incompétence du tribunal français vis-à-vis du statut civil musulman est une incompétence relative. À l'appui de cette jurisprudence, la Cour va apporter deux arguments : premièrement, les Sénégalais musulmans peuvent porter leurs litiges devant les tribunaux français ; et deuxièmement, le musulman cité devant le tribunal français doit invoquer l'incompétence dès le début de l'instance.

Le premier argument est avancé dans un arrêt du Conseil d'appel de Saint-Louis, du 17 juin 1898 [23], qui décide que : aux termes des articles 2 et 4 du décret du 20 mai 1857 si le tribunal musulman créé à Saint-Louis "connaît exclusivement des affaires entre indigènes musulmans et relatives aux questions qui intéressent l'état civil, le mariage, etc., les parties sont libres de porter leurs différends devant la juridiction française. Mais ils ne se soumettent, dans ce cas, qu'aux règles de compétence et aux formes de la loi française (article 4 du décret) : ils restent donc régis par la loi musulmane pour le fond du droit.

La Cour est encore plus affirmative dans son arrêt du 6 septembre 1929 [24]. Dans l'espèce, feu Jean Thiam avait, par un testament fait le 22 janvier 1912, devant maître Patterson, notaire à Dakar, institué Mame Anna Seck, Ibrahima Ndiaye, Amadou Niang et Magatte Seck, légataires de divers biens mobiliers et immobiliers. Le tribunal musulman de Dakar avait validé le testament en ce

22. Dame Fatou Sarr et Ousmane Diallo contre Fatimata Diallo et autres. *Pen.* 1928, 1, p. 129. Dans 1e même sens v. un arrêt du 2 août 1929, Dial Sène et autres contre Ousseynou Ndoye, *Pen.* 1930, Jurisprudence, p. 255.
23. *Rec.* 1899, 2, p. 45
24. *Rec.* 1929, 2, p. 182.

qui concerne Ibrahima Ndiaye, Amadou Niang, Magatte Seck. Par contre, il l'avait annulé en ce qui concerne la dame Anna Seck, au motif que le *de cujus*, n'ayant jamais renoncé d'une manière absolue et complète à son statut personnel musulman, n'avait pas qualité, aux termes du droit coranique, pour tester suivant les formes et les règles du code civil français. Les legs faits à sa veuve, doivent être déclarés nuls comme excédant la part qui devait seule revenir à celle-ci, aux termes de la loi coranique. Cette décision du *cadi* revenait à affirmer que les Sénégalais musulmans ne pouvaient se conférer à eux-mêmes une partie des bénéfices procédant de la naturalisation. C'est l'opinion inverse que va consacrer la Cour, en recevant la veuve qui derechef concluait, devant elle, à l'incompétence de la juridiction musulmane pour connaître les difficultés nées du testament pour la raison qu'il a été reçu par un officier public français, dans les formes de la loi française, et dans des conditions qui impliquent la renonciation de son auteur au bénéfice du statut musulman. En effet, selon la Cour, il est certain que rien n'interdisait à Jean Thiam, originaire de Saint-Louis, qui avait conservé avec la foi, le statut musulman, de renoncer pour une opération juridique déterminée, au bénéfice de son statut personnel : le décret du 20 mai 1857, qui a créé la justice musulmane au Sénégal, ceux des 10 novembre 1903, 22 mai 1905 et 25 avril 1910, qui ont maintenu cette juridiction et fixé ses règles de compétence, n'ont pas eu pour effet d'imposer aux musulmans un statut personnel aux règles duquel aucune dérogation n'était possible. Cette dérogation est autorisée par les articles 4 du décret du 20 mai 1857, 31 du décret du 16 novembre 1924, aux termes desquels, les musulmans peuvent porter leurs contestations devant les tribunaux français, qui peuvent leur faire application de la loi française, la question présente d'autant moins de difficulté, que la loi du 27 novembre 1916 conférant la citoyenneté française à ces Sénégalais, n'a reconnu l'existence d'un statut personnel indigène différent de celui du national européen, qu'à la demande formelle des intéressés, et à la suite de leurs réclamations réitérées, c'était une faveur qui leur était accordée et non une obligation qui leur était imposée. Par suite, il est sans intérêt de rechercher s'il est exact que la loi coranique qui formait le statut personnel de Jean Thiam lui interdisait, parce que musulman, de faire un testament au profit de sa femme et au préjudice de ses héritiers. Il échet seulement d'examiner si J. Thiam, en faisant le testament critiqué, avait la faculté de déférer à la juridiction européenne la connaissance des difficultés nées de son testament, et s'il a nettement manifesté la volonté d'user de cette faculté. Il n'est pas douteux que le *de cujus*, en faisant, comme il en avait le droit d'après la législation locale de droit commun, un testament devant un officier public français, dans les formes de la loi française et en application des principes du code civil français, qui sont en opposition absolue avec les règles de la loi coranique, avait non seulement 1a faculté, mais l'obligation de soumettre à la juridiction européenne l'appréciation de la régularité et de la validité de son acte, qui échappait à la compétence du *cadi*. Il y avait, du seul fait de sa comparution devant un officier public français pour la passation d'un acte, en conformité des règles du code civil français, une option de législation tacite, emportant par elle-même abandon de la juridiction de droit local. Cela est d'autant plus certain que le testateur a formellement énoncé en termes exprès, dans l'acte lui-même, sa volonté d'écarter la compétence de la juridiction de droit local, et de voir ses dispositions testamentaires appréciées du seul point de vue de la loi française. Cette manifestation de volonté, aussi formelle que licite, ne permettait pas à la juridiction musulmane de connaître du litige.

La Cour se refusait ainsi à enchaîner les Sénégalais à leur statut personnel. Ils leur permettaient, à l'occasion de tout acte de la loi civile, de réclamer le bénéfice du droit commun français. Mais cette faculté d'option était-elle effectivement ouverte dans tout le domaine de leur statut civil réservé ? Ce problème s'est posé, devant la Cour, en 1940 [25], . Un sieur Maritaw Ndiaye sollicitait de la Cour, l'infirmation du jugement du 6 juillet 1940 par lequel le tribunal civil de Dakar avait annulé le mariage qu'il avait contracté, le 24 décembre 1924, devant l'officier de l'état-cvil de la commune, avec la dame Aïssatou Seck. À l'appui de cette requête, il invoquait la possibilité pour les musulmans originaires des Quatre Communes de plein exercice, de renoncer à leur statut personnel pour l'accomplissement d'actes déterminés et notamment pour leur mariage. À l'encontre de cette prétention, la dame Aïssatou Seck et le sieur Ibrahima Sarr devenu entretemps son époux, soutiennent avec le jugement entrepris, que la renonciation au statut personnel ne saurait être admise pour le mariage. Et même, en admettant qu'elle le soit, la renonciation devait être expresse, formelle et définitive, ce qui n'a pas été le cas. Maritaw Ndiaye qui s'était uni en avril 1924 à Aïssatou Seck suivant le rite musulman, ne pouvait contracter un nouveau mariage avec elle, le 24 décembre 1924, conformément à la loi française.

Le second mariage était-il valable ? Et si oui, avait-il entraîné un changement du régime applicable aux rapports entre les époux ?

Selon la Cour, il n'est pas discuté que les musulmans originaires des Quatre Communes bénéficient des droits civils et politiques accordés aux citoyens français, tout en conservant leur statut civil réservé. Cette situation de faveur découle de la combinaison des lois des 24 avril 1833 et 29 septembre 1916 avec les différents textes législatifs qui ont successivement institué et maintenu, à leur profit, des tribunaux musulmans, et en particulier avec le dernier en date, le décret du 20 novembre 1932. La conséquence de cet état est que les musulmans citoyens français peuvent se réclamer de deux régimes. Soit du régime normal résultant de leur religion et de leur statut civil réservé, régi par la loi coranique. Soit du régime de faveur qu'ils tiennent de leur qualité de citoyen français, et qui les soumet à l'empire de la loi française. Pour accomplir certains actes juridiques conformément au code civil tels qu'un testament ou une donation, il n'est exigé d'eux aucune déclaration d'option ou de renonciation. Il suffit qu'ils observent les règles prescrites par la législation française.

25. Arrêt du 20 décembre 1940, *Pen.* 1946, Jurisprudence, p. 99.

Cette renonciation tacite résulte suffisamment, comme nous venons de le voir dans l'arrêt précédent, de la confection de ces actes par un officier public dans les formes et conditions de la loi française. En vain objecte-t-on, pour refuser aux musulmans sénégalais en ce qui concerne le mariage, la faveur dont ils jouissent pour les autres opérations juridiques qui dépendent également du statut civil réservé, que le mariage est un acte d'une importance sociale particulière. Fondement de l'institution familiale, il serait plus intimement lié aux coutumes religieuses des conjoints. Une telle différenciation ne se justifie pas juridiquement. Aucun texte de loi n'interdit aux musulmans citoyens de contracter mariage devant l'officier de l'état civil. Au contraire, on ne conçoit pas que le décret du 4 août 1917 sur les pensions des veuves des militaires africains (*JOAOF*, 1917, p. 501) reconnaisse à l'Africain "sujet", la possibilité de se marier sous le régime de la loi française, alors que cette option est refusée au Sénégalais citoyen français.

Après avoir ainsi réaffirmé que l'option de législation est ouverte aux Sénégalais musulmans, la Cour en revient à exiger que cette option soit formelle, sincère, et définitive. Sans s'arrêter aux raisons qui ont déterminé Maritaw Ndiaye à contracter mariage devant l'officier de l'état civil, il faut constater qu'il s'est uni en avril 1924 à Aïssatou Seck, devant le *cadi*. Lorsqu'il a voulu rompre les liens du mariage, c'est encore au *cadi* qu'il s'est adressé. Ces variations successives décèlent un manque de conviction et de sincérité qui rend fragile, précaire et ambiguë la renonciation à son statut personnel. D'autre part, le mariage contracté devant le *cadi*, valable au regard de la loi française, a produit les effets juridiques attachés à cette institution selon le régime du code civil. L'une des deux lois doit être appliquée à l'exclusion de l'autre. Ayant opté en premier lieu pour la loi coranique, Maritaw Ndiaye ne pouvait opter ensuite pour la loi française.

Comme second argument en faveur de l'incompétence relative de la juridiction française, la Cour avance la thèse suivant laquelle, le plaideur musulman cité devant un tribunal français qui n'excipe pas *in limine litis* de l'incompétence de ce tribunal, est censé avoir exercé une option de juridiction. Il ressort en effet, d'un arrêt du 17 juin 1910 [26], que, si le décret du 22 mai 1905 a institué des tribunaux spéciaux pour connaître de certaines affaires limitativement désignées, concernant les musulmans, ce texte n'a cependant pas abrogé l'article 31 du décret du 10 novembre 1903 qui, permet aux Africains "en toute matière", de réclamer le bénéfice de la juridiction française, et a même autorisé l'application de la loi française à ces justiciables, s'ils ont déclaré, dans un acte, contracter sous l'empire de la loi française. Il ressort donc de ces dispositions combinées des deux décrets que, si le législateur de 1905, animé du plus large esprit de bienveillance, a institué pour les Sénégalais musulmans des tribunaux spéciaux, il n'a pourtant pas entendu leur imposer

26. Affaire Pathé Ndoye contre Dithié Timbane et consorts, arrêt de la Cour de cassation du 28 janvier 1929, Tantaparea à Temarii contre épouse Faatii à Parera.

ces juridictions. Ils peuvent toujours proroger la compétence des tribunaux français en leur attribuant la connaissance des litiges réservés aux tribunaux musulmans. En conséquence, l'exception qu'un plaideur musulman peut faire valoir alors qu'il est cité devant un tribunal français à l'occasion d'une des questions expressément désignées par l'article 1er du décret du 22 mai 1905, comme ressortissant à la juridiction des tribunaux musulmans, n'est qu'une question d'incompétence *ratione personae* ou relative [27], à proposer *in limine litis*, et qui ne saurait être suppléée d'office par le tribunal saisi ni soulevée pour la première fois en cause d'appel.

Cette jurisprudence n'est pas aussi évidente que la Cour le voudrait. Elle n'est partagée ni par toutes les juridictions coloniales [28], ni même par l'ensemble des juridictions du ressort. En atteste la divergence d'interprétations que le chef du service judiciaire de l'AOF, et le président du tribunal de première instance de Saint-Louis donnaient à l'article 6 du décret du 20 mai 1857. Aux termes de cet article, "lorsque le tribunal français aura à statuer en première instance sur l'une des contestations prévues par l'article 2, l'état civil, le mariage, les successions, les donations et les testaments, et qui existeront entre indigènes musulmans, un assesseur musulman, désigné par le gouverneur sera appelé à siéger au tribunal avec voix délibérative. En cas de partage, la voix du président sera prépondérante".

Selon de Guilhemandon, président du tribunal de première instance, le tribunal musulman a été créé dans l'intérêt privé des Sénégalais. S'il leur plaît de ne pas profiter de cette prérogative, rien ne saurait s'y opposer. "Je reconnais en principe, écrit-il, que le président de la Cour impériale est chargé aux termes de l'article 19 du décret du 9 août 1654 de veiller à l'exécution des lois et règlements. Mais il m'a semblé que Monsieur le chef du service judiciaire outrepassait ses pouvoirs lorsqu'il me demandait de lui faire connaître les motifs qui m'avaient empêché de convoquer l'assesseur Alioune Fall. Le chef du service judiciaire sait en effet mieux que moi, qu'il s'agit ici d'une incompétence *ratione personae* et nullement d'une exception à raison de la matière. En d'autres termes, le tribunal organisé par le décret du 20 mai 1857 l'a été dans l'intérêt des musulmans puisque le tribunal juge de droit commun toutes les questions d'état qui se présentent et que ce n'est que par une dérogation introduite en faveur de ces derniers, faveur à laquelle ils peuvent renoncer (Art. 4), que le tribunal de Saint-Louis doit s'adjoindre un second juge. Monsieur le chef du service judiciaire ne peut ignorer que parmi les noirs de Saint-Louis il y a beaucoup de chrétiens, que par conséquent, c'est aux mahométans à faire connaître leur qualité et a réclamé le bénéfice du décret, que dans le

27. V. au *Pen.* 1929, Jurisprudence, p. 128 la note de A. Solus qui démontre l'inadéquation de cette terminologie de la procédure civile métropolitaine, lorsqu'il s'agit de la transposer dans le droit colonial.
28. M. Solus, note précitée.

silence gardé par eux, le juge qui a pleine juridiction et compétence d'attribution doit rendre la justice en se conformant aux lois générales"[29].

Pour le chef du service judiciaire, au contraire, le tribunal musulman créé par le décret impérial du 20 mai est, pour les matières énoncées en l'article 2, le tribunal ordinaire ; le tribunal français saisi volontairement par les parties, doit, d'office se modifier dans ses éléments primitifs par la présence de l'assesseur musulman ; dans ce cas, le tribunal français doit, en suivant les règles de compétence et les formes de la loi française, juger au fond d'après la loi musulmane ; le président du tribunal français doit s'enquérir de la religion des noirs qui lui soumettent les questions de l'article 2 et appeler spontanément l'assesseur lorsque ces questions intéressent des musulmans"[30].

Faidberbe va s'appuyer sur son autorité d'auteur de l'institution pour trancher en faveur du président du tribunal. "Je vous ferai observer écrit-il au ministre, que dans mon projet, je n'avais pas demandé d'assesseur musulman à adjoindre au tribunal français quand les indigènes s adressaient à celui-ci de leur propre mouvement. Je suis donc conséquent avec moi-même, en pensant avec de Guilhemandon que : lorsque les indigènes s'adressent à son tribunal, il n'est pas tenu de leur demander quelle est leur religion, ou s'ils en ont une, pour leur proposer de les faire jouir de l'avantage qu'on leur a concédé d'adjoindre au tribunal français un assesseur musulman ; je pense que c'est aux parties, à déclarer d'elles mêmes, qu'elles sont musulmans et à demander à être jugées par le tribunal français, modifié dans le sens de l'article 6 du décret sur la justice musulmane[31].

Or, pour en revenir à la Cour, il semble que sa jurisprudence se fonde sur le principe discuté[32] que les Sénégalais des communes constituées sont des citoyens français, pour décider qu'ils ne sont point attachés irréductiblement à leur législation spéciale, qu'il leur est permis de renoncer à leur statut civil réservé, et de se rallier au droit commun français. De ce fait le juge exceptionnel qu'est le *cadi* doit s'incliner devant la suprématie du juge ordinaire qu'est la juridiction française. Car, selon Larcher, c'est à titre exceptionnel et par tolérance que les indigènes sujets français restent soumis en certaines matières à la loi musulmane : (les) soumettre à la loi française c'est leur faire retour à la règle"[33].

29. De Guilhemandon à Gouverneur, Saint-Louis le 8 septembre 1857. ANSOM, Sénégal VIII Dossier 14 bis.
30. Carrère, chef du service judiciaire à Gouverneur, n° 76, Saint-Louis 10 septembre 1857. *Ibid.*
31. Louis Faidherbe à Ministre, n° 528, Saint-Louis 22 septembre 1857.
32. Voir notamment la controverse entre M. Lampué, note sous arrêt de la Cour d'appel du 2 avril 1926, *Pen.* 1926, 1, p. 197, et M. Solus, *Traité de la condition des indigènes en droit privé*, Paris, 1927, p. 131 et s., ou P. Dareste, « Les nouveaux citoyens français », *Rec.* 1916, 2, p. 1-16.
33. Cité par A. Bonnichon, « La conversion au christianisme de l'indigène musulman algérien et ses effets juridiques », Sirey, 1931, p. 88-89.

B. La réduction de la compétence des tribunaux musulmans

Les Sénégalais des Quatre Communes de plein exercice jouissent du privilège d'être justiciables des tribunaux français, sous réserve de la compétence spéciale des tribunaux musulmans. Voulant les traiter comme des Français, la jurisprudence de la Cour va tendre à les dépouiller de leurs droits exceptionnels. Visant l'assimilation, elle va qualifier le tribunal musulman d'institution exorbitante du droit commun (I), dont la compétence constitue une sorte de dernier réduit du droit coranique (2).

1. Des attributions exceptionnelles

Les tribunaux français, dits tribunaux de droit commun, ont la plénitude de juridiction. Ils ont, dans l'étendue de leur ressort, une aptitude de principe à connaître de toutes les affaires même de celles qui ont été attribuées au tribunal du *cadi*. Les tribunaux musulmans, par contre, ne peuvent être saisis que des litiges qui leur ont été expressément confiés par le législateur

Ils ne connaissent que des questions intéressant le statut civil réservé des originaires musulmans des communes constituées. Ou du moins, des quatre points qui constituent l'essentiel de ce statut à savoir : l'état civil, le mariage, les successions, les donations et les testaments.

C'est cette doctrine que la Cour applique, lorsqu'elle décide dans un arrêt du 24 décembre 1860, que : les questions de propriété, quelle que soit la croyance du propriétaire, ou de celui qui se prétend tel, sont restées dans le domaine des tribunaux ordinaires et sont régies par les principes du Code Napoléon. Le tribunal musulman n'est qu'un tribunal d'exception, qui ne connaît que des matières qui lui sont expressément attribuées [34].

Le tribunal du *cadi* a une compétence exceptionnelle pour connaître de l'état civil, du mariage, des successions, des donations et des testaments qui sont les litiges expressément réservés à sa connaissance par les textes organiques. Aussi, estime la Cour, sous le régime inauguré par le décret du 10 novembre 1903, en son article 29 paragraphe 2, c'est seulement pour le jugement des questions intéressant leur état civil, dans les affaires concernant les Sénégalais qui ont conservé leur statut personnel, que les tribunaux de l'Afrique occidentale française doivent s'adjoindre un assesseur musulman [35].

Sous le régime du décret du 20 mai 1857, en son article 2, le tribunal du *cadi* connaissait des questions intéressant le statut réservé des Sénégalais musulmans. Avec le décret assimilateur, du 10 novembre 1903, article 29, ces questions passent à la compétence des tribunaux de droit commun. Le décret du 22 mai 1905 rétablit la compétence du tribunal musulman, avant qu'un acte

34. Affaire Ndella Diouf contre Ndella Sarr et Bira Boye. AHSOM, Dépôt des papiers publics des Colonies, Greffes, Sénégal, Cour d'appel, XIIIe vol. 1860-1861. Arrêt n° 60.
35 Arrêt du 3 juin 1904, *Pen.* 1905, I, p. 91.

organique du 16 août 1912 ne rende ces Sénégalais justiciables des tribunaux indigènes. Ce n'est qu'en 1932, que le régime juridique des Sénégalais des communes constituées fera l'objet d'un texte définitif.

La Cour va profiter de ces hésitations du législateur, pour donner une expansion continue à la compétence de la juridiction de droit commun. Cette volonté d'expansion est très ancienne. Dès 1881, le *cadi* se plaignait de l'empiétement des tribunaux français sur ces droits tandis que le président de la Cour, appelait de tous ses vœux, dans l'intérêt de la colonisation française au Sénégal, " le jour où les tribunaux français auront le droit d'appliquer la législation musulmane exactement comme les tribunaux français appliquent dans l'Inde la législation hindoue" [36].

Cette expansion va devenir certaine à partir du texte organique du 10 novembre 1903, et d'une jurisprudence subséquente inaugurée par un arrêt du 2 février 1906 [37]. Dans l'espèce, une dame réclamait à son tuteur matrimonial le remboursement de diverses sommes provenant de la dot versée à l'occasion de ses deux mariages, et du produit d'une vente d'effets mobiliers dépendant de la succession de son feu premier mari. Le tout, pour un montant de 1 522 francs 50 centimes. Le tribunal de première instance de Saint-Louis s'est déclaré incompétent, en ce qui concerne le remboursement de la dot consentie et payée à l'occasion du premier mariage de l'intimée, la dot étant en droit coranique, un des éléments essentiels et constitutifs du mariage musulman. La demande touchant à une question relative au mariage musulman, et échappant ainsi, aux termes de l'article Ier du décret du 22 mai 1905, à la compétence des tribunaux de droit commun, le *cadi* pouvait seul en connaître.

La Cour va dénier qu'il s'agit en la cause d'une dot dont la constitution pourrait intéresser la validité du mariage. L'action en restitution du montant d'une dot consentie à l'occasion d'un mariage et versée par le mari à un tiers, n'est pas relative à une question intéressant le mariage, réservée par le décret du 22 mai 1905 aux tribunaux musulmans. Dès lors, les tribunaux civils pouvaient seuls en connaître, et c'est à tort que le premier juge s'est déclaré incompétent.

Cet arrêt vise manifestement à réduire la portée du décret du 22 mai 1905 qui réserve au tribunal du *cadi* toutes les questions qui touchent au régime matrimonial. C'est enfreindre ce texte que de décider que, le tribunal français est seul compétent, à l'exclusion du *cadi*, pour connaître de l'action en restitution de la dot exercée par une veuve musulmane contre son tuteur matrimonial. En effet en droit musulman les quatre conditions suivantes sont requises pour qu'un mariage soit valide : l'absence d'empêchements, le consentement de personnes déterminées, la constitution de dot, l'observation des formalités

---

36. ANS, Dossier O- b-12, 1881, pièce 42.
37. *Pen.* 1906, Jurisprudence, p. 133 et s. Dans le même sens, voir un arrêt du 20 janvier 1905, *Pen.* 1905, Jurisprudence, p. 156 et s.

prescrites par la loi [38]. La jurisprudence de rite malékite, qui est appliquée devant les juridictions de l'Afrique occidentale, met l'accent sur les deux dernières conditions.

Ce rite fait de la dot une condition de formation du mariage. Payée en deux fois, l'usage veut que la première partie soit versée au moment de la conclusion du mariage et l'autre, lors de la rupture du lien conjugal. Que cette rupture intervienne par décès, répudiation ou divorce. Cette dot est la propriété absolue de l'épouse. En fait, c'est sa famille qui en fait usage.

Dans cette jurisprudence malékite, la femme ne peut personnellement donner son consentement. Elle est tenue de recourir à l'intermédiaire d'un *wali*, ou tuteur matrimonial, imposé par la loi.

Cette même tendance à restreindre l'application du décret de 1905, fait dire à la Cour, dans un arrêt du 4 mai 1906 [39], que : les tribunaux musulmans institués par le décret du 22 mai 1905 ne connaissent exclusivement des affaires entre Sénégalais musulmans, dans le ressort des tribunaux de première instance de Saint-Louis. de Dakar, et de la justice de paix à compétence étendue de Kayes, que lorsque ces affaires sont relatives aux questions qui intéressent l'état civil, le mariage, les successions, les donations et les testaments toutes les autres causes entre les mêmes Sénégalais, sont de la compétence des tribunaux de droit commun et doivent être instruites et jugées d'après la loi française : c'est donc à tort qu'est portée devant le tribunal du *cadi* de Dakar, incompétent pour en connaître, la demande d'un musulman concernant la restitution de plans, documents et diverses sommes d'argent dont se serait emparé un de ses coreligionnaires lors de l'ouverture d'une succession, ce qui ne constitue pas une question intéressant cette succession, telle que s'il s'agissait d'un droit héréditaire.

Après la dot, c'est la compétence successorale du tribunal musulman qui, ainsi, est contestée. Et selon un arrêt du 3 décembre 1908 [40], ni le décret du 20 mai 1857 qui a institué au Sénégal les *cadis*, ni celui du 22 mai 1905 qui a réorganisé la justice musulmane en Afrique occidentale française et qui a reproduit les mêmes dispositions que celui de 1857, ne donnent à ces magistrats le droit de procéder aux liquidations et aux partages des successions musulmanes. Cette interprétation des textes susvisés étant conforme à l'intention du législateur qui, dans les dépêches ministérielles sur cette question [41], a toujours refusé de reconnaître aux *cadis* des attributions pour les partages immobiliers. Dès lors, les successions dont il s'agit comprenant des immeubles, il y a lieu

---

38. V. L. Milliot, *Introduction à l'étude du droit musulman*, Paris, Librairie Sirey, 1952, p. 285 et s.
39. *Pen.* 1906, Jurisprudence, p. 203.
40. *Rec.* 1909, 2, p. 148. Voir dans le même sens un arrêt du 23 janvier 1925, *Rec.* 1925, 2, p. 177, et un autre du 5 août 1932, *Pen.* 1934, I, p. 33.
41. V. Dépêche ministérielle du 9 février 1889. ANS M 15 Dossier O-b-35, pièce 103.

d'ordonner, en cas de besoin qu'il sera procédé à leur liquidation et partage par un notaire à ce spécialement commis.

La volonté de l'autorité supérieure et de la Cour, d'étendre la compétence de la juridiction française au détriment des attributions normales du *cadi* est patente. La réduction des attributions de ce magistrat prime l'application scrupuleuse du texte organique sur la justice musulmane ainsi que l'atteste la décision du 2 février 1917 [42]. Selon cet arrêt aux termes de la loi musulmane et de l'arrêté du 5 juin 1823, c'est au tribunal du lieu où une succession s'est ouverte qu'il appartient de connaître des questions relatives à cette succession. Par suite, le tribunal musulman de Dakar, dont le ressort ne s'étend qu'à la ville de Dakar et à sa banlieue, était incompétent pour connaître d'une demande en pétition d'hérédité relative à une succession ouverte à Tivaouane, qui fait partie du ressort du tribunal de première instance. La demanderesse, née à Saint-Louis, était donc justiciable de ce tribunal aux termes du décret du 9 mars 1914. Elle pouvait le saisir comme étant celui de l'ouverture de la succession.

L'article premier du décret du 9 mars 1914 sur lequel s'appuie l'arrêt est, rappelons-le, ainsi libellé, en son dernier alinéa : "toutefois, les indigènes nés dans l'une des Quatre Communes constituées du Sénégal sont justiciables des tribunaux français dans toute l'étendue de cette colonie. La preuve de l'existence de la naissance dans l'une des Quatre Communes incombe à l'intéressé. Le justiciable qui n'aurait pas, dès le début de l'instance, excipé de la clause exceptionnelle qui le soustrait à la juridiction d'un tribunal indigène, ne pourra pas attaquer de ce chef la validité du jugement rendu par ce tribunal".

Si territorialement, le tribunal du *cadi*, assimilable pour la cause à un tribunal indigène, était incompétent, il n'en demeure pas moins vrai, que sa décision serait devenue inattaquable, la demanderesse n'ayant pas, au début de l'instance, excipé de la clause exorbitante du droit commun qui la soustrait à cette juridiction. Mieux, au lieu d'exciper de sa naissance dans l'une des communes constituées pour demander que son action soit renvoyée au tribunal français, la demanderesse avait formellement saisi le tribunal du *cadi*. N'était-ce pas traduire sa volonté de ne pas profiter de la faveur que lui réservait le décret de 1914 ? Devant cette volonté si déterminée, pourquoi la Cour a-t-elle cru bon d'insister sur son droit à se réclamer de la juridiction française ? Après la détermination de la compétence territoriale, il suffisait, le territoire de l'ouverture de la succession ne ressortissant pas au tribunal musulman de Dakar, de renvoyer la demanderesse à se pourvoir comme elle aviserait. C'est peut-être pour éviter qu'elle ne se soumette à la compétence du tribunal musulman auquel ressortit le cercle de Tivaouane, qu'elle a été expressément renvoyée devant le tribunal de première instance de Dakar.

La décision de la Cour peut également s'expliquer par le fait que, la demanderesse étant originaire d'une des Quatre Communes de plein exercice la partie

42. *Rec.* 1917, 2, p. 247.

adverse ne l'était pas. La juridiction musulmane étant une juridiction exceptionnelle, les Sénégalais originaires des communes constituées ne pouvaient y attirer des non-originaires.

C'est, en tout cas, la jurisprudence qu'applique la Cour, dans un arrêt du 2 juin 1911 [43], selon lequel, le tribunal musulman de Dakar était incompétent pour connaître d'un litige entre étrangers musulmans. En effet, les lois de police et de sûreté obligent les étrangers qui habitent la France ou les colonies françaises ; parmi les lois qui régissent indistinctement les Français et les étrangers, il faut notamment comprendre celles qui ont trait à l'organisation et à la compétence des tribunaux ; pour obéir aux prescriptions de la loi en matière de compétence, les plaideurs doivent saisir de leurs différends les tribunaux de droit commun qui sont, au Sénégal, ceux instituée par le décret du 10 novembre 1903. Le tribunal musulman qui, dans l'espèce. a été saisi par l'intimé, est une juridiction d'exception : en effet, ce tribunal a été créé par le décret du 22 mai 1905 uniquement pour les indigènes musulmans, qui ne sont d'ailleurs pas eux-mêmes obligés d'y porter leurs contestations le tribunal musulman de Dakar était ainsi incompétent *ratione materiae*, et aurait dû d'office déclarer son incompétence ; cette incompétence, d'ordre public, peut être proposée en tout état de cause.

2. Dans des matières déterminées

La conquête de l'Algérie mit la France en présence de formations sociales si distinctes de celles dont elle avait l'habitude, qu'elles l'obligèrent à réviser tous ses principes d'action. Les lois réglant son établissement durent garantir aux populations conquises le respect d'institutions fondamentalement opposées aux siennes. Les Algériens devenaient ainsi une communauté juridique définie par l'origine des individus qui la composent. Une communauté qui se distingue notamment par sa loi religieuse. D'où la garantie par la capitulation du 5 juillet 1830 [44] du libre exercice de la religion islamique, envisagée comme un élément de description de la communauté algérienne. C'était, malgré la conquête, admettre que les Algériens échappaient à l'emprise de la loi territoriale. Ils restaient en possession de leur statut personnel. C'est ce que l'ordonnance du 26 octobre 1842 reconnut positivement au sujet des questions d'état. D'après l'article 37 de cet acte "les contestations entre les indigènes relatives à l'état civil, seront jugées conformément à la loi religieuse des parties". La France laissait dans le domaine exclusif de la loi islamique l'état et la capacité des Algériens musulmans, ce qui signifie, toutes les questions intéressant la condition juridique de la personne, considérée en elle-même et dans ses rapports avec la famille. Même relativement au régime des biens, la loi musulmane retenait une partie de son autorité. En effet, aux termes de la loi du 16

---

43. *Rec.* 1911, 2.
44. V. E. Besson, *La législation civile de l'Algérie. Étude sur la condition des personnes et sur le régime des biens en Algérie*. Paris, 1894, p. 54 et s.

juin 1851, les transmissions de musulman à musulman restaient soumises aux prescriptions du statut indigène.

L'Algérie ayant servi de banc d'essai, et la marque de sa colonisation se retrouvant dans tout l'Empire français, n'est-il pas possible de faire un rapprochement entre l'évolution de l'Algérie et celle du Sénégal ? Devant des exigences similaires, le statut des musulmans des Quatre Communes a-t-il été envisagé de la même façon ? A-t-il bénéficié de la même garantie judiciaire ?

Selon le Conseil d'appel de Saint-Louis [45], le code civil promulgué en 1630, par simple arrêté du gouverneur n'a pu avoir pour but de bouleverser les conditions de l'existence sociale des Français de cette colonie qui professent la religion musulmane. Dans tous les pays soumis à la domination française, le législateur a toujours eu soin d'ordonner que les indigènes non chrétiens seraient jugés, surtout dans leur question d'état, selon les principes de leur loi religieuse ou civile : cela se pratique ainsi dans l'Algérie et dans les établissements de l'Inde. Admettre en principe que les mahométans du Sénégal doivent, dans les questions d'état, être jugés par des lois faites pour la métropole, ce serait mettre en question la constitution de leur famille, les rapports des parents avec leurs enfants et les relations de ceux-ci avec leur père et mère. Il a dû entrer dans l'esprit de celui qui a promulgué le code civil la pensée que ce code ne s'appliquerait, du moins quant à l'état des personnes, qu'aux individus qui professent la religion chrétienne et qui seuls sont suffisamment façonnés au mœurs et aux usages pour lesquels a été faite la loi française.

Le respect de la liberté religieuse appelait ainsi aux Saint-Louisiens la garantie de maintien de leurs institutions familiales. Mais pour que cette population conduise sa vie quotidienne en accord avec ses convictions, il fallait que le principe fut admis de l'application de la loi musulmane par des juridictions spéciales. Et selon le Conseil d'appel [46], cela a toujours été le cas au Sénégal. En effet, le tribunal des marabouts présidé par le *Tamsir* a toujours été reconnu à Saint-Louis et sa juridiction volontairement agréée, il est vrai, pour les affaires de succession de mariages musulmans a toujours été respectée. Si l'arrêté de 1843 a régularisé les délibérations de l'assemblée des marabouts et exigé des décisions écrites, avant le dit arrêté, l'usage de la dite assemblée était de rendre des décisions verbales confiées à la mémoire et à la piété des juges et des parties.

Un tribunal arbitral musulman se perpétuait à Saint-Louis sans que sa légalité soit parfaitement reconnue. Les musulmans lui soumettaient tous les litiges relatifs à leur état. D'abord toléré, ce système sera régularisé par le gouverneur Bouët en 1843. Sous la Second Empire, lorsqu'il est question de

45. Affaire Fara Daro contre Anta Wade et Georges Alsace. ANSOM, Dépôt des papiers publics des Colonies, Greffes du Sénégal Cour d'appel, 5e vol. 1844-1845, Arrêt n° 24.
46. Affaire Koumba Baïo contre Aïssata Kébé. ANSOM, Greffes du Sénégal Cour d'appel, 6e vol. 1846-1847, Arrêt n° 50 du 6 mars 1846.

créer un tribunal musulman, le problème sera de savoir s'il faut ou non limiter ses attributions ? La tendance à l'assimilation judiciaire étant dominante. les autorités conservaient l'espoir d'une fusion entre les deux sociétés qui ferait perdre à l'islam une partie de son influence. La loi islamique va se voir délimiter un domaine. Ce sera le fait du décret du 20 mai 1857. En effet, aux termes de son article 2, "le tribunal institué à Saint-Louis connaît exclusivement des affaires entre les indigènes musulmans et relatives aux questions qui intéressent l'état civil, le mariage, les successions, les donations et les testaments. Les causes y sont instruites et jugées d'après le droit et suivant les formes de procéder en usage chez les musulmans : ce tribunal connaît de l'exécution de ses jugements.

Les parties peuvent, toujours selon ce texte organique [47], porter d'un commun accord, leur contestation, ou l'appel des jugements du tribunal musulman, devant les juridictions françaises. En cas de désaccord sur la juridiction qui doit être saisie, c'est le maire de Saint-Louis, chargé des conciliations qui décide.

Il résulte [48] surabondamment du choix des expressions employées dans cette rédaction – affaires, causes, contestations, instruites, juges, jugements, juridictions, parties – que le législateur n'a entendu donner au tribunal musulman que des attributions contentieuses. Aucun rapprochement ne pouvait être fait avec l'Algérie où le statut personnel relève du *cadi* pour l'application de toutes les lois concernant l'état et la capacité des musulmans. En effet, en Algérie, l'ordonnance du 16 septembre 1842 avait maintenu pour les musulmans. avec la juridiction de leurs *cadis*, l'application de leurs droits et coutumes dans toutes les affaires civiles et commerciales (art. 44). Le législateur des 26 juillet - 8 août 1873 avait placé, pour l'avenir sous l'empire de la loi française (art. 2), l'établissement de la propriété immobilière, sa conservation et la transmission contractuelle des immeubles, en ajoutant, article 7, "qu'il n'est point dérogé au statut personnel, ni aux règles de succession des indigènes entre eux". Mais au Sénégal, le décret du 20 mai 1857 n'emploie nullement le mot de statut personnel, il s'exprime, restrictivement en ces termes : "le tribunal musulman connaît exclusivement des affaires entre indigènes musulmans et relatives aux questions qui intéressent l'état civil, le mariage, les successions, les donations et les testaments. Le tribunal musulman, dont la création en 1857 constituait une dérogation au droit commun de la colonie, n'est appelé à statuer que sur les affaires concernant l'état des personnes, non sur toutes celles qui concernent leur capacité [49].

L'islam était, en Algérie, un élément de définition de la communauté autochtone, c'est une civilisation. La reconnaissance du culte islamique impliquait

47. Art. 3, 4 et 5.
48. Arrêt du 6 juillet 1894, *Pen.* 1895, Jurisprudence, p. 38
49. V. Les observations développées par le Conseiller Ballot Beaupré, devant la chambre des requêtes de la Cour de cassation, sous l'arrêt de 1894.

nécessairement le maintien d'institutions particulières. Le statut personnel algérien échappait à l'emprise de la loi française pour toutes les questions qui intéressent l'état et la capacité des personnes.

À Saint-Louis, par contre, l'islam n'a pas droit de cité ou refuse d'abord de le reconnaître. Ce sont des considérations politiques qui vont justifier le maintien à la population saint-louisienne d'un état social propre [50], d'où la délimitation d'un champ d'application réduit du droit coranique. L'islam est, au Sénégal, un instrument de la politique coloniale, ce n'est point une civilisation, c'est une religion, simplement tolérée qu'il faut cantonner dans un domaine réservé, Au Sénégal et dépendances, le champ d'application du droit coranique a toujours été réduit.

Le droit islamique relève tantôt de la compétence des juridictions françaises, tantôt de la compétence du tribunal d'exception du *cadi.* Sous le régime du décret du 10 novembre 1903, dans les affaires relatives aux questions qui intéressent l'état civil, le mariage, les successions, les donations et les testaments, le juge président, qui rend seul la justice dans les matières qui sont de la compétence des tribunaux de première instance et des justices de paix, doit s'adjoindre un assesseur musulman [51].

Sous les décrets des 22 mars 1905 et 25 avril 1920, le statut civil réservé est excepté de la compétence des tribunaux français, et déféré au tribunal musulman, lorsque l'indigène est originaire ou descendant d'originaire d'une des Quatre Communes de plein exercice du Sénégal, et de religion musulman [52].

S'il appartient, en particulier, au *cadi* de fixer suivant la loi coranique, le nombre et la qualité des héritiers et la part proportionnelle de chacun d'eux, il ne lui appartient pas, cependant, de déroger à la coutume locale [53]. Le *cadi* est, en effet, seulement compétent pour connaître des difficultés qui s'élèvent entre indigènes musulmans, à propos de la succession d'un musulman [54].

Les originaires des Quatre Communes constituées du Sénégal jouissent de la qualité de citoyen français. Cependant, conformément aux dispositions de l'article 5 du décret du 20 novembre 1932, la loi française leur est inapplicable, mais seulement, pour les questions relatives à l'état des personnes, au mariage, aux successions, donations, et testaments [55] Dans toutes les autres matières, il fallait donc revenir à l'application régulière de la loi française.

50. V. B. Schnapper, *Rev. Hist. de Droit Français et Étranger*, 1916, p. 60 et s.
51. Arrêt du 17 février 1905, *Pen.* 1905, p. 156.
52. Arrêt du 4 mars 1927, *Rec.* 1927, 2, p. 129
53. Arrêt du 5 août 1932, *Pen.* 1934, Jurisprudence, p. 33 et s.
54. Arrêt du 20 juin 1902, *Pen.* 1903, I, p. 55.
55. Sommaire de Jurisprudence, *Pen.* 1947, 32, Arrêt du 12 juillet 1946.

Section II. L'extension de la compétence française aux Africains

La Cour était placée à la tête de deux ordres de juridictions dont la séparation se fondait sur la distinction de deux types de statut privé : le statut privé écrit, d'origine européenne, et le statut privé coutumier, non écrit d'origine africaine. Chaque statut possédait ses propres organismes pour dire le droit. Les tribunaux français avaient essentiellement pour mission d'appliquer la loi française aux Européens, et assimilés. Pour les affaires dans lesquelles les Africains étaient seuls en cause, ou recourait à des juridictions spécialisées dans la mise en œuvre du droit coutumier. La séparation pouvait paraître absolue. Les règles de compétence personnelle étaient si précises que l'installation d'un tribunal des conflits ne s'avérait pas nécessaire. Ce n'était qu'une apparence. À partir de 1924, et notamment du décret organique du 22 mars, le législateur allait bouleverser le partage des justiciables. La mise en place de l'appareil colonial s'achevant avec la Première Guerre mondiale le législateur va tirer parti de la désintégration de la société traditionnelle, pour soustraire le plus grand nombre possible de litiges à la connaissance des tribunaux indigènes. La Cour, s'appuyant sur ces textes, va affirmer le caractère exceptionnel des tribunaux de droit local. Les juridictions de droit français deviennent les seules juridictions de droit commun. Elles vont étendre leur compétence à des catégories de plus en plus importantes de la population africaine.

Paragraphe I. Deux ordres juridiques séparés

Le décret du 10 novembre 1903 dispose, en son article premier que "dans les colonies formant le gouvernement général de l'Afrique occidentale française, la justice est rendue par une Cour d'appel, des cours d'assises, des tribunaux de première instance, des justices de paix à compétence étendue et des tribunaux indigènes". Aux deux systèmes juridiques que les justiciables pouvaient invoquer, à savoir le droit français et le droit coutumier, correspond ainsi une dualité de juridictions.

L'attribution de compétence entre les deux ordres de juridictions tourne autour de la qualité des parties en cause. En effet, selon l'article 46 du texte organique de 1903 : "dans les territoires non compris dans le ressort des tribunaux de première instance et de la justice de paix à compétence étendue de Kayes, la justice indigène est administrée à l'égard des individus non justiciables des tribunaux français par des tribunaux de village, des tribunaux de province et des tribunaux de cercle". La répartition des justiciables repose sur la distinction qui oppose les Européens et assimilés aux Indigènes et assimilés. Les premiers étant justiciables des tribunaux français, les Africains et assimilés relèvent donc, *a contrario*, des tribunaux indigènes. C'est ainsi que l'article 2 du décret du 3 décembre 1931 dispose que : "sont indigènes dans le sens du présent décret, et justiciables des juridictions indigènes les individus originaires des possessions françaises de l'Afrique occidentale française et de l'Afrique équatoriale française ne possédant pas la qualité de citoyens et ceux qui, étant originaires des contrées comprises entre ces territoires ou limitrophes de ces territoires, n'ont pas dans leur pays le statut des nationaux européens". Les critères de détermination du statut personnel sont ainsi la conséquence de distinctions politiques. La citoyenneté française étant liée au statut personnel français, il faudra la promulgation de la constitution de 1946 pour que ce ne soit plus la citoyenneté, mais le statut de la personne qui attribue la compétence.

Néanmoins, la dualité des droits et des juridictions ne coïncidait pas toujours. La suprématie juridique du statut français explique la règle qui veut qu'en cas de litige mixte, la compétence du tribunal de droit français l'emporte, d'où la faculté d'option en sa faveur (A). Les tribunaux français devenaient les tribunaux ordinaires, pendant que les juridictions coutumières se cantonnaient dans un rôle strictement défini. Il n'en demeurait moins vrai, jusqu'au texte organique du 16 août 1912, que les Africains qui conservaient leur statut personnel étaient justiciables des tribunaux indigènes qui étaient pour eux la juridiction de droit commun (B). D' où l'impossibilité pour les juridictions françaises de solutionner les conflits entre les Africains évolués et leur organisation familiale traditionnelle.

A. La suprématie du statut français

Les tribunaux français sont des juridictions de droit commun. Leur incompétence à l'égard des Africains est seulement relative. De ce fait, ils connaissent des litiges mixtes (I), et les plaideurs de statut personnel coutumier peuvent soumettre leurs litiges à son arbitrage (2).

I. Les litiges mixtes

La justice française et la justice indigène constituent des ordres de juridictions de droit commun, tant à l'égard des justiciables français et assimilés d'une part, qu'à l'égard des autochtones et assimilés, de l'autre. Mais quel est l'ordre de juridiction compétent lorsqu'un procès met en cause des Africains et des Européens ? Quel est le tribunal habilité à résoudre un litige entre des justiciables de statut différent ?

Le décret du 10 novembre 1903, en son article 30, stipule : "en matière civile et commerciale, les juges de paix à compétence étendue connaissent dans l'étendue de leur ressort de toutes les affaires dans lesquelles sont intéressés les Français, Européens ou assimilés aux Européens". "La loi française ajoute le texte, sera toujours appliquée, dans ce cas, alors même qu'il y aurait des indigènes en cause". Aux termes de l'article 34 du même texte organique "les tribunaux français sont seuls compétents, lorsque l'infraction a été commise par des indigènes, de complicité avec des Français, Européens ou assimilés, ou que la victime de ces infractions est l'une ou l'autre de ces personnes".

Il résulte de ces dispositions que, pour les litiges qui opposent des Européens à des non-Européens, les tribunaux français sont exclusivement compétents. L'attribution de compétence entre les deux ordres de juridictions tourne autour de la qualité des parties en cause. Et plus précisément en considération de la présence d'un Européen ou assimilé, C'est donc une compétence d'attribution personnelle, mais à sens unique. Il s'agit de protéger un ordre de juridiction contre les empiétements possibles de l'autre ordre. Aussi, le législateur fait-il jouer à la juridiction supérieure en matière indigène, la chambre spéciale d'homologation de la Cour, le rôle de tribunal des conflits.

La Cour a interprété très largement le texte organique, Elle protège si bien l'ordre judiciaire français que, selon sa jurisprudence constante, l'Européen n'a pas besoin d'être mis en cause. Il peut rester judiciairement étranger au procès. Il suffit simplement qu'une relation d'intérêt fasse de lui un plaideur éventuel. C'est ainsi qu'elle déclare les tribunaux de droit local incompétents : lorsqu'un Européen et un Africain sont tous deux victimes d'une même infraction [56]. Si la victime de l'infraction est un officier français [57]. Lorsqu'une tentative d'empoisonnement a été commise contre les habitants d'un poste, parmi lesquels se trouvaient des Européens [58], En cas de rébellion contre les Européens d'un poste français [59]. Les tribunaux indigènes sont également incompétents lorsqu'une personne morale française est en cause, C'est le cas, dans une attaque dirigée contre un poste de police, cette agglomération représentant l'autorité française [60], ou lors d'un vol commis au préjudice de l'administration française [61]. Il peut s'agir, aussi de vols commis au préjudice d'une maison de commerce [62].

Aux termes de l'article 69 du décret du 10 novembre 1903 : “dans le cas où le tribunal de cercle a manifestement excédé sa compétence, en connaissant d'une affaire relevant des tribunaux français, la chambre peut annuler dès le premier examen des pièces et renvoyer l'affaire au parquet qui saisit la juridiction compétente”. Les dispositions de cet article visent seulement les tribunaux de cercle. Cependant la chambre spéciale va se considérer valablement saisie dans un intérêt d'ordre public, et prononce l'annulation avec renvoi de l'affaire au parquet, dans des jugements rendus par des tribunaux de province lorsque

56. Chambre d'homologation, arrêt du 21 janvier 1908, affaire Goulougou et autres. ANS, M 147, jurisprudence de la chambre d'homologation, G. Desvallons et E. Joucla, 1910, Lettre I, Incompétence.
57. Chambre d'homologation, arrêts des 16 octobre 1906, affaire Ali Malicondi et consorts, et 22 janvier 1907, affaire Tamary Taraoré et autres.
58. Même chambre, arrêt du 26 novembre 1907, affaire Fodié Diaguili et autres.
59. Arrêt du 30 octobre 1906, affaire Messent,
60. Arrêt du 23 juillet 1907, affaire Sékou Coulibaly.
61. Arrêts des 27 juin 1905, affaire Samba Coulibaly et 30 octobre 1906, affaire Amadou Bâ.
62. Affaire Mohamadou Thiam, arrêt du 12 mars 1907.

des Européens étaient en cause [63]. Selon la Cour, en effet, l'application dudit article, a trait à un excès de pouvoir ou à une violation de compétence intéressant l'ordre des juridictions. Il ne saurait, malgré ses termes étroits, être limité aux seuls tribunaux de cercle.

La règle ainsi dégagée va être consacrée par le législateur, à partir de 193I. Selon, en effet, l'article premier du décret du 3 décembre 1931 "en matière civile et commerciale, les juridictions indigènes connaissent des litiges dans lesquels les parties sont exclusivement indigènes" [64]. Il pourrait suffire donc d'une seule présence française ou non africain [sic] pour donner compétence aux juridictions de droit français exclusivement compétentes pour les litiges mixtes. Les tribunaux indigènes ne sauraient, décide la Cour, passer outre au jugement lorsqu'un élément quelconque de l'affaire leur permet de mettre en doute la qualité d'indigène du prévenu. Leur devoir en ce cas e st de s'enquérir par tous les moyens de son véritable statut avant de juger au fond [65].

Un autre décret du 5 janvier 1934 dispose : "les tribunaux français connaissent des délits commis par des Européens ou assimilés, ou dans lesquels ceux-ci sont intéressés comme coauteurs, complices ou victimes, ou à propos desquels la responsabilité civile d'un Européen ou assimilé est ou peut être recherchée". C'est en application de ce texte, qu'une jurisprudence constante [66] de la Cour déclare que, lorsqu'un accident d'automobile est causé à un Africain par un chauffeur africain au service lui même d'un employeur africain, on ne saurait refuser aux tribunaux français la connaissance du litige dans le cas où cet employeur est couvert par une assurance responsabilité contractée auprès d'une compagnie française. En effet, une des conséquences des contrats d'assurances couvrant la responsabilité civile d'un employeur est de subroger l'assureur dans les droits et actions de l'assuré dès le moment où celui-ci est mis en cause à raison des dommages causés à autrui par une infraction de son employé. Cette substitution de la responsabilité d'un citoyen français à celle d'un justiciable de statut indigène ne saurait avoir pour conséquence de soumettre le premier à une juridiction indigène [67].

Pris à la lettre, le décret de 1934 ne s'appliquait pas dans les circonstances de la cause. L'auteur de l'homicide par imprudence était Africain. Son employeur civilement responsable était également de statut personnel indigène.

63. Affaire Ismaël Gomedo, arrêt en date du 23 mars 1909.
64. *JOAOF*, 1932, p. 125.
65. Affaire Dieye Ndiouga et Niang Magane, Greffe de la Cour, Arrêts chambre d'annulation, Registre de l'année 1939, Arrêt n° 30 du 6 avril 1939.
66. Voir notamment, affaire Mbaye Mamadou, Bouna Fall, Compagnie " La Préservatrice", arrêt n° 66 du 28 juillet 1938 ; Affaire Konamé Afrani, Coffi Fofié, et la même compagnie d'assurance, arrêt n° 70 du 8 septembre 1938 ; Affaire Cissé Sako, Diabarate Méry, et la Compagnie La Préservatrice, arrêt n° 71 du 8 septembre 1938. Greffe de la Cour, Arrêts chambre d'annulation, Registre de l'année 1938.
67. Affaire B. Malick. Greffe de la Cour, Arrêts chambre d'annulation, Registre de l'année 1936, arrêt n° 122 du 10 décembre 1936.

La Cour va cependant interpréter largement l'expression "civilement responsable" pour l'appliquer à l'assureur. Elle considère que l'esprit du décret était d'éviter qu'un intérêt européen soit soumis, à l'occasion d'un délit commis par un Africain, à la juridiction du tribunal de droit local [68]. L'Européen n'a pas besoin d'être cité. Il suffit seulement qu'il puisse être recherché comme civilement responsable. En effet, l'article 16 du décret du 22 juillet 1939 mentionne parmi les cas de compétence des juridictions françaises ceux "à propos desquels la responsabilité civile d'un Européen ou assimilé est ou peut être recherchée". Toutefois la Cour refuse d'interpréter ces dispositions en dehors des règles de la responsabilité civile posées par l'article 1384 du code civil. Elle décide que la justice de droit local est compétente, lorsque le prévenu n'est ni le domestique, ni le préposé de l'Européen ou assimilé, mais un simple commissionnaire bénévole qui n'avait reçu aucune instruction pouvant l'amener à se rendre coupable de la fraude douanière qui lui est reprochée [69]. En revanche, la justice indigène est incompétente pour statuer, lorsque le prévenu agit en qualité d'employé d'une personne morale de statut européen [70].

2. Les options de juridictions

Malgré la frontière, tracée par le législateur, des communications existaient cependant entre les deux ordres de juridictions. Les justiciables pouvaient passer d'un ordre juridictionnel à l'autre.

Le prétoire des tribunaux de droit français n'était pas absolument fermé aux plaideurs du statut personnel coutumier. L'article 7 du décret du 3 décembre 193I dispose, en effet, que les indigènes peuvent d'un commun accord en matière civile et commerciale, bénéficier de la juridiction française. En ce cas, il leur est fait application des usages et coutumes les régissant, à moins que les parties n'aient déclaré dans un acte qu'elles entendaient placer leurs conventions sous l'empire de la loi française, auquel cas cette loi seule est applicable". Les Africains de statut local pouvaient donc, d'un commun accord, opter pour la justice française. L'option symétrique était-elle possible ? Les plaideurs de statut personnel européen étaient-ils autorisés à opter en faveur des juridictions de droit local ?

L'article 8 du décret de 1931 décide : "qu'en ces mêmes matières civiles et commerciales les différends entre les justiciables des tribunaux français et les justiciables des tribunaux indigènes peuvent d'un commun accord être portés devant les tribunaux indigènes". "L'accord, ajoute le texte, est constaté par une convention analogue à celles qui sont prévues par le décret du 2 mai 1906".

---

68. V. au *Pen.* 1938, 1, p. 169, la note du Professeur R. Savatier.
69. Affaire Cheikh Fall contre Étienne Carvalho, Greffe de la Cour, Arrêts chambre d'annulation, Registre du 1er semestre 1946, arrêt n° 9 du 10 janvier 1946.
70. Affaire Mbarick Fall. Greffe de la cour, Arrêts chambre d'annulation, Registre de l'année 1945, Arrêt n° 19 du 22 février 1945.

C'est signifier que le législateur colonial n'admettait, en raison de la suprématie du statut français, cette option, que dans les litiges nés entre des personnes de statut privé écrit et des personnes de statut privé coutumier, c'est-à-dire, dans les litiges mixtes. À la condition que l'accord des parties ait été constaté par écrit. Un écrit rédigé en français, contenant l'énonciation exacte des noms, de la qualité et de la demeure des parties contractantes, l'exposé précis des engagements pris. Cet écrit doit être ensuite présenté au chef de la circonscription administrative. Qui vérifie l'identité des comparants, leur fait expliquer la portée de l'engagement qu'ils prennent, et les interroge pour savoir si leur consentement a bien été donné librement. L'acte revêtu de la formule d'affirmation a la valeur d'un acte privé qui lie les parties.

La Cour va s'appuyer sur ces textes d'une rédaction parfois équivoque pour, dans la pratique, donner des options de juridictions une interprétation divergente. Elle décide que l'option de juridiction faite en faveur de la justice française doit être libre, tandis que celle exercée en faveur de la justice de droit local ne l'est pas, En effet, du moment que l'article 7, relatif au premier cas, ne parle que de l'accord des justiciables, la comparution volontaire des parties suffit à manifester cette option. Le tribunal français est valablement saisi dès lors qu'aucune exception d'incompétence n'est formée avant le débat au fond [71]. En revanche, un statut métropolitain ne peut accepter tacitement de comparaître devant un tribunal coutumier alors que l'article 8 du décret du 3 décembre 1931 exige un accord exprès.

La faculté d'option en faveur de la justice française va donner lieu à des extensions telles qu'une circulaire du 12 avril 1908 a dû rappeler aux juridictions françaises qu'elles ne devaient pas chercher à envahir le champ de la compétence indigène. Qu'elles devaient se restreindre à la compétence qui leur est attribuée par le législateur. Et que, quand elles ont à juger des procès coutumiers, elles devaient appliquer le droit local et non la législation métropolitaine [72]. C'était vouloir dire que, conformément aux dispositions de l'article 7 du décret de 1931, la renonciation au droit coutumier ne pouvait pas résulter d'une manifestation implicite de volonté.

La possibilité ouverte aux Européens d'opter en faveur de la justice coutumière va, par contre, être nettement réduite par la jurisprudence de la Cour, qui déclare d'abord que les conditions de forme exigées par le législateur sont d'ordre public, En leur absence, l'option est nulle et non avenue. La Cour s'est nettement prononcée en ce sens, dans un arrêt du 22 février 1951 [73]. Il s'agissait en l'espèce d'un procès opposant un Sénégalais de statut coutumier à un Libanais. Ce procès avait été porté devant le tribunal de premier degré de

71. V. supra, le paragraphe I de la Section I.
72. V. Docteur Asmis, « La condition juridique des Indigènes de l'AOF », *Rec.* 1910, 2, p. 35.
73. Affaire Madické Mboup contre Assime Zeydane. Greffe de la Cour, Arrêts chambre d'annulation, Registre des années 1950 et 1951, Arrêt n° 15.

Tivaouane. La Cour va annuler le jugement pour incompétence. Elle considère, en effet, que si le demandeur était bien justiciable des juridictions de droit local, il n'en était pas de même de son adversaire. De nationalité libanaise, celui-ci ne pouvait pas non seulement être considéré comme justiciable des tribunaux indigènes suivant les règles de l'article 2 du décret du 3 décembre 1931, mais il n'était pas apporté la preuve exigée par l'article 8 du décret organique.

L'option ne sera ouverte qu'en matière contractuelle. Pratiquement, seuls les créanciers européens, principalement les maisons de commerce, seront autorisés à porter leurs litiges devant la justice indigène pour obtenir contre leurs débiteurs africains la contrainte par corps pour dette commerciale. C'est la solution à laquelle parvient la Cour après bien des fluctuations.

La contrainte par corps n'était exercée, en matière civile et commerciale, que par application des coutumes locales [74]. Les Européens ou assimilés ne pouvaient en aucun cas être concernés. Selon la Cour, en effet, " la contrainte par corps, à l'égard des indigènes, ne peut s'exercer, en matière civile ou commerciale, que si le débiteur et le créancier sont l'un et l'autre justiciables des tribunaux indigènes' [75].

Les maisons de commerce tentèrent de tourner la prohibition par le biais de cessions de créance consenties à des Africains. Pour combattre cette pratique, le gouverneur général va édicter un arrêté du 10 août 1905, aux termes duquel la contrainte par corps ne peut être appliquée au débiteur lorsque la créance aura été cédée à un Africain par un justiciable des tribunaux français [76].

Il faudra un revirement de la jurisprudence pour que le créancier européen puisse exercer la contrainte par corps que ne pouvaient lui accorder les tribunaux de droit français. C'est un arrêt du 20 juillet 1920 [77] qui donne cette nouvelle solution à laquelle la Cour s'est finalement ralliée. Dans l'espèce, des Africains de statut local et un Français avaient décidé, par une convention passée dans les formes prévues par l'article 48 du décret du 16 août 1912, de soumettre leurs différends à la justice indigène. En exécution de cet accord, un tribunal de subdivision à prononcé, en première instance, la contrainte par corps contre les débiteurs africains. La Cour va confirmer le jugement. La décision se fonde sur le texte organique du 16 août 1912. Aux termes de l'article 48 de ce décret, les litiges entre Africains et Européens peuvent être, d'un commun accord, soumis aux juridictions indigènes. Il est, en ce cas, statué conformément aux coutumes locales. L'article 38 décide formellement que la contrainte par corps

74. Aux termes s de l'article 38 du décret du 16 août 1912.

75. Arrêt du 22 novembre 1916, *Pen.* 1917, Jurisprudence, p. 120, qui prononce l'annulation du jugement du tribunal de subdivision de Boké du 3 juin 1916 qui avait condamné Kandioura Savané à une année de contrainte par corps pour une somme due à la maison Gallois et Compagnie.

76. *Ibidem.*

77. *Rec.* 1922, 2, p. 226.

peut être exercée, en matière civile et commerciale, par application des coutumes. Envisageant d'une façon certaine les conflits civils entre Africains et Européens, qui sont portés devant les tribunaux indigènes en vertu de l'article 48 précité, le même article dispose qu'en aucun cas, les Européens et assimilés ne peuvent être soumis à la contrainte par corps. Ce qui implique, qu'en pareille circonstance, les Africains y demeurent soumis. Il résulte de ces dispositions que la contrainte par corps peut être prononcée à la requête du créancier de statut européen, devenu par sa volonté justiciable des tribunaux indigènes, contre son débiteur africain, lorsque la coutume le prévoit. En effet, l'arrêté du 10 août 1915, qui stipule que la contrainte par corps s'exerce seulement lorsque le créancier ct le débiteur sont justiciables des tribunaux indigènes, n'a pas exigé que les créanciers et les débiteurs soient indigènes dans le sens défini par les décrets des 16 août 1912 et du 9 mars 1924, mais qu'ils soient justiciables des tribunaux indigènes. Ce sont, par leur statut, les Africains, et par leur volonté, les Européens qui se sont soumis aux dispositions de l'article 48 du décret de 1912. Aucune disposition du décret n'établit une différence dans la capacité d'agir et dans l'étendue des droits de ces deux catégories de justiciables des tribunaux indigènes.

Cette solution de la Cour trouve son fondement plus dans des raisons de fait que dans des raisons de droit. Le commerce colonial trouvait illusoire toute condamnation des Africains à des dommages-intérêts. Il lui paraissait plus efficace de recourir à des sanctions pénales contre les débiteurs récalcitrants. Mais l'autorité locale interdisait l'application de la contrainte par corps lorsque les créances commerciales étaient cédées à des Africains par des justiciables des tribunaux français. Devant cette prohibition la Cour adopte une attitude contradictoire. Dans une première démarche, elle applique la réglementation, en admettant que la contrainte par corps ne s'exerce que si les cocontractants sont tous les deux justiciables des tribunaux de droit local. Mais dans une seconde démarche, tout en reprenant la formulation de l'arrêté de 1915, elle va lui donner une interprétation divergente. Dans le premier cas, en appliquant le texte à la lettre, elle déclare que les Africains de statut local sont les seuls à être concernés par l'institution. En revanche, dans le second cas, son interprétation est plus large. Aux Africains de statut coutumier elle va adjoindre les Européens qui volontairement, demandent l'arbitrage de la justice indigène. Ce raisonnement nous semble contestable. La doctrine de la Cour ne peut pas trouver son fondement dans les textes. Sous le décret du 10 novembre 1903, en effet, la justice française avait une plénitude de juridiction. Dans leur ressort territorial, les tribunaux de droit français pouvaient statuer aussi bien selon le droit français que d'après les coutumes ou le droit islamique. Mais avec le décret du 16 août 1912, cité par la Cour, la justice française va perdre cette compétence *ratione loci*. La suprématie du statut français s'estompe face à l'existence de deux ordres juridiques séparés. Le statut personnel des justiciables fixe, seul, la compétence. Chaque ordre de juridictions a sa compétence ordinaire et applique un droit différent. La contrainte par corps se rattachant au statut personnel coutumier lui-même, les personnes de statut personnel français ne pouvaient plus être concernées. Le législateur colonial de 1912 n'avait, comme nous allons le voir, qu'une préoccupation : raffermir le statut personnel de droit local, en faisant relever chaque justiciable de son juge naturel.

B. Le décret du 16 août 1912 soumet les Africains à la compétence indigène

Le décret du 10 novembre 1903 a, dans les colonies du gouvernement général de l'Afrique occidentale française, réunifié l'administration de la justice. Il s'inspirait des principes suivants : assurer aux justiciables le bénéfice des juridictions françaises, tout en garantissant aux Africains, ne serait-ce qu'à titre provisoire, le maintien de leurs coutumes ancestrales. En effet, selon le gouverneur général : “si notre devoir aussi bien que notre intérêt nous commandent de ne pas violenter les mœurs et les coutumes de nos sujets, il nous commandent aussi de leur assurer les garanties essentielles d'une bonne justice et de chercher à les amener avec prudence, mais sans discontinuité, à un niveau de civilisation plus élevée. Le simple contrôle, en dehors de toute règle fixe, des administrateurs et des gouverneurs, ne saurait suffire à atteindre ce but : il convient de poser les premières bases d'une organisation judiciaire adaptée à l'état encore très rudimentaire de nos colonies de l'Ouest Africain, mais destinée à se développer avec le progrès de la pénétration de notre civilisation”. C'est une première étape ; elle doit être accomplie avec infiniment de mesure et de prudence si on ne veut pas risquer de compromettre, à la fois le succès final de l'œuvre à réaliser et le maintien d'une domination qui sur bien des points est de date toute récente et n'a pu encore jeter de profondes racines, et qui sur d'autres, est encore à établir” [78].

Cette politique judiciaire explique la relégation de la justice indigène à un rang subalterne. Dans l'intention d'étendre la justice française à son détriment, le législateur colonial lui attribuait un caractère provisoire. Il lui réservait un rôle accessoire, en attendant de faire entrer l'Africain dans le cadre français. Dans ce dessein, le décret organique fixe la règle d'après laquelle, les juridictions françaises ont plénitude de compétence, *ratione loci*, à l'égard de tous, dans l'étendue de leur ressort, et une compétence *ratione personae* à l'égard des seuls Européens ou assimilés, en dehors de ces ressorts. En fait, la justice française avait plénitude de juridiction sur les territoires de toutes les villes importantes et de leurs banlieues.

Au contraire avec le décret du 16 août 1912, réorganisant la justice indigène en Afrique occidentale française, le législateur semble marquer son hésitation. Les principes qui l'inspirent sont opposés à ceux de 1903. Devant la résistance du droit traditionnel, il renonce à une uniformisation immédiate du droit, il

78. Décret du 10 novembre 1903 et instructions sur son application, 1901-1908 ANS, M 79, pièce 6.

opte pour le maintien et le perfectionnement d'institutions judiciaires particulières aux Africains. "Le respect des traditions et coutumes, observe le gouverneur général, voilà en effet le principe essentiel qui a guidé le législateur de 1912. Les populations africaines... ne songent même pas à devenir maîtresses de leurs destinées politiques... Mais il est vrai que les peuples ne tendent à l'indépendance que pour établir eux-mêmes, par l'expression de la volonté générale, la législation qui les régit. Nous pouvons dès maintenant garantir à nos sujets une véritable autonomie législative, précisément en respectant leurs coutumes. Car la coutume, produit naturel et immédiat des rapports sociaux, est l'expression tacite et unanime de la volonté des populations, de leur volonté vraie et profonde, celle qui se manifeste par des actes répétés ; elle est le suffrage universel des actes sociaux ; grâce à elle, les intéressés se font à eux-mêmes leur droit, Ce droit est spontanément la traduction juridique des faits ; il est le miroir fidèle de la vie sociale et, par des transitions ménagées, il continue à refléter le mouvement naturel des choses ; il ne vient pas se fixer dans un texte et y mourir alors que les faits sont dans un perpétuel devenir ; il se tient dans une corrélation étroite et constante avec tout le développement matériel et moral de la société noire. Issu directement de la réalité, il est conforme aux nécessités des rapports quotidiens ; fait par les intéresses, il est conforme aux vœux de nos sujets" [79].

Le législateur de 1912 croit ainsi que le seul moyen de persuader l'Africain c'est, tout en abandonnant la moindre idée de contrainte, parvenir à un droit uniforme par le biais des coutumes locales. D'où le raffermissement du rôle de la justice indigène. Et la consécration de la diversité des statuts civils.

S'ensuit un bouleversement de la répartition des compétences entre la justice française et les juridictions indigènes. L'article premier du décret organique stipule, en effet, que, dans les territoires non compris dans le ressort des tribunaux de première instance du Sénégal, la justice indigène est administrée, à l'égard des individus non justiciables des tribunaux français par des tribunaux de village, des tribunaux de subdivision, des tribunaux de cercle et une chambre spéciale de la Cour d'appel de l'Afrique occidentale française. Sont justiciables de ces juridictions, aux termes de l'article 2, les individus originaires des possessions françaises de l'Afrique occidentale française, de l'Afrique équatoriale française et des possessions étrangères comprises entre ces territoires, qui n'ont pas dans leur pays d'origine, le statut des nationaux européens. À l'affirmation de la vocation générale de la justice française, faisait place l'institution de deux juridictions ordinaires. En fermant l'accès du prétoire français aux Africains [80], établi en leur faveur par le précèdent décret du 10

79. Avant-projet d'instructions générales sur l'application du décret du 16 août 1912, 1912-1913. ANS M 86, pièce 4, page 12.

80. Arrêt du 4 décembre 1913, Ministère public contre Fatou Kébé (Greffe de la Cour, chambre d'annulation, Registre de l'année 1913) qui à l'appui des articles 1er, 2 et

novembre 1903, le législateur voulait qu'en toutes matières ils ne soient justiciables que des tribunaux indigènes [81]. Dans ce but, il a fixé, par diverses dispositions du texte organique, la compétence *ratione materiae* des juridictions indigènes. Aux termes des articles 9 et 12, les tribunaux de subdivision, jugeant en premier ressort et à charge d'appel devant les tribunaux de cercle, connaissent, en matière civile et commerciale, de tous les litiges dont les parties les saisissent et en matière répressive de tous les faits punissables, De même les tribunaux de cercle, juges ordinaires d'appel, aux termes des articles 18 et 19, connaissent en outre, de diverses matières et notamment : (a) des infractions spéciales prévues et punies par les règlements de l'autorité publique : b) des infractions commises au préjudice de l'État, de la colonie ou d'une administration publique, Enfin, aux termes de l'article 36 du décret, les juridictions indigènes appliquent en matière répressive non seulement les coutumes locales, mais encore les règlements de police et d'administration pour toutes les infractions déterminées par ces règlements. Cet article 36 vise, selon la Cour [82], toutes les prescriptions que les diverses autorités, appelées à légiférer aux colonies, ont pu établir pour assurer l'ordre public ainsi que la marche régulière des divers services publics.

Pour reculer les limites de la compétence des tribunaux indigènes, le législateur de 1912 n'hésite pas, par une disposition exceptionnelle, lorsque les prévenus sont des Africains, à attribuer compétence aux tribunaux de cercle alors même que l'infraction a été commise au préjudice de l'État, de la colonie ou d'une administration publique [83]. Par une disposition exorbitante du droit commun, l'État, la colonie, ou le service public renonce au privilège de la compétence française, parce que des intérêts indigènes sont en cause, parce que le délit a été commis par des Africains, L'infraction doit cependant léser uniquement l'administration publique, elle-même, et non des particuliers non justiciables des tribunaux indigènes, Dans ce cas, en effet, la justice française retrouverait sa compétence [84].

---

12 du décret, décide que : " les tribunaux de subdivision connaissent seuls en matière répressive, des faits punissables commis dans les territoires non compris dans le ressort des tribunaux de première instance du Sénégal, par des indigènes au préjudice d'indigènes". Voir dans le même sens, Arrêt du 20 février 1913, *Pen.* I, p. 914, Jurisprudence, p. 208.

81. Arrêt du 23 mai 1913. *Pen.* 1914, I, p. 80
82. Arrêt du 23 mai 1913.
83. V. les Arrêts des 6 mars 1913, *Pen.* 1913, I, p. 230. 30 août 1913, *Pen.* 1914, p. 273 ; et 29 mars 1914, *Rec.* 1914, 2, p. 237.
84. Arrêt du 29 mars 1914 qui décide que : les tribunaux français sont compétents pour connaître du vol d'un sac postal par des Africains. Ce délit doit être en effet, considéré comme ayant été commis, non seulement au préjudice de l'administration des postes, mais aussi et avant tout à celui des expéditeurs et destinataires européens, envers lesquels l'administration des postes n'est responsable que jusqu'à concurrence d'une somme forfaitaire.

Sous le décret du 10 novembre 1903, la situation était différente. L'administration était, une entité française ou indigène, suivant les règles qui régissaient, l'autorité qu'elle détenait, et les intérêts qu'elle administrait. Ainsi, l'État, et les services régis par des actes du pouvoir métropolitain, tels que la douane, le trésor public, relevaient de la justice française. Étaient justiciables des tribunaux indigènes, les administrations uniquement chargées des intérêts africains, et notamment, l'administration de cercle, avec ses interprètes, gardes-cercles et chefs africains. Les premiers étaient censés agir au nom de l'autorité française, conformément à ses lois ou à ses règlements. Les seconds, au contraire, n'étaient que des intermédiaires des intérêts africains [85].

La séparation des deux ordres juridictionnels, fondée sur la distinction entre le statut français et le statut africain, est si rigoureuse, qu'elle conduit au recul de la compétence des juridictions françaises, Plusieurs traits attestent de cette situation.

La nouvelle règle aboutit, tout d'abord, au principe de la prorogation de juridictions. Ainsi, dans les litiges qui opposent des personnes de statut différent, l'article 48 du décret contient une disposition exorbitante du droit commun. Pour ne pas enlever l'Africain à son juge naturel, ce texte prévoit de réintroduire un fonctionnaire européen parmi les membres du tribunal de subdivision. En effet, par une exception à la règle générale qui donne la présidence du tribunal de subdivision à des notables africains, ce dernier est exceptionnellement présidé par le chef de subdivision administrative lorsque le différend oppose un Européen à un Africain [86].

Plus caractéristique encore est la situation faite aux militaires africains. Sous le décret du 9 mars 1909 [87], les militaires des troupes coloniales en activité de service, relevaient exclusivement de la juridiction des tribunaux français dans tous les cas où ils n'étaient pas justiciables des conseils de guerre. Il paraissait inadmissible, indique le rapport au Président de la République précédant le décret, “que des militaires revêtus de l'uniforme français puissent être traduits devant les tribunaux indigènes, quand la connaissance des délits ou des crimes commis par eux échappe à la compétence des conseils de guerre”.

Ce texte va recevoir une atteinte du fait de la nouvelle politique législative. Selon l'article 19 du décret de 1912, lorsque les militaires africains commettent une infraction, de complicité avec d'autres personnes du même statut mais non militaires, ils deviennent justiciables du tribunal de cercle. Dorénavant donc, les Africains attirent leurs compatriotes militaires devant la juridiction

---

85. V. La circulaire n° 50 C du Gouverneur général intérimaire Merlin, du 28 février 1900, a.s. de la procédure à suivre en matière de répression des délits commis au préjudice de l'administration. ANS M 90, pièce 5.
86. Arrêt du 24 janvier 1917. *Pen.* 1918, p. 10.
87. *Pen.* 1909. 3, p. 110.

coutumière, alors qu'auparavant, ceux-ci n'y comparaissaient qu'en matière civile, ou quand ils étaient plaignants dans une instance de répression [88].

La règle de compétence personnelle qui, fondant la distinction des deux ordres juridiques semblent si déterminantes qu'elles peuvent avoir pour conséquence de faire porter devant des juridictions différentes, l'action publique et l'action civile. Par exemple, décide la Cour [89], sont de la compétence des tribunaux de cercle, les blessures causées par imprudence du fait d'Africains à l'égard d'autres Africains. Mais ces tribunaux sont sans qualité pour examiner et apprécier la responsabilité pouvant incomber à un Européen comme employeur des Africains auteurs de ces blessures, alors surtout qu'ils ne sont saisis qu'en matière répressive. Ils ne peuvent davantage statuer sur la question des dommages intérêts en en faisant porter le fardeau uniquement sur les inculpés.

Nous prouve, enfin, qu'avec le décret de 1912 ne régnait plus la théorie de l'assimilation judiciaire, la fameuse affaire Niara Sakiliba, qui fit beaucoup de bruit, dans le Séro, province du Soudan français.

Il s'agissait dans l'espèce d'une femme qui vivait, à Samé, cercle de Kayes, avec son époux, employé au chemin de fer Kayes-Niger, et ses enfants. Ce ménage, qui menait une vie tranquille, avait réussi grâce à ses économies, à s'acheter quelques têtes de bétail. Le mari, Kandé Coulibaly, "depuis quinze ans au service du chemin de fer était un agent, nous apprend le chef du service de la voie et des bâtiments, qui a attiré l'attention de ses chefs par son travail, son assiduité, son caractère docile et dévoué, enfin par son intelligence, ce qui lui a valu d'être arrivé chef d'équipe après avoir passé par tous les grades.

De plus, prévoyant pour ses descendants il prélevait sur ses appointements mensuels une certaine somme jusqu'à ce qu'il puisse atteindre le montant d'achat d'une tête de bétail. C'est ainsi qu'il était arrivé à se constituer un troupeau de quinze bœufs ou vaches et de quelques moutons et chèvres en vue du bien-être futur de ses enfants, une fillette de sept ans et un gamin de cinq ans environ très intelligent. Si Kandé était arrivé à ce résultat avec ses appointements relativement peu élevés, c'est qu'il avait été secondé par se femme, et la mère de celle-ci qui vivait sous leur toit, En effet, les deux femmes, faisaient un lougan de coton assez important, récoltaient et filaient le produit, qui, vendu dans ces conditions, suffisait presque à entretenir toute la maisonnée. C'est ainsi qu'en peu d'années, ils avaient réussi à eux deux à se constituer un petit avoir. Cette façon d'envisager la vie de famille n'a rien de commun avec celle de la plupart des indigènes et prouve bien que Kandé Coulibaly avait compris le bon côté des principes européens qu'il avait pu avoir sous les yeux. Il m'avait entretenu maintes fois du projet qu'il caressait : faire entrer à l'École

88. Arrêt du 26 janvier 1917. *Rec.* 1917, 2, p. 190.
89. Arrêt du 14 janvier 1917. *Pen.* 1917, p. 346.

des fils de chefs son garçon dès qu'il serait en âge d'y être admis et je l'avais encouragé dans cette voie" [90].

Dès le lendemain de sa mort, survenue en octobre 1917, sa veuve s'est vue dépouillée de tous ses troupeaux et biens meubles par le frère aîné du défunt. Niara Sakiliba se retrouvait sans ressources, deux enfants en bas âge à charge. Le chef de service de son mari lui promit d'entreprendre une démarche auprès du délégué du gouverneur du Haut-Sénégal et Niger à Kayes. Mais cette démarche n'aboutit qu'à faire saisir les tribunaux indigènes.

Le tribunal de subdivision aussi bien que le tribunal de cercle de Kayes donnèrent gain de cause à l'accapareur. Hamady Coulibaly s'armait de la coutume Kassonké, en ces termes "je suis le frère du décédé et à ce titre je deviens chef de case pour les gens de sa famille, ces gens doivent donc tous venir chez moi, cette femme doit venir chez moi d'après la coutume" [91]. Niara Sakiliba refusait de se voir appliquer une coutume successorale qui lui faisait obligation de cohabiter avec le frère de son ex-époux, et de lui remettre ses enfants. D'où sa protestation devant le tribunal de cercle : "je suis musulmane, et d'après ma coutume, je ne dois pas épouser cet homme-là". Puis sa requête au gouverneur : " il n'est pas admissible que dans un pays civilisé on puisse dépouiller une pauvre femme avec ses deux enfants, pour la simple raison qu'elle ne veut pas aller cohabiter avec une personne qui lui est antipathique. Je ne veux point, ainsi que mes enfants, être les esclaves de cette personne et de sa famille. Les lois indigènes sont parfois bien dures pour les faibles et les opprimés" [92].

Sur ses insistances, une seconde démarche est entreprise auprès du délégué de Kayes, attirant son attention sur ce qu'avait de cruel cette application de la coutume, Ce fonctionnaire déclare que tel était son avis. Il conseille à la veuve de faire appel à la justice européenne,

Mais l'affaire était-elle susceptible de cette suite ? En effet, voilà une Africaine qui a été pendant onze ans l'épouse d'un chef d'équipe du Kayes-Niger. Elle reçoit du chemin de fer une pension qui lui permet de suffire à ses besoins. Donc elle a les moyens de s'affranchir de la coutume de son groupe ethnique qui voulait qu'elle soit à la charge, elle et ses enfants, du frère aîné de son mari. Elle peut donc évoluer vers des habitudes qui, peut être, ne sont plus

---

90. Le chef du service de la voie et des bâtiments par intérim, à l'Inspecteur-Directeur par intérim du Chemin de fer. Bamako le 3 septembre 1918. ANS M 93, pièce 13.
91. V. Les jugements du tribunal de subdivision de Kayes, et, en appel, du tribunal de cercle. ANS M 93, pièces 14 e t 15.
92. La famille Kandé de Samé à Monsieur le Gouverneur de la Colonie, 11 juillet 1918. ANS M 93 pièce 12.
Évidemment, Niara Sakiliba pouvait se soustraire personnellement à cette contrainte coutumière par le versement à sa belle famille des sommes qu'elle reçut de son mari à titre de dot. Mais si elle pouvait ainsi se libérer, elle ne s'en verrait pas moins privée de la garde de ses enfants. V. Lieutenant-gouverneur Haut-Sénégal et Niger à Gouverneur général, le 7 septembre 1918. ANS M 93, pièce 16.

en harmonie avec ses traditions familiales. Cependant, si elle peut se résurger contre son groupe, elle ne peut, pour autant, demander l'arbitrage des juridictions européennes. La législation de 1912, essentiellement fondée sur la distinction des deux sociétés, ne prévoyait pas cette éventualité. D'où l'impasse dans laquelle elle était ainsi que souligne le Procureur général : "la situation apparaît comme singulièrement difficile lorsque, comme dans l'espèce qui nous est soumise, le procès mettra en présence non seulement un "primitif" et un "civilisé", mais aussi l'organisation de la société indigène avec notre organisation familiale, et ce sera un conflit inévitable et dangereux entre deux coutumes et deux conceptions morales diamétralement opposées. Je n'en vois pas la solution possible par les tribunaux sans danger pour l'ordre public en Afrique occidentale française" [93]

Ce conflit était la manifestation d'un phénomène social qui allait s'accentuer. Toute l'évolution du droit colonial tend à substituer la notion de droit individuel à l'ancienne conscience collective. Si, en 1912, le législateur s'était laissé surprendre, il ne pouvait rester indifférent devant l'évolution sociale des Africains. Ne devait-il pas amender ce droit privé ancestral, dont il avait, jusque là, consacré le maintien ?

Paragraphe 2. Vers l'unification au profit des juridictions françaises

Le législateur colonial a toujours été partagé entre deux impératifs maintenir les institutions coutumières, les protéger, dans une colonie où la participation des autochtones à la mise en valeur était indispensable, mais ne pas, pour autant, oublier de faire évoluer les Africains, de les entraîner vers une économie, des techniques et des institutions nouvelles, en un mot de les franciser, Dans ses grandes orientations, la politique menée jusqu'en 1912 relève plutôt de la première tendance. Il s'agissait de faire évoluer la société africaine dans le respect de ses institutions. Cette politique va aboutir, au contraire, à la rupture des cadres traditionnels. D'où, à partir de 1924, le triomphe de la politique d'assimilation. Celle-ci va se traduire, au plan juridictionnel, par une extension de la compétence des tribunaux français. Cette substitution s'opère de deux manières : la compétence des juridictions de droit commun est étendue à des catégories de plus en plus importantes d'Africains (A) ; en même temps, le législateur tend à assimiler le droit coutumier, et les tribunaux qui l'appliquent, en excluant, au besoin, certaines matières du champ d'application du statut personnel local (B).

A. L'extension du privilège de juridiction

La politique législative consistait à donner à certains Africains, en général, parmi les plus "évolués", certains avantages du statut français, par exemple le privilège de juridiction, sans pour autant leur demander de rompre définitive-

93. Procureur général à Gouverneur général, 26 octobre 1918, ANS, M 93, pièce 18.

ment avec leurs traditions. La Cour va au contraire soustraire à la compétence des tribunaux de droit local, le plus grand nombre possible de justiciables. Son action sera particulièrement remarquable en ce qui concerne les Africains, qualifiés d'évolués (I), ou ceux qui ne ressortissent pas de la souveraineté française (2).

1. Les Africains privilégiés

Avec le décret du 3 décembre 1931, le législateur semble affirmer, toujours, avec la même force qu'en 1912, l'absolu du principe du respect des institutions africaines. L'article 1er de ce texte, qui maintient la législation antérieure du 22 mars 1924, dispose, en effet : les juridictions indigènes connaissent en matière répressive, des infractions commises par des autochtones au préjudice d'autres autochtones, de l'État, de la colonie, d'une administration publique, et, en matière civile et commerciale, des litiges dans lesquels les parties sont exclusivement des justiciables de statut personnel.

L'application que la jurisprudence fait du texte organique peut corroborer cette première impression. Selon la Cour, en effet, les tribunaux indigènes sont exclusivement compétents pour connaître des différends entre Africains lorsqu'aucun intérêt d'une personne de statut européen n'est atteint ou lésé [94]. Relèvent de la compétence indigène, en vertu de cette règle, les vols [95] ou les détournements [96] commis par des Africains au préjudice des Sociétés indigènes de prévoyance. Ces sociétés ont une personnalité si peu indépendante du statut de leurs membres africains que le législateur les a conçues et organisées de telle sorte que, le statut indigène des adhérents constitue la base même de leur existence et la condition essentielle de leur fonctionnement. Composées uniquement de membres de statut indigène, gérant des intérêts exclusivement indigènes, bien qu'elles soient organisées d'après la loi française, elles constituent des sociétés réellement et spécifiquement indigènes.

La Cour va jusqu'à déclarer [97] que le décret de 1931, créé, par son article 2, une présomption de statut indigène, étant indigène, tous ceux qui ne rapportent pas la preuve d'un statut différent.

Lorsqu'on se réfère, cependant, pour la même période, aux dispositions spéciales de la législation coloniale, ou se persuade du changement d'orientation qui s'opère. La distribution des deux statuts commence à s'estomper. Le statut européen réaffirme, avec sa vocation générale, une prééminence marquée par son extension progressive.

---

94. Arrêt n° 96 du 27 octobre 1918, Affaire Koffi Konan, Koné Santiguy. Greffe de la Cour. Arrêts de la chambre d'annulation, Registre de l'année 1938.
95. *Ibid.*
96. Arrêt n° 3I du 5 mai 1938, Affaire Daouda Yago. Greffe de la Cour. Arrêts de la chambre d'annulation, année 1938.
97. Arrêt n° 65 du 31 août 1939, Affaire Inconnus fugitifs. Greffe de la Cour, Arrêts de la chambre d'annulation, année 1939.

Ce sont, tout d'abord, les décrets des 9 avril et 22 août 1939 qui vont assimiler aux Européens, les Africains qui ont servi sous les drapeaux [98], ceux qui sont décorés de la légion d'honneur à titre civil, et ceux qui sont électeurs aux assemblées locales.

Sont donc distingués de leurs concitoyens, pour attester la reconnaissance de la métropole à de fidèles serviteurs, les anciens militaires, et les notables qui servent l'administration".

C'est pour rehausser leur prestige que ce privilège a été accordé aux anciens militaires. Et, par analogie, aux électeurs aux assemblées locales qu'étaient les notables. Mais par ce biais de l'électorat, le cercle des Africains privilégiés ne va cesser de s'élargir. Au critère politique de la notabilité viendront s'ajouter, au lendemain du second conflit mondial, les critères de l'instruction, puis de la situation de famille, en attendant que les progrès de l'état civil ne permettent, en 1956, d'instituer le suffrage universel.

Par ce privilège de juridiction, la France étend à ses Africains, l'exception auparavant consentie aux Sénégalais originaires des Quatre Communes. Cette mesure de faveur leur permet d'échapper à la compétence des tribunaux indigènes. En matière pénale, pour les infractions qu'ils commettent ou dans lesquelles ils sont intéressés, comme coauteurs, complices [99], ou victimes [100] ou, à propos desquelles leur responsabilité civile peut être recherchée. En matière civile et commerciale, pour les actions dont l'intérêt excède mille francs en principal.

L'évolution de la législation relative à l'accession des Africains à la citoyenneté, et la jurisprudence qui s'ensuit, constituent un autre indice de la nouvelle politique.

Selon le décret du 25 mai 1912, l'accession de l'Africain à la qualité de citoyen était strictement personnelle. La femme et les enfants mineurs du sujet français admis à jouir des droits de citoyen français ne suivaient la condition de leur mari et père que si le mariage était intervenu sous l'empire de la loi française.

---

98. Auparavant, un décret du 26 avril 1930, relatif au recrutement et au statut des officiers indigènes coloniaux de réserve, avait placé ces militaires sous la juridiction des tribunaux français, à l'exclusion de toute juridiction de droit local.
99. Affaire Fatoumata Naby Bangoura et consorts, dans laquelle, A. Mbemba A. Camara, prévenu de complicité, exerçait les fonctions de chef de canton de Molota. En cette qualité, électeur de droit aux assemblées locales, il n'était pas justiciable des tribunaux indigènes, non plus que les auteurs principaux en raison du caractère indivisible des faits. Greffe de la Cour, Arrêts de la chambre d'annulation, année 1945, Arrêt n° 66 du 26 juillet 1945.
100. Affaire Ould Bano O Brahim et consorts. Greffe de la Cour, Arrêts de la chambre d'annulation, année 1945, Arrêt n° 7 du 25 janvier 1945. Selon la Cour, cette affaire échappait à la compétence de la juridiction indigène, une des victimes du recel, le garde-cercle Ngallo Ouattara étant ancien militaire.

Tel ne pouvait, évidemment, être le cas des époux qui avaient contracté mariage, alors qu'ils étaient l'un et l'autre de statut indigène. Les enfants issus de l'union ainsi contractée, ne pouvaient que demeurer indigènes [101]. Donc l'Africain, devenu citoyen français, par décret d'accession, ne pouvait faire bénéficier de la qualité de citoyen un enfant né sujet, antérieurement à ce droit, et non admis dans l'acte présidentiel d'accession [102].

À ce système d'accession individuelle, qui s'expliquait en 1912, va bientôt se substituer une accession collective de la famille des sujets admis à la citoyenneté. Aux termes de l'article 22 du décret du 23 juillet 1937, fixant les conditions d'admission des Africains à la citoyenneté française, la qualité de citoyen accordée à un sujet de l'Afrique occidentale française entraîne de plein droit la concession de la dite qualité à la femme et aux enfants mineurs légitimes issus de cette union et inscrits au registre de l'état civil.

Ainsi, le mariage contracté antérieurement au décret de naturalisation, suivant les règles coutumières, doit être considéré comme produisant, en raison du décret de naturalisation, tous les effets d'une union célébrée devant l'officier de l'état civil français et se trouve être soumis aux règles du code civil français, sans qu'il soit nécessaire que les époux aient comparu en vue d'une seconde célébration devant l'officier de l'état civil français, C'est donc à bon droit, décide la Cour, qu'une dame, citoyenne française par le décret de naturalisation de son mari, soumet à la juridiction française se demande de divorce [103].

En somme, avec le décret de 1912, les sujets ne pouvaient accéder à la citoyenneté que dans les conditions exigées des étrangers naturalisés. C'est-à-dire seulement à titre individuel pour des Africains qui avaient des habitudes sociales rapprochées de celles de la métropole, ou qui avaient accompli des services, notamment, dans l'administration.

À partir de la fin du premier conflit mondial, nous assistons à l'extension de la notion de citoyenneté. Les anciens militaires, puis les chefs intermédiaires entre les populations ct l'administration, se voient accorder les avantages du statut européen dont bénéficiait déjà la petite minorité d'Africains privilégiés par l'instruction. Il s'agissait, à long terme, d'assimiler à la civilisation française une petite élite qui, après avoir acquis les droits politiques, serait prête à se conformer à la tradition culturelle et politique française.

2. La distinction des statuts n'opère plus pour les sujets étrangers

Aux termes de l'article 2 du décret organique de 1931, les originaires des contrées comprises entre les territoires de l'Afrique occidentale française et de l'Afrique équatoriale française, ou limitrophes de ces territoires sont justicia-

101. V. notamment, un arrêt, en ce sens, du 20 juin 1930. *Pen.* 1931, Jurisprudence, p. 143.
102. Arrêt du 13 avril 1934, *Pen.* 1934, p. 212.
103. Arrêt du 19 novembre 1948. *Pen.* 1952, Jurisprudence, p. 12.

bles des tribunaux coutumiers lorsqu'ils n'ont pas dans leur pays le statut des nationaux européens. Cette disposition, particulière aux colonies africaines [104], apportait ainsi une exception à la règle selon laquelle les tribunaux français sont en principe compétitifs pour appliquer le statut personnel des Africains étrangers. Dans sa volonté d'atténuer la distinction des deux ordres juridictionnels, la Cour va s'employer à enlever aux tribunaux de droit local la connaissance des affaires concernant ces justiciables.

La distinction des statuts est un fait social lié à la colonisation européenne. Les institutions africaines présentaient des caractères hétérogènes, les législations européennes ont dû, parfois malgré elles, réserver aux Africains, un statut civil particulier, distinct du statut européen, auquel étaient admis, cependant, certaines catégories de colonisés. D'où la difficulté de déterminer, lorsque ces sujets s'établissaient dans les territoires français, la juridiction compétente.

La Cour d'appel devait statuer sur la question dès 1905. Il s'agissait de se prononcer sur un jugement du tribunal indigène de Tabou, en Côte d'Ivoire, contre les nommés Bennet, sujet anglais, et Morais, originaire du Liberia. Selon l'opinion formulé par le Procureur général, et les magistrats de la chambre spéciale, tous les Africains étrangers aux possessions françaises devaient être considérés comme de véritables étrangers, et relever de la justice de droit français, qui serait la juridiction de règle, et non point de la justice d'exception que constitueraient les tribunaux indigènes. Mais les membres fonctionnaires de la chambre spéciale refusèrent qu'un arrêt de principe décide en ce sens. Ils étaient opposés à une interprétation qui n'était pas fondée en droit [105]. L'arrêt du 14 février 1905 [106], se prononçant sur le cas d'espèce, décide qu'un tribunal indigène excède sa compétence en condamnant des indigènes de nationalité étrangère.

Dans une seconde étape, les membres fonctionnaires vont s'évertuer à ce que la question de principe soit tranchée dans le sens de la compétence indigène, lorsque les Africains étrangers ne seraient pas personnellement en possession, dans leur pays, de l'assimilation européenne [107]. Ils fondaient ce point de vue sur les considérations suivant lesquelles les lois de police obligent tous ceux qui habitent le territoire. La coutume étant la loi répressive pour les Africains qui habitent hors du ressort des tribunaux français, elle ne peut être appliquée que par les tribunaux indigènes, qui sont les juridictions de droit commun pour les Africains.

---

104. V. F. Luchaire, *Manuel de droit d'Outre-Mer*, Paris, 1949, p. 435.
105. V. Chambre d'homologation, Fonctionnement 1904-1905, Rapports des membres fonctionnaires. ANS, M 141, Liasse I.
106. Affaire Bennett et Morais, jurisprudence de la chambre d'homologation, G. Desvallons et E. Joucla, 1910, ANS M 141.
107. Arrêt du 25 mai 1909, affaire Kouma. Jurisprudence de la chambre d'homologation.

Les magistrats finirent, cependant, sous la conjugaison de deux facteurs, par imposer leur façon de voir. Quels sont ces facteurs ? Ce sont, tout d'abord, les protestations des autorités consulaires concernées, qui n'admettent pas que leurs ressortissants soient traduits devant les juridictions d'exception qu'étaient les tribunaux indigènes. Le gouverneur général dut tenir compte de ses pressions, en conseillant la prudence aux autorités locales. Il leur demandera d'aviser le chef de la colonie avant toute décision concernant cette catégorie de justiciables [108]. Ensuite, sur le plan strictement juridique le problème de compétence soulevé était un problème de compétence pénale. Traduisant la volonté du législateur colonial d'écarter l'application des coutumes répressives, la Cour préféra prononcer la compétence des tribunaux de droit français

À l'appui de cette jurisprudence elle va invoquer les renseignements fournis par les autorités diplomatiques ou administratives. Selon un arrêt du 8 août 1935 [109], il résulte d'une lettre du consul du Portugal à Dakar au gouverneur général, en date du 5 septembre 1933, que les indigènes originaires des colonies portugaises jouissent des mêmes droits que les citoyens portugais d'Europe. Comme tels, ils sont justiciables des tribunaux français.

Dans son arrêt n° 86 du 12 août 1937 [110] elle décide qu'un citoyen portugais qui change de nationalité, conserve son statut européen. Dans l'espèce, il s'agissait de Basile de Medeiros, né à Porto Novo le 21 novembre 1395. Fils légitime de Jérôme Soares de Medeiros, citoyen portugais, et de Eugénia de Carvalho, il était citoyen portugais, par application de l'article 18 du code civil portugais, Traduit devant le tribunal du premier degré de Cotonou pour diffamation, cette juridiction s'était déclarée incompétente à raison de la qualité de citoyen portugais du prévenu. Le 4 mars 1937, le tribunal colonial d'appel du Dahomey avait infirmé le jugement, et condamné de Medeiros à cent francs d'amende. Dans son arrêt, le tribunal colonial admet bien que de Medeiros est citoyen portugais, mais au regard de la seule loi portugaise, Or, né en territoire français et n'ayant pas à sa majorité opté pour la nationalité portugaise, il est Français en vertu de l'article 8 du code civil français. Étant devenu Français, et n'apportant pas la preuve de la qualité de citoyen, il doit être tenu pour sujet, d'où la compétence, en l'espèce, de la justice indigène. La chambre d'annulation met à néant ce raisonnement, en se fondant sur l'acte délivré, le 9 novembre 1936, par le capitaine résident du fort portugais San Joao Baptista de Ouidah. Cet acte établit que de Medeiros, issu de père portugais, est citoyen d'un État souverain. Il a hérité de son auteur le statut européen, Né à Porto Novo, il a conservé jusqu'à sa majorité la nationalité portugaise. À cette époque les textes applicables en matière de nationalité étaient les articles 8 et suivants du code civil, modifiés par la loi du 26 juin 1889. Aux termes de ce texte,

---

108. Instructions du 25 août 1905. ANS, M 141.
109. Greffe de la Cour, Arrêts de la Chambre d'annulation, année 1955, Arrêt n° 54. Dans le même sens, voir un arrêt n° 81 du 28 mai 1942,
110. Greffe de la Cour, Arrêts de la chambre d'annulation, année 1937.

de Medeiros est devenu Français dans l'année qui a suivi sa majorité faute d'avoir, formellement décliné cette nationalité, et rempli d'autres conditions imposées par la loi. Mais le changement de nationalité n'a pu avoir pour effet de lui faire perdre son statut européen, sa qualité de citoyen et de le réduire au rang de simple sujet justiciable des tribunaux indigènes. La mutation de nationalité n'a pu modifier la qualité et la nature de son statut ; elle a eu seulement pour conséquence, tout en lui maintenant la plénitude de son statut, de changer sn nationalité, ainsi qu'il arrive à toute personne de nationalité et de race européenne, née en Afrique occidentale française en dehors des communes de plein exercice et domicilié à sa majorité, dans la Fédération, qui aurait omis à l'âge de vingt deux ans, de revendiquer le bénéfice de sa nationalité d'origine.

Selon la même jurisprudence, la Cour décide, dans son arrêt n° 98 du 15 octobre 1936, que les originaires du Liberia sont justiciables des tribunaux français. En effet, il résulte de la circulaire n° 186 du gouverneur général, en date du 30 mars 1936 que, par lettre du 5 mars 1936, le secrétaire du département d'État à Monrovia a fait connaître au chargé d'affaires de France au Liberia, que tous les originaires de ce territoire sont, dans leur pays, soumis aux mêmes lois. Il s'ensuit, aux termes de l'article 2 du décret du 3 décembre 1931, que les Libériens relèvent en Afrique occidentale française de la justice française [111].

Les Sierra-Léonais bénéficient du même privilège. Il ressort, en effet de la circulaire n° 330 du gouverneur général, en date du 22 novembre 1933, que "doivent être traduits devant las tribunaux français les indigènes britanniques originaires de la péninsule de Sierra-Leone... et dont le passeport porte la mention "sujet britannique". C'est dire pour la Cour, que les Sierra-Léonais ont dans leur pays, le statut de nationaux européens [112]. Ils échappent donc à la compétence des juridictions indigènes [113]. Cependant le prévenu qui ne rapporte pas la preuve, par la présentation d'un passeport ou d'une carte d'identité, de sa naissance en Sierra-Leone, du statut européen qu'il invoque, relève de la compétence de la juridiction répressive indigène [114].

C'est enfin, par une interprétation stricte du décret du 3 décembre 1931, que certains Africains étrangers vont relever de la compétence des tribunaux de droit commun. L'arrêt n° 97 du 30 novembre 1939 décide ainsi que : la fabrication et l'émission de fausse monnaie étrangère constituent des crimes commis au préjudice d'un État étranger ; ces États étrangers ne sont pas compris

111. V. Dans le même sens, un arrêt n° 42 du 16 avril 1942. Greffe de la Cour, Arrêts de la chambre d'annulation, année 1942.
112. Greffe de la Cour, Arrêts de la chambre d'annulation, année 1936, Arrêt n° 6 du 30 janvier 1936.
113. Arrêts n° 93, 95 et 103, du 30 novembre 1939. Greffe de la Cour, Arrêts de la chambre d'annulation, année 1939.
114. Arrêt n° 33 du 5 mai 1938. Greffe de la Cour, Arrêts de la chambre d'annulation, année 1938.

dans l'énumération limitative de l'article 1er paragraphe 2 du décret du 3 décembre 193I qui fixe la compétence des juridictions indigènes [115].

C'est parce qu'il n'était pas originaire des possessions françaises de l'Afrique occidentale française ou de l'Afrique équatoriale française, ou encore des contrées comprises entre ces territoires ou limitrophes de ceux-ci, que le prévenu qui déclare être né à Tananarive, échappe à la compétence des tribunaux indigènes de l'Afrique occidentale française, ainsi qu'en dispose l'article 2 du décret du 3 décembre 1931 [116]. Il en est de même, d'un citoyen du Maroc, État souverain placé sous le protectorat de la France. Il est incontestablement justiciable des tribunaux français, ne pouvant être considéré comme un sujet indigène [117].

B. Les tribunaux de droit local ne peuvent plus statuer en certaines matières

La distinction des deux ordres juridictionnels tend ainsi à s'estomper. Le partage de compétence fait *ratione personae* opérant de moins en moins. Pour faire des juridictions françaises la juridiction de droit commun, des dispositions sont prises pour que certains litiges soient exclusivement de leur compétence. Les actions de justice soumises à la législation de travail (I), les poursuites répressives (2) sont, notamment, régies par des textes pour l'application desquels une compétence exclusive est attribuée aux juridictions de droit français.

1. La réglementation du travail

Le décret du 16 novembre 1924, réorganisant la justice française en Afrique occidentale française, dispose, en son article 16, en matière de simple police, les tribunaux de première instance et les justices de paix à compétence étendue connaissent, dans l'étendue de leur ressort et sous réserve des attributions conférées aux juges de paix à compétence limitée, de toutes les contraventions de la compétence des juges de paix de la métropole et aussi des infractions sanctionnées conformément aux dispositions de l'article 3 du décret du 6 mars 1877. Ils connaissent, en outre, des contraventions de même nature commises par des indigènes et préjudiciables à des indigènes à propos desquelles la responsabilité civile d'un Européen ou assimilé est ou peut être recherchée.

Il résulte de ces dispositions que les tribunaux français sont compétents pour tout procès dans lequel une personne de statut européen est intéressée. Tel est le cas des contrats de travail qui interviennent entre des employeurs

---

115. Arrêt n° 97 du 30 novembre 1939. Greffe de la Cour, Arrêts de la chambre d'annulation, année 1939.
116. Arrêt n° 119 du 26 novembre 1942. Greffe de la Cour, Arrêts de la chambre d'annulation, année 1942.
117. Arrêt n° 92 du 31 octobre 1935.

Européens et des travailleurs de statut particulier. D'ailleurs le législateur colonial a expressément spécifié, par les textes qui régissent la réglementation du travail, la compétence française. Ainsi, le décret du 2 avril 1932, portant réglementation des accidents du travail en Afrique occidentale française, prévoit, en son article 47, la compétence exclusive des juridictions françaises [118].

Le problème de la main-d'œuvre ne relevait pas du droit coutumier dont la compétence était désormais limitée aux litiges d'importance réduite. Les coutumes ne pouvaient solutionner un problème important pour la mise en valeur de colonies où, sans le travail africain, les efforts des capitalistes et de l'administration resteraient improductifs.

Néanmoins, par dérogation aux règles générales de compétence, un décret du 22 octobre 1925 [119], réglementant le travail indigène en Afrique occidentale française, stipule en son article 31 que : " les tribunaux indigènes sont exceptionnellement compétents en matière de délits commis à l'occasion des contrats de travail entre employeurs de statut français ou de nationalité étrangère reconnue et travailleurs indigènes, lorsque les employeurs ont déclaré par écrit se soumettre à leur juridiction".

Cette dérogation de compétence ne pouvait qu'être bien accueillie. Le recrutement de la main-d'œuvre indispensable aux entreprises coloniales tant publiques que privées constituait une difficulté certaine. Les populations africaines ne consentant pas à effectuer le travail qu'on leur demandait, quand leurs activités traditionnelles leur permettaient de faire face à la plupart de leurs besoins. D'où l'utilisation des méthodes contraignantes, exercées notamment, par l'intermédiaire des juges de droit local. La question des accidents du travail survenus aux travailleurs africains était, de même d'une solution malaisée. Quand la procédure de réparation ne se déroulait pas devant les juridictions de droit commun, l'indemnisation était subordonnée au bon vouloir d'un employeur qui pouvait se dérober à une sanction juridictionnelle actionnée par l'autorité administrative.

Nonobstant toutes ces considérations, la Cour va interpréter restrictivement la réglementation du travail africain, et la compétence des tribunaux de droit local qui peut en découler. Trois affaires vont nous le prouver.

Dans la première espèce [120], le tribunal du premier degré d'Agboville avait condamné, le 31 mai 1935, un prévenu de statut particulier, à deux mois d'emprisonnement, pour avoir débauché des manœuvres recrutés par un planteur européen. De l'instruction complémentaire diligentée par le président du tribunal, il appert que l'employeur avait, par lettre du 22 mai 1935, adressée au commandant de cercle de l'Agnéby, opté pour la juridiction des tribunaux de

118. Arrêt n° 53 du 31 mai 1945. Greffe de la Cour, Arrêts de la chambre d'annulation, année 1945.
119. *JOAOF*, 1926, p. 301.
120. Arrêt n° 26 du 9 avril 1936. Greffe de la Cour, Arrêts de la chambre d'annulation, année 1936.

droit local. La compétence exceptionnelle de cette juridiction était ainsi justifiée dans les conditions de l'article 31 du décret du 22 octobre 1925.

Le prévenu niait les faits mis à sa charge. Il reconnaissait seulement avoir emmené avec lui, un dimanche, quelques manœuvres à Agboville, localité distante de neuf kilomètres environ de la plantation. À la suite de deux ou trois déplacements effectués, toujours le dimanche, quelques ouvriers n'ont pas repris le travail le lundi matin. La Cour va prononcer l'annulation du jugement, au motif que ces faits n'établissent pas suffisamment que ces défections aient été l'œuvre du prévenu. En effet, même si au cours du supplément d'information deux témoins, qui sont au service de la partie lésée, ont déposé, avoir vu, un jour, le prévenu jeter à terre son instrument de travail, et l'avoir entendu donner aux autres ouvriers le conseil d'en faire autant, ces dépositions tardives ne doivent pas être accueillies sans réserve. Quand bien même elles seraient sincères, elles ne prouveraient réellement que le prévenu a débauché ou tenté de débaucher des manœuvres par l'un des moyens énumérés en l'article 27 du décret du 22 octobre 1925 : menaces, violences, dons, promesses, manœuvres dolosives ou frauduleuses. Les lois pénales étant de droit strict, il n'était pas possible de comprendre dans l'énumération qui précède, un simple conseil de quitter le travail ou une manifestation du genre de celle à laquelle se serait livré le prévenu,

Dans la deuxième affaire [121], le tribunal du premier degré d'Abengourou avait, par un jugement du 24 mars 1937, condamné les nommés Y. Badiakon et M. Kouamé à deux mois d'emprisonnement chacun, pour avoir déterminé, par des conseils, des manœuvres à rompre leur engagement de travail. Des contrats les liaient à Corre, exploitant forestier à Atiekriou, et Abom Kouassi, planteur à Abengourou. La Cour annule le jugement pour violation des textes. En effet, de la combinaison des articles 29 et 27 du décret du 22 octobre 1925, de tels faits ne sont délictueux qu'à la condition que l'auteur du débauchage ait agi à l'aide de menaces, violences, dons, promesses, manœuvres frauduleuses ou dolosives. Un des employeurs lésés, Corre, étant de statut européen, en vertu des règles générales de compétence, les tribunaux français auraient dû être saisis. Il est vrai, qu'aux termes de l'article 31 du décret du 22 octobre 1925, les tribunaux de droit local ont exceptionnellement compétence en matière de délits commis à l'occasion des contrats de travail entre employeurs de statut français et travailleurs de statut particulier lorsque les employeurs ont déclaré par écrit se soumettre à leur juridiction. Mais en l'espèce, cette déclaration écrite n'avait pas été faite par l'employeur.

Dans la troisième et dernière espèce [122], des Africains étaient poursuivis, toujours en Côte d'Ivoire, sous la prévention : d'avoir rompu le contrat de

---

121. Affaire Ya Badiakou, Moriba Kouamé, du 4 novembre 1937. Greffe de la Cour, Arrêts de la chambre d'annulation, année 1937, Arrêt n° 112.
122. Arrêt n° 107 du 7 octobre 1937. Greffe de la Cour, Arrêts de la chambre d'annulation, année 1937.

travail qui les liait à un planteur européen, et d'avoir volé des machettes au préjudice du même employeur. Ce dernier, par lettre du 1er avril 1937, avait fait connaître au chef de subdivision de Gagnoa, conformément à l'article 3I du décret du 22 octobre 1925, qu'il se soumettait à la juridiction des tribunaux de droit local pour le règlement de cette affaire. La Cour va refuser cette compétence, au motif que la dérogation aux règles générales de compétence en vigueur dans la Fédération n'était possible qu'en ce qui concerne le délit de rupture de contrat de travail. C'était donc, à tort, que le tribunal du premier degré de Gagnoa l'a étendue au délit de vol.

2. Les matières répressives

La Cour était autant persuadée du respect des coutumes civiles, des institutions traditionnelles qui régissent la vie familiale et privée de la population africaine, que de la nécessité de la soumettre au droit répressif français [123]. Le droit pénal appartient, en effet, au domaine plus vaste du droit public. De même que la chambre spéciale situe la notion d'ordre public sur un plan supérieur par rapport à la tradition ou à la coutume, de même, “les garanties de l'individu vis-à-vis de la société qui ont trouvé leur expression la plus forte dans l'axiome '*nulla poena sine lege*' doivent être préservées contre l'arbitraire du juge” [124].

L'évolution des populations autochtones vers une morale uniforme et absolue, était une exigence d'un intérêt supérieur d'ordre à la fois politique et social” [125].La Cour se persuadera, cependant, conformément aux vœux de l'administration de la colonie, qu'elle devait procéder par étapes.

Elle va tout d'abord harmoniser le droit pénal coutumier avec les données de la civilisation européenne. La mission civilisatrice la conduit dans une première étape, à écarter les dispositions coutumières qui contreviennent gravement à l'ordre public. Elle supplée aux dispositions de la coutume, lorsqu'elles sont contraires aux principes de la civilisation française, soit parce qu'elles prévoient des châtiments corporels, soit parce qu'elles ne répriment pas des faits punissables d'après la morale du colonisateur, soit parce qu'elles les répriment d'une façon insuffisante [126]. C'est à juste titre, dès lors, “qu'un tribunal de droit local a refusé de consacrer la coutume punissant une infraction d'une amende dont le minimum est un bœuf et le maximum un captif, cette

---

123. V. supra, chap. I, paragraphe 2.
124. Dépêche ministérielle du 20 décembre 1937, n° 18, ANS, série M 33, liasse 2, Justice indigène, a.s. de la rédaction d'un code pénal indigène 1938, 1942.
125. Procureur général à Gouverneur général, 14 mars 1910, a.s. de la Compétence des tribunaux de cercle dans les attentats à la vie humaine, ANS M 170, chambre d'homologation, Guinée, 1908-1910, pièce 150.
126. Jurisprudence constante de la chambre d'homologation. V. ANS, M 142, à la lettre C : Coutume contraire aux principes de la Civilisation Française.

sanction étant absolument inconciliable avec notre morale" [127]. Ou celle, en vertu de laquelle, "en pays mossi, tout individu inculpé d'assassinat, qui n'avait pas été encore jugé au moment de l'avènement d'un Moro Naba, ne pouvait être condamné à plus de deux ans de prison quelle que soit la gravité du crime. Depuis l'occupation française, le Moro Naba a cessé d'être le chef souverain du pays, notre autorité ayant été substituée à la sienne par le fait de notre installation. L'avènement d'un nouveau Moro Naba n'a donc plus les mêmes conséquences politiques ou judiciaires qu'antérieurement, il n'y a donc plus lieu de tenir compte d'une pareille coutume" [128].

Le législateur colonial va, s'inspirant de cette jurisprudence, édicter une réglementation répressive. Mais celle-ci ne comporte, le plus souvent, qu'une énumération limitative des infractions les plus graves. C'est ainsi qu'aux termes de l'article 46 du décret du 3 décembre 1931, le tribunal criminel connaît des infractions suivantes :

I) le meurtre ;
2) les coups, blessures, violences volontaires ayant entraîné, soit la mort, soit une mutilation, soit la perte d'un membre ou d'un œil, ou une autre infirmité permanente quelconque ;
3) les faits de pillage ou de vol en bande et à main armée, ou avec l'une de ces deux circonstances seulement ;
4) l'incendie volontaire de locaux habitée ou servant à l'habitation ;
5) les rapts, enlèvements et séquestrations de personnes ;
6) les empoisonnements de puits, citernes, sources et eaux potables ;
7) le viol ;
8) les attentats ou complots tendant à troubler, de quelque manière que ce soit, la paix intérieure de la colonie ;
9) les soustractions ou détournements de deniers publics ;
10) le tribunal criminel connaît également des actes d'anthropophagie, prévus et réprimés par la législation en vigueur dans la colonie.

À ces infractions, les peines suivantes sont appliquées aux termes de l'article 47 :

1) l'interdiction de séjour jusqu'à vingt ans ;
2) l'emprisonnement à temps jusqu'à vingt ans ;
3) l'emprisonnement perpétuel ;
4) la mort.

Il peut en outre, être prononcé une amende qui n'excèdera pas quatre mille francs, sauf dans le cas de condamnation capitale, L'interdiction de séjour peut se cumuler avec l'emprisonnement à temps. Toute condamnation pour un des

---

127. Arrêt du 8 juin 1909. ANS, M 142, Jurisprudence de la chambre d'homologation, lettre C, Coutume contraire aux principes de la Civilisation Française.

128. Arrêts des 13 août 1907, et 28 janvier 1908, annulant trois jugements du tribunal de cercle de Ouagadougou. ANS, H 142, Jurisprudence de la chambre d'homologation, lettre M, Moro Naba.

faits énumérés sous l'article 46 emportera destitution et exclusion des condamnés de toutes fonctions, emplois ou offices publics.

En présence de textes aussi nets, les juges n'ont pas le pouvoir, en se basant sur la coutume, d'ajouter une infraction à la nomenclature de l'article 46, ou d'acquitter l'accusé en déclarant qu'un des faits énumérés dans ce texte ne constitue, aux termes de la coutume, ni crime ni délit. En matière criminelle, la coutume ne peut désormais entrer en ligne de compte que pour déterminer la gravité de la sentence entre le maximum et le minimum prévus. Doit donc être annulé, le jugement qui acquitte un prévenu, motif pris de ce que : "la coutume mossi faisant règle générale dans le pays, ne sanctionne pas l'acte d'un homme qui donne involontairement la mort à un membre de sa famille" [129].

Seule la détermination des délits et contraventions étaient, en revanche, laissée à l'appréciation du juge, tenu de s'inspirer de la coutume que dans la mesure où elle n'était pas contraire à l'ordre public.

Persuadé que le degré croissant d'évolution des populations permet de faire un pas de plus dans la voie de l'assimilation judiciaire, le législateur colonial franchit une deuxième étape, celle de la rédaction d'un code pénal à l'usage des justiciables de statut particulier. Mais quel était le procédé de rédaction le plus adéquat ? Fallait-il, adapter le code métropolitain aux contingences locales ? Ou, au contraire élaborer un code pénal spécial ?

Au ministre des colonies qui suggérait, à l'exemple du décret du 31 décembre 1912, pour l'Indochine, "d'apporter à un nombre vraisemblablement assez restreint d'articles (du code métropolitain) des modifications plus ou moins profondes" [130], le gouverneur général avouait son scepticisme quant à ce procédé, "Il n'a pas paru possible, écrivait-il, le 9 novembre 1940, de suivre, pour l'Afrique occidentale française, la méthode adoptée en Indochine, c'est-à-dire de faire application aux indigènes du code pénal métropolitain sous certaines modifications. En effet, en Cochinchine et dans les villes ou concessions françaises d'Hanoï, d'Haïphong et de Tourane, ce sont les juridictions françaises qui ont compétence à l'égard des indigènes ; ce sont donc des magistrats qui appliquent aux indigènes le code pénal modifié. En Afrique occidentale française, au contraire, ce sont les juridictions indigènes qui sont compétentes composées de fonctionnaires, de colons, de notables indigènes, il était impossible de leur confier l'application d'un code pénal dont l'interprétation délicate présente parfois des difficultés sérieuses même pour les magistrats professionnels". D'où la préférence pour l'élaboration "d'un code pénal spécial, inspiré certes du code métropolitain, mais basé sur une notion locale de l'ordre public souvent différente de la notion métropolitaine

---

129. Arrêt n° 39 du 12 août 1937. Greffe de la Cour, Arrêts de la chambre d'annulation, année 1937.

130. Dépêche ministérielle du 20 décembre 1937, n° 16, relative à l'institution d'un code pénal à l'usage des justiciables indigènes. Le Sous-Secrétaire d'État des Colonies à Monsieur le Gouverneur général de l'AOF. ANS, série M 33

et aussi sur les coutumes dont le maintien s'imposait dans la mesure où elles ne sont pas contraires aux principes de notre civilisation" [131].

Le ministre des colonies s'était rallié à ce programme, une commission d'élaboration d'un projet de code pénal à l'usage des juridictions indigènes fut institué par l'arrêté général du 25 février 1938. Composée de Messieurs Vitali, vice-président de la Cour de l'Afrique occidentale française, président, de Montera, substitut du Procureur général, Descubes-Desguerames, conseiller à la Cour, rapporteur, P. Vidaud, administrateur des colonies, et B. Maupoil, administrateur-adjoint des colonies, secrétaire, la commission terminait ses travaux le 27 février 1939. En une année, elle avait élaboré un projet de code pénal, comportant cent vingt deux articles, qui dressait la liste de toutes les infractions non réglementées en Afrique occidentale française par des textes spéciaux. Elle prévoyait pour chacune d'elles une peine principale avec un maximum et un minimum. Elle édictait, en outre, pour certains crimes et délits des peines accessoires ou complémentaires.

Édicté par le décret du 11 février 1941, ce code pénal indigène, repris et modifié par les services du parquet général, sera étendu à l'ensemble de l'Afrique noire par le décret du 26 juillet 1944.

Sa mise en vigueur fut précédée d'une intense campagne de propagande. Il s'agissait de persuader les populations du progrès que constituait cette codification qui associait les commodités de la justice indigène aux garanties de la justice française. Mais là n'était pas le véritable but de cette propagande. La finalité était ainsi définie par le ministre des colonies : "il importait que l'abrogation des décrets conférant le privilège de juridiction à certaines catégories d'indigènes n'apparaisse pas comme une régression de notre législation. Aussi bien, en raison de la large publicité dont les textes sur lesquels nous revenons avaient fait l'objet, y a-t-il lieu, avant la promulgation du décret d'application, d'expliquer que l'application du code pénal indigène constituera un progrès très sérieux dont tous les éléments de la population bénéficieront indistinctement. Le privilège de juridiction, s'il était maintenu, deviendrait au contraire désavantageux pour les catégories d'indigènes auxquelles nous l'avions accordé en l'absence d'un code pénal local" [132].

Devant l'attitude de certains démobilisés qui n'a pas justifié la confiance faite à leur évolution" [133], l'intention arrêtée des autorités était de supprimer le

131. Le Gouverneur général, Haut-Commissaire de l'Afrique Française à Monsieur le Secrétaire d'État aux Colonies, Vichy, Lettre n° 1031 Justice indigène, du 9 novembre 1940. ANS, série M 33, Liasse 2, Justice Indigène, a.s. de la Rédaction d'un code pénal indigène.

132. Le Contre Amiral Platon, Secrétaire d'État aux Colonies à Monsieur le Gouverneur général, Haut-Commissaire de l'Afrique Française, Vichy le 27 janvier 1941, n° 629. ANS, M 33, Préparation du code pénal indigène, décret du 11 février 1941, 1938-1942.

133. Déjà, au lendemain du premier conflit mondial, Perrigault (Jean), dans son ouvrage, "*L'Enfer des Noirs*", Paris, 1932, p. 200-201, se faisait le porte parole de certains

privilège de juridiction qui leur avait été précédemment accordé. Cependant il ne fallait pas que cette mesure se fasse percevoir comme une sanction. Aussi dans une circulaire 135 AP/2 du 3 mars 1941 [134], la direction des affaires politiques et administratives du gouvernement général de l'AOF, annexait un canevas de presse, dont les principaux thèmes de propagande étaient les suivants : "Le décret du 11 février 1941 vient d'instituer dans les territoires du Haut-Commissariat de l'Afrique française un code pénal indigène. Le justiciable indigène, tout en gardant l'avantage de s'adresser à ses juges qui le connaissent et le comprennent, a maintenant la certitude d'être jugé sans crainte d'arbitraire puisqu'une minutieuse liste des sanctions applicables à chaque cas a été dressée. Nos populations disposent maintenant d'une justice qui joint à la précision des juridictions françaises la simplicité peu onéreuse et la célérité des juridictions indigènes. On sait que, dans le souci de rehausser leur prestige, les décrets des 19 avril et 22 août 1939, avaient soustrait certaines catégories d'indigènes de leurs tribunaux pour leur accorder le privilège de la juridiction française. À l'usage, nombreux sont les indigènes qui se sont aperçus que "l'avantage de la juridiction française était plus apparent que réel".

En effet, selon le second thème de propagande qui devait se greffer rapidement sur le premier : "nombreux sont les anciens militaires ou électeurs aux assemblées locales qui trouvent la justice française longue, onéreuse, compliquée. Les voyages sont difficiles et coûtent cher. Souvent le prix du déplacement et du séjour près du tribunal du ressort judiciaire dépasse l'enjeu du procès. Certains d'entre eux ont dû subir les exigences d'hommes d'affaires ou d'intermédiaires aux dents souvent longues, et ont remporté l'impression, en rentrant dans leur village, que la justice française, en raison peut-être de son perfectionnement, est bien mystérieuse et compliquée, qu'il y a beaucoup de papiers, de démarches et de formalités incompréhensibles ; que cette justice est peut-être excellente pour les "Européens" capables d'en suivre tous les détails sans s'y perdre, mais encore peu faite pour eux. Et ils regrettent de n'avoir pu faire régler simplement leur affaire par le tribunal indigène qu'ils connaissent bien, qui est lui même très au courant de leurs us, qui siège chaque semaine au chef-lieu de la circonscription et est accessible à tous sans intermédiaire et complications".

En dépit de ses inconvénients, les Africains privilégiés peuvent, cependant, tenir à la justice française, pour les garanties certaines de sa procédure et du code pénal, L'argument décisif à leur rétorquer serait le suivant : aujourd'hui que des garanties absolument semblables sont offertes par le code

---

milieux coloniaux qui se plaignaient des anciens tirailleurs qui "par leur indiscipline et le nombre des réclamations qu'ils formulent sans cesse sont le cauchemar des administrateurs coloniaux". D'où la crainte que "si l'on continue à envoyer en France les recrues des races primitives, dans dix ans, nous ne pourrons plus rien tirer des indigènes de la brousse".

134. ANS série M 33, Préparation du code pénal indigène, décret du 11 février 1941, 1938-1942.

pénal indigène, les avantages et les lustres de la juridiction française s'estompent devant son inadaptation. Donc “plus rien ne justifie pratiquement le maintien du privilège de juridiction accordé hâtivement en 1939”. D'où son abrogation par le décret du 5 janvier 1941.

Après l'annonce de ce décret par lequel le département dispensait “les anciens militaires de ce privilège onéreux et embarrassant, qu'est devenu désormais pour eux, sans contrepartie réelle, leur qualité de justiciable des tribunaux français”, le dernier thème de propagande devait souligner que : “les difficultés du moment ne permettent pas de multiplier les tribunaux français dans tous les points les plus reculés de la colonie, seul palliatif qui aurait donné quelque valeur pratique à la réforme spectaculaire de 1939. Que, dans un avenir stabilisé, et partant de l'étape nécessaire du code pénal indigène, pourront être soigneusement mûries de nouvelles réformes qui permettront de faire accéder peu à peu les indigènes, suivant leur degré d'évolution et leurs intérêts bien compris, vers de nouveaux perfectionnements de l'appareil judiciaire”.

La réforme annoncée allait se produire en 1946. Le principe de l'égalité de tous devant la loi, proclamé dans le texte constitutionnel, exigeait l'établissement de l'identité de juridiction à l'égard de toutes les catégories de justiciables en donnant compétence exclusive aux juridictions de droit commun. L'assimilation pénale édictée par le décret du 30 avril 1946 [135] se traduisait ainsi par la suppression des juridictions répressives de droit local. En effet, “aux termes de son article premier, les juridictions de droit local sont supprimées à partir du 1er juillet 1946 date à laquelle le code pénal indigène est lui-même abrogé par l'article 2 du même décret” [136]. D'où la promulgation, avec le décret du 16 octobre 1946 [137], du code pénal métropolitain. Ainsi étaient supprimée la juridiction répressive de droit local, qui, avec le code pénal spécial, symbolisait pour les Africains évolués la discrimination dont ils avaient le sentiment d'être l'objet”.

---

135 *JOAOF*. 1946, p. 694.

136. Arrêt n° 129 du 26 septembre 1946. Greffe de la Cour, Arrêts de la chambre d'annulation, année 1946, 2e semestre.

137. *JOAOF*, 1946, p. 1376.

Chapitre deux

La transformation des droits fonciers coutumiers

La mise en vigueur du code civil aux colonies, y a entraîné, sauf quelques modifications de détail, celle du régime métropolitain de la propriété foncière [1]. Si cette législation foncière n'a souffert aucune difficulté spéciale d'application dans les vieilles colonies de plantations, la situation n'a pas été la même au Sénégal et dépendances. En effet, dans les colonies africaines, et plus particulièrement en Afrique occidentale, si nous nous replaçons dans la perspective globale de l'ensemble de la politique coloniale française, la propriété foncière a constitué un domaine primordial de l'affrontement de la législation d'origine européenne et du droit coutumier indigène.

Ce conflit était d'autant plus aigu que la notion de propriété immobilièrc était méconnue des populations autochtones. Leur tenure du sol n'étant ni individuelle, ni aliénable, la terre était un bien "collectif" que les Africains détenaient sans titre. La question de la terre présentait un intérêt d'autant plus fondamental, qu'elle constituait, dans les colonies africaines, le point capital du programme de colonisation. Pour que la mise en valeur s'effectue, il était, en effet, nécessaire, que la propriété immobilière ait une base certaine.

Pour constituer la propriété foncière, l'État allait user de son autorité pour rompre le faisceau de la propriété collective. L'idée dominante était d'agrandir le domaine de l'État, au détriment des Africains (section I). Dans le but de donner à la propriété foncière, avec les garanties résultant d'une plus large application du droit commun métropolitain, la mobilité dont elle avait besoin pour remplir pleinement sa fonction économique (section 2).

Section I. La revendication par l'État de l'entière disposition du sol

La détention coutumière de la terre a été fortement battue en brèche par deux théories. La théorie en vertu de laquelle l'État colonisateur, en tant que successeur aux droits des souverains autochtones, était propriétaire éminent de tout le sol. Et la théorie selon laquelle les terres étant, dans une immense proportion, vacantes et sans maître, l'État colonial se les appropriait

---

1. V. Naudot, « Le régime foncier dans les possessions coloniales françaises », *Rec.* 1910, Doctrine, p. I et s.

La Cour allait, cependant, se montrer réticente à l'endroit de ce règlement de la question foncière. D'abord, en raison de sa préférence pour la conception plus classique du droit de propriété du code civil, elle ne pouvait d'emblée accepter le principe du pouvoir de l'État sur le sol. Ensuite, et surtout, elle ne trouvait fondée, ni historiquement, ni dans les faits, le recours aux droits des anciens souverains locaux ou à l'argument de l'inoccupation du sol. Aucune terre ne répondant, selon elle, à la conception de terres vacantes ct sans maître.

Paragraphe 1. La thèse de la subrogation

La tenure du sol était, en Afrique de l'Ouest, organisée sur des principes qui étaient étroitement liés à l'organisation sociale traditionnelle. Communautaire, elle n'avait rien de commun avec le droit de propriété du code civil. Les droits collectifs et inaliénables résultant pour les Africains de leur organisation particulière de la famille avaient été méconnus et ignorés par le législateur français qui avait fini par les remettre en question [2].

L'arrêté Faidherbe du 11 mars 1865 disposait ainsi que : "les indigènes possesseurs de terres d'après la coutume locale avaient la faculté de demander des titres réguliers de concession. Ne serait reconnue et légitimement protégée, à l'avenir, que la possession des terres ainsi concédées.

Les Sénégalais s'abstenant de solliciter des titres, on pensa que les détenteurs coutumiers ne pouvaient justifier d'aucun droit à l'appui de leurs prétentions éventuelles puisqu'ils n'étaient ni possesseurs ni propriétaires réguliers [3]. Aussi l'administration locale allait-elle proclamer sa thèse de l'appropriation absolue du sol par l'État. L'État français avait, estimait-elle, en vertu des divers traités ayant conclu ses conquêtes, été subrogé dans tous les droits des souverains qui régnaient sur les territoires soumis. Il héritait non seulement de leur souveraineté, mais aussi de la propriété du sol. Il était donc propriétaire de toute la terre, les autochtones n'ayant éventuellement qu'un droit d'occupation précaire.

L'administration entreprit des efforts répétés pour amener la jurisprudence à la suivre dans cette voie. Mais, celle-ci allait manifester, pendant tout le XIXe siècle, sa réticence face à cette théorie de la subrogation.

C'est même avec une preuve évidente d'indépendance, que la Cour de Saint-Louis affirmait, dès 1872 [4], et contrairement aux prétentions de l'administration de la marine, que le *damel* n'était pas propriétaire du sol et du territoire sur lequel il régnait.

---

2. V. Dareste, « Le régime de la propriété foncière en AOF »., *Rec.* 1908, Doctrine, p. 1 et s.
3. V. R. Doublier, *La propriété foncière en AOF*, Rufisque, Imprimerie du Gouvernement général, 1957, p. 45 et s.
4. Greffe de la Cour d'appel de Dakar, Arrêts civils, Recueil 1872, Arrêt n° 30 du 23 août 1872.

Par la suite, elle allait atténuer cette prise de position tranchée. En effet, sans revenir sur son affirmation, elle tirait un argument des circonstances de la cause [5], et des défaillances de l'administration locale, les raisons d'ébranler la théorie de la subrogation. Ne voulant pas apparaître comme le défenseur des droits indigènes contre les revendications de l'État, elle ne déboutait les autorités locales de leurs prétentions que pour insuffisance de preuve. Soit parce qu'elles ne produisaient pas de titre [6], soit parce qu'elles ne justifiaient d'aucun fait de possession [7].

C'est seulement, à l'occasion de la réclamation de Rawane Boye contre la Compagnie de chemin de fer de Dakar à Saint-Louis pour accaparement de ses terrains que la jurisprudence allait, enfin, se rallier à la théorie de la subrogation.

Rawane Boye, traitant à Saint-Louis, avait cité la Compagnie de chemin de fer de Dakar devant le tribunal de première instance de Saint-Louis pour s'entendre condamner à 270 000 francs de dommages-intérêts, Il soutenait en premier lieu, que les terrains occupés par la voie avaient appartenu à son père qui en avait été dépossédé irrégulièrement. Il prétendait, ensuite, que les travaux avaient causé à la propriété ou à ses dépendances une dépréciation dont il demandait réparation.

Le tribunal de première instance de Saint-Louis avait rejeté, par un jugement du 12 mai 1894, les prétentions de Rawane Boye ; entre autres motifs "les terrains litigieux n'ont pu faire l'objet d'un droit de propriété privée". Ces terrains se trouvaient, en effet, situés dans le Toubé, province de l'ancien royaume du Cayor où, d'après les coutumes, le droit de souveraineté et la propriété du sol reposaient sur la tête du *damel*. Et où l'appropriation privée telle que le comprend le droit français n'existait pas. L'État colonial, ayant été substitué par les traités aux droits que possédait le *damel* sur les territoires annexés, est devenu propriétaire exclusif de ces territoires.

La Cour [8] allait, cependant, confirmer la décision du tribunal de Saint-Louis, sans reprendre à son compte l'analyse et la motivation de ce jugement. En effet, pour la Cour, l'État français ne pouvait pas succéder aux droits du *damel*, la province de Toubé ne faisant point partie de l'ancien royaume du Cayor, Il n'est, en effet, question de cette province dans aucun des traités conclus depuis 1861 avec le *damel*. Au contraire, le traité du 28 août 1883, qui

5. Greffe de la Cour de Dakar, Arrêts Civils, Recueil 1882, Arrêt du 21 avril 1882, Affaire Jean de Saint-Jean.
6. Dans un arrêt du 7 mars 1884 (Greffe de la Cour de Dakar, Arrêts civils, Recueil de 1884, à la date), l'administration de la marine, qui soutenait que le terrain litigieux lui avait été cédé par le *damel* depuis 1763, était déboutée pour n'avoir pas produit l'acte de cession dont elle faisait mention.
7. Greffe de la Cour d'appel de Dakar, Recueil de 1896, Arrêt du 5 juin 1896, affaire Elimane Diol. V. dans le même sens, au *Recueil* de 1897, un arrêt du 7 août 1897, Affaire Ousmane Diène.
8. Arrêt du 21 février 1896, *Pen.* 1900, Jurisprudence, p. 43.

annule toutes les conventions antérieures, énumère les provinces qui font partie du Cayor, à savoir : le Saniokhor, le Dembanian, le Khatta, le Mbakol, le Nguiguis, le Mbawor et le Guéoul. Le Toubé ne figure pas dans cette énumération. C'est donc à tort que le premier juge a considéré le Toubé comme faisant partie du Cayor et en a déduit, au point de vue de la nature de la propriété dans cette province, des conséquences opposables à Rawane Boye.

Malgré cette critique de l'erreur de fait que comporte la décision frappée d'appel, la Cour allait la confirmer, et débouter Rawane Boye, au motif que la compagnie du chemin de fer pouvait se prévaloir de la prescription acquisitive réglée par l'article 2265 du code civil.

Rawane Boye s'était pourvu en cassation pour violation et fausse application de l'article 2265 du code civil et manque de base légale. L'arrêté rapporté, développait-il, avait déclaré que la compagnie du chemin de fer avait acquis les terrains litigieux par la prescription décennale, en vertu d'un juste titre résultant d'un arrêté du gouverneur dont le texte n'était pas reproduit, ni la date indiquée. Or, il n'existait, à la connaissance, aucun arrêté local susceptible de constituer, à quelque point de vue que ce fut, le juste titre dont il s'agissait.

Cc moyen fut, le 19 novembre 1899 [9], accueilli par la Cour de cassation qui renvoyait l'affaire à la Cour d'appel de Bordeaux, Celle-ci se prononça [10], de façon très explicite, en faveur de la thèse de la subrogation. En effet, disaient les chambres réunies de Bordeaux : pour démontrer son droit de propriété sur les terrains ayant servi à l'établissement de la ligne ferrée de Dakar à Saint-Louis, Rawane Boye invoque une sorte d'attestation fournie, en présence du *cadi*, par les chefs et notables des villages de Leybar et des environs. Il semblerait en résulter que l'appelant a recueilli les terrains litigieux de son père *montel*, chef du vieux Leybar, province de Toubé. Mais, le tribunal de Saint-Louis a ramené à sa juste valeur ce document dépourvu de toute force probante, en rappelant, avec raison que Rawanc Boyc ct son pèrc *montel* étaicnt soumis aux exigences de l'arrêté du gouverneur Faidherbe du 11 mars 1865. Cet acte obligeait les indigènes à solliciter et à obtenir de l'administration locale, sous forme de concession, un titre régulier de propriété. Jusqu'à l'octroi de cette concession, les indigènes, chefs ou subordonnés, ne pouvaient être considérés que comme des détenteurs précaires, incapables de prescrire et de posséder utilement.

La propriété individuelle, poursuivait la Cour, était, en effet, inconnue au Sénégal au regard de territoires que la conquête a eu pour effet d'annexer à la France. Spécialement dans le royaume du Cayor, dont le Toubé faisait incontes-

---

9. Greffe de la Cour de Dakar, Arrêts civils, Recueil de l'année 1896, l'Arrêt de la Cour de cassation du 29 novembre 1899 est inséré à la date de l'arrêt cassé.
10. Cour d'appel de Bordeaux, chambres réunies, arrêt du 24 juin 1903, Affaire Rawane Boye contre la Compagnie du chemin de fer de Dakar à Saint-Louis et le Ministre des Colonies. *Pen.* 1904, Jurisprudence, p. 204 et s.

tablement partie, le *damel* ou roi concentrait en sa personne le droit de propriété du sol, comme attribut de sa souveraineté absolue. Les premiers juges ont ainsi pu justement décider que les terres du Toubé, propriété du *damel*, sont entrées dans le domaine par l'effet, soit de l'annexion résultant du droit de conquête, soit des traités, et y sont demeurées.

La Cour d'appel de l'Afrique occidentale française ne devait pas tarder à se rallier à la thèse de l'administration, et à affirmer la théorie de la substitution de l'État français aux droits des souverains locaux. Ce fut à l'occasion de l'affaire Daour Diop [11].

Le 24 juin 1905, Daour Diop, cultivateur demeurant à Yène, près de Rufisque, Rokhaya Gaye, Tabara Ndoye et Yara Ndoye, agissant en qualité d'héritiers de leur grand'mère Ndiassé Ndoye, ont assigné, devant le tribunal de première instance de Dakar, Secka Ndiaye pour le faire condamner à leur restituer des terres situées près de Rufisque, qu'il cultivait depuis quelques années en vertu d'un bail que lui avait consenti, d'abord, Malick Gaye, puis Rangou Sow et Daour Diop. Le gouverneur général est intervenu à l'audience pour faire dire que ces terres cultivées par Secka Ndiaye, avec l'autorisation de l'administrateur du cercle de Thiès, faisaient partie intégrante du domaine de l'État. N'ayant par suite, d'autre propriétaire, elles devaient être reconnues propriétés de l'État.

Le 30 janvier 1906, le tribunal de première instance de Dakar déboutait Daour Diop et consorts, déclarant fondées les prétentions de l'État. C'est cette décision que la Cour confirmait, le 8 février 1907, dans un arrêt de principe qui marquait un revirement de sa jurisprudence.

La Cour commençait par déclarer son adhésion à la thèse domaniale. En effet, décidait-elle, "après l'annexion du royaume du Cayor, l'autorité française s'étant trouvée en possession d'un pays dans lequel la propriété individuelle était inconnue, fit entrer dans son domaine, avec le droit de souveraineté que détenait précédemment le *damel*, celui de propriété qui lui était inhérent ; cette conception... est conforme au principe du droit international public qui dit que l'État annexant hérite des droits de souveraineté et de domanialité qui appartiennent au souverain du pays annexé".

Pour repousser la thèse de l'acquisition par la prescription des terrains qui était le point capital que soulevaient les appelants, la Cour a présenté plusieurs arguments. Tout d'abord, le code civil était, selon elle, inefficace pour créer des droits : "en effet, le code civil n'a jamais été rendu applicable au Cayor en ce qui concerne les indigènes de cette région qui sont encore actuellement régis par leurs coutumes, mais, ... à supposer que le code civil ait été, par le seul fait de sa promulgation, applicable aux territoires dont il s'agit, il n'a pu avoir pour effet de créer la propriété ; Le code civil a sans doute pu reconnaître aux indigènes le droit d'acquérir la propriété suivant le mode prévu par la loi

11. Greffe de la Cour d'appel de Dakar, Arrêts civils, Recueil 1907, Arrêt du 8 février 1907.

française mais à la condition que l'acquisition suppose l'existence d'un propriétaire ; on se trouverait en présence d'une véritable pétition de principe, en affirmant que les indigènes ont le droit de vendre leurs propriétés puisqu'il resterait à démontrer que la propriété existe au profit de ces indigènes, preuve qui ne peut être rapportée, aucun acte législatif ou administratif n'ayant accordé en effet aux dits indigènes la propriété des parcelles qu'ils occupent en vertu seulement de la tolérance du gouvernement".

De même, c'est un second argument, la législation révolutionnaire n'avait pas vocation à trouver application dans les colonies. "Les lois des 28 août 1792 et 10 juillet 1793, conformément à une jurisprudence constante, n'ont pas eu pour effet d'intervertir de plein droit la possession, et de convertir une détention précaire en une possession *animo domini* ; au surplus il n'est pas établi que les lois de la révolution, qui ont prononcé cette abolition aient été rendues applicables aux colonies et en particulier au Sénégal ; dans tous les cas… l'abolition dans l'ancienne France du domaine éminent de l'État n'a pu nécessairement avoir pour effet de bouleverser la régime social de nos possessions d'outre-mer, ni d'établir un rapprochement quelconque entre l'état social de la France et celui des peuples barbares placés sous la domination complète des *damels*. Enfin, l'État successeur des rois du Cayor se trouve en présence d'une situation de fait et de droit qu'il n'a point créée ; il pouvait, il est vrai, apporter à cette situation des modifications s'il le jugeait nécessaire, mais il n'était point tenu de le faire, ayant hérité, conformément aux principes du droit international public, des droits et prérogatives qui étaient l'apanage des souverains des pays annexés".

Cependant, si la Cour accueillait ainsi les prétentions de l'État, elle ne passait pas pour autant, sous silence les droits même précaires des indigènes. En effet, poursuivait l'arrêt "s'il convient de reconnaître que ce droit de souveraineté et de propriété a été pendant de longues années plutôt nominal que réel, il est juste d'affirmer aussi qu'à aucun moment le gouvernement français ne s'est mépris sur l'étendue des ses droits ; jamais il n'a eu l'intention de les abandonner ; cela résulte surabondamment des mesures instituées par l'arrêté du 11 mars 1865 qui décide que des concessions pourront être faites dans les territoires annexés en vertu du traité du 1er février 1861 par lequel le *damel* a abdiqué tous ses droits sur le Cayor, et qui admet les indigènes en possession des terres d'après la coutume locale, à se faire délivrer un titre régulier ; cette disposition, inspirée par cet esprit de mansuétude et de justice qui caractérise les relations du général Faidherbe avec les indigènes prouve bien que dans la pensée du gouvernement les anciens sujets du *damel* ne pouvaient être considérés que comme de simples possesseurs, des usages, et que l'annexion n'avait en rien modifié leur situation ; telle est aussi aujourd'hui la pensée du gouverneur général de l'Afrique occidentale française qui, tout en revendiquant en principe les droits du domaine de l'État, n'a cessé de manifester à l'égard de tous les indigènes la plus grande bienveillance".

L'arrêt continuait de susciter les commentaires les plus passionnés [12] lorsque, le 1er mars 1907, à l'occasion de l'affaire Abdou Cogna Diop, la Cour le confirmait. En effet, elle décidait dans les mêmes circonstances que, d'après la coutume du Cayor, le droit de souveraineté et le droit de propriété reposaient sur la tête du souverain, la propriété privée n'existant pas ; à la vérité, les *damels* pour se débarrasser des charges de l'administration de leur vaste domaine, l'avaient peu à peu morcelé et divisé entre plusieurs chefs, mais que ceux-ci étaient, par rapport au souverain, dans la même situation que se trouvaient jadis, dans l'ancien droit féodal, les vassaux par rapport au suzerain, les premiers ayant le domaine utile et le second retenant le domaine éminent, Le *damel* conservait, en effet, son droit de propriété, attribut et complément de sa souveraineté ; le droit du chef consistait en un simple droit de jouissance révocable au gré du souverain et qui donnait lieu au profit de celui-ci à la perception d'une redevance, laquelle devait être renouvelée à chaque changement de titulaire à la concession. En résumé, en dehors du *damel*, nul ne pouvait prétendre à un droit de propriété sur une partie quelconque du territoire du Cayor.

Dans les termes identiques que ceux utilisés le 8 février, la Cour refusait les arguments tendant à établir l'interversion des droits des habitants de la presqu'île du Cap-Vert. En effet, poursuivait l'arrêt : "À supposer que le code civil ait été, par le seul fait de sa promulgation au Sénégal, applicable aux habitants de la presqu'île du Cap Vert, il n'a pas pu avoir pour effet de créer la propriété ; il n'a pu davantage intervertir les titres de possession, faire du jour au lendemain d'un usage ou d'un usufruit le bénéfice de la prescription acquisitive ; dès lors, au regard de l'État français, et sous le régime du code civil, la situation des indigènes détenteurs du sol à titre précaire est restée ce qu'elle était vis-à-vis du *damel* sous l'empire de la coutume du Cayor' [13].

Les milieux coloniaux étaient désemparés par cette jurisprudence de la Cour. En faisant de l'État le seul dispensateur de la propriété, ces décisions ne visaient qu'à dépouiller les Africains, propriétaires légitimes du sol qu'ils tenaient d'une longue succession d'ancêtres, et partant, à jeter un trouble profond dans les affaires par l'arrêt des transactions immobilières qui résultaient de cet état de choses. En déclarant, en effet "que la propriété privée ne pouvait exister dans la plus grande partie du Sénégal, pour cette raison que l'État, légitime successeur des *damels* du Cayor, était le seigneur féodal de tous les territoires sur lesquels régnaient autrefois ces souverains hypothétiques", la Cour

---

12. V. Les notes publiées sous *Pen.* 1907, Jurisprudence, p. 259, et *Rec.* 1907, 2, p. 78.
13. *Rec.* 1907, 1, p. 97. Dans le même sens, la Cour maintenait, le 18 juin 1909, dans l'Affaire Colonie du Sénégal contre Bolot (*Rec.* 1909, 2, p. 187) la solution contenue dans ses arrêts des 8 février et 1er mars 1907, au sujet de la nature des droits de l'État français sur les terrains de la presqu'île du Cap-Vert. Se refusant ainsi de suivre le tribunal de première instance de Saint-Louis dans la discussion à laquelle il s'était livré à propos de la coutume du Cayor et de la portée des traités des 9 avril 1763 e t 5 juin 1765.

rétablissait “au nom de la civilisation, la barbarie féodale”. Désormais, déplorait leur porte-parole : “pour être propriétaire de fief, il faut recevoir l’investiture et prêter serment d’allégeance au Seigneur qui n’est autre que Monsieur le gouverneur général lui-même.” Il y a là une situation mettant en péril le développement économique du pays, radicalement entravé par une conception absurde digne d’un autre âge” [14].

Cette critiques acerbe qui mettait notamment en doute l’esprit d’indépendance de la Cour. eut, semble-t-il, pour effet, d’amener la haute juridiction à prendre ses distances vis-à-vis des thèses de l’administration. Se faisant, à nouveau, le défenseur du droit naturel de la propriété, elle repoussait certaines prétentions de l’État qui, abusant de son triomphe, avait tendance à revendiquer toutes les terres qui lui étaient utiles.

Paragraphe 2. La renonciation à la théorie de la subrogation

Dans une première période, elle allait s’efforcer d’associer la notion de propriété privée à celle de mise en valeur. Elle décidait ainsi que : “si la législation postérieure à 1862 a reconnu que l’indigène ou la collectivité indigène qui met une terre en culture l’occupe d’une manière effective et continue, et en jouit sans trouble selon la coutume du pays, acquiert des droits précaires *sui generis*” [15]. Ces droits transmissibles étaient susceptibles de se transformer en droit de propriété par la formalité de l’immatriculation.

Le 29 décembre 1916 elle décidait de même que : “l’État a abandonné aux indigènes, détenteurs, à titre précaire des terres mises en valeur par eux, le droit de propriété (domaine éminent) auquel il pouvait prétendre comme successeur des anciens rois du pays, lorsque ces détenteurs justifient de la légitimité de leur possession par un certificat délivré par le maire de la commune ou par l’administrateur de la commune” [16]. Il pouvait en résulter que l’administration avait encore la possibilité de déposséder les Africains en leur refusant ce certificat. Mais, désormais, il était incontesté que le droit éminent de l’État disparaissait sur les terres cultivées.

En somme, sans remettre en cause le pouvoir de l’État sur la terre, la Cour ne lui accordait de consistance que pour les “terres vacantes et sans maître” [17].

---

14. “La propriété foncière au Sénégal “, par R. Sabourault, rédacteur en chef du journal. *L’Afrique*”, organe Républicain de Défense Coloniale, 1ère année, n ° 2, du jeudi 4 mars 1909. IFAN, Dakar, p. 544.
15. Affaire Latty Guèye Ndoye, Arrêt du 16 juillet 1915. *Pen.*, 1916, 1, p. 46, et *Rec.* 1916, Jurisprudence, p. 75.
16. *Rec.* 1917, 3, p. 96, et *Pen.* 1919, p. 24 et s.
17. C’est-à-dire, conformément au décret du 15 novembre 1935, "les terres qui ne faisant pas l’objet d’un titre régulier de propriété ou de jouissance par application, soit des dispositions du code civil, soit des décrets du 8 octobre 1925 et du 26 juillet 1932, sont inexploitées ou inoccupées depuis plus de dix ans”. V. Maguet,

Puis, dans une seconde période, la Cour allait renoncer à faire référence à la théorie de la succession de l'État français aux droits des anciens souverains locaux. C'est ainsi que, dès 1918, la Cour restreignait la théorie de la subrogation au seul ancien royaume du Cayor. Les droits appartenant à l'État français, comme substitué aux *damels* du Cayor étaient donc sans application à Thiès, qui n'a jamais fait partie du Cayor. En effet, selon son arrêt du 31 mai 1918 [18] : "Pour justifier sa demande, l'État invoque d'abord la jurisprudence de la Cour de céans, laquelle, faisant application dans plusieurs décisions des traités anciens de 1764 et 1765 avec le *damel* du Cayor en ce qui concerne la presqu'île du Cap-Vert, Rufisque et les rivages de la mer dans les limites fixées aux dits traités, et des traités du 1er février 1861 au 28 août 1881, passés avec les *damels* du Cayor en ce qui concerne les autres territoires de ce royaume, a reconnu aux *damels*, souverains de ce pays, un droit suzerain de propriété sur toute l'étendue du royaume, auquel l'État français a été substitué, ces décisions ont pris pour base l'interprétation de la coutume du pays, confirmée par l'abandon à l'État français en toute propriété et sans réserve des diverses parcelles nécessaires aux travaux d'utilité publique (postes fortifiés, chemin de fer, etc.) ; mais ces décisions et les traités visés ne paraissent pas pouvoir s'appliquer, même par analogie, à l'instance actuelle, le territoire de Thiès n'ayant jamais fait partie du royaume du Cayor d'après les documents versés aux débats ; … et, par suite, il n'est pas nécessairement soumis aux coutumes de ce pays ; il suit de là que l'État français ne peut invoquer sa substitution aux droits du *damel* du Cayor pour justifier son droit de propriété sur les terrains litigieux sis à Thiès. "Il ne saurait, de même, revendiquer comme terres vacantes et sans maître, des immeubles ayant appartenu à des indigènes, dans des territoires où la propriété privée était constituée.

En 1933, la Cour décidait en outre, dans son célèbre arrêt du 10 mars [19], que l'État français ne pouvait pas se prévaloir des droits que s'attribuaient les souverains locaux, la conquête française ayant précisément pour objet et pour effet de les faire cesser. En effet, "il ne saurait être contesté que les anciens chefs indigènes du Dahomey se considéraient et se comportaient comme étant propriétaires dans le sens le plus absolu du mot, non seulement du territoire sur lequel s'étendait leur autorité, mais encore de tous les biens de leurs sujets et même de la personne de ceux-ci ; sous le régime de la monarchie dahoméenne, le droit de propriété n'existait que pour le roi, les individus eux-mêmes étant la chose du monarque au même titre que tout ce qui les entourait ; le droit à l'exploitation des terres que les hommes cultivaient et le droit d'usage des choses qui étaient nécessaires à la vie n'existait pas au regard du roi, pour affermir leur droit de propriété sur les biens mobiliers de leurs sujets,

---

« De la constatation des droits fonciers des indigènes en AOF », *Pen.* 1936, Doctrine, p. 3 et s.

18. *Rec.*, 1919 A, 31 et *Pen.* 1918, Jurisprudence, p. 177.
19. *Pen.* 1933, I, p. 252 et, *Rec.* 1933, 2, p. 82.

les rois non seulement percevaient une dîme sur les produits agricoles, mais, à la mort de chaque chef de famille, ils faisaient le simulacre de prendre les biens familiaux pour les rendre au nouveau chef du groupe familial".

Mais, le caractère illégitime de ces droits fondés sur la force s'opposait à ce qu'ils puissent être revendiqués de bonne foi, comme devait l'être l'État français. En effet, poursuivait l'arrêt, "l'État français ne saurait prétendre avoir légitimement acquis par voie de conquête ce qui ne lui a été remis que par un détenteur sans titre ; le chef barbare et tyrannique d'une tribu indigène n'est pas le souverain d'un État au sens moderne du mot dans la langue des pays civilisés, et tout ce que ce chef despote détient entre ses mains comme apanage de sa souveraineté, sans pouvoir être considéré comme l'effet d'une délégation divine ou humaine, ne saurait passer légitimement dans les mains d'un État civilisé dont, par définition, la nature répugne à perpétuer un régime d'arbitraire et de barbarie… Il suffit de constater à quoi aboutit la thèse de la succession aux droits du souverain indigène pour apercevoir toute sa fausseté ; l'erreur de cette thèse provient de la portée que l'on donne aux effets de la conquête ; en effet, la conquête n'est pas un mode de transmission de droits réguliers, inscrits dans les lois d'un pays civilisé ; les codes ignorent ce mode d'acquisition par la force ; les effets de la conquête ne sont pas réglementés ; ils dépendent de la volonté du vainqueur autant que des circonstances de fait, la conquête ne créant pas de droit ou les créant tous, suivant les cas ; la conquête n'a pas pour conséquence d'autoriser l'État victorieux à se perpétuer des abus d'un chef indigène vaincu ; l'État civilisé se doit au contraire de mettre un terme aux abus commis par ce chef : c'est la raison d'être de son intervention, de sa mission civilisatrice et colonisatrice, il est loisible à l'État conquérant de maintenir dans les coutumes locales, dans l'organisation sociale et politique du pays conquis, les règles qu'il juge opportunes pour le gouvernement et le bien du pays, mais à condition qu'elles ne soient pas contraires à la nature, au droit des gens, à la civilisation ; il s'agit donc, dans chaque cas de substitution d'un souverain à un autre par la force des armes, de rechercher ce que l'État conquérant a voulu conserver à son profit des droits de l'ancien souverain, et, cette dévolution de pouvoirs, de prérogatives, de droits ne pouvant découler de règles juridiques, d'examiner par tous les moyens d'investigation quelles furent les intentions réelles de l'État conquérant".

À la veille de la conquête, la tenure du sol était au stade de la propriété collective de la famille, Aussi, le législateur colonial, lorsqu'il a organisé le régime de la propriété foncière en Afrique occidentale, a particulièrement envisagé cette tenure spéciale. "Il résulte, en effet, de l'article 58 du décret du 24 juillet 1906, que la tenure spéciale du sol, qui permet à l'indigène d'accéder à la pleine propriété privée individuelle du droit français, peut, en l'absence de droits opposables, ne consister que dans un droit d'usage, lequel rend l'usager propriétaire ; ce texte n'aurait aucun sens, aucune portée, si l'État français, en revendiquant le domaine éminent sur l'ensemble des terres de la colonie, pouvait s'opposer à la transformation du droit d'usage de l'indigène prévu comme suffisant pour accéder à la pleine propriété ; ce texte ne pourrait ainsi recevoir application qu'avec la permission arbitraire de l'État pour chaque cas particulier, solution contraire au bon sens et à tout esprit de justice et que ne peut avoir voulu le législateur ; ce texte est la démonstration nette que l'État français parfaitement conscient de sa mission civilisatrice n'a pas entendu revendiquer à son profit les prétentions des anciens souverains indigènes sur l'ensemble des terres du royaume de Dahomey, et qu'il y a renoncé sur toutes celles qui seront détenues en conformité du droit coutumier local et sans contestation de la part de tiers par un individu ou une collectivité ; d'autre part, l'article 10 du décret du 26 octobre 1904 qui a réorganisé le domaine de l'État en Afrique occidentale française, détermine la composition du domaine privé en disposant que les terres vacantes et sans maître appartiennent à l'État ; il résulte du rapprochement de ce texte avec l'article 58 du décret de 1906 que l'État ne saurait prétendre à aucune autre propriété que celle des terres vacantes et sans maître ; ainsi, non seulement les textes réglementaires émanant de l'État français depuis la conquête du Dahomey ne permettent pas d'apercevoir la moindre intention de l'État de revendiquer à son profit le droit de propriété que l'ancien souverain indigène prétendait avoir sur toutes les choses de son royaume et notamment sur le sol, mais qu'au contraire ces textes font ressortir la volonté nette de l'État de renoncer aux droits des anciens souverains indigènes sur les parcelles détenues en conformité des règles coutumières ; c'est ainsi à tort que l'État français, dans le litige actuel, en méconnaissance de la renonciation générale que manifestent les décrets du 24 juillet 1906 et du 26 octobre 1904, prétend à la propriété de la parcelle litigieuse en invoquant à son profit les droits de l'ancien souverain local".

Enfin, le 3 novembre 1934, dans une affaire Collectivité indigène de Ouakam, Yoff, Ngor et autres contre l'État français (*Rec.* 1934, 2, 201), la Cour confirmait cette doctrine en faisant ressortir une fois pour toutes la fragilité de la thèse soutenue par l'administration.

C'est en effet, prétendre à tort que l'État français avait, comme succédant aux droits du *damel* du Cayor, acquis, par l'annexion, les droits de propriété que ces souverains possédaient. Cette prétention, qui n'avait aucun fondement dans les régions qui, comme celle du Cap-Vert, ne faisaient pas partie du Cayor, méconnaissait, en plus, les dispositions légales aux termes desquelles le droit d'exploitation et d'usage des terres résultant de la coutume, avaient été maintenues au profit des Africains ou de leurs collectivités.

Section II. L'accession des indigènes à la propriété privée

La mise en avant du principe du pouvoir de l'État sur le sol n'était pas le prélude de l'expulsion massive des indigènes, et de la reprise effective par l'État des lots qu'ils occupaient. Il s'agissait, au contraire, de forger une arme à l'administration locale contre les spéculateurs, et les tentatives d'accaparement et d'empiètement. Quant à l'Africain qui occupait paisiblement la terre, il était question de le fixer, et de l'amener peu à peu à la conception de la propriété individuelle [20]. C'était précisément le but principal du décret sur l'immatriculation que d'ouvrir la voie de la propriété privée à ceux qui détenaient les terres conformément aux coutumes (Paragraphe 1). La définition du droit de propriété étant le préalable de la mise en valeur, c'est-à-dire, de la mise en place du système de crédit et de commercialisation. Mais, par sa maîtrise de la procédure d'immatriculation (Paragraphe 2), l'État instituait, en même temps, son pouvoir sur le sol (Paragraphe 3).

Paragraphe 1. L'immatriculation d'un immeuble le soustrait à la coutume indigène

Le régime de l'immatriculation a été introduit en Afrique occidentale par les décrets du 29 juillet 1900 [21] pour le Sénégal et la Côte d'Ivoire, le décret du 5 août 1900 [22] pour le Dahomey, et le décret du 24 mars 1901 [23] pour la Guinée française. Mais, le véritable début de l'immatriculation en Afrique occidentale française date du décret du 24 juillet 1906 [24] s'appliquant à toutes les colonies du groupe [25].

La légalité de ce décret a été contestée par la Cour d'appel, parce qu'il apportait des modifications nombreuses et importantes au code civil [26]. En effet, observait la Cour : "le code civil, dont les parties, successivement promulguées, ont été réunies en un seul corps de loi, par la loi du 30 ventôse, an XII, est, au premier chef, un acte législatif, (qui) ne peut être modifié que par un acte de même nature". L'inspecteur Boudillon auteur de l'avant-projet de décret, répondait par avance à cette objection, en demandant si l'arrêté du 5 novembre 1830, ou le décret de 1900 constituaient des actes législatifs ?

"S'il n'est pas contesté, répondait la Cour, que le Sénégal est régi par décrets..., les lois, décrets et ordonnances ayant force de loi ne peuvent être modifiés que par des sénatus-consultes (des lois par conséquent, en ce qui concerne : ... (3) La distinction de biens et les différentes modifications de la propriété. (4) Les contrats et les obligations conventionnelles en général

20. Gouverneur général à Procureur général, lettre n° 447 datée du 10 février 1906, citée par B. Moleur, *Le droit de propriété sur le sol sénégalais. Analyse historique du XVIIe siècle à l'indépendance*. Thèse pour le Doctorat d'État, Université de Dijon, 1978, p. 286. Référence, ANS L 30, pièce 14.
21. *Rec.* 1900, I, 5 et 26.
22. *Rec.* 1901 I, p. 37.
23. *Rec.* I 901, I, p. 145.
24. *Rec.* I 907, I, p. 7.
25. Il a été applicable au Togo, avec quelques modifications, par le décret du 23 décembre 1922 (*Rec.* 1923, I. p. 157.
26. V. Procureur général à Gouverneur général, Saint-Louis le 30 octobre 1905, n° 929 G, Rapport sur l'avant projet de M. Boudillon sur le régime foncier en AOF. Dossier de l'administration des domaines. À verser aux Archives de Dakar.

(5) Les manières dont s'acquiert la propriété, par succession, donation entre vifs, testament, contrat de mariage, vente, échange et prescription" [27].

Or, ajoutait la Cour, si les décrets ayant force de loi et concernant les matières visées ne peuvent être modifiés que par des sénatus-consultes, comment un simple décret pour les mêmes matières pourrait il modifier une loi ?" [28] Ces observations n'ayant pas été retenues, le texte fut mis en œuvre.

Le trait essentiel du régime qu'il instituait, emprunté à la législation tunisienne, inspirée elle-même du système australien de l'Act Torrens, était la création pour les immeubles immatriculés d'un statut auquel ils étaient désormais soumis, quel que soit leur propriétaire, européen ou indigène [29]. En effet, l'immatriculation non seulement était définitive, aucun immeuble ne pouvant être soustrait au régime ainsi adopté, pour être placé à nouveau sous l'empire de celui auquel il était soumis antérieurement [30], mais le statut des immatriculés était constitué par le code civil, sauf les dérogations résultant du décret spécial qui a édicté le régime, et la réserve qui est faite du statut personnel de propriétaire indigène des biens immatriculés, ainsi que des règles de succession, qui leur étaient propres [31].

Ainsi, dans le cas où l'immeuble immatriculé était auparavant détenu selon les coutumes locales, l'immatriculation transformait immédiatement et radicalement les droits des détenteurs. Leurs droits d'usage [32], régis par la coutume locale, étaient consolidés en droit de propriété par l'adjonction du droit de disposition [33].

Cet "*abusus*" était en contradiction absolue avec la coutume, et son organisation collective de la tenure des terres, Le législateur ne s'en est pas avisé. Il a voulu modifier le droit local sur ce point, tout en maintenant ses autres dispositions. Or, la tenure communautaire de la terre ne pouvant se concilier avec le droit de disposition : admettre ce droit, aboutissait au triomphe de l'individualisme, avec toutes ses conséquences.

Paragraphe 2. Le droit de propriété des indigènes sur le sol est une concession gracieuse et discrétionnaire de l'administration

L'accession des Africains à l'immatriculation soulevait des difficultés assez particulières. La procédure de l'immatriculation comportait, en effet, une production et une discussion de titres, à peu près impossible, la plupart du

27. Article 3 du Sénatus-consulte du 3 mars 1854.
28. Saint-Louis le 20 octobre 1905, Observations présentées par le Cour d'appel sur l'avant-projet d'un décret établissant le régime de la propriété foncière dans les colonies et territoires de l'Afrique occidentale française.
29. V. Dareste, *op. cit.*, p. 216 et s.
30. Article 6 du décret du 24 juillet 1906.
31. Article 19 du décret de 1906.
32. Article 19.
33. Article 83.

temps, pour les détenteurs coutumiers. Les droits que les indigènes réclamaient, correspondaient-ils au droit de la propriété tel qu'il était défini et organisé par le code civil ? Les Africains voulaient-ils et pouvaient-ils accéder à la propriété privée ? La théorie de la domanialité éminente de l'État ne réduisait-elle pas à néant les droits indigènes ?

Le législateur colonial a essayé, avec le décret du 24 juillet 1906, de trouver un début de solution à ces problèmes. Tout d'abord, il dispose dans l'article 58 de ce décret, que dans les parties de l'Afrique occidentale où la tenure du sol ne présente pas tous les caractères de la propriété privée, telle qu'elle existe en métropole, le fait par un ou plusieurs détenteurs de terres, d'avoir établi, par la procédure de l'immatriculation, l'absence de droits opposables à ceux qu'ils invoquent, a, pour effet, quels que soient les incidents de la dite procédure, de consolider leurs droits d'usage, et de leur conférer les droits de disposition reconnus aux propriétaires par la loi française.

Ensuite, il a pallié le défaut de titre par le fait de l'occupation. Ainsi, lorsque les conditions de cette occupation étaient telles qu'elle pût équivaloir à un droit et qu'aucun droit préférable ne pouvait lui être opposé, cette occupation était constatée par un certificat du maire ou de l'administration.

D'où la disposition de l'article 65 qui, après avoir imposé à tout requérant l'obligation de déposer ses titres, ajoute : "dans les cas où la demande est formulée par des détenteurs coutumiers, pour bénéficier des dispositions de l'article 58, les pièces mentionnées aux deux alinéas qui précèdent sont remplacées par un certificat du maire de la commune ou de l'administrateur de la circonscription établissant, après enquête publique, les conditions dans lesquelles l'immeuble est détenu par les requérants".

Le législateur pensait, par ces dispositions, préparer, en quelque sorte, la transition entre la tenure coutumière et le régime de la pleine propriété. Le certificat administratif avait, alors, pour seul effet légal, de constater une situation de fait, à savoir, les conditions de détention de la parcelle de terrain. La Cour allait, au contraire, par sa jurisprudence, affaiblir l'efficacité des textes, et donner une valeur décisive au certificat administratif.

C'est ainsi que son arrêt du 11 août 1939 [34] porte que : lorsque la demande d'immatriculation a pour objet des terres non soumises au caractère de la propriété privée, l'intervention de l'autorité administrative, à l'origine de la procédure d'immatriculation, constitue une formalité essentielle qui ne peut être remplacée par aucune autre mesure. Le conservateur ne doit pas accepter la réquisition si le certificat administratif n'est pas produit.

Ce certificat administratif, dont l'importance devient si grande à l'origine de la procédure, ne fait pourtant pas preuve, à l'égard des tiers, des droits des requérants, et ne met pas, non plus, obstacle aux oppositions qui peuvent sub-

34. Affaire El Hadj Abou Sambou contre Mbaye Bor Guèye. Greffe de la Cour de Dakar, Arrêts Civils, Recueil de l'année 1939, à la date,

venir [35], Par contre, il fait preuve, à l'égard de l'État, de l'existence de la possession coutumière, et permet d'écarter toute opposition ultérieure qui serait faite par l'État en invoquant son propre droit de propriété et en prétendant notamment que le terrain serait vacant et sans maître [36].

Ce certificat est, de même, selon la Cour, un acte administratif qui s'impose au juge. Les tribunaux de l'ordre judiciaire sont, en effet, incompétents pour statuer sur la régularité de cette enquête et celle du certificat, Si cette régularité est contestée, ils sont tenus de surseoir à statuer et de renvoyer à l'autorité administrative la question préjudicielle de validité [37].

Le Conseil du contentieux administratif du Sénégal, saisi sur renvoi, a confirmé cette doctrine [38]. Et sa décision, contraire à la demande du requérant autochtone, a fait loi pour le nouvel arrêt de la Cour d'appel du 21 mars 1919 [39].

Cette jurisprudence a eu pour effet de remettre toutes les questions concernant les droits des indigènes sur le sol à l'autorité administrative. En effet, renvoyer à l'administration l'appréciation du certificat dressé en exécution de l'article 65 du décret, c'est lui renvoyer celle de la nature de la détention coutumière. C'est abandonner à sa discrétion l'application de l'article 58, déjà fortement entamée par les revendications de l'État, c'est le faire juge de la propriété. Or, cela est directement contraire au texte et à l'esprit du décret.

Paragraphe 3. La Cour, protectrice du domaine public contre les empiétements particuliers

Tout propriétaire immobilier pouvant recourir à l'immatriculation, l'État doit-il être considéré comme un propriétaire ordinaire, et peut-il faire immatriculer ses immeubles ? La législation locale ne contient, en Afrique occidentale française, aucune disposition tranchant la question dans un sens ou dans un autre. Le décret du 24 juillet 1906 est, en effet, muet sur le point de savoir si le régime de l'immatriculation est applicable aux immeubles du domaine public.

Il en est autrement en Tunisie, où la loi du 1er juillet 1885 porte, en son article 42 que : "les parties du domaine public comprises dans un immeuble immatriculé ne sont pas assujetties à l'immatriculation et les droits qui s'y appliquent, subsistent indépendamment de toute inscription". Cette disposition a été reproduite, pour Madagascar, par l'article 1er du décret du 16 juillet 1897, et par l'article 4 du décret du 4 février 1911, pour l'Afrique équatoriale française par l'article 28 du décret du 28 mai 1899. La Cour d'appel de Dakar en a

35. Arrêt du 11 juillet 1941. Greffe de la Cour, Arrêts civils, Recueil 194I, à la date.
36. *Ibid.*
37. Arrêt du 29 décembre 1916, Affaire Gouverneur général de l'AOF contre Mayosse Diagne et autres. Rec, 1917, Jurisprudence, p. 96.
38. Décision du 9 mai 1818. *Rec.* 1920, Jurisprudence, p. 55
39. *Ibid.*

conclu, par analogie, dans son arrêt du 18 février 1916 [40] que, non seulement les biens du domaine public n'avaient pas besoin d'être immatriculés, parce que ces terrains n'étaient pas susceptibles de propriété privée, mais que la demande d'immatriculation faite par l'État pour ces biens était irrecevable.

Le receveur des domaines de Dakar avait, dans l'espèce, requis, au nom de l'État, l'immatriculation d'un terrain, comme dépendant du domaine public. Toupenay, administrateur des colonies à Kaolack avait, par lettre recommandée du 7 novembre 1913, déclaré former opposition à l'immatriculation requise, le terrain litigieux étant la possession indivise de ses mandants, Alassane Diène, Guibril Diagne et Atoumane Ndiaye, qui l'avaient recueilli dans l'héritage de leur oncle commun, Matar Ndoye, qui lui-même en avait hérité de ses parents. Indépendamment de la vente, à une date non précisée, d'une parcelle à la dame Alsace, ses mandants lui avaient consenti une promesse de vente du surplus, suivant des actes notariés des 21 décembre 1911 et 12 juin 1912.

Le tribunal de première instance de Dakar décidait, par un jugement du 10 avril 1915, que le terrain litigieux, faisant partie du domaine public, appartenait à l'État sous réserve du droit d'usufruit existant antérieurement au décret de 1900 en faveur des opposants qui l'ont régulièrement cédé à Toupenay, et avait ordonné, en conséquence, l'immatriculation dudit terrain au nom de l'État français et l'inscription du droit d'usufruit au profit de Toupenay.

Mettant à néant ce jugement qui, statuait *ultra petita*, et contrevenait aux dispositions du décret du 24 juillet 1906, en ordonnant l'inscription au profit de Toupenay, d'un droit d'usufruit qui ne lui était pas demandé, au lieu de l'immatriculation qui faisait l'objet des conclusions de la requête, la Cour décidait que : “le décret du 20 juillet 1900, puis celui du 26 octobre 1904, ont eu pour effet d'incorporer tous les terrains situés dans la zone de cent mètres [41] au domaine public naturel comme dépendances des rivages de la mer, quels qu'en fussent les propriétaires, et sans qu'il ait été nécessaire de recourir, comme pour le domaine public artificiel, à une déclaration de l'autorité administrative pour en arrêter le classement ; le domaine public naturel est en effet l'œuvre de la nature, le classement est, en l'espèce, effectué par la loi elle même. L'État n'est pas, en conséquence, recevable à demander l'immatriculation d'un terrain dépendant du domaine public, parce que ce terrain n'était pas susceptible de propriété privée, et par suite n'est pas assujetti aux formalités du décret du 24 juillet 1906. Ce décret a eu, en effet, pour but d'organiser le régime de la propriété foncière privée, c'est-à-dire d'assurer aux titulaires la garantie des droits réels qu'ils possèdent sur les immeubles soumis à son régime (article

40. *Rec.* 1916, Jurisprudence, p. 132.
41. Et non 200 mètres comme l'indique, par erreur la Cour. Le chiffre de 200 mètres a, il est vrai, bien été imprimé au *JORF*, lors de la promulgation du décret du 23 octobre 1904, mais un rectificatif a été inséré, peu après, au même *JO*, du 29 décembre 1904, établissant le chiffre exact de cent mètres.

1er) et de leur délivrer un titre foncier définitif et inattaquable, permettant de mobiliser, en quelque sorte, la propriété immobilière, afin de faciliter les transactions sur les immeubles et le crédit immobilier. Ce décret ne s'applique donc qu'aux immeubles qui sont dans le commerce et non au domaine public qui en est exclu".

En somme, l'État ne pourra requérir l'immatriculation que si, par l'effet de déclassement, le terrain rentre dans son domaine privé.

Quelle est la valeur d'une procédure d'immatriculation portant sur une parcelle du domaine public ? Le particulier qui, sans opposition de la part de l'administration, a obtenu la délivrance d'un titre foncier est-il devenu le légitime propriétaire de cette parcelle ?

Le trait essentiel du régime de l'immatriculation est, comme nous l'avons vu, l'établissement d'un titre définitif, irrévocable par son bénéficiaire, et inattaquable par toute autre personne. En effet, toute revendication qui mettrait en cause le droit de propriété lui-même est irrecevable. Cette disposition, ne contenant aucune réserve, était applicable, quel que soit le régime sous lequel l'immeuble se trouvait antérieurement [42].

Ainsi, quand cette immatriculation concerne un bien du domaine public, le principe de l'inaliénabilité du domaine public et celui du caractère irréfragable de l'immatriculation sont en ce cas nettement inconciliables. Le caractère de domanialité doit-il l'emporter sur l'accomplissement de la procédure légale ?

Telle est la difficulté qu'avait à résoudre la Cour, dans l'affaire Bouquereau contre État français [43]. Un immeuble compris dans la zone des pas géométriques est acheté à un Sénégalais par un Européen, Un titre foncier est établi, conformément à la procédure d'immatriculation prévue par le décret du 24 juillet 1906, et délivré au requérant par le conservateur de la propriété foncière. C'est la valeur de ce titre qui était en question devant la Cour.

L'arrêt a fait prévaloir l'inaliénabilité du domaine public, en décidant, en un temps où le législateur ne tranchait pas la question, que "l'article 1er du décret du 20 juillet 1900, modifié par le décret du 26 octobre 1904, a classé dans le domaine public maritime les rivages de la mer jusqu'à la limite des plus hautes marées ainsi qu'une zone de cent mètres mesurée à partir de cette limite ; le domaine public étant par essence inaliénable, la procédure d'immatriculation intervenue le 15 juillet 1912 n'avait donc pu avoir pour effet, quant à la (dite) parcelle, de faire bénéficier Médoune Diène des dispositions de l'article 58 du décret du 24 juillet 1906, de consolider son droit d'usage et de lui conférer les droits de disposition reconnus aux propriétaires par la loi française.

C'est, parce qu'ils sont dispensés d'immatriculation que leur caractère public et inaliénable s'impose en l'absence même de toute procédure, et en dépit de toute procédure engagée par des tiers, qui ne peut les atteindre. Le

---

42. Arrêt du 31 mai 1918, déjà cité.
43. *Pen.* 1931, p. 22.

domaine public étant, en effet, et par essence, inaliénable, l'immatriculation d'une parcelle de terre comprise dans le domaine public maritime est, selon cette jurisprudence, nulle et de nul effet, En conséquence, le titre foncier établi à l'issue de la procédure d'immatriculation n'est, en ce qui concerne cette parcelle, ni définitif, ni inattaquable.

Le législateur donnera raison à la Cour, le décret du 26 juillet 1932, portant réorganisation du régime de la propriété foncière en AOF, ajoutant à celui de 1906, un paragraphe qui consacre cette jurisprudence. En effet, selon l'article 123, second paragraphe de ce texte : " le domaine public restant toutefois imprescriptible, toute immatriculation qui aurait pu en être faite au nom d'un particulier est nulle de plein droit".

Conclusion

Jusqu'au milieu du XIXe siècle, la Côte occidentale d'Afrique est parsemée de factoreries d'intérêt secondaire, de points d'appui sur la route des Antilles. Dans ces possessions de soutien, ces lieux de relâche, l'Européen ne se soucie que de commerce. Il ne cherche pas à s'implanter, à faire souche. L'absence de toute perspective d'établissement véritable fait que la métropole ne songe pas à instituer, dans la concession du Sénégal, une organisation judiciaire semblable à celle qui fonctionne dans les vieilles colonies. La justice est rendue par les directeurs des compagnies coloniales, les commandants particuliers, selon une procédure sommaire, expéditive, sans frais, et toujours exemplaire. Le but reste d'assurer l'ordre et la sécurité indispensables à l'exercice et au développement du commerce.

Mais l'expansion vers l'arrière pays ouvre la voie à l'installation territoriale, au changement de style de colonisation, à la révision de tous les principes d'action. Il y a, désormais, conjonction entre les interventions des sociétés de commerce et la colonisation politique. Il s'agit de doter les possessions ouest-africaines des structures sans lesquelles la mise en valeur serait impossible, de les organiser selon le modèle des colonies de cultures. Cette assimilation administrative impose que le Sénégal et dépendances se dote des institutions métropolitaines qui n'y avaient pas été encore introduites, qu'y soit établie une organisation judiciaire aussi rapprochée que possible de celle de la France.

En fait, l'organisation qui voit le jour, avec l'ordonnance du 7 janvier 1822 créant un Conseil d'appel, et deux tribunaux de première instance à Saint-Louis et à Gorée, n'a qu'un lointain rapport avec les formes françaises. L'hétérogénéité des mœurs et coutumes locales aux lois et institutions métropolitaines, le très petit nombre de litiges, la rareté des appels, et la faible dotation du Sénégal, font qu'il était impossible de lui faire application des principes ordinaires. Il est pourvu aux besoins du moment par l'appel à un personnel étranger à la justice, constitué de fonctionnaires de l'ordre administratif, assistés de traitants locaux. Cette organisation rudimentaire était supposée préparer la population à recevoir, lorsque ses habitudes sociales s'y prêteraient, une institution plus régulière, plus conforme au système judiciaire de la France continentale.

Malgré le dévouement de ces magistrats improvisés le fonctionnement du service judiciaire laisse à désirer. Les justiciables hésitent à porter leurs recours devant un Conseil d'appel dont la composition défectueuse est cause d'irrégularités flagrantes et de vices de procédure sans nombre. L'ignorance des juges enlève à l'administration de la justice l'autorité qui doit s'attacher à tous ses actes. La juridiction supérieure n'offrait pas plus les garanties que les juridictions de premier degré. Les membres fonctionnaires ne peuvent pas toujours être à l'abri d'influences extérieures, pas assez de leurs passions. Sa composition est fréquemment renouvelée du fait de l'empêchement de juges, dont les uns sont parties aux procès, lorsque les autres sont absents, retenus par les devoirs de leurs charges, quand ce n'est pas par leurs propres affaires. Les justiciables du Gabon, et des autres établissements français de la côte occidentale, s'abstiennent de porter leurs contestations devant des tribunaux trop éloignés. Beaucoup de litiges ne peuvent être tranchés, les justiciables étant découragés par les difficultés de communication, et les lenteurs de la procédure.

Des mesures vont être prises pour remédier à ces difficultés. Dès la fin du XIXe siècle, un projet de décentralisation judiciaire est mis en œuvre. Il est envisagé, pour mettre la justice à la portée des justiciables, de détacher du Sénégal, les autres établissements africains qui se voient dotés d'une organisation judiciaire autonome. Un tribunal est érigé au Gabon. Il applique, sous le contrôle de la Cour de Saint-Louis, la législation civile, commerciale et criminelle du Sénégal. Son ressort comprend tous les établissements du golfe de Guinée. La décision de mettre en valeur ces colonies laissées, jusque-là, à l'abandon, accélère le mouvement de décentralisation. Dotées d'un statut administratif propre, elles cessent de dépendre judiciairement du ressort de la Cour du Sénégal, avec la création, à Libreville et à Konakry, de deux Conseils d'appel.

Après la séparation définitive du Gabon Congo, les cinq colonies de l'Ouest-Africain s'organisent autour de Saint-Louis et Konakry, les deux métropoles concurrentes. Le sort de l'organisation judiciaire est désormais lié aux rivalités économiques, aux conflits administratifs et politiques entre le Sénégal et ses anciennes dépendances du Sud. Cette crise trouvera sa solution dans la création du gouvernement général de l'Afrique occidentale française, qui d'abord chargé de la coordination interterritoriale, devient très vite l'organe de direction et de contrôle de tous les services et agents publics en fonction dans le groupe de colonies.

La rationalisation du service judiciaire, son unification, est réalisée par le décret du 10 novembre 1903. Ce texte organique institue, à Dakar, devenue capitale fédérale, une Cour d'appel de l'Afrique occidentale française, dont la juridiction s'étend aux colonies du Sénégal, de la Guinée française, de la Côte d'Ivoire, du Dahomey, et du Haut-Sénégal et Niger. Des tribunaux de première instance siègent aux chefs lieux des quatre premières colonies, et une justice de paix à compétence étendue à Kayes. dans les territoires non compris dans le ressort des tribunaux de première instance et de la justice de paix à compétence étendue de Kayes, la justice indigène est administrée, à l'égard des non-justiciables des tribunaux français, par des tribunaux de village, des tribunaux de province, et des tribunaux de cercle, sous le contrôle de la chambre spéciale d'homologation de la Cour d'appel.

L'essentiel des fonctions judiciaires revenait, dans la nouvelle organisation, aux magistrats de carrière, qui avaient réussi à imposer le point de vue selon lequel, la seule distribution régulière de la justice était celle qui applique les principes du droit public, et notamment celui de la séparation des pouvoirs. En apportant des restrictions au rôle des gouverneurs et des agents de l'administration, ils pensaient enrayer les abus, l'arbitraire qui résultaient de la confusion des fonctions de commandement et du pouvoir de rendre justice.

C'était sans compter avec l'opposition de l'administration locale, qui ne pouvait accepter de se laisser déborder, et du département. Le corps judiciaire fut contraint de trouver un compromis, de faire des concessions.

Le droit d'exercer certaines fonctions judiciaires est concédé à des représentants de l'exécutif. C'est ainsi que, pour la justice de droit français, en dehors des ressorts des tribunaux de première instance de Dakar, Saint-Louis, Konakry, Bingerville et Cotonou, et de la justice de paix à compétence étendue du chef lieu da Haut-Sénégal et Niger, les fonctions de juge de paix sont remplies par un administrateur de cercle, secondé par un fonctionnaire civil ou militaire, désigné par le gouverneur général, qui représente le ministère public. Ces justices de paix à compétence étendue avaient la même compétence que la juridiction de première instance.

L'administration de la colonie participe non seulement au fonctionnement du service judiciaire, mais elle exerce, encore, une fonction de surveillance et de contrôle. Le gouverneur général veille, en tant que représentant du ministre de la France d'Outre-Mer et du Garde des Sceaux, à la libre et prompte exécution des affaires. Il se fait rendre, à cet égard, par le chef du service judiciaire, des comptes périodiques qu'il transmet au ministre de la France d'Outre-Mer avec lequel il correspond pour tout ce qui concerne l'administration de la justice. À la demande du chef du service judiciaire il peut, pour les besoins du service, déplacer temporairement les magistrats du parquet, et sous certaines réserves, ceux du siège. Il nomme les magistrats intérimaires, et les auxiliaires de la justice.

Le Procureur général devait se pénétrer des vues du gouverneur général et diriger son administration de manière à concourir à la réalisation de la politique qu'il définit. En tant que chef du service judiciaire, il avait sous son autorité, en l'absence du poste de Premier président, tant les magistrats du siège, que ceux du parquet, soumis à son pouvoir de notation, à son monopole de proposition. Ce contrôle de l'activité de la magistrature, qui s'exerçait avec autant d'emprise sur les auxiliaires de justice, inorganisés et peu nombreux, était contraire à la pratique métropolitaine. Il plaçait ce corps spécial de magistrats qui relevait non du ministère de la justice, mais de celui de la France d'Outre-Mer, dans une situation subordonnée. Il ne bénéficiait d'aucune garantie, et, partant, d'aucune indépendance.

En dépit de cette mise en tutelle, les relations du service de la justice avec les autorités locales ne furent pas exemptes de frictions. Le corps judiciaire qui entendait collaborer à l'œuvre de colonisation, mais uniquement par des moyens légaux, était accusé, par l'administration du groupe, d'avoir une conception erronée de son rôle, d'être inadaptée à la société et à la mentalité coloniales. En faisant passer le droit avant toute autre considération, il constituait une source permanente d'obstacles à la poursuite des buts que s'était fixés l'administration, qui faisait avant tout une politique. En voulant appliquer la règle de droit avec esprit d'indépendance, il se comportait en protecteur de la population autochtone. Enrôlés pour réprimer les crimes ct les délits, les juges prodiguaient, par la faiblesse de leur répression, un encouragement aux indigènes pour les actes délictueux qu'ils commettaient vis-à-vis des intérêts coloniaux.

La magistrature reprochait aux agents de l'administration de ne pas toujours comprendre que le respect des décisions judiciaires était une des garanties principales de l'ordre public, qu'il était impolitique de discréditer un organe commis à la sauvegarde de la loi, de l'intérêt général, contre les prétentions toujours renaissantes de l'intérêt particulier, de l'intérêt restreint et passager. Le service judiciaire ne pouvait, en tant que représentant de la société toute entière, se transformer en un instrument passif dont disposeraient les autorités. La volonté de l'administration ne sera sa règle de conduite qu'autant qu'elle se renferme dans les limites de la loi.

Ce différend ne pouvait, politiquement, se départager qu'en faveur du représentant de l'exécutif. La thèse de la juridiction fonctionnalisée était inopérante en Afrique occidentale française. Il était impossible d'imposer le pouvoir de la loi dans une colonie où la protection de la loi était pratiquement refusée aux Africains.

L'absolutisme du gouvernement local était également un obstacle à l'ambition de la magistrature. La colonisation, entreprise de conquête de domination, exige un pouvoir fort, un pouvoir sans partage. Elle accorde une place de choix à la fonction de commandement. Le pouvoir exécutif va longtemps être le seul pouvoir implanté outre-mer. Se substituant au législatif et au judiciaire, il confondait tous les pouvoirs, il régentait tout. Il va rester le support de la colonisation française, le modernisateur de l'Afrique noire [1].

Toutefois, sur le plan juridique, l'issue du conflit ne fut pas la même. Les conceptions de la magistrature vont l'emporter, avec le triomphe de l'assimilation judiciaire.

Le problème qui se posait, au colonisateur, était, en effet, celui de l'attitude à adopter en face des institutions africaines traditionnelles. Fallait-il les supprimer ? Ou, fallait-il les laisser subsister en les pénétrant progressivement des principes juridiques européens ?

Certes, le but final ne semblait faire aucun doute : l'unité de l'ordre juridique devait se réaliser par la soumission des autochtones aux lois métropolitaines, mais l'administration se refusait, selon une expression du gouverneur général, à "ouvrir toutes les espérances sans avoir, au préalable, levé tous les obstacles" [2]. Elle voulait développer les forces latentes, avant de donner le droit.

---

1. V. Angsthelm (A.), *Le service public africain, op. cit.* p. 93 et s.
2. Avant-projet d'instruction sur l'application du décret du 16 août 1912, déjà cité.

Les conditions et les causes déterminantes de l'évolution, elle pensait les trouver dans le milieu social, dont les variations provoquent celles par lesquelles passent les individus. La nouvelle organisation économique à laquelle elle consacrait le meilleur de ses forces, était le principal facteur de ces transformations. Par elle, l'individu était moins fortement enchaîné à son passé, à son milieu. Avec le commerce, l'état contractuel pouvait se substituer à l'ordre ancien des choses, et la structure de la société traditionnelle fixée dans les cadres de la famille patriarcale se modifier.

L'administration compte sur son association avec le commerce, et les intérêts économiques, pour révolutionner la société africaine. Dans ce schéma, le tribunal n'était qu'un observatoire, d'où elle apercevait le mieux les incidences de son propre commandement, et les réactions de ses administrés.

La Cour croyait, par contre, aux vertus de la règle de droit. Elle voulait soustraire les populations africaines de l'empire de leurs coutumes ancestrales, pour les soumettre aux institutions métropolitaines. Ce n'était point en vertu de la logique du système colonial que le système juridique français s'imposait, mais parce qu'il était le meilleur, le plus parfait en soi.

D'où, en pratique, sa négation de la spécificité du droit local. C'est ainsi qu'en matière de procédure, elle refuse d'appliquer le code local qui tient de la procédure sommaire utilisée en France, soit en matière commerciale, soit devant les justices de paix. C'est, tout d'abord, pour en pallier les lacunes et les incertitudes que la Cour transgresse le principe de spécialité de la législation coloniale, et applique, à titre de raison écrite, les textes métropolitains. Lorsqu'il y avait, ensuite, analogie entre le code de procédure local et le code français, elle reconduit les solutions de la jurisprudence française pour des situations qui sont pourtant réglées par les textes locaux.

Fidèle à sa politique d'assimilation par la seule vertu de la loi, la Cour entreprend, de même, de restreindre, au bénéfice de la compétence française, la compétence des ordres juridictionnels de droit local, censée être d'interprétation étroite. Cette action sera particulièrement remarquable avec les tribunaux de droit coranique.

Le respect de la religion musulmane avait amené le législateur à maintenir, à la population sénégalaise, des institutions appropriées, opposées à celles du code civil. Ces originaires des communes constituées formaient une nouvelle catégorie de citoyens, dotés d'un statut civil particulier. Par dérogation à la compétence française, ils relevaient du droit musulman pour les affaires relatives à leur statut réservé. L'assimilation judiciaire n'avait pas pour effet de les soustraire à leur statut personnel qui relevait exclusivement de la loi coranique, et de la compétence des tribunaux musulmans qui l'appliquent.

Les autorités coloniales en appelaient, en somme, au respect de l'islam. La religion musulmane était une force politique qu'il fallait domestiquer. Il était nécessaire d'en faire un instrument d'intégration de la communauté sénégalaise, de lui imposer une mutation qui permette de la couler dans le moule de la civilisation européenne. L'islam pouvait, au regard de cette politique, se concilier, en Afrique occidentale française, avec la civilisation française. La Cour était d'un point de vue opposé. La pénétration des idées françaises, ne pouvait selon elle se faire que par la restriction de l'islam, la suppression des juridictions musulmanes.

La Cour commence par refuser de dissocier les éléments de droit public des éléments de droit privé de la condition d'une même personne. L'accès au droit de cité ne pouvait pas, selon elle, se concilier avec la soumission à la compétence du droit local. Il supposait l'abandon du statut particulier en faveur du statut civil français.

Les originaires des Quatre Communes de plein exercice étaient des citoyens français, ils n'étaient point irréductiblement attachés à leur législation spéciale. Il leur était loisible de renoncer à leur statut civil réservé, pour se rallier au droit commun français. Le juge exceptionnel qu'était le *cadi*, devait s'incliner devant la suprématie du juge ordinaire qu'était la juridiction française. C'était à titre exceptionnel, et par faveur, que les Sénégalais restaient soumis en certaines matières à la loi musulmane ; les soumettre à la loi française, c'était leur faire retour à la règle.

Cette intolérance de la Cour, vis-à-vis du droit coranique qu'elle considère comme le dernier réduit du droit local, sera partagée par l'administration de la colonie, en ce qui concerne les coutumes familiales et sociales.

Malgré le principe du respect des institutions traditionnelles, le gouvernement de la colonie ne voulait pas rester indifférent devant le sort qui était réservé à la femme dans la société autochtone. Il ne pouvait, sous prétexte d'observer les coutumes, sauvegarder une situation anormale et contraire aux principes fondamentaux du droit naturel, renoncer à sa mission civilisatrice, à sa volonté de promouvoir une évolution des populations africaines vers un stade supérieur de civilisation. Il était donc nécessaire d'intervenir, pour réduire ce qu'il y avait d'inhumain dans la conception des règles traditionnelles, pour réhabiliter la femme indigène, la libérer de son ancien statut coutumier. Des mesures de protection du consentement de la jeune fille et de la liberté de la veuve vont être édictées, la dot va être réglementée dans ses incidences sur le consentement de l'épouse.

L'administration pensait, à l'instar de la Cour, faire disparaître, par la vertu magique de la réglementation ainsi édictée, des usages et des habitudes sociales qu'elle réprouvait. Partant, elle renonçait à sa politique libérale à l'égard du droit privé traditionnel, à l'aménagement d'un régime de transition. Elle voulait imposer un changement de conception sans reconvertir les mentalités, sans avoir fait accepter, au préalable, la nécessité d'une transformation des us et mœurs.

Cette conception est fondamentale. Elle semble prouver que, pour entraîner l'ordre social reposant sur la tradition africaine, vers des idées et des institutions nouvelles, vers le système de production capitaliste, le colonisateur s'est montré d'une incompréhension oppressive, tant à l'endroit des coutumes familiales, que de la conception communautaire de l'usage de la terre, du travail, en vigueur dans la société locale.

Quel bilan peut-on faire de l'action de la Cour d'appel de l'Afrique occidentale française ? La Cour a réussi, en dépit de l'opposition des conceptions, et de la pression des intérêts politiques, à instituer, à développer, en Afrique de l'Ouest, une organisation judiciaire qui s'inspire des principes essentiels de la législation française. Elle a ainsi lutté pour libérer les sujets indigènes des servitudes du colonisé, pour favoriser l'émancipation de l'homme africain.

Cependant, les buts de l'organisation judiciaire instituée dans le groupe de colonies, était, d'une part, de régulariser la distribution de la justice, en s'inspirant des principes du droit français, et d'autre part, de garantir aux Africains le maintien de leurs institutions coutumières. Il serait vain de dissimuler que ni l'un ni l'autre de ces objectifs n'a été réalisé.

Dans le ressort de la Cour, la séparation des pouvoirs judiciaire et administratif n'a jamais pu être effective. La crise des effectifs a toujours contraint l'autorité judiciaire à faire appel au concours d'intérimaires provenant du corps des administrateurs des colonies. Ce rôle assumé par ces fonctionnaires, en matière judiciaire, a pu être nécessaire dans les premiers temps de la colonisation, à une époque d'organisation. Par la suite, il ne pouvait qu'être l'objet de critiques sévères.

L'administrateur qui n'était pas noté par les autorités judiciaires, se désintéressait de son rôle judiciaire [3]. Il manquait d'indépendance dans certains de ses jugements. Animé de préoccupations d'ordre administratif, il était tenu de se référer à ses chefs, il était obligé d'examiner la répercussion politique de chacune des affaires judiciaires tant soit peu importantes. Il ménageait, malgré lui, certaines catégories de justiciables, il était porté à être plus sévère envers d'autres [4]. Avant de mettre l'action publique en mouvement, il tenait compte de beaucoup de détails dépourvus de caractère juridique. En somme, la plupart des jugements rendus par les juridictions du ressort étaient critiquables.

---

3. L'attaché au Cabinet du Gouverneur général, le magistrat hors cadre Monteilhet, proposait pour maintenir les administrateurs-juges dans une bonne discipline, de leur infliger les punitions les plus exemplaires, et notamment, le cas échéant, les sanctions du code pénal qui viendraient s'ajouter aux mesures disciplinaires. ANS, série M 76, avant-projet d'instructions du Gouverneur général sur l'application du décret du 16 août 1912, pièce n° 2.
4. L'administration avait su, dans ce domaine, se faire des émules. Il ressort, en effet, d'une réclamation formulée par un certain nombre de commerçants et traitants de l'escale de Mekhé, au Sénégal, en date du 19 avril 1909, que les chefs de province savaient, dans l'exercice de leurs fonctions judiciaires, tenir compte de l'influence des justiciables. Selon que celle-ci était plus ou moins considérable, ces agents africains du commandement mettaient plus ou moins d'ardeur dans l'exécution des jugements, et quelquefois s'en désintéressaient. D'où le regret des plaignants que la justice ne soit pas, pour des raisons d'économie, rendue par des personnes autres que les auxiliaires de l'administration. ANS, série M 232, justice indigène, réclamations et requêtes, Sénégal, 1904-1911, pièce n° 68.

L'administrateur manquait non seulement de la liberté d'action qui fait la force du magistrat, mais il était le symbole des cadres reniés. Il est établi qu'une vraie justice ne peut être rendue que si les juges sont indépendants de l'autorité politique. Or, la magistrature du groupe, qui n'était ni inamovible, ni élective, a dû longtemps lutter, pour sa propre indépendance, pour limiter, l'absolutisme du représentant du pouvoir central.

Cette conception de la justice a marqué l'activité de la Cour d'appel, lui a survécu. Dans la plupart des États indépendants issus de la décolonisation de l'Afrique occidentale française, cette déformation singulière des rapports entre le pouvoir politique et le pouvoir judiciaire, cette volonté d'asservissement de la magistrature, hérites du pouvoir colonial, ne sont-elles pas en honneur ?

La Cour d'appel s'était efforcée, de même, de créer un droit prétorien qui tienne compte de la tradition africaine, et des principes essentiels de l'ordre public colonial, de la civilisation française [5]. Cc droit avait la particularité de n'être point issu des populations auxquelles il s'appliquait, mais de l'autorité coloniale. C'était le droit du colonisateur. En tant que tel, il bénéficiait d'un prestige certain auprès des Africains évolués, qui percevaient souvent leur soumission au droit coutumier comme le symbole de leur sujétion.

Dans le courant de renouveau de l'indépendance, un processus d'imitation a fait oublier, à cette élite acquise à la mentalité et aux conceptions occidentales, son devoir de chercher les institutions les meilleures pour les peuples qu'elle gouverne. Voulant se conformer à la tradition juridique française, elle a, en fait, balayé les coutumes. Il en résulte, pour l'Afrique noire d'expression française, une justice qui s'éloigne du justiciable, par sa technicité, et une loi qui n'est pas toujours le reflet de la culture de la majorité.

---

5. V. les discours échangés à l'Académie des Sciences d'Outre-Mer, lors de la réception, le 5 mai 1961, de M. R. Attuly, ancien Président de la Cour d'appel, ancien Procureur général et chef du service judiciaire de l'AOF, et Conseiller honoraire à la Cour de cassation. t. *XXI*, n° 5, mai 1961, p. 219-227.

Annexes

Annexe A

Liste chronologique des chefs du Service judiciaire

1. Mauche	Procureur du Roi 1er avril 1819 - 4 août 1819
2. Roger	Procureur du Roi 4 août 1819 - octobre 1822 en vertu de l'ordonnance royale du 7 janvier 1822
3. Ranjon	Président du tribunal de Saint-Louis 17 octobre 1822 - 11 octobre 1823
4. Feuiltane	Président par intérim du tribunal 27 septembre 1825 - 7 mai 1825 de première instance de Saint-Louis
5. Butignot	Président du tribunal de première 6 juin 1825 - 14 août 1830 instance de Saint-Louis
6. Auger	Avocat général 14 septembre 1830 - 25 juillet 1831
7. Delaroque	Président par intérim du tribunal de première instance de Saint-Louis 6 août 1831 - 15 septembre 1837 En vertu de l'Ordonnance royale du 24 mai 1837
8. Gallois-Montbrun	Conseiller, Vice-Président de la Cour d'appel 16 septembre 1837 - 17 août 1839
9. Larcher	Conseiller, Vice-Président de la Cour d'appel 28 août 1839 - mai 1842
10 Corthier	Conseiller, Président par intérim de la Cour 7 mai 1842 - 22 octobre 1842
11 De Lannoise	Conseiller, Président par intérim de la Cour 15 novembre 1842
12 Larcher	Conseiller, Président de la Cour 7 février 1843 - 14 mai 1850
13 Carrère	Président de la Cour impériale, 17 mai 1850 - 27 mai 1853 Procureur général intérimaire, en remplacement de Larcher rentrant en France
14 de Marguerite de Montfort	Conseiller, Procureur général, intérimaire 30 juin 1853 - 12 juin 1854
15 Carrère	Procureur général 21 juin 1854 - avril 1866

16 Vieu	Président du tribunal, intérimaire 28 avril 1866
17 Candolle	Conseiller, Chef du Service judiciaire intérimaire 12 juillet 1866
18 Bazot	Chef du Service judiciaire 10 décembre 1866
19 Fournier L'Étang	Procureur impérial à Saint-Louis, intérimaire 1er juillet 1868
20 Pierre (J.-D.)	Président de la Cour impériale, Chef du Service judiciaire 19 janvier 1869
21 Delpech-Delperie	Conseiller, Chef du Service judiciaire intérimaire 25 septembre 1874
22 Darrigrand (P.)	Président de la Cour d'appel, 23 novembre 1874 Chef du Service judiciaire
23 Bernard-Gerriet	Conseiller à la Cour, intérimaire 20 juin 1879
24 Poulain	Président de la Cour d'appel, 3 mai 1880 Chef du Service judiciaire
25 Saint-Germain Partarrieu	Conseiller à la Cour, intérimaire 25 octobre 1880
26 Dandonneau	Président de la Cour d'appel, 17 juillet 1881 Chef du Service judiciaire
27 Oraison	Conseiller à la Cour, intérimaire 23 juin 1882
28 Saint-Germain Partarrieu	Président de la Cour d'appel, 6 juin 1883
29 Hachard	Président de la Cour d'appel, 24 février 1885 Chef du Service judiciaire
30 Ursleur	Président de la Cour d'appel, 22 novembre 1886 Chef du Service judiciaire
31 Chambaud	Conseiller à la Cour, intérimaire 5 mars 1888
32 Ursleur	Chef du Service judiciaire, reprend ses fonctions 25 novembre 1888
33 Larrouy	Procureur de la République, intérimaire 22 septembre 1890
34 Chambaud	Conseiller à la Cour, intérimaire 25 novembre 1890

Un décret du 31 janvier 1891 institue un poste de Procureur général, chef du service judiciaire.

35 Sourd	Président de la Cour, Procureur général (p.i.) 26 mars 1891
36 de Langlard	Procureur général 18 novembre 1891
37 Sourd	Président de la Cour, Procureur général (p.i.) 27 avril 1893
38 Girard	Procureur général 18 septembre 1893
39 Cnapelynck G.	Président de la Cour, Procureur général (p.i.) 11 avril 1895
40 Girard	Procureur général, reprend ses fonctions 16 janvier 1896
41 Cnapelynck G.	Président de la Cour, Procureur général (p.i.) 8 mai 1897 par intérim
Cnapelynck G.	Procureur général 4 février 1899
42 Paris-Le-Clerc H.	Substitut du Procureur général (p.i.) 10 août 1900
43 Cnapelynck	Procureur général, reprend ses fonctions 28 avril 1901
44 Legendre	Procureur général, Chef du Service judiciaire 9 novembre 1909
45 Teulet	Procureur général, Chef du Service judiciaire 21 juin 1919
46 Paris-Le-Clerc	Procureur général, Chef du Service judiciaire 24 juin 1921
47 Adriani L.	Procureur général, Chef du Service judiciaire 8 mai 1922
48 Lanes G.J.E.	Procureur général, Chef du Service judiciaire. 10 octobre 1925
49 Attuly R.	Procureur général, Chef du Service judiciaire 21 décembre 1941
50 Laget A.	Procureur général, Chef du Service judiciaire 23 décembre 1947
51 de Montera F.	Procureur général, Chef du Service judiciaire 9 mars 1949
52 Renauld L.	Procureur général, Chef du Service judiciaire 25 avril 1955

Observations : Si la plupart des magistrats de l'AOF sont d'origine antillaise, les Chefs du Service judiciaire proviennent, par contre, de colonies aussi diverses que la Guadeloupe, Pondichéry, Madagascar ou l'Afrique équatoriale française

Annexe B. Activité de la Cour d'appel ***Chambre d'homologation***

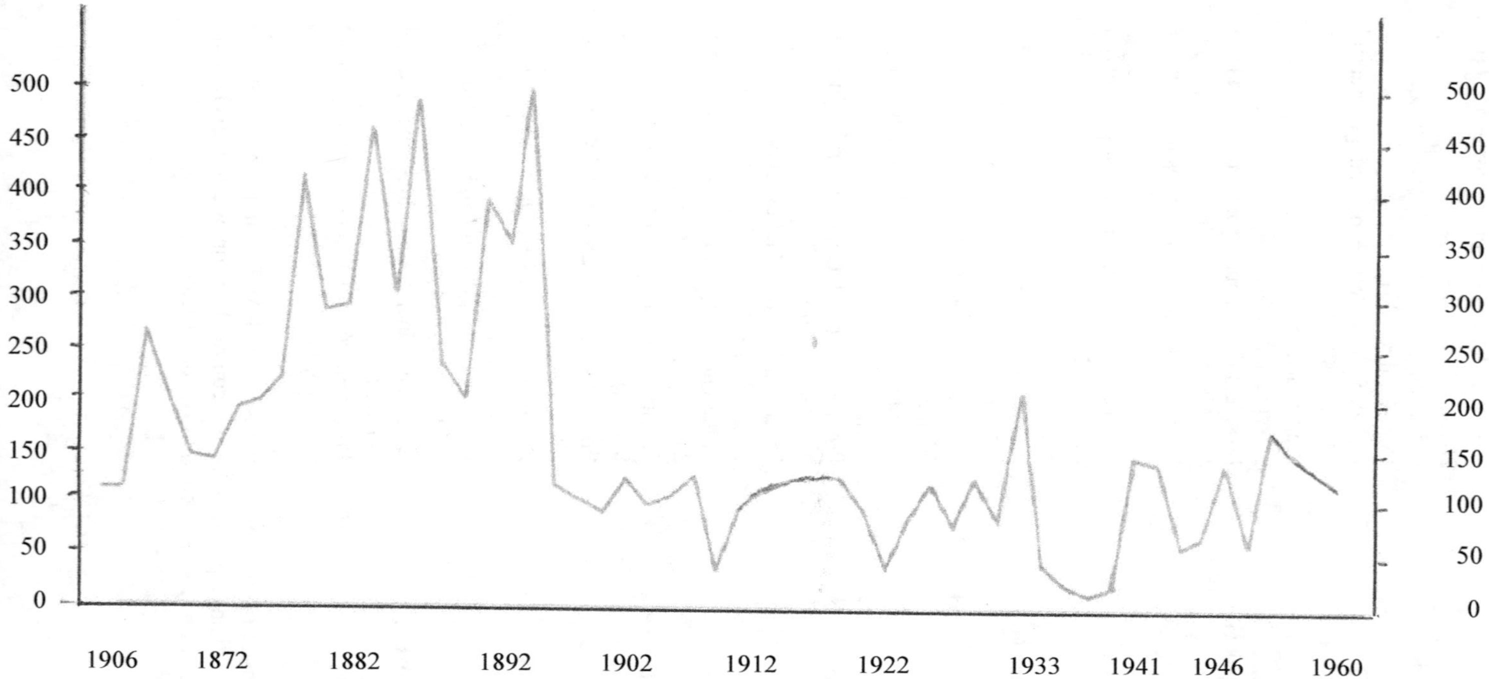

Observations : le décret organique de la justice indigène date du 10 novembre 1943. Cependant la chambre d'homologation ne tient sa première session que le 14 février 1905

Chambre d'appels correctionnels

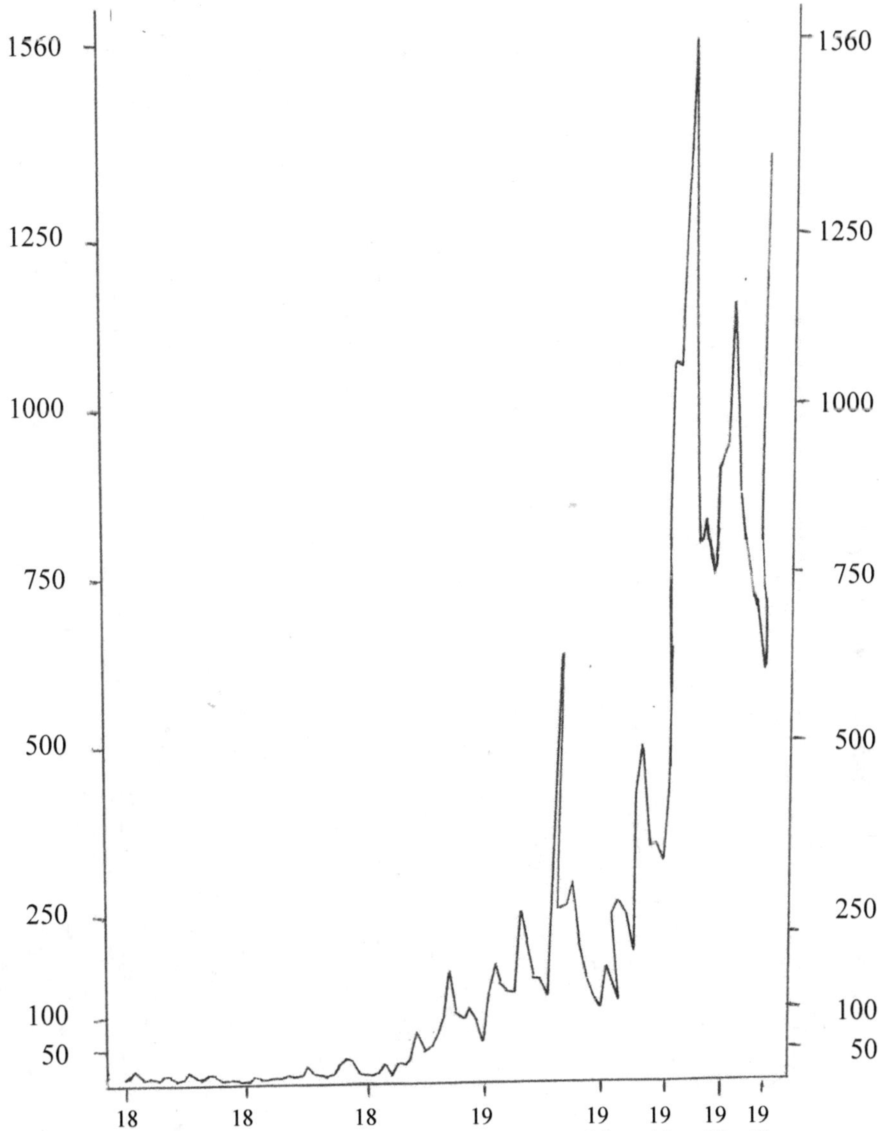

Chambre civile et commerciale

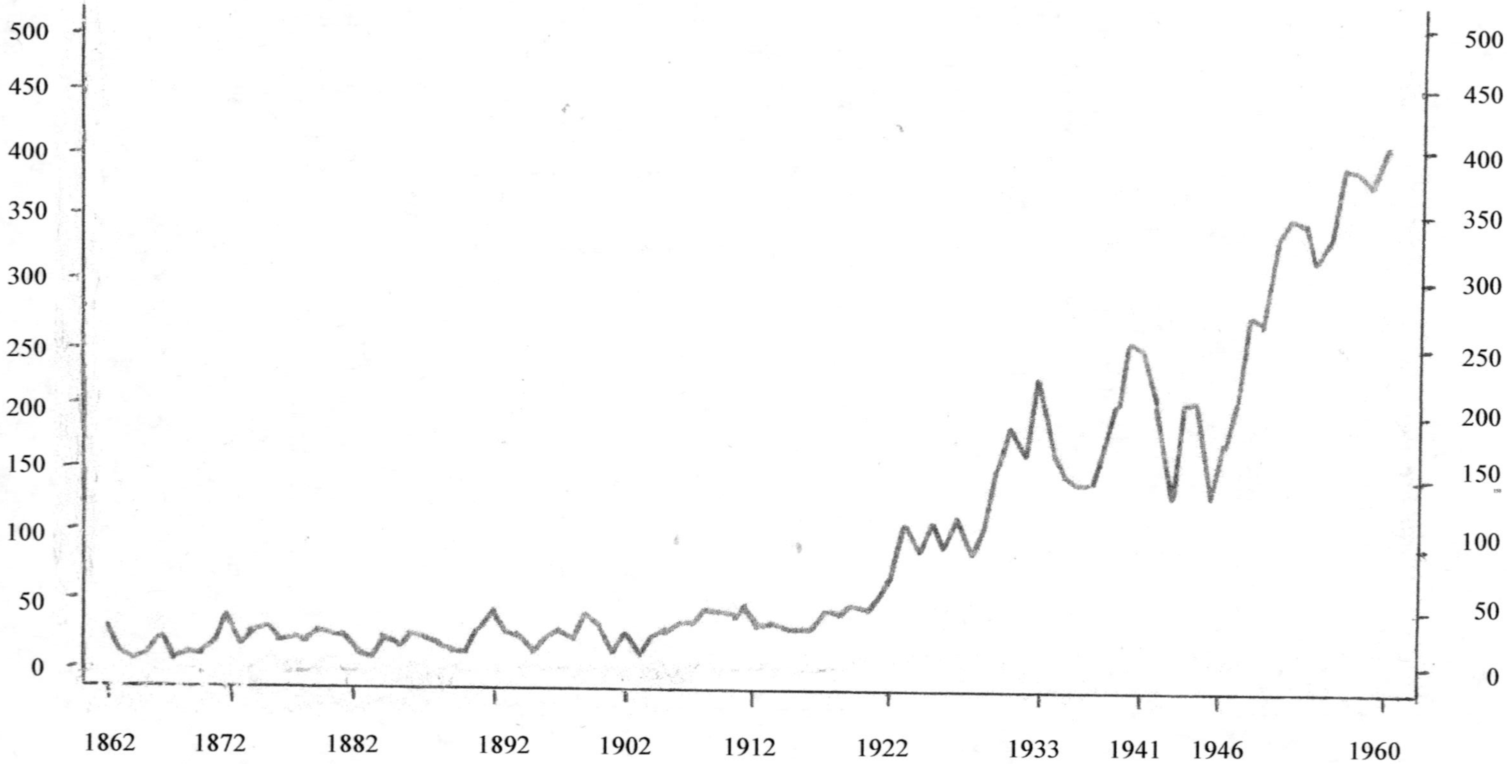

Table des abréviations

An. Afr.	*Annales Africaines*, publiées sous les auspices de la Faculté des Sciences Juridiques et Économiques de l'Université de Dakar. Éditions A. Pedone, Paris.
BMDMC	*Bulletin mensuel de Documentation du Ministère des Colonies.*
CJAOF	*Coutumiers juridiques de l'AOF*, 3 volumes, publications du Comité d'Études Historiques et Scientifiques de l'AOF, Paris, Larose, 1939.
Dar.	Dareste, Appert et Legendre. *Recueil de législation, de doctrine et de jurisprudence coloniales*, dit "*Recueil Dareste*". Fondé en 1898 par Pierre Dareste, a cessé de paraître en 1939.
JOAOF	*Journal officiel de l'AOF.* (Imprimerie du Gouvernement général de l'AOF (Rufisque).
JFOM	*Juris-Classeur de la France d'Outre-Mer.* Codes, lois, décrets et documents administratifs intéressant les territoires d'Outre-Mer (Ministère de la France d'Outre-Mer, Paris).
Jurispr. AOF	Recueil, ayant débuté en juillet 1951, des arrêts et jugements émanant des juridictions d'AOF, ainsi que des arrêts de la Cour de cassation et du Conseil d'État intéressant l'AOF (Imprimerie du Gouvernement général, Rufisque).
Pen.	*Penant, Recueil général de Jurisprudence, de doctrine et de législation coloniales et maritimes*, dit "*Recueil Penant*", - fondé en 189I par D. Penant - dénommé primitivement : *La Tribune des Colonies et des Protectorats* - édité depuis avril 1950 par les Éditions de l'Encyclopédie coloniale et maritime, 3 rue Blaise Desgoffe, Paris (6e)
RDOA	*Revue de Droit Ouest Africain*, n'a paru qu'en 1924
RJUF	*Revue juridique et politique de l'Union française* (Librairie générale de droit et de jurisprudence, 20, rue Soufflot, Paris.

Bibliographie

I. Les sources manuscrites

A. Archives nationales de la République du Sénégal

Justice au Sénégal, 1819-1895

M 1 Procès-verbaux de la commission formée à Saint-Louis pour l'application du Code civil au Sénégal (26 novembre - 18 décembre 1827) 1 registre in-folio, 17 feuilles. 1827.

M 2 Registre du parquet. Enregistrement des conclusions et autres actes principaux de l'inspecteur colonial faisant fonctions de ministère public près les Conseils d'Appel et du Contentieux administratif et représentant l'administration coloniale devant les tribunaux ordinaires. 1 registre in-folio, 182 pages. 1834-1847.

M 4 Organisation judiciaire du Sénégal et dépendances. Rapports, ordonnances et décrets. 1819-1859.

M 5 Organisation judiciaire du Sénégal et dépendances. Rapports, décrets et arrêtés. 1862-1893.

M 7 Code de procédure civile au Sénégal (6 juillet 1859). 1 cahier, 96 feuilles.

M 8 Justice musulmane. Organisation et affaires. 1846-1895. Projet de création d'un tribunal musulman (1856). Procès-verbaux de la commission chargée de l'étude de la réorganisation de la justice musulmane au Sénégal (1889).

M 9 Personnel judiciaire. 1847-1895.

M 10 Personnel judiciaire. Notes confidentielles. 1869-1888.

M.11 Affaires et arrêts. 1851-1881.

M 12 Affaires et extraditions. 1888-1895. Généralités. 1895-1914.

M 13 Correspondance du Procureur général reçue par le Gouverneur général à Saint-Louis. 1895-1902.

M 14 Organisation judiciaire de l'AOF.
1. Organisation et questions judiciaires en AOF. 1896-1904.
2. Personnel judiciaire. 1895-1904.
3. Modèles d'imprimés judiciaires. 1902.

M 15 Administration judiciaire. Affaires réservées du Cabinet. 1904-1914.
1 à 3, Justice indigène : administration générale, personnel, questions judiciaires.
4 à 8, Justice française : personnel, justice de paix à compétence étendue, questions d'ordre général, questions d'ordre judiciaire, communications.

Justice européenne (1898-1921)

M 16 Justice européenne. Cour de cassation. 1903-1910.

M 17 Justice européenne. Cour d'appel. 1904-1916.

M 18 Justice européenne. Tribunaux de commerce. 1910-1911.

M 19 Justice européenne. Tribunaux de première instance et justices de paix à compétence étendue. Principes, organisation. 1904-1914.

M 20 Justice européenne. Tribunaux de première instance. Ressort Sénégal-Mauritanie, Guinée, Côte d'Ivoire. 1905-1915. Saint-Louis et Dakar, Conakry, Grand-Bassam.
M 21 Justice européenne. Tribunaux de première instance. Ressort Dahomey. 1903-1911. Cotonou
M 22 Justice européenne. justices de paix à compétence étendue. Sénégal, Haut-Sénégal-Niger. 1906-1918. Kaolack et Ziguinchor, Kayes, Bamako, Mopti, Sikasso et Tombouctou.
M 23 Justice européenne. justice de paix à compétence étendue. Guinée, Côte d'Ivoire., Niger, Dahomey. 1905-1916. Kouroussa et Kankan, Mamou et Labé, Timbo, Kindia et Boké, Grand-Lahou, Dabakala et Korhogo, Niamey et Zinder, Grand-Popo.
M 24 Justice européenne. Généralités et Cour d'appel. 1904-1919.
M 25 Personnel. Colonies. 1904-1911.
M 26 Personnel. Enquête sur les magistrats des colonies du Sud. 1 Guinée, Côte d'Ivoire, Dahomey.
M 27 Personnel. Enquête sur les magistrats des colonies du Sud. 2 Côte d'Ivoire et Guinée. 1906.
M 28 Personnel. Enquête sur les magistrats des colonies du Sud. 3 Dahomey. 19C6.
M 29 Personnel. Affaires réservées. Affaire Fraas, sujet allemand établi en Guinée. Plainte contre les magistrats et les huissiers de Guinée.
M 30 Officiers ministériels. Notaires et greffiers. 1903-1915.
M 31 Officiers ministériels. Huissiers. 1905-1914.
M 32 Officiers ministériels. Commissaires-priseurs. 1904-1914.
M 33 Officiers ministériels. avocats-défenseurs. 1904-1919.
M 35 à M 41 Séquestre des biens ennemis.
M 42 Principes A-C 1900-1920. Amendes judiciaires, amnistie, annonces légales, annulations, code de procédure civile, compétence, contrainte, contraventions.
M 43 Principes D-P. 1902-1917.
Délais d'ajournement, doubles minutes, frais de justice, incompétence, indemnités, instruction criminelle, juridiction française, main-d'œuvre pénale, médecine, ministère public, opposition, police sanitaire, presse, prises de capture.
M 44 Principes R. 1904-1920.
Rapports entre les services judiciaires et les autorités administratives
M 45 Principes R - V. 1904-1919.
Reconnaissance de paternité, responsabilité pénale, révision des procès criminels, simple police, transmission des pièces, transports en justice, tribunaux étrangers, violences et voies de fait.
M 46 Cour d'Assises. Généralités. 1903-1919.
M 47 Cour d'Assises. Sénégal. 1903-1919.
M 48 Cour d'Assises. Haut-Sénégal-Niger. 1907-1919.
M 49 Cour d'Assises. Guinée. 1903-1919.
M 50 Cour d'Assises. Côte d'Ivoire. 1904-1918.
M 51 Cour d'Assises. Dahomey. 1904-1919.
M 52 à M 56 Recours en grâce, remises de peines. 1905-1919.
M 57 Demandes en révision et en réhabilitation. 1906-1913.
M 58 Libération conditionnelle. 1903-1911.

M 59 à M 66 Extraditions. 1905-1915.
M 67 Information judiciaire et commissions rogatoires. 1904-1915.
M 68 Régime pénitentiaire. 1906-1919.
M 69 à M 74 Réclamations. 1903-1918.
M 75 Affaires. 1899-1909.
M 76 à M 78 Affaires, 1904-1919.

Justice indigène (1900-1920)

M 79 Justice indigène. Règlementation. Décret 10 novembre 1903 et instructions sur son application. 1901-1908.

M 80 Réglementation, Réorganisation de la justice indigène. Documentation relative à la révision du décret de 1903. 1906-1910.

M 81 Réglementation. Réorganisation de la justice indigène. Documentation antérieure à l'avant-projet de M. Guyon. Études, minutes etc. 1910-1911.

M 82 Réglementation. Réorganisation de la justice indigène. Avant-projet de M. Guyon. 1911.

M 83 Réglementation. Réorganisation. Projet de modification du titre VI du décret de 1903.

M 84 Réglementation. Réorganisation de la justice indigène. Avant-projet de décret. Observations des cercles de la Guinée. 18 cahiers. 1911.

M 85 Réglementation. Réorganisation de la justice indigène. Décret du 16 août 1912 et ses applications. 1912-1915.

M 86 Avant-projet d'instructions générales sur l'application du décret du 16 août 1912. 1912-1913.

M 87 Réglementation. Réorganisation de la justice indigène. 1913-1918.
1. Application du décret du 9 mars 1914 modifiant l'article 2 du décret du 16 août 1912.
2. Tribunaux indigènes dans les Quatre Communes.
3. Propositions Delafosse relatives à la réforme de la justice criminelle indigène. 1917.

M 88 Organisation des tribunaux indigènes. Circonscriptions judiciaires. Généralités. Sénégal, Mauritanie, Haut-Sénégal-Niger, Guinée 1905-1919

M 89 Organisation des tribunaux indigènes. Circonscriptions judiciaires. Côte d'Ivoire, Niger, Dahomey. 1904-1919.

M 90 Principes A à Ar. 1904-1919.
Action civile, action publique, administration (crimes et délits commis au préjudice de l'), adultères, agents indigènes de l'administration, allocations aux médecins experts, allocations aux témoins, appel du prévenu, arrestation.

M 91 Principes As à Ca. 1903-1914/
Assesseurs, assimilés, autorité de la chose jugée, captifs, cause d'annulation.

M 92 Principes Ch. à Corn. 1903-1915.
Chambre d'homologation, circonstances atténuantes, code pénal, codification des coutumes, composition du tribunal.

M 93 Principes. Con. à Cu. 1904-1918.
Conflits de compétence, conflits des coutumes, contrainte par corps, contrôle des décisions judiciaires, contumace, conventions entre indigènes, correspon-

dance entre Procureur général et commandants de cercle, crimes et délits, crimes rituels, cumul de peines.

M 94 Principes. D et E. 1905-1919.
Décret du 6 août 1901, défaut, délits au préjudice d'Européens, délits d'audience, délivrance à des tiers de documents, désertion, détention préventive, droit coranique, dot, droits d'appel des commandants de cercle, états trimestriels, étrangers indigènes, exécution des jugements, experts.

M 95 Principes. F à J. 1905-1918.
Formules, frais et dépens, gardes-cercles, homicide involontaire, incendie volontaire, infractions spéciales, infractions et délits, insurrection de séjour

M 96 Principes. L à N. 1906-1919.
Langue française, libérations conditionnelles, mariage et concubinat, meurtres rituels, militaires indigènes, mineurs

M 97 Principes. O et P. 1904-1920.
Peine capitale, peines corporelles, police indigène, police municipale, pouvoirs des administrateurs, prescriptions, présence de l'inculpé aux débats, présidence des tribunaux, procédures excessives, propriété foncière, prison indigène.

M 98 Principes. R. 1905-1918.
Recueil général de Jurisprudence, recours en grâce, récusation des juges indigènes, remplacement en matière de recrutement, représentation des parties, résidence obligatoire, restitutions, rétribution des magistrats indigènes.

M 99 Principes. S. 1906-1918.
Saisie, secrétaires des tribunaux, serment des témoins, sous-officiers européens, substances vénéneuses, substitution de créanciers, successions, suicide, sursis.

M 100 Principes. T à Z. 1907-1919.
Témoins européens, tenue des audiences, timbre, unité de fonctionnement de la justice indigène, viol, visas des jugements.

M 101 Composition des tribunaux. Mauritanie, Guinée, Dahomey et Haut-Sénégal-Niger. 1905-1919.

M 102 Membres et assesseurs des tribunaux indigènes. Sénégal et Mauritanie. 1905-1919.

M 103 Membres et assesseurs des tribunaux indigènes. Haut-Sénégal-Niger 1905-1910.

M 104 Membres et assesseurs des tribunaux indigènes. Haut-Sénégal-Niger. 1911-1919.

M 106 Membres et assesseurs des tribunaux indigènes. Guinée. 1905-1919.

M 107 Membres et assesseurs des tribunaux indigènes. Côte d'Ivoire. 1906-1919.

M 108 Membres et assesseurs des tribunaux indigènes, Niger. 1912-1919.

M 109 Membres et assesseurs des tribunaux indigènes. Dahomey. 1900-1919.

M 110 Sénégal. Relevé du registre d'écrou. États des amendes et confiscations. 1903-1905.

M 111 Sénégal. Fonctionnement des tribunaux indigènes. 1905-1911.

M 112 Sénégal. Jugements du tribunal de la province de Nioro-du-Rip. 1 registre. 1906-1912.

M 113 Mauritanie. Fonctionnement des tribunaux indigènes. 1919.

M 114 Soudan. Dossiers des travaux de la commission nommée par décision du Gouverneur général en date du 19 mai 1900 à l'effet d'examiner les mesures de clémence que pourraient comporter les jugements rendus dans l'ancienne colonie du Soudan. 1900.

M 115 Haut-Sénégal et Moyen-Niger (2° territoire militaire). États des condamnations et amendes. 1902

M 117 à M 121 Haut-Sénégal et Moyen.-Niger. États des condamnations et arrestations. 1903-1906.

M 122 à M 124 Haut-Sénégal-Niger. Fonctionnement des tribunaux indigènes. 1906-1919.

M 125 à M 131 Guinée. Guinée. Guinée. Guinée. Guinée. Guinée. Guinée. Fonctionnement des tribunaux indigènes. 1903-1906. Fonctionnement des tribunaux indigènes. 1907-1911. Fonctionnement des tribunaux indigènes - 1912-1915. États trimestriels des jugements (1er trimestre). 1914. États des arrestations (1er trimestre). 1914. États des conventions passées entre indigènes. 1914-1917. Fonctionnement des tribunaux indigènes. 1919.

M 133 Côte d'Ivoire. Fonctionnement des tribunaux indigènes. 1912-1915.

M 134-M 135 Côte d'Ivoire. États des jugements. avril- juin 1914.

M 136 Côte d'Ivoire. États des arrestations. 2e trimestre 1914.

M 137 Dahomey. États des arrestations. 1903-1905.

M 138 Dahomey. Fonctionnement des tribunaux indigènes.1904-1912

M 139 Dahomey. Conventions passées entre indigènes. 1914.

M 140 Dahomey. Fonctionnement des tribunaux indigènes. 1919.

M 141 Chambre d'homologation. Questions de principe et personnel. 1904-1911.

M 142 Jurisprudence de la chambre d'homologation par G. Desvallons et D. Joucla. 1. Manuscrits et épreuves. 1910.

M 143 Jurisprudence de la chambre d'homologation par G. Desvallons et E. Joucla. 2. Rapports et instructions. 1904-1910.

M 144 Jurisprudence de la chambre d'homologation.
3. Ampliations de correspondance relative à la justice indigène. 1904-1910.

M 145 Chambre d'homologation. Jugements soumis à l'examen du Procureur général en 1913 et 1914 et qui paraissent n'avoir donné lieu à aucune réponse de sa part (par colonies). 1912-1914.

M 146 Chambre d'homologation. Lettres collectives des transmissions d'arrêts. 1910-1913.

M 147 à M 151 Chambre d'homologation. Sénégal. 1904-1919.

M 152 Chambre d'homologation. Mauritanie. 1909-1919.

M 153 à M 168 Chambre d'homologation. Haut-Sénégal-Niger. 1905-1919.

M 169 - M 172 Chambre d'homologation. Guinée. 1905-1919.

M 173 à M 176 Chambre d'homologation. Côte d'Ivoire. 1905-1919.

M 177 - M 178 Chambre d'homologation. Niger. 1912-1919.

M 179 à M 181 Chambre d'homologation. Dahomey. 1909-1918.

M 215 Peines disciplinaires. Questions générales et de principe. 1904-1917.

M 216 Peines disciplinaires. Pouvoirs disciplinaires des administrateurs. Arrêtés et circulaires. 1904-1915.

M 217 Peines disciplinaires. 1913-1917.

M 218 Peines disciplinaires. Refonte du Code de l'indigénat. Arrêtés., circulaires et instructions. 1916-1918.

M 219 Peines disciplinaires. Réforme du régime des peines disciplinaires. 1917-1919.
M 220 Contrôle des peines disciplinaires. Sénégal. 1914-1919.
M 221 Contrôle des peines disciplinaires. Mauritanie. 1914-1919.
M 222 Contrôle des peines disciplinaires. Haut-Sénégal-Niger. 1914-1919.
M 223 à M 231 Contrôle et état des peines disciplinaires. 1914-1919.
M 232 à M 239 Justice indigène. Réclamations et requêtes. 1904-1919.
M 240 Justice indigène. Affaires. 1904-1919.

Tribunaux musulmans (1890-1919)

M 241 Tribunaux musulmans. Principes. 1898-1919.
M 242 Conseil d'appel musulman. Affaires. 1894-1900.
M 243 Tribunaux musulmans. Dossiers personnels des cadis. 1890-1902.
M 244 Tribunaux musulmans. Personnel. 1904- 1918. Généralités ; tribunaux musulmans de Dakar, Rufisque, Saint-Louis, Kayes ; cadis : nominations, admissions, candidatures.
M 245 Tribunaux musulmans. Personnel. Révocations. 1905-1915. Kayes et Rufisque.
M 246 Tribunaux musulmans. Personnel. Agissement du cadi de Dakar. 1908-1910.
M 247 Tribunaux musulmans. Fonctionnement. 1901-1914.

Série M Justice. Dossiers Modernes

Versement 1 :

1. Notaires : remplacement de Martre Gay, notaire décédé à Dakar. 1936.
2. Fonctionnement des juridictions en AOF ; Inspection Bagot.1938.
4. Organisation et réorganisation de la justice indigène ; Code pénal indigène. 1936-1946.

Versement 26 :

13. Désignation de commissaires priseurs, attributions et textes de principes. 1923.
14. Désignation d'huissiers, attributions et textes de principes. 1927-1929.
15. Dossiers des candidatures à la charge de notaire. Rufisque. 1923-1939.
17. Affaires judiciaires. Admission des femmes dans la composition des Cours d'Assises, extension état civil indigène. Mariage - divorce. Séparation de corps, etc. Accession des sujets à la qualité de citoyens français. 1928-1941.
24. 25. Réforme de la justice indigène en AOF. 1936-1937.
33. Justice indigène. Principes. Préparation du Code pénal indigène. Décret du 11 février 1941.

Versement 112 :

60. Création de justices de paix à compétence étendue. 1904.
61. Transfert du tribunal de Grand-Bassam à Bingerville. 1906-1900.
63. Réforme de l'organisation judiciaire. Statut de la magistrature coloniale.
67. Organisation judiciaire. Liste des personnes qualifiées pour les fonctions de magistrature. Tribunaux de première instance. 1920-1931.
69. Officiers ministériels. Questions générales et de principe. 1921.
73. Réglementation des officiers publics et ministériels. 1921-1930.
77. Réorganisation de la justice française en AOF et justice indigène. 1923-1924.

79. Création d'une troisième étude de notaire dans le ressort du tribunal de première instance de Dakar. Réglementation des avocats-défenseurs. 1923-1931.
98. Réglementation de la profession d'avocat-défenseur en AOF. Textes et principes. 1930-1931.
99. Statistiques concernant le fonctionnement de la justice française dans les territoires de la Fédération. 1931-1932.

Justice indigène :

102 bis. Chambre d'homologation. Nomination des membres fonctionnaires. 1906-1931.
106. Projet de décret réorganisant les tribunaux de simple police et supprimant le régime de l'indigénat en AOF. 1920.
116. Compétence des tribunaux de cercles et de subdivisions. Règles générales. Réforme du décret du 16 août 1912. 1921-1922.
119. Projet de réorganisation. Correspondance avec le Ministre. Observations du Gouverneur général. Consultation des Gouverneurs des colonies et avis du Président de la Cour d'appel. 1922-1923.
121. Textes et principes divers. Compétence. Personnel - Création. Réorganisation. 1922-1929.
122. Jugements des tribunaux indigènes soumis à la Direction des affaires politiques du Gouvernement général. 1923.
124. Questions de principe antérieurs au décret du 22 mars. 1923-1932.
141. Étude sur la réglementation organisant le travail pénal. 1926-1939.
143. Refonte du décret du 22 mars 1924, réorganisant la justice indigène en AOF. Dossier documentaire. 1927-1929.
150. Régime des prestations. 1930-1937.

Chambre d'homologation : 167, 168, 169, 170, 171, 172, 173, 174, 175, 177, 193, 194, 195, 198, 199, 200, 201, 202, 203, 204, 205, 206, 207, 208, 209, 210, 211, 212.

Indigénat. Peines disciplinaires : 222, 223, 224, 225, 226, 227, 228, 229, 230, 231, 232, 233, 234, 235, 236, 237, 238, 239, 240, 241, 242, 243, 244, 245, 247, 248, 249, 250, 251, 252, 253, 255, 256, 257, 258, 259, 260.

Série K. Travail et main-d'œuvre

8. Régime des prestations. 1937-1939.
17. Accidents du travail. 1936-1944.
46. Suppression des prestations.
47. Utilisation de la main-d'œuvre (2e portion du contingent) notamment au STIN et au Dakar-Niger. 1927-1938.
48. Utilisation de la main-d'œuvre (2e portion du contingent) inspection du STIN. 1935-1936.
66. Travail forcé en AOF. Décret réglementant le travail obligatoire. 1930.
67. Travail forcé en AOF. Arrêtés d'application. 1930-1934.

Versement 26 :

77. Prestations - Circulaires du Gouverneur général. 1936-1944.
82. Préparation de la réglementation du travail indigène. Décret du 22 octobre 1925. 1921-1925.
86. Réglementation du travail indigène en AOF. (Décret du 22 octobre 1928). 1925.

105. Textes et principes généraux pour emploi de la main-d'œuvre de la 2e portion. Régime du travail. 1929-1944.
126. Décret du 2 avril et du 28 octobre 1932 sur les accidents du travail en AOF. 1932.
152. Travail forcé ou obligatoire. 1934-1938.

Sous -Série 2 G - Rapports périodiques : 1895-1940.

AOF. Rapports d'ensemble. Justice : 2 G 8-7, 2 G 9-5, 2 G 13-5, 2 G 14-22, 2 G 24-13, 2 G 28-6, 2 G 29-8, 2 G 31-15, 2 G 32-45, 2 G 33-8, 2G 37-32, 2 G 40-34.
Côte d'Ivoire : 2 G 4-9, 2 G 7-13, 2 G 10-3, 2 G 11-21, 2 G 13-29, 2 G 17-17, 2 G 24-20, 2 G 25-16, 2G 40-76.
Dahomey : 2 G 8-19, 2 G 9-16, 2 G 10-22, 2 G 11-14, 2 G 14-12, 2 G 15-3, 2 G 40-78.
Circonscription de Dakar et Dépendances : 2 G 29-7, 2 G 36-45, 2 G 40-50/52.
Guinée : 2 G 5-12, 2 G 6-8, 2 G 9-2, 2G 10-18, 2 G 11-1, 2 G 12-14, 2 G 13-13, 2 G 24-37, 2 G 40-75.
Haute-Volta - Mauritanie : 2 G 11-23, 2 G 23-36, 2 G 40-66.
Territoire militaire du Niger : 2 G 13-16, 2 G 15-11, 2 G 40-77.
Sénégal : 2 G 9-6, 2 G10-12, 2 G 11-6, 2 G 13-7, 2 G 16-4, 2G 17-18, 2 G 23-35, 2 G 40-53.
Soudan : 2 G 3-8, 2 G 8-13, 2 G 9-11, 2 G 10-16, 2 G 11-9, 2 G 12-13, 2 G 23-37, 2 G 40-70.

B. Archives nationales françaises - Section Outre-Mer

I. Correspondance générale : Sénégal et dépendances, Dossiers 1 à 99.

II. Mémoires généraux, publications, expositions : Sénégal et dépendances, Dossiers 2, 4, 6.

Ill. Explorations, missions, voyages Sénégal et dépendances, Dossiers 8, 16.

VIII. Justice
Sénégal et dépendances, Dossiers 1 à 33.
Gorée et Dépendances, Dossier 1.
Côte d'Ivoire, Dossiers 1 et 2.
Dahomey, Dossiers 1 à 6.
Guinée, Dossiers 1 et 2.
Soudan, Dossier 2.
AOF, Dossiers 1 et 2.

XVIII. Personnel :
Sénégal et dépendances, Dossiers 1 à 6, 17 à 23., 31 bis.

XIX. Contrôle et inspection : Sénégal et dépendances, Dossiers 1 et 2.

- Archives judiciaires : Dépôt des papiers publics des Colonies. Greffes du Sénégal, Cour d'appel : 32 volumes et 2 paquets non reliés, qui couvrent la période, 1822-1905 et 1907-1908.

Dépouillement systématique des registres suivants : 1er volume : 1822/1829 ; 2e volume : 1830/1835 ; 3e volume : 1836/1839 ; 4e volume : 1840/ 1843 ; 5e volume : 1844/1845 ; 6e volume : 1846/1847 ; 7e volume : 1848/1849 ; 8e volume : 1850/1851 ; 9e volume : 1852/1853 ; 10e volume : 1854/1855 ; 11e volume : 1856/ 1857 ; 13e volume : 1860/ 1861 ; 14e volume : 1862/1863 ; 15e volume : 1864 ; 16e volume : 1865/1868 ; 17e volume : 1869/1872.

C. Greffe de la Cour d'appel de Dakar

Arrêts de la Cour d'appel du Sénégal puis de l'AOF. Série complète à partir de 1862. Dépouillement systématique de 1862 à 1952 des arrêts de la chambre d'annulation, de la chambre d'appels correctionnels, et de la chambre civile et commerciale.

D. Institut Fondamental d'Afrique Noire (IFAN)

Presse : Dépouillement des journaux et périodiques suivants :

Le Petit Sénégalais P. 630.
La Démocratie du Sénégal P. 631.
La Tribune P. 635 (année 1917).
L'AOF. P. 636 (années 1906 à 1920).
L'Afrique P. 644 (années 1909 et 1910).
La Vérité P. 650 (année 1912).
Le Courrier du Sénégal P. 653 bis.
L'Écho de Dakar P. 654 (années 1932 à 1934).
L'Avenir du Sénégal P. 689 (année 1910).
La Dépêche sénégalaise P. 696 (année 1917).
La Côte d'Ivoire P. 738 (années 1907, 1909, 1910 et 1913).

II. Sources imprimées

Alliot (M), 1965, « Christianisme et droit traditionnel au Sénégal, » in *Études d'Histoire du Droit canonique, dédiées à G. Le Bras*, Sirey, t. 2, p. 1029 et s.

–, 1968, « L'acculturation juridique », in *Ethnologie générale*, Encyclopédie de la Pléiade, p. 1180 et s.

Amadeo (G), 1958, « Ordre public et droit privé négro-africain », *RJPUF*, n° *4*, p. 605 et s.

Amin (S), Coquery-Vidrovitch (P.), 1969, *Histoire économique du Congo, 1880-1965*, Paris, Anthropos, 204 p.

Amin (S), 1971, *L'Afrique de l'Ouest bloquée. L'économie politique de la colonisation, 1880-1970*, Paris, Minuit, 322 p.

Augagneur (V.), 1927, *Erreurs et brutalités coloniales*, Paris, éd. Montaigne.

Angsthelm (A), 1965, *Le service public africain. La contribution des services publics à l'évolution politique et à la modernisation de l'Afrique occidentale d'expression française*, Thèse pour le Doctorat en Droit, Grenoble.

Annet (A), 1957, *Je suis gouverneur d'Outre-Mer*, Paris éd. du Conquistador.

Antonelli (E), 1948, « Introduction à une étude juridique du Trusteeschip », *Pen*. 2, I.

Arcin (A), 1907, *La Guinée Française. Races, Religions, Coutumes, Production, Commerce*, Paris, Librairie maritime et coloniale.

Arnaud (A), Meray (M), 1900, *Les colonies françaises. Organisation administrative, judiciaire, politique et financière*, Paris, A. Challamel.

Arnaud (R.), 1906, *Précis de politique musulmane*, Alger, Jourdan.

–, 1912, *L'Islam et la politique musulmane française en AOF*, Paris, Publication du Comité de l'Afrique française.

Artaud (P.), 1910 et 1911, « La magistrature coloniale. Les vices de son organisation actuelle. Nécessité de certaines réformes », *Pen.* 1910, p. 43-48, *Pen.* 1911, p. 1-28.

d'Aubigny (Ch.), 1861-1867, *Recueil de jurisprudence coloniale en matière administrative, civile, et criminelle, contenant les décisions du Conseil d'État et les arrêts de la Cour de cassation*, Paris, Imprimerie Impériale.

Audier (G.), 1941, *Le conflit colonial de juridiction*, Paris, Thèse.

Audouin (J.), Deniel (R.), 1978, *L'islam en Haute-Volta à l'époque coloniale*, Paris, L'Harmattan.

Balandier (G.), 1951, « La situation coloniale : approche théorique », *Cahiers internationaux de sociologie*, p. 44-79.

–, 1954, « Sociologie de la colonisation et relations entre sociétés globales », *Cahiers internationaux de sociologie*, p. 17-31.

–, 1967, *Anthropologie politique*, Paris, PUF, 240 p.

–, 1971, *Sociologie actuelle de l'Afrique Noire*, Paris, PUF.

–, 1971, *Sens et puissance*, Paris, PUF, 334 p.

Bee, 1946, *Essai de doctrines impériales*, Paris, Thèse.

–, 19711946, « La doctrine d'intégration », *Pen.*, 1946, p. 2-27.

Benglia (J.), 1949, *La distribution de la justice civile et pénale et l'installation de la réforme judiciaire du décret du 30 avril 1946 au Soudan français*, Paris, Thèse.

de Benoist (J.-R.), 1979, *La balkanisation de l'AOF*, Dakar, NEA.

Bensson (M.), 1929, « La législation ouvrière en AOF », in *La Quinzaine coloniale.*

Beardeley (G.), 1916, « La justice indigène en AOF. Mission d'études 1913-1914 », Paris, *Bull. du Comité de l'Afrique française*, n° *3*, mars, p. 45-57.

Binet (J.), 1950, « Aspects juridiques du mariage chez les peuples archaïques », in *Le Monde non chrétien.*

–, 1952, « Aspects actuels du mariage dans le Sud-Cameroun », *Pen.* 1952, 75.

–, 1959, *Le mariage en Afrique noire*, Paris, Cerf.

Blet (H.), 1946, *Histoire de la colonisation française*, Paris, Grenoble, 3 vol.

Boisdon (D.), 1957, « L'organisation judiciaire et la situation politique de l'AOF », *Marchés tropicaux du Monde*, n° *604* du 6 juin 1957.

–, 1933, « Note sur les conflits entre le statut civil français et le statut civil coutumier dans les pays d'outre-mer dépendant de la République française », in *L'avenir du droit coutumier en Afrique*, Symposium Colloque Amsterdam.

Bonnichon (A.), 1931, *La conversion au christianisme de l'indigène musulman algérien et ses effets juridiques. Un cas de conflit colonial*, Paris, Sirey.

Borella (F.), 1949, *L'évolution politique et juridique de l'union française depuis 1946*, Paris, LGDJ.

Bouchon (A.), 1950, « Le Ministère de la France d'Outre Mer », *Pen.* Doctrine, p. 159

Boudillon (A.), 1908, « Le Code civil et l'Ordonnance de 1821 au Sénégal », *Pen.* 1950, 1908, 2. p. 28-32.

–, 1911, « Réponse à une critique sur l'administration de la curatelle aux colonies », *Pen.* 1911, 2, p. 29-36.

Boudillon (A.), 1905, *Rapport explicatif de l'avant projet d'un décret établissant le régime de la propriété foncière en AOF*, Gorée, Imprimerie du Gouvernement.

–, 1911, *La question foncière et l'organisation du livre foncier en AOF*, Paris, A. Challamel.

Bourdic (R.), 1949, *L'inamovibilité de la magistrature coloniale*, Paris, Thèse.

Bourdon (J.), 1956, « Problèmes d'histoire coloniale », *Rev. de Synthèse*, Série 3, Fasc. 2, p. 201-217.

Bourel (P.), 1969, « La formation du contrat en droit sénégalais. Réflexions sur la modernité du Code des obligations civiles et commerciales », *Revue sénégalaise de droit*, n° *6*, sept. 1969.

Bourjol (M.), 1957, « Essai sur les transformations et l'évolution dialectique de la famille africaine de la Gens au ménage », *RJPUF*, p. 80 et s.

–, 1974, *Théorie générale des coutumes juridiques africaines*, Paris, la Nef.

Boutruche (R.), 1933, « Y a-t-il une continuité dans la politique coloniale de la France ? », *Rev. Hist., CLXXII*, p. 257-278.

Bouvenet (C.J.), 1954, *Recueil annoté des textes de Procédure civile et commerciale applicables en AOF*, Paris, éd. de l'Union française.

Brethe de la Gressaye, 1948, « Le nouveau statut politique des colonies françaises », *Pen.*, 1948, 2, p. 7 et s.

Brevié (J.), 1935, *Circulaires sur la politique et l'administration indigènes en AOF*, Gorée, Imprimerie du Gouvernement général.

Brunand (G.), 1896, *Recueil des lois, ordonnances, décrets et arrêtés concernant l'organisation judiciaire de la colonie et de divers documents avec le Code d'instruction criminelle colonial du 14 février 1838*, Saint-Louis, Imprimerie du Gouvernement.

Brunschwig (H.), 1949, *La colonisation française. Du pacte colonial à l'Union Française*, Paris.

–, 1962, « La troque et la traite », *Cahiers d'études africaines, 2,* n° 7, p. 339-346.

Cagan (R.), 1956, « Contributions à l'histoire de la justice au Cameroun », *Pen.*, 1956, 2, p. 5-18.

Cahiers du Centre d'études et de recherche marxistes, 1970, *Journée d'étude sur l'impérialisme*. Tome I. *Les origines et les traits particuliers de l'impérialisme français au début du XX*^e^ *siècle* ; Tome II, *Les théories de l'Impérialisme français au début du XX*^e^ *siècle, Cahiers du Centre d'études et de recherches marxistes*, n° 85 et 86.

Caille (J.), 1947, « La procédure du contentieux de l'immatriculation foncière au Maroc », *Pen.*, 1947, 2, p. 45 et s.

Carles (F.), 1915, *La France et l'Islam en Afrique occidentale. Contribution à l'étude de la politique coloniale de l'Afrique française*, Toulouse, Thèse.

Carrère (F.), 1857, *Codification des actes qui règlent au Sénégal et dépendances le Service des curatelles aux successions et biens vacants, et celui de la conservation des hypothèques*, Saint-Louis, Imprimerie du Gouvernement.

Chabas (J.), sd, « Les juridictions et la procédure de droit local en Afrique Noire », Art. 443 à 473.

–, 1952, « Le mariage et le divorce dans les coutumes des ouolofs habitant les grands centres du Sénégal », *RJPUF*, octobre-décembre.

–, 1959, « De la transformation des droits fonciers coutumiers en droit de propriété », *Annales Africaines*.

Chabas (J.), 1958, « La justice de droit local en AOF », *Rev. de l'Union française.*
–, 1956, « La justice française en AOF », *Annales africaines*, p. 79-108
–, 1954, « La justice indigène en AOF », *Annales africaines*, p. 91-151
Chailley (M.), 1968, *Histoire de l'Afrique occidentale française 1638-1959*, Paris, Berger-Levrault.
Chambaud, 1907, « Des conditions d'application possible de l'Act Torrens au Sénégal », *Pen.*, 1907, 2, p. 26-38.
Charles (R.P.) S.J., 1952, « Les sociétés africaines devant la législation du travail » *Rev. Internat. du Travail, LXV*, n° 4, avril, p. 447 et s.
Charlier (R.E.), 1948, « La répression de l'instigation criminelle dans les émeutes coloniales », *Pen.* 1948, p. 2-33
–, 1948, « La mutabilité des statuts coloniaux dans la constitution de 1946 », *Pen.*, 1948, p. 2-41.
–, « Comment on légifère pour les TOM », *Pen.*, 1949, 2, p. 91 et s.
Chemin-Dupontes (P.), 1903, *Les compagnies de colonisation de l'Afrique occidentale sous Colbert*, Paris.
Constantin (P.), 1912, *Organisation de la justice en AOF*, Thèse.
Coquery-Vidrovitch (C.), Moniot (H.), 1974, *L'Afrique noire de 1800 à nos jours*, Paris, PUF.
Coquet (E.), 1904, *Le domaine public colonial*, Poitiers, Thèse.
Cornevin (M.), 1972, *Histoire de l'Afrique contemporaine de la Deuxième Guerre mondiale à nos jours*, Paris, Payot, 482 p.
Cornevin (R), 1973, *L'Afrique noire de 1919 à nos jours*, Paris, PUF, 252 p.
Cosnier (H.), 1921, *L'Ouest-africain français*, Paris, Larose.
Culmann (H.), 1950, *L'union française*, Paris, PUF, Coll. "Que sais-je ?".
Cultru (P.), 1910, *Les origines de l'Afrique occidentale. Histoire du Sénégal du XVe s à 1870*, Paris, E. Larose.
Cuvillier-Fleury (R.), 1907, *La main-d'œuvre dans les colonies françaises. De l'Afrique occidentale et du Congo*, Paris, Thèse.
Dabtugnac (P.), 1897, « Le Service de la justice dans les colonies de la Guinée française, de la Côte d'Ivoire et du Dahomey ». *Pen.* 1897, 2. p. 35 40.
Dareste (P.), 1931, *Traité de droit colonial*, Paris, 3 vol.
–, 1916, « Les nouveaux citoyens français », *Recueil Dareste*, 1916.
–, 1912, « L'application et la promulgation des lois aux colonies », *Rec. Dareste*, 1912.
–, 1908, « Le régime de la propriété foncière en AOF », *Rec. Dareste*, 1908.
Decheix (P.), 1960, *Les compétences respectives des tribunaux de droit moderne et des tribunaux de droit traditionnel dans les territoires d'Afrique noire*, Paris, Thèse.
Decottignies (R.), 1955, « L'état civil en AOF, *Annales Africaines*, p. 41 et s.
–, 1957, « La condition des personnes au Togo et au Cameroun », *Annales Africaines.*
–, 1962, « Réflexions sur le projet du Code sénégalais des obligations, *Annales Africaines.*
–, 1964, « L'apport européen dans l'élaboration du droit privé sénégalais », *Annales africaines*, p. 79-113.
–, 1965, « Requiem pour la famille africaine », *Annales Africaines*, p. 251 et s.
–, 1967, « Prière à Thémis pour l'Afrique », *Rev. sénégalaise de droit* n° 1, p. 5 et s.

Decugis (H.), 1946, *Les étapes du droit. Des origines à nos jours*, Paris, Sirey, t. 1, 2e éd.

Deherme (G.), 1908, *L'AOF, Action politique, Action économique, Action sociale*, Paris, Librairie Blond et Cie.

Dehon (E.), 1945, *La nouvelle politique coloniale de la France*, Paris, Flammarion.

Dejean de la Bâtie (A.), 1902, *Précis des successions coloniales*, Paris, Berger-Levrault.

Delafosse (M.), Poutrin (Dr.), 1930, *Enquête coloniale dans l'Afrique française occidentale et équatoriale sur l'organisation de la famille indigène, les fiançailles, le mariage, avec une esquisse générale des langues de l'Afrique*, Paris, SEGMC.

Delafosse (M.), *Le Haut-Sénégal, Niger*, 3 t., Paris, Larose, rééd. 1972.

Delavignette (R.), 1939, *Les vrais chefs de l'Empire*, Paris, Gallimard. (Réédité en 1946 sous le titre : *Service africain*).

Delavignette (R.), Julien (Ch. A,), 1945, *La colonisation de la France d'Outre Mer*, Paris.

Delcourt (A.), 1950, « Fait social et histoire coloniale », *Revue d'Histoire économique et sociale*, *XXVIII*, n° 3, p. 252-263

Deroure (F.), « La vie quotidienne à Saint-Louis par ses Archives (1779-1809) », *Bull. de l'IFAN*, *XXVI*, Série B, n° 3-4, p. 397-439

Deschamps (Cl.), 1949, *Des attributions judiciaires des administrateurs en Afrique Noire*, Thèse, Droit.

Deschamps (H.), 1953, *Méthodes et doctrines coloniales de la France du XVIe siècle à nos jours*, Paris, A. Colin.

–, 1961, « Réception de M. le Conseiller R. Attuly », *Académie des Sciences d'Outre-Mer*, *XXI*, n° 5, mai, p. 219-237

–, 1970 et 1971, *Histoire générale de l'Afrique Noire*, Paris, PUF, t. I. *Des origines à 1800*, 576 p.

–, 1970 et 1971, *Histoire générale de l'Afrique Noire*, Paris, PUF, t. II, *De 1800 à nos jours*, 720 p.

Devaux (J.), 1949, « L'organisation judiciaire et les tribunaux indigènes », *Semaine coloniale universitaire*, Anvers, Institut universitaire des TOM, avril 1949.

Deveze (M.), 1948, *La France d'Outre-Mer. De l'Empire colonial à l'Union française 1938-1947*, Paris, Hachette.

Diarra (M.), 1973, *Justice et développement au Sénégal*, Dakar, NEA.

Dislère (P.), 1914, *Traité de législation coloniale*, Paris, P. Dupont, 2 tomes.

Doublier (R.), 1957, *La propriété foncière en AOF. Régime de droit privé*, Rufisque, Imprimerie du Gouvernement général.

Drouhet (R.), 1953, « De l'unification de l'état civil dans les TOM », *Pen.*, 609, p. 41 et s.

Duchêne (A.), 1928, *La politique coloniale de la France. Le ministère des colonies depuis Richelieu*, Paris.

Dumetz (M.), 1975, *Le droit du mariage en Côte d'Ivoire*, Paris, LGDJ.

Durand (P.), 1944, « À la frontière du droit et de l'institution : la relation du travail », *JCP*, p. 387.

Durieux (A.), 1970, *Droit écrit et droit coutumier en Afrique centrale*, Bruxelles, Académie royale des sciences d'Outre Mer.

Elias Olawale (T.), 1961, *La nature du droit coutumier africain*, Paris, Présence Africaine.

Emerit (M.), 1943, « Les méthodes coloniales de la France sous le Second Empire », *Revue Africaine*, n° *396* et *397*.

–, 1946, « L'Histoire de nos méthodes coloniales », in *Publications du Centre d'études économiques et sociales de l'Afrique Française*, Alger.

Eyssette (A.), 1877, *Jurisprudence et doctrine de la Cour d'appel de Pondichéry en matière de droit indou et de droit musulman*, Pondichéry, Imprimerie du Gouvernement.

Falgayrac, 1956, *Procédure criminelle en AOF et au Togo, Code d'instruction criminelle et annexes*.

Farnsworth (E. A.), 1963, « Le nouveau code des obligations du Sénégal », *Annales Africaines*, p. 73 et s.

Farville (P.), 1913, « La justice », in *L'AOF*, Coll. de l'Action nationale, Paris, Challamel.

Folliet (J.), 1936-1937, « Conflits de civilisation. Les heurts de civilisations et le problème colonial », *in Univers, Bull. catholique international, 16*, juin-juillet 1936, p. 6-8 ; *18*, octobre-novembre 1936, p. 1-2 ; *28*, novembre p. 154-156.

Foyer (J.), 1962, « Les destinées du droit français en Afrique », *Pen.* n° 690, p. 1 et s.

François (G.), *L'AOF*, Paris, E. Larose, 1907.

–, 1909, « L'AOF en 1908 », *Questions diplomatiques et coloniales*, *XXVII*, 1er avril 1909, p. 425- 437.

François (G.), Mariol (H.), 1929, *Législation coloniale*, Paris, Larose.

Frazer (J.), 1923, *Les origines de la famille et du clan*, Paris, Geuthner.

de Galembert (J.), 1924, *Les administrations et les services publics indochinois*, Hanoï, Imprimerie Mao Dinh Tu.

Gasse (V.),1971, *Les régimes fonciers africains, et malgaches. Évolution depuis l'indépendance*, Paris, R. Pichon et R. Durand-Auzias.

Geismar (L.), 1933, *Recueil des coutumes civiles des races du Sénégal*, Saint-Louis, Imprimerie du Gouvernement.

Gervais (A.), 1948, « Le régime législatif des nouveaux Départements d'Outre Mer », *Pen.* 1948, 2. p. 63 et s.

Gilbert-Desvallons et Joucla (E.), 1910, *Jurisprudence de la chambre d'homologation*, Gorée, Imprimerie du Gouvernement général, 132 p.

Girard (J.), 1963, « De la communauté traditionnelle à la collectivité moderne en Casamance. Essai sur le dynamisme du droit traditionnel », *Annales Africaines*, p. 135-165.

Girardet (R.), 1972, *L'idée coloniale en France de 1871 à 1962*, Paris, PUF.

Girault (A.), 1927-1931, *Principes de colonisation et de législation coloniale*, Paris, 5 vol.

–, « La condition des indigènes au point de vue de la législation civile et criminelle et de la distribution de la justice », in *Travaux du Congrès de sociologie coloniale*, tenu à Paris, du 5 au 12 août 1900, t. 1, p. 45 à 79.

Gonidec (P.F.), 1957, « L'évolution des TOM, depuis 1946 », *RJPUF*, n° 4.

–, 1958, *Droit du travail des TOM*, Paris, LGDJ, 743,

–, 1959, *Droit d'Outre-Mer*. Tome 1, *De l'Empire colonial de la France à la Communauté*, Paris, Montchrestien.

–, 1970, *L'État africain. Évolution, Fédéralisme, Centralisation et Décentralisation, Panafricanisme*, Paris, R. Pichon et R. Durand Auzias.

Gonidec (P.F.), 1976, *Les droits africains. Évolutions et sources*, Paris, 2e éd., R. Pichon, et R. Durand-Auzias.
Gorce (J.), *Les accidents du travail dans les Territoires français d'Afrique.*
Gouet (Y), 1947, « Le nouveau statut des originaires des TOM dans l'Union française (Principes généraux) », *Pen.* 1947, 2, p. 71 et s.
–, 1957. « L'article 82, Paragraphe 1 de la constitution relatif à l'option de statut et l'élaboration de la théorie des statuts civils du droit français moderne », *Pen.* 1957, 2, p. 1-94
Gouilly (A.) 1952, *L'islam dans l'Afrique occidentale française*, Paris, Larose, 292 p.
Grimal (H.), 1911, *Histoire du Commonwealth britannique*, Paris, PUF, 2e éd., coll. "Que sais-je ?" n ° 334.
Guernier (E.), 1950, « Le régime du protectorat au Maroc et en Tunisie », *Pen.*, 1950, Doctrine, p. 221 et s.
Gueydan (J.), 1951, *Les avocats, les défenseurs et les avoués de l'Union française*, Paris, R. Pichon, et R. Durand-Auzias.
Guèye (L.), 1922, *De la situation politique des Sénégalais originaires des communes de plein exercice*, Paris, éd. de la Vie Universitaire.
–, 1906, *Itinéraire africain*, Paris, Présence Africaine,.
Genevay (M.), 1951, « Le problème de la main-d'œuvre en Afrique noire », *Marchés coloniaux*, 17 juillet 1951.
Gentil (P.), Exposé sur une thèse de l'Université d'Histoire de l'Indiana (EU, William Benjamin Cohen, Les chefs d'un Empire, l'administration coloniale française en Afrique (1880- 1960), novembre 1968.
–, 1978, *Les troupes du Sénégal. De 1816 à 1890*. T. 1. *Soldats au Sénégal, du Colonel Schmaltz au Général Faidherbe, 1816-1865*, Dakar, NEA.
Gerbinis (E.), 1946, « La réorganisation de la justice européenne et indigène à Madagascar », *Pen. 545, 546*, juillet-août 1946.
Gilisen (J.), 1969, *L'organisation judiciaire en Afrique Noire. Études d'histoire et d'ethnologie juridique*, éd. de l'Institut de sociologie, Université Libre de Bruxelles.
Guillaume (P.), 1974, *Le monde colonial. XIXe siècle*, Paris, A. Colin.
Guillot (E. J.), 1950, « La réorganisation judiciaire à Madagascar », *Bull. d'information de la France d'Outre Mer*, Paris, n° 112, août-septembre.
–, 1891, « Le partage de l'Afrique occidentale en 1880 », Bull. Soc. Géogr. de Lille, *XV*, n° 2, février 1891.
Guy (P.), Les conflits de qualification en matière indigène, *Pen.* 1947, p. 1-25.
–, 1948, « La technique réglementaire dans les T.O.M. et les autochtones », *Pen.* 1948, p. 2-79.
Haag (A.), « La nationalité aux Indes Françaises, *Pen.* 1948, p. 2-17.
Hamelin (M.), 1909, « Le régime de la propriété foncière dans l'AOF », *Pen.* 1909, 2, p. 1-16.
–, 1914, « Les avocats aux colonies », *Pen.* 1914, 2, p. 33.44 et 54-60
Hanotaux (G.), Martineau (A.), 1929-1933, *Histoire des colonies françaises*, Paris, 6 vol.
Hardy (G.), 1919, Un paradoxe politique : la question sénégalaise, "Lagos Libres" n° 165, août 1919, p. 319 328.
–, 1921, La mise en valeur du Sénégal de 1817 à 1851, Paris, E. Larose, 376 p.

Hardy (G.), 1928, « La politique de la France en Afrique occidentale de 1763 à 1870 », *Rev. de l'Histoire des colonies françaises*, n°3, mai-juin 1928, Paris Société d'éditions géogr., maritimes et coloniales.

–, 1953, *Histoire sociale de la colonisation française*, Paris, Larose, 268 p.

–, 1929, *Nos grands problèmes coloniaux*, Paris, Colin.

Hardy (G.), 1937, *La politique coloniale et le partage de la terre au XIXe et XXe siècles*, Paris, A. Michel.

–, 1940, *Le problème religieux dans l'Empire français, Mythes et religions*, vol. 4, Paris, PUF.

Harmand (J.), 1910, *Domination et colonisation*, Paris, Flammarion.

Helo (Général), 1925, *La colonisation et la main-d'œuvre au Soudan et en Haute-Volta*, Paris.

Herbart (P.), 1939, *Le chancre du Niger*, Paris, Gallimard.

Herbault (G,), 1906, « Le Gouvernement général de l'AOF, 1895-1399, 1903-1904 », *Rec. Dar.* 1906.

Hilaire (J,), 1964, « Nos ancêtres les Gaulois », *Annales Africaines*, p. 7-77.

Hild (E.), 1912, *L'organisation judiciaire en AOF*, Paris, E. Larose, 118 p.

Hubert (L.), 1909, *L'éveil du monde. L'œuvre de la France en Afrique occidentale*, Paris, Alcan.

Hue (F.), Haurigot (G.), 1887, *Nos grandes colonies. Afrique, La Réunion, Madagascar, le Sénégal*, Paris.

Jeol (M.), 1962, *La réforme de la justice en Afrique noire*, Dakar, Thèse.

Joucla (E.), 1917, « Organisation de l'état civil en AOF », *Pen.* 1917, 2, pp 1-20

Jouhand (Y), 1958, « À propos du statut de la magistrature d'outre-mer », *Pen.* 1958, n° 661, Doctrine, p. 129 et s.

Julien (C.A.), Bruhat (J.), Bourgin (G.), Crouzet (M.), Renouvin (P.), 1949, *Les politiques d'expansion impérialiste*, Paris, PUF.

Junod (H. A,), 1931, « Le noir Africain : comment faut-il le juger ? », London, *Africa*, juillet.

La justice indigène en AOF, Gorée, Imprimerie du Gouvernement général, 1938.

La justice de droit local (Recueil des textes légaux et réglementaires et de jugements et arrêts), Abidjan, Imprimerie du Gouvernement, 1957.

La justice, Université d'Aix-Marseille. Centre des Sciences politiques de l'Institut d'Études juridiques de Nice, *VII*, Paris, PUF, 1961.

Kersaint-Gilly (R. de), 1917, « De la réorganisation de la magistrature coloniale », *Pen.* 1917, 2, p. 31-38.

Kirsch (M.), 1957, *L'organisation judiciaire en AOF*, CMISOM, 4e trim. 1956, 40 p. + 6 p. annexes.

–, « Les juridictions du travail », *Pen.* 1957, 2, p. 95-126.

Ki-Zerbo (J.), 1972, *Histoire de l'Afrique Noire. D'hier à demain*, Paris, Hatier 702 p.

Knight-Baylac (M.H.), 1970, « La vie à Gorée de 1677 à 1789 », *Rev, Fr. d'Histoire d'Outre-Mer, LVII*, n° *209*, p. 377-420

Kouassigan (G.A.), 1966, *L'homme et la terre*, Paris, Berger-Levrault.

–, 1974, *Quelle est ma loi ? Tradition et modernisme dans le droit privé de la famille en Afrique noire francophone*, Paris, A. Pedone, Centre de recherches, d'études et de documentation sur les institutions et la législation africaine, 11.

Labouret (H.), 1930, « La main-d'œuvre dans l'Ouest Africain », *Afrique française* n° 5, p. 240-250.

Labouret (H.), 1930 et 1936, « La justice indigène en Afrique occidentale », *Revue générale de la colonisation, 91* et, 1936, *18*, Paris, Larose.
–, 1935, « La justice indigène en AOF et les coutumes », *Afrique française*, juillet.
Labouret (H.), 1940, « Situation matérielle, morale et coutumière de la femme dans l'Ouest-Africain », *Africa. Journal of the International Institute of African Languages and Cultures, XIII*, April n° 2.
–, 1957, *Colonisation, colonialisme, décolonisation*, Paris, Larose.
Lampue (P.), 1937 et 1938, « Le caractère réglementaire des décrets coloniaux », *Pen.* 1937, 2, p. 110 et s., et *Pen.* 1938, 2, p. 1-6.
–, 1948, « L'option de législation et de statut des originaires des communes de plein exercice du Sénégal », *Pen.*
–, 1950, « Les lois applicables dans les TOM », *Pen.* 1950, 2, 1.
–, 1950, « La citoyenneté de l'Union française », *RJPUF*, p. 305 et s.
–, 1953, « Nature juridique de l'Union française », *RJPUF*.
–, 1954, « Les conflits de liens interrégionaux et interpersonnels dans le système juridique français », *Revue critique de droit international privé*, p. 249 et s., *in Droit d'Outre-Mer et de la Coopération*, 4e éd. Dalloz
–, 1956, « La promulgation des lois et décrets dans les TOM », *Annales Africaines*.
–, 1957, « L'étendue d'application du statut personnel des autochtones dans les territoires français d'outre mer », *Revue des civilisations, VII*, n° 1, p. 1 et s.
–, 1979, « La justice coutumière dans les pays africains francophones », *RJPIC*, n° 1, janvier-mars 1979, p. 3-19.
Landraud (M.), 1978, « Justice "indigène" et politique coloniale. L'exemple de la Côte d'Ivoire », *Pen.* n° 759, janvier-mars 1978, p. 5-41, et n° 760, avril-juin 1978, p. 205-249
Lanessan (J. de), 1897, *Principes de colonisation*, Paris, F. Alcan.
Langlard (L. de), 1892, *Tables alphabétiques, analytiques et chronologiques des textes relatifs au service judiciaire contenus dans le Bulletin administratif et le Journal officiel du Sénégal et dépendances*, Saint-Louis, Imprimerie du Gouvernement.
–, 1957, « L'avenir de la justice Outre-Mer », *Latitudes, Revue de l'Association des Anciens élèves et élèves de l'ENFOM*, 2e semestre 1957, n° 2, p. 26-47.
Lavigne (P.), 1946, « Les Francs coloniaux », *Pen.* 1946, 2, p. 69-82.
–, 1946, « La Constitution de l'Union Française, Titre VIII, Constitution du 27 octobre 1946 », *Pen.* 1947, 2, p. 89 et s.
–, 1954, « Le droit international du travail et les Territoires non autonomes » *Pen.* 1950, p. 11 et s.
Lebegue (R.), 1938-1941, *Cours de géographie économique coloniale et d'administration coloniale*, 3 vol. Paris, Centre de Documentation Universitaire.
Lebel (G.), 1957, « Les juridictions de droit français en Afrique noire », *Jurisclasseur de procédure civile*, 3e appendice, Art. 443 à 473, Fasc. A et B.
Lefebure (E.), 1914, « La justice indigène en AOF. L'application du décret du 16 août 1912 en matière répressive », *Pen.* 1914, 2, p. 9-14.
Leroy-Beaulieu (P.), 1902, *De la colonisation chez les peuples modernes*, Paris, Guillaumin.
Le Roy (É.), Niang (M.), 1970, *Le régime juridique des terres chez les Wolof ruraux du Sénégal*, Paris, Laboratoire d'anthropologie juridique.

Lombard (J.), 1967, *Autorités traditionnelles et pouvoirs européens en Afrique Le déclin d'une aristocratie sous le régime colonial*, Cahier de la Fondation nationale de Sciences politiques, Paris, A. Colin.

1954, *L'organisation judiciaire en AOF, en AEF, au Togo et au Cameroun*, Notes et études documentaires, n° 1947 du 12 novembre 1954, Publication de la documentation française.

1935, *Le recrutement de la main-d'œuvre dans les colonies et dans les autres territoires à condition de travail analogues*, Genève, BIT, 1969, Rapport IV, XIXe session de la CIT.

1969, *Les relations de dépendance personnelle en Afrique noire*, numéro spécial, *Cahiers d'études africaines, IX*, n° 35, p. 345-507.

1952, *Le travail en Afrique Noire*, Paris, Présence Africaine.

Louis (P.), 1905, *Le colonialisme*, Paris, Société Nouvelle de Librairie et d'Édition.

Luchaire (F.), 1949, *Manuel de droit d'outre mer. Union Française, Afrique du Nord, Territoires d'Outre-Mer, Indochine*, Paris, Sirey.

–, 1961, « Le problème de la justice dans la Communauté », dans *La Justice*, Centre de Sciences politiques de l'Institut d'études juridiques de Nice, vol. *VII*, p. 397-425, Paris, PUF.

–, 1966, *Droit d'Outre-Mer et de la coopération*, Paris, PUF, 2e éd.

Macé (R,), 1935, *L'évolution du régime foncier à Madagascar*, Paris, Larose.

Magnino (L.), 1954, « L'organizzazione guidiziarie indigena in Africa », *Africa*, Rome, n° 1, janvier n° 3-4, mars-avril.

Maguet (E.), 1925, « Observations critiques sur l'application coordonnée en Afrique occidentale des décrets du 22 mars 1924, réorganisant la justice indigène, et du 22 octobre 1925, réglementant le travail indigène », *Pen.* 1925, 2, p. 9 et s.

Mangin (G.), 1974, « Le recrutement et la formation des magistrats en Afrique noire et à Madagascar », *Revue sénégalaise de droit*, n° *14*, juin, p. 3-46.

Mannoni (O.), 1950, *Psychologie de la colonisation*, Paris, Seuil.

Marchal (R. P.), 1930, *La condition de la femme indigène*, Lyon, Chronique sociale de France.

Marie-André du Sacré Cœur (Sœur), 1939, *La femme noire en Afrique occidentale*, éd. Payot.

–, 1948, « L'évolution familiale en Afrique noire », Semaines sociales de Lyon.

–, 1950, « La loi d'airain du mariage dotal au Cameroun français, *Études camerounaises*, p. 1 et s.

–, 1953, *La condition humaine en Afrique noire*, Paris, Grasset.

–, 1953, « Travail coutumier et législation sociale en Afrique noire française », *Revue internationale du travail, LXVII*, p. 528 et s.

Maudot (A.), 1909, « Le régime foncier dans les possessions coloniales françaises. Mesures complémentaires nécessaires », *Pen.* 1909, 2, p. 65-82, RT. *Pen.* 1910, 2, p. 1-26.

Maunier (R.), 1932-1949, *Sociologie coloniale*, Paris, Domat Montchrestien, 3 vol.

–, 1941, *Des comptoirs aux Empires. Histoire universelle des colonies*, Paris, L. Sirey.

–, 1942, *Les lois de l'Empire, 1940-1942*, Paris, Domat Montchrestien.

Mauro (F.), 1964, *L'expansion européenne, 1600-1870*, Paris, PUF.

Maury (J.), 1950, « Observations sur la jurisprudence en tant que source de droit », *Études Ripert*, Paris, LGDJ.

M'Baye (K.), 1966, Droit et développement en Afrique francophone de l'Ouest, in *Les aspects juridiques du développement économique*. Études préparées à la requête de l'UNESCO, Paris, Dalloz.

–, 1970, « Le droit africain : ses voies et ses vertus », *Rev. sénégalaise de droit*, n° *7*, mars, p. 5-24

M'Baye (S.), 1974, *Le Conseil privé du Sénégal de 1819 à 1854*, Paris, Thèse de l'École de Chartes.

Meillassoux (C.), 1977, *Femmes, greniers et capitaux*, Paris, F. Maspero.

Mercier (R.), 1933, *Le travail obligatoire dans les colonies africaines*, Vesoul, Imprimerie nouvelle, thèse de droit.

Mérignhac (A,), 1912, *Précis de législation et d'économie coloniales*, Paris, L. Sirey.

Messimy (A.), 1910, *Notre œuvre coloniale*, Paris, E. Larose,

Meunier (P.), 1913, *Organisation et fonctionnement de la justice indigène en AOF* thèse.

Millet (R.), 1930, « Le piège de B.I.T. », *Afrique française* n° *5*, p. 380. 382

Mordacq (Ch.), 1891, « La politique coloniale de la France en Afrique depuis 1880 », *Bull. et Mémoires de la Société Africaine de France*, Paris, A. Challamel, p. 127-136.

Moreau (G.), 1912, *Le recours en annulation en procédure coloniale*, Poitiers, thèse de droit.

Moreau (P.), 1938, *De la condition juridique, politique et économique des indigènes de l'AOF*, Paris, Librairie technique.

Morini-Comby (J.), 1948, « Du budget général aux budgets locaux : la position du problème en AOF », *Pen.* 1948, 2, 113.

Mounet (P.), 1925, *La législation du travail dans les colonies françaises*, Paris, Jouve.

N'Diaye (B.), 1970, *Groupes ethniques au Mali.*, Bamako, éd. Populaires.

Niang (M.), 1970, *Systèmes matrimoniaux africains : le mariage wolof*, Paris, Laboratoire d'Anthropologie juridique.

Ninine (J.), 1932, *La main-d'œuvre indigène dans les colonies africaines*, Paris, thèse.

Nkouendjin Yotnda (M.), 1975, *Le Cameroun à la recherche de son droit de la famille*, Paris, LGDJ.

Olivier (R.), 1966, « L'organisation judiciaire de la Côte d'Ivoire pendant la période coloniale », *Revue ivoirienne de droit*, n° *1*, 2.

Olivier (R.), Atmore (A.), 1970, *L'Afrique depuis 1800*, Paris, PUF, 352 p.

1948, *Où en est la justice en Afrique Noire ?*, *Bull. de la FOM*, Paris, n° *8*, octobre 1948.

Ourliac (P.), De Malafosse (J.), 1968, *Histoire du droit privé*, t. III, Paris, PUF, Coll. Themis.

Pageard (R.), 1961, « Réflexion sur la fonction judiciaire en Afrique noire », *Rev. 13*, place Vendôme, n° 3.

Paulme (D.), 1953, « La notion de parenté dans les sociétés africaines », *Cahiers internationaux de sociologie*, p. 150 et s.

–, 1960, « Structures sociales traditionnelles en Afrique noire », *Cahiers d'études africaines*, n° I, p. 15 et s.

Paulme (D.), 1971, *Les classes d'âge en Afrique de l'Ouest*, Paris, Plon, 354 p.

Pautiat (R.), 1957, *La justice locale et la justice musulmane en AOF*, Rufisque, Imprimerie du Haut-Commissariat de la République en AOF.

–, 1957, « Les vicissitudes du statut personnel », *Annales Africaines*.

Pautiat (R.), 1958, « Formes et conditions de la renonciation au statut personnel particulier », *RJPUF*. p. 350-357.
Penant (D.), 1906, « De la condition juridique des indigènes en matière civile et commerciale dans les colonies françaises et de l'organisation judiciaire les concernant », *Pen.* 1906, 2, p. 1-40.
Penant (M.), 1946, « La propriété foncière indigène au Cameroun », *Pen.* 1946, p. 217 et s.
Pierret (G.), 1295, *La législation coloniale des successions vacantes. Commentaire théorique et pratique*, Paris, A. Challamel.
Pinto (R.), 1948, « Le gouvernement de l'Empire colonial britannique depuis la Guerre », *Pen.* 1948, p. 2-86,
Perrier (J.), 1958, « Les droits coutumiers dans la civilisation traditionnelle d'Afrique noire », dans *Aspects de la culture noire*, Paris, A. Fayard.
–, 1959, L'originalité des droits coutumiers de l'Afrique noire, in *Droit de l'Antiquité et sociologie juridique*. Mélanges Lévy Bruhl, Paris, Sirey.
–, « Les réalisations françaises dans le domaine des coutumes africaines », in *Colloque sur la rédaction des droits coutumiers dans le passé ct dans le présent*, Bruxelles, 1 6-17 mai 1960.
–, 1955, « L'organisation judiciaire de l'AOF »., in *L'avenir du droit coutumier en Afrique*, Symposium Colloque, Amsterdam.
Poulaine (R.), 1931, « Le magistrat colonial », *Pen.* 1931, 2, p. 15 et s.
Quellien, 1910, *La politique musulmane dans l'AOF*, Paris, E. Larose
1954, « (La) question coloniale », *Revue coloniale belge*, *201*, 15 février 1954, p. 121. 122.
Radcliffe-Brown (A.R.), Forde (D.), 1953, *Systèmes familiaux et matrimoniaux en Afrique*, Paris, PUF, 521 p.
Raffenel (A.), 1856, *Nouveau Voyage dans le Pays des Nègres. Suivi d'Études sur la Colonie du Sénégal et de documents historiques, géographiques et scientifiques*, Tome second, Paris, Librairie Centrale de Napoléon Chaix et Cie.
Rassat, (M.L.), 1967, *Le ministère public entre son passé et son avenir*, Paris, LGDJ, thèse, droit ?
Richard-Molard (J.), 1948, « Collectivités et collectivismes en Afrique Noire, *Afrique-Asie*, n° *43*.
–, 1949, *Afrique occidentale française*, Paris, Berger Levrault.
–, 1952, « Groupes ethniques et collectivités d'Afrique noire, *Cahiers d'Outre-Mer*. *5*, 18, p. 97-107.
Rivièrez (H.), 1961, « Les auxiliaires de la justice, l'avocat », *Pen.* 1961, n° *606*, p. 211 et s.
–, 1961, « Les auxiliaires de justice : l'huissier et l'agent d'exécution », *Pen.* 1961, n ° *687*, p. 363 et s.
–, 1962, « Les auxiliaires de justice : le commissaire-priseur », *Pen.* 1962, n° *692*, p. 468 et s.
Robert (A.P.), 1955, « Attitude du législateur français en face du droit coutumier d'Afrique noire », *RJPUF*, *IX*, n° I, janvier-mars p. 743-760.
–, 1955, *L'évolution des coutumes de l'Ouest africain et la législation française*, Paris, éd. de l'Encyclopédie d'Outre-Mer.
–, 1956, « La justice de droit local en AOF », *RJPUF*, *X*, n° 1, janvier-mars, p. 748-780

Robert (A.P.), 1959, « Étude comparée des lois applicables et des tribunaux de droit coutumier dans les territoires français, belges et portugais d'Afrique noire », *RJPOM, XIII*, janvier-mars 1959, p. 18-31.

Roche (J.), 1957, « La loi-cadre du 22 juin 1956 », *Annales Africaines*, p. 98 et s.

Roche (R.), 1938, Les "RO Pas géométriques" dans nos vieilles colonies des Antilles et de l'océan Indien, à Maurice et à Sainte-Lucie, colonies de la couronne anglaise », *Pen.* 1938, 2, p. 9-23.

Rolland (L.), Lampue (P.), 1927, *Précis de législation coloniale*, Paris, Larose.

Rossillion (C,), 1953, *Le régime législatif de la France d'Outre-Mer, DOM, Algérie, TOM, Territoires sous tutelle*, Paris, éd. de l'Union Française.

Rougier (J.C.P), 1895, *Précis de législation et d'économie coloniale*, Paris, Larose

Roux (F.C.), 1954, « Colonisation française et institutions, coutumes, traditions, civilisations indigènes », *Revue française d'Outre-Mer*, n ° 10, octobre, p. 423-429.

Runner (J.), 1921, *Les droits politiques des indigènes des colonies*, Paris, Larose.

Sagols (Lt.), 1897, « La justice au Soudan français », *Bull. du Comité de l'Afrique française*.

Saintoyant (J. F.), 1947, *La colonisation européenne*, tome 1 : *La fondation des empires coloniaux*, Paris, Daubin.

Salis (J.), 1939, *Essai sur l'évolution de l'organisation judiciaire et de la législation applicable au Gabon, Congo, AEF*, Toulouse, Imprimerie régionale.

Santos (A.), 1943, *L'option des indigènes en faveur de l'application de la loi française en AOF et au Togo*, Paris, Thèse, droit.

Sarraut (A.), 1923, *Programme de mise en valeur des colonies*, Paris, Payot.

–, 1931, *Grandeur et servitudes coloniales*, Paris éd. du Sagittaire.

de Saussure (L.), 1899, *Psychologie de la colonisation française dans ses rapports avec les sociétés indigènes*, Paris, F. Alcan.

Schefer (C.), 1930, *Politique coloniale de la Monarchie de Juillet. L'Algérie et l'évolution de la colonisation française*, Paris.

–, 1921 et 1927, *Instructions générales données de 1763 à 1870 aux Gouverneurs et Ordonnateurs des établissements français en Afrique occidentale*, 2 tomes, Paris, Société de l'Histoire des Colonies françaises.

Schmidt (G.), 1932, « La civilisation des colonies », *Revue d'Histoire économique et sociale*, n° *2*.

Schnapper (B.), 1961, *La politique et le commerce français dans le golfe de Guinée de 1638 à 1871*, Paris, Mouton, 283 p.

See (H.), 1929, « Les économistes et la question coloniale au XVIIIe siècle », *Revue d'Hist. Col., XXII*, p. 331-392.

Sicard (F.), 1953, « Nouvelles réformes de la justice à Madagascar », *Compte rendu des séances de l'Académie des Sciences coloniales*, Paris, *XIII*, n° 10, novembre 1953.

Sinnassamy (G,), 1953, *La suppression de la justice pénale indigène en AEF*, Aix-en-Provence, thèse, droit.

Sol (B.), 1939, « Vers un Code de procédure civile nouveau dans les colonies françaises », *Pen.* 1939, 2, p. I-II.

Solus (H.), 1927, *Traité de la condition des indigènes en droit privé*, Paris, Sirey.

–, 1950, « Le problème actuel de la dot en Afrique noire », *RJPUF*. p. 453 et s.

Spitz (G.), 1947, *Terres lointaines, l'Ouest africain français, AOF et Togo*, Paris, Société d'éditions géographiques, maritimes et coloniales.

Suret-Canale (J.), 1968-1972, *Afrique noire (occidentale et centrale),* 3 tomes, Paris, Éditions Sociales.

Sy Mademba (S.A.), 1974, « Le juge spécialisé sous l'Ancien Régime Colonial », *Revue sénégalaise de droit, Revue de l'ASERJ*, n° *15*, juin, p. 8-27.

Terrier (A,), Mourey (Ch.), 1910, *L'œuvre de la IIIe République en AOF. L'expansion française et la formation territoriale, 1870-1910*, Paris, Larose.

Thiam (D.), 1953, *La portée de la citoyenneté française dans les Territoires Outre-Mer*, Paris, Société d'éditions africaines.

Thomas (L.-V.), 1960, « L'organisation foncière des Diola (Basse-Casamance), *Annales Africaines.*

–, 1964, « Responsabilité, sanction et organisation judiciaire chez les Diola traditionnels de la Basse Casamance », *Notes Africaines* n° *104.*

Travail forcé, 1929, IIIe Rapport, XIIe Session du BIT, Genève 1929.

Travail forcé, 1930, IIIe Rapport, XIVe session du BIT, Genève, 1930.

Van Den Wiele (I.), 1963, « Les systèmes familiaux et matrimoniaux au sein des sociétés négro-africaines », *AJPIC*, p. 423 et s.

Vanderlinden (J.), 1959, *Essai sur les juridictions de droit coutumier dans les territoires d'Afrique centrale*, Bruxelles, Librairie Transatlantique.

Verdier (E.), 1891, « L'islam et les Noirs », in *Bull. et Mémoires de la Société Africaine de France*, 2e série, t. 1, Paris, A. Challamel, p. 334-345.

Verdier (R.), 1963, « Ethnologie et droits africains », *Journal de la Société des Africanistes, XXXIII*, Paris, p. 105-128.

Vidal (H.), 1966, « La Cour d'appel de Tananarive et les coutumes malgaches de 1897 à 1960 », *Cahier du Centre d'Études des Coutumes*, Faculté de Droit et des Sciences économiques de l'Université de Madagascar II.

Villamur (R.), 1902, « Organisation judiciaire de la Côte d'Ivoire. Notice historique », *Pen.* 1901, Doctrine, p. 33 et s.

–, 1902, *Les attributions judiciaires des administrateurs et des chefs de poste en service à la Côte d'Afrique*, Paris, A. Pedone, 395 p.

Vincent (J.), 1973, *Précis de procédure civile*, Paris, L. Dalloz, 16e éd.

Vodouhé (C.), 1974, *La création de l'AOF, (1895-1904)*, Paris-Sorbonne, thèse de IIIe cycle d'histoire.

Widal (G.), 1933, « Contribution des traités diplomatiques à la formation politique et économique de l'AOF », *Rec*, Doctrine, p. 87-100.

Yacono (X), 1973, *Histoire de la colonisation française*, Paris, PUF, Que sais-je ? n° 452, 2e éd.

Ziéglé (A.), 1952, *Afrique équatoriale française*, Paris, Berger Levrault.

Zuccarelli (F.), 1962, « Le régime des engagés à temps au Sénégal », *Cahiers d'études africaines, II*, n° 7, p. 420 461.

Table des matières

Le Sénégal aux éditions L'Harmattan

Dernières parutions

L'ESTHÉTIQUE SOCIALE DES PULAAR
Socioanalyse d'un groupe ethnolinguistique
Sy Harouna
L'esthétique sociale pulaar est une mise en ordre éthique de la vie sociale. Elle est l'inventaire systématique de ce qu'il y a de beau et de laid dans le social relativement à ses valeurs, à ses normes, à ses règles et à ses codes qui commandent des postures, des relations, des rapports et des qualités appropriés. L'analyse des contradictions de la société pulaar du Fuuta Tooro a révélé des logiques et des stratégies fondées sur des rapports de castes et sur les représentations sociales que ces rapports produisent.
(31.00 euros, 304 p.)
ISBN : 978-2-343-11189-6, ISBN EBOOK : 978-2-14-002810-6

LE BAYNUNK GUNAAMOLO, UNE LANGUE DU SUD DU SÉNÉGAL
Analyse phonologique, morphologique et syntaxique
Diop Sokhna Bao - Préface de Denis Creissels
Le Sénégal est un pays multilingue avec des langues majoritaires et des langues minoritaires, de par le nombre de leurs locuteurs, mais également de par la quantité de travaux dont chacune dispose. Les langues majoritaires ont fait l'objet de nombreuses recherches, à la différences des langues minoritaires. Ce constat est à l'origine du choix porté sur la description de la variante gunaamolo du baynunk (parlé au sud du Sénégal, plus précisément à Niamone, dans la région de Ziguinchor) qui est une langue en danger très peu décrite. L'utilité et l'intérêt de ce travail résident dans la sauvegarde et la connaissance de cette langue et sa communauté. Elle peut servir aussi de référence à des recherches futures.
(Coll. Études africaines, 38.50 euros, 392 p.)
ISBN : 978-2-343-09614-8, ISBN EBOOK : 978-2-14-002913-4

DE L'HÉRITAGE ARABO-ISLAMIQUE SAINT-LOUISIEN
Une illustration par les œuvres d'Abbas Sall et d'Abdoulaye Fall Magatte
Fall Cheikh Tidiane - Préface de Samba Dieng et Postface de Mouhamed Habib Kébé
Cet ouvrage porte sur la réhabilitation du legs culturel arabo-islamique ouest-africain en général et saint-louisien en particulier. Revaloriser un pan du patrimoine culturel par l'entremise de l'imagination poétique locale de deux intellectuels demeure l'objectif principal de cette étude. Une partie descriptive constituée de la traduction d'une cinquantaine de poèmes suivie d'un volet analytique constitue la méthodologie de ce travail de recherche. La moisson tirée de ce travail préliminaire apporte quelques éclairages sur l'intérêt de la traduction de manuscrits arabes, notamment ceux produits par d'éminents ulémas du Sénégal, tels les deux poètes faisant l'objet de cette étude.
(Harmattan Sénégal, 35.00 euros, 340 p.)
ISBN : 978-2-343-11306-7, ISBN EBOOK : 978-2-14-003014-7

L'AGRICULTURE DU SÉNÉGAL SOUS LA COLONISATION
Diop Ismaïla
L'introduction de l'arachide au Sénégal au début du XXe siècle révolutionne le paysage agricole. La France décide alors de faire du Sénégal une colonie arachidière. Le Sénégal devient la troisième puissance arachidière du monde après les États-Unis et l'Inde. Cette monoculture extensive aboutit à un déficit vivrier chronique, une dégradation des sols, une dépendance vis-à-vis des importations de riz en provenance d'Asie. Pour y remédier, le rapport de la mission Roland Portères de 1952 recommande des mesures d'aménagement du territoire, de restauration des sols, de promotion de l'agriculture intégrée sérère.
(Harmattan Sénégal, 23.50 euros, 218 p.)
ISBN : 978-2-343-11129-2, ISBN EBOOK : 978-978-2-14-002836-6

CASAMANCE
À quand la paix ?
Bassène René Capain - Préface du père Nazaire Diatta
Malgré leur volonté et leur engagement affichés d'aller vers la fin du conflit armé en Casamance, la position des parties en guerre n'a jamais réellement évolué. L'État du Sénégal se dit prêt à négocier sur tous les points, sauf sur ceux relatifs à l'intégrité territoriale et l'unité nationale, alors que, de son côté, le MFDC soutient une position contraire en déclarant être disposé à ne négocier que sur la question se rapportant à l'indépendance totale de la Casamance. Cette situation montre que le conflit armé est encore loin de finir en Casamance.
(28.50 euros, 276 p.)
ISBN : 978-2-343-10426-3, ISBN EBOOK : 978-2-14-002593-8

PARCOURS D'UN JOURNALISTE AUTODIDACTE
Ndiaye Pape Ngagne - Préface de Mamoudou Ibra Kane
Pape Ngagne Ndiaye, par son style, est devenu un rendez-vous incontournable de l'espace audiovisuel sénégalais. L'émission « Faram Faccce » qu'il anime présentement sur TFM est très courue des hommes et femmes politiques pressés de se soumettre au feu roulant et nourri des questions du redoutable interviewer, unique dans son genre. Ce livre n'est pas seulement une autobiographie, mais aussi une réflexion thématique et une sélection rigoureuse de certains numéros de la célèbre émission qui se veut « un décryptage des questions majeures de l'actualité nationale ».
(37.00 euros, 360 p.) ISBN : 978-2-343-09916-3, ISBN EBOOK : 978-978-2-14-002822-9

DES FRANCENABE AUX MODOU-MODOU
L'émigration sénégalaise contemporaine
Fall Papa Demba - Préface du Professeur Abdoulaye Bara Diop
Principalement centré sur la France et ses anciennes colonies d'Afrique, le champ migratoire sénégalais s'est, de manière originale, progressivement étendu à des destinations naguère méconnues ou peu fréquentées (comme les États-Unis, l'Italie, l'Espagne, l'Afrique du Sud ou le Brésil). Peu à peu, les migrants sont devenus des acteurs incontournables du développement. La prise en compte de ces populations, et de leurs mouvements, devient donc nécessaire aux programmes et politiques de développement durable.
(Harmattan Sénégal, 40.00 euros, 559 p., Illustré en noir et blanc)
ISBN : 978-2-343-10796-7, ISBN EBOOK : 978-2-14-002539-6

« DOYEN » AMADY ALY DIENG, LE TRANSMETTEUR INTÉGRAL (1932-2015)
Économie biographique ou sémio-Histoire
Ngaïdé Abdarahmane
Amady Ali Dieng nous a quittés il y a un an. Pour lui rendre hommage et s'en rappeler les enseignements, l'auteur de cet ouvrage a décidé de compiler ses nombreux écrits ou interventions. Les quatorze textes qui composent cette anthologie sont représentatifs et significatifs de la personnalité, du style et des préoccupations d'Amady Ali Dieng. On y retrouve son style, son humour et son esprit critique.
(Harmattan Sénégal, 23.50 euros, 228 p., Illustré en noir et blanc)
ISBN : 978-2-343-10855-1, ISBN EBOOK : 978-2-14-002561-7

41 RULES TO BE HAPPY
Kane Babaly
Seeing that happiness is the goal towards which all men strive for, the author wrote this book to help the reader in treasuring the joyous of life and realizing his desires in entirety, to be fulfilled, to claw his way to the top and to assure him it will turn out well in the end. Moreover, this book intends to give the keys us to get the secret for reaching we want in this life. 41 rules to be happy is a little self help book which has 41 rules that are meant to allow every reader to live life in full potential.
(Harmattan Sénégal, 14.50 euros, 138 p.)
ISBN : 978-2-343-10904-6, ISBN EBOOK : 978-2-14-002583-9

SÉNÉGAL
Les limites du Plan Sénégal Émergent
Mansour Samb El Hadji
Cet ouvrage présente une analyse profonde des politiques publiques en décortiquant le Plan Sénégal Émergent (PSE) qui jusque-là n'a fait l'objet d'aucune analyse critique sérieuse. Le Sénégal est face à un défi, le défi de son émergence, un défi qu'il compte relever avec tous ses fils. Ce défi qui mobilise aujourd'hui tout le monde doit nous pousser à proposer de nouveaux chemins et à animer un débat nécessaire et incontournable dans tout processus d'émergence.
(Harmattan Sénégal, 27.00 euros, 276 p.)
ISBN : 978-2-343-09721-3, ISBN EBOOK : 978-2-14-002372-9

SÉNÉGAL
Dynamiques paysannes et souveraineté alimentaire
Le procès de production, la tenue foncère et la naissance d'un mouvement paysan
Diop Amadou Makhouredia - Préface d'Yves Guillermou ; Postface de Fodé Niang
Le présent ouvrage contribue à la compréhension des stratégies développées par la petite paysannerie et les dynamiques qui animent les exploitations agricoles familiales permettant la production de biens nécessaires à l'alimentation et l'entretien des familles. La capacité des paysans à prendre en main leurs propres préoccupations a été mise en évidence par l'émergence d'organisations, de groupements, d'associations et d'unions dans tout l'espace rural sénégalais.
(Harmattan Sénégal, 26.00 euros, 256 p.)
ISBN : 978-2-343-10852-0, ISBN EBOOK : 978-2-14-002457-3

HISTOIRE ET SOCIOLOGIE DES RELIGIONS AU SÉNÉGAL
Tamba Moustapha
Le Sénégal reste une exception dans le domaine religieux : 90 % de musulmans, 5 % de chrétiens et 5 % d'adeptes de l'animisme. C'est aussi le pays où les musulmans et les catholiques partagent le même cimetière, où les conjoints partagent des religions différentes, où les écoles privées catholiques comptent 60 à 70 % d'élèves de confession musulmane, etc. Ce phénomène n'est pas dû au hasard. L'histoire et la sociologie des religions permettent de l'expliquer amplement. Cet ouvrage souligne cette exception sénégalaise pour montrer qu'au moment où notre monde est en proie au fanatisme, à l'intolérance et au terrorisme religieux, le Sénégal propose un autre « modèle ».
(Coll. Études africaines, série Economie, 41.00 euros, 426 p.)
ISBN : 978-2-343-10424-9, ISBN EBOOK : 978-2-14-002506-8

FIGURES DU POLITIQUE ET DE L'INTELLECTUEL AU SÉNÉGAL
L.S. Senghor - M. Dia - A. Ly - CH. A. Diop A. Diouf & F. Mitterrand - J.R. De Benoist - A. Seck - TH. Fall - A. M. Samb - A.M. Samb JR - TH. Monod - H. Bocoum - G. R. Thilmans
Samb Djibril
Cet ouvrage réunit des personnalités politiques et/ou intellectuelles très diverses : Léopold Sédar Senghor, l'Immortel Noir ; Mamadou Dia, le brillant économiste ; François Mitterrand et Abdou Diouf, deux experts politiques, ou encore Théodore Monod, le savant probe. Ces figures sont autant de coryphées auxquels l'auteur a voulu rendre hommage, afin de rappeler que la terre africaine du Sénégal ne manque pas de princes de l'esprit ni de nourriture intellectuelle.
(26.00 euros, 266 p.)
ISBN : 978-2-343-10731-8, ISBN EBOOK : 978-2-14-002513-6

TÉLÉVISIONS AU SÉNÉGAL
Entre désert de contenu et sécheresse intellectuelle
Djimbira Cheikh Mouhamadou
« Il faut lire ce livre en considérant qu'il a été sciemment écrit dans l'intention de nuire à la société spectaculaire. Il n'a jamais rien d'outrancier. » Cette pensée de Guy Debord nous permet de comprendre à bien des égards, l'ouvrage de Cheikh Mouhamadou Djimbira qui est un plaidoyer pour la création de programmes audiovisuels de qualité.
(11.50 euros, 80 p.)
ISBN : 978-978-2-343-10790-5, ISBN EBOOK : 978-978-2-14-002528-0

UN SCOUT SÉNÉGALAIS
L'aventure citoyenne (deuxième édition)
Ndene Pascal - Préface de Jacques Moreillon
Lorsque nous parlons de l'adolescence, nous évoquons l'autonomie, la responsabilisation, la citoyenneté, le jeu, les relations avec les parents et avec les pairs. Toutes ces questions sont abordées dans ce livre qui montre avec humour le parcours éducatif d'un adolescent dans le scoutisme. Ce livre s'adresse à tous les jeunes, garçons et filles, aux parents et éducateurs de tout milieu social et culturel, ainsi qu'à tous les scouts et guides du monde.
(14.00 euros, 124 p.)
ISBN : 978-2-343-10965-7, ISBN EBOOK : 978-2-14-002526-6

LA PENSÉE DE CHEIKH AHMADOU BAMBA FACE AUX DÉFIS AFRICAINS
Sow Cheikh Mar
Cheikh Ahmadou Bamba Mbacké a su déterminer une nouvelle vision aux yeux de ses contemporains en formulant d'une façon très claire des idées novatrices capables de faire bouger le peuple. Cette conception de la société dans sa globalité a permis «à chaque individu de devenir un centre d'initiative, de création et de responsabilité à tous les niveaux : celui de l'économie, de la politique, de la culture ; une conception qui ne soit ni individualiste, ni totalitaire mais fondée sur les communautés de base».
(Harmattan Sénégal, 24.00 euros, 238 p.)
ISBN : 978-2-343-10021-0, ISBN EBOOK : 978-2-14-002284-5

LE MODERNISME EN ISLAM
Introduction à la pensée de Sayyid Amir Ali
Diagne Mbengue Ramatoulaye
« Les thèmes abordés par le Professeur Ramatoulaye Diagne dans sa lecture de la pensée d'Amir Ali ont tous un lien indéfectible avec le pluralisme et la paix. (...) Dans la lecture de son ouvrage, on arrive à comprendre que le modernisme d'Amir Ali est une sorte de renouveau dans la pensée islamique. C'est un mouvement d'intellection qui intègre, dans une cohérence architecturale, l'usage de la raison, l'esprit du soufisme pratique ghazalien et la finalité de la prière qui concilie l'ascèse de l'âme à la transformation positive des sociétés. » Abdoul Aziz Kebe, Ancien Chef du Département d'Arabe UCAD-DAKAR.
(Harmattan Sénégal, 15.00 euros, 144 p.)
ISBN : 978-2-343-09977-4, ISBN EBOOK : 978-2-14-002211-1

MA RENCONTRE AVEC ALLAH
De l'obscurité à la lumière
Mbengue Adama Ousmane
Cet ouvrage traite surtout de la question essentielle du Mahdi qui vient pour apporter les solutions idoines en s'appuyant sur la Sharia mouhammadiya et la Tariqah ahmadiya afin d'offrir à tout individu le meilleur profil dans la société idéale qu'il compte établir.
(Harmattan Sénégal, 14.50 euros, 134 p.)
ISBN : 978-2-343-10299-3, ISBN EBOOK : 978-2-14-002277-7

Structures éditoriales du groupe L'Harmattan

L'Harmattan Italie
Via degli Artisti, 15
10124 Torino
harmattan.italia@gmail.com

L'Harmattan Hongrie
Kossuth l. u. 14-16.
1053 Budapest
harmattan@harmattan.hu

L'Harmattan Sénégal
10 VDN en face Mermoz
BP 45034 Dakar-Fann
senharmattan@gmail.com

L'Harmattan Cameroun
TSINGA/FECAFOOT
BP 11486 Yaoundé
inkoukam@gmail.com

L'Harmattan Burkina Faso
Achille Somé – tengnule@hotmail.fr

L'Harmattan Guinée
Almamya, rue KA 028 OKB Agency
BP 3470 Conakry
harmattanguinee@yahoo.fr

L'Harmattan RDC
185, avenue Nyangwe
Commune de Lingwala – Kinshasa
matangilamusadila@yahoo.fr

L'Harmattan Congo
67, boulevard Denis-Sassou-N'Guesso
BP 2874 Brazzaville
harmattan.congo@yahoo.fr

L'Harmattan Mali
Sirakoro-Meguetana V31
Bamako
syllaka@yahoo.fr

L'Harmattan Togo
Djidjole – Lomé
Maison Amela
face EPP BATOME
ddamela@aol.com

L'Harmattan Côte d'Ivoire
Résidence Karl – Cité des Arts
Abidjan-Cocody
03 BP 1588 Abidjan
espace_harmattan.ci@hotmail.fr

L'Harmattan Algérie
22, rue Moulay-Mohamed
31000 Oran
info2@harmattan-algerie.com

L'Harmattan Maroc
5, rue Ferrane-Kouicha, Talaâ-Elkbira
Chrableyine, Fès-Médine
30000 Fès
harmattan.maroc@gmail.com

Nos librairies en France

Librairie internationale
16, rue des Écoles – 75005 Paris
librairie.internationale@harmattan.fr
01 40 46 79 11
www.librairieharmattan.com

Librairie l'Espace Harmattan
21 bis, rue des Écoles – 75005 paris
librairie.espace@harmattan.fr
01 43 29 49 42

Lib. sciences humaines & histoire
21, rue des Écoles – 75005 paris
librairie.sh@harmattan.fr
01 46 34 13 71
www.librairieharmattansh.com

Lib. Méditerranée & Moyen-Orient
7, rue des Carmes – 75005 Paris
librairie.mediterranee@harmattan.fr
01 43 29 71 15

Librairie Le Lucernaire
53, rue Notre-Dame-des-Champs – 75006 Paris
librairie@lucernaire.fr
01 42 22 67 13

www.ingramcontent.com/pod-product-compliance
Lightning Source LLC
LaVergne TN
LVHW021136061026
849535LV00002B/256
* 9 7 8 2 3 4 3 1 8 0 6 5 6 *